晋冀鲁豫边区首府

革命历史研究文集

JINJILUYU BIANQU SHOUFU
GEMING LISHI YANJIU WENJI

中共邯郸市委党史研究室
中共邯郸市复兴区委党史研究室
河北省晋冀鲁豫边区革命历史研究会 编

中国言实出版社

图书在版编目(CIP)数据

晋冀鲁豫边区首府革命历史研究文集 / 中共邯郸市委党史研究室，中共邯郸市复兴区委党史研究室，河北省晋冀鲁豫边区革命历史研究会编. -- 北京：中国言实出版社，2024.4
ISBN 978-7-5171-4792-3

Ⅰ.①晋… Ⅱ.①中… ②中… ③河… Ⅲ.①晋冀鲁豫边区—革命史—邯郸—文集 Ⅳ.①K269.5-53

中国国家版本馆CIP数据核字（2024）第066110号

晋冀鲁豫边区首府革命历史研究文集

责任编辑：王战星
责任校对：代青霞

出版发行：中国言实出版社
　　　　地　址：北京市朝阳区北苑路180号加利大厦5号楼105室
　　　　邮　编：100101
　　　　编辑部：北京市海淀区花园北路35号院9号楼302室
　　　　邮　编：100083
　　　　电　话：010-64924853（总编室）　010-64924716（发行部）
　　　　网　址：www.zgyscbs.cn　电子邮箱：zgyscbs@263.net

经　　销：新华书店
印　　刷：徐州绪权印刷有限公司
版　　次：2024年5月第1版　　2024年5月第1次印刷
规　　格：787毫米×1092毫米　1/16　29印张
字　　数：529千字

定　　价：79.00元
书　　号：ISBN 978-7-5171-4792-3

晋冀鲁豫边区首府革命历史研究文集

编 委 会

前　言

　　以邯郸为中心的晋冀鲁豫边区，是抗日战争和解放战争时期中国共产党领导的全国最大的革命根据地。抗日战争时期，它是华北抗日战场的前线指挥中枢，是八路军一二九师抗击日本侵略者的重要阵地和发展壮大的平台基地。解放战争时期，它是迎击国民党军队的主战场之一，是战略进攻的发轫地，是支援全国解放的重要兵源基地和军需供应基地，为民族解放和新中国诞生作出巨大贡献，在党史、军史上占有重要历史地位。

　　晋冀鲁豫边区首府邯郸，是解放战争时期党亲手创建且从未易手的首批城市之一，是边区的政治、军事、经济、文化中心，是党在局部执政条件下积累治国理政经验、培养大批人才骨干的重要基地。党领导人民在邯郸市进行的城市接管探索是革命转型的成功范例，边区以邯郸为中心开展的土地改革、统一财经、文化建设、干部输出等方面的尝试，均成为擘画新中国蓝图的先声。毛泽东同志曾明确决策中共中央移驻邯郸西部的太行区，虽然未能实现，但边区首府的历程永远成为邯郸历史发展进程中又一个高点。

　　多年来，对晋冀鲁豫根据地的研究以抗日战争时期居多而解放战争时期较少，特别是邯郸作为晋冀鲁豫边区首府和直辖市，在党的工作重心从农村转向城市的战略过程中发挥重要探索和先声作用的革命历程，始终未能得到充分认定、展示和宣传。

　　为深入贯彻落实习近平总书记关于持续推进党史、革命史和红色文化研究的系列重要指示精神，积极推进党史学习教育常态化、长效化，填补晋冀鲁豫边区革命历史研究的短板、空白，提升邯郸在党的奋斗历程中的历史定位，厚植邯郸市现代化区域中心城市建设的红色文化底蕴，2022年，邯郸市委党史研究室联合邯郸市复兴区共同筹建了晋冀鲁豫边区首府展馆。展馆以军事斗争、城市接管、民主建政、土地改革、统一财经、文化教育、外事外联、南下北上、烈士纪念、复兴之光 10 个部分近 300 张图片进行布展，较为系统地展示了边区首府的革命历程。展馆建成开放以来，开发了"再走边区奋斗路"党性教育项目，成为全市党员干部重要的党史学习和党性教育基地。

为持续深化晋冀鲁豫边区历史研究，2023 年上半年，邯郸市委党史研究室和复兴区委依托晋冀鲁豫边区首府展馆，联合河北省晋冀鲁豫边区革命历史研究会，发起筹备了晋冀鲁豫边区首府革命历史征文活动。活动受到省内外晋冀鲁豫边区革命历史研究领域的专家学者高度关注和倾心赐稿，共收到相关论文 70 余篇，经筛选确定 50 余篇入选晋冀鲁豫边区首府革命历史座谈会。座谈会上，来自省内外的专家学者围绕邯郸作为晋冀鲁豫边区首府期间的革命历程及重大事件、重要人物、重要活动等进行座谈研讨。湖南省株洲市金融学会常务副秘书长、中国人民银行总行红色金融专家库专家夏图强，中共北京市东城区委党史工作办公室二级调研员、高级讲师、历史学博士王钦双，国防大学联合作战学院大校、副教授闫科，邯郸市文物局原局长王兴，邯郸市政协文史委原主任郭培伦等先后作交流发言。座谈会后，筹备组多次研究会商，一致认为：本次座谈会征集论文主题突出，观点明确，内容丰富，论证充分，从学术价值和党史工作实践的角度，紧紧围绕晋冀鲁豫边区首府革命历史的会议主题，从军事斗争、财政经济、文化建设、土地改革、干部输出等方面，对解放战争时期晋冀鲁豫边区的历史过程做了进一步的梳理和展示，对大量的历史事实做了进一步的挖掘和考证，对晋冀鲁豫边区的历史贡献与地位做了进一步的提炼和概括，集中展现了解放战争时期晋冀鲁豫边区历史研究的新成果。不少文章披露了很多鲜为人知的历史原貌和细节，有独到的视角和见解，填补了一些晋冀鲁豫边区研究方面的空白，对下一步继续深化研究具有重要参考、借鉴和启迪意义。特别是关于晋冀鲁豫边区首府邯郸的研究，入选论文从多个视角进行了史实剖析与价值论证，取得突破性进展。为更好发挥这次座谈会作用，扩大晋冀鲁豫边区革命历史研究成果，为推进新时代经济社会高质量发展提供精神力量，现入选论文以文集形式公开出版。

为确保文集入选文章史实清楚准确、严谨无误，成书前，筹备组逐一征求原作者意见和建议，对文章再次进行修改完善，最终成书。根据文章内容和形式，文集分为综合篇、建政篇、军事篇、财经篇、文卫篇和资料篇六部分，共收录文章60篇，其中论文33篇，邯郸各县（市、区）党史资料27篇。其间中共河北省委党史研究室宣教处处长、一级调研员胡振江，编研二处处长王林芳，科研处一级调研员田超对工作悉心指导，邯郸学院和邯郸各县（市、区）党史部门也给予大力支持，在此一并表示感谢。由于时间关系，加之编者水平有限，本书在编辑过程中难免出现疏漏错误之处，请专家和读者们斧正。

编 者

2023 年 12 月

目 录

综合篇

建政篇

军事篇

财经篇

文卫篇

资料篇

综合篇

晋冀鲁豫边区首府邯郸历史地位与作用探析

成少丽

摘　要：1945 年 10 月 4 日，邯郸解放，随即邯郸市成立。1946 年 3 月，晋冀鲁豫边区党政军机关相继迁驻邯郸市。4 月，邯郸市成为边区直辖市，邯郸遂成为晋冀鲁豫边区的政治、军事、经济、文化、金融、交通中心，成为当时华北解放区最有影响的红色首府与行政中心之一。边区党政军机关迁驻邯郸后，在这里制定了许多重要政策和方针，召开了许多重要会议，以邯郸为试点对许多工作进行了探索和实践。边区主要领导人邓小平、刘伯承、杨秀峰、薄一波等在邯郸领导全边区军民，遵照中央指示，围绕减租减息、生产、练兵等项工作，全面开展军事、政治、经济、文化事业建设。1947 年 3 月中共中央撤离延安后，邯郸成了关内解放区的最大城市，成为中国共产党的重要基地和对外联络的一个窗口。在全国，邯郸是当时华北解放较早的以工商业为主的城市之一，也是自 1945 年以来一直掌握在共产党手中的为数不多的几个城市之一。邯郸市在晋冀鲁豫中央局、边区政府指导下，对城市工作进行了大胆探索，总结出了正反两方面的经验，为日后党制定城市政策提供了借鉴。

关键词：晋冀鲁豫边区首府；邯郸；历史地位与作用

自 1941 年边区政府成立到 1948 年合并于华北解放区，晋冀鲁豫边区党政军首脑机关始终驻扎在邯郸境内，驻地先后为涉县（1941 年 9 月—1945 年 12 月）、武安（1945 年 12 月—1946 年 3 月）、邯郸市（1946 年 3 月—1946 年 11 月）、武安（1946 年 11 月—1948 年 5 月）。晋冀鲁豫中央局、边区政府、军区机关驻邯郸市虽然仅有八九个月时间，但邯郸市作为边区首府却将近两年时间（1946 年 4 月—1947 年 11 月）。在这短暂而宝贵的两年时间里，邯郸作为晋冀鲁豫边区政府唯一的直辖市和边区的行政中心、决策中心，不仅对全区其他地方具有引领示范作用，影响着周边地区和全区政治、军事、经济、文化等方面的发展，而且是边区对外联络的重要窗口，代表着解放区的形象和面貌。更为重要的是，在党的工作重心逐步从农村转向城市、从武装斗争转向社会建设的战略进程中，邯郸作为全国解放较早且始终掌握在中国共产党手中从未丢失的城市，邯郸市委、市政府遵照晋冀鲁豫中央局和边区政府指示，在没有现成经验可供遵循的情况下，结合邯郸实际，对城市接管工作进行了先行探索和成功实践，把一个冷落萧条的消费型小市镇建设为欣欣向荣的工商业城市。邯郸的城市探索工作不仅早，而且从未中断，其间虽有波折却始终得以持续连贯地进行，从而具备了检验其实施效果及是否有借鉴意义的积极价值，为全国的城市接管作出了探索性的贡献。

一、邯郸市具备成为边区首府的先决条件

抗日战争胜利时，晋冀鲁豫边区面积达到 18 万余平方公里，下辖太行、太岳、冀南、冀鲁豫四个行政区，拥有县城 125 座，人口 2400 余万[1]，东至津浦铁路，西南临同蒲铁路，南跨陇海铁路，北抵石德、正太铁路，为当时全国七大解放区中面积最大、人口最多的解放区。

为适应抗战胜利后新形势的需要，1945 年 8 月 20 日，中共中央决定成立中共晋冀鲁豫中央局，邓小平任书记，薄一波任副书记。同时取消一二九师番号，成立晋冀鲁豫军区，刘伯承任司令员，邓小平任政治委员。加上 1941 年 9 月成立的晋冀鲁豫边区政府，至此，晋冀鲁豫解放区有了规范统一的党政军领导机构。

1946 年 1 月，国共双方签订停战协定，国内出现了暂时的和平局面。为了保卫和巩固解放区，实现由农村包围城市向城市领导乡村的战略转变，晋冀鲁豫中央局决定走出太行山。3 月初，边区党政军机关相继从武安迁驻邯郸市。3 月 5 日，中央局、边区政府决定，自 4 月 1 日起，邯郸市、县分治，邯郸市由中央局、边区政府直辖，成为边区首府。

当时晋冀鲁豫边区除邯郸市外，还有邢台、长治、焦作、临清、濮阳、菏泽、济宁 7 个行署直辖市。邯郸市能够从其中脱颖而出成为边区首府和直辖市，是由其独特的地理位置、交通优势和经济社会状况决定的。

在地理位置上，邯郸位于晋冀鲁豫四省要冲，处于边区的中心，它西依巍峨的太行山脉，东临广阔的华北平原，西距抗战时期八路军一二九师和晋冀鲁豫边区政府

---

[1] 齐武：《晋冀鲁豫边区史》，当代中国出版社 1995 年版，第 480 页。

的长期驻扎地涉县不足百公里，距抗战胜利后边区党政军首脑机关驻地武安伯延不足五十公里，进可出击平原，退可据守山区，战略回旋余地大。在国民党部队虎视眈眈觊觎解放区，一再企图打通平汉路进军华北进而抢夺东北的预谋下，我党我军巩固和控制平汉线上的战略重镇邯郸城，其战略意义就显得尤为重要。

在交通条件上，邯郸扼守华北南大门，是连接晋、冀、鲁、豫四省的枢纽。随着1906年贯穿中国南北的交通大动脉京汉铁路建成通车和20世纪30年代横贯邯郸东西公路干道的形成，使邯郸成为冀南的交通中心。铁路除京汉铁路外，还有邯磁铁路支线，公路有邯长、邯磁、邯邢、邯永、邯大、邯肥等，水路有滏阳河。

在城市面貌和经济实力上，清末民初邯郸已开启了近代城市的历史进程。因位于山地平原的交接点，近代以来西部的煤、铁、瓷器、山货，东部的粮食、棉花、土特产品等均在此集散，从而成为冀南地区的商业贸易和物资集散中心。八年日伪统治，虽然使邯郸的城市经济带有浓厚的殖民色彩，但日伪政权制订的"发展大邯郸计划"客观上提升了邯郸冀南地区中心城市的地位，一定程度上刺激了邯郸经济特别是商业的繁荣。到20世纪40年代前期，邯郸的商业"规模已列冀南各县榜首，赶超了北面的邢台、南面的安阳和东部的大名等城市。"[1]1945年10月邯郸市建立时，"面积434平方公里，总人口14.5万，其中城市人口26546人"[2]。可以说，此时的邯郸，已经是中国共产党手里掌握的较大且有一定实力的城市，由此成为晋冀鲁豫边区首府的不二选择。

二、邯郸是晋冀鲁豫边区军事斗争的大本营，居于战略关键枢纽位置

独特的地理位置和交通优势，使邯郸成为兵家必争之地。1937年至1945年，邯郸是日伪在冀南占领区的统治中心，是统辖冀南14县的伪冀南道道尹公署所在地，驻有日军华北方面军司令部直辖的混成独立第一旅团和伪军郭化民等部，成为日军统辖晋冀鲁豫交界地带的中心据点。日军在侵占期间，对邯郸进行了长期苦心经营，防御设施较为完备，加之城墙坚固，又有日本人留下的弹药库和兵工厂，堪称是一个出能征伐、退可坚守的强固战备堡垒和重要的物资集散之地。抗日战争胜利后，晋冀鲁豫解放区处于华北战略区的中央大门，正堵着国民党军队向北进攻的道路，是国民

---

[1] 郝良真：《邯郸城市简史》，中国文史出版社2020年版，第325页。

[2] 王昌兰主编：《邯郸市档案史料选编》，河北人民出版社1990年版，第333页。

党重点进攻的地区。毛泽东指出："晋冀鲁豫战略区一开始就处于针锋相对的'针锋'上。"因此晋冀鲁豫军区的任务是：堵住华北的南大门，阻止和消灭北上之国民党军队。在这种形势下，作为平汉线上华北连接中原的重要门户的邯郸首当其冲，成为国共两军的必争战略重镇。谁占据邯郸，谁就掌握了这一段平汉铁路线的控制权。

1945 年 10 月 4 日，根据朱德总司令"迅速攻下邯郸，以取得平汉线上的作战有利机会"的指示，晋冀鲁豫军区部队解放了邯郸城，铲除了横卧在太行、冀南解放区之间的障碍，使晋冀鲁豫边区完全连成一片。10 月 14 日，国民党第十一战区孙连仲部三个军从新乡沿平汉路北进，兵锋直指邯郸城。毛泽东指令晋冀鲁豫军区组织平汉战役（邯郸战役），称："这个战役的胜负，关系全局极为重大。"刘邓指挥部队于 10 月 21 日发起邯郸战役，经过 10 天作战，粉碎了国民党的进攻，对堵住华北南大门、掩护我军向东北进军和战略展开起到重要作用。邯郸战役期间，国民党第十一战区副司令长官、新八军军长高树勋率部万余人在邯郸马头起义，成为解放战争中国民党高级将领起义的先例，对加速瓦解国民党军队起到重要作用。毛泽东亲笔致信高树勋并倡导开展高树勋运动，提议将起义命名为"邯郸起义"，将起义部队改编为民主建国军。

1946 年 1 月，国共双方达成停战协定，永年和邯郸先后驻有军调部执行小组。为争取和平民主，晋冀鲁豫军区领导在邯郸利用各种方式对蒋介石的倒行逆施给予声讨和反击。3 月 6 日，刘伯承在邯郸晋冀鲁豫军区司令部，对新华社记者发表谈话指出，国民党统治区战争气氛浓厚，告诫全区军民要提高警惕，做好应付突发事件的准备。随后在邯郸两次致电北平军调执行部，要求立即停止国民党的军事行动。3 月，晋冀鲁豫边区一届二次参议会在邯郸市举行追悼李兆麟将军大会，杨秀峰、刘伯承在会上号召解放区军民团结一致，警惕国民党反动派发动内战的阴谋。4 月，晋冀鲁豫中央局在邯郸举行追悼"四八"殉难烈士大会，邓小平、杨秀峰、刘伯承号召边区人民要清醒地看到内战逼近的危险，同国民党反动派斗争到底。5 月 8 日，晋冀鲁豫军区发出《关于应付大规模内战，加强准备工作》的指示。11 日，军区公布，从停战协定生效起至 4 月，国民党军队向晋冀鲁豫解放区大小军事进攻达 927 次，使用兵力达 60 万人。

6 月 10 日，晋冀鲁豫军区在邯郸市召开整军练兵会议，军区各纵队和部分旅、军分区首长参加了会议。刘伯承带领与会人员在邯郸市西南郊靶场进行打靶比赛，告诫全军将士继续保持旺盛的斗志，准备应付全面内战。之后，各军区部队迅速掀起了"以军事为主、政治为辅，军事又以射击、刺杀、投弹、土工作业等技术为主，战术为辅"的练兵高潮，为即将到来的自卫反击战作了思想和战术上的准备。

1946年6月下旬，国民党军队向解放区展开大规模进攻，全国内战爆发。7月6日，晋冀鲁豫野战军三纵队在马头镇召开誓师大会，刘伯承、邓小平、薄一波等乘车从邯郸赶赴会场，邓小平作动员报告。7月14日，晋冀鲁豫军区野战军指挥部在邯郸成立。8月10日，晋冀鲁豫野战军主力在刘邓率领下由邯郸开赴鲁西南一带，揭开了自卫反击战的序幕。为贯彻中共中央制定的积极防御的战略方针，刘邓率领晋冀鲁豫野战军先后取得定陶、巨野、鄄城、濮滑、巨金鱼、豫皖边等一系列战斗战役的胜利，大量歼灭敌人有生力量，逐步改变了敌我力量对比和攻防形势，打破了国民党军一次次企图占领晋冀鲁豫边区首府邯郸、打通战略要线平汉路、进攻华北解放区的"黄粱美梦"，初步掌握了战略主动权。

在战略退却阶段，到1947年4月止，边区部队曾先后主动撤出46座县城，占全区县城总数的三分之一，700万以上人口的地区曾一度沦陷。冀鲁豫八个分区中有五个半分区成为游击区，太岳区的边沿区大部沦入敌手，太行区豫北一带除林县、武安、涉县三个腹地县以外几乎全部沦陷，冀南区的大名、临漳一带也一度遭到蒋军蹂躏[①]。但边区首府邯郸由于重要的战略地位及人民军队的英勇反击，始终掌握在中国共产党的手中。

1947年4月，战争形势发生了转变。5月15日，晋冀鲁豫中央局在武安冶陶召开会议，讨论转入战略进攻的各项准备工作。6月30日夜，刘邓大军在鲁西南强渡黄河，揭开了战略进攻的序幕。随后长驱南征，千里跃进大别山，在国民党统治的心脏南京和战略要地武汉之间插上一把利剑，加快了解放战争的进程，对夺取全国胜利起到了重大的推动作用。晋冀鲁豫解放区由此成为战略大反攻的重要战略起点，从主战场之一变为支援全国解放的主要供应基地。晋冀鲁豫部队经过一年作战，由27万人发展到42万人，其中野战军由8万人发展为28万人，取得了歼敌28.7万人的骄人战绩，为解放战争总战绩的四分之一，多次受到中央表扬。1947年7月中央前委陕北小河会议上，周恩来在总结一年来的战绩时指出，我军各区成绩次第为：华东、晋冀鲁豫、东北、晋绥和陕甘宁、晋察冀。毛泽东把刘邓大军挺进大别山形象地比喻为"对准他（蒋介石）的胸膛刺上一刀"。

晋冀鲁豫解放区地处华北、华东、中南、西北的接合部，北与晋察冀接壤，南过黄河与苏北、鄂豫皖根据地呼应，东接山东解放区，西迄汾河及同蒲铁路可策应陕

---

① 齐武：《晋冀鲁豫边区史》，当代中国出版社1995年版，第530页。

甘宁边区，在全国解放战争中处于战略枢纽的重要地位。邯郸居于边区的战略核心地位，原中共中央党史研究室副主任李忠杰指出："在抗日战争和解放战争中，邯郸发挥了特殊的作用。""按照很多专家学者的分析，包括邯郸很多资料的分析，邯郸的战略位置非常重要，某种程度上掌控或影响着其他许多地方，甚至影响到全局，在这个地方站住脚，不仅就稳稳地占据了这块地方、这个区域本身，而且由此对陕甘宁边区、山东解放区、南方的新四军地区、河南等地区都产生了积极影响。"①

三、邯郸是晋冀鲁豫边区的政治决策中心，是中国共产党局部执政条件下积累治国理政经验的重要基地

邯郸解放后，为巩固和建设好这个重要城镇，根据晋冀鲁豫中央局和边区政府的指示，冀南区党委以邯郸县城为基础设立了邯郸市，这标志着邯郸作为近代城市的重要地位在政区设置上第一次得到体现。1945 年 10 月 10 日和 15 日，中共邯郸市委、邯郸市人民政府相继成立。1946 年 4 月成为边区首府再一次提高了邯郸的城市地位。为接收、管理好这座城市，中央局从解放区选派优秀干部充实到邯郸市委、市政府各个部门，帮助邯郸市建立了财政、工商、公安、文教、城建等一系列管理机构。

1946 年 3 月 18 日至 29 日，晋冀鲁豫边区参议会一届二次会议在邯郸市召开。来自冀南、太行、太岳、冀鲁豫四个解放区的 512 名代表齐聚邯郸。中央局书记邓小平、边区政府主席杨秀峰、军区参谋长李达、边区政府副主席戎伍胜分别在会上作了政治、政府、军事和财政报告。会议通过 855 件有关加强边区建设的提案，确定以休养生息、巩固和平为边区当前基本任务。会议还通过了在邯郸市建立烈士陵园的决议。这是边区党政军机关进城后第一次召开的大规模、高规格会议，盛况空前，对解放区的各项建设特别是民主政权建设具有重要历史意义。晋冀鲁豫边区参议会是边区最高权力机关，参议员由普选产生，任期最多不超过两年，职权包括立法权、审查监督权、决策权和选举权等权力，闭会期间设驻会委员会等。可以看出，晋冀鲁豫边区参议会制度已有全国人民代表大会制度的基本形态，为其后的形成和多党合作制度的形成奠定了一定的基础。

会后，为了加强边区政府的建设，边区邮政总局、卫生总局、贸易总局、禁烟总局、工业研究所、运输处、公路管理局等机构在邯郸建立。边区党政军机关迁驻邯郸

---

① 中共河北省委党史研究室、中共邯郸市委党史研究室编：《晋冀鲁豫根据地与中国抗战文集》，河北人民出版社 2017 年版，第 6、7 页。

后，在这里制定了许多重要政策和方针，召开了许多重要会议，以邯郸为试点对许多工作进行了探索和实践。当时，中共中央下发给晋冀鲁豫中央局的许多文件直接称其为"邯郸局"。

机关由乡村进驻城市以及短暂的和平局势，使部分干部滋长了居功自傲、贪图享乐的不良作风，对此，边区党政军领导高度警醒，加强对各级军政干部的思想政治教育，要求继续保持不骄不躁、艰苦奋斗的作风，为人民再立新功。驻邯期间，邓小平提出反对"李自成思想"，提倡"米朗作风"。为促进军政团结，刘伯承要求将廉颇蔺相如的故事编成戏剧教育部队，新华剧团排练了《将相和》，军区政治部编写了通俗读物《廉颇和蔺相如的故事》，并组织指战员们参观回车巷，对部队进行军政、军民团结教育。

边区党政军机关在加强自身建设的同时，还进一步加强了专署、县、乡、村各级政权建设，推动了民主建政事业的发展。在中央局和边区政府的直接领导下，邯郸市的党政组织也得到了空前的发展，全市各个街村普遍建立了党的基层组织，市政府领导全市人民通过土地改革，实现了农业生产关系的变革，摧毁了封建势力，建立和巩固了各级人民政权。

1948年9月，晋冀鲁豫、晋察冀两大解放区合并为华北解放区，华北人民政府成为中华人民共和国政府的雏形。可以说，以邯郸为中心的晋冀鲁豫解放区的政权建设，是从局部执政走向全国执政的连接、转移、过渡的重要环节，为新中国的成立发挥了重要的奠基作用。

邯郸市的一大突出贡献是对城市接管工作进行的实践尝试与探索，为日后党制定城市政策提供了镜鉴。尽管当时党的中心任务仍是武装夺取全国政权，但中央局和边区政府审时度势，预见到接收管理城市必是将来的重大历史任务。1946年5月15日，由边区政府正式颁布施行的《邯郸市政府施政方针》是中国共产党在管理城市方面进行宪政立法的最早实践。它较早地系统地提出了中国共产党城市工作的方针和一系列政策，如城市工商政策、知识分子政策、劳资关系政策、文教政策、财政政策等等，并制定了相应的措施和办法，成为指导邯郸市城市工作的纲领性文献。《方针》开宗明义地阐明邯郸城市管理工作的总方针："团结各阶层力量，深入反奸复仇运动，彻底摧毁敌伪残余势力，解决恢复发展工、农、商业上的困难，即在反奸运动中切实贯彻工商业政策，切实贯彻减租减息，稳定阶级关系，促进劳资团结合作，提高生产与经营的积极性，以便恢复繁荣市场，发展经济。"《方针》把恢复发展工商业、繁荣市场、发展经济提到了中心工作的高度，提出了人民政权建立以后一手抓经济建设、发展生产力，一手抓社会稳定、政权建设的城市工作方针。这种提法是十分超前的。直到 1949 年 3 月召开七届二中全会，中共中央明确提出党的工作重心从乡村转移到城市，生产建设成为党的中心工作时，相继解放的大中城市才逐步转移了工作重心。在城市管理工作中，邯郸市还探索实践了户籍制度的建立，改造烟馆、妓院、赌场、游民、乞丐等旧社会毒瘤，废除旧的婚姻、卫生陈风陋习，倡导新风尚，使城市面貌和社会风气有了明显好转，邯郸很快成了社会稳定、人民安居乐业的城市。历史实践证明《邯郸市政府施政方针》的主要内容是符合当时城市工作实际的，它的条文多与 1947 年以后中央发布的城市政策相符，更彰显了邯郸市的城市工作探索在全党城市工作历史上的开拓性意义。

邯郸解放较早，随着解放战争的胜利发展，新解放区不断开辟、扩大，晋冀鲁豫作为巩固的老解放区，先后向东北、中原地区、湖北、湖南、福建、石家庄、北平、天津等新解放区派出大批干部，邯郸也派出 3000 多名干部随军南下北上，在新区接管与建政工作中发挥着主导作用，其中包括先后担任邯郸市委书记的王悦尘、袁崇德，市长朱效成等。这些成建制派遣的干部和大批参军入伍的新兵、随军支前的民工一起，保证了新解放区的开辟与建设，铸就了不朽的军史创举。

抗日战争和解放战争时期，包括涉县、武安在内的邯郸是中国共产党局部执政条件下积累治国理政经验、培养大批人才骨干的重要阵地。从这里走出了新中国改革开放的总设计师邓小平和刘伯承、徐向前 2 位元帅，陈赓、王树声、黄克诚 3 位大将，18 位上将，48 位中将，295 位少将，还有党的其他各个方面的领导干部。先后有近百位一二九师和晋冀鲁豫军区老首长担任党和国家重要领导职务，成为中国第二代领导集体的中坚力量，这里被誉为"中国改革开放的萌芽地"。

四、邯郸是晋冀鲁豫边区的经济贸易中心，在此召开的历次财经会议成为日后崭新财经体系建立的发轫之举

邯郸解放后，为尽快医治战争创伤，巩固新生的民主政权，支援人民解放战争，边区政府加紧恢复和发展工农业生产，制定了一系列保护发展城市工商业、繁荣市场的政策和条例，采取了一些卓有远见的举措，使城市工商业日趋活跃，凸显了邯郸作为边区经济中心城市的地位。

邯郸是一座以工商业为主兼有农业的城市，保护和发展工商业成为城市经济工作最重要的环节。1945 年 11 月 10 日，邯郸战役甫一结束，中央局在峰峰召开第一次

全委扩大会议，对城市工商业和煤窑、陶瓷、铁矿等工业的恢复和发展中存在的困难提出了具体的解决办法。1946 年 3 月，中央局设立经济部，领导全边区的经济工作。5 月初，晋冀鲁豫边区政府煤业会议在峰峰召开，边区政府副主席戎伍胜在会上讲话，指出煤业发展方向是向机械化发展，贯彻劳资合作方针，使工人生活得以改善，使煤业资本家有利可图。6 月 8 日至 20 日，边区职工总会二届二次执委扩大会议在邯郸市举行，中央局副书记薄一波作了关于边区工运方针的报告，明确指出：劳资合作、劳资互助、劳资两利、发展生产是今后边区工人运动的新方针。为发展经济，边区政府还以民办公助的形式，筹集资金 2214 万元（冀钞）在彭城组建了瓷业工商合作社，将政府管理的峰峰煤矿改为公私合营的利民煤矿股份有限公司。

当时，保护发展工商业是在彻底摧毁敌伪残余势力、深入发动群众开展反奸复仇运动的大背景下进行的，中央局、边区政府的支持和指导，进一步解除了邯郸市委、市政府主要领导人保护和发展私营工商业的思想羁绊。《邯郸市政府施政方针》着重明确了保护和发展工商业的政策原则，明确指出："以农村看城市、以对待封建地主的政策对待工商业资本家的观点必须改变，过去实际上妨碍工商业发展的某些措施必须纠正。"并强调要"大力发展手工业，再创造半机器工业，逐步奠定工业基础。商业应改过去买办市场为边区经济和服务农村及其他小城镇市场。"《方针》还就如何发展城市工商业规定了 11 条原则。根据这些原则，邯郸市在实践中对城市工商业政策作了进一步的探索。为促进工商业发展，邯郸成立了商联会，代表全市工商界 37 种行业、1700 余户商号及 1000 余家摊贩。《方针》发布之时，正值土改运动如暴风骤雨般地在邯郸及周围农村展开，发动群众消灭封建的土地改革运动和保护发展工商业成为邯郸市面临的两项艰巨任务。邯郸工商业者大都和农村地主有联系，或本身就是地主兼营工商业者。因此，土改运动的蓬勃开展自然就牵涉到了城市工商业问题，斗不斗地主工商业成了当时困扰邯郸市领导的大问题。《方针》提出了解决地主工商业问题的意见："一般的削弱封建剥削的斗争，如兼有工商业不牵涉其工商业部分，使其工商业可照常存在和发展。但罪大恶极的汉奸除外。"这项政策在一段时间内受到了批评和非难，但实践证明，它是符合当时历史实际的，1948 年以后它成为全党的一项政策。后来随着土改运动的不断深入，邯郸的工商业也受到一定程度的冲击，但在中央局的指示和支持下，邯郸市委、市政府在工作中始终坚持了保护和发展工商业的原则，使城市的工商业保持了欣欣向荣的发展趋势。到 1949 年底，全市共有手工业 600 多户，分为 28 个行业，比 1945 年增加了一倍以上。

邯郸是边区商业的中心城市。1949 年，邯郸棉花成交量为 204.6 万斤，粮食成交量为 18639316 斤，盐成交量为 940 万斤。从 1948 年起，每年春秋两季各在邯郸举办为期一个月的药材大会，药材年上市量达 663000 余斤，交易总值在 7 亿元以上。全市商户 1945 年 10 月为 1148 家，1948 年发展到 2758 家，资金总额 456779731 元。1948 年 4 月 19 日，薄一波结合邯郸实际向中央作《关于发展工商业的报告》，系统阐述了晋冀鲁豫解放区的城市工商业发展状况、存在问题及原因、应采取的措施等。毛泽东批转给东北、华东、西北、中原局及热河、晋绥分局请各地研究并参照办理。

为支持解放战争，晋冀鲁豫边区坚决贯彻"发展经济，保障供给"的财政工作总方针，大胆探索实践，创造性制定实施的财经政策和管理制度，建立了自给自足的经济体系，实现了全区财经统一，保障了部队供给和民生之需。这一时期召开的峰峰会议、庞村会议和华北财经会议，为新中国财经体系的建立奠定了坚实基础。1945 年 11 月晋冀鲁豫中央局召开的峰峰会议提出统一全区财政经济领导和供给标准，走出了全区货币统一的第一步。1946 年 9 月，中央局庞村会议重点讨论了如何平衡"必须多养兵、必须提高兵员生活待遇、必须减轻人民负担"三个矛盾问题，取得的重大成果，被中央评价为"是一个伟大的成绩"，要求各地研究参考。10 月在邯郸成立了中央局财经委员会，标志着晋冀鲁豫解放区的财经管理体制由分散、各自为政走向了集中统一。1947 年 3 月至 5 月，受中共中央委托，由各大解放区财政要员参加的华北财经会议在武安冶陶召开，会议正确提出和解决了财经工作的方针政策，打破了地区分割，开启了协调推动解放区财经、货币工作从分散经营走向联合统一的进程，构建了新中国财政的雏形，为中国人民银行的最终成立奠定了基础。会后成立的以董必武为主任的华北财经办事处，是中央财政经济部的前身。不拘泥于指示条文的晋冀鲁豫边区在与国民党进行财经斗争的战场上，率先打响了统一财经、科学整合资源的第一枪，为新中国的财经工作提供了有益经验，为财经工作走向正规化建设打下了坚实的基础。

邯郸还是边区的金融中心，确立了以边区公营银行冀南银行为主体、由民营瑞华银行和群众信用社及民间银号参加经营的金融新体制。迁驻邯郸市的冀南银行总行充分发挥领导主体作用，开展货币发行、金融业管理以及信贷事业，到 1947 年 10 月，冀南银行已建起 4 个区行、26 个地市分行和 173 个县支行，资金总额达 133 亿元，不仅形成了较完备的金融体系，而且具有雄厚的资金实力，促进了全区的经济建设和城市工商业的发展。1947 年刘邓大军南下大别山时，冀南银行把所有的金银实物拿出支援部队，提供了强大的后勤保障。冀南银行为新中国成立后的国家银行管理积累经验、储备人才，给其后人民政权组建新的金融体系提供了有益借鉴，被誉为"新中国金融的摇篮"。1946年6月，解放区第一家民营银行瑞华银行总行在邯郸市开业，后又相继在邢台、长治、晋城、南宫、临清、菏泽、济宁等地设立分行，形成以邯郸为中心的边区民营金融网络。1949年瑞华银行并入中国人民银行。

五、邯郸是晋冀鲁豫边区的文化艺术中心，成为解放区红色文化发展历程中的燎原之炬

边区政府在邯郸期间，积极发展新闻、广播、出版、文艺、教育事业，使边区的文化成就盛极一时，在党的红色文化发展史上留下浓墨重彩的一页。

1946年5月15日，晋冀鲁豫中央局机关报《人民日报》在邯郸市火磨街创刊发行。这是边区第一份城市报刊，创刊号为对开四版，报头集毛泽东手迹而成，创刊号整版采用套红印刷，这样的印刷方式在战争年代创刊的大型报纸中极为罕见。6月下旬，报社迁往武安。1948年6月迁往平山，与《晋察冀日报》合并为中共华北局机关报《人民日报》。1949年3月走进北京，升格为中共中央机关报，迈向世界大报之林。《人民日报》在邯郸25个月，共出版746期，为宣传党的路线、方针、政策发挥了重要作用。

1946年7月1日，由晋冀鲁豫军区政治部编辑出版的《人民》画报在邯郸市创刊发行，以照片、木刻、绘画为主。1948年5月，人民画报社与晋察冀画报社合并出版《华北画报》，成为今天《解放军画报》的源流之一。

1946年初，晋冀鲁豫中央局决定在邯郸筹办边区电台。在边区电讯器材严重缺乏的困难条件下，邯郸市市长王悦尘派人潜入天津，分批采购电讯器材辗转运回邯郸。经过两个多月夜以继日地工作，准备工作基本就绪。全国内战爆发后，电台筹备人员和机器设备撤离邯郸，转移到涉县。9月1日，邯郸新华广播电台在涉县沙河村正式播音。1947年3月，国民党重点进攻陕北解放区，中共中央决定撤离延安，指示：陕北新华广播电台停止播音，从延安转移到涉县沙河村，新华社晋冀鲁豫总分社改为新华社临时总社，代替延安总社的工作。3月29日，邯郸新华广播电台接替陕北新华广播电台，向全世界播音，保证了党中央和毛主席的声音不间断地传向四方。六七月间，新华总社全体人马在社长廖承志的率领下，分两批先后到达临时总社驻地涉县。陕北新华广播电台和邯郸新华广播电台同在沙河村的两个窑洞里播音，两台独立，在社长廖承志的领导下并肩战斗，历时一年多时间。在此期间，新华社消息都从这里发出。1949年，陕北新华广播电台随中央机关迁往北平，新中国成立后，改为

中央人民广播电台。陕北台奉命北上后，邯郸台停止自办节目，成为陕北台的转播台，1949 年 3 月奉命停播，完成了历史使命。

这一时期，范文澜、陈荒煤、于黑丁、张磐石、赵树理、任白戈、朱穆之、张香山、王春、晁哲甫等一大批文化艺术界名人和知识分子聚集边区首府，古都邯郸一时成为人文荟萃之地。1946 年 4 月，边区文学艺术界联合会和边区文艺工作者协会在邯郸成立。边区文联在邯郸创办了大型综合月刊《北方杂志》，举办文艺活动，推动了边区文化艺术事业的发展。一批重要文化机构也相继迁驻邯郸市。华北新华书店驻邯期间进入书店出版最活跃的时期，系统出版翻印了一批经典著作、政治理论读物以及文艺、科普、外国图书，还出版了晋冀鲁豫版《毛泽东选集》，被中央《毛泽东选集》编委会评价为"内容最丰富、装帧最精美"。在邯期间，华北新华书店还编辑出版了通俗读物《新大众》，后改为《大众日报》，停刊后转办《工人日报》。边区政府教育厅所属裕民印刷厂，主要为边区学校印行中小学课本，还出版《新教育》月刊。军区政治部业余编译社以襄助边区政治、经济和文化教育建设为宗旨，代各机关厂矿翻译外文参考资料及书籍。

这一时段汇集在此的重要文化机关和团体数量之多、影响之大，使邯郸成为中国红色文化发展历程中具有里程碑意义的重要一站。尤为重要的是，在战略防御阶段包括陕北在内很多地方的报刊被迫停刊、电台被迫停播时，晋冀鲁豫文化机构不仅自身的工作始终没有中断，还一度代行中央新闻机关的职责：在中央的指示决策下，邯郸新华社广播电台一度代替陕北新华广播电台向全国播音，中央机关报《解放日报》停刊后晋冀鲁豫《人民日报》报道了很多中央的指示和消息，新华社晋冀鲁豫总分社和人民日报社抽调干部组建新华社临时总社暂时接替新华总社的工作，保证了文字广播一天也没有中断。1947 年 7 月上旬，担负中央机关报、通讯社和广播电台三重任务的新华社在社长廖承志率领下，完成战略大转移，胜利抵达涉县。其后近一年时间，新华社在太行山区发布了包括著名的"五一口号"在内的党的多项重大主张以及人民解放战争的胜利消息。

六、邯郸是解放区对外联络的重要窗口，中共中央曾作出移驻邯郸西部的重大决定

作为当时华北解放区最有影响力的红色首府与行政中心之一，以及 1947 年 3 月中共中央撤离延安后关内解放区最大的城市，邯郸成为解放区许多重要外事活动的举

办地和对外联络的窗口。

1946 年 3 月 31 日，邓小平在邯郸会见赴永年调查的第 19 军调小组成员中共代表雷任民、国民党代表毕永历、美国代表柯尔。1947 年 1 月 3 日，黄河归故会谈在邯郸市举行。出席会议的有：联合国善后救济总署顾问兼黄河水利委员会顾问塔德、联总驻华办事处河南区代表韦士德、联总驻北平执行部代表兰士英、联总驻华办事处卫生专员卜敏、联总驻豫办事处卫生医务主任朱治民、晋冀鲁豫边区负责人滕代远、戎伍胜，冀鲁豫行署驻开封黄河代表赵政一，军事调处执行部中共代表董越千，解放区救济总会驻北平代表黄华，邯郸市副市长冯于九。会谈商定先复堤，堵塞黄河故道水闸，延缓 5 个月放水，从而维护了黄河下游解放区人民的利益，粉碎了蒋介石集团企图水淹解放区的阴谋。为解决黄河归故工程及赈灾等问题，在邯郸设立了联合国善后救济总署驻解放区办事处，边区政府主席杨秀峰多次同联合国善后救济总署谈判，为边区争取救济物资。联总一些官员先后抵达邯郸，考察解放区建设，敦促救援物资拨运边区情况。1946 年 5 月，加拿大全加助华总会暨红十字会驻华代表梁正伦到邯郸市考察边区卫生事业，指出，来解放区的最大收获是完全揭破了国民党在外边所制造的一切不利于解放区的谣言，对边区医药卫生工作在困难条件下仍能作出很大成绩表示钦佩。1946 年 9 月，加拿大医生、联合国善后救济总署医务官铁尔生·莱孚·哈励逊携带医药物资援助邯郸国际和平医院，对该院的医疗工作赞赏不已。当年底哈励逊再次运送大批医药物资来邯，不幸于途中病逝。为纪念这位国际友人，1947 年 2 月，中国福利基金会及解放区救济总会将邯郸国际和平医院改名为邯郸哈励逊国际和平医院。

一些著名国际友人也先后来到邯郸并通过作品记录宣传了邯郸。1946 年 11 月初，美国著名记者安娜·路易斯·斯特朗到晋冀鲁豫解放区采访，受到中央局副书记薄一波、边区政府副主席戎伍胜等接见。斯特朗在其著作《中国人征服中国》中详细记述了她访问晋冀鲁豫边区的情况。1947 年 1 月 24 日，美国战地记者杰克·贝尔登到达邯郸，在其代表作《中国震撼世界》中这样描述邯郸："这是坐落在现已不通车的平汉线路线上的一个有四万人口的城市，也是我离开国统区以来见到的第一个真正的城市""邯郸是铁路线上的重镇，又是平原的粮食和山区土特产的集散中心"。1947 年，英国记者大卫·柯鲁克和妻子伊莎白以观察员身份进入武安十里店村，与村民同吃同住，深入考察解放区土地改革，并合著代表作《十里店》。

晋冀鲁豫解放区在军事斗争、经济建设、财经工作、土地改革、城市管理和文化建设等方面取得的成绩，使得晋冀鲁豫成为最巩固的解放区，受到中共中央充分肯定和特别关注，从而成为中共中央转移的首选之地。1947年3月26日，面对国民党发动的重点进攻，中共中央作出《关于中直、军直向太行转移的两个方案的指示》。几天后召开的枣林沟会议决定中央领导机构一分为二：毛泽东、周恩来、任弼时组成中央前委留在陕北，指挥全国的解放战争；刘少奇、朱德组成中央工委，"经五台往太行"。这里的五台、太行，分别指晋察冀和晋冀鲁豫。将中央工委行动的目的地落在晋冀鲁豫解放区，中央虽然没有作具体说明，但从当时战局看，与国民党进攻态势、晋冀鲁豫野战军有力作战以及晋冀鲁豫解放区的相对稳固有重要关系，与之相印证的两个决策就是前文提到的中央指示在邯郸召开华北财经会议和在太行成立华北财经办事处，以及电令晋冀鲁豫中央局紧急筹建新华社临时总社。原定中央工委留在晋察冀一个时期帮助指导晋察冀解决部队作战不利的军事问题，后来随着解放战争的胜利发展，特别是华北战局的变化，中央工委遂移向平山，没有再向晋冀鲁豫解放区转移，最终西柏坡成为中共中央驻地。虽然与中央移驻邯郸的历史机遇擦肩而过，但这一决策足以证明中央对以邯郸为中心的晋冀鲁豫边区的认可。

作者：成少丽，中共邯郸市委党史研究室副主任。

晋冀鲁豫边区首府邯郸市
具有重大影响的四大举措

丁社光

摘　要： 坚持以习近平新时代中国特色社会主义思想为指导，丰富发展邯郸红色革命文化，助力乡村振兴，为邯郸现代化区域中心城市和西部现代化生态新城建设凝聚时代力量。1945 年 10 月，邯郸解放后，成立邯郸市，1946 年 4 月邯郸正式成为晋冀鲁豫边区直辖市，半年多的时间里，晋冀鲁豫边区作出了许多具有历史意义的举措，其中具有全国影响的举措有四个。

关键词： 备战；烈士陵园；庞村；创刊

1946 年 2 月下旬，晋冀鲁豫中央局、晋冀鲁豫边区政府、晋冀鲁豫军区机关相继迁驻邯郸市。4 月 1 日，邯郸市成为晋冀鲁豫边区直辖市，邯郸市遂成为晋冀鲁豫边区的政治、经济、文化中心。边区党政军机关进驻邯郸市后，遵照中共中央《一九四六年解放区工作的方针》，大力开展了政治、经济、文化、教育、卫生等各项事业的建设，并具体地指导了邯郸城市接管和改造工作。1946 年 11 月根据战争的需要，晋冀鲁豫边区党政军机关再度迁至武安冶陶，半年多的时间里，晋冀鲁豫边区作出了许多具有历史意义的举措，其中具有全国影响的举措有四个。

一、放弃幻想，积极备战

1945 年 8 月抗战胜利后，人民迫切渴望一个和平、统一、民主、团结的政治局面，休养生息，医治战争创伤，恢复发展生产。国民党政府迫于国内外压力，一面假意实行民主宪政，准备召开政治协商会议，并邀请中共中央主席毛泽东到重庆谈判；一面暗中准备全面内战，进攻各解放区。11 月 2 日，晋冀鲁豫军区根据中央的战略方针和部署，精心策划和组织了邯郸战役（平汉战役），粉碎了国民党打通平汉线的企图。1946 年 1 月 10 日，国共两党达成"停止内战"协议。

但 1946 年 4 月，国民党第十一战区在新乡召开军事会议，恣意破坏停战协定，决定借口抢修平汉铁路向邯郸和邢台地区进犯。4 月 21 日，晋冀鲁豫中央局在邯郸市举行追悼叶挺、王若飞等"四八殉难烈士"大会（4 月 8 日，出席国共谈判与政治协商会议的中共代表王若飞、秦邦宪乘飞机由重庆回延安向党中央汇报工作，同机回延安的还有新四军原军长叶挺等，由重庆飞往延安途中，因天气恶变，飞机失事，13 人全部遇难）。边区党政军主要领导人刘伯承、邓小平、杨秀峰等和邯郸各界群众 2000 余人参加了大会。会上，刘邓首长高度评价了"四八"烈士为中国和平民主团结的实现同国民党反动派不屈不挠的斗争精神，号召边区人民完成烈士的未竟遗志，同国民党反动派斗争到底！追悼"四八"烈士的活动，使边区人民更加清楚地认识到国民党反动派挑动内战的威胁日渐逼近，边区军民决心以烈士为榜样，积极投入到准备自卫反击的工作中去。5 月 26 日，晋冀鲁豫中央局、晋冀鲁豫军区发出《关于全区三个月练兵的指示》。6 月 10 日，军区在邯郸市召开各纵队司令员、旅长参加的练兵会议。会议重点解决部队各级将领头脑中存在的"和平麻痹、斗志松懈、居功自傲"的错误思想。25 日，刘伯承又做了战术问题的报告，系统地总结了上党、邯郸战役的经验。之后，军区各部队迅速掀起了"以军事为主、政治为辅，而军事又以射击、刺杀、投弹、土工作业等技术为主，战术为辅"的练兵高潮，为即将到来的自卫反击战作了思想和战术上的准备。在练兵运动中，邯郸市各界群众提出了"誓死保卫边区首府"的战斗口号。边区政府和军区还整顿和壮大了民兵组织，准备了参战武器。他们总结利用十四年抗战中"劳武结合"的经验，在大生产运动的同时，开展了轰轰烈烈的大练兵运动。

7 月 14 日，根据形势的需要，在邯郸组建晋冀鲁豫野战军指挥部，实行机动作战以迎击国民党军队对解放区的进攻。8 月 6 日，晋冀鲁豫野战军主力第 3 纵队在邯郸市马头镇召开誓师杀敌动员大会。军区司令员刘伯承、政委邓小平、副政委薄一波从邯郸市乘车赶到会场，参加了大会。纵队司令员陈锡联主持了大会，邓小平做动员报告。会上，全体指战员宣誓：誓死保卫党中央、保卫解放区，打好自卫反击战！会后，军区首长与纵队各级将领分析了形势，作了详细的战斗部署。军区所属各部在驻地也先后召开了不同形式的誓师杀敌大会。

为确保自卫反击战的胜利，中央局和边区政府积极动员社会各界参战支前。7 月 3 日，边区 2 万余群众在邯郸市体育场集会。杨秀峰出席了大会，号召边区各界民众积极行动起来，反对内战，支援前线。并分别致电中共中央和美国政府，表示解放区军民反内战的决心，要求美国政府立即停止干涉中国内政的行为，撤退驻华军队。7日，中共中央发表《为"七七"九周年纪念宣言》，很快在边区各界引起强烈反响。10日，刘伯承在邯郸市体育场向晋冀鲁豫党政军各机关及邯郸市各机关团体4000名干部作学习《宣言》的辅导报告。随后，边区各机关和邯郸市各界群众掀起了学习、宣传《宣言》周活动。驻邯人民日报社与新华分社开辟了宣传《宣言》栏，社长张馨石亲自辅导；邯郸中学把《宣言》作为课程进行系统学习，市第一、第二小组完成167人参加的秧歌队、讲演组、绘画组和壁报组，蹚遍市区内的大街小巷和市郊部分村庄，宣传《宣言》的主张，动员群众反对内战。

全面内战爆发后，8月15日，晋冀鲁豫中央局正式发出《为粉碎蒋介石进攻争取爱国战争胜利的号召》。17日下午，边区政府在市委礼堂举行"反对卖国、坚持独立；反对内战、保卫和平"的爱国自卫战争动员大会。会后，边区政府发出《为全力支援前线争取爱国自卫战争胜利向全区人民、行政工作人员的紧急号召》。邯郸市为响应中央局和边区政府的号召，成立"邯郸市各界爱国自卫战争动员委员会"，建立了兵站，开展支前运输，救护伤病员和开展劳军活动。

10月初，晋冀鲁豫中央局在邯郸召开平汉沿线紧急备战会议。5日，邯郸市为落实中央局紧急备战会议精神，邯郸军民举行纪念邯郸解放一周年大会，检阅了爱国自卫力量。月底，邯郸市各区普遍建立和整顿了民兵组织，实行了小区联防。11月初，邯郸市成立了民兵游击大队。11月中旬，国民党飞机多次轰炸驻邯郸晋冀鲁豫党政军机关。为适应战争形势的需要，减少国民党空军对邯郸的轰炸破坏，晋冀鲁豫边区党政首脑机关相继移驻到武安冶陶镇，邯郸市交由中共邯郸市委和市政府管理。

二、晋冀鲁豫边区参议会盛大召开及晋冀鲁豫烈士陵园建成

边区党政军机关迁驻邯郸不久，1946年3月18日至29日，晋冀鲁豫边区参议会一届二次会议在邯郸市邯山区硝厂胡同1号隆重召开，邓小平、刘伯承、杨秀峰、薄一波、邢肇棠、戎伍胜及冀南、太行、太岳、冀鲁豫四大解放区的代表等512人出席会议。会议历时11天，盛况空前。这是边区政府进入城市后第一次召开的大规模、高规格的会议，对解放区的民主政权建设具有重要意义。

晋冀鲁豫边区参议会作为边区最高权力机关，参议员由普选产生，任期最多不超过两年，职权包括立法权、审查监督权、决策权和选举权等，闭会期间设驻会委员会等。可以看出，晋冀鲁豫边区参议会制度已具有全国人民代表大会制度的基本形态，

为其后的共产党领导下的多党合作制度的形成奠定了一定基础，具有深远意义。

会议审议通过了边区政府主席杨秀峰所作的《巩固和平推进边区民主建设》的政府工作报告，选举薄一波为参议会议长，补选了边区政府委员和参议会驻会委员，会议还通过了在邯郸修建晋冀鲁豫烈士陵园、在长治建立决死队烈士陵园的决议。决议号召与教育广大群众，热烈欢迎对国家民族有丰功伟绩的因伤复员而还乡的抗日军人，多方予以爱护、尊敬与帮助，使其在精神上得到安慰、生活上得到保障，对革命烈士要发动遍及各个角落的纪念运动，搜集与表彰其英勇事迹，以昭民族正气。

1946 年 3 月 30 日，邓小平、刘伯承率领全体参议员破土奠基。在兄弟省市和全区人民的大力支持下，历时 4 年，1950 年 10 月，晋冀鲁豫烈士陵园落成。坐落于邯郸市内陵园路两侧，总面积 213 平方米，是我国规模较大的陵园之一。安葬着八路军副总参谋长左权将军、中共北方局军委书记张兆丰、抗日民族英雄范筑先等 200 余名烈士。是新中国成立后建筑最早、规模最大、党和国家领导人题词最多的烈士陵园。

主要建筑有烈士纪念塔、人民英雄纪念墓、陈列馆、烈士纪念堂、晋冀鲁豫人民解放军烈士公墓等。陵园北院以园林建筑为主。独具民族特色的雄伟建筑群，掩映在苍松翠柏之间。大门镌刻着朱德题写的"晋冀鲁豫烈士陵园"，大门两侧镌刻着毛泽东的手书"为有牺牲多壮志，敢教日月换新天"。入门巍然耸立着高 24 米的烈士纪念塔，塔顶光芒四射的红五星，象征着中国革命的伟大胜利。塔的正面镌刻着毛泽东题词："英勇牺牲的烈士们千古无上光荣"，东、北、西三面分别为周恩来、刘少奇、朱德的题词。纪念塔正北是人民英雄纪念墓，为纪念所有牺牲于晋冀鲁豫边区的革命烈士而建，墓内陈列着 317 名团职以上烈士英名录。纪念墓前面东西两侧有"八路军"和"民兵"两组群塑。东侧是左权将军墓，有周恩来的亲题墓碑。墓对面是左权将军纪念馆，馆内陈列着左权将军的遗像和遗物。院东北部为烈士纪念堂，陈列着部分革命先烈的遗像、遗物。西北部是刘伯承题名的陈列馆和"四八"烈士阁。南院以陵墓为主。前面有纪念亭、纪念碑，后面墓内安葬着团职以上干部和著名战斗英雄 200 余名。

晋冀鲁豫烈士陵园的建设与发展，始终得到党和国家领导人的亲切关怀。解放战争时期，朱德、刘伯承、邓小平、陈毅、董必武、杨秀峰等"往来邯郸道，数度谒陵园"。

新中国成立后，毛泽东、周恩来、江泽民、李鹏、万里、聂荣臻、邓颖超、薄一波等曾先后来园参谒，亲笔题词，并对陵园的建设作了重要指示。1986 年 10 月，晋冀鲁豫烈士陵园经国务院批准、民政部公布，被列为第一批全国重点烈士纪念建筑保护单位，1995 年被中共河北省委、省政府确定为河北省爱国主义教育基地，同年，被民政部命名为全国爱国主义教育基地。

三、庞村会议，为建立新中国财经体系积累经验

1945 年抗战胜利后，面对国民党反动势力的进攻，边区军费骤增，解决财经问题已迫在眉睫。1945 年 11 月、12 月，晋冀鲁豫中央局两次在峰峰召开会议，要求财政做长期打算，实行量入为出，并统一了全区财政经济领导和供给标准。1946 年 9 月，晋冀鲁豫中央局在防空驻地庞村召开财经会议，重点讨论了如何平衡必须多养兵、必须提高兵员生活待遇、必须减轻人民负担这三者的矛盾问题，并决定核减全区全部预算三分之一，成立财经委员会，以实现边区财经工作的统一。同年 11 月 15 日，中共中央致电晋冀鲁豫中央局，高度肯定和赞扬庞村会议。同时转发给其他各解放区，"这是一个伟大的成绩，是在战争中一个有重大价值的会议，望各地切实研究参考。"1946 年 10 月，晋冀鲁豫中央局财政经济委员会成立，由中央局常委、经济部长杨立三任主任，边区政府副主席戎伍胜任副主任，边区财经管理体制由过去分散、各自为政的管理模式，快速走向了集中统一。基于庞村会议的成功，中共中央要求晋冀鲁豫中央局筹备和召集华北财政经济会议。晋察冀、晋绥、山东、晋冀鲁豫等解放区主持财经工作的领导 17 人及列席代表 38 人参加会议。会议统一了华北各解放区的财经政策，调整了各解放区的财政关系，实现了调动一切财力、全力支援战略反攻的目的。

在冀南银行迁驻邯郸之后，施行保护和发展城市工商业的方针，为发展城市金融的需要，1946 年 6 月 11 日创办了边区第一家民营银行——瑞华银行。

四、创办《人民日报》，繁荣文化事业

1946 年 5 月 15 日，晋冀鲁豫中央局从新华日报社抽调张磐石等人创办了晋冀鲁豫中央局机关报——《人民日报》。《人民日报》创刊典礼在邯郸市中学礼堂举行，边区的党政军领导邓小平、刘伯承、杨秀峰等到会祝贺。张馨石任人民日报社总编辑。创刊初始的报头为剪辑的毛泽东手迹，7 月 1 日正式使用了毛泽东同志为《人民日报》题写的报头。不久，新华社晋冀鲁豫总分社与人民日报社合并，两个牌子一套人马。下设编辑部、印刷厂、后勤等部门，总计 120 余人，社址设在今火磨街的东

口。《人民日报》在中央局领导下，得到了太行、太岳、冀鲁豫、冀南等区报社的热情支持。11 月，人民日报社随中央局迁到武安县河西村。1948 年 6 月，华北人民政府成立后，《人民日报》同《晋察冀日报》合并，毛泽东同志第二次为《人民日报》题写报头。1949 年 8 月，《人民日报》成为中共中央机关报。《人民日报》在邯郸两年零一个月的时间里，共出版了 746 期，为宣传党的路线、方针、政策发挥了重要的作用。

1946 年 5 月，还创办了邯郸新华广播电台，成为解放区创办最早、规模最大的三大电台之一。6 月初，为准备自卫反击战，中央局决定将邯郸新华广播电台转移至涉县沙河村。9 月 1 日，邯郸新华广播电台正式播音。1947 年 3 月，为了保证党中央声音的传播，中共中央决定由邯郸新华社广播电台代替陕北新华广播电台播音。1949 年元旦，邯郸新华广播电台结束播音。

在边区的文化建设中，1946 年 1 月初在邯郸还成立了冀南书店，华北新华书店、裕民印刷厂、军区政治部业余编译社等文化机构相继迁驻邯郸市。1946 年 4 月 6 日，边区政府在邯郸召开了文化工作者座谈大会。边区知名艺术家云集邯郸，成立了边区文学艺术界联合会，范文澜当选为理事长。

其他的重大事件还有：1946 年 5 月底，根据中共中央指示，边直机关农民翻身队在邯郸市集中培训。6 月 19 日，分赴附近各县农村参加领导农民翻身的运动等等。

作者：丁社光，成安县委党史研究室综合科副科长。

晋冀鲁豫解放区的红色执政实践与启示

张建国

摘　要：1945 年 8 月，日本帝国主义宣布无条件投降后，国内政治形势和阶级关系发生了重大变化，阶级矛盾上升为中国社会的主要矛盾。以蒋介石为首的国民党在美帝国主义支持下，坚持内战、独裁、卖国的反动政策，实行"寸权必夺，寸利必得"的反动方针，企图夺取抗战胜利果实；而以毛泽东为代表的中国共产党则依靠人民的支持，坚持"和平、民主、团结"的方针，主张把中国建成独立、民主、富强的新中国。共产党一方面准备同国民党进行谈判，争取和平与民主；另一方面采取"针锋相对，寸土必争"的政策，积极准备对付国民党发动的内战，保卫人民的胜利果实。这时的中国面临着两种命运、两个前途的对决。就是在这一关键时期，邯郸（武安）成为晋冀鲁豫边区首脑机关的驻地。刘伯承、邓小平、徐向前、薄一波、杨秀峰等老一辈革命家生活、战斗在这里，召开了华北财经会议、南征会议和边区土地会议，边区的政治、经济、军事、文化等各方面建设全面加强。晋冀鲁豫边区人民在党和政府的领导下，经过土地改革，翻身做了主人，他们以极大的热情积极备战，参军参战，全力支援前线，为中国人民解放事业做出了巨大的贡献（据不完全统计，仅武安牺牲的革命烈士 3000 余名）。这一时期，中国共产党开启了在晋冀鲁豫解放区的红色执政历史，以邯郸（武安）为中心的晋冀鲁豫解放区也成为支援人民解放军战略反攻的后方基地。

一、中国共产党的红色执政史

中国共产党的执政史大体经历了在革命根据地、解放区的局部执政和中华人民共和国成立后的全国执政。而在革命根据地和解放区的局部执政史又被称为红色执政史。

1931 年 11 月，中共中央在江西瑞金成立了中华苏维埃共和国临时中央政府，这是党第一次局部执政和政权建设的实践；之后，随着陕甘宁、晋察冀、晋冀鲁豫等抗日根据地的建立，党又开始了更大范围、更深程度上的一次成功的局部执政，在军事上、政治上对争取抗战胜利都发挥了重要作用；国共内战爆发后，随着人民解放战争的不断胜利，党领导的根据地逐步发展壮大成为更加巩固的解放区，党又开始了在各个解放区的全面执政，尤其是中共中央在西柏坡召开的七届二中全会，制定了新中国的建国方略，为党的全国执政奠定了坚实的基础。我们今天研究的晋冀鲁豫边区执政史就属于我党在解放区的红色执政史。

二、晋冀鲁豫解放区的红色执政史是党的局部执政实践

（一）晋冀鲁豫中央局迁驻武安、邯郸，开启党在晋冀鲁豫边区的全面执政史

1945 年抗战胜利后，国共两党围绕着建立一个什么样的国家展开了激烈的斗争。以毛泽东同志为代表的党中央，根据主要矛盾变化了的形势，作出了重组根据地和成立新的中央局的战略大调整。8 月 20 日，宣布成立中共晋冀鲁豫中央局和晋冀鲁豫军区（简称中央局或军区）。加上 1941 年 7 月成立的晋冀鲁豫边区政府（简称边府），至此，边区党政军首脑机关逐步健全。1945 年 10 月和 11 月解放军取得了上党战役和邯郸战役胜利，不仅保卫了抗战胜利果实，实现了晋冀鲁豫边区的真正统一，而且有力地配合了重庆谈判。此时的边区以太行山为依托，横跨山西、河北、山东、河南、江苏五省，地处华北、华东、中南、西北的接合部。北起正太、石德铁路，与晋察冀边区接壤，可直指京津塞外；南过黄河并陇海铁路，与苏北、鄂豫皖根据地呼应，能直扼江汉宁沪；东抵津浦铁路，连接山东解放区，直出渤海、黄海；西迄汾河及同蒲铁路，可策应陕甘宁边区。总面积达 23 万平方公里，总人口 3000 余万，成为当时全国最大的解放区[①]。

随着战争形势的发展，晋冀鲁豫中央局决定将边区机关东移。1945 年 11 月，晋冀鲁豫边区党政军各机关先后由涉县、峰峰等地迁到太行山下的武安县，先驻午汲，后驻伯延、龙泉等村庄。1946 年 1 月 10 日，国共两党经过艰苦谈判，达成停战协定。3 月初，边区机关相继由武安县迁往邯郸市。

---

① 张建国：《光辉岁月》，新华出版社 2011 年版，第 76 页。

1946 年 6 月 26 日，国民党撕毁停战协定，重兵进攻中原解放区，全面内战爆发，并扬言要占领邯郸、消灭边区。边区领导遵照中共中央战略部署，避敌锋芒，以退为进。重点在"消灭敌人有生力量，不在一城一地得失"。内战爆发后，边区机关又陆续撤离邯郸，返回第一次进驻的武安伯延和龙泉一带。随着形势的发展，边区机关又决定撤往更安全的武安西部山区，中央局和军区驻冶陶镇一带；边府及各机关驻三王村及附近村庄。这样就使主力部队减轻了保卫邯郸的沉重负担，能够更好地集中兵力，消灭敌人有生力量。直到 1948 年 5 月，晋冀鲁豫与晋察冀两大解放区合并，晋冀鲁豫党政军首脑机关在邯郸执政长达两年多，边区的政治、军事、经济、土改、支前、文化等各项工作取得了前所未有的成就，为后来成立的华北人民政府乃至中央人民政府提供了宝贵的执政实践经验。

（二）领导土地改革，3000 多万农民实现"耕者有其田"

解放战争是彻底的人民战争。这不仅是其战争指向是为了全体人民的解放，在人民的支持方面而言，也是史无前例的。而获得人民支持的核心是土地和改革土地。

边区机关驻邯郸和武安期间，中央局把减租减息和土地改革当作保卫解放区的大事之一，在全国率先消灭了延续两千多年的封建土地制度，3000 多万农民实现了"耕者有其田"。从理论到实践为党制定全国土地政策提供了可资借鉴的经验，这里一度成为中央土改的试验田。

一是为中央制定"五四指示"提供实践依据。1945 年 11 月起，首先在全区掀起了反奸、清算、诉苦、复仇为主的群众运动；随后又发展到大规模的群众性减租减息、清算租息，迫使地主拿出土地，赔偿积欠的农民运动；最后又创造了直接从地主手中夺取土地，大胆消灭封建制度的实践性探索。1946 年 4 月，刘少奇在延安召集晋冀鲁豫分局的薄一波和华中分局的邓子恢、山东分局的黎玉参加汇报会。薄一波依据边区的实际情况，作了"一条批准九条照顾"的发言。5 月 4 日，中央根据晋冀鲁豫、华中和山东的实践经验，讨论通过了关于土地问题的指示，后称"五四指示"，成为指导解放区农民运动的纲领性文件。至 1946 年 9 月，全区三分之二的地区，2000 多万人口基本上实现了耕者有其田。

二是为《中国土地法大纲》的制定提供实践依据。1947 年 7 月至 9 月中央在西柏坡召开了全国土地会议。薄一波率领边区代表团出席大会。会议讨论了土改和整党两大问题。薄一波代表边区为制定适合于全国的土地政策献言献策，就土改、生产、负担等问题在讨论中发言。大会充分肯定了晋冀鲁豫区的成功经验，受到了毛泽东和刘少奇的表扬，为大纲的制定提供了实践依据。

三是最早贯彻《中国土地法大纲》。全国土地会议结束后，10 月 10 日大纲正式颁布之前，中央局就于 1947 年 10 月 2 日在武安县冶陶镇召开了 1700 多县团级以上干部参加的晋冀鲁豫中央局干部大会，也称冶陶会议或边区土地会议，率先贯彻了全国土地会议精神。会上结合晋冀鲁豫边区的土改实际，制定了实施中国土地法大纲的补充办法，并研究决定在全区开展土改复查和整党工作。边区土地会议的召开，巩固了党在农村的群众基础，提高了各级党组织的战斗力，有力支援了人民解放事业。

（三）统一财政经济，巩固了革命战争的后方基地

战争的目的是为人民创造和平稳定的生活环境，保障经济健康发展。晋冀鲁豫边区自成立后，随着不断发展壮大，除去支援军事前线外，同样重大的课题是如何保障已然成型的边区、如何巩固和发展逐步扩大的解放区。这也是全国建政之前的一场大实习。为此，在保障军事斗争的前提下，把政权工作的重点向经济建设转移，就成为巩固红色政权的必然选择。这体现在华北财经会议的召开和华北财办的成立。

1947 年 3 月 10 日至 5 月 11 日，由薄一波主持，在冶陶镇召开了华北财经会议。会议指出，立即调整各解放区货币贸易关系，便利人民物资交流，进出口采取一道税制，各区货币互相支持，便利兑换，互相调剂土特产，步调一致，加强对敌斗争力量等。这就为华北地区及全国各解放区开展财经工作，指明了现实可行的道路。会后成立了以董必武为主任的华北财经办事处，统一领导各解放区的财经工作，筹建了中国人民银行。直到 1948 年 4 月，成立中央财政经济部[①]，华北财办撤销，其使命完成。华北财经会议有着重要的历史意义。不仅总结了抗战以来经济工作的基本经验，指导了华北财经工作，发展了群众的生产，改善了人民的生活，培养了党的干部，打下了今后财经建设的重要基础。为新中国成立以后的人民政府的工作、为新生人民政权展开经济工作，提供了极其宝贵的历史经验。华北财经会议的特殊性在于，当时仍处战争年代的情况下研究财经工作，从历史作用和现实指向，从涉及的地区和讨论的问题，都是我党历史上一次史无前例的重要会议。

此外，边区还深入调查研究，有针对性地制定了发展工商业的政策，提出了"劳资合作，劳资互助，劳资两利，发展生产"的工人运动新方针，果断地停止了"工店贫"运动和联合斗争地主工商业的错误，使解放区的市场形势得以好转，对巩固战争

① 中共武安市委党史研究室:《晋冀鲁豫边区机关在武安》，中共党史出版社 2004 年版，第 372 页。

后方起到了积极作用。

（四）支援战略反攻，促进了中国革命的历史转折

解放战争中人民的军队创造了以少胜多、以弱胜强、以劣胜优的奇迹，形势发展异常迅速，短短几年就换了人间。人民群众在推翻旧世界建立新世界中的力量势不可当，这就是水可载舟亦可覆舟之理。

战争期间，以邯郸为中心的晋冀鲁豫边区成为支援人民解放军战略反攻的后方基地，边区人民一边土改生产，一边参军支前，不仅成为刘邓、陈谢、陈粟等各路大军人、财、物取之不尽、用之不竭的力量源泉和坚强后盾，还对东北、西北、中原战场作出了有力支援。据统计，全区农民负担粮款占人均收入的 21.7%，支前出工每人每年达 60 天左右，动员民工达 1.24 亿个。人民日报社原总编辑李庄回忆说："解放战争 3 年，晋冀鲁豫区参军农民达 148 万人，足可以组成 100 个师。没有土地改革，我看刘邓大军挺进大别山是困难的。"[1] 革命战争期间，仅武安县不完全统计就有 10194 人参军，3000 名热血男儿为革命献出了宝贵的生命，240 余名干部调出支援新解放区建设。当时解放区流行一段顺口溜："最后一把米送去做军粮；最后一尺布送去做军装；最后一床被盖在担架上；最后的亲骨肉送到战场上。"这是解放区群众支援前线的真实写照。

正是由于边区人民的支持，南征会议[2]（1947 年 5 月 15 日在晋冀鲁豫中央局和军区司令部驻地武安冶陶村）的顺利召开，才有了刘邓大军突破黄河天险、千里跃进大别山的伟大壮举，从而揭开了战略反攻的序幕，实现了毛主席"将战争引向国民党统治区"的战略意图，促进了中国革命的历史转折。

（五）发展红色新闻事业，真实记录了边区的政权建设和执政实践

解放战争时期，边区的文化、教育和新闻出版事业，有了很大发展，出现了更加繁荣的局面，广大红色新闻工作者，以纸笔为武器支援革命事业。一是创办了晋冀鲁豫中央局机关报《人民日报》。从 1946 年 5 月 15 日至 1948 年 6 月 14 日共出版 746 期，其中在邯郸市出版 44 期，在武安出版 702 期。尤其是 1946 年 7 月 1 日在武安南文章村出版的第 45 期《人民日报》是毛主席第一次为该报亲自题写报头，直到 1948 年 6 月 15 日，晋冀鲁豫《人民日报》与《晋察冀日报》合并为华北局机关报《人民

① 李庄：《李庄文集》，人民日报出版社、宁夏人民出版社 2004 年版，第 112 页。
② 中共河北省委党史研究室：《邓小平与河北》，中央文献出版社 2014 年版，第 147 页。

日报》，毛主席第二次为《人民日报》题写报头。二是创建了新华通讯社晋冀鲁豫总分社，与人民日报社合署办公，两个机构，一套人马。三是建立了边区的广播电台——邯郸新华广播电台，党中央撤出延安后，从1947年3月30日起，曾用"陕北新华广播电台"的呼号向全国、全世界播音；同时，中央局还筹建了新华社临时总社，保持了党中央的声音不中断。四是组建了专业印刷单位——永兴印刷局，承担《人民日报》、党内刊物、华北新华书店的书刊和军区政治部的印刷任务，其中在赵庄出版了新中国成立前篇幅最大、内容最丰富、装帧最精美的《毛泽东选集》和新中国成立后成为中华总工会机关报《工人日报》前身的《新大众报》。

边区的红色新闻事业，在传播胜利消息、教育和鼓舞群众、协助领导机关指导工作方面是一个十分重要的武器。这同样也是一段波澜壮阔的岁月，在新闻工作者的笔下，不仅传递着中共党和政府、部队的声音，也秉持着新闻真实性原则客观完整地记录了晋冀鲁豫边区的政权建设和执政实践。

三、党在晋冀鲁豫解放区红色执政实践的启示

回顾晋冀鲁豫解放区的红色执政史，我们可以发现仅短短3年时间，党领导的边区就在战争烽火中不断发展壮大，成为当时面积最大、人口最多、影响力最为广泛、最为稳定安全的解放区，并取得了举世瞩目的成就。何以成此大业？对于我们今天的政权建设和执政实践有何启示呢？我觉得主要有三个方面的启示：

（一）坚持党的领导，是中国特色社会主义现代化建设的根本保证

《中共中央关于党的百年奋斗重大成就和历史经验的决议》中提出：中国共产党是领导我们事业的核心力量。中国人民和中华民族之所以能够扭转近代以后的历史命运，取得今天的伟大成就，最根本的是有中国共产党的坚强领导。历史和现实都证明，没有中国共产党，就没有新中国，就没有中华民族的伟大复兴。

回顾70多年前的晋冀鲁豫边区，党已然成为领导边区各项事业的核心。正是在党的领导下，研究决定召开了华北财经会议、南征会议、土地会议三大重要会议，进行了土地复查和整党，创办了党报《人民日报》，出版了《毛泽东选集》，发表了《中国共产党晋冀鲁豫中央局告全体党员书》，公开党组织，接受全区人民的监督，这一系列举措，为支援解放战争提供了坚强的组织保证。

中国特色社会主义进入新时代，邯郸市委、市政府认真贯彻落实党的二十大精

神，按照新时代党的建设总要求，强化党的全面领导，凝聚起全市人民团结奋斗的强大合力；强化党的组织建设，打造出一支过硬的干部队伍；强化正风肃纪反腐，持续优化党风政风；强化担当实干尽责，把全市各项工作落到实处。全市政治、经济、文化和城市建设、生态环境、社会民生等各项事业得到了长足发展。

回顾党在晋冀鲁豫解放区的红色执政史，经历了刻骨铭心的磨难，进行了感天动地的奋斗，创造了彪炳史册的业绩。展望邯郸发展繁荣的光明前景，我们将继承革命前辈的光荣传统，紧密团结在以习近平同志为核心的党中央周围，全面贯彻落实党的二十大精神，在邯郸市委、市政府的坚强领导下，同心同德、勇毅前行，为加快建设现代化区域中心城市而努力奋斗！

（二）"坚持人民至上"的执政理念

《中共中央关于党的百年奋斗重大成就和历史经验的决议》总结了中国共产党百年奋斗的历史经验，其中之一是"坚持人民至上"。党的根基在人民、血脉在人民、力量在人民。人民是党执政兴国的最大底气。民心是最大的政治，正义是最强的力量。党的最大政治优势是密切联系群众，党执政后的最大危险是脱离群众。党代表中国最广大人民根本利益，没有任何自己特殊的利益，从来不代表任何利益集团、任何权势团体、任何特权阶层的利益，这是党立于不败之地的根本所在。只要我们始终坚持全心全意为人民服务的根本宗旨，坚持党的群众路线，始终牢记江山就是人民、人民就是江山，坚持一切为了人民、一切依靠人民，坚持为人民执政、靠人民执政，坚持发展为了人民、发展依靠人民、发展成果由人民共享，坚定不移走全体人民共同富裕道路，就一定能够领导人民夺取新时代中国特色社会主义新的更大胜利，任何想把中国共产党同中国人民分割开来、对立起来的企图就永远不会得逞。

晋冀鲁豫解放区的执政实践告诉我们，中国共产党为了推翻国民党的反动统治，必须进行武装斗争；进行武装斗争，就必须有人民自己的军队，人民军队要能站住脚，必须有革命根据地，而根据地的巩固和发展，人民军队的壮大，都离不开广大人民的支持，正是土地革命把广大人民从几千年的封建剥削的土地制度下解放出来，使他们实现了"耕者有其田"的千年梦想，从而焕发出了巨大的革命热情，支前参军几乎成为他们生活的全部。而贯穿其中的正是党的"人民至上，执政为民"的理念，军事斗争、土地改革、发展财经的目的就是为了给广大人民创造自由和平稳定的社会环境。

人民至上，实质上体现了我们党的性质和宗旨，体现了"立党为公，执政为民"

的价值取向与政治本色。近年来，邯郸市委、市政府始终坚持人民至上，执政为民这一理念，无论是政治、经济、社会发展等各方面的规划都围绕人民是否满意、是否为人民利益考虑来制定。把实现好、维护好、发展好最广大人民根本利益作为一切工作的出发点和落脚点，努力做到权为民所用、情为民所系、利为民所谋，使我们的工作获得了广泛、可靠的群众基础和力量源泉。

（三）发展经济，保障民生，是执政兴国的第一要务

中国共产党的百年奋斗历程告诉我们，以经济建设为中心是总结新中国成立 70 多年特别是改革开放 40 多年伟大实践得出的基本经验，是兴国之要。可见，发展经济是一个政权、一个国家得以生存的基石，也只有经济发展了，才能够充分保障和改善民生，人民才能共享发展成果。

这早在 70 多年前的晋冀鲁豫解放区就有所体现：当时在军事上不断取得胜利的中国共产党，却清醒地意识到一个重大问题，即经济工作将是另一场更为严酷的战斗。这场战斗虽没有金戈铁马，却暗藏汹涌。它可以决定一个新生政权的命运，也能影响一个国家的长治久安。财政之于国，正如血肉之于人。气血充沛通畅，人才能身安体康；财政在握，金融有序流通，国才能国泰民安。这关系着新生的人民政权的生死存亡，这不啻于同样严酷的战斗。为此，边区受中央委托及时召开了党史上最为重要的华北财经会议，成立了华北财办，筹建了中国人民银行，不但发展了边区经济，而且保障和改善了民生，获得了广大边区百姓的热烈拥护，在解放区出现了社会和谐发展的良好局面。

今天，我们深入学习宣传贯彻党的二十大精神，主动融入中国式现代化建设的伟大实践中，坚定不移加快传统产业转型升级，构建现代产业体系，推动战略性新兴产业集群和现代服务业繁荣发展，奋力谱写高质量发展的邯郸新篇章。同时，办好民生实事，落实就业优先战略，健全社会保障体系，大力发展社会事业，不断提升人民群众的生活品质。

作者：张建国，武安市文化广电和旅游局三级主任科员。

从晋冀鲁豫边区首府到现代化区域中心城市建设的历史必然性研究

王艳超

摘　要：抗日战争时期，邯郸区位条件优越，且物产丰富，乃"兵家必争之地"。晋冀鲁豫边区政府在邯郸涉县靳家会的正式成立，为抗日战争的全面胜利、中华民族的解放作出了不可磨灭的重大历史贡献。此后邯郸作为晋冀鲁豫边区首府，更是完成了从百业待兴、经济萧条到百业兴旺、经济繁荣的华丽蜕变。稽古振今，站在新的历史起点上，邯郸紧紧围绕加强区域交通建设和以新发展理念引领高质量发展两个要害，必能加快建设成富强文明美丽的现代化区域中心城市。

关键词：晋冀鲁豫边区；晋冀鲁豫边区首府；邯郸；区域中心城市

一、晋冀鲁豫边区首府的发展历程

晋冀鲁豫解放区"诞生于抗日战争最艰苦的年代，结束于中国人民解放战争胜利的前夕，跨越着中国抗日战争和解放战争两个重要历史阶段"。[①]晋冀鲁豫边区政府从1941年9月成立，到1948年9月1日与晋察冀合并正式退出历史舞台，前后共历经7年时间，不仅在晋冀鲁豫地区，而且在中国历史上都留下了难以磨灭的光辉印记。期间，晋冀鲁豫边区党政军机关始终驻扎在邯郸境内。

（一）建立晋冀鲁豫边区政府

在近代中国无产阶级革命中，晋冀鲁豫边区政府是由中国共产党领导的，有各阶层力量参与的，地域范围较大的新型民主政权，成功领导边区人民的政治、经济和文化建设实现了从混乱无序到秩序井然的巨大跨越，带领边区人民夺取了抗日战争和解

---

① 郝良真、孙继民：《邯郸近代城市史》，测绘出版社1992年版，第167页。

放战争的胜利。七七事变爆发后，全国抗战开始，此时中国共产党积极主动地将统一战线思想付诸根据地政权建设的具体实践。1937 年 10 月 16 日，日军飞机连续轰炸邯郸火车站、邯（郸）大（名）公路沿线，国民党邯郸军政人员弃城南逃。①之后短短数日，邯郸市永年、磁县、肥乡、临漳、成安相继沦陷，邯郸成为日军统辖晋冀鲁豫交界地带的中心据点。11 月，八路军一二九师出师华北，依托太行、太岳山脉创建晋冀鲁豫抗日根据地，以此为中心的战略支点，成为了周边区域内抗敌御辱的中流砥柱。

晋冀鲁豫边区政府的前身是冀南、太行、太岳行政联合办事处（简称"冀太联办"）。②1940 年 4 月，中共中央北方局在山西黎城县召开了高级干部会议，提出了建党、建军、建政的三大任务，决定成立"冀太联办"，并逐步筹组晋冀鲁豫边区政府。1941 年 3 月，冀太联办第二次行政会议在涉县召开，邓小平代表中共中央北方局提出"关于成立晋冀鲁豫边区临时参议会的提议"，建议按照"三三制"的原则在管辖范围内民主普选参议员，召开临时参议会。③7 月 7 日，晋冀豫边区临参会召开，根据中共中央北方局的建议，大会同意将鲁西 33 个县划入本区，晋冀豫边区临参会遂更名为晋冀鲁豫边区临参会，成为边区的最高权力机关。18 日，临参会第四次会议通过了成立晋冀鲁豫边区政府的决议。23 日，临参会第 10 次会议通过了《晋冀鲁豫边区政府组织条例》，为创建边区政府作了充分的组织准备。

1941 年 9 月，包括太行、太岳、冀南、冀鲁豫边的晋冀鲁豫边区政府（简称边区政府）在河北涉县靳家会成立，杨秀峰任主席，辖太行、太岳、冀南、冀鲁豫四个行政区，晋冀鲁豫根据地在更大范围上实现了统一。④此时颁布的边区政府《施政纲领》提出了"保卫边区，坚持华北抗战，坚持团结进步，为彻底实现三民主义与抗战建国纲领"和进行政治、经济、文化建设的 15 项主张。⑤之后，边区政府又陆续颁发了一系列的法规文件，领导全边区人民开始了抗日救国和边区建设。

---

① 中共邯郸市委党史研究室：《中国共产党邯郸历史》，中共党史出版社 2001 年版，第 94 页。
② 郭秀芬等：《晋冀鲁豫根据地史研究》，河北人民出版社 2014 年版，第 1 页。
③《浅述晋冀鲁豫边区政府的形成》，《散文选刊》（理论版），2010 年。
④ 中共河北省委党史研究室、中共邯郸市委党史研究室：《晋冀鲁豫根据地大事记（1937—1949）》，中共党史出版社 2017 年版，第 5 页。
⑤ 郝良真、孙继民：《邯郸近代城市史》，测绘出版社 1992 年版，第 168 页。

（二）邯郸市成为晋冀鲁豫边区首府

邯郸市是抗战胜利后中国共产党创建的第一批城市之一，也是党接管城市历史的新起点。邯郸市的建立处于人民解放战争的前夕，党的中心任务仍是武装夺取全国政权，党的工作重心也仍在农村，暂未有占领大城市及管理大城市的工作经验。党中央审时度势，预见到接管改造城市的重大历史任务即将到来，于是有意识地把邯郸当作城市工作的试验基地。[①]1945 年 10 月邯郸解放后，中共邯郸市委、市政府建立，与邯郸县合署办公，隶属中共冀南区党委、冀南行政署领导。为实现革命重心从农村转向城市，1946 年 2 月召开的政协会议，发布停战命令，在国内暂时和平的局面下，中央局、边区政府、军区的所属重要机关开始陆续从武安迁驻邯郸市。为了巩固和发展以邯郸为中心的解放区，中共晋冀鲁豫中央局与晋冀鲁豫边区政府决定：邯郸自 1946 年 4 月 1 日起，实行市、县分治，邯郸市改为边区的直辖市，确定为边区的首府。自此，边区首府遵照中共中央关于《一九四六年解放区工作的方针》，为了"造成解放区不可动摇的群众基础和物资基础"，全面开始了边区的政治、军事、经济、文化建设。在晋冀鲁豫中央局、晋冀鲁豫边区政府直接领导下，邯郸实现了从破败萧条、百废待兴的境地，蜕变成为百业繁荣、经济昌盛的美丽画卷。

作为晋冀鲁豫解放区边区首府驻地，中共邯郸市委、邯郸市政府的中心任务就是建立城市新政权，团结教育发动群众，恢复发展城市工商业，这是党早期接管改造较大城市的工作重点，为党实现工作重心由农村转向城市提供了宝贵的经验积累，同时也为党接管和改造其他较大城市提供了丰富的实践借鉴。[②]直至 1948 年 9 月 1 日，华北人民政府成立，边区首府完成了历史使命，正式退出历史舞台，一切工作交由华北人民政府处理。

二、邯郸成为晋冀鲁豫边区首府的必然性

邯郸作为晋冀鲁豫解放区核心区域和边区首府，在晋冀鲁豫根据地的发展历程中发挥了至关重要的历史作用，作出了不可磨灭的重大贡献。邯郸能成为晋冀鲁豫边区的首府，一方面得益于其优越的区位条件，另一方面则归功于其丰富的物产资源。

---

① 王昌兰、谷志强：《从〈邯郸市政府施政方针〉的颁布实施看党的早期城市政策》，1996 年，第 48 页。
② 董明国、刘旭、王爱珍：《浅谈中共早期接管改造较大城市的方法——以邯郸成为晋冀鲁豫边区直辖市为例》，2023 年，第 14 页。

（一）区位条件优越

抗日战争时期，邯郸因得天独厚的地理位置，成为了连接各大地区的最佳战略枢纽，具有不可估量的战略价值，这也是党在此地成立抗日根据地的主要原因之一。晋冀鲁豫边区位于潼关、徐州、德州、太原之间，包括太行、太岳、冀鲁豫、冀南四个区。境内交通四通八达，平汉、津浦、同蒲、正太、石德、白晋等铁路干线纵横交错。且其恰处于华北地区与华中地区的交汇处，大部分属于暖温带的范畴，黄河等诸多水系流经此处，漳河、滏阳河、卫运河、鲁运河等航道纵贯其间，是天然的"兵家必争之地"。[①]此外，本区地形复杂，山岳与平原交错，彼此依托，形成"表里山河"的有利地形，因而被誉为"四战之地"。

从交通角度来看，边区四通八达的交通格局，使得其成为日军进行物资掠夺和军事进攻的重要目标。其东依津浦铁路及运河，与山东、苏皖抗日根据地为邻；西依同蒲铁路及汾河，与晋绥抗日根据地相接；北依正太、德石铁路与晋察冀抗日根据地交界；西南过黄河跨陇海铁路与豫鄂陕抗日根据地；东南过黄河近平汉铁路与鄂豫皖抗日根据地南北呼应，横跨山西、河北、山东、河南等省的广大地区，形似钢盔，虎视中原，威罩陇海。从战略角度来看，晋冀鲁豫根据地在东南西北四方，均可对华北日军战线构成威胁。我军自本区向任一方向发起攻击，均可有效截断并袭击敌方的交通运输线，而敌方若企图对本区发起外线进攻，则势必受到周边各根据地的合力围击，从而易于形成互相支援的态势。正因此处部队可进退自如，便于回旋机动，所以无论是在抗日战争时期，还是解放战争时期，这里都是敌我双方激烈争夺的战略要地。

（二）物产资源丰富

晋冀鲁豫四省均为工业、农业、资源大省，邯郸居四省交界，地处平原，在此创建根据地，虽无山川之险峻、森林河汉的遮蔽，但土地肥沃，物产丰富，能为战争提供必要的战略物资和食物供给。抗日战争及解放战争时期，晋冀鲁豫边区在工业方面，因西部太行、太岳山区崇山峻岭，起伏连绵，煤铁富饶，能为边区的建设发展提供资源保障、壮大工业经济、积累工业建设经验。东部华北平原地形平坦，肥田沃野，一望无际，盛产小麦、玉米、高粱、杂粮，土布、草帽辫等农副产品产量同样

---

① 河北省交通厅史志编委会、河北省邯郸地区交通局：《晋冀鲁豫边区交通史》，人民日报出版社1989年版，第5—6页。

可观，特别是棉花产量当时居华北之首，使这一地区成为孕育农耕文明的摇篮。素有"米麦到处有，煤铁不可量"之称的邯郸，成为了解放军挺进中原，进行战略反攻的前沿阵地和重要补给基地。[①]

无论是地理条件还是经济基础，在战争中都是决定战局的关键因素。晋冀鲁豫边区天然的地理优势和丰富的农副产品，给边区政府和人民长期在艰苦的战争环境下存活和发展提供了重要保障，为夺取战争胜利奠定了坚实的基础。

三、新时代邯郸建设现代化区域中心城市的现实基础

抗日战争时期，中国共产党在邯郸成立晋冀鲁豫边区政府，带领八路军和人民群众共同在抗日战争中多次获胜，此后，邯郸市又成为全国解放最早的城市之一，这与邯郸的天然区位优势和富饶物产资源息息相关。进入新时代，邯郸市作为华北腹地的重要城市，位于四省接壤处，紧邻京津冀，交通便利、物流通畅，经济发展潜力巨大。2012 年 3 月 3 日，国务院下发《国务院办公厅关于批准邯郸市城市总体规划的通知》，确定邯郸市为河北省南部地区中心城市。2021 年 8 月 16 日—18 日，中国共产党邯郸市第十次代表大会召开，描绘了未来五年全市发展的宏伟蓝图，开启了加快建设富强文明美丽的现代化区域中心城市新征程。

（一）区位优势明显

邯郸区位优势显著，其位于河北省南部，素有河北省南大门之称。西依太行山脉，东接华北平原，与晋、鲁、豫三省接壤，南融中原，是东出西联、通南达北的重要节点，是京津冀联动中原的区域性中心城市。

在得天独厚的区位优势下，邯郸市不断完善交通基础设施，逐步提升交通服务水平，印发《邯郸市区域交通枢纽中心建设实施方案》，围绕全面建设富强文明美丽的现代化区域中心城市的总目标，加快推进铁路、公路和民航三大体系建设，加快构建主城区邯郸东站和邯郸机场"双枢纽"发展格局，打造京津和郑州之间南北走廊上客货运最畅、通达最便捷、服务最优的交通中心。如今邯郸境内铁路交叉、国道交会、高速纵横、机场通航，综合立体交通优势明显，邯郸机场已开通到上海、杭州、广州、深圳、厦门、成都、沈阳、青岛等 23 条航线；境内铁路有京广、邯长、邯济、

---

① 张晋：《抗战时期晋冀鲁豫边区冬学运动研究》，2015 年，第 2 页。

邯黄铁路和京广高铁，"十四五"规划建设聊邯长客专、石邢邯城际、邯黄铁路复线、城市轨道交通等项目；干线公路有京港澳、大广、太行山、青兰、邯馆、绕城等 6 条高速公路，106、107、309 等 7 条国道及 17 条省道，形成了纵横交错的国省干线公路网，1 小时经济圈可覆盖中原经济协作区 13 个城市 6000 多万人口。

（二）经济潜力巨大

邯郸资源丰富、产业完备、综合优势突出，素有"钢城""煤都"和"北方粮仓""冀南棉海"之称，是国家重点建设的老工业基地、我国著名的焦动力煤和高品位铁矿石产区。

邯郸工业门类齐全，国民经济行业 41 个工业大类中，邯郸有 36 个。近年来，邯郸不断提升精品钢材、装备制造、食品加工、现代物流、文化旅游五大现有优势产业，培育壮大新材料、新能源、生物健康三大战略性新兴产业，谋划布局安防应急、电子信息和网络两大未来产业，加快构建现代产业体系。目前邯郸市级以上农业产业化龙头企业达 521 家，其中国家级 10 家、省级 110 家。截至 2023 年 5 月，邯郸市经营主体总量突破 100 万，成为继石家庄后全省第二个破百万的地级市。截至 2024 年 4 月 10 日，邯郸市外贸经营主体突破 4500 家，为全市经济高质量发展积蓄后劲动能。特别是近年来，邯郸紧紧围绕"532"主导产业，加快推动产业转型升级和高水平对外开放，一批好项目、大项目纷纷落地，经济社会步入高质量发展的快车道。

四、邯郸建设现代化区域中心城市的未来展望

稽古振今，从邯郸成为晋冀鲁豫边区首府的历史实践中，我们清楚地认识到，区位优势和雄厚的物质基础是决定抗战胜利与城市繁荣不可或缺的有利条件。随着经济的快速发展和城市化进程的加速，城市之间的竞争日益激烈。踏上新征程，邯郸要紧紧围绕加强区域交通建设和以新发展理念引领高质量发展两个要害，才能更快提升中心城市能级，加快建设为富强文明美丽的现代化区域中心城市。

（一）加强区域交通建设

交通运输是国民经济和社会发展的基础性、先导性、服务性产业，是资源要素流动的基本支撑和保障。马克思曾称交通运输业为"实业之冠"，对交通运输的重要性

给予了高度肯定。党的十八大以来，习近平总书记也曾多次强调建设交通强国的重要意义，提出要"要加强综合交通运输体系建设，系统提升干线航道通航能力，强化铁路、公路、航空运输网络"。交通是强城之基，兴城之要，是经济社会发展的先行和基础，立足晋冀鲁豫四省交界的中心区域，邯郸应充分利用这一区位优势，大力发展城市大交通，推动高质量跨越式发展不断取得新突破。

新征程新起点，邯郸要加快交通一体化发展，着力补短板、强基础、增后劲。要抢抓机遇，提前实施"十四五"后期项目，围绕构建轨道上的京津冀，紧扣高质量建设"轨道上的京津冀"，打造京津冀城市群，积极向上对接争跑，积极申报国家综合货运枢纽城市，着力打造物流强市。要全面落实习近平总书记2023年5月视察河北时提出的"在推进京津冀协同发展和高标准高质量建设雄安新区中彰显新担当"的重要要求，积极融入京津冀陆海空港联盟，从不同方向打造联通京津、雄安新区的经济廊道。

（二）以新发展理念引领高质量发展

党的二十大报告指出："高质量发展是全面建设社会主义现代化国家的首要任务。发展是党执政兴国的第一要务。没有坚实的物质技术基础，就不可能全面建成社会主义现代化强国。"新的发展阶段，站在推进中国式现代化全局的高度，邯郸要以新发展理念引领高质量发展，持续推动邯郸高质量跨越发展。

推动经济持续平稳健康发展，实现质的有效提升和量的合理增长，要抓转型塑优势，加快构建迭代更新、多元支撑的现代化产业场景，推动先进制造业集群发展、推动产业链供应链优化升级、推动数字经济做优做大、推动现代服务业扩容增效、推动标准质量引领。要积极推进产业转型升级，坚持调旧和育新一起做，实施好产业基础再造工程和战略性新兴产业集群发展工程。要全面落实习近平总书记2023年5月在河北视察时提出的"在推进创新驱动发展中闯出新路子"重要要求，加快建设以实体经济为支撑的现代化产业体系，积极承接京津产业转移。要坚持把发展经济的着力点放在实体经济上，围绕北京市各区的功能布局和未来疏解方向，持续深化产业对接协作，在对接京津中实现经济高质量发展。

解放战争时期，邯郸依靠得天独厚的区位优势和丰裕的自然资源禀赋成为晋冀鲁豫边区首府。新时代，邯郸居晋冀鲁豫四省要冲和中原经济区腹心，是国家重要的矿产资源基地、重工业生产基地和农副产品生产加工基地，这是建设现代化区域中心城市的坚实根基。踏上强国建设、民族复兴新征程，邯郸持续加强区域交通建设，以新发展理念引领高质量发展，定能早日建成富强文明美丽的现代化区域中心城市，为实现中国式现代化展现邯郸担当、贡献邯郸力量！

作者：王艳超，魏县纪委监委干部、中共邯郸市委讲师团基层宣讲师、河北省阅读推广人。

红色场馆中的集体记忆与育人价值呈现

孙建刚　　徐利利

摘　要： 集体记忆是现在对过去的建构，是集体认同的精神保障，本文以红色场馆中形成的集体记忆开场，论述红色集体记忆的价值和作用，梳理红色场馆育人资源的内容和类型，最后提出从建构红色符号系统、讲好红色英模故事和开展仪式化教学三个方面开展育人实践。

关键词： 红色场馆；集体记忆；红色符号；仪式

"红色场馆"目前在学术界并没有一个公认的概念，一般来说，具有承载红色文化、传承红色基因、接续红色传统功能的场馆统称为红色场馆，其特点是意识形态特征鲜明、教育功能及作用突出，规模较大且体系完整。与其相近的名称"革命纪念馆"，首次出现在 1985 年文化部颁布的《革命纪念馆工作试行条例》，但因为社会主义革命与建设是一个不断发展迭代的过程，所以红色场馆是一个相对宽泛的称谓。

一、红色场馆中的集体记忆

学术界公认的集体记忆理论是法国社会学家哈布瓦赫在《记忆的社会性结构》一文中首先提出的，随后他在《论集体记忆》一书中给予详细阐述。关于集体记忆，哈布瓦赫也没有给出明确的全面的定义，只是在不同的对比描述中提及集体记忆的侧画像。在梦与记忆的研究中，他提到"睡梦中绵延不绝的一系列意象，就像一堆未经细琢的材料垒放在一起，层层叠叠，只是出于偶然，才达到一种均衡状态，而一组记忆就像是一座大厦的墙壁，这座大厦被整体框架支撑着，并受到相邻大厦的支持和巩固"①。集体记忆的构筑需要社会框架的支撑，需要我们每一个个体的支持。"每一个

---

① 莫里斯·哈布瓦赫：《论集体记忆》，毕然、郭金华译，上海人民出版社 2002 年版，第 75 页。

集体记忆，都需要得到在时空被界定的群体的支持。"①单从这寥寥数语的定义不难看出，哈布瓦赫的集体记忆的概念的延展空间是很大的，他提出了一个时空交汇的场域，在其中，社会成员在对往事的回忆或记忆中有高度的统一的认可度，无论是亲历者或非亲历者，为了更好地进行社会交往和形成较强的意识认同，为了使社群更为巩固和繁荣，必须创造一切可能的条件提取这些回忆或记忆。本文认为红色场馆就是一个集体记忆所需的较好的时空交汇的场域。其中蕴含的大量的革命文物、照片、书籍、影像和高度复原的场景体现了时间上的历史，而整体的馆体建筑和周围环境又形成了一个独立的空间载体和平台，使红色集体记忆的激发机制更加有效和快捷。在红色场馆中，先辈的思想、精神和生活生产的记忆折射到每一个游客身上，我们经历过的所知所感与其迅速对接，只有接口方向口径一致时，才能形成属于我们共同的集体记忆，具体的彰显形式或许不一样了，但其内核仍在，仍在发挥着巨大作用。

二、红色场馆育人资源

当今社会赋予博物馆教育、保展和研究三项职能，红色场馆也属于博物馆系列，也承担着教育的重大职责和使命。铁生兰等在研究中利用百度指数对中国博物馆协会所发布的第一批国家一级博物馆名录中的 83 座场馆（其中红色场馆 24 所，自然博物馆等其他场馆 59 所）进行了 TGI 指数统计。结果显示："19 岁以下年龄群体对红色场馆的关注程度存在峰值，TGI 指数平均值为 197.27，远高于标准数 100。其中邓小平故居陈列馆，周恩来邓颖超纪念馆，延安革命纪念馆较为典型，TGI 指数分别达到 338.68、335.08 和 323.57，占总场馆数的 15.79%。"②由此可以看出，一是当前红色场馆是博物馆群体中的重要组成部分，并且得到当地政府的大力支持，二是年轻人对革命文化、社会主义文化的关注度、兴趣度日渐上升，倾向于在百度上自发搜索并参观红色场馆的数字资源。具体来说，无论各个场馆的布展方式如何，其内在的育人资源经过梳理，大致可以分为文本、仪式、口述史、革命文物、照片、视频影像和人物榜样资源。

① 莫里斯·哈布瓦赫：《论集体记忆》，毕然、郭金华译，上海人民出版社 2002 年版，第 40 页。
② 铁生兰、麻铭辉：《依托红色场馆的语文综合实践活动课程：现实基础和设计实践——基于馆校合作视野》，《青海师范大学学报》（社会科学版），2022 年 7 月，第 137 页。

红色场馆分类名称、分类内涵、育人资源与代表场馆

分类名称	分类内涵	育人资源	代表场馆
人物类	主题指向某一位人物的红色场馆。包含各地有明确人物指向的名人故居、名人纪念馆、名人陵园等	主要侧重于先进人物榜样、口述史、革命文物、照片	宋庆龄故居、李大钊烈士陵园、周恩来邓颖超纪念馆、白求恩柯棣华纪念馆、王进喜纪念馆、邓稼先故居，等等
战争类	主题指向战争过程、战争结果的红色场馆。包含战争遗址、战争纪念馆，以及著名的烈士陵园等	主要侧重于仪式、革命文物、英模人物	平津战役纪念馆、地道战遗址、黄土岭战斗遗址、雁门关伏击战遗址、抗美援朝烈士陵园、董存瑞烈士陵园及纪念馆，等等
特殊事件	主题指向某一特殊事件场馆	主要侧重于文本、革命文物	红军东征纪念馆、共青城创业史陈列馆、"一二·一"纪念馆及四烈士墓，等等
历史节点	主题明确指向标志着重大历史转折事件的场馆	主要侧重于革命文物、文本	"西安事变"纪念馆、"九一八"历史博物馆，等等
改革发展	主题明确指向体现改革成就、叙述新中国成立后伟大事业突出成果的场馆	主要侧重于革命文物、文本、照片、影像资料	"上海市城市规划展示馆""中国航空博物馆"，等等

在育人资源的划分上，并没有明显有无之别，各种形式的资源都存在于各种类型的红色场馆中，在表中，只是提出其主体侧重于哪类育人资源的保存和运用。

三、育人价值呈现方式

如何通过红色场馆的教育形成较为持久和牢固的集体红色记忆，是我们需要重点分析的问题。心理学认为，记忆过程包括大脑获取信息（编码）、保存信息（存储）和日后读取信息（提取）的过程。1968 年，阿特金森和谢夫林提出了三级记忆加工模型，该模型将记忆产生分为三个阶段：感觉记忆、短时记忆和长时记忆。感觉记忆记录那些需要被记住的信息，信息再经过加工进入短时记忆，短时记忆的信息经过编码再进入长时记忆，以备日后提取。我们需要做的就是加工和编码，这一工作主要体现在建构加工好红色符号系统、塑造和讲好红色英模故事以及确立设计好仪式化育人模式三个方面。

哈布瓦赫认为"过去并不是被保留下来的，而是在现在的基础上被重新建构的"。[①] 集体记忆并不是说个体的组合体拥有了记忆，而是指记忆的社会维度舒展开来，个体记忆与集体记忆并不存在一个跨跃或是升级，而是一个事物的两个方面的完

---

① 莫里斯·哈布瓦赫：《论集体记忆》，毕然、郭金华译，上海人民出版社 2002 年版，第 71 页。

全展现，在哈布瓦赫之前，记忆总被大家局限于个人身心之内，经一事，长一智；但总是不能解释一个问题，为什么长大后我就成了你？或是长大后我成不了你的问题。哈布瓦赫认为记忆产生于集体，人们只有在社会中才能进行回忆、识别和对记忆加以定位。个体的回忆或是记忆是个体的精神世界的活动，体现的是基本的生理性，回忆有强有弱，记忆可放可拾，由于心理巨大创伤和疾病会出现失忆现象；而集体记忆是个体与个体相同和相似的根本和基础，属于人的社会性，不会存在失忆的现象，无论再弱小的火苗也会存在，就看现在如何来建构，是在一隅？还是在 C 位？取决于这份集体记忆与主流意识形态的紧密关系。即"集体记忆就是利用集体框架这一工具重建关于过去的意象，而这种意象与主导思想一致"。这种集体记忆框架就是我们要努力寻找的，因为它为解释社会层面的记忆实践、记忆与认同的关系、记忆的抽象化等问题提供了有效的途径。不同的集体或群体在不同的历史时期有不同的记忆，我们的记忆认同最终应该归属到民族的复兴中来。红色场馆在其中大有可为。杰弗里·奥利克曾说"如果没有这种集体主义的视角，我们就很难对神话、传统、遗产等长时段的象征模型做出很好的解释"[1]。

（一）有效建构红色符号系统

红色场馆具备一般博物馆的教育、保存和研究的职能，但其主要价值体现在教育功能之上，是聚焦度很高的红色文化教育的场域。如何有效开发和利用馆藏资源，是需要我们深入思考的问题。首先，我们应该建立起科学合理的符号系统。皮尔斯认为："符号或表现体是某种对某人来说在某一方面或以某种能力代表某一事物的东西。它在某人的脑海里创造了一个对等的或者有可能是一个更加发达的符号。这个创造出来的符号我把它叫作第一个符号的解释项。它所代表的某物是它的对象，它并不在各方面代表它的对象，而是与一定的思想有关，这种思想，我有时把它叫作这个表现体的场所。"[2] 从这个定义可以看出，符号是一个集合体，是本体、对象和解释项三位一体的符号体系。锤头镰刀是一个显著的符号，它所代表的对象是工人农民的生产意识和行为，它对应的解释项是工人农民改造旧世界建设新世界的革命热情。再回看皮尔斯，他认为现象世界由三种性质的存在组成："第一性、第二性和第三性。第一性指

---

[1] 王楠：《叙述的伦理——如何叙述南京大屠杀历史记忆》，《江海学刊》，2018 年 6 月，第 183 页。
[2] 卢巧丹、卢燕飞、梁君英：《符号，意义和阐释——索绪尔符号学和皮尔斯符号学意指功能对比》《Proceedings of 2013 3rd International Conference on Applied Social Science（ICASS；2013）Volume 3》，国际会议，第 524 页。

可以独立的、不需涉及他者而存在的实项，如男人、女人等，第二性指依靠同他者相互作用而获得存在的实项，如夫妇；第三性存在指通过连接其他实项而获得存在的实项，如法庭。"[①]皮尔斯把符号体系中的"本体、对象和解释项"与三性一一对应，本体是第一性，对象是第二性，解释项是第三性。本体的存在具有独立性，对象的存在具有复合性，而解释项的存在具备聚合性，符号构筑了三者互通的桥梁和通道，赋予三者存在的价值与意义。比如"结婚证书、婚礼誓言、凤冠霞帔、钻戒"等等各自独立的符号构筑了夫妇与家庭的对象，而法官、律师、被告、原告、律法、法警等等体系构筑起一个相对复杂的解释项，完成了对法庭和法徽的架构和释读。单从符号学的视角来看，皮尔斯的三性论我们可以简化为"人、从、众"模型，在红色场馆中，如果我们把红色革命文物作为符号本体的话，那它的文字注解、话语解说等就是它的对象，整个的场域环境就是它的解释项，现在我们往往在解释项层面的工作相对较弱。

按照皮尔斯的符号理论，主要有三种基本符号类型：第一类，图像符号，它与所代表对象相似，通过写实或模仿来表征对象；第二类，指示符号，它与代表者有某种直接联系；第三类是象征符号，它仅仅任意或约定俗成地与其所指物相联系。任何一个红色场馆，都有着十分丰富的育人资源可供展览和挖掘，这些育人资源都是以不同形式的符号存在，我们需要对这些符号资源进行梳理和加工，具象的符号说清楚它的第二性、第三性，抽象的符号讲明白它的第一性、第二性，按照图像符号、指示符号和象征符号进行划分，一件文物、一篇文稿、一张照片、一幅画像、一件雕塑、一段影像等等，这些属于最原始的图像符号体系，我们通过征集、收集和制作可以得到，而指示符号和象征符号我们需要结合红色场馆的不同特色和资源进行深入研究和探讨，构建起属于场馆特色的符号体系。例如日军侵华期间，在中国犯下了累累罪恶，在许多地方都有大屠杀以及万人坑的罪行，此类创伤性记忆属于民族集体记忆的重要组成部分，幸福时代的人们尤其是孩子们不应遗忘曾经地狱般的磨难。尸骸遍地、白骨累累的图像符号我们在场馆中都有表述，而战争与和平的强烈反差，落后和强盛的不同待遇，过去、现在与将来的有序承接是指示符号和象征符号体系所应表达的内容。我们需要进一步对红色场馆的符号进行分类加工处理。

---

① 卢巧丹、卢燕飞、梁君英：《符号，意义和阐释——索绪尔符号学和皮尔斯符号学意指功能对比》《Proceedings of 2013 3rd International Conference on Applied Social Science（ICASS；2013）Volume 3》，国际会议，第 524 页。

（二）精心讲好红色英模故事

习近平总书记在党史学习教育动员大会上指出："在一百年的非凡奋斗历程，一代又一代中国共产党人顽强拼搏、不懈奋斗，涌现了一大批视死如归的革命烈士、一大批顽强奋斗的英雄人物、一大批忘我奉献的先进模范"①，这些先进的中国人塑造了一系列的伟大精神，构建起牢不可摧的中国共产党人的精神谱系，为我们的理想信念教育提供了丰富滋养和内容。红色场馆是这些精神谱系的保存地和弘扬器，是我们的精神殿堂，是对冲和抵抗当今社会文化消费主义和历史虚无主义的有力武器和可靠阵地。从国家层面上来看，我国确定了以"五章一簿"为主干的功勋荣誉表彰制度体系，并通过各种媒介渠道在不断宣传这些英模事迹。但在当前信息化时代的影响下，人们之间的交互趋向扁平化、虚拟化、饲喂化，个体之间的信息差和经验差被大大缩小，认知同质，对先进人物和精神的内涵理解出现了一定偏差。在建设的诸多红色场馆中，除了以人物类为主题的场馆，其他场馆也蕴含了大量的人物事迹和资源，我们需要对其整理和挖掘，让我们自己的英雄形象越来越高大闪亮。没有英雄的民族是可悲的民族，"崇尚英雄才会产生英雄，争做英雄才能英雄辈出"②，我们要大力塑造英模群体的光辉形象，感受榜样力量。红色场馆的英模资源可以通过讲故事的形式表达出来。神话、史诗、典籍等等无不在告诉我们故事叙事方式的有效和悠久。写好故事、讲透故事是我们对过去的有效建构，是我们形成集体记忆的有力方式，我们要充分利用英模纪念馆、烈士陵园、革命旧址、战场遗址等红色场馆中的人物资源，写出真实感人的故事，让先进中国人物群体形象扎实丰富、血肉丰满，让参观场馆的学生和游客产生情感共鸣，使英模形象可亲可近可效仿。

在此，我们尤其要注意创新讲述内容和传播方式。历史性与时代性要充分结合，要以英模人物的个人经历、先进事迹所反映出的高尚道德品质为核心内容，提升凝练其共性和内涵，使其转变为我们进行社会主义核心价值观教育的生动素材，在传播途径上，我们除了传统方式之外，要强化虚拟故事场景体验、互联网＋故事等新模式的构建，只有这样，才能最大限度地利用好红色场馆的育人资源，有效抵消和清除近年来网络上调侃恶搞、歪曲篡改英模历史故事的不良思潮和行为，才能使进入红色场馆浏览的游客得到一次全方位的精神洗礼。

---

① 习近平：《在党史学习教育动员大会上的讲话》，《旗帜》，2021 年 3 月，第 6 页。

② 习近平：《习近平总书记在出席庆祝中华人民共和国成立 70 周年系列活动时的讲话》，《小康》，2020 年 10 月，第 20 页。

（三）设计好仪式化育人模式

在民族文化的代代传承中，仪式是不可或缺的存在。古典社会学家涂尔干提出"仪式"理论，他认为道德观念是在仪式实践中形成的，戈夫曼发展了仪式理论，提出"互动仪式"理论，他认为互动仪式是人类一种重复性、固定化、程序化的交流行为，强调实践中的直接互动与情境要求。文化基因和生物基因一样，总是依附在实存的事物中遗传下来，仪式是人类建构自身生活空间的一种基本形式，是人类文化的一种载体和现象。它具有象征性、表演性、文化性和系统性。象征性是与意义相连，既是我，又不是我，仪式越持久浓烈，意义就越深刻绵延，反之亦然。表演性是与参与度相关，每个人都是仪式的参与者，没有谁是旁观者，每一个人都有自己的角色和功能。文化性与意识形态紧密相连，文化是民族和社群的标识，失去文化印迹，就失去了精神的活力，好的仪式活动可以有效地传承红色文化和基因。系统性告知我们仪式需要精细建构，私定终身需要交换信物，义结金兰需要对天盟誓，教堂里的祷告活动环节复杂，只有构成一定的相对稳定的结构性关系，在仪式中的个人受教育的效果才会更佳，形成的集体记忆才能更深刻。

耶鲁·沙利米认为记忆与历史是相对立的历史概念，应把二者区分开来。集体记忆把过去唤回呈现出来。尤其是在其仪式性表达方面，它促成了一种把过去作为一种更新行为予以重新体验的感觉。它对时间的理解相应地是循环的；与此相反，历史在过去与现在之间确立了一段距离。它坚持事件的独特性，即事件仅仅出现一次且永远存在着。作为一种时间概念，因而历史是线性的。[1]重视仪式感是红色场馆与其他场馆的重要区别，记忆是可以建构和再现的，当然这种再现不是完全复制和重叠，只是一种高度的还原，从而引发类似的情感共通和共鸣。历史苦寻的永远是它的本来面目，无论面目清秀，还是丑陋，总是无法再次高度刻画还原。巨大而深刻的牺牲、苦难和伤痛，我们无法也无须再次真实地体验和复刻，如同再逼真精美的战争游戏也无法真实地使我们感受到战争的残酷和伤痛。众多的红色场馆中蕴藏着中国共产党带领中华民族不断奋斗、甘于奉献、勇于牺牲的伟大精神，它的内涵是中华民族生生不息的动力之源，外延是我们每一个中国人的精神归依，它偏重于唤起我们的共同记忆，使当代的我们与过往的前辈记忆相同，感受一致，他们所受的苦难我们也能感受到痛苦，他们的巨大付出我们能够永远记住，感恩于心。红色场馆应该成为我们的精神家

---

[1] 帕特里克·H.赫顿：《记忆：见证、经验、集体记忆》，载南希·帕特纳、萨拉·富特主编：《史学理论手册》，余伟、何立民译，格致出版社、上海人民出版社 2017 年版，第 506 页。

园和神圣殿堂，从其中汲取前行的力量。

信息时代的来临，谁也无法忽视网络的重要性，在当代传媒手段的加持下，场馆中的历史与记忆有了深度融合的迹象和苗头。安德里亚斯·胡塞恩在研究博物馆在传媒时代的角色中提出：人们对所记忆过去日渐消逝抱有模糊的恐惧，而且人们强力复苏着对更具想象性的艺术展览和博物馆所促发的其他文化景观的公共兴趣，这二者之间是一种辩证的关系。这种复苏标志着一种对把记忆与过去联系在一起的传媒文化的反抗。一种刺激着公众想象力的记住的过去已经逐渐充当了创新迷信——它是 20 世纪早期美学中出现的一味解药。面对着呼唤想象力的网络空间的虚拟现实，博物馆再度保证可提供让我们在这个物质世界中安定下来的关于一段过去的有形现实。后现代博物馆作为一处可把过去当作一个想象性存在唤回的创造性公共场所，已经再生了。[1] 由此可见，后现代的场馆一定是一个历史与记忆和谐共存的空间，同时能够打通过去与现在的壁垒，能够塑造正确的有效的能够影响现在关于过去的集体记忆，使公众在此空间内再次强化信仰，修正意识，树立起正确的三观。因而，我们的红色场馆应该具备仪式化育人的能力和功能。美国社会学家柯林斯从微观社会视野与情境角度出发提出"互动仪式链"理论，他认为在不同情境中个体间会产生互动行为，并在关键的互动仪式过程中再生出一种共同的关注焦点，产生高度的情感共鸣，这些不同个体产生的情感能量最终汇集成群体的团结感，形成群体固有的社会关系符号以及群体的道德标准。柯林斯指出互动仪式有四个组成要素：一是身体在场，二是局外人设限，三是有共同关注的焦点，四是共享情感。在我们设计育人仪式的时候，我们可以围绕着这四大要素进行，亲身参与，排除干扰项，寻找共同关注的焦点，确立可以共享的情感。

真正的死亡和消失是彻底的遗忘，作为个体记忆而言，遗忘有的时候是一个自保机制的启动，但对于集体而言，遗忘就意味着传统的断裂、意识的混乱、遗产的丢失，我们需要一些固定的场所，安放我们过去的辉煌记忆，形成我们当前的奋斗历程。记忆不等同于过去，记忆包含着过去与现在，并且侧重于现在一端，网络时代的大众狂欢和信息碎片无心也无意把个体的记忆全面而完整地审视反思，网络上的诸多大大小小的集体快速地分合转换，无法切实地进行与传统对接和自我深思。因为缺乏具象的时空，当个体的身份都存疑的时候，集体的记忆与认同势必如空中楼阁一般，转瞬即散。我们的红色场馆为红色传统、红色基因、红色血脉、红色文化提供了牢不

———
① 帕特里克·H. 赫顿：《记忆：见证、经验、集体记忆》，载南希·帕特纳、萨拉·富特主编：《史学理论手册》，余伟、何立民译，格致出版社、上海人民出版社 2017 年版，第 517 页。

可破的时空聚合点，连接了我们民族复兴的巨大力量。我们应该建设好丰富的红色符号系统，使代代都能正确理解与传承红色文化；讲好我们的英模故事，使代代都能情感亲近，共情共通；设计好我们的育人仪式，使受教育者浸润其中，形成我们与革命先烈相一致的红色记忆。

作者：孙建刚，邯郸学院特殊教育学院党总支书记、副教授，首都师范大学在读博士。

徐利利，邯郸经济技术开发区世纪路小学二年级 5 班班主任。

建 政 篇

铸就新解放区的"钢筋铁骨"

——记解放战争时期的干部南下

杨仲信

近几年，随着《长江支队：从太行到八闽》纪录片的热播，尤其是百年党史学习教育活动的推进，更激起人们对干部南下工作的关注，也引起不少专家学者的研究兴趣。为配合奋进新征程，建功新时代，迎接二十大活动的开展，纪念刘邓大军千里跃进大别山75周年，笔者愿捧出自己的研究成果，与大家一起分享。

这里所说的干部南下，是一个历史称谓。指中华人民共和国成立前后，中共中央为顺利接管南方广大解放区，而派遣的大批干部队伍。他们来自北方老解放区，冒着未散尽的硝烟，背上行装扛起枪，浩浩荡荡向南方挺进，如同源源不断的新鲜血液，输入新解放区。像钢筋铁骨一样，在新区各地接管与建政工作中，发挥着主导作用。不仅保证了新解放区的开辟与建设，还推动了南北融合和文化交流。他们在中共党史与共和国建设史的精神谱系构成中，所占的份额比较大，地位比较突出，对后人具有很大的教育作用。

一、派干部随军南下是形势的需要，是军史创举

中共中央决定调派大批干部南下，完全是适应当时形势而做出的重大决策。随着国共和谈的破裂，内战很快全面爆发。在经过两年"拉锯战"后，国共双方军事力量对比发生了重大变化。解放军占领国土面积迅速扩大，东北、西北、华北、华东解放军反攻势如破竹，并取得决定性胜利。1947年6月30日，刘、邓率领第一批12万大军，从山东寿张至郓城150公里的黄河北岸，一举突破黄河防线。战略反攻从鲁西南发起，仅一个月连续作战，就歼敌4个师部，9个旅，共计6万多人，可谓旗开得胜。之后，又以30万大军，一举跃进大别山，跨过淮河，直逼长江，直接威胁着武汉、南京，使解放区人口扩大到4500万。

新解放区的开辟与扩大, 必然造成国民党势力的分崩离析, 兵败如山倒。那些失去了军队庇护的各级政权不得不纷纷垮台, 一时间各地出现政治 "真空地带"。各路解放军, 所向披靡, 攻下一个县城后, 又急着攻占下一个县城, 那些攻克未占的新区, 急需行政人员接管、建设与发展。加之一些即将被解放军攻下, 将成为新解放区的地方, 也急需要准备大批干部。一时间, 各地要求中央派遣干部的电报, 如同雪片般飞来。

早在 1948 年 8 月 24 日, 时任中共中央中原局书记邓小平, 在写给中央的报告中就明确建议, 注意提前准备干部, 并介绍中原局的经验。那就是提前根据行政区划, 配备好县区以上领导干部, 随军行动。"一路展开, 收效必快"。各路军政要员, 直接面陈中共中央主席毛泽东的, 也不计其数。

1948 年 9 月 8 日至 13 日, 中共中央在西柏坡召开政治局扩大会议, 即 "九月会议"。这次会议除讨论军事斗争方针外, 还有一个重要任务, 就是为广大新解放区准备接管干部。毛泽东在会上明确指出, 为确保新旧政权顺利过渡, 战争的第三年内, 必须准备好 30000 名至 40000 名下级、中级和高级干部, 以便第四年内军队前进的时候, 这些干部能随军前进, 能有秩序地管理大约 5000 万至 1 亿人口的新开辟的解放区。按照 "九月会议" 的方针, 1948 年 10 月 28 日, 中共中央作出了《中共中央关于准备五万三千个干部的决议》。

为迅速准备上述干部, 中共中央按照区域进行任务分解, 其中华北 17000 人, 华东 15000 人, 东北 15000 人, 西北 3000 人, 中原 3000 人, 并要求各地, 务必在 1949 年 12 月底前, 完成抽调工作。

尽管各地把此项工作摆在要位, 并紧锣密鼓地推进, 但由于形势发展得太快, 整体工作仍跟不上形势发展的需要。为使工作跟上形势发展, 自 "九月会议" 以后, 不到一年的时间, 中央就接连发出 3 个抽调干部的指示。强调超任务、保质量、快到位。

二、派干部随军南下的组织工作迅猛展开

抽调干部与接管工作千头万绪, 但干起来并不是杂乱无章, 而有一定规律可循。其中一个特点, 就是提前组建干部工作团或队, 跟随部队前进。例如, 部队占领一个县城后, 负责接管该县的干部队伍随之进入, 宣布成立县委、县政府, 以及包括群团组织在内的相关部门。接管干部按照提前的职务安排分别就职, 接管建政的工作随之

展开。

根据中共中央的安排，这些接管干部工作的人员及其区域分布如下：

（一）南下（西进）支队

根据中央的要求，中共中央华北局于1948年10月底，向各地发出指示，要求按照区域分配任务。强调各地组建从区委到区党委的领导班子。如北岳、太行、冀南、冀鲁豫等5个区党委各抽调1个区党委班子，随时准备南下。经过紧张筹备以及一系列行之有效的工作，冀南区共派遣20000余名干部，南下荆楚大部分地区。同时，抽调一部分干部，随二野前进。被命名为"中国人民解放军第二野战军第五兵团南下支队"，负责接管赣东北地区。另有一部分干部队伍随二野进军大西南，组建"西进支队"，成为接管贵州的主要干部群。

（二）长江支队

根据中央指示，中共中央华北局又于1948年12月，再次从太行、太岳两个地区，抽调4500名干部准备南下。此次主要抽调区党委、行署以及机关干部，包括1个区党委，6个地委（专署），30个县委（县政府），200余个区委（区署）。这批干部，经过在河北省武安县培训后，于1949年4月25日出发南下。其对外称"中国人民解放军长江支队"，支队负责人为冷楚和周壁。该支队原计划接管苏南，后因该地解放步伐快，长江支队未赶上，而被别人补缺，将长江支队改派到福建，成为接管福建的主要力量。

（三）晋中南下工作团

1949年2月，晋中区党委决定，从现有干部中抽调一半干部南下。同时，合并来自太行、冀中区，以及察哈尔省的南下干部，组建晋中南下区党委，后改名为"晋中南下工作团"。该团下设6个地委（专署），36个县委（县政府），以及200余个区委（区署）班子，共计3000余人。工作团负责人为武光、周小舟，在石家庄集中培训后，接管湖南长沙、衡阳、岳阳等地。

（四）东北南下干部大队

"九月会议"后，中共中央东北局组织部长张秀川，按照上级分配给其6000余名干部的要求，从9个省级行政区抽调干部，并按照行政区划，组建9个大队，号称

"东北南下干部大队",并分为 1 大队、2 大队,一直排到 9 大队,负责接管南方的 9 个地区。该大队紧随第四野战军南下,主要负责接管江西省的一些地区。

(五)四野南下工作团

第四野战军入关以后,负责攻略两广与两湖等地。原有的东北南下干部大队已难以满足需要。报经中央同意,第四野战军司令部组建南下工作团,以谭政、陶铸为正副总团长,面向京津地区学生和知识分子招收南下干部,附带华北地区抽调 12000 余名干部,按照"总团—分团—大队—分队—小队"的组织结构进行归类,分别对应区乡级以上政权。经过培训、甄别以后,共计 9000 余人参与工作。该工作团主要负责接管湖南、江西、广东、广西(含海南岛)等省区的工作。

(六)华东南下干部纵队

中共中央华东局于 1948 年 12 月 25 日发出指示,要求各地务必克服一切困难,也要完成并超额完成中共中央下达的 15000 名干部抽调任务。由于在华东区山东省是老根据地,干部队伍较成熟,因此,该地是抽调干部的重点区域。在山东分局的努力下,华东局最终完成抽调干部任务 20000 多人,超出了中央下达任务。这些外调干部,经过培训后,组成"华东南下干部纵队",下辖 4 个支队,主要接管上海、江苏、浙江等省市的城市。

(七)华东随军服务团

根据中央指示,第三野战军粟裕、张鼎丞所部负责攻取福建省。由于前来接管福建的长江支队人数有限,而随三野南下的干部,加上当地的游击队,仅能勉强配备县区以上党政主要干部,其余专业干部更加匮乏。福建尚有几十个中小城市,如福州、厦门、泉州等,近代以来,对外经济较为繁荣,因此需要一批有较高文化且熟悉城市管理的干部前来接管。为解决这一问题,1949 年 6 月 17 日,华东局建议在上海招收3000 名知识青年或职工到福建。并征得中央同意,经上海青工委和学联发动,招收学生 2000 余人,加之抽调干部 200 余人,共计 3000 余人,组建"华东随军服务团",以张鼎丞为团长,10 月底抵达福建,负责接管福建的工作。

(八)西南服务团

其是华东局与第二野战军司令部为了接管西南而组建的一支干部队伍。根据中央部署，二野进军大西南。为了准备接管干部，以邓小平为第一书记的华东局决定在上海和南京接收知识分子和青年学生，随军前往大西南。该接管队伍被命名为"西南服务团"。1949年6月12日，该团在上海成立后，遂成为后来接管川东、川南、贵州、云南等地政权的重要干部来源。

（九）西南入川工作团

与西南服务团接管川东、川南等地不同，川西和西康，则由晋绥分局组建的西北入川工作团共同负责接管。1949年3月，中共中央决定由晋绥分局书记李井泉为团长，组建西北入川工作团。并从晋西北、晋西南抽调地委、县委及以下领导班子共计3600多人。经过培训后，跟随18兵团南下，对外称"中国人民解放军南下工作团"。该团经秦岭入川，经川北、川西，一路接管重庆、成都，以及成都平原各县和西康省。

综述以上情况，能够看出在抽调大批干部南下工作中，华北局做得是比较好的。从抽调人数上说，超额完成了任务，共计派出21499人，超17000人任务近30%；接管建政的面积比较大，共涉及河南、湖北、湖南、江西、福建、贵州等6个省区都派出了素质较高的接管干部。

三、冀南区党委选派南下干部工作成绩卓著

冀南区党委执行中共中央与华北局的要求比较坚决。从1947年7月至1949年4月，共组织三批7000多名干部南下做接管工作。其中，人数最多、规模最大、规格最高的是第三批，一次就抽派了3400多人。

按照中央要求，冀南各级领导班子一分为二，即一半留任，一半南下。南下人员共组成1个南下区党委（含行署和军区机构），6个南下地委（含专署与军分区机构），每个南下地委组建5个南下县委（含县政府），共30个县的架子，每个南下县委组建6个至7个区级机构，共计4300余人。各地委人员来源是：一、二、三、四、五地委（治所在临清、夏津、肥乡、南宫、衡水）抽组；六地委为新组建，由原冀南区所属5个地委各抽组1个县委建制，构成所辖县建制，六地委机关的组成人员则由区党委直属机关和地委机关分别抽调。

冀南南下区党委班子于1949年春节前后组成：区党委书记王任重，副书记乔晓光，组织部长郭森，宣传部长高元贵，秘书长韩宁夫。冀南南下区党委及其所属各地

委和各县委建制组成后，为适应随军南下的形势，编为中国人民解放军南下支队（南下区党委）、大队（南下地委）、中队（南下县委）等建制，原冀南军区参谋长孙卓夫任冀南支队司令员，原冀南军区武委会副主任韩克华任支队参谋长。

冀南南下区党委所辖各地委的主要成员是：一地委书记郭清文、副书记杨新一，专员梁向明；二地委书记周惠，专员赵墨轩；三地委书记袁崇德；四地委书记柴保中，专员孙云英；五地委书记陈登昆，专员张海峰；六地委书记王含馥、副书记王浩，专员李夫泉。

1949 年 3 月初，冀南区第三批全体南下干部，先后赶赴河北省威县县城附近集中培训。除了学习文件，进行思想动员，专题辅导，领会接管管理城市与社会的经验外，还根据上级规定，明确了照顾南下干部的一些优惠政策：（1）南下干部家属按军属待遇兑现；（2）家庭经济困难的可以给予补助；（3）家中缺乏劳动力的，由区、村给予代耕；（4）南下干部家属在农村的，可以批准回家探亲、安家、告别，限期回单位；（5）女干部不能跟队行军的，可暂不出征，待新解放区稳定后，派专人来接等，以解除大家的后顾之忧。

经过一个多月的整编培训后，1949 年 4 月 3 日，于威县方家营村举行欢送南下干部大会。之后，在冀南区南下区党委率领下，全体南下干部以地委（大队）为单位，徒步奔向目的地。5 月下旬，根据形势发展，中共中央与华北局调整南下支队去向，由原定去江苏、浙江一带，改为一部分去湖北，大部分去湖南新区，进行接管建政工作。其中五地委原建制的全体干部和区党委机关大部分以及六地委的一部分人员，共计 600 多人，由王任重、高元贵、韩宁夫，以及韩光华、苏钢等同志带领去湖北省，其余 3700 多人确定去湖南省工作。

进入湖北后，1949 年 5 月，王任重被任命为中共湖北省委常委、湖北省政府副主席。年仅 32 岁的他，在协助省委书记兼省政府主席李先念工作中，无论运筹帷幄，还是决胜千里，所显示的才能，处处都深得李先念赏识。

1954 年 7 月，武汉市遭遇破纪录大水灾。身兼武汉市委书记的王任重，广泛听取意见，实施科学排水，取得了非常好的效果。此举，又深得从中央到地方的一致好评。

1954 年以后，王任重担任湖北省委第一书记，一干又是 10 余年。在任上，无论谈论汇报工作，还是接待陪同，以及谈论古今文化，都深得毛泽东赞赏。被称为"华北第一才子"。

1979 年之后，王任重调任中央，曾先后担任国务院副总理、书记处书记兼宣传部长、全国政协副主席。

王任重是南下干部的杰出代表。冀南人总以曾经受过王任重领导为荣，以王任重的才能与作为而自豪。

冀南区所辖的三地委（其治所在肥乡县三里堤村，故也称肥乡地委），在抽调干部南下时，始终与上级党组织同频共振，保持一致。全区从 1947 年开始，先后从所辖的邯郸、永年、肥乡、鸡泽、曲周、广平、邱县、馆陶、大名、元城（大名县一部分）、魏县、临漳、成安、磁县（平汉路以东部分）、南和等 15 个县中抽调近 800 名干部南下。其中比较集中的三批是：

第一批，1947 年 7 月，抽调干部赴大别山地区，共计 120 人，其中县级以上干部 13 人。他们是：张新亭、李方炎、康鸿禄、李华堂、胡易之、徐泽南、李勋元、孙荣章、张健三、宋振川、邢绍先、柳林、郭以珍等。

第二批，1947 年 10 月，选派干部南下。去桐柏地区的，仅县委书记、县长就有 12 人。他们是：苑春芳、王少卿、李运先、韩国治、李亭、陈蕴贤、赵克温、冯金芳、王勤生、王培育、仲凯、白佩珩等。

第三批，1949 年 3 月，从三地委抽调地级干部 6 人，县级干部 14 人，赶赴湖北、湖南，及江西省部分地区，做接管工作。他们被编为"中国人民解放军南下支队第 3 大队"。由该队组成 1 个地委（专署），包括几个县委（县政府）配套的班子。其领导成员是：地委书记朱效成、副书记田光涛，行署专员袁崇德，地委秘书长万达、组织部长李哲、宣传部长白连成。县委、县政府班子的领导成员是：张力耕、刘亚南、尹之席、栗会川、康日新、张宾清、董早冬、宋子兴、赵文元、唐振生、孔空、张黎民、张惠民、吴用等。

这些干部的任职到达目的地后又有变化，有的还与不是三地委的同志混编一个县任职。如常德地委委员、市委书记兼市长栗会川到任后，与其配备副职的就是三地委之外的干部。但多数都是按赴任前的配备落实的，如石门县接管的县委书记张黎民，县长康日新；益阳县的县委书记张力耕、副书记孔空、县长董早冬；邵阳县委书记尹之席、副书记张宾清等，都是三地委的干部。

三地委派遣干部时，大家所表现的顾全大局精神、公而忘私境界，十分感人。当时做具体领导工作的三地委书记焦善民，五十多年后提起该事时仍记忆犹新，感动不已。

曲周县委书记冯金芳、县长王培育，同为广平县人。他们作为原籍县委、县政府以及基层组织的创建人，从 1938 年起，就配合一二九师东进纵队、骑兵团共同开辟广平抗日根据地。经过 8 年出生入死，把日本侵略者从广平赶了出去。其间，冯金芳还调任馆陶县抗联主任。刚进入解放战争，他们带领全县人民正忙于土改、剿匪、建政、支前等，工作热火朝天之际，1946 年，组织决定 2 人同时调出。他们又服从组织安排，到曲周县就职。刚就任一年多，组织又安排 2 人南下。同时，组织考虑 2 人都有家庭实际困难。在找他们谈话时，冯、王共同表示，只要组织需要，家庭什么困难都能克服，一切服从组织决定。就这样，冯金芳丢下年迈的母亲，以及前妻和不满6 岁的女儿。王培育丢下两个未成家的儿子，毅然离开曲周，奔赴南下工作岗位。冯金芳到河南省，先后任信随县、桐柏县委书记。中华人民共和国成立后，先后任许昌地委书记，河南省建设厅、工业厅、轻工业厅厅长，为河南的工业，尤其是轻工业做出了贡献。王培育先后到河南省邓西县、新野县任县委书记。中华人民共和国成立后，先后任南阳、商丘、开封地委书记，河南省文教部副部长，郑州大学党委书记，河南五、六届人大常委会副主任。为河南省建设与发展，尤其是科学、教育、文化、卫生事业做出了贡献。

三地委还按照中共中央，以及上级党组织要求，动员在辖区内、原籍是东北地区的干部，回家乡支持东北工作。其中，地委委员、临漳县委书记张怀清，在魏县工作的邱新野，都被欢送回东北原籍，为家乡的解放与建设做出了贡献。经过耐心细致动员，全区已有 117 人回了原籍。值得一提的是，大名县委宣传部长王季平，虽然不是东北人，但自愿支援东北建设。王季平后来升任为吉林省副省长。

对一些专业性较强的业务部门，地方党委也按要求，支持对口接管。如冀南区党委机关报《冀南日报》也抽派社长兼总编莫循，带领 30 名人员，接管《江西日报》，并明确莫循任报社社长兼总编辑，其他副职与工作人员，也各司其职，各尽其责。在与南下同志话分别时，大家难舍难分。不仅召开文艺联欢晚会，还有不少人填词、赋诗，抒发胸臆。其中，原任《冀南日报》副社长兼副总编辑、刚任正职的翟向东（后任《人民日报》副总编辑）赋诗：

送莫循等同志南下

清江雨过换新天，歌满村街绿满川。

壮志不移国事系，请缨南下着鞭先。

寨前相送鼓声喧，依依话别情谊牵。

不道从此难聚首，盼寄喜报大江边。

笔者以该文作结，意在告诉后人，当时干部无论南下，还是留任，都无怨无悔，没有任何消极情绪，只有互相勉励，共同期盼共和国早日建成。当今，我们已经进入中国特色社会主义新时代，更应该弘扬当年随军南下干部所淬炼的"顾全大局、公而忘私"的精神，推进新时代中国特色社会主义的伟大事业，迎接中华民族的伟大复兴。

作者：杨仲信，邯郸市政协原副主席。

邯郸："五一口号"的缘起地与首发地

郭培伦

在中国共产党领导的革命历程中，邯郸曾先后发生过两个在中国革命史和中国共产党党史上影响和意义都十分重大的统战事件：一个是发生于1945年10月的邯郸起义。邯郸起义开启了我军解放战争时期"政治仗"的序幕，在随后开展的"高树勋运动"的影响带动下，整个解放战争期间，先后有170余万主张和平、反对内战的国民党军队官兵在作战前线起义，大大加快了全国解放战争胜利的进程。第二个就是1948年4月缘起于邯郸、首发于邯郸的中共中央"五一口号"。"五一口号"吹响了协商建国的号角，掀起了轰轰烈烈的"新政协运动"，推进了共产党领导的多党合作和新中国政治协商基本政治制度的建立，邯郸成为中国人民政治协商会议的直接源头。

一、"五一口号"的发布背景

（一）政治背景

随着人民解放战争由战略防御转入战略进攻，标志着中国革命已经发展到了一个历史性的转折点上。1947年10月10日，毛泽东主席在为中国人民解放军总部起草的《中国人民解放军宣言》中分析了当时的国内政治形势，强调"本军作战目的，迭经宣告中外，是为了中国人民和中华民族的解放。而在今天，则是实现全国人民的迫切要求，打倒内战祸首蒋介石，组织民主联合政府，借以达到解放人民和民族的总目标"[1]，阐明"联合工农兵学商各被压迫阶级、各人民团体、各民主党派、各少数民族、各地华侨和其他爱国分子，组成民族统一战线，打倒蒋介石独裁政府，成立民主

---

[1]《毛泽东选集》第四卷，人民出版社1991年版，第1235页。

联合政府"①，响亮提出"打倒蒋介石，解放全中国"②的口号。12月下旬，中共中央在陕北米脂县杨家沟召开了扩大会议（即"十二月会议"），毛泽东在会上所作的《目前形势和我们的任务》的报告，进一步强调"这就是人民解放军的、也是中国共产党的最基本的政治纲领"③。

（二）军事形势

解放战争进行一年后，战争形势发生逆转。国民党军总兵力由战争初始时的430万减少至370余万（其中正规军由200万减少至150万）。与此同时，人民解放军的总兵力由127万猛增至195万（其中野战军由61万迅速增加至百万以上）。从1947年6月底，刘（伯承）邓（小平）率晋冀鲁豫野战军突破黄河天险，千里跃进大别山，将战争引向国民党统治区。1947年9月，中共中央发出了"全国大反攻，打倒蒋介石"的号召。1948年春，解放军如摧枯拉朽般地由北向南横扫，国民党军队一溃千里，人民解放军准备打过长江去，活捉蒋介石、解放全中国，人民解放战争进入取得决定性胜利的阶段。

（三）统战因素

随着国民党统治的节节败退和革命形势的迅速发展，越来越多的爱国民主人士纷纷站到同中共携手奋斗的坚定立场上来，并向中共中央建议，尽快建立革命政权，以与国民党的伪总统大选相对抗。

南洋华侨领袖陈嘉庚提议：解放区应紧急成立联合政府政权机构，以对抗国民党伪国大后的局面。民盟中央负责人沈钧儒向中共中央提议：解放区应成立产生联合政府的筹备机构，以对国内外号召否认蒋介石伪总统。沈钧儒希望中共考虑，可否由中共通电各民主党派，建议召开人民代表会，成立联合政府，或由各民主党派向中共通电提出此项建议。陈嘉庚和沈钧儒的主张和建议，代表了当时许许多多的民主党派和爱国民主人士的意见。

民主党派和爱国民主人士的意见建议受到中共中央的高度重视。1948年3月4日，毛泽东、周恩来致电中国国民党革命委员会中央常委兼组织部部长朱学范："欣悉先生到达哈尔滨，并决心与中国共产党合作，为中国人民民主革命的伟大的共同事

①《毛泽东选集》第四卷，人民出版社1991年版，第1237页。
②《毛泽东选集》第四卷，人民出版社1991年版，第1237页。
③《毛泽东选集》第四卷，人民出版社1991年版，第1256页。

业而奋斗，极为佩慰。我们对于先生的这一行动，以及其他真正孙中山信徒的同样的行动，表示热烈的欢迎。"①3 月 6 日，中共中央发表评论，表示愿意与民盟、民革等民主党派"携手前进"。

二、"五一口号"的缘起

1948 年的中共中央"五一口号"缘起于廖承志的一封请示电报。廖承志（1908—1984），广东惠阳人，生于日本东京，是民主革命的先驱廖仲恺、何香凝之子。1924 年加入国民党。1928 年 8 月加入中国共产党。1933 年 9 月赴川陕革命根据地，参加中国工农红军。1936 年 12 月在保安参加红中社工作。1937 年 3 月在延安参与创办中共中央理论刊物《解放》杂志，并领导新华社工作。1946 年 7 月担任新华社社长。在新华总社撤离延安的两次长途大转移中，以杰出的组织和领导才能，胜利实现了新华社从延安到太行、到平山县的大转移，出色地完成了解放战争时期的宣传报道任务。

1948 年"五一"国际劳动节前夕。当时党中央有个惯例，就是在每年的五一节前都要提出"五一口号"。当时，率新华总社大队人马驻扎在涉县西戌村的中宣部副部长、新华总社社长、晋冀鲁豫中央局宣传部部长廖承志，看到解放战争形势迅猛发展，循惯例发了一封十分简短的电报至河北省阜平县城南庄，请示中共中央："五一"劳动节快到了，中央有什么重要指示和决定要向全国发布？廖承志的这封简短电报，随即由机要工作负责人罗青长送中央书记处书记周恩来，并立即引起毛泽东和周恩来等中共中央领导人的高度重视。毛泽东和党中央审时度势，决定以中共中央名义通过"五一口号"对外公布共产党人的政治主张，号召全党、全军和全国各阶层人士迅速行动起来，彻底打倒国民党反动派，建立一个人民当家作主的独立、民主、和平、统一的新中国，并提出新中国政权蓝图。

很快，"五一口号"草稿就被送到毛主席的案头，毛主席拿起毛笔，将"五一口号"初稿第 5 条修改为："各民主党派、各人民团体及社会贤达，迅速召开政治协商会议，讨论并实现召集人民代表大会、成立民主联合政府。"又将原第 23 条和第 24条删去，将原第 25 条"中华民族解放万岁"改为第 23 条。修改后的"五一口号"一共 23 条，全面阐述了中国共产党关于政治、军事、经济等方面的重大方针、政策，代表了全国各族人民的共同心愿。

① 中共中央文献研究室编：《毛泽东年谱》（修订本）（1893—1949），下卷，中央文献出版社 2013 年版，第291 页。

毛泽东将修改好的"五一口号"首先征询了在城南庄的其他领导同志的意见。之后，又亲自打电话给在西柏坡的周恩来，征求党中央其他领导同志的意见。周恩来等中央领导回电表示完全同意毛泽东的意见。

1948年4月30日，中共中央书记处在晋察冀军区驻地——河北省阜平县城南庄召开扩大会议（又称城南庄会议），通过了经毛泽东修改的《中共中央纪念"五一"劳动节口号》。

三、新华社与邯郸涉县的历史际遇

"五一口号"为什么会从邯郸涉县首先向全国、全世界公开发布？这与中外历史上许多重要事件一样，也源于战争年代的一段特殊历史际遇。

新华通讯社，简称"新华社"，新中国成立后成为国家通讯社，从成立至今一直肩负着党和人民赋予的神圣使命，是我党对内对外的喉舌、耳目和智库。在新华社的发展史中，曾有一次最为隐秘的千里大转移，为我党我军保存有生力量、牵制国民党军进攻解放区起到了极大的作用。

1947年3月，胡宗南纠集25万兵力大举进犯延安，妄图一举摧毁中共中央首脑机关及新华通讯总社，占领延安，使我党瘫痪，然后各解放区各个击破。我党通过情报部门得知此重要信息后，迅速采取措施，分兵到陕北广大地区，与胡宗南开始了长达数月的"拖黄牛"战术，在运动中拖垮敌人。同时，为使我党的声音不中断，并有效地指导全国解放战争取得胜利，党中央决定新华通讯总社秘密转移至位于太行山深处的晋冀鲁豫解放区，并在涉县以陕北呼号继续指导全国解放，同时向全世界发出中国共产党的声音。

根据《新华通讯社史》和胡乔木等同志回忆，在当时特殊条件下，《解放日报》已停刊，新华社统一担负着电台、报纸和中央通讯社三项职能。胡乔木回忆，1947年3月到1948年3月这段时期，新华总社机构一分为二：总社主体由廖承志、梅益等领导转移到太行解放区，组织新华社的中外文字、口语广播的全部工作；由范长江率番号为"四大队"的新华社小分队，跟随毛主席和党中央转战陕北。延安和太行播发新闻时的电讯电头和呼号分别为"延安"和"陕北"。"中央给新华社的重要社论、评论，都是由'四大队'传到远离陕北的太行总社，再播发全国的"。[1]

---

① 胡乔木：《胡乔木回忆毛泽东》（增订本），人民出版社2014年版，第462页。

1947年3月28日晚，陕北台在延安广播了我军在西北战场上的第一个大胜仗——青化砭大捷的消息后，陕北台的播音即告结束。同时，远在千里之外的太行涉县，已经筹备半年的邯郸新华广播电台迅速接替陕北新华广播电台，于29日晚在涉县沙河以陕北新华广播电台呼号发声，30日正式播音。新华通讯社临时总社完成我党声音的无缝对接工作。从4月1日起，总社编发的文字广播稿，由设在涉县沙河村的电务科负责收发报，然后再以"陕北台"呼号向全国播发。① 与此同时，一支代号"昆仑支队"的队伍也从延安秘密向太行山涉县转移，这支队伍就是由新华社社长廖承志率领的新华通讯总社大队人马。7月初，廖承志率领的新华通讯总社人员到达涉县西戍，新华社临时总社正式更名为总社，廖承志任社长。社务委员有梅益、石西民、徐迈进、祝志澄。梅益负责领导陕北新华广播电台、邯郸新华广播电台的编辑部工作，祝志澄领导全面电务、机务和行政工作。新华社全面加强了对两个电台的组织、业务领导工作，非常出色地完成了战争条件下党的新闻宣传使命。②

1947年7月上旬，新华总社到达太行山涉县，完成了撤离延安的第一次秘密大转移，前后历时三个多月，行程3000多里。转移途中，新华总社按军事序列编为一个支队辖三个大队，昼伏夜行，先后用过"文化供应社""昆仑支队"等代号，社长廖承志的代号为"三〇二"。在邯郸涉县工作到1948年5月下旬才奉命转移到河北平山县。直到几十年后，新华社当年的那次最为隐秘的转移，才在新中国走向和平时逐步解密。直到这时，当年参加进攻延安的许多国民党官兵才恍然大悟："遍寻陕北不见共党首脑及新华社的踪迹，原来新华社在太行山的一个小村里！"③

1948年4月30日当天，"五一口号"通过邯郸涉县的新华通讯总社正式对外发布。同一时间，位于太行深处的涉县陕北新华广播电台和邯郸新华广播电台进行了广播。当日深夜，《晋察冀日报》等新闻单位也收到经毛主席审定的稿子，并在5月1日的报纸上见报。香港《华商报》和在香港出版的《新台湾丛刊》第6辑（《台湾人民的出路》）也根据标明"新华社陕北三十日电"的新华社电讯稿，在5月1日这一天全文刊登了"五一口号"。5月2日，晋冀鲁豫《人民日报》和《群众日报》《解放日报》《东北日报》《晋绥日报》《冀鲁豫日报》等解放区报纸纷纷全文刊发了"五一口号"。

① 北京广播学院新闻系编选：《中国人民广播回忆录》，广播出版社1983年版，第82页。
② 新华通讯社史编写组：《新华通讯社史》（第一卷），新华出版社2010年版，第298—307页。
③ 新华通讯社史编写组：《新华通讯社史》（第一卷），新华出版社2010年版，第306页。

四、"五一口号"首先发布的确切时间

多年来，很多地方都是根据有关人员回忆，认为"五一口号"在 4 月 30 日当晚 10 点多，由时任《晋察冀日报》社长的邓拓带到报社，被安排在 5 月 1 日报纸的头版头条，文前标的是"新华社陕北三十日电"。整整一个夜晚，从社长总编到编辑、排版和印刷工人都没有合眼。5 月 1 日凌晨，刊登着中共中央"五一口号"的《晋察冀日报》在印刷厂开机印刷，报纸印刷完毕已是东方大亮，并由此认为，"五一口号"是《晋察冀日报》5 月 1 日首先发布的。

2018 年 4 月 19 日，邯郸市政协文史资料委员会、民盟邯郸市委和民盟邯郸市文化院联合发起了"邯郸：中共中央'五一口号'首发地"新闻发布和考察纪念活动，在被誉为中国红色新闻小镇的涉县西戌镇新华社旧址和沙河村陕北新华广播电台、邯郸新华广播电台旧址隆重举行，并在涉县赤水湾大酒店举行了"邯郸：中共中央'五一口号'首发地"专题讲座和座谈会。《邯郸晚报》2018 年 4 月 21 日周末《新闻周刊》以第一、二版两个整版的篇幅报道了这一事件的梗概。

然而，事情真实过程往往超出了我们的想象，经过长达数年的考证，越来越多的权威资料和当事人的回忆证明："五一口号"实际是 1948 年 4 月 30 日中共中央城南庄会议通过的，当晚即由驻扎在邯郸涉县的新华总社和陕北新华广播电台奉命首先发布的。

在战争年代，交通通信极不便利，电台广播无疑是传播最快捷、最广泛、最安全、最有影响的渠道。那时，解放区的各报纸刊物还都是通过人畜投送的。分布于各地的新华社分社也都是通过新华社电讯和广播将中央的声音实时记录转发的。

1944 年调入太行《新华日报》和邯郸新华广播电台工作，时任新华总社邯郸台编辑部主任、代台长兼总编辑的萧风老人回忆："当时收听我们电台广播的听众面是相当广的。蒋管区的听众，有各界广大人士，如新闻界、文化界、学生、教员、商人、蒋军家属，等等。尤其是对蒋军来说，我们的广播，更起到了瓦解敌军的特殊作用。从地域看，京、沪、渝、昆、桂、粤、平、津、青、济、徐、西安和台湾、港澳，以及河内、新加坡、南洋各地，都传播着邯台的广播。蒋管区各大城市的某些报纸，都曾利用过邯台的广播内容，改写成消息发表。蒋军军官，也有秘密收听我电台广播，因而熟悉解放区的情形，了解解放军的政策的。"1947 年夏，刘邓首长视察陕北电台和邯郸电台。邓小平深情地说："部队过河以后，看不到报纸，要得到消息，

就靠听你们的广播了！"刘伯承也嘱咐："……办好口语广播，保证部队每天听到你们的声音！"毛泽东后来也说："中央留在陕北靠文武两条线指挥全国的革命斗争。武的一条线是通过电台指挥打仗。文的一条线是通过新华社指导舆论。"①

时任陕北新华广播电台编辑部负责人的温济泽回忆："在1940年到1949年3月这一期间，新华社除了用文字播发新闻以外，还创办了口头广播。……从1947年9月5日起，我们把每晚播音时间延长到3个小时，增设了简明新闻等节目。后来，又增设了英语节目。"②"延安台每天原是两次广播：一次中午，一次晚间。从延安撤守转移，并且改名为陕北新华广播电台以后，已经取消中午的广播。……陕北台的广播时间是：18点到20点共两个小时。节目的安排是：介绍放下武器的蒋军军官（18点到18点30分）；新闻（18点30分到19点）；评论、综合报道、通讯等（19点到19点30分；记录新闻（19点30分到20点）。"③王士光、萧（肖）风回忆："1948年初，邯郸电台编辑部由沙河村搬到西戌村和陕北台编辑部合在一个四合院内工作。邯郸台的广播时间和节目也已改变。据1947年9月3日《东北日报》刊出的邯郸台的节目表是：07：00—08：30专给人民解放军前线部队广播记录新闻；17：00—17：30报告节目，重要新闻；17：30—18：00评论、综合报道、解放军官兵介绍和家信、作品；18：00—20：00转播陕北新华广播电台的各种节目（9月5日起转播到21：00止）；20：00—20：50晋冀鲁豫解放区新闻（9月5日起21：00—21：50）；21：50—22：00简明新闻。"④

时任邯郸新华广播电台播音员的纪清也回忆："当时邯郸台的播音时间和内容是这样安排的：上午7时到9时，专门向南线人民解放军广播记录新闻；下午5时半到6时对蒋军广播。……对蒋军广播之后，是转播陕北台的节目，到晚上9时到10时半，再继续播送晋冀鲁豫解放区的新闻、捷报、评论和通讯等"。⑤

根据河北省政协、石家庄市政协《人民政协与西柏坡研究报告》和中央档案馆披露的原始资料显示：当日，由周恩来、陆定一签发的中共中央宣传部4A特级绝密电报"华府卯陷"电即传至驻在邯郸涉县的新华总社，"五一节口号已由阜平发来，请自1日起连播3天（包括文播、口播与英播），然后自10日起再用文播连播3天"。

① 萧风：《八秩回顾》，人民日报出版社1991年版，第150—156页。
② 北京广播学院新闻系编选：《中国人民广播回忆录》，广播出版社1983年版，第58、63页。
③ 北京广播学院新闻系编选：《中国人民广播回忆录》，广播出版社1983年版，第97—99页。
④ 萧风主编：《太行新闻回忆选辑》（1937—1949），人民日报出版社1998年版，第176页。
⑤ 北京广播学院新闻系编选：《中国人民广播回忆录》，广播出版社1983年版，第152—153页。

而深谙新闻宣传工作要旨的廖承志等同志，在接到电报的同时于 4 月 30 日当晚即安排新华总社连夜将"五一口号"电讯传至各分社，并安排陕北新华广播电台和邯郸新华广播电台在当日播音结束后重新开机，以口播、英播与文播 3 种方式加播了"五一口号"。① 中央权威机构出版的资料对此作出了权威证明。中共中央《毛泽东选集》第二版于 1991 年出版时，即在 60 年代第一版《毛泽东选集》所作校订工作的基础上，吸收了期间二三十年来史料收集和学术研究工作的新成果，对《毛选》第一版872 条注释作了不同程度的修改，并新增 77 条注释。其中《中共中央关于九月会议的通知》注释中，即将原注文"在 1948 年 5 月 1 日中共中央发布的《纪念'五一'劳动节口号》"改为了"在 1948 年 4 月 30 日中共中央发布的《纪念'五一'劳动节口号》"，并进一步对校订作出说明："1948 年中共中央发布《纪念'五一'劳动节口号》的具体日期是 4 月 30 日，不是 5 月 1 日。"② 中央文献研究室所编《毛泽东年谱》也在 1948 年 4 月 30 日条目下写道："中共中央书记处扩大会议讨论通过了中共中央庆祝五一节口号，……口号于当日由新华社播发，《人民日报》5 月 2 日刊载。"③

《邯郸晚报》和《文史精华》杂志先后刊登的王矿清撰写的"三亲"文史资料也侧面还原了 1948 年 4 月 30 日当晚的生动历史细节。王矿清回忆：2006 年 12 月 3 日，其与时任涉县县委信息中心主任的杨保证一起赴京拜访杨兆麟（原新华总社陕北新华广播电台编辑、建国后曾任中央人民广播电台台长）和原籍河北涉县西戌镇东戌村的李显堂（原新华总社后勤人员、建国后曾任首都师范大学副校长）时，两位老人回忆，1948 年 4 月 30 日当晚傍黑（涉县当地方言指从太阳落山到天大黑的一段时间，山里因季节或早或晚，此处约为晚上 22 时左右），按照新华社口播部温济泽主任要求，拿着一根打狼棍再次（一般每天送一次播音稿）到沙河村新华社播音机房送稿子，陕北新华广播电台的两位播音员齐越、魏琳和邯郸新华广播电台播音员于韵琴加时分别用国语和英语播出"五一口号"这篇重要文稿，同时又以记录速度反复播发，以便各地记录细节。④

可见，中共中央"五一口号"是中共中央扩大会议（城南庄会议）在河北阜平

① 河北省政协、石家庄市政协课题研究组：《人民政协与西柏坡研究报告》，2020 年 1 月，第 86 页。
② 中共中央文献研究室编：《毛泽东选集一至四卷注释校订本》，中央文献出版社 1991 年版，第 491—492 页。
③ 中共中央文献研究室编：《毛泽东年谱》（修订本）（1893—1949），下卷，中央文献出版社 2013 年版，第 306 页。
④ 王矿清：《1948：中共中央"五一口号"西戌首发追忆》，河北省政协《文史精华》杂志，2023 年第 5 期（总第 480 期），第 42—43 页。

城南庄研究决定当晚，经由新华总社和位于邯郸涉县的陕北新华广播电台、邯郸新华广播电台首先向海内外发布，随之先后在《晋察冀日报》和晋冀鲁豫《人民日报》、《新华日报》（太行版）及各解放区报纸、港台报纸进行了广泛转载的。尽管中宣部给新华总社所发的 4A 特级绝密电报要求"自 1 日起连播 3 天"，但在当时特殊年代和由于我党新闻工作者的特殊敏感性，新华总社仍于 4 月 30 日当晚将这一重大消息及时通过邯郸涉县的陕北新华广播电台和邯郸新华广播电台延时首先向国内外正式发布了。

随后，《晋察冀日报》和晋冀鲁豫《人民日报》《东北日报》《晋绥日报》及各大解放区报纸先后从 5 月 1 日起进行了全文转载。同一天，香港《华商报》、《新台湾丛刊》第 6 辑（《台湾人民的出路》）也根据"新华社陕北三十日电"的新华社电讯稿，全文刊登了"五一口号"，成为最先发布并对"五一口号"发表评论的港台报刊。

1948 年 5 月，随着战争形势的变化，新华通讯总社陆续迁往西柏坡，从 1948 年 5 月 23 日起，陕北新华广播电台开始在河北平山县播音。1949 年 3 月，毛泽东主席等中央领导同志和中央机关从河北西柏坡进入北平，新华社也随同迁往北平。

五、"五一口号"得到各界积极响应并成为重要历史界标

1948 年 4 月 30 日，中共中央发布《纪念"五一"劳动节口号》。"五一口号"是中国共产党建立新中国的宣言书、动员令。它的发布对中国民主政治建设和政党建设、政权建设的重大影响深远至今，标志着各民主党派、无党派民主人士积极响应中共号召，公开、自觉地接受了中国共产党的领导，为建立新中国而奋斗，这在中国共产党党史和统一战线史、新中国政治制度史、民主党派发展史以及多党合作发展史和人民政协发展史上都具有极其重要而深远的意义。

多年来，关于"五一口号"的起草人，多数资料语焉不详。为此，邯郸市政协文史委先后通过中央党校原副校长孙钱章先生、中央文献出版社原社长郑德兴先生等向相关专家和老同志求证，派专人赴京到全国政协文史资料馆、新华社社史馆等单位并通过电话向胡乔木子女求证，查阅了《毛泽东年谱》《周恩来年谱》《胡乔木回忆录》《回忆毛泽东》《新华通讯社史》等大量权威史料和著述，初步查证，"五一口号"初稿非如个别资料所言系毛泽东主席亲自起草，也不能确定是由当时许多重要文稿起草人胡乔木和陆定一起草，需进一步考证。但无论起草人是谁，应该说，"五一口号"反映了抗战以来中共中央一以贯之的统一战线思想。

1948 年 3 月，中共中央领导机关已在陕北战局既定、延安收复在即之时东移华北，经晋绥解放区于 4 月 12 日到达河北阜平县，13 日入驻晋察冀中央局、晋察冀军区所在地——阜平县城南庄军区大院。4 月 25 日，毛泽东致电在西柏坡的刘少奇、朱德、周恩来、任弼时等，通知即将在城南庄召开书记处会议，会议的主要议题之一就是"邀请港、沪、平、津等地各中间党派及民众团体的代表人物到解放区，商讨关于召开人民代表大会并成立临时中央政府问题"。党中央在指挥人民解放军打垮国民党反动派的同时，开始了筹备政治协商会议和筹备成立中央人民政府的工作。4 月 27 日，毛泽东写信请刘仁转告张东荪、符定一，邀请他们及许德珩等民主人士来解放区参加各民主党派、各人民团体的代表会议，讨论召开人民代表大会、成立民主联合政府和关于加强各民主党派、各人民团体的合作等纲领政策问题。会议名称拟为"政治协商会议"，开会地点在哈尔滨，时间在当年秋季。

5 月 1 日，毛泽东致信中国国民党革命委员会主席李济深和中国民主同盟中央常务委员沈钧儒，以协商的口气具体提出了召开政治协商会议的时间、地点、参会党派和原则、实施步骤等，对"五一口号"第五条作了进一步补充说明。信中说：

> 在目前形势下，召集人民代表大会，成立民主联合政府，加强各民主党派、各人民团体的相互合作，并拟订民主联合政府的施政纲领，业已成为必要，时机亦已成熟。国内广大民主人士业已有了此种要求，想二兄必有同感。但欲实现这一步骤，必须先邀集各民主党派、各人民团体的代表开一个会议。在这个会议上，讨论并决定上述问题。此项会议似宜定名为政治协商会议。一切反美帝反蒋党的民主党派、人民团体，均可派代表参加。不属于各民主党派各人民团体的反美帝反蒋党的某些社会贤达，亦可被邀参加此项会议。此项会议的决定，必须求得到会各主要民主党派及各人民团体的共同一致，并尽可能求得全体一致。会议的地点，提议在哈尔滨。会议的时间，提议在今年秋季。并提议由中国国民党革命委员会、中国民主同盟中央执行委员会、中国共产党中央委员会于本月内发表参党联合声明，以为号召。①

"五一口号"和毛泽东的这封信函，完整表达了中共对成立民主联合政府、加强同各民主党派和各人民团体、无党派民主人士团结合作的坚定决心和真诚意愿。当

---

① 中共河北省委党史研究室编：《中共中央移驻西柏坡前后》，中共党史出版社 1998 年版，第 397—398 页。

天，在香港的各民主党派即集会讨论，一致认为召开新政治协商会议、建立民主联合政府是中国“政治上的必须的途径”，“民主人士自应起来响应”。

5月2日，李济深、沈钧儒与在港的各民主党派代表欢聚一堂，对“五一口号”进行了热烈广泛的讨论。

5月4日，陈嘉庚代表新加坡华侨致电毛泽东，响应“五一口号”，希望早日召开新政协，成立民主联合政府。

5月5日，中国国民党革命委员会的李济深、何香凝，中国民主同盟的沈钧儒、章伯钧，中国民主促进会的马叙伦、王绍鏊，中国致公党的陈其尤，中国农工党的彭泽民，中国人民救国会的李章达，中国国民党民主促进会的蔡廷锴，三民主义同志联合会的谭平山和无党派民主人士郭沫若，联名致电毛泽东，响应中共“五一”号召，拥护召开新政协。同一天，他们还向国内各报馆、各团体及全国同胞发出《响应中共“五一”号召的通电》，指出：中共“五一”号召“事关国家民族前途，至为重要。全国人士自宜迅速集中意志，研讨办法，以期根绝反动，实现民主。用特奉达，至希速予策进”。

5月7日，台湾民主自治同盟发表《拥护中共“五一”号召告台湾同胞书》，称“五一”号召“正切合全国人民目前的要求，也正切合台湾全体人民的愿望”，号召台湾同胞“赶快起来响应和拥护中共中央的号召”。

5月8日，在港的各民主党派和无党派民主人士以《目前新形势和新政协》为题，连续召开座谈会。郭沫若、章乃器等十几人发表演说，一致认为中共“五一口号”对于团结各党派，动员广大人民民主力量，促进革命胜利，具有重大的历史意义。

5月23日，民建在上海秘密举行常务理事、监事联席会议，通过了“赞成中共‘五一’号召，筹开新政协，成立联合政府。并推章乃器、孙起孟为驻港代表，同中共驻港负责人及其他民主党派驻港负责人保持联系”的决议。这个决议宣告民建放弃了最初成立时“不右倾、不左袒”的路线，选择了接受中国共产党的领导，是民建发展历史上一个极为重要的里程碑。

6月9日、6月13日、6月25日，中国致公党、中国民主同盟、中国国民党革命委员会分别发表响应“五一口号”的声明。6月，在香港的各界民主人士柳亚子、茅盾、朱蕴山、胡愈之等125人，妇女界代表何香凝、刘王立明等232人，也相继发表声明，热烈响应“五一口号”。

从6月起，在民盟中央的倡议下，以香港为中心开展了一场新政协运动，各民主党派为准备召开新政协，纷纷举行讨论会、座谈会，撰写文章，贡献意见，研究办法，草拟各种方案，在当时，掀起了为召开新政协献计献策的热潮。

农工党在 1948 年 9 月作出的《政治决议》中强调："我们与中共不仅是今天反帝反封建反官僚资本的革命战友，而且是建设新中国的长期合作者。"总部在北平的九三学社，处于国民党高压统治之下，不便发表公开声明，直至北平和平解放前夕，才得以在报纸上公开发表《拥护中共"五一"号召暨毛泽东八项主张的宣言》。

1948 年 8 月 1 日，毛泽东电复香港各民主党派、各人民团体及无党派民主人士，要求他们迅速就新政治协商会议的时机、地点、何人召集、参加会议者的范围以及会议应讨论的问题等共同研讨。从 8 月开始至 1949 年 8 月，应中共中央邀请，经上海、香港党组织周密安排，华北局、东北局密切配合，各民主党派、无党派民主人士和华侨代表陆续从香港及国民党统治区到达东北解放区的哈尔滨、华北解放区的河北平山县李家庄，最后到达和平解放的北平古都，参与新政协和新中国的筹建工作。

总之，"五一口号"发布后，短时间内，各民主党派、各人民团体、海外华侨团体和无党派民主人士，纷纷以发表通电、声明、宣言、告全国同胞书等方式，积极响应中国共产党的号召，并欣然接受中国共产党的邀请和安排，克服重重困难，辗转北上解放区，共商建国大计，筹建新中国。

1949 年 1 月 22 日，到达解放区的各民主党派、各人民团体及无党派民主人士李济深、沈钧儒、马叙伦、郭沫若、谭平山等 55 人联合发表题为《我们对于时局的意见》的声明，明确宣告："在人民解放战争进行中，愿在中共领导下，献其绵薄，贯彻始终，以冀中国人民民主革命之迅速成功，独立、自由、和平、幸福的新中国之早日实现。"

1 月 27 日，中国国民党革命委员会在沈阳发表《对时局的声明》，强调反对帝国主义、封建主义和官僚资本主义的革命"必须在中国的无产阶级政党——中共领导下，才有不再中途夭折的保证"。这是各民主党派、无党派民主人士第一次明确地提出在政治上接受中国共产党的领导。

1949 年 3 月 25 日，毛泽东率中共中央机关和人民解放军总部进入北平，沈钧儒、李济深、陈其瑗、郭沫若、黄炎培、马叙伦等民主党派负责人和民主人士到西苑机场迎接。

这是中国共产党统一战线政策和策略所获得的巨大成功。"五一口号"发布之后，中国共产党同民主党派和无党派民主人士的相互关系发生了历史性改变。各民主党派和无党派民主人士对于"五一口号"的热烈响应，具有非同寻常的重要意义，标志着各民主党派和无党派人士，已经在政治上实现了从同情和倾向中国共产党到公开自觉接受中国共产党的领导的转变，这种转变是中国共产党同各民主党派和无党派民主人士关系的根本性、历史性转变，各民主党派和无党派民主人士在中国革命即将胜利的重要历史关节点，认同了中国共产党的民主政治价值理念，心悦诚服地承认和接受了中国共产党的领导，这是统一战线和多党合作发展史上的一个具有里程碑意义的重要历史界标，中国共产党领导的多党合作和政治协商模式由此而初步奠定。

1949 年 6 月 15 日，中国人民政治协商会议筹备会第一次全体会议在北平召开。9 月 21 日，由中国共产党、各民主党派、无党派民主人士、各人民团体、各地区、人民解放军、各少数民族、宗教界、海外华侨及其他爱国民主人士的代表组成的中国人民政治协商会议第一届全体会议在北京隆重开幕。新政协会议的召开，标志着中国共产党领导的多党合作和政治协商制度的正式确立，掀开了我国社会主义政治发展、政治制度建设的历史篇章。

六、几点思考

从中共中央发布"五一口号"至今，已经整整 70 多年了。从考订"五一口号"的缘起、过程到探寻其深远影响，我们仍深深为我党作出的这一重大统战决策感到震撼。

2018 年初，为纪念中共中央发布"五一口号"70 周年，我们到原新华社和陕北新华广播电台所在地——涉县西戌镇西戌村、沙河村进行实地调查，着手研究相关史料。4 月 19 日举行纪念活动，撰写新闻通稿《邯郸：中共中央"五一口号"的首发地》，提出"首发地"概念，是对邯郸在这一重大事件所起作用的重要定位。文章在《邯郸晚报》发表后，置顶百度等网络平台，成为社会关注的热点。很快，《人民日报》《燕赵都市报》等先后大篇幅刊登以阜平城南庄定位"首发地"和"从这里发出"的纪念文章，涉县西戌陕北新华广播电台旧址也进一步定位为"首播地"。2023年，中新报、新华社、长城网、《文史精华》杂志和《邯郸晚报》等新闻媒体又进一步开启了新一轮宣传，在广泛宣传"五一口号"及其意义的同时，也给社会带来一定困惑，亟需从学术研究层面明晰概念，准确定位，科学、客观地用好这一重要文化资源。

（一）关于"首发地""发出地""首播地"概念

严格地说，三种提法既有联系又不尽相同，三种提法又主要涉及河北的保定、邯郸两市，既不严肃也易给外界造成一定混淆。按照当时新闻制度规定，新华总社在党中央统一领导下担负着电台、报纸和中央通讯社三项职能，"中央给新华社的重要社论、评论，都是由"四大队"传到远离陕北的太行总社，再播发全国的"。（胡乔木语）1947 年 3 月 30 日起至新华总社和陕北新华广播电台离开邯郸涉县，新华社中外文字、口语广播的全部新闻均由位于太行解放区的陕北新华广播电台和邯郸新华广播电台以"陕北新华广播电台"电头（与"延安新华广播电台"呼号相区别）播出。而"首发"自然是重要新闻和重大事项首先对外公开发布（或宣布，现在又增加了"新闻发言人制度"）的意思，意义非常明确，而使用"发出地""首播地"则在一定程度上混淆了发布范围、发布渠道和时间等，个人以为，即便从新闻和文化旅游宣传和定位的视角也不够确切。建议：

（1）因"五一口号"系在保定阜平中共中央驻地研究决定的，建议将"从这里发出"这一不确定的概念改为"中共中央庆祝五一节口号决定地"。

（2）因"五一口号"系在 1948 年 4 月 30 日当晚由位于邯郸涉县的新华总社和陕北新华广播电台、邯郸新华广播电台按照中共中央新闻制度奉命首先公开发布的，各大解放区、蒋管区和港台等地也都是通过新华总社电讯和陕北新华广播电台接受的"中共中央庆祝五一节口号"，故建议涉县西戌原陕北新华广播电台旧址等处不再使用"首播地"这一过于局狭的概念，改用"首发地"，以更符合其时中共中央及中宣部、新华总社、陕北新华广播电台严密严格的新闻宣传制度与体系。

（二）关于五一口号"缘起地"概念

1948 年中共中央"五一口号"的提出、决定、发布，均缘起于时任新华社社长的廖承志从涉县西戌发给中共中央的那封电报。可以说，这一定位既有事件发展的偶然性，也有基于历史的客观必然性。如果没有新华社千里大转移至邯郸涉县，如果不是正值全国政治军事战略转折点的 1948 年"五一"前夕，如果没有廖承志的这封简短的请示电报，如果这封电文没有引起中共中央的高度重视，就可能不会出现载入新中国政治制度史、新中国人民政协史、中共统战史的 1948 年中共中央"五一口号"的诞生。所以，邯郸和涉县西戌又自然成为中共中央五一口号"缘起地"。

（三）关于"五一口号"这一重大红色历史文化资源整合利用

中共中央"五一口号"缘起、决定、首发和最后的落实分别涉及河北保定、邯郸、石家庄三市，是连续的历史整体，都是河北宝贵的重要红色文化资源，理应加强统筹和综合利用，以更好体现中共中央统一领导下的统战、宣传工作的全局性、严密性、系统性、统一性和组织的高效性，引导人们科学客观认识解放战争胜利的历史进程，认识共产党领导的多党合作和政治协商制度的深刻内涵和重大意义，更好继承弘扬"五一口号"的优良作风，更加自觉地团结在以习近平同志为核心的党中央周围，继续坚定不移地贯彻以人民为中心的发展理念，为建设现代化强国，推进祖国统一，推动构建人类命运共同体，砥砺前行、不懈奋斗！

作者：郭培伦，邯郸市原二级巡视员、邯郸市政协文化文史和学习委员会原主任。

关于长江支队南下研究

侯廷生

长江支队，是解放战争时期北方干部南下东南的干部队伍代号。南下干部是一个特殊时期产生的特殊（专有）概念。南下干部主要有三个方向：东南、中南和西南。东南，主要包括苏沪杭地区、福建地区；中南，则是指湖南湖北和广东广西一带；西南则是川贵云等地。它是解放战争迅猛发展的产物。晋冀鲁豫边区解放战争时期调往全国各地的干部有数万名，仅太行区就有7900多人。至少从1946年开始，就已经抽调干部前往新区了（当时称作过江干部）。1947年刘邓大军挺进大别山，仍有大批干部随之南下。1948年6月晋冀鲁豫与晋察冀两大战略区合并，成立中共华北局、华北人民政府后，随着新解放区的不断扩大，老根据地输送干部以支援各地也必然升到新的高度，长江支队就是这个时期的一个典型代表。

长江支队从武安南下，先到苏南，后随着十兵团进军福建，并迅速分布于福建各个地区和县，在较短的时间内迅速建立各级政权，开辟了新区的工作局面，为全国的解放做出了贡献，并在解放后的对台斗争、保卫东南海疆、建设福建等历史发展中产生了深刻的影响。

一、长江支队存在的前后两个阶段

长江支队主要是由原晋冀鲁豫解放区辖下的各地县对应组成。长江支队全部人员为4000多人，分为6个大队，还有两个直属队。人员来自晋冀鲁豫解放区的太行、太岳两个革命老区。是由老红军、老八路（占总数的40%强）和老解放区地方干部及军队、地方武装干部组成的一支接管新解放区军地政权的队伍，追随刘邓第二野战军向南挺进；后由华东局向渡江总前委请求并经渡江总前委书记邓小平报请党中央同意并正式批准，划归华东局，随第三野战军第十兵团进军福建，接管政权。

长江支队的组建包括筹备、建立两个过程，以苏州休整为标志，其活动可划分为前后两个阶段，前一阶段包括组建、武安定编，到出发到达苏州；后一阶段从苏州整训算起，到进入福建，至建瓯会师大会为止，这一阶段，是长江支队改变原定目的，确定进军福建，最终到兴塘坂会议结束，正式改为各地委等党政机构，最后在建瓯会师开始接收福建地方政权组织为止。

根据回忆，长江支队的最初目的地是苏沪杭一带的新解放区，在到达苏州后，根据发展的形势，改变了计划，目的地调整到了福建地区。其理由有二：一是由于全国革命形势的发展，原本计划在 1950 年解放的福建地区，被大幅度提前解放，主要是防止沿海的福建继续作为敌人的前哨阵地，对国内的干扰破坏。二是相对于苏沪杭，福建一带的干部基础更弱，而这时已经完成隶属交接的长江支队，由于整体政治素质和组织水平较强，特别是老解放区在征粮、政权组织上更能够担任福建复杂的局面要求。其实，我们从南下队伍最初命名为"长江支队"即可看到，其最终目的原本就是长江一线，特别是江南一带。

郑春田的研究所提供的资料表明，苏州整训期间，由于原定接收地区发生了变化，长江支队的安置一度有过犹豫：二野和中原局要求其随二野去西南，而华东局则坚持其继续留在华东，随十兵团南下入闽。最终确定其去向的，是中央的 6 月 19 日关于 6 月 17 日华东局《关于福建工作的准备问题》向中央报告的回电。华东局的报告建议：还是以冷楚所率 3000 干部到福建为宜。中央批准成立以张鼎丞为书记的福建省委，同意关于福建工作的各项建议及人事配备，令福建省委同志及十兵团诸同志按照你们的决定，积极准备入闽工作，以便 7 月初出发。福建省委对外称为"南下干部纵队"。

二、关于长江支队的基本状况

对于长江支队的研究，目前主要还是福建地区的各个地方根据老干部回忆所作的资料，而主要的派出地区河北省没有系统的资料及研究。即使邯郸市新编的《邯郸市志》对此也没有记载。各县级地方党史和地方志部门有部分专辑的口述史资料，但没有研究文章。武安市冶陶镇的晋冀鲁豫纪念馆曾整理过武安南下干部的部分资料。山西此类资料较多，晋城、长治等地是重点。河南省也较少。

福建当地由党委、政府出面组织南下老干部比较系统地撰写出版回忆录比较多，纪念长江支队南下 40 周年、45 周年、46 周年、50 周年、60 周年都有重大活动，其他不属于整年的纪念年份也有一些活动。最近的有福建省长江支队研究会的 67 周年

（2016 年）纪念。就南下干部当事者而言，45 周年时大部分人都还健在，60 周年时已所剩无几。根据福建省长江支队研究会的最新统计，截至 2016 年年底，尚有 392 人在世，其中以福建省居多，旅居国外的有 1 人。

纪念南下 46 周年时，泉州编印了《长江支队第一大队南下福建纪念册》，写序的常化知是当时一大队政委，写"第一大队南下纪实"的智世昌、王炎分别是第一大队的组织部长和宣传部长。应属于第一本研究资料。

武安作为长江支队南下的一个总集合点和启程地，在整个长江支队研究中地位特殊。长江支队的南下干部不仅在武安集中、学习和整训，而且在这里召开大会，正式组成南下区党委，确定"中国人民解放军长江支队"之名。所以，大量的回忆文章都印象深刻地作了描述。太行地委的干部从 2 月份就陆续向这里集中，太岳地委则是先在长治集中后，于 3 月 20 日出发，于 22 日抵达武安。3 月 30 日，南下干部召开了第一次干部大会，宣布组成长江支队，并就编制、编号、领导机构组成及分工等，作了明确的表述。

关于组织设置。长江支队的组织机构，南下区党委是核心机关，下设地委、县委、区委各级组织，行军序列则是以支队辖大队（地委）、中队（县委）、小队（区委）。班子的配备却不仅仅限于党委和行政系列，还包括军事系列和群团系列。

南下区党委、行署下辖 6 个地委（包括专署、军分区、群团）建制，由各地委调来的党政军干部编成；每个地委辖 5 个县，共 30 个县委，由各县区委调来的干部编成；每个县辖 5 个至 9 个区，每县编 120 人左右。共 30 个县委和 199 个区委，党政军群各级干部配套，形成完整的组织建制。地委和县委均设常委。

南下区对外称"中国人民解放军长江支队"，简称长江支队，南下区直机关编为支队部机关，地委编为大队，专员任大队长，地委书记任政委；县委编为中队，县长任中队长，县委书记任教导员；区委编为小队，区长任小队长，区委书记任指导员。

主要成员任职。1949 年 3 月 30 日，南下区党委在武安召开第一次干部大会。武安整编训练后，南下区党委委员 7 人、常委 3 人。冷楚，1949 年 3 月担任南下区党委书记。其他领导人，刘尚之（南下区党委常委、组织部长）、周璧（南下区党委常委、宣传部部长）、刘裕民（南下区党委委员、行署主任）、叶松（南下区党委委员、社会部长）、陶国清（南下区党委委员、军区司令员）、侯振亚（南下区党委委员、组织部副部长）。支队以下，各大队的领导人基本清楚，但也有个别不准确。

三、关于长江支队的行进目标由苏南改福建的转变

早在 1949 年 2 月，晋冀鲁豫边区的南下干部队伍就已经开始南下工作的实际准备了。到 3 月 22 日太行、太岳两区的南下干部队伍会合武安，南下准备工作即为完成。

真正促成南下的是渡江战役的发起与突破国民党反动派的长江防线，顺利进军江南。1949 年 4 月 23 日，就在渡江战役开始不久，南下区党委在武安召开第二次南下干部大会，由冷楚同志传达了北平会议对南下干部随军渡江的部署要求，同时传达了北平会议研究确定的南下干部去的地区。

北平会议是 4 月 21 日中央在北平召开的。朱德、聂荣臻、薄一波、刘澜涛、华东局的饶漱石、太行区的陶鲁笳、太岳区的顾大川，还有中原局的负责人冷楚、周璧参加了会议。太行、太岳这批干部数量多、质量最好。中原局要求这批干部到中原局分配工作；饶漱石力争这批干部去华东工作。最后中央决定，这批干部交华东局分配，随三野渡江。饶漱石认为长江支队兵强马壮，预定长江支队接管苏南。会议最后决定：长江支队交由华东局分配；随三野渡江，预定接管苏南，组织苏南区党委、行署、军区；长江支队渡过长江后在江苏丹阳集结待命。

改变长江支队原本目标的是解放战争的迅速进展，具体就是十兵团要提前进军福建。同时不可忽视的一个因素就是，因战争发展太快，而长江支队路途遥远，又多有阻力，原定的在苏南地区接管的目标，此前苏南已经被华东局安排由华东南下干部纵队第四支队接管，南下的长江支队是 5 月 24 日抵达苏州的，抵达时已不能按原方案开展工作，除了六大队被抽调协助华东的支前外，其余学习待命，准备待上海解放后接管。三天后，5 月 27 日上海即解放，然而长江支队却没有进军上海的命令。实际上，来自华北地区的长江支队南下干部，也并不具备接管上海这样大城市的条件，这应是华东局考虑的主要因素之一，而十兵团提前进军福建，要长江支队全面接管福建则是另一个主要因素。在上海解放前夕，5 月 23 日，中央即决定，上海解放后，华东部队立刻提前进入福建地区。因此，上海 5 月 27 日一解放，十兵团即迅速准备入闽行动了。

李晋榕认为，苏州待命期间，由于战争形势发展很快，中央决定二野的任务改为解放西南，三野的任务是提前一年入闽解放福建，并为解放台湾做准备。二野和中原局的领导见长江支队尚未分配，就提出带长江支队干部去西南。华东局的陈毅、张鼎丞坚决不同意，向中央要求带长江支队随十兵团入闽。最后邓小平同意了华东局的

意见。

因此，6月初，华东局组织部副部长温仰春来苏州了解长江支队的干部情况，并传达了华东局的四点指示：1. 长江支队7月随十兵团进军福建；2. 因接管福建干部不够用，从华东地区再抽一批干部随长江支队进福建；3. 原从长江支队调给华野后勤支前的六大队回长江支队，随长江支队南下福建；4. 从长江支队抽调一批县主要干部去上海带领上海知识青年随军南下福建服务团。6月12日，华东局组织部长张鼎丞来到苏州，给长江支队干部作《关于当前形势和我们的任务》的报告。在通报了全国的情况后，他代表华东局做了到福建去的动员。他说，华东局报党中央批准，要长江支队去接管福建。福建话难懂，工作不好做，困难比较多。随后，三野十兵团为长江支队每人发了一本《论人民民主专政》和全套解放军的装备。

接管苏南不成，接管上海也不成，这对长江支队的影响是难免的。又前往更远的、相对更生疏的福建，对南下的干部们是巨大的考验。在此后一个月的整训中，这些应是主要的工作，但这方面的回忆似乎很少。

6月19日，经中共中央批准，以张鼎丞为书记的中共福建省委在苏州组成。为解决干部不足问题，张鼎丞向中央"建议还是以冷楚所率三千干部到福建为宜，因为时间仓促另行准备干部来不及"。中央批准了这一建议。随后华东局又从华东地区抽调150名领导干部组成南下纵队，同时还从上海招收2500名进步知识青年，组建中国人民解放军华东随军服务团。

前往福建，不仅仅是"福建话难懂，工作不好做，困难比较多"，更重要的是路途军事形势险恶，三野十兵团为长江支队每人发放全套解放军的装备，到达与福建接壤的塘边村后，支队部又向野战军领来一批枪支弹药，挑选一批有战斗经验的同志们组成武装，保护部队宿营、行军。

1949年7月13日，长江支队从苏州出发，随十兵团进军福建。当火车行驶至浙江长安镇时，遭遇敌机轰炸，五大队杨振叶当场牺牲，还有些同志负伤。同志们掩埋好牺牲的战友，含泪继续前进。因沪杭铁路还未正式通车，加上军运任务繁忙，长江支队人马只好采取水陆并进，一部分同志乘船，一部分同志步行，少数同志乘汽车，陆续于15日到达浙江嘉兴县城。从嘉兴又乘上火车，7月17日下午，到达江山县贺村车站，下车后步行抵达与福建接壤的兴塘坂村，并住在那里。这样，南下干部在这里有十天的休整。

兴塘坂会议应是长江支队南下历程中的第二个重要会议。在这里，张鼎丞召集开会，宣布中共福建省委成立，张鼎丞担任省委书记。会议同时确定了长江支队所属的六个大队入闽后接管的地区：一地委到晋江地区工作，二地委到建阳地区工作，三地委到南平地区工作，四地委到闽侯地区工作，五地委到龙溪地区工作，六地委到福安地区工作。

7月28日，省委机关直属单位同六个地专及三十个县的大队人马，从塘边出发，进入福建，于8月1日到达闽北浦城县城，5日到达建瓯县城。这次，前后进入福建的，有三野十兵团十万多人；有长江支队4100余人；有华东南下干部200多人；有上海南下服务团2300多人；还有长期坚持地下斗争的全体同志，由这五路大军组成了解放福建、接管福建的统一体。省委在此召开了南下干部和坚持地下斗争的干部会师大会。

建瓯会师是解放福建的重要标志，也是南下干部南征的结束，开始进入福建地方建设的起始。

四、长江支队研究中的几个争议问题

关于长江支队的人数。笼统称"四千健儿"，这也是一般文章大都写成4000多人的原因，没有精确数字。目前看到多种说法，其中说4600人是比较主流的说法，4500多人与此接近，还有4100人、5700人、5200人等不同说法。目前人数的精确度尚未达到统一。晋城党史网刊载的长江支队及各大队、中队名录《中国人民解放军长江支队实编人员名单》，统计为4676人，是目前看到的最精确的人数数字。其中，支部队机关372人，一大队840人，二大队639人，三大队668人，四大队659人，五大队187人，六大队623人。而福建国家森林公园纪念林则说是4646人。支队部机关369人，第一大队858人，第二大队647人，第三大队674人，第四大队661人，第五大队807人，第六大队627人。大队下属的各中队，大部分整理清楚，但很多地方还存在一定的争议。

此外，根据张鼎丞向中央建议"还是以冷楚所率三千干部到福建为宜"的说法，认为当时的长江支队为3000多人。对此，我们查阅资料，这时期，长江支队到苏州前，5月10日，途经安徽滁县时，遵照华东局指示，调6大队归华东支前委员会，专做支前、后勤保障工作。到支队准备入闽时，6大队编制才归队，继续参加了进军福建的路程。因此建议所说"三千多人"应不包括6大队在内。第六大队6月11日才接到回归建制的命令，12日大队人马从南京下关码头乘火车、13日凌晨1点多到达苏州，驻苏州城外的蠡口镇。也就是说，第六大队归队的时间与张鼎丞报告的时间之差，是"三千干部"说的客观因素。

关于长江支队编制。大部分都写作 6 个大队，有人提出还有个七大队，因此完整的支队有 7 个大队。支队的下属除了从武安出发时形成的 6 个大队，还有新加入的第七大队。七大队加入，是在到达苏州整训期间、去闽北以前组编的，七大队的主要来源是山东，原属山东根据地，但众多的回忆文章认为只有从武安出发的队伍才是长江支队，其中的历史隔阂形成尚需深入探讨。

关于长江支队出发的时间。一般认为是 4 月 24 日，也有的提出 4 月 23 日，认为这一天出发的是先遣队，大部队是 24 日才出发的。还有说 25 日出发的。郑春田《关于长江支队第七大队》文中也说，"4 月 24 日长江支队打前站人员出发。4 月 25 日凌晨 6 时长江支队 6 个大队人员由武安出发南下"。但出发那天下着大雨，则是众多回忆资料的一致说法。因处在北方的春季，三个日期 23 日、24 日、25 日不大可能天天下雨，因此只能有一个日期是正确的。

关于长江支队的结束时间。一般都认为，1949 年 8 月 11 日在建瓯剧院召开大会是会师的标志，也是支队结束的时间。也有文章认为，长江支队的结束时间是 7 月底（进入福建时），具体时间应是 7 月 21 日。7 月 28 日，省委机关直属单位同六个地专及三十个县的大队人马，从兴塘边出发，进入福建，于 8 月 1 日到达闽北浦城县城，5 日到达建瓯县城。

在苏州待命的长江支队于 7 月 13 日从苏州出发南下，17 日到达浙江江山兴塘边等村镇，张鼎丞、梁国斌等省委领导率华东一批干部同长江支队会合。所谓华东干部，包括山东南下干部，还包括华东青年服务团。其中服务团的人员，达到 2300 人。

从资料上分析，在浙江兴塘坂村（也有写成塘边村的），张鼎丞同志召集开会，宣布中共福建省委成立，张鼎丞同志担任省委书记。会议同时确定了长江支队所属的六个大队入闽后接管的地区：一地委到晋江地区工作，二地委到建阳地区工作，三地委到南平地区工作，四地委到闽侯地区工作，五地委到龙溪地区工作，六地委到福安地区工作。省委成立及各地委确定后，"长江支队"的番号应该就撤销了，因此有人说"长江支队"到七月底是有道理的。汪文认为，21 日省委召开地委以上主要干部会议，张鼎丞传达中共中央批准中共福建省委组成人员名单，传达华东局关于十兵团党组织归省委领导，张鼎丞兼任省军区政委、福建人民政府主席的决定。同时宣布长江支队（南下区党委）建制撤销，从华北、华东调来的干部均归福建省委领导。并对长江支队 6 个地委的干部作了安排，第一大队改称中共福建省第五地委到晋江地区工作。其他 5 个大队分别到建阳、南平、闽侯、龙溪、福安等地区，华东的南下干部分配在福州和厦门两市。

五、关于长江支队资料与研究文章的梳理

据从知网论文统计，专门记述长江支队活动的文章，最早是 1986 年 7 月赵苏太发表在《福建党史通讯》上的《从太行到闽南——记"长江支队"五大队进军福建漳州地区》。成波平 1991 年 6 月和 1996 年 6 月发表在《党史研究与教学》上的两篇文章《长江支队的组建与南下》与《回忆长江支队南下福建》，内容近似，首次全面介绍了整个长江支队整体。从 1997 年起，较多的文章陆续刊发，到 2004 年，先后有山西档案、福建党史月刊、山西文史资料、人民公安、山西日报、党史文汇等刊发了部分文章。并有高校开始关注并以课题研究形式出现。特别是随着长江支队 50 周年活动的开展，回忆性的文章越来越多。并出现了电视专题片《长江支队》。2009 年是长江支队组建及进军福建 60 周年，伴随着这一较大的节点，不仅纪念活动增多，而且相关的文章也相继问世。此后对长江支队的研究，不仅是回忆支队的组建与发展过程，而且开始引入"长江支队精神"的思考。以及长江支队的历史贡献、入闽以后对福建建设发展的巨大影响。

关于长江支队精神。长江支队精神的正式提出，应在 2008 年。这时候，关于长江支队的研究，已经走过回忆资料的面世阶段，进入到新的层面。

革命老人陶鲁笳 2008 年 10 月给长江支队研究会题词："长江支队精神永存。"《长江支队丰碑》编辑部把长江支队精神概括提炼为："继承先辈们忠于党、忠于人民、不怕死、坚定不移、鞠躬尽瘁的革命精神；和福建人民同呼吸、共命运、团结一心、无私奉献的创业精神；联系群众、劳动本色、扎扎实实、兢兢业业的工作精神；克服困难、努力学习、突破自我、不断提高的学习精神；艰苦朴素、不怕吃苦、不图享受、不图安逸的生活精神。"

"长江支队精神概括一句话来讲：就是忠于党、忠于人民、忠于社会主义事业。"当年的长江支队干部，如今的福建省长江支队研究会会长吕居永是这样认为的。

也有人认为，长江支队的精神应是：听党召唤，舍家为国的奉献精神；心系群众，为民谋利的宗旨意识；以身作则，求真务实的工作作风；廉洁自律，艰苦奋斗的道德模范。

作者：侯廷生，邯郸职业技术学院教授、邯郸赵文化研究所所长。

冀南双璧：解放战争时期的临清与邯郸

——从华北临时人民代表大会冀南区选举角度的透视

井 扬

摘　要：解放战争时期，临清、邯郸两市同为冀南区乃至晋冀鲁豫边区的政治、经济中心城市之一，但又有不同的特点。1948 年的华北临时人民代表大会冀南区代表选举，临清、邯郸两市俊彦云集，各有特点。透视其中的政治、经济因素，邯郸系晋冀鲁豫边区首府，政治、金融中心的地位更为显赫；临清在 1948 年济南解放前更侧重于作为出入口城市，工商业在抗战前原有较好基础上得到了较快发展，所以工商业代表名额较多。新中国成立前，两市珠联璧合，共同构成支援全国解放战争的重要后方基地，堪称冀南双璧。

关键词：晋冀鲁豫；冀南；临清；邯郸；华北临时人民代表大会

1945 年 9 月抗战胜利后，晋冀鲁豫边区政府冀鲁豫行署冀南办事处作出《关于城市工作的指示》："我们的工作将增加城市工作这一新内容。……进城后，社会秩序初步稳定，人心逐渐安定，应即建立民主政府。一般的城市可设城关办事处或城关区公所，如临清、邯郸等较为繁荣城市可划为市，……恢复城市，由办事处或专署直接领导，以吸收城市工作经验。"[①]临清、邯郸两市相继解放后，晋冀鲁豫边区政府决定：撤销冀南办事处，恢复冀南行署，并调整区划为五个专署，其中：一专署辖临清县、清平县、馆陶、邱县、冠县、元朝、莘县、武训县和临清市，专署驻临清市；三专署辖大名、魏县、成安、临漳、广平、肥乡、曲周、永年、邯郸、鸡泽、磁东和邯郸市，专署驻邯郸市。解放战争时期，临清、邯郸两市同为冀南区乃至晋冀鲁豫边区的政治、经济中心城市之一，两市珠联璧合，共同构成支援全国解放战争的重要后方基地，堪称冀南双璧。今试从华北临时人民代表大会冀南区选举角度

[①]《冀鲁豫行署冀南办事处关于城市工作的指示》，《冀南党史资料》（第三辑·根据地政策法令专辑），《冀南革命根据地史》编审委员会编，内部资料本，1986 年 5 月，第 379 页。

作一解读，就教于方家。

一、华北临时人民代表大会冀南区选举，临清、邯郸两市俊彦云集

1948 年 4 月 30 日，中国共产党发布"五一口号"，号召"各民主党派、各人民团体、各社会贤达迅速召开政治协商会议，讨论并实现召集人民代表大会，成立民主联合政府"，得到广泛而热烈的响应。特别是解放军攻克石家庄后，晋察冀和晋冀鲁豫两大解放区连成一片，中共中央决定合并两大解放区，并探索各级人民代表会议的制度实践。5 月 9 日，晋察冀和晋冀鲁豫两个解放区合并，组成华北局和华北联合行政委员会。之后，中央确定立即筹备并迅速召开华北临时人民代表大会，以便产生华北统一的民主联合政府。

1948 年 6 月 30 日，华北局发出《关于召开华北临时人民代表大会的通知》，之后，晋察冀和晋冀鲁豫两个解放区联合发布《关于召开华北临时代表大会暨选举办法的决定》，对代表名额及分配、代表资格、选举办法等作出具体规定。大会共确立 10 种类型的代表，即区域代表、妇女代表、职工会代表、军队代表、回民代表、文化界代表、社会贤达代表、商会代表、指定代表和聘请代表。代表产生方式，即凡有人民代表会议的县市，由选举产生；无人民代表会议的，由推选产生。5 个省选出区域代表 394 人、职业和团体代表 173 人，另有政府邀请代表 31 人，共计 598 人（实际参会542 人）。8 月 4 日，大会基本完成了组织机构、重要文件、代表选举等筹备任务。

就冀南区而言，7 月 7 日，冀南行署发出《关于迅速选举华北临时人民代表大会代表的紧急指示》。整个冀南区各县市共分配华北临时人民代表大会名额 79 名，其中，①区域代表 61 名，邯郸市、县各 1 名，临清市、县各 1 名；②商会代表 5 名，邯郸市 1 名，临清市 2 名；③职工会代表 2 名，邯郸、临清市各 1 名；其他还包括妇女代表 5 名，军队代表 2 名，等等。[①]《指示》特别指出，邯郸市和临清市要根据《人民日报》创刊辞，做好部署宣传工作。从中可以看出，临清、邯郸在华北临时人民代表大会代表名额分配及代表构成中位置重要，各有千秋。作为重要的手工业城市，两市职工会代表各有 1 名；而临清市商会代表有 2 名，可推知临清商业应相对比较发达。

临清市按照《指示》要求，于 1948 年 7 月 13 日早 6 点在大众戏院召开由机关

---

① 河北省档案馆、西柏坡纪念馆编：《西柏坡档案》（第 5 卷），河北人民出版社 2017 年版，第 180 页。

全体人员、各学校教职工和各街道干部共计 350 人参加的宣传大会。市长丹彤在会上做动员讲话，并传达市委宣传部按照《指示》精神制定的《选举华北临时人民政府代表大会宣传提纲》。上午 10 时，市政府召开选委会议，会议推举市长丹彤为选委会主任，吴润亭、李耀堂、刘万康、于德俊（回族）、杨兴全等为选委会委员。7 月 15 日早 6 点，依据《指示》规定的选举办法，在市政府会议室选举区域代表，丹彤当选。在清真北寺选举回民代表，于德俊当选。7 月 16 日早，在大众戏院选举职工代表，鞋厂职工王殿仲当选；下午在工商联会议室选举商会代表，工商联主席李耀堂和信义花行经理黑东萱当选。7 月 17 日下午，临清县政府依据《指示》在县政府会议室召开选举大会，会议由县长石惠轩主持，县委书记高志学等领导讲话，会议选举杨秀峰[①]、石惠轩为出席华北临时人民政府代表大会的代表。另外，临清清真寺教长何其宽作为聘请代表参会；8 月 6 日，在华北临时人民代表大会预备会议上被选为大会主席团成员。临清市、县总计 8 名代表。

二、从代表选举背后透视临清、邯郸两市的政治经济情况

解放战争时期，临清、邯郸两市同为晋冀鲁豫边区重要的后方基地、工商业城市，但又有不同的特点。

（一）邯郸系晋冀鲁豫边区首府，政治、金融中心的地位更为显赫

为了巩固和发展以邯郸为中心的解放区，中共晋冀鲁豫中央局与晋冀鲁豫边区政府决定：邯郸自 1946 年 4 月 1 日起，实行市、县分治，邯郸市改为边区的直辖市，成为边区的首府。这里一度是关内解放区最大的城市和中共对外联系的窗口。著名的邯郸战役在这里进行，晋冀鲁豫野战军在这里誓师南征，解放区土地会议在这里举行。晋冀鲁豫《人民日报》在这里创刊，邯郸广播电台在这里与延安广播电台共同向世界播音。

邯郸还是冀南银行、瑞华银行总部所在地。冀南银行是抗日战争时期革命根据地银行之一。1939 年 10 月成立，总行设在山西黎城一带。1946 年初，冀南银行总行随边区政府机关迁址邯郸市。1948 年 4 月，与晋察冀边区银行合并成立华北银行；同

---

① 杨秀峰（1897—1983），河北省迁安县人，时任晋冀鲁豫边区政府主席，在临清县参选。新中国成立后，历任河北省人民政府主席、高教部部长、最高人民法院院长等。中共第八届中央委员、第五届全国人大常委会委员、法制委员会副主任。

年 12 月，华北银行与北海银行等银行合并成立中国人民银行。1946 年 6 月，解放区第一家民营股份制商业银行——瑞华银行在河北省邯郸市组建成立，下设邢台、临清、南宫、长治 4 个分行，1949 年北平和平解放后迁驻北平，并入中国人民银行。瑞华银行仅存在不足 3 年的时间，但它开展的金融工作，对于振兴解放区的经济和支援解放战争发挥了重要作用。

需要指出的是，邯郸市在解放战争初期，在反奸清算、减租减息等运动中和执行民族工商业政策中存在较严重的"左"倾错误，城市经济受到冲击。如，1948 年 4 月，中共晋冀鲁豫中央局作出《关于工商业政策的指示》，指出：目前我区工商业情况，大体可分为三类城镇（地区）。第一类，原有工商业全部或大部保留并发展了新的工商业，如临清、南宫、衡水、曲沃、曲村等，经济发展，市场繁荣，这一类城镇（地区）约占全区城镇（地区）四分之一。第二类，原有工商业大部或小部垮台，新的工商业亦有部分发展，如邯郸、晋城、阳邑（武安属）、河南店（涉县属）等，这一类城镇（地区），约占全区城镇（地区）四分之一。第三类，原有工商业大部或全部垮台，新的工商业又很少发展，如武安、大名、闻喜等，这一类城镇（地区）约占全区城镇（地区）四分之二。[①] 可知在解放战争初期，邯郸工商业一度是有波折的。但在冶陶会议后，邯郸市纠正了过左的工商业政策，邯郸工商业还是有了较大发展。据《邯郸市解放前三个时期工商业户增减比较表》，在 1945 年 10 月，全市 35 个行业的商户共计 1148 家；[②] 邯郸市政府《一九四九年经济情况及一九五〇年计划》则提到，1949 年，全市工商业户总数为 2415 家，其中商户占总数的 81.7%。[③] 解放后三年的时间，邯郸市工商业户总数翻了一番还多。

（二）临清在 1948 年济南解放前更侧重于作为出入口城市，工商业在抗战前原有较好基础上得到了较快发展

1945 年 9 月 1 日，临清解放。此前晋冀鲁豫边区政府已作出决定，以临清城区为基础建立临清市，同时保存临清县、卫东县建制。同年 11 月，随着冀南行署建制的恢复，上级领导机关通令将冀南一地委、一专署和一军分区迁驻临清。这儿是邢（台）济（南）公路的中继站，陆路交通方便，卫河水运畅通，手工业、商业原都有

---

① 邯郸市委党史研究室编：《八路军一二九师暨晋冀鲁豫革命根据地经济建设史料汇编与研究》（第 3 辑），河北人民出版社 2019 年版，第 586—589 页。
② 邯郸市档案馆：《邯郸市档案史料选编》，河北人民出版社 1990 年版，第 972 页。
③ 郝良真、孙继民：《邯郸近代城市史》，测绘出版社 1992 年版，第 227 页。

一定基础。另外，临清一带是产棉区，棉业素为临清百业之首。其时，临清是冀南区最大的棉花市场，当时仅运往天津、济南、青岛等处的棉花每年就高达4000多万斤。

解放初期，临清的工商业政策执行是较好的。1945年下半年，冀南办事处继《关于城市工作的指示》后，又做出《补充批示》："关于城市工作指示发出之后，经试行，结果在临清一市收效较好，秩序很快恢复了，商业亦臻于恢复。"[1] 在此前后，晋冀鲁豫边区政府、冀鲁豫行署、冀南行署等领导机关相继在临清设立了诸多经贸、金融机构，包括晋冀鲁豫边区贸易公司、冀鲁豫区贸易公司（后改称德丰裕货栈、冀鲁豫区贸易公司临清货栈）、冀鲁豫军区临清裕仁商店、冀南区贸易第一公司（后改称大成公司）、华北区贸易总公司临清货栈（简称华茂公司或华贸货栈）、冀南烟草专卖总公司、冀南银行第一分行、瑞华银行分行、冀南军区建华总公司、冀南一专署公义货栈等，这就促进了临清经济的发展繁荣和冀鲁交界地区经济中心城市的形成。

但临清其时真正的繁荣还在外汇交易市场。解放战争期间，国民党蒋介石政权对解放区实行经济封锁，一方面控制粮食、食油、布匹等物资进入解放区，而对解放区用处不大的东西（如奢侈品）却设法打入；另一方面又千方百计吸收对他们有用的物资，如棉花等。为了维护解放区的利益，保证经济发展，晋冀鲁豫边区政府通过外汇和税收手段进行斗争。当时开通的出入境税包括：输入税（入境税）、输出税（出境税）、通过税（边境税）、本产外销税和外产本销税等几种。而在对国统区的外汇方面，"晋冀鲁豫边区外汇市场基本在冀南区，冀南区又以临清为主要出入口市场，从1946年开始一直处于出超状态。"[2]《晋冀鲁豫边区金融情况报告》（1947年7月23日）提到，临清每月仅合法的外汇成交达68亿元（平均每天2.3亿元，均系冀钞，下同），占南宫、衡水三地总额的85%。[3] 截至1947年底，全年经临清市交易所成交外汇达906亿元，占冀南全区成交量1138亿的79.6%（银行直接调拨，采购机关及出口直接兑回货者未在内），外汇主要是来自棉花的出口，其次则是粮食、铁货、丝、草帽辫、乌枣、皮毛等。

临清外汇出口主要依靠棉花，由夏津、高唐、临清经济南到青岛、上海，换回之外汇都集中于临清，故以济南汇票最多，其次是天津（主要是清丰、南乐的草帽子出

① 《冀南革命根据地史》编审委员会：《冀鲁豫行署冀南办事处关于城市工作的指示》，《冀南党史资料》（第3辑·根据地政策法令专辑），内部资料本，1986年5月，第379页。
② 河北省委党史研究室编：《冀南历史文献选编》，中共党史出版社1994年版，第669页。
③ 中国人民银行金融研究所编：《冀鲁豫边区金融史料选编》（下），中国金融出版社1989年版，第13页。

口换汇）。①据档案资料记载，1947 年度，临清市进出口贸易总额为 1850.64 亿元（均系冀钞，下同），其中进口额为 697.57 亿元，出口额为 1153.07 亿元，上交税款为 15.136 亿元，占冀南区外汇总收入的 2/3。②这就大大促进了临清商业的发展。1947 年，冀南区开始征收城镇工商营业税，全年分 3 期征收。第一期即征收 20000 万元，其中一专区 8000 万元，临清就占 3/4。③临清市工商业税占到整个冀南区比例之高是惊人的。1948 年 12 月，《人民日报》记者田流专门到临清采访，写了《解放后三年的变化》，提到，临清工商户已由解放时的 1016 户，发展到 1948 年的 5333 户了，扩大了 5 倍以上，其数量远远超过了作为政治金融中心的邯郸市。④从这样的数据分析，临清市在华北临时人民代表大会上的代表在冀南区有 2 名商会代表、1 名工会代表也就在情理之中了。

三、余论

1948 年 8 月，华北临时人民代表大会在石家庄召开。董必武在开幕词中说，华北临时人民代表大会"是一个临时的，也是华北一个地区的，但是，它将成为全国人民代表大会的前奏和雏形"。⑤18 日，大会选举董必武为华北人民政府主席，薄一波、蓝公武、杨秀峰为副主席。大会于 19 日闭幕。其间，邯郸市、县代表及临清市、县代表认真履职。8 月 7 日，在华北临时人民政府代表大会开幕式上，何其宽作为回民代表、李耀堂作为商会代表作大会发言。特别是晋冀鲁豫边区政府主席杨秀峰在临清县参选，山东省档案局现存有当年的选举报告，弥足珍贵。这样的选举，也凸显临清市、县作为华北解放区重要工商业城市和棉花生产、交易中心的地位，是临清重点革命老区的重要依据。

---

① 河北省委党史研究室、邯郸市委党史研究室编：《八路军一二九师暨晋冀鲁豫革命根据地经济建设史料汇编与研究》（第 3 辑），河北人民出版社 2019 年版，第 245 页。
② 转引自赵广善：《临清棉花事件》，刘如峰等主编：《聊城重要历史事件》，中共党史出版社 2003 年版，第 781 页。
③ 冀南行政公署在《关于征收城镇工商业税问题的指示》中提到："全年任务按征收期的规定届期布置。兹将第一期各专区营业税任务分配如下：一专区 8000 万元，二专区 3000 万元，三专区 2000 万元，四专区 3500 万元，五专区 3500 万元。以上各专区为任务分配数，我们认为：一专区应由临清市负担四分之三，三专区的大名市回隆镇可不负担，四专区应由南宫负担三分之二，五专区应由衡水负担三分之二。"见邢台市档案局编著：《近代邢台工商业档案汇编》，河北人民出版社 2018 年版，第 346 页。
④ 田流：《解放后三年的变化》，《人民日报》，1948 年 12 月 8 日第 1 版。
⑤ 董必武：《华北临时人民代表大会开幕词》，中央档案馆编：《共和国雏形——华北人民政府》，西苑出版社 2000 年版，第 12 页。

华北临时人民代表大会闭幕后，华北人民政府在石家庄正式成立。冀南行政公署归属华北人民政府领导。1949年8月，中共中央对华北行政区划进行调整，恢复河北、河南省制，以原冀鲁豫区的大部分地区为主，新建平原省。与河北省建立的同时，冀南一专署、三专署等机构随行撤销，临清市、邯郸市均改为县级镇，临清镇、临清县同时划归河北省邯郸专署领导。10月1日，中华人民共和国成立。临清市（镇）、邯郸市（镇）相继召开第一届各界人民代表会议。1952年11月下旬，临清市、临清县划回山东。根据中央人民政府政务院调整省区建制的决定，时属河北省邯郸专区原为山东省的临清县、镇划回山东省，归属德州专区。12月19日，临清县、临清镇又由德州专区划归聊城专区，从此奠定了今天的区域格局。但解放战争时期，临清、邯郸两市作为后方巩固的根据地，为中国革命和建设所作的奉献和牺牲，所探索的新民主主义经济的发展经验和做法，仍值得我们总结和继承。

附：冀南行署关于迅速选举华北临时人民代表大会代表的紧急指示
（一九四八年七月七日）

顷奉边府电示：兹决定于七月卅日召开华北临时人民代表大会，选举华北政府，通过施政方针，华北政府组织法与县区村人民代表会及政府组织法选举法。并确定我区共选代表七十九名，兹将代表名额分配选举办法及其他事项，指示如下：

一、名额分配：

1. 区域代表：临清县、冠县、武训、馆陶、恩县、夏津、高唐、大名（大名市在内）、永年、企之、南宫（南宫市在内）、威县、钜鹿、景县、枣强、冀县，各选一名，其余各县及邯郸市、临清市各选一名，共六十一名。

2. 妇女代表七名：每专区各一名，冀南区总妇会一名，家属学校一名。

3. 商会代表五名：市一名，临清市二名。

4. 职工会代表二名：邯郸市、临清市各一名。

5. 军队代表二名。

6. 回民代表一名。

7. 文化界代表一名。

二、选举办法：

1. 区域选举：由各县（市）政府，共产党县（市）委员会及人民团体各派代表三人至五人，由县（市）政府主持召开联席会议选举之。在上述推选二名代表之县份，应转聘请开明士绅，社会贤达三人至五人，参加选举。

2. 妇女代表：各专区代表，由分区妇会召集妇女代表（包括各县）选举之。冀南区总妇会代表及家属学校代表，由妇会总召集选举。

3. 商会代表和职工会代表，由市政府召开商联会和职工会，分别选举之。

4. 军队代表：由冀南军区办理。

5. 回民代表：由专署决定。回民多的县市，由县（市）政府召集当地回民各推选代表一人，于七月十八日到达行署，由冀南区选举委员会主持选举回民代表一名。

6. 文化界代表：由各中学、冀南日报、新华书店冀南分店，鲁西北书店、冀南文工团，各派代表一人，于七月十八日到达行署，由冀南区选举委员会（驻行署办公）主持选举。

以上参加职业选举者，不得兼参加区域选举。

三、选举手续：首由选民提出候选人，要相当于当选人的二倍至三倍（如选举代表一人，可提候选人二人至三人，选举代表二人可提候选人四人到六人），将候选人名单写在黑板上，由主席报告候选人的简明履历，采不记名（即不写选举人的姓名）连记法（即当选代表几人，就写几人）写在选举票上（选票附寄）投于票箱内，然后推派检查、唱票、记票人，互相监督，当众宣布选举结果，以得票最多者为当选。

四、选举事务及经费：选举事务由各县（市）聘请三人至五人，组织选举委员会，办理选举事务。按制度规定会餐一次，并发给当选人足够之路费及车马费，由民主事业费项下开支。

五、日期：区域选举与职业选举均须于七月十八日至二十日三日内办理完毕。当选代表务于七月廿六日于指定地点集中（二五专区在衡水五专署集合，四专区在南宫四专署集合，一三专区在威县行署集合）待命出发。

六、宣传工作：根据人民日报创刊辞，在选举前尽可能向群众宣传（特别是邯郸市和临清市一定要很好布置宣传工作），选举后并把当选名单向群众公布。

七、报告事项：选举完毕，应将选举记录（包括时间、地点、出席、列席、主席、记录、选民、候选人、选举情况结果等）、选票、当选代表履历（包括姓名、年龄、籍贯、性别、出身成分、简历等）一并于七月二十一日派专人送到行署。

仰接指示后，迅速布置、认真办理，并于指定日期办理完竣，勿误为要！

主任：王任重

副主任：范若一　高元贵

中华民国三十七年七月七日

载：河北省档案馆、西柏坡纪念馆编：《西柏坡档案》(第5卷)，石家庄：河北人民出版社2017年版，第180—182页。

作者：井扬，山东省临清市委宣传部三级调研员、市人大常委会委员、教科文卫主任委员。

军 事 篇

邯郸战役

——我军战役战术成熟的经典一战

闫　科

摘　要： 邯郸战役是解放战争初期，在极端凶险紧迫的战争背景下，由晋冀鲁豫军区独立组织，以仓促完成整编的 3.5 万主力部队，在解放区 5 万地方部队及民兵的配合下，通过采取"预设战场、多路合围、围三阙一、运动歼敌"等战役策略，经历跌宕起伏的战役过程，最终取得全歼来犯之敌 3 万余人的重大胜利。邯郸战役虽发生于解放战争之初，但却是集中展现我军战役战术成熟的经典战例，邯郸战役总结得出的经验不仅是战役本身胜利实施的基础，也便于理解我军战役战术基本原则，并对指导我军未来作战仍具有现实的启示意义。

关键词： 解放战争；邯郸战役；战例

邯郸战役（又称平汉战役），是解放战争初期，晋冀鲁豫军区按照"向北发展，向南防御"的战略指导，在邯郸以南平汉铁路周边地区抗击国民党军队向北进攻，并全歼来犯之敌的一场经典战役。此役，晋冀鲁豫军区以 3.5 万主力部队，在 5 万地方部队和民兵的配合下，通过采取"预设战场、多路合围、围三阙一、运动歼敌"等战役策略，经历跌宕起伏的战役过程，最终取得歼灭国民党军两个军，并争取一个军起义，合计歼敌 3 万余人的战果，俘国民党孙连仲集团第 11 集团军中将副司令长官兼第 19 军军长马法五，粉碎了国民党打通平汉铁路的企图，阻滞了国民党军队向华北解放区的快速推进，有力掩护了人民军队在东北地区的战略展开。邯郸战役虽发生于解放战争之初，但却是集中展现我军战役战术成熟的经典战例。研究邯郸战役的过程与经验，不仅有利于我们理解战役本身，也便于我们理解我军战役战术的基本原则与发展脉络，对于指导未来我军作战仍具有现实的启示意义。

一、凶险紧迫的战役背景

（一）抗战胜利，再起烽烟，国民党武装抢夺胜利成果

1945 年 8 月 14 日，日本政府正式宣布接受《中美英三国促令日本投降之波茨坦公告》。15 日，日本天皇裕仁以广播"停战诏书"形式宣布投降。9 月 9 日，中国国民政府代表中国战区在中国南京中央军校大礼堂举行受降仪式，标志着中国抗日战争取得胜利。

正在全国人民准备迎接抗战胜利的时候，国民党却准备使用武力抢夺抗战胜利果实，使刚刚走出抗战泥潭的中国再次陷入内战的边缘。由于当时国民党的主要军队尚处于西南、西北大后方，难以短时间内到达华北、华东和东北等受降日军的主战场，因此，国民党蒋介石开始玩弄反革命的"两面派"，一面假意邀请中共中央主席毛泽东到重庆举行和平谈判，一面在美国的直接帮助下，在日伪军的掩护下，迅速调动大量兵力到华北、华东、东北地区，以"受降"的名义，迅速进占了临近解放区的徐州、开封、郑州、洛阳、太原、归绥等大城市，完成对解放区的分割包围，并继续沿平汉、同蒲、平绥、津浦各铁路推进。

（二）向北发展，向南防御，晋冀鲁豫走到斗争前沿

为打破敌人的企图，党中央、中央军委采取"以革命的两手反对反革命的两手"策略，一面由毛泽东主席亲赴重庆与蒋介石谈判，以最大努力和诚意争取和平，一面坚持"向北发展，向南防御"的战略方针，在积极组织晋察冀、晋冀鲁豫及山东省军区解放军向东北派出部队开辟东北战局的同时，决心在平汉、同蒲、平绥、津浦路沿线开展交通破击战，控制一段铁路，开辟战场，尔后集中主力，相机组织几个有力战役，打击沿铁路进犯的国民党军，以迟滞敌人前进，并巩固华北、华东解放区，掩护我军部署，特别是在东北的战略展开，并加强我党在国共谈判中的地位，达到争取和平的目的。

晋冀鲁豫解放区是中国共产党在抗日战争时期，由八路军第 129 师在山西、河北、山东、河南四省边界地区创建的革命根据地。抗日战争胜利后，中共中央于 1945 年 8 月 20 日以晋冀鲁豫根据地为基础成立晋冀鲁豫军区，下辖冀南、冀鲁豫、太行军区、太岳军区四个二级军区。

晋冀鲁豫解放区成立后，因其独特的战略位置，成为与各主要解放区四面呼应的中心联络区：西起同蒲路，与晋绥解放区相邻；东抵津浦路，与华东解放区相连；北起正太路、德石路，与晋察冀解放区相依；南至黄河，与中原解放区接壤。也正因此，晋冀鲁豫解放区即是华北战略区的中央大门，正堵着国民党军队向北发展的通道，必然成为国民党重点进攻的区域之一。实际上，晋冀鲁豫军区成立伊始，国民党军队已开始向晋冀鲁豫解放区推进，企图经同蒲、平汉、津浦铁路向平津前进。毛泽东同志指出，我们对国民党的方针是"针锋相对"，晋冀鲁豫战略区一开始就处于针锋相对的"针锋"上。

（三）首战上党，大获全胜，巩固后方晋东南

在我晋冀鲁豫军区积极准备抗击沿津浦、平汉、同蒲铁路进犯的国民党军队时，原与我八路军共同在敌后坚持抗战的国民党军第二战区阎锡山部却在日军的接应下抢先进占太原，尔后突然对我晋东南腹地发起进攻。早在 1945 年 8 月 21 日之前（日军尚未投降），阎锡山即派其第 19 军军长史泽波率 4 个步兵师及一个挺进纵队（相当于师），自临汾、浮山、翼城进占被我地方武装包围的长治、长子、壶关、屯留等城和已被我军解放的襄垣、潞城，率先与我军展开了摩擦。为保卫抗战胜利果实，保证解放区安全，晋冀鲁豫军区司令员刘伯承、政委邓小平遵照中央军委"针锋相对、寸土必争"方针，抓住侵入上党的史泽波部孤军深入、守备分散的弱点，集中正在进行整编的太行、冀南、太岳三个纵队及地方部队一部总计 3.1 万余人及 5 万民兵，发起了反对国民党武装摩擦的首次战役——上党战役。

战役于 9 月初发起，晋冀鲁豫解放区首先以主力一部由北向南逐次夺取长治外围各城，吸引长治之敌出援未果后，果断于 9 月下旬发起长治攻坚战，成功吸引阎锡山部第 7 集团军副总司令彭毓斌率领的第 23、83 两个军共 6 个师及由伪军改编的省防军一部出援。晋冀鲁豫军区首长迅速抓住战机北上围歼援敌，最终于虒亭镇及其周边全歼该敌。随后，坚守长治的史泽波见待援无望，于 10 月 8 日向西突围，我军以太岳纵队自虒亭镇直出沁水以北的马壁，协同追击部队于 12 日歼灭突围之敌于桃川堡附近地域。

上党战役，我军以伤亡 4000 余人的代价取得歼敌 11 个师及 1 个挺进纵队共 3.5 万余人的重大战果，并击毙敌第 7 集团军中将副总司令彭毓斌，俘敌第 19 军中将军长史泽波，沉重打击了进犯解放区的国民党军阎锡山部队军心士气，巩固了晋冀鲁豫解放区的后方，显示了解放区军民保卫抗战胜利果实的力量和决心，加强了我党在重庆谈判中的地位。

（四）贼心不死，后来居上，平汉线敌人来势汹汹

上党战役的胜利虽然沉重打击了第二战区阎锡山所部的军心士气，但并没有阻止国民党其他军队继续向解放军进军和蚕食的步伐，甚至还为其他战区提供了"后来居上"的机会。10月10日，国共双方谈判代表签署了《双十协定》，10月12日上党战役刚刚结束，彭毓斌的战死和史泽波的被俘尚在国军将领中传说，占据河南的国民党第11战区司令长官孙连仲便于14日发起了新的攻势行动。其所部第40军、第30军、新编第8军共7个师，由第11兵团副司令长官马法五、高树勋率领，采取"并列重叠配置"，以第40军为右翼兵团，以新8军及第30军为左翼兵团，分两路自新乡北进，另有第32军尾随第40军等部进至安阳为第二梯队，企图与进占石家庄的第一战区胡宗南部第3军、第16军会合，然后继续北进，与空运到达北平的第92军、第94军南北会师，完全控制平汉路。

（五）解放邯郸，开辟战场，回师平汉线准备迎敌

晋冀鲁豫军区部队在进行上党战役期间，曾以一部兵力肃清新乡以北平汉路沿线日伪军，基本控制了从淇县至高邑的200余公里铁路，为主力在该段铁路线及周边遂行战役开辟了战场。10月4日，冀南和太行军区部队联手攻破邯郸城，古城邯郸迎来解放，成为解放战争中我军解放的第一座较大城市。但总体上看，敌在该方向的兵力优势明显，且拥有南北夹攻的先期有利态势条件。针对如此严重的态势，中央军委于10月中旬明确要求晋冀鲁豫军区除以一部兵力截击沿同蒲路前进的第一战区后续部队外，集中主力，由刘伯承、邓小平亲自指挥，对付沿平汉路北进之敌，务求歼灭其一部或大部。在打法上，军委指出，必须审慎忍耐，以逸待劳，诱敌深入到安阳、沙河之间于我有利的地区，再坚决扼制之，迫其全部或大部展开，我主力再从敌暴露的翼侧或后方进行猛烈突击而歼灭之。

根据中央军委的意图和指示，晋冀鲁豫军区首长决心：集中已完成改编的第1、2、3纵队及冀鲁豫、冀南、太行军部队各一部共6万人，并动员10万民兵配合作战，在漳河以北、邯郸以南的滏阳河套地区歼灭由新乡北进之敌。具体方案为：首先以第1纵队及太行、冀鲁豫军区部队和民兵，在黄河以北至安阳间破坏铁路，加强袭扰，以疲惫和迟滞敌人，掩护我军主力向作战地区集中；待敌渡过漳河后，以一部兵力控制漳河渡口，切断其与安阳之敌的联系。同时，以第2、3纵队自上党地区回师东进，首先肃清盘踞在临漳、成安、临洺关（今永年）等地的伪军，并组织预定战场附近的军民，破路

填沟，拆碉平寨，使进入预设战场的敌人无所依托，尔后合围歼灭进犯之敌。预定围歼敌人的具体部署为：第 1 纵队和冀鲁豫军区部队为路东军，以第 2、3 纵队和太行、冀南军区部队为路西军，对敌实施钳型攻击并予以分割围歼（图 1）。

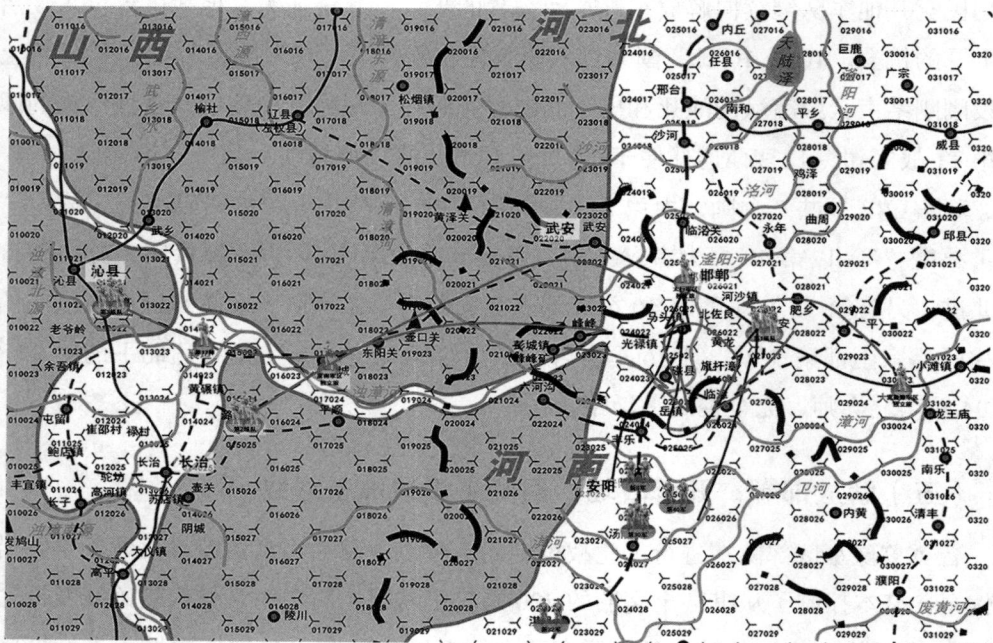

图 1　晋冀鲁豫军区预定歼敌方案示意图

二、跌宕起伏的战役过程

（一）节节抗击，打乱敌进攻节奏

自 10 月 14 日起，敌 3 个军 7 个师由新乡一路北犯，直至安阳，沿途虽不断遭我军独立支队、地方武装与民兵的打击袭扰，但没有与我主力接触，总体上进展仍较快，至 20 日，其先头部队已进占漳河边的岳镇、丰乐镇等桥头阵地，并展开掩护架桥行动。此时，我军担任路西军的主力及冀鲁豫军区部队尚在开进途中，第 2 纵队尚在肃清伪军所在据点，仅有路东军第 1 纵队已进至临漳及南东方村地区。为保障主力的集中，晋冀鲁豫军区首长令第 1 纵队先行扭住敌人，迟滞其前进。21 日夜，第 1 纵队以一部奔袭敌先头部队，但因过早被敌发觉，在对敌一定杀伤后即撤出战斗（图 2）。

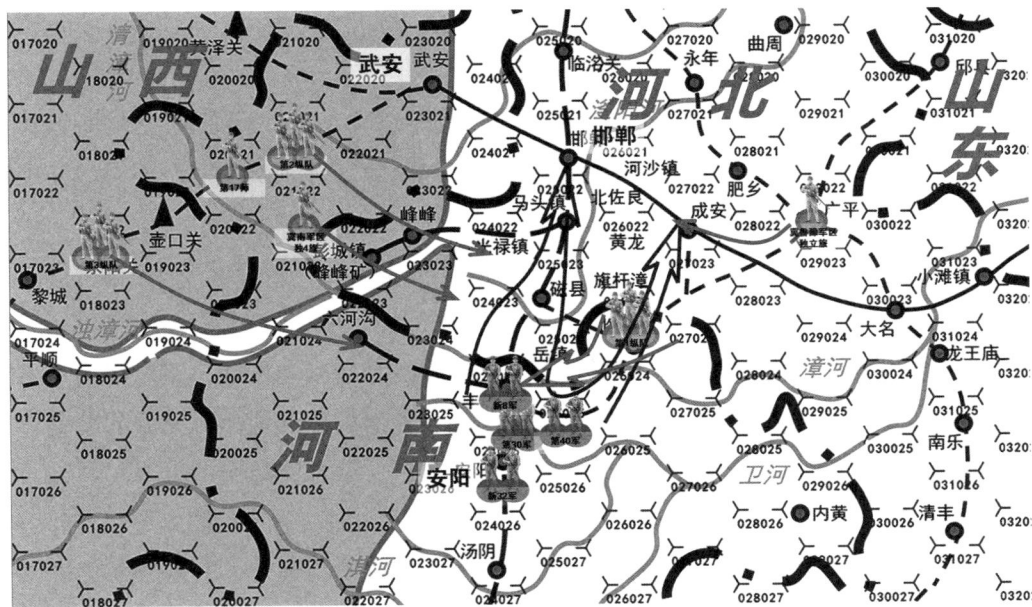

图 2　11 月 21 日战场态势及敌我双方行动示意图

22 日，敌以第 40 军在右，新 8 军在左，第 30 军在后，展开渡漳河部署，尔后北渡漳河，并以一部进占磁县，一部向南东方村进攻，主力沿铁路东侧前进。第 1 纵队为阻止敌军进入邯郸，以便主力尔后在野战中歼敌，遂只留 1 个团在临漳以北地区阻击，主力则机动至邯郸以南的屯庄、崔曲、夹堤至东西向阳以北地区组织防御，坚决遏阻敌人。23 日，我军工事尚未完成，敌先头部队即向第 1 纵队第 1 旅阵地屯庄、崔曲至小堤之线展开攻击，第 1 旅随即展开阻击，击退敌数次冲锋。24 日，敌 3 个军 7 个师全部渡过漳河，集中全力北犯。第 40 军进占南北文庄、秦家营地区，新 8 军跨滏阳河占领马头镇、南北左良至阎家浅一带，第 30 军占领滏阳河东侧之中马头、高木营及以南地区。随后，第 40 军 106 师等部在密集炮火的掩护下向我军第 1 旅阵地发起攻击。第 1 旅顽强抗击，与敌血战至黄昏，敌虽突破第 1 旅前沿阵地，并进占高庄、南泊子之线，但第 1 旅仍坚守着纵深阵地。此时，我军各参战兵团已大部赶到预定地区，其中第 2 纵队 2 个旅控制了邯郸及其以南之罗城头、张庄桥、陈家岗地区，第 3 纵队全部集结于车骑关、光禄镇以西地区，太行军区的 2 个支队集结于磁县以西地区，对敌形成了三面包围的态势。第 1 纵队的顽强阻击，胜利完成了钳制敌人于预定战场和掩护主力集结的任务。

（二）两路出击，合围敌预定战场

我军对敌形成包围态势后，即开始展开攻击。第2纵队2个旅仍控制邯郸及其西南地区，阻敌进入邯郸；第1纵队主力和第3纵队等，分别从东西两面对敌实施钳击，并以独立支队控制漳河渡口。

24日夜，因为各部仓促进入攻击位置，战斗准备不足，战果并不大。经过25日白天的观察和准备后，当夜再次出击，路西军第3纵队夺取马头镇后继续向东发展，第2纵队从邯郸向东南发展，太行军区1个支队由磁县向东北发展，路东军第1纵队主力则沿红城向西发展，力求分别割歼敌人一部。各部虽经过了相对充分的准备，且战斗意志坚强，但因敌人依托稠密的平原村落作掩护，结合明暗堡的火力封锁，而我军火力既弱，又缺乏对这种野战村落防御目标的作战经验，以致难以突入，且伤亡较大，除第1纵队攻克南红城、赵红城，第3纵队攻克中马头外，其他方面仍进展不大。即便如此，敌人已无力再向我军发起进攻，且已陷入我军的四面包围之中，进退不行，乃一面收缩阵地固守，一面向蒋介石求援，企图首先打破我军合围，再图继续向北进犯。

（三）南北截击，阻断敌两路救援

鉴于中平汉路北进的孙连仲部在邯郸以南受阻被围，有可能步晋东南彭毓斌和史泽波的后尘，蒋介石不得不马上部署救援行动。10月26日，已进至石家庄的胡宗南部第16军与进到安阳的孙连仲部第32军各一部开始南北对进，增援被围之敌。

晋冀鲁豫军区首长判断，敌虽决心救援，但兵力不足，遂决心继续集中主力歼击被围之敌。对石家庄来援之敌，增调太行军区一部，在晋察冀军区一部的协助下，在石家庄至邢台段实施阻击。对安阳来援之敌，则主要加强漳河阻援阵地，令太行、冀鲁豫两军区抽调中心区的游击队、民兵加强安阳以南的游击战争，阻止和拖住国民党第32军。对当面之敌，则抽调冀鲁豫独立旅、太行1个支队及第17师等部增援，在增援部队未到位之前，当面部队暂不与之决战，主要以夜间近迫作业、逐点割歼、渗入袭扰等战法，削弱和疲惫敌人。

（四）战场起义，瓦解敌防御体系

10月28日，我围歼各部先后到位，各项准备就绪，准备对被围之敌发起总攻。在总攻部署上，以第1、2纵队和冀南、冀鲁豫军区部队以及太行军区一部为北集团，重点突击敌第40军，其中第1纵队从东南，第2纵队从西北，采取两面夹攻的战法，重点攻歼其已遭我打击并突出于北侧的第106师。以第3纵队和太行军区2个支队及第17师为南集团，钳制敌第30军，并争取新8军战场起义。

战至30日，我北集团歼灭敌第40军106师大部，第30军也遭我南集团有力打击，敌防御阵地被迫不断收缩。此时，高树勋率新8军及河北民军等约1万人突然战场起义，使敌防御部署出现明显缺口，且形成与我军攻击部队里应外合、内外夹击的极有利态势，敌防御部署迅速动摇。

（五）围三阙一，诱使敌脱离阵地

晋冀鲁豫军区首长判断，高树勋战场起义后其余敌人必然向南突围，遂故意放开退路，将主力先敌南移到漳河以北敌退路两侧，准备歼灭突围之敌。31日凌晨，敌主力果然向南突围。待敌人脱离阵地后，我军第3纵队立即向西王曹、冢王、白塔、严上之敌第30军发起攻击，第1、2纵队从东西两面多路出击，太行、冀鲁豫军区部队则前出到漳河北岸进行兜击，并组织大量民兵密布在各要道捕歼逃散之敌。当日下午，马法五率残部近2万人窜至南北旗杆樟、辛庄、马营一带被我军包围后，又据守村落顽抗。

（六）勇擒敌首，全歼敌北犯兵力

再次合围撤退之敌后，我军侦知马法五的长官部在旗杆樟，当即集中第1、2纵队主力向旗杆樟猛攻，第3纵队则向其掩护阵地进攻。11月1日夜，我军突入马法五长官部，活捉第11战区副司令长官兼第40军军长马法五、第11战区参谋长宋肯堂，敌失去指挥，顿时大乱，四散奔逃，我军各部奋起围追堵截溃逃之敌，至2日，除少数敌人漏网外，向南突围之敌被我军全歼于临漳、磁县间的旗杆樟、辛庄、马营地域。石家庄与安阳出援之敌闻风撤退。邯郸战役胜利结束。

三、战火考验的战役启示

邯郸战役于10月24日漳河阻击战正式起算，至11月2日胜利结束，共历时10天，我军以伤亡4700余人的代价，除争取新8军等部起义外，共毙伤敌30000余人，俘敌第11战区副司令长官兼第40军军长马法五、第11战区参谋长宋肯堂、第40军副军长刘世荣、第39师师长司马恺、第106师师长李振清、第30军第30师师长王震、第 67 师师长李学正等高级军官以下 1.7 万余人，缴获大量武器弹药等装备。

邯郸战役是晋冀鲁豫军区继上党战役后的又一次大规模歼灭战，也是给予国民党军的又一次沉重打击，在国民党内部引起了极大震动，对阻止国民党军沿平汉路北进，掩护我军调整部署及争取国内和平的斗争，均起了重大作用。同时，邯郸战役也基本上稳定了晋冀鲁豫解放区的战局，并以此为依托使解放区继续向南拓展，从而使冀南地区成为解放区稳固的后方。1946 年 3 月，晋冀鲁豫边区中央局、军区和政府相继移驻邯郸，开启了邯郸作为晋冀鲁豫解放区党政军中心驻地的历史。之后，面对国民党军重点进攻的威胁，出于减轻主力部队保卫邯郸压力的考虑，晋冀鲁豫边区各机关相继撤离邯郸，但邯郸城始终处于人民军队控制之下，成为截断国民党军平汉线的重要节点。

晋冀鲁豫解放区经过长期的艰苦革命斗争实践，我军逐步形成了科学完善的战略战术体系，并不断在新的战争实践中进行检验和丰富。具体到邯郸战役，晋冀鲁豫军区在肃清日伪残余的过程中，一边完成部队整编升级，一边完成战场准备，在刚刚完成上党战役的仓促情况下，不顾疲劳，连续作战，充分反映晋冀鲁豫军区战役战术已趋于成熟，从而为晋冀鲁豫解放区的后续快速发展奠定了坚实的基础。总结学习邯郸战役这一典型战例，不仅便于我们理解我军传统战役战术原则，同时也利于我们认识和指导未来的战役战术实践。

（一）人民战争是胜利之基，要充分发挥人民战争威力

人民战争是人民解放军战役战术的灵魂，更是法宝。邯郸战役中，除各野战纵队外，各军区地方部队也直接参加了战役前线作战。同时，各军区动员了 10 万以上的民兵参战，这些民兵除了承担主力作战的后勤与伤员救护任务外，有些还直接参与了战役行动，尤其是在前期迟滞敌进攻部署阶段，主要是民兵在敌周边进行袭扰；在完成战役合围后，石家庄和安阳之敌开始出援，各军区基干民兵直接走上前线参与阻击作战；总攻围歼敌人时，民兵则密布在包围圈外围各要道，捕歼漏网逃散之敌。刘伯承司令员在《平汉战役（邯郸战役）的战术总结》中指出，"后方指挥所组织之 10 余万民兵群众的直接参与担任后勤，遂造成我军战力上的绝对优势。以上述的战场有利，战力优势，与广大群众的支援，便奠定了战役胜利的基础。"

（二）集中优势是用兵之要，要善于集中兵力打歼灭战

集中优势兵力打歼灭战，是我军总结的重要军事原则。在邯郸战役中，从总体

兵力上讲，晋冀鲁豫解放区总体兵力对比处于劣势，并不具备实施进攻作战的条件，但最终结果却是打了个实实在在的歼灭战，究其原因，正是晋冀鲁豫解放军准确地把握了集中兵力的原则，置石家庄和安阳之敌于次要，把歼敌重点始终置于北犯的第一梯队3个军7个师，使我军歼敌比例在总体劣势下能够保持局部优势。在完成对进犯之敌包围后，在这3个军中又置第40军尤其是其中的第106师为重点，使对敌攻击兵力最终提升至3∶1以上。高树勋部起义后，企图撤逃的马法五率残部被围在漳河以北临漳以西村落地区，晋冀鲁豫军区集中1、2两个纵队重点对敌兵团指挥部实施攻击，使局部兵力对比达到了5∶1以上，从而为迅速歼敌奠定了基础。

（三）运动歼敌是战胜之法，要敢于大兵团实施运动战

实施运动战，力求在运动中歼灭敌人，也是我军重要的军事原则。要歼灭兵力规模较大的敌人，既要抓住敌处于运动中之机，更要有大兵团实施运动战歼敌之力。晋冀鲁豫解放军在实施上党战役和邯郸战役的过程中，部队正在从抗日战争的游击战向正规作战转变，对于如何在广大区域内实现以歼敌为目标的大兵团作战，晋冀鲁豫解放区也正在摸索之中，就连遂行主力作战任务的野战纵队也刚刚从地方部队整编而来，但战役结果证明，晋冀鲁豫解放区已较好地掌握了实施大兵团正规作战的精髓，即敢于不断通过机动，设计和捕捉有利战场态势，并诱使敌人疲于应对，从而在机动野战中歼灭敌人。邯郸战役之初，主力纵队仍在上党战役战场，负责牵制的第1纵队则采取诱敌深入和层层阻击的战术，逐步将敌引至邯郸以南漳河以北囊型地带。在对敌实施围攻的过程中，晋冀鲁豫军区适时根据战场态势多次对围攻部署进行调整，先是由南向北两面多路攻击，而后又发展到从西北和东南两面对进夹击，在敌撤退过程中又广泛实施尾随追击、平行追击和前出兜击等战术，部队多次变更攻击阵位和攻击方向，但始终保持着战场主动权，成功地将敌军由进攻打成防御，将坚守打成节节败退，最终被合围聚歼于漳河以北临漳附近地区。

（四）村落战术是制敌之妙，要直面新战场设计新战术

晋冀鲁豫解放区原来擅长的是打山地游击战，在平原上也主要是地道战和平原游击战。在邯郸战役中，攻击部队四面合围了敌人之后，面对敌军依托村落组织的野战防御体系，最初并没有取得较大进展。针对这一情况，晋冀鲁豫军区发扬军事民主，很快找到了有效的村落战战术，即先于夜间进占村沿，尔后以此为依托直接进入纵深战斗；采用有重点的多向攻击，求得至少两路突破，尔后协同向纵深钳击；突击点选

择易于接近和向纵深发展的村角或突击部；突击动作要使火力、爆破与突击紧密结合；要在纵深作反复突击和持续突击的准备；要注意夺取和控制制高点与坚固建筑物；要逐屋挖通墙壁前进，割裂包围敌人等。这些村落作战经验，放在现在城市作战中仍然适用。

（五）明暗协同是奇正之效，要结合正面敌后两个战场

在邯郸战役中，高树勋的起义是其中重要的一环，完美实现了正面军事和隐蔽斗争两个战场共同发力的结果。在国民党北犯部署中，新8军作为原西北军遗脉，是国民党军中的杂牌军。军长高树勋是河北盐县人，早年一直追随冯玉祥，是西北军著名将领。军阀混战西北军失败后，曾随蒋介石参加对中央苏区的围剿。抗日战争爆发后，曾率部在晋绥和冀鲁豫地区积极抗击日军，尤其是在冀南敌后抗战中，诱杀准备降日投敌的国民党汉奸中将石友三，表明其具有强烈的民族正义感。该军本身就对蒋介石歧视非嫡系部队心怀不满，抗战胜利后，更是对蒋介石驱使其作内战先锋颇有抵触。我党历来团结国民党军中有正义感的各级军官和将领，对于高树勋这样对民族有功且深怀大义的将领更是早有关注，在新8军中也早有工作基础。在上党战役期间，高树勋曾派人至晋冀鲁豫军区前线指挥部与刘伯承、邓小平商谈和平事宜。邯郸战役发起之初，高树勋曾派人主动与我军联系，表达新8军起义愿望，因此，在战役中，我军也采取了区别对待新8军的部署，争取在战场关键时机实施起义。在总攻发起之前，晋冀鲁豫军区首长认为其战场起义时机已到，遂派军区参谋长李达于总攻当日前往新8军军部，指导和敦促第11战区副司令长官兼新8军军长高树勋率部起义。10月30日，高树勋在总攻开始的关键时刻实施了战场起义，不仅立即改变了战场上的敌我兵力对比，更重要的是迅速破坏了敌军的防御体系，直接促成了敌人防御的崩盘。

作者：闫科，国防大学联合作战学院大校、副教授。

邯郸战役再研究

陈　静　孟令择　张金鑫

摘　要: 1945年日本投降后不久,蒋介石调集大军,沿平汉路由南向北推进,企图占领邯郸,打通平汉路。刘邓首长将邯郸以南滏阳河套地带设为预定战场,并在这一预定战场为进攻的敌军预置了"口袋阵"。敌军第一梯队30军、40军及新8军等部渡过漳河后,在晋冀鲁豫军区1纵的扭击、阻击下,以"乌龟四足爬行阵"形向邯郸攻击前进,由此一步步陷入我军为其预置的"口袋阵"。在我军其他参战部队全部到达战场的预定位置后,我军对敌发起总攻,除新8军战场起义外,敌30军、40军几乎被我军全歼。由此,原定2个月的邯郸战役,我军仅用十余日的时间,即干脆、利落地歼灭了进犯的敌军,取得了关乎全局的重大胜利。

关键词: 邯郸;战役;军力;部署

春秋战国时期,以邯郸为国都的赵国,东临燕、齐,西接秦国,南连韩、魏,北迫匈奴,"数拒四方之敌",被称为"四战之国"。解放战争时期,以邯郸为首府的晋冀鲁豫革命根据地,北可同晋察冀部队共同抗敌,南可与中原部队相接,东可协同华东部队作战,西可配合陕甘部队对敌,是敌我相争的"四战之地"[①]。

作为平汉铁路重要的节点和晋冀鲁豫边区首府的邯郸,是华北解放区的南部中央大门。蒋介石要想打通当时中国北方南北交通的大动脉平汉铁路,实现占领平津、抢占东北的战略诉求,邯郸是其绕不开的一个战略焦点,是其发动内战的早期必攻之地,也是我军必守且必须守住之地。

---

① 中国人民政治协商会议河北省邯郸市委员会文史资料委员会编:《邯郸战役》,河北人民出版社1990年版,第32页。

一、酝酿、准备与应对

蒋介石集团对我党和我党创建领导的根据地的态度一向明确和坚决，即消灭。为达成上述目标，蒋介石集团曾用十年时间不遗余力地围剿党领导的工农红军。西安事变和卢沟桥事变后，迫于国内外各种因素的压力，蒋介石集团虽然和我党合作抗日，但在抗日期间，蒋介石秉持溶共、限共及反共等政策，发动了皖南事变等数次反共高潮，并将此看作"关涉自己生死之事，任何一个可以利用的时机他（蒋介石）都是不会放过的"[①]。

抗战后期的 1943 年，蒋介石在重庆出版了由其署名的《中国之命运》一书（该书实际上是由他人代笔）。该书攻击共产主义，诬蔑我党及我党领导的八路军、新四军等抗日武装，在政治思想和文化理念上维护国民党的专制统治，对人民群众进行理论欺骗。该书出版的目的非常明确，即为消灭我党做理论上的铺垫与政治上的准备。

1945 年 5 月 5 日至 21 日，国民党的第六次代表大会在重庆召开。蒋介石在开幕式上的讲话中拒绝了我党和其他民主党派提出的"联合政府"的主张，大会污蔑我党创建的敌后抗日民主根据地为"武装割据"，这些言论彰显出国民党准备消灭我党及其领导的根据地的企图。国民党此次代表大会的实质，"是为了准备抗日战争胜利后，全力对付中国共产党和抢夺抗战胜利果实，妄图控制全中国"[②]。

1945 年 8 月日军投降后不久，蒋介石即命令国民党军队，分别沿平汉、同蒲、津浦三条铁路进攻华北解放区，平汉路的敌军为中路军，该路军第一梯队为 30 军、40 军、新 8 军等部队，第二梯队为 32 军、27 军、38 军、78 军及 85 军等部队，沿同蒲路进攻的为左路军，包括第 1 军、第 3 军及第 16 军，沿津浦路攻击为右路军，由 12 军、97 军等部队组成。上述三路进犯军，以平汉路的中路军为主，其他二路主要起策应作用。

对国民党的理论欺骗、政治攻击及武力进攻，我党进行了必要且有效的反击。

为戳穿国民党蒋介石《中国之命运》的政治阴谋和理论欺骗，回应其对共产主义及我党的攻击，亦为了抗战团结，我党在理论上作了全面彻底的回应：其一，指出"发展生产力的要求"，"是一切社会进化的动力"，"也是近百年我们民族所进行的反

[①] 何虎生：《蒋介石大传》（下），华文出版社 2005 年版，第 518 页。

[②] 荣孟源主编：《中国国民党历次代表大会及中央全会资料》（下册），光明日报出版社 1985 年版，第 899 页。

帝国主义反封建的革命运动的基本动力",这个动力不是哪个党派、哪个社会集团想取消就能取消了的,"谁想消除它都是枉然";其二,我党总结近代中华民族反帝反封建的革命历史,将其区分为旧民主主义革命和新民主主义革命两个阶段,指出旧民主主义革命是由资产阶级领导的、以建立资本主义社会与资产阶级专政的国家政权为目的的革命,新民主主义革命是由无产阶级领导的人民大众反帝反封建的革命。旧民主主义不适合中国,只有进行新民主主义革命,中国的民主革命才会胜利;其三,中国共产党的产生和发展,是"因为中华民族的历史发展要求有这样一个政党",任何想要取消中国共产党的企图"都是违反历史发展的笑话奇谈";其四,指出国民党顽固派企图用内战方式消灭共产党"是违反历史潮流的",为了国家民族的前途,"国共两党只应团结,不应分裂,团结越好,中华民族也愈加强盛"[1]。这些反击,揭露了蒋介石集团的理论欺骗,打击了其政治阴谋,对于维护抗战后期的抗战团结起了极大的作用。

我党第七次代表大会于 1945 年 4 月 23 日至 6 月 11 日在延安召开。毛泽东在七大上所作的报告戳穿了国民党统治集团实施"宪政"的骗局,指出"在这个会上通过一个实际上维持独裁反对民主的所谓'宪法',使那个仅仅由几十个国民党人私自委任的、完全没有民意基础的、强安在人民头上的、不合法的所谓国民政府,披上合法的外衣,装模作样地'还政于民',实际上,依然是'还政于国民党反人民集团'"。从而一针见血地揭露国民党召开"国民大会"的本意是"一则抵制联合政府,二则维持独裁统治,三则准备内战理由",在这次大会上,我党确定的政治主张为"建立一个以全国绝对大多数人民为基础而在工人阶级之下的统一战线的民主联盟的国家制度"[2]。我党七大反击了国民党对我党的政治攻击,为中国的前进和发展擘画了清晰的蓝图。

为粉碎国民党军队对解放区的军事进攻,中央军委要求晋冀鲁豫军区除留太岳区部队截击沿同蒲路北犯的敌军外,"动员太行、冀南、冀鲁豫区全部力量"进行邯郸战役,为保证胜利,指定由刘伯承、邓小平亲临指挥,精密组织指挥战役中各个战斗,"争取第二个上党战役的胜利"[3]。

---

① 中共中央文献研究室、中央档案馆编:《建党以来重要文献选编(1921—1949)》(第 20 册),中央文献出版社 2011 年版,第 370、372、375、377 页。
②《毛泽东选集》(第三卷),人民出版社 1991 年版,第 1068、1056 页。
③ 中国人民解放军第二野战军战史编委会编:《中国人民解放军第二野战军战史》,解放军出版社 1990 年版,第 20 页。

二、敌我军力的对比

（一）部队编制

国民党进攻邯郸的主要部队为新8军、第30军及第40军等部队。

新8军，该军下辖新编第6师、暂编第29师及河北民军等部队，军长高树勋，该军"由原西北军系河北民军演变而成"[1]。

第30军，该军辖第27、第30、第67师，兵力约占上述国民党军队总兵力的一半，军长鲁崇义（字宜轩），副军长耿幼麟、靳力三。该军原辖第27、第30、第31师，这三个师均为原西北军系部队。1945年初国民党军调整军队建制时，"该军原辖之第31师被裁撤，另将中央军嫡系部队第86军（被裁撤）之第67师改隶该军"[2]。因此，第30军属杂牌军和中央军混编的部队，也称为"半中央军"的部队。

第40军，该军辖第39师、第106师，军长马法五（字赓虞，以冀察战区副司令长官职兼），副军长刘世荣（号芳圃）、李振清（字仙洲）。该军军系渊源为"原西北军旁系之庞炳勋旧部"[3]。

上述部队"总兵力为四万五千余人，统归国民党第十一战区副司令长官兼四十军军长马法五及该战区副司令长官兼新八军军长高树勋指挥"[4]。

我方参战部队主要为晋冀鲁豫军区1纵、2纵、3纵等野战部队及冀鲁豫、冀南及太行军区的部分地方部队。

1纵，司令员为杨得志，政治委员为苏振华，副政委为张国华，参谋长为卢绍武。该纵队下辖三个旅，"一旅旅长杨俊生，政治委员邓存伦；二旅旅长尹宪丙，政治委员戴运生；三旅旅长李东朝，政治委员陈云开"[5]。

2纵，司令员为陈再道，政治委员为宋任穷，副司令员兼参谋长为范朝利，政治部主任为钟汉华。其所属部队为第4旅、第5旅及第6旅，第4旅旅长为孔庆德，政治委员为刘明辉，第5旅旅长为雷绍康，政治委员为寇庆延，第6旅旅长为六旅旅长

---

[1] 曹剑浪：《中国国民党军简史》（中），解放军出版社2009年版，第1268页。

[2] 曹剑浪：《中国国民党军简史》（中），解放军出版社2009年版，第1257页。

[3] 曹剑浪：《中国国民党军简史》（中），解放军出版社2009年版，第1259页。

[4] 中国人民政治协商会议河北省邯郸市委员会文史资料委员会编：《邯郸战役》，河北人民出版社1990年版，第63—64页。

[5] 杨得志：《杨得志回忆录》，解放军出版社2010年版，第301页。

王天祥，政治委员为刘华清。算上纵队直属的独立团、炮兵营、警卫营以及司、政、供、卫等机关部队，"全纵队共一万四千多人"①。

3纵，陈锡联任纵队司令员，政治委员为谢富治（未到职，后彭涛继任），副司令员阎红彦，副司令员兼参谋长曾绍山。该纵下辖第7、第8、第9旅，第7旅旅长赵兰田，政治委员卢南樵（后曾庆梅），第8旅旅长马忠全，政治委员鲍先志（未到职由卢南樵继任），第9旅旅长郑国仲（后童国贵），政治委员秦传厚。加上司令部、政治部、供给部、卫生部等纵队机关和野战医院、山炮营、警卫连、通信连、电台中队等直属分队，"全纵2万余人"（陈锡联回忆录，第156页）。

上述1—3纵及冀鲁豫、冀南及太行军区部分地方部队，参战兵力"达6万余人"，另外，尚有"10余万民兵的直接参战与担任后勤"②，以上所有参战武装均归晋冀鲁豫军区司令员刘伯承、政治委员邓小平直接指挥。

以上可看出，从参战部队的人数上来看，我军6万人，敌军4.5万人，我方大于对方，再加上我根据地参战和担任后勤的民兵，则我方在参战人数方面占有较大的优势。

另外，须注意的一点是，国民党军队的编制结构为"军—师—团—营—连—排—班"，我军的编制结构为"纵—旅—团—营—连—排—班"，从部队编制人数来看，我军的纵相当于国民党军队的军，我军的旅相当于国民党军的师。

（二）武装装备

国民党三个军中，鲁崇义的30军是半美械化装备，参照中国驻印军的武器装备（此类师为全式美械装备），一个师"拥有10.5厘米榴弹炮12门、7.5厘米山炮24门、5.7厘米战防炮12门、3.7厘米战防炮24门、8.2厘米轻迫击炮36门、6.0厘米迫击炮162门、重机枪108挺、轻机枪360挺、火焰喷射器85具、携带式火箭发射筒108具、冲锋枪和卡宾枪400余支"③。照此推算，30军装备大致为迫击炮297门、战防炮54门、山炮36门、榴弹炮18门、轻重机枪702挺、火焰喷射器128具、携带式火箭发射筒162具、冲锋枪和卡宾枪600余支。

1945年9月，晋冀鲁豫军区装备的大致情况为"装备很差，全军区只有山炮6

---

① 陈再道：《陈再道回忆录》，解放军出版社2008年版，第403页。
② 军事科学院《刘伯承军事文选》编辑组编：《刘伯承军事文选》（二），军事科学出版社2012年版，第58页。
③ 郭汝瑰、黄玉章编著：《中国抗日战争正面战场作战记》，江苏人民出版社2002年版，第1263页。

门，仅半数的团有迫击炮 2 至 4 门，重机枪 3 至 4 挺"①。须注意的一点是，上党战役的胜利，我军缴获了一些国民党军队的武器装备，这虽使我军的装备有所改善，但与当时的国民党军队相比，在装备方面尚有一定的差距，尤其在重机枪、火炮等重武器方面，国民党军队具有较大的优势。

（三）部队的素养

新 8 军系西北军将领高树勋多年苦心经营的部队。西北军宋哲元部驻扎河北省期间，高树勋担任河北省保守处处长，在河北各地组织保安部队，卢沟桥事变后，高树勋统领的保安队"被编为国民党新 6 师，他（高树勋）任师长"②。其后，以新 6 师为基础扩编为新编第 8 军，高树勋任军长。在抗战期间，高曾率领这支部队参加过徐州会战、豫中会战及豫西鄂北会战。

国民党第 30 军位列国民党军二十大主力军之一，除第 67 师为中央军外，其他 2 个师源出于西北军，吉鸿昌、孙连仲、池峰城等人先后任过该军军长。1937 年 10 月 19 日，第 30 军、第 31 军在娘子关战场，"重创日军第 77 联队"。1938 年 3 月底至 4 月初的台儿庄战役中，"第 30 军成功地守住了台儿庄，并在友军的全力支援下创造了自抗战爆发以来的第一次大捷"③。

第 40 军，该军源于西北军，庞炳勋的起家部队，番号大致变化历程为"第 20 军→第 3 路军→第 3 军团→第 40 军"，庞炳勋、马法五先后任该军军长。1938 年 3 月，第 40 军与张自忠第 59 军在第一次临沂战役中，联手击败了日军第 5 师团，"板垣师团第九旅团第十一联队队长野裕一郎大佐、第三大队长牟田中佐及第九中队长中村等人被击毙"④，日军"伤 5000 余人，亡 3000 余人"，日本报纸也曾报道"支那杂牌军击败了皇军最优秀的师团"⑤。

上述国民党部队多数系西北军的老底子，抗战期间，参加过娘子关、临沂及台儿庄等战役，曾重创过侵华日军。抗战中后期，第 30 军、新 8 军先后调到河南、湖北等地整训多年，"军官较有军事素养和战斗经验，统驭力强，士兵亦久经训练"，"比

---

① 中国人民解放军第二野战军战史编委会编：《中国人民解放军第二野战军战史》，解放军出版社 1990 年版，第 10—11 页。
② 中国人民政治协商会议河北省邯郸市委员会文史资料委员会编：《邯郸战役》，河北人民出版社 1990 年版，第 112 页。
③ 王晓华、张庆军、戚厚杰：《国民党军史》（下），团结出版社 2018 年版，第 243、253 页。
④ 武国友主编：《血战台儿庄》，吉林文史出版社 2011 年版，第 61 页。
⑤ 郭明泉编著：《台儿庄大战》，中共党史出版社 2005 年版，第 42、39 页。

较有战斗力"①。

我方参战主力 1 纵、2 纵、3 纵分别由冀鲁豫军区、冀南军区及太行军区所属武装改编而成，从来源上看，既有参加过长征的老红军团，也有长期坚持抗战的军分区基干团，还有部分县大队等地方武装。

作战意志。国民党军队普遍存在抓兵现象，这些抓兵成分存有较高的厌战情绪，经常逃亡。另外，这些西北杂牌军中有主张和平民主的进步分子，反对蒋介石的内战政策，高树勋就是这一类进步分子首席代表。上述因素的存在及作用的结果，就使得这些部队整体的作战意志不高。

与此相反，我军根据地广大军民上下一心，为保卫抗战胜利果实，积极自愿参军参战，将士用命，作战意志极高。

（四）部队作战特点

作为非国民党中央军的杂牌部队，30 军、40 军及新 8 军这些西北军，自身独有的一定的作战特长无疑是其在军阀混战、抗日战争等战争中生存下来的重要原因之一。

具体来看，这些西北军作战长项主要为：

1. 擅长阵地战，擅长构筑工事、固守阵地

此种作战特点在邯郸战役中有较显著的表现。上述 3 个军在邯郸战役中，每至一村，即"封锁消息，并迅速构筑工事"，构建工事时，"以几个坚固高房或碉楼为中心，构成几个据点"，这些中心据点用工事连接起来，形成连贯的据点体系。在村落边沿及村中稍高房顶上，"用砖（一层或二层砖）砌机枪掩体，有时还加掩盖，在村沿或街巷拐角的墙壁上挖一至三层枪眼（最低层有离地二三十厘米的，使我军不易被发觉与封锁），在重要村口或巷口构筑机枪掩盖火巢（即暗碉）"。在村内，"打通墙壁，并以交通壕横贯街道，构成其交通线，同时堵塞不必要的街道"。为加强防御，"在村落突出部往往构成较强的机枪火力点，或于其侧作隐蔽的侧防火力点（这种侧防火力点正面遮蔽，枪眼开向侧方，不易从正面压制）"。在村庄的周边，则"锯倒树木作鹿砦（密集排列，树梢向外，如原地有树则锯断其半攀倒，使之不易拔除），并加强村外沟渠、土墙的障碍，挖掘单人掩体作为警戒阵地。为防我夜袭，利用村沿草堆作照明柴，通夜点燃，更有在警戒线外铺设干草，使人踏上之时发生音响，所

---

① 中国人民政治协商会议河北省邯郸市委员会文史资料委员会编：《邯郸战役》，河北人民出版社 1990 年版，第 8 页。

以报警者"。针对我军曾用坑道爆破方式攻取日军的碉堡据点，敌军在工事的要害位置专门设置了"复缸哨"，"即以水缸复地面，以听取挖坑道之音响"。敌军进入村落后一般依先前沿后纵深顺序构筑工事，通常两个小时即能完成鹿砦障碍和前沿工事，"颇为迅速"[1]。

以上可以看出，敌军构筑的工事体系具有内部连贯、重点突出且环环相扣等特点，这些特点有助于敌军对阵地的防守，同时增大了我军攻克这些阵地的难度。由此，体现出敌军具有较强的工事构筑及阵地防守能力。

2. 在野战中，惯于以正面部队巩固阵地以钳制对方，而以有力部队实行一翼或两翼包围迂回

临沂战役中，在汤头阵地失守，太平、白塔阵地吃紧时，庞炳勋命令所属第116旅231团坚守正面阵地，拖住敌军主力，"另由垛庄调回补充团，由葛沟以北抄袭敌之右侧背，由相公庄抽调第115旅229团沿沭河东岸抄袭敌左侧背"。"敌军（日军）见我将其左右包围，被迫于3月6日放弃太平、白塔一带被占村庄，撤回汤头镇，我军遂收复汤头以南阵地"[2]。邯郸战役中，第40军106师在攻击我军小堤、夹堤、崔曲、屯庄一线阵地时，该师主力两个团突破了我军"夹堤—崔曲"中间的防线后，一部迂回包围攻占了屯庄，另一部迂回包围攻占了崔曲。

3. 射击较准确，擅长组织短距离的交叉火力和侧射火力给对方以大的杀伤

1938年3月24日，日军第10师团濑谷支队逼近台儿庄寨墙，防守台儿庄的孙连仲部第31师组织短距离的交叉火网，给进攻的日军以很大的杀伤，"敌兵死伤甚众"[3]。该日下午6时，日军用大炮轰开台儿庄寨墙一个缺口，日军200余人涌入缺口处，第31师组织交叉和侧射火力，将该股日军大部歼灭，日军后续部队不断从该缺口处冲入台儿庄，均被短距离的交叉和侧射方式歼灭。

敌军作战弱项主要为：

1. 不善于运动战，行动迟缓，缺乏机动、反攻击精神

敌军重武器较多，需要铁路、公路、飞机场等配套交通设施方能发挥威力，在交通落后的地域作战，则会陷入被动。敌军在滏阳河套的沙质地带与我军交战，行动迟缓、机动性较弱等缺点便不可避免地呈现出来，面对我方夜袭或近距离攻击，应对

---

① 军事科学院《刘伯承军事文选》编辑组编：《刘伯承军事文选》（二），军事科学出版社2012年版，第61页。

② 武国友主编：《血战台儿庄》，吉林文史出版社2011年版，第54页。

③ 武国友主编：《血战台儿庄》，吉林文史出版社2011年版，第78页。

措施缺乏灵活机动性，往往表现为为防御而防御，单一防守，即依托工事，"死守不出"①。

2. 害怕白刃格斗

敌军优良装备（冲锋枪、机枪、炮、坦克及飞机等）较多，而其军队步枪较少，因此作战中对装备，尤其重装备依赖程度较大，害怕近距离的白刃战。"其前卫部队向我军正面阻击部队进攻时，每度攻击必先行猛烈的火力准备，当火力延伸射程时遂行冲锋。冲锋队形密集，前面是排疏开，后跟行军纵队，遇我军火力杀伤后，等不到拼刺刀即行撤退，以准备续行攻击"。敌军在退却和突围时，害怕白刃格斗心理表现更为明显，"一遇我兵力扑近格斗，则失去统驭力而抵抗薄弱，甚至全无抵抗而放下武器"②。

3. 害怕夜战

敌军平时仰仗重装备，"没有夜间战斗的教练"③，而这些重装备特别需要有白天的时间，才能充分发挥兵器的优越性，在夜间战斗中，这些重装备的优势施展不开，因此，这些西北军"特别不敢进行夜间战斗"④。

我军自建军以来直至革命胜利的多数时期内都是处于以弱对强的局面，在这种长时期的以弱敌强的战争环境中，我军磨炼出了独具一格的作战特点。

具体来说，我军作战长项主要在于：

1. 擅长夜战

我军早在红军时期就习惯并擅长夜间战斗，为此，有些部队有譬如"夜老虎团"类的称谓。正因如此，在邯郸战役中，我军"发扬'夜老虎'的光荣传统"⑤，在夜间攻克了许多敌军凭坚据守的村落阵地。

2. 擅长近战

1945 年 10 月 24 日凌晨 2 点，敌 40 军之 106 师等部队集中兵力、火器，分别向

---

① 军事科学院《刘伯承军事文选》编辑组编：《刘伯承军事文选》（二），军事科学出版社 2012 年版，第 61、62 页。

② 军事科学院《刘伯承军事文选》编辑组编：《刘伯承军事文选》（二），军事科学出版社 2012 年版，第 61、62 页。

③ 军事科学院《刘伯承军事文选》编辑组编：《刘伯承军事文选》（二），军事科学出版社 2012 年版，第 62 页。

④ 中国人民政治协商会议河北省邯郸市委员会文史资料委员会编：《邯郸战役》，河北人民出版社 1990 年版，第 8 页。

⑤ 中国人民政治协商会议河北省邯郸市委员会文史资料委员会编：《邯郸战役》，河北人民出版社 1990 年版，第 6 页。

我军 1 纵 1 旅 7 团扼守的崔曲、屯庄、赵庄阵地猛攻，在密集炮弹滥炸、弹雨倾泻的掩护下，以营、团规模的步兵发起连续集群冲锋。我 7 团团长李程、政委戚先初沉着冷静地指挥各营，以小群出击、刺刀肉搏与敌激战 6 小时，牢牢地守住了我军的阵地。

3. 擅长运动战

我军善于运动战表现为：其一，刘邓等首长敢把邯郸之南、漳河之北的滏阳河套地区设为预设战场，这种部署本身就说明我军具有较高的运动战能力。此说根据在于，敌军在该战场发起攻击时，我军参加部队除 1 纵到达战场外，其他参加部队或是在赶赴战场路上，或是在该战场外执行其他作战任务（在战役的关键时刻，这些部队均赶至战场的预定位置，形成了对敌军的包围）；其二，战斗过程中平行追击。我 129 师素有平行追击的传统，1938 年 4 月 15 日，侵华日军第 117 联队沿浊漳河向东撤退，我 129 师等部分为左右纵队，沿浊漳河平行急追，16 日，超越日军并将其包围夹击于长乐村地区，取得毙伤日军 2200 余人的重大胜利。在邯郸战役的后期，我军也是"平行急追"，超过突围的敌军而予以包围歼灭；其三，迂回穿插，分割包围。1945 年 10 月 27 日，刘伯承、邓小平等制定的作战部署中，指示各部队要对敌实施迂回穿插，分割包围，"首先割裂敌人"，然后"各个消灭之"。参加部队积极贯彻此作战部署，积极进行堵击、扇击、截击及钳击敌军，取得歼灭敌军的重大胜利。

我军作战弱项主要表现为缺乏现代技术装备，装备劣于对方，尤其是重武器与对方差距较大。这种客观条件使得我军火力与破坏力弱，在与对方火力对射时，我方不占优势，不利于火力战与攻坚战。有鉴于此，在作战中，我方通常用"突然的动作短兵相接"等战术优势弥补装备劣势[1]。

三、作战部署

（一）作战阵形

敌军采用"乌龟四足爬行阵"。敌军深入我军根据地，属于外线作战，其对我军根据地情况不明，为防我军对其的打击，敌军 3 个军进入我军根据地后，分为四个梯团，采用"乌龟四足爬行"的阵形，即以两个并列纵队前进，其前进方法是用交替行

---

[1] 军事科学院《刘伯承军事文选》编辑组编：《刘伯承军事文选》（二），军事科学出版社 2012 年版，第 49、42 页。

进交替停止的方法，停止部队在宿营地挖工事，构筑防御阵地体系，炮兵、重机枪设于阵地纵深，在纵深配备强大突击队，以掩护行进中的部队。这种阵形，行军速度较慢，每日行军不超过 20 公里，故称之为"乌龟四足爬行阵"。这种阵形，看似安全，但实际上是使部队丧失了机动灵活性，其实是一种被动挨打的阵形。

我军的"口袋阵"。

刘邓将战场预设在漳河以北、邯郸以南的滏阳河套地区，这一区域为沙质及湿地地带，可有效消解敌军机械化作战能力。1945 年 10 月 21 日后，1 纵依托漳河以北地区的数道纵深防线，在扭击敌军时边打边退边诱，使得敌军一步步陷入漳河以北、邯郸以南，滏阳河两岸的狭窄地区，24 日，以"乌龟四足爬行阵"前进的敌军完全钻进了我军为其预设的漳河以北、邯郸以南、平汉铁路以东及"河沙镇—裴里—临漳"以西的口袋阵中。

（二）具体部署和部署的调整

10 月 22 日，敌 3 个军全部渡过漳河后，新 8 军、30 军 2 个师为左边锋，第 40 军、第 30 军 1 个师为右边锋，左右边锋各分两个梯队，沿用"乌龟四足爬行阵"向我军交替攻击前进。23 日，30 军驻扎于中马头、大小狼营、柳儿营及南豆公等村庄，掩护新 8 军、40 军，新 8 军、40 军则越过 30 军一左一右向北攻击前进。

10 月 26 日，敌军调整部署，向北进攻的部队开始向南、北左良一带收缩，由进攻状态转换为防御状态，企图凭坚固守，等待后续 32 军等部队的到来。

10 月 30 日，高树勋率新 8 军起义后，马法五再次调整部署，由凭坚固守转变为各部交替掩护、向南撤退，企图南渡漳河，逃往河南。具体安排为，主力一部死守西玉曹及白塔村，阻击我追击部队，掩护长官部及其主力南逃。

1945 年 10 月 15 日，刘邓要求冀鲁豫军区等部队"在漳河以南、平汉东侧以最积极的游击行动扭击、迟阻、疲惫敌人"[①]，以往研究对此条布置有所忽视，其实，我军对敌军实施的游击、扭击等活动，迫使敌军以"乌龟四足爬行阵"慢速前行，此为我军远离邯郸的参战部队在关键时刻赶至战场起了较重要的作用。

10 月 20 日，刘邓首长交给 1 纵三个任务：一是迟滞敌军，为我军其他参战部队到达战场争取时间；二是将敌军诱进我方预设的"口袋阵"；三是阻止敌军进入邯郸。1 纵成功完成了刘邓首长交代的任务。

---

① 军事科学院《刘伯承军事文选》编辑组编：《刘伯承军事文选》（二），军事科学出版社 2012 年版，第 37 页。

10月26日，我参战部队陆续到达战场，刘邓首长调整部署，由防御变为局部反攻，要求各部队按下述四点展开局部反攻："一、以三分之一的兵力不断与敌人接触，机动集结，选敌弱点，以几路合击一点的向心打法，逐步消灭其个别部队（由一两个排到一连一营，不打消耗仗），消耗其实力；二、除以地方游击队分头活动外，应分派较多的精干小队四五十人，携带小炮、掷弹筒等，于夜间挺入敌纵深，突袭其心脏部队，尤其是各个首脑部，使其不得安息；三、敌人可能北渡的桥梁，凡我军不能控制时，则破坏之，并捕灭小股出扰之部队，打沉所有船只，堵绝其逃路，使敌完全困于河套之内；四、各部队主力应利用时间休整，注意休息与政治鼓动，研究歼灭敌人的战法。"[①]

10月27日，我军参战部队全部就位，刘邓首长决定变局部反攻为总攻击，总攻击的具体部署为："以1纵、2纵，冀鲁豫军区部队，太行军区1、4支队为北集团，由王宏坤、陈再道、宋任穷统一指挥，集中力量先割裂第40军在崔曲、阎家浅的先头部队，尔后各个消灭其他部分；以3纵17师、太行军区5支队、独立支队为南集团，由陈锡联指挥，积极钳制30军，隔断其和新8军的联系，主力则由西南向东北兜击，协助北集团消灭40军。对高树勋部，则围而不打，打而不痛，促其变化。"[②]

纵观邯郸战役，根据敌方变化和我方的实时情况，刘邓首长及时变更调整作战布置，这种适合情况变化的作战部署保证了战役的胜利。

四、过程及结果

（一）准备战场

根据敌我态势和地形条件，刘邓首长把战场预设在平汉铁路东侧邯郸以南、漳河以北的河套里。在此区域作战，滏阳河可挡敌军进路，漳河可阻断敌军退路，另一重要有利因素在于此区域系沙质和湿土地带，可充分消解敌军机械化的优势，使我军可以避其长击其短。另外，此区域的东西方向我军拥有广阔纵深的根据地，我军根据地广大军民可充分利用滏阳河、漳河间的横幅地带向敌军实施钳形攻击。

---

① 中国人民政治协商会议河北省邯郸市委员会文史资料委员会编：《邯郸战役》，河北人民出版社1990年版，第18—19页。

② 中国人民政治协商会议河北省邯郸市委员会文史资料委员会编：《邯郸战役》，河北人民出版社1990年版，第19页。

1945 年 10 月 12 日，刘邓首长命令平汉线上的我军部队，以一部迅速控制汤阴及其两侧地区，迟滞敌军北进，主力迅速占领临洛关、紫山及临漳、成安、肥乡等县城。同时，刘邓首长还指令根据地党政军民在预设战场区域大举破路、平沟、拆堡，以便于我军在该地进行运动歼灭战。

我军各部在刘邓首长统一指挥安排下，迅速攻占了必要的要点城镇，预设战场区域破路、平沟、拆堡工作亦取得相当大的成效。由此，我军根据地军民在敌军北渡漳河前，成功完成了战场准备工作，于开战前取得了胜利的先机。

（二）敌攻我守

1945 年 10 月 14 日，敌军从新乡地区出发，沿平汉铁路及其东侧由南向北推进。20 日敌先头部队渡过漳河，攻占丰乐、邺镇等处。此时，除 1 纵到达战场外，我军其他参战主力均未到达预定作战位置，"路西军主力及冀鲁豫军区部队尚在开进途中，2 纵队和太行军区部队一部尚在肃清临洛关等伪军据点战斗中"[1]。有鉴于此，刘邓命令 1 纵先行扭击敌军，迟滞其前进，为其他参战部队到达战场争取时间。

21 日夜，我军 1 纵一部奔袭敌邺镇桥头阵地，22 日，敌主力开始渡河，我 1 纵一部即开始扭击敌主力。24 日，我 1 纵将敌军的右前锋遏阻于邯郸东南赵庄、南堡一带。此时，我军参战部队陆续就位，敌军发现我军兵力增加之后，开始调整部署，转攻为守。此时，战场的态势为：敌军新 8 军位于马头及其周边地区，30 军位于中马头、大小狼背、柳儿营及南豆公等地，40 军收缩在阎家线、北佐良一带，形成 40 军在前，新 8 军、30 军在后的品字形结构，企图彼此依恃，凭坚固守，等待与 16 军、32 军等增援部队会合。

（三）我军的局部攻击

此时，敌军已经深陷滏阳河套的狭窄地区，钻进了我军为其预设的口袋阵，战场的主动权已实现了有利于我军的重大变化。根据战场最新变化和发展趋势，刘邓首长决定：在敌主力尚未耗散、疲惫与受挫前，暂不进行决战，仅以局部攻击方式消耗敌军的有生力量，此即刘邓首长常用的猫捕老鼠先盘软了再吃的战法。我军参战部队积极执行上述打法，零打细敲，一点一滴地消灭敌军的有生力量。

---

[1] 中国人民政治协商会议河北省邯郸市委员会文史资料委员会编：《邯郸战役》，河北人民出版社 1990 年版，第 17 页。

（四）总攻消灭敌军

通过数日的局部攻击，达成了消耗、疲惫敌军的目的，已将"老鼠盘软"。10月27日，冀鲁豫独立第4旅、太行第4支队、17师等三支后续部队赶到战场，总攻条件已成熟，我军遂不失时机地于28日对敌发起了总攻。

总攻开始时，我军攻击重点是歼灭敌军先锋部队第40军第106师。依照上述部署，总攻开始后，我1纵两个团从东和西北两个方向突入崔曲村，与守卫该村的第106师彻夜激战，拂晓时分，歼其一部，但该敌主力继续顽抗，敌我双方伤亡都很大，"我军牺牲团长、团参谋长各一"①。我北集团军紧抓攻击重点不放，增大攻击力度，集中1纵、2纵两个纵队的主力以压倒性优势猛攻该师。最后，第106师无力防守，从崔曲突围，向南逃窜，我1纵、2纵攻击部队乘势猛追，将106师大部歼灭。至此，敌防御体系重点部位被我军撕碎，敌整个防御体系开始动摇。

歼灭106师后，总攻重点转变为"猛虎掏心"，"夺其魁，攻其所必退，消灭其退者"，即歼灭马法五所率领的敌军指挥部。高树勋新8军起义后，马法五率部近两万人急忙向南逃窜，当其逃至前后旗杆樟、辛庄、马营一带被我军包围。陷于我军重围中的敌军，在所踞村落内修筑工事，企图固守待援（等待漳河南岸北进的敌军及从石家庄出发的南进敌军的救援）。

漳河南岸的敌32军主力，为解马法五之围，向我军防守漳河阵地的独立支队阵地猛攻。我军防守漳河阵地的部队为保证我军主力歼灭南逃的敌军，英勇顽强阻击32军的进攻，战斗空前激烈。

时间紧迫，刘邓首长调整攻击部署，集中1纵、2纵主力猛攻前旗杆樟村马法五的指挥部。11月1日，攻击部队消灭了马法五的指挥部，敌军各部失去指挥，丧失了固守意志，开始四散奔逃。次日，向南溃逃的敌军在我军坚决围追堵截中突围无望，大部放下武器。南北对进的敌增援部队闻之30军、40军被歼的消息，亦急遽后撤，与我军脱离接触。

至此，邯郸战役大获全胜。此战，"歼敌两个军（30军、40军），争取一个军（新8军）起义，俘敌十一战区副司令长官马法五、四十军副军长刘世荣以下官兵

---

① 中国人民政治协商会议河北省邯郸市委员会文史资料委员会编：《邯郸战役》，河北人民出版社1990年版，第20页。

23000 余人，敌军 45000 人，除少数漏网、10000 多人起义外，全军覆没"①。

邯郸战役大捷，对粉碎敌北进计划，屏卫我华北解放区南部中央大门，掩护我军在东北战略展开，发挥了重大作用，"这个战役的胜利，关系全局，极为重大"②。

五、余论

邯郸战役本来"准备以两个月的时间，连续作战，歼灭沿平汉路进犯之敌"③，而实际仅用了十余日的时间，即胜利结束，打了一个几乎全歼敌军的漂亮仗。此种结果，除了党中央正确决策，刘邓首长正确指挥、我方指战员士气高涨、敌方内部存在重大矛盾等直接因素外，还有一个根本性的深层次因素，就是社会历史发展的"势"，这个"势"就是社会历史自身发展的规律，这个规律就是人民群众创造历史、人民群众决定了社会历史前进发展的方向。与此"势"相一致，就能胜利，反之，就是失败。邯郸战役的重大胜利就是该"势"的显著体现和重要注脚。

备注：本文系 2022 年度国家社科基金项目"晋冀鲁豫抗日根据地军事制度研究"（项目编号 22BDJ048）、2019 年度河北省社会科学基金项目"晋冀鲁豫边区军事政策制度体系研究"的阶段性成果（项目编号 HB19DD010）及一二九师、晋冀鲁豫革命根据地暨抗日战争史研究基地研究成果。

作者：陈静，河北工程大学马克思主义学院副教授，邯郸市一二九师、晋冀鲁豫革命根据地暨抗日战争史研究基地负责人。

孟令择，河北工程大学马克思主义学院教授。

张金鑫，河北工程大学马克思主义学院副教授。

---

① 中国人民政治协商会议河北省邯郸市委员会文史资料委员会编：《邯郸战役》，河北人民出版社 1990 年版，第 22 页。

② 《毛泽东军事文集》（第三卷），军事科学出版社、中央文献出版社 1993 年版，第 60 页。

③ 中国人民解放军第二野战军战史编委会编：《中国人民解放军第二野战军战史》，解放军出版社 1990 年版，第 21 页。

刘伯承交通战军事思想与解放战争初期
晋冀鲁豫边区的军事斗争

吴石坚

摘　要： 按照中共中央作出向北发展、向南防御的战略方针，刘伯承担任晋冀鲁豫野战军司令员，指挥解放军在白晋线、平汉线、陇海线、津浦线等主要交通线一带实行战略防御作战，先后取得了上党、平汉、陇海、定陶、巨野、鄄城、滑县、巨金鱼等战役战斗的胜利，打败国民党军的多次进攻，不断取得交通线防御作战的胜利，实现遏制国民党军北上的战略目标，为解放战争进入战略反攻和战略决战打下良好基础。

关键词： 刘伯承；晋冀鲁豫边区；交通战；邯郸

按照中共中央作出向北发展、向南防御的战略方针，刘伯承担任晋冀鲁豫野战军司令员，指挥解放军在白晋线、平汉线、陇海线、津浦线等主要交通线一带实行战略防御作战。刘伯承提出围城打援重点在打援，平原居民地进攻战斗要组织火力队集中火力射击，铁路线突袭战要采取宽正面而有重点的突然袭击，攻坚战在主要的突击方向依靠钳形攻势割裂敌人最为关键，对于两个系统的敌人插入其并列纵队中间攻击并歼灭一部，攻敌所必救消灭其救者，攻敌所必退消灭其退者等军事思想，取得上党战役、平汉战役、陇海战役、定陶战役、巨野战役、鄄城战役、滑县战役、巨金鱼战役等胜利，打败了国民党军的多次进攻，不断取得交通线防御作战的胜利，实现遏制国民党军北上的战略目标，为解放战争进入战略反攻和战略决战打下良好基础。

一、围城打援重点在打援

围城打援是运动战的基本战术。上党战役，经过围城打援、夺城打援和消灭突围逃窜之敌三种战术形式与过程。刘伯承提出，围城打援重点在打援。又提出，对被包围的敌人采取围三阙一，避免困兽犹斗之虞，更有利于消灭突围逃窜之敌。晋冀鲁豫野战军阻击白晋线等主要交通线，取得上党战役的重大胜利。

抗日战争胜利后，中共中央制定向北发展、向南防御的战略方针，山东解放区等解放军主力挺进东北，达到控制东北的目标，南线解放军实现战略集结，进行战略防御作战。向北发展、向南防御的战略方针为夺取解放战争的胜利打下基础。

9月17日，正在重庆谈判的毛泽东、周恩来，复电刘少奇、朱德，同意实行向北发展、向南防御的战略方针，指出："东北及热河、察哈尔控制在手，全党团结一致，什么也不怕。"[1] 并告国共谈判无进展。

9月19日，中共中央发出指示，确立向北发展、向南防御的战略方针。这个指示是刘少奇起草的，也就是著名的《目前任务和战略部署》。中共中央指示："全国战略方针是向北发展，向南防御。只要我能控制东北及热、察两省，并有全国各解放区及全国人民配合斗争，即能保障中国人民的胜利。"[2]

向北发展，就是按照毛泽东提出的"留出大路，占领两厢"的战略方针，挺进东北。东北民主联军发起三下江南四保临江、四平战役等著名战役，依靠巩固的东北解放区，遏制中东铁路等交通线，把国民党军包围在长春、沈阳等几个孤点上。解放军在东北站稳脚，建立稳固的东北解放区。

向南防御，就是阻击交通线，力争控制主要交通线，抵御国民党军依靠主要交通线向北扩张。晋冀鲁豫野战军取得上党战役、平汉战役、陇海战役等战役的胜利。华东野战军取得宿北战役、鲁南战役、莱芜战役、孟良崮战役等战役的胜利。这一系列战役是以阻击主要铁路线为目标的交通线防御战。解放军在白晋线、平汉线、陇海线和津浦线等交通线一带实行战略防御作战，打败国民党军的多次进攻，胜利实现遏制国民党军的北上，阻击国民党军抢占人民战争的胜利果实。

1945年9月至10月，晋冀鲁豫野战军司令员刘伯承、政委邓小平指挥部队发起上党战役，阻击白晋线（山西祁县白圭到晋城）。初，国民党军第二战区司令长官阎锡山命令19军军长史泽波入侵晋东南，占领解放军从日伪手中解放的长治等地。解放军打响保卫抗战果实战斗，围攻长治。阎锡山命令第4集团军司令彭毓斌率23军、83军驰援长治。解放军采取围城打援的战法，在屯留北部山地围歼彭毓斌部，击毙

---

① 中共中央文献研究室：《毛泽东年谱（1893—1949）》下卷，中央文献出版社2013年版，第27页。
② 刘少奇：《目前任务和战略部署》，《刘少奇选集》上卷，人民出版社1981年版，第372页。

彭毓斌。10月，解放长治，史泽波被俘。长治地区古称上党。故该役称上党战役。上党战役歼敌 35000 人，取得重大胜利。

上党战役正值毛泽东与蒋介石进行重庆谈判期间。它的胜利也粉碎了国民党利用重庆谈判牵制共产党的图谋，有力推动了重庆谈判的顺利进行，促进了全国革命局势的向前发展。上党战役的战术，经历了围城打援、夺城打援和消灭突围逃窜之敌三种形式与过程。

围城打援重点在打援。10月，刘伯承作上党战役总结指出："（一）围城。要先以压倒的优势兵力迫临城下，扫除外围据点，作真实攻城之处置，则可促使被围之敌紧急求援，以达打援之目的。（二）打援。最好先以伏击式的预期遭遇战形式捕击援敌。在敌人收缩已有半日以上时，则应按阵地攻击之原则进攻之。但必须多采用夜间攻击，使敌优势火力归于无效，我则可发挥手榴弹与刺刀的威力，从敌弱点割裂敌之防御体系，各个消灭，很为重要。占领一点时，必须构筑工事坚守，再配以侧射火力，多备手榴弹，配备强大的后梯队，以打击消灭敌人日间举行的纵队冲锋，尤其是军官队的冲锋（以我后梯队向敌人纵队之侧背行反冲锋很重要）。如能给这种军队以极大的杀伤，则使敌人失掉控制的能力而顿行动摇。"①

由于缺乏足够的炮炸火力，攻城最好利用夜暗隐蔽接近，突然乘梯子登城。刘伯承作上党战役总结指出："（一）夺城。最好利用夜暗隐蔽接近，突然乘梯子登城，也可先行占领城关房屋，或拔除外围据点，挖穿房壁，或作交通壕接近城墙，实行攻城。而攻城则以用梯子登城为第一要着，同时组织火力，分工压制城上敌人，以掩护登城。工兵接近城墙或城门洞碉楼，施行内部或外部装药，常能炸开缺口，或将碉楼彻底炸坍，对步兵开辟道路作用特别大。但坑道作业因多延误时间，且挖不准确，所以只于必要时使用之。以坑道爆炸为辅，给敌以意外震惊，在此瞬息，由步兵从各方同时多路登城为有利，专靠坑道则不行。""登城之后，先头部队应先横扫城上之敌，以接引友邻陆续上城。然后则应依城墙上及其他制高点之掩护，一意向纵深楔入，由后梯队肃清翼侧之残敌，尤要施行迂回。各部队应划清战斗分界线，防止混乱。阻塞街道巷口，占据要点，以为扩张战果之依托。以烧火、张灯等标示各分队到达位置，在联络上很觉便利。在敌人将被解决时，应在城外分布伏兵，捕捉乘隙逃散之敌。"②

对被包围的敌人采取围三阙一，避免困兽犹斗之虞，更有利于消灭突围逃窜之

---

① 刘伯承：《上党战役经验的初步总结》，《刘伯承军事文选》，解放军出版社 1992 年版，第 306 页。
② 刘伯承：《上党战役经验的初步总结》，《刘伯承军事文选》，解放军出版社 1992 年版，第 307 页。

敌。刘伯承作上党战役总结指出："从各方面合围敌人，使敌感到四面楚歌，可能增大其动摇，但有趋使其困兽犹斗之虞。如此际撤开一个缺口，则可使敌有逃退之希望，减弱其恋战之决心。在敌人初形动摇时，我若以优势之后续力量，故形暴露，更可加速其动摇。将敌诱围于人烟稀少之地区，使其粮水困难，亦能加速其动摇。""在敌可能突围逃窜时，应预先调集可能抽调之地方部队和民兵，分别驻于敌人可能经过之道路附近，准备截堵。发现敌人突围时，即以围城部队穷力追击，另以主力部队由他方出敌不意地驰往截击之。在敌人被击散时，则以多数小队结合各地民兵群众，进行不倦怠的搜抄，必能使溃散之敌全部就擒。"①

上党战役是贯彻向南防御的战略方针的第一次战役，主战场在白晋线一带的山西长治等地，是一次交通线战争。它胜利挫败了国民党军沿着白晋线等主要交通线集结华北、增援东北的图谋。上党战役，与随后的平汉战役、平绥战役的胜利，成为解放军夺取战略主动的一个良好开局。

二、平原居民地进攻战斗要组织火力队集中火力射击

平汉战役主要是平原居民地进攻战斗的战术。刘伯承提出攻击平原居民地要组织火力队集中火力射击。又提出平原居民地进攻战斗，采取钳形式的队形，突击队攻击正面小于实行钳制的火力队，而其纵深配备则大于火力队，以使蓄有雄厚力量发展胜利。晋冀鲁豫野战军阻击平汉线等主要交通线，采取钳形攻势攻击平原居民地目标的战术，取得了平汉战役的重要胜利。

1945 年 10 月至 11 月，晋冀鲁豫野战军司令员刘伯承、政委邓小平指挥部队发起平汉战役，阻击平汉线（北平至汉口）。初，国民党军 11 战区副司令长官、40 军军长马法五，11 战区副司令长官、新 8 军军长高树勋各一部共 45000 人，沿着平汉路北犯晋东南。晋冀鲁豫野战军在河北邯郸包围敌军，俘虏马法五以下 25000 多人，高树勋率新 8 军 10000 多人起义，该战役取得重要胜利。平汉战役主要发生在邯郸，又称邯郸战役。

平汉战役主战场在平汉线的河北邯郸一带平原地区，是采取平原居民地进攻战斗的战术。平原居民地进攻战斗是一种简单攻坚战的形式，其战术对大规模的阵地攻坚战提供了一定的借鉴。

---

① 刘伯承:《上党战役经验的初步总结》,《刘伯承军事文选》, 解放军出版社 1992 年版, 第 306—308 页。

平原居民地进攻战斗的战术，采取钳形式的队形，突击队攻击正面小于实行钳制的火力队，而其纵深配备则大于火力队，以使蓄有雄厚力量发展胜利。刘伯承作平汉战役总结指出："攻击部队指挥员，应根据所划分指定的攻击区域与夺取目标组成战斗队形。例如，敌人以几个村落或几个家屋构成防御集团，其火力与突击都能互相支援时，则应从敌人完全暴露的翼侧，或间隙中的翼侧，实行迂回包围。为割裂敌阵之关节薄弱部起见，则应从其薄弱部实行突破。照战术观点说来，无论如何都应以我之主力指向敌人弱点实行突击，以求得在弱点突击成功时循此发展胜利。因此，突击队攻击正面小于钳制队，而其纵深配备则大于钳制队，以使蓄有雄厚力量发展胜利。如我主力在我暴露翼侧，则以纵深配备的梯队成梯阶队形隐蔽起来，以便截击可能突围之敌，或夹击从一梯队翼侧出击之敌与他方增援之敌，以保障我第一梯队侧背的安全。若我第一梯队突破成功时，则及时向前突入包围敌人。"①

平原居民地进攻战斗要组织火力队集中火力射击，援助突击队突破敌人前沿。要集中火力，不要集中火器。刘伯承作平汉战役总结指出："如何组织火力队集中射击援助步兵突破前沿，即是以优势的炮兵、机关枪、掷弹筒、特等射手等组成火力队（它的主要任务是在前沿战斗时直接援助主攻方向的前梯队进行突破，突破成功进入纵深战斗时，诸重火器则分别配属各进攻的分队），指定专人任火力队长，统一指挥。根据情况需要，按目标种类与武器性能分组（或按目标分段），各设组长。火力队长在攻击部队指挥员指示下，协同前梯队长组织火力配系，与规定联络记号。其开始的主要任务，是突然开火，以短促的压倒敌优势的火力，摧毁与压制敌侧防机关、村口暗碉、前沿枪眼与房顶工事，以掩护前梯队破坏或通过障碍物，并使它乘势突入村沿，但切忌和敌人进行持久的火力竞赛。这里要说明的就是：要集中火力，不要集中火器。因为火器在其实施斜射、侧射、交叉射时，才能以极少的弹药发挥极大的效力。我们要根据任务、敌情、地形来组织斜射、侧射、交叉射的火力配系，就要将调来的火器按其性能使之分头占领不同的射击阵地，以行射击。如果不是这样，而将火器集中起来，列成横队，只向敌人直射，那就太蠢了。"②

攻击平原居民地必须构筑攻击阵地。刘伯承作平汉战役战术总结指出："平汉战役中没有一个居民地是在黑夜攻克的。这说明，因为居民地的纵深性决定了战斗的持续性，在开阔的居民地外，假如没有工事，一到白天就不能立足。因此，对居民地攻击，

---

① 刘伯承：《平汉战役的战术总结》，《刘伯承军事文选》，解放军出版社 1992 年版，第 326 页。
② 刘伯承：《平汉战役的战术总结》，《刘伯承军事文选》，解放军出版社 1992 年版，第 327 页。

必须构筑攻击阵地。假如是奇袭、强袭，那么在突击发起后，第二梯队应立即靠近村落外围构筑工事。假如是正攻，必须在攻击前进时，第一梯队应利用地形前进，不得已时略挖卧沟即须前进，不得停滞攻势。后续梯队则应在跟进中不断改善第一梯队之工事。挖交通壕逐渐构成攻击阵地，以求依托巩固阵地前进。有时前梯队还须利用交通壕去接近与破坏鹿砦。甚至水围的渡口桥头，也须构筑掩壕、掩墙，以利进出。"[①]

10月至12月，晋察冀军区司令员、政委聂荣臻，陕甘宁晋绥联防军司令员、晋绥野战军司令员贺龙指挥发起平绥战役，反击平绥线（北平到归绥）。先是，国民党军12战区司令傅作义率部进占归绥（今内蒙古呼和浩特）、集宁等城后，向张家口进犯，企图控制平绥线，割裂华北和东北两个解放区。晋绥部队先后歼敌35军一部和67军部一个师，晋察冀部队收复集宁等地，傅作义部退入归绥和包头等据点。晋察冀、晋绥两军部队乘胜进攻归绥，由于解放军无攻坚经验，缺乏火力，未能攻下。接着，晋察冀部队继续围困归绥，晋绥部队攻取包头，亦未能攻克。解放军转入修整。绥远战役虽没有达到歼敌主力的目标，但收复集宁等地，歼敌12000余人，是对国民党军控制平绥线企图的一次打击。

平汉战役、平绥战役是贯彻向南防御的战略方针的两次重要胜利。它的胜利再次挫败国民党军沿着平汉线、平绥线等主要铁路线集结华北、增援东北的图谋。平汉战役、平绥战役属于交通线的阻击战，也是平原居民地的攻击战，为下一步打阵地攻坚战提供了作战经验。

三、铁路线突袭战要采取宽正面而有重点的突然袭击

铁路线的突袭战是交通线阻击战的重要战术。刘伯承提出铁路线的突袭战要采取毅然透入敌之纵深，宽正面而有重点的突然袭击，必须大胆撇开或以小部队监视敌前沿据点的城镇，其他大多数据点可根本不理。晋冀鲁豫野战军突袭陇海线，取得陇海战役、定陶战役的重要胜利。

1946年6月，蒋介石密令国民党军郑州绥靖公署主任刘峙，调集11个师30万兵力，向以湖北大悟的宣化店为中心的中原解放区发动进攻突袭，挑起全面内战。中原军区司令员李先念、政委郑位三指挥中原军区部队，实现中原突围。李先念、郑位三和中原军区副司令员兼参谋长王震率军部和第2纵队挺进陕南，创建鄂豫陕军区。

---

① 刘伯承：《平汉战役的战术总结》，《刘伯承军事文选》，解放军出版社1992年版，第328页。

8月，晋冀鲁豫野战军司令员刘伯承、政委邓小平指挥 3 个纵队发起陇海战役，在陇海铁路（甘肃天水至江苏连云港）开封至徐州段沿线及其以南地区对国民党军队进行反击。陇海战役由于国民党军只有整 68 师、整 55 师等部担任陇海线守备，迫使刘峙和徐州绥靖公署主任薛岳抽调部队回援。解放军攻克县城 5 座、车站 10 余处，控制铁路线 100 多公里，歼敌 16000 余人。陇海战役是贯彻向南防御战略的一次重要战役，有利于我党控制陇海线，进一步挫败国民党军进军东北的企图。

9月，晋冀鲁豫野战军司令员刘伯承、政委邓小平指挥部队发起定陶战役，全歼国民党军的整编第 3 师，俘虏了整编第 3 师中将师长赵锡田，粉碎了国民党军钳形攻势的西路钳头，沉重打击了国民党军进攻解放区的气焰。

铁路线的突袭战要采取毅然透入敌之纵深，宽正面而有重点的突然袭击，必须大胆撇开或以小部队监视敌前沿据点的城镇，其他大多数据点可根本不理。"出敌不意，或在敌防不胜防的条件下，透入敌之纵深，进行宽正面而有重点的突然袭击，是容易奏效的。为此，必须大胆撇开或以小部队监视敌前沿据点的城镇，毅然透过之，以向目的地挺袭，不要顾虑我侧背尚有敌人前沿据点。我们开始作战时，在陇海路北横列一条反动势力地带，其在我袭击正面者是自考城而东以达虞城北部，其纵深达六七十里，到处是据点、封锁沟墙，由蒋伪反动武装守备。我则以小部队佯攻考城，而以地方武装只佯攻、监视某些要点，其他大多数据点根本不理。如此，我们得以集中全力一下子奇袭长约三百里以上之铁路线，使其出乎意外，猝不及防。一般袭击初战收效最大而且容易，但路北反动地带在战斗中必然妨碍我后方交通补给，若能严加戒备，亦可保安全。"①

对付装甲部队，应首先切断铁路、公路，使其与城镇敌人失去联系而歼灭之。"无论夺城或扫清铁路线的敌人，在敌无备的条件下，我之动作必须突然猛烈，尤以消灭火车运输之敌为然。如敌有装甲（战车）部队，则应首先切断铁路、公路，使其与城镇敌人失去联系而歼灭之。"②

对已占领村落之敌，应即切断各村敌人的联系，将其切成数块而各个歼灭之。"如攻城未下而敌人援救时，则以一部封锁城敌，而以优势兵力运用遭遇战斗之原则，争取先机，在运动中突然击灭之。稍失时机则会使敌转入村落防御。如敌已占领村落，应即切断各村敌人的联系，将其切成数块而各个歼灭之。但开始要先以主力歼灭其一

---

① 刘伯承：《陇海战役主要经验总结》，《刘伯承军事文选》，解放军出版社 1992 年版，第 343 页。
② 刘伯承：《陇海战役主要经验总结》，《刘伯承军事文选》，解放军出版社 1992 年版，第 343 页。

点，不要一下子咬得太多，以致无法吞下，反增加以后各个消灭的困难。我们曾以优势兵力袭击民权，但因不猛，尤其无协同动作，以致民权未下，而敌人连续三次增援又未各个击破，好在割裂与消耗了援敌，使我得以集中更大的兵力，最后顺利地将其完全歼灭。"[①]

赵锡田在定陶战役被俘，对国民党军产生较大影响。"不料九月六日，我军攻至鲁西砖庙等附近的时候，因第三师战线比友军过于突出，致为共军刘伯承所乘，第三师赵师长锡田重伤被俘，全军后退。"[②] "战事自六月二十九日开始，至八月二十八日结束，亘两个月之久，到这个时候，忽传驻守考城附近的整第三师赵锡田部，与共军经过几次的搏斗，虽斩获颇多，却终为共军所乘，赵锡田被俘。"[③]

因此，蒋介石免去刘峙的郑州绥靖公署主任，改任国民政府战略顾问，由陆军总司令顾祝同兼任郑州绥靖公署主任。

铁路线突袭战术由于采取宽正面的突袭，对敌人据点的攻击是可以避免的。必须大胆撇开或以小部队监视敌前沿据点的城镇，出其不意，毅然透入敌人的纵深，取得胜利。

四、攻坚战在主要的突击方向依靠钳形攻势割裂敌人最为关键

攻坚战战术离不开步炮协同，在炮兵不足的情况下，应注意钳形攻势突击。刘伯承提出攻坚战依靠火力攻击，在攻势的突击方向依靠钳形攻势，割裂敌人最为关键。队形要采取连队为单位，并部署纵深的战斗配备，避免以密集队形攻击，避免陷于牛抵角僵持的笨拙状态。晋冀鲁豫野战军总结张凤集战斗的经验教训，巨野战役取得重大胜利。

1946 年 10 月，晋冀鲁豫野战军指挥发起巨野战役，对国民党军第 5 军长邱清泉、整编 11 师长胡琏等部进行顽强的抗击。在山东巨野的张凤集战斗中，解放军与整编 11 师展开拉锯战。解放军歼敌 3000 多人，但伤亡较大，打得十分激烈。"此次却陷于牛抵角僵持的笨拙状态。"[④] 在龙固集战斗中，第 2 纵队司令员陈再道指挥部队

---

① 刘伯承：《陇海战役主要经验总结》，《刘伯承军事文选》，解放军出版社 1992 年版，第 343 页。
② 刘峙：《我的回忆》，台湾文海出版社有限公司 1982 年版，第 162 页。
③ 顾祝同：《墨三九十自述》，史政编译局 1981 年版，第 240 页。
④ 刘伯承：《九月份以来战斗情况及经验教训》，《刘伯承用兵战例精选》，当代中国出版社 2006 年版，第 216 页。

打退第 5 军的进攻，歼敌 2000 余人，取得重要胜利，被刘伯承誉为模范的防御战，这是巨野战役中的重要亮点。巨野战役共歼敌 5300 余人。

战役上主力宜大踏步的机动，透入敌人纵深，避免陷于牛抵角僵持的笨拙状态。"在战役上我主力宜大踏步的机动，才能出敌不意，攻敌不备，容易各个消灭敌人。此次却陷于牛抵角僵持的笨拙状态，以致敌人十分谨慎，不可能调动迷惑敌人，使其暴露弱点，实际上我反而陷于被动。我们陇海作战的胜利，就因为大踏步透入敌人纵深，得收奇袭之效。如果这次我们把主力拉远些，只以小部队接敌侦察，使敌敢于大胆前进，待敌进入我预定战场，以一日左右行程，突然进入战斗，打敌薄弱部分，定能奏效。"①

攻坚战要在主要的突击方向采取钳形攻势，关键在于合围和割裂敌人，应多打突破口，透入纵深割裂，尤其迂回敌人侧背，割裂其本阵地体系，各个消灭之。"这个敌人的防御方法，主要是加强本阵地周围的移动警戒（通常是一个加强连），既易使我扑空，又能使我不易接近其本阵地。其村落防御重点不在村外而在村内，以村中心为核心，沿街道房屋构筑无数地堡，每个地堡只有四五个人，一挺机枪，三四支步枪。我们过去通常是攻入村内即算胜利在握，而面对这个敌人，进攻村庄仅是战斗的开始。同时敌人的鹿砦多至三层，其作用不仅是障碍我之行动，更重要的是诱我冲锋部队进至鹿砦前沿遂行其火力杀伤。对张凤集之敌，因我不了解这些特点，未能多打突破口，透入纵深割裂，尤其未能迂回敌人侧背，割裂其本阵地体系，各个消灭之，而遭小部队迷惑，进展甚慢，且遭火力杀伤颇多，敌虽伤亡在两千以上，我亦伤亡一千二百余。"② 11 月，刘伯承在河南濮阳白衣阁召开的团以上干部会上讲话指出："钳形攻势包括突破、包围、迂回。横宽的突破口多，当打开突破口的时候，各路的第一梯队不为敌人的战斗警戒部队所迷惑，主要是乘破竹之势，直透敌人心脏，割裂、撕毁敌人的防御体系，使其互不联系。而第二梯队则在突破口左右卷击而扩之，掩护主力之进入，至于残留侧背之敌，亦由第二梯队肃清之，如此则可获全胜。我们不少的同志，在作战中互相等待，观望不前，不去主动地打开突破口，有的打开了，又不迅速向敌之纵深发展，致失战机，这是错误的。此外，顾虑侧背，也是我们同志的一个毛病。张凤集战斗如果说是敌人本阵地之前有战斗警戒部队，从正面突入不

---

① 刘伯承：《九月份以来战斗情况及经验教训》，《刘伯承用兵战例精选》，当代中国出版社 2006 年版，第 216 页。

② 刘伯承：《九月份以来战斗情况及经验教训》，《刘伯承用兵战例精选》，当代中国出版社 2006 年版，第 216—217 页。

多，那我们就应该从敌之侧背打进去，猛虎掏心。陇海战役的时候，如果我们顾虑残留于我侧背的考城和吕围子等地之敌，那么我们就根本不要想进到陇海路。"①

巨野战役后，刘伯承、邓小平打了个回马枪，发起鄄城战役。在缺乏炮兵的情况下，在攻势的突击方向依靠钳形攻势，割裂敌人，实现歼敌。这体现了我军吸收张凤集战斗的经验教训，进一步完善攻坚战术。

五、对于两个系统的敌人插入其并列纵队中间攻击并歼灭一部

反合击战斗是运动战的重要战术。刘伯承提出实行纵深的宽大机动，以主力秘密突然出现于战场，抓住较弱之敌消灭之。又提出对于两个系统的敌人，插入其并列纵队中间攻击并歼灭一部。晋冀鲁豫野战军阻击津浦线，取得鄄城战役的重要胜利。

1946 年 10 月，晋冀鲁豫野战军司令员刘伯承、政委邓小平指挥部队发起鄄城战役，阻击津浦线（天津至南京浦口）。初，国民党军 32 集团军军长王敬九集结 7 个旅向鲁西南地区发动进攻。解放军大胆撇开 32 集团军部队，阻击第 5 军军长邱清泉、整编 11 师师长胡琏的部队，打击第四绥靖区司令刘汝明指挥的整编 68 师师长刘汝珍部。晋冀鲁豫野战军在山东鄄城包围整编 68 师 119 旅旅长刘广信部，俘虏刘广信，歼敌 9000 余人。鄄城战役是晋冀鲁豫野战军在巨野战役撤出后打的一个回马枪，完善战略战术，取得重要胜利。

从纵深里实行了大踏步的宽大机动，以主力秘密突然出现于战场，抓住较弱之敌将灭之。把握好时机，过早出现，则弱敌必畏缩不敢急进。"撇开与强敌（王敬久集团七个旅）僵持局面，从纵深里实行了大踏步的宽大机动，一面分遣小支队，抑留强敌而迷惑之，另一面以主力秘密突然出现于战场，抓住较弱之敌（过早出现，弱敌必畏缩不敢急进），乘其立足不稳，出其不意，从各方面同时施行猛烈地攻击，故能获得奇效。"②

攻坚作战要在钳形攻势的战斗队形上多开突破口，并能从各突破口贯穿突击，将敌人纵长体系割裂零碎。"集中大于敌人四倍的优势兵力，故能在钳形攻势的战斗队形上多开突破口，并能从各突破口贯穿突击，将敌之纵长队形割裂零碎，互不联系（两里内敌亦用无线电联络）。尤其先后以侧背兜击割裂起，所以能够在两日内干脆

---

① 刘伯承：《在濮县观音阁团以上干部会上关于军事问题的报告》，《刘伯承军事文选》，解放军出版社 1992 年版，第 352 页。
② 刘伯承：《鄄城战役的经过和经验》，《刘伯承军事文选》，解放军出版社 1992 年版，第 356 页。

全部消灭，极少数逃脱的。且鄄城民众工作较好，村房建筑脆弱，无围子，地势干燥，有河堤拦住敌人退路。"①

诱敌深入要与外线歼敌相结合，组织有力而适当的运动防御，造成主力决战的有利条件。"诱敌入解放区打为有利，但必须组织有力而适当的运动防御，消耗敌人弹药，损伤其人马，造成我主力决战的有利条件。如是者十二天，仅敌整三师即消耗了大量弹药，而人员至少已经伤亡至一千五百人以上，其二十旅两个团长阵亡。尤以八月三十一日在白茅集、九月三日日间在大张集之两次受创最巨。每次我均以一个小团防御。敌共死伤千余人，我仅伤亡六七十人。"②

对战斗力不强，特别是两个系统的敌人，可以插入其并列纵队中间歼灭一部。"对战斗力不强，特别是两个系统的敌人，我们可以插入其并列纵队中间钳击一部（对善于突击的而又积极的敌人又当别论）。如打蒋嫡系，杂牌增援一般不积极。我们此次即利用了敌人这个弱点，大胆以主力透入两师之间作战。""在战役上集中优势兵力打敌基干军队，打敌嫡系为有利。此次打整三师其他不积极配合，整三师被歼，则全线溃退。"③

采取内线作战与外线歼敌相结合，组织有力而适当的运动防御，造成主力决战的有利条件。对于两个系统的敌人，插入其并列纵队中间攻击，歼灭一部。

六、攻敌所必救消灭其救者，攻敌所必退消灭其退者

攻敌所必救，消灭其救者，这是围点打援式的吸打敌援的打法。刘伯承提出攻敌所必救，消灭其救者，攻敌所必退，消灭其退者，是求得打运动战歼敌的好办法。晋冀鲁豫野战军阻击平汉线，取得滑县战役、巨金鱼战役的重要胜利。

1946 年 11 月，晋冀鲁豫野战军司令员刘伯承、政委邓小平指挥部队发起滑县战役，阻击平汉线。初，国民党军郑州绥靖公署主任顾祝同指挥整编 26 军军长王仲廉、整编 27 军军长王敬久的两个军，向山东鄄城等地发动进攻，企图打通平汉线。晋冀鲁豫野战军机动作战，阻击平汉线，在河北滑县袭击第五绥靖区司令孙震的整编 68 师的 2 个团，歼敌 12000 余人。

---

① 刘伯承:《鄄城战役的经过和经验》,《刘伯承军事文选》, 解放军出版社 1992 年版, 第 356 页。
② 刘伯承:《定陶战役作战经过和主要经验》,《刘伯承军事文选》, 解放军出版社 1992 年版, 第 346 页。
③ 刘伯承:《定陶战役作战经过和主要经验》,《刘伯承军事文选》, 解放军出版社 1992 年版, 第 346—347 页。

　　12月，晋冀鲁豫野战军司令员刘伯承、政委邓小平指挥部队发起巨金鱼战役，阻击平汉线。初，在国民党军郑州绥靖公署主任顾祝同指挥下，第5军军长邱清泉等部由滑县地区北犯。解放军采取攻其所必救的打法，在山东的巨野、金乡、鱼台，相继歼灭徐州绥靖公署主任薛岳的整编88师长方先觉部、第四绥靖区司令刘汝明的暂编河南保安第4纵队司令张岚峰部和68师长刘汝珍部。该役歼敌16000余人，俘虏张岚峰，并迫使国民党军主力回援，再次粉碎国民党军打通平汉路的计划，有力配合华东解放军在鲁南的作战。

　　在宽大机动中大量歼灭敌人，乃能坚持主动权。1947年1月，"在宽大机动中大量歼灭敌人，乃能坚持主动权。我军在黄河北岸欲歼王敬久集团未果，形成僵持，而蒋介石正欲以黄河放水隔我于北岸，故我毅然以3、6两纵及7纵一个旅南下，收复三野、嘉祥、城武，进而收复鲁西南，求得主动，转变战略态势。再以7纵两个旅攻聊城，安定我后方交通。2纵除以一部牵制王敬久外，其主力与1纵在纵深待机。在战役进行中，6纵中途乘虚转袭金乡，因迟了两小时未下，乃改为3、6两纵围攻，引起方先觉、张岚峰、刘汝珍东西三路来援，我3、6纵则复依方、张、刘三援敌之次第进行消灭。7纵收复聊城后南下加入作战，1纵、2纵（欠一个旅）继之（原系截击由濮县南下之整七十五师，因其转赴平汉路未果，即就势南下），遂引我全军向心集中于城武西北地区，得歼三路援敌，乘胜再次收复城武。这次南下歼敌16400余人，不管敌人如何攻陷濮阳、范县、观城、大名、南乐，威胁我后方，佯渡黄河逼我回顾，终不能不转用其主力于陇海线，转成被动。"①

　　"各级首长在一个机动战役意图之下，必须预见情况的演变，因势利导，机断行事，努力达成歼敌任务。上述的战役情况如此演变，各级指挥员一般都能在总的意图下，独立自主地抓住战机，向胜利方面扩张战果，尤其在战役最后一段向胜利进展之际，各纵能从各方面向心集中作战，发挥有余不尽之力，故能获得如是之胜利。战斗时敌人屡战屡败，但其狡如兔，不易捕捉。这是要各级指挥员，在作战中不能单从自己方面打如意算盘，守株待兔，而应在注视战机进展中，以自己积极行动的因素去开展战局，走向歼敌，即如何创造敌人的弱点，如何诱敌前进，如何追求敌人，如何兜击敌人之类。这里就包括有适应战机的强行军不怕疲劳的一项，这是在战斗间隙中就要预先锻炼的。由于机动作战，必须发挥指挥员捕捉战机的灵敏性与责任感，而上级指挥员的指挥，宜以训令方式示之（示以任务而不示以手段），以便于下级机断行事。

① 刘伯承:《巨金鱼战役的经过和经验》，《刘伯承军事文选》，解放军出版社1992年版，第364—365页。

这次一、二纵队未能适应新情况，取捷径直向西台集作战，即是受指定路线限制之故。"①

"攻敌所必救，消灭其救者，攻敌所必退，消灭其退者，是求得打运动战歼敌的好办法。金乡、鱼台之蒋军嫡系方先觉部，他一被打，呼喊求救声特急而有效，因而整八十八师之主力，甚至从台湾新到徐州之没有作战经验的整七十师一四〇旅及张岚峰、刘汝珍等部也赶来增援，但都先后被我各个歼灭。而在打张、刘两部时，一迂回其首脑部，张、刘两人就先逃，部队也退，于是我亦易追歼（在其退路上设伏更好）。城武也是在追歼中攻克的。即使刘之部队退至西台集防守起来，也是较易攻克歼灭的。"②

利用两个系统敌人间的矛盾，实行各个歼灭。"与华东战区密切协同和利用敌人徐州与郑州间的矛盾。由于一开始我们部队与华东野战军的攻势协同动作，使敌误认为我军系采取日寇当年钳击徐州的故技，而难于即时就现势抽兵增强某一方面，故很长时间都是就各点挺起挨打。此外徐、郑间的矛盾尚可被我们利用者：当金乡敌人向徐、郑双方求援时，徐州自难应付，郑州亦多敷衍，仅拼凑刘、张等部而不愿令邱（清泉）军驰援。于是，我得以抓紧这一弱点，先东打方，而后西打张、刘，以各个消灭之。方部遭打击后，郑州始再令张、刘分头继续东进，这是给我换过气来再打张、刘之良机。"③

攻敌所必退，消灭其退者，这是以正为奇，故意袭击敌人，目的是伏击消灭它，也是一种吸打敌援的打法。利用两个系统的敌人的矛盾，实行各个歼灭。

刘伯承等指挥晋冀鲁豫野战军，打下一系列著名的经典战例，创造性地胜利实现向南防御、阻击交通线的战略目标。这就打开解放战争初期战略局面，为即将到来的中原野战军千里跃进大别山和中原战略反攻的胜利奠定了基础。

作者：吴石坚，中共三大会址纪念馆副馆长、副研究馆员。

---

① 刘伯承：《巨金鱼战役的经过和经验》，《刘伯承军事文选》，解放军出版社 1992 年版，第 365 页。
② 刘伯承：《巨金鱼战役的经过和经验》，《刘伯承军事文选》，解放军出版社 1992 年版，第 365—366 页。
③ 刘伯承：《巨金鱼战役的经过和经验》，《刘伯承军事文选》，解放军出版社 1992 年版，第 366 页。

晋冀鲁豫边区与 1946 年军事调处

王钦双　王　前

摘　要： 1946 年 1 月国共双方停战协定签订后，晋冀鲁豫边区因处于国、共双方军事斗争的前沿，成为 1946 年全国军事调处的重点。为此，北平军事调处执行部先后向该地派出六个执行小组，负责监督各项停战命令的实行并提出有关报告。中共晋冀鲁豫中央局和晋冀鲁豫军区在中共中央的领导下，认真执行国共双方签署的停战协定和毛泽东主席颁发的停战令，并派员参加军调部及辖区各执行小组的工作。在此过程中，晋冀鲁豫中央局及其军区主要领导人刘伯承、邓小平等亲自参与重大军事调处活动，精心指导所辖地区各执行小组的调处工作，及时揭露国民党当局破坏停战协定、发动内战的阴谋，为维护国内和平、推迟内战的爆发作出了重大贡献。边区党政军民重视军事调处工作，但也从未因参加军事调处而放松对自卫战争的准备，清醒认识到："不能对国民党有丝毫的幻想，一切靠谈判解决问题。"正因为如此，全面内战爆发后，边区军民在中共中央和晋冀鲁豫中央局的领导下，奋起反击，在各个战场取得了自卫战争的伟大胜利，为战略进攻的顺利展开创造了有利条件。

关键词： 晋冀鲁豫边区；1946 年；军事调处；刘伯承；邓小平

1946 年初，整个中国被内战的阴云笼罩着，然而由于中国共产党的努力及美国的积极介入、调停出现了一缕和平的曙光。1 月 10 日，国共双方代表在重庆签署停战协定。为执行这一停战协定，由国、共、美三方组成的军事调处执行部（以下简称"军调部"或"执行部"）于 1 月 13 日在北平成立，其主要任务停止军事冲突、恢复交通、受降日伪、遣返日俘、整编军队，其中，调处军事冲突是首要任务。晋冀鲁豫边区处于国、共双方军事斗争的前沿，军事调处的任务既错综复杂又十分艰巨，因之该区的军事调处工作成为 1946 年全国军事调处的重点。地处邯郸的晋冀鲁豫中央局和晋冀鲁豫军区在中共中央的领导下，认真执行国共双方签署的停战协定和毛泽东主席颁发的停战令，并派员参加军调部及当地各执行小组的工作。在此过程中，晋冀鲁豫中央局及其军区主要领导人刘伯承、邓小平等亲自参与重大军事调处活动，精心指导所派地区各执行小组的调处工作，及时揭露国民党当局破坏停战协定、发动内战的阴谋，为维护国内和平、推迟内战的爆发作出了重大贡献。在既往的研究中，学界对晋冀鲁豫边区 1946 年军事调处工作关注不多，且鲜有成果发表。鉴于此，本文在多方收集档案、报刊及口述等资料的基础上，对此作一初步的梳理和探讨，以期引起学界的进一步关注和深入研究。

一、坚决贯彻执行停战协议，表达中共对实现国内和平的最大诚意

1946 年 1 月 10 日，周恩来和张群分别代表中国共产党和国民党政府签署《关于停止国内军事冲突、恢复交通的命令和声明》（即停战协定），并与《关于停止国内军事冲突的协议》同时公布，并由毛泽东和蒋介石分别向各自部队下达停战命令，协定生效时间是 1 月 13 日午夜 24 时。命令规定："一切战斗行动，立刻停止"；"所有中国境内军事调动一律停止"；"破坏与阻碍一切交通线之行动必须停止"；"为实行停战协定，应即在北平设一军事调处执行部，该执行部由委员三人组成之，一人代表中国国民政府，一人代表中国共产党，一人代表美国。所有必要训令及命令，应由三委员一致同意，以中华民国国民政府主席名义经军事调处执行部发布之"。双方在声明中规定："美国参加军事调处执行部，仅为协助中国委员实施停止冲突命令"；"军事调处执行部内设置执行组，包括若干官兵足敷实地监察详细办法之实行"[①]。在停战协定签署的当天，政治协商会议在重庆召开。

停战协定的签订，受到全国各界人民的欢迎和拥护。延安《解放日报》于 1946 年 1 月 12 日发表《和平实现》的社论。指出国共停战的协定的签订"不但是结束了过去五个月的军事冲突，而且是开始了整个中国现代历史中前所未有的和平发展的新阶段——和平改革与和平建设的新阶段。"[②]

国共停战协定与政治协商会议开幕的消息传到晋冀鲁豫边区后，解放区各界人士欢欣鼓舞之热烈情绪，不亚于日本投降之日的狂欢情景，各界积极拥护停战协议[③]。《新华日报》太行版为此还发表特讯："晋冀鲁豫边区，当停战命令及毛主席停止军

---

① 中国人民解放军军事科学院编：《叶剑英年谱（1897—1986）》（上），中央文献出版社 2007 版，第 441 页。
② 《和平实现》，《解放日报》，1946 年 1 月 13 日。
③ 《晋冀鲁豫各界积极拥护停战协议，各级党政已执行中共中央通告》，《解放日报》，1946 年 1 月 14 日。

事冲突的通告发表后，立即传遍了平汉沿线各城市。13 日，邯郸、邢台、武安、磁县等地人民欢欣若狂，纷纷自动集会，'拥护和平'，'拥护毛主席'的口号，响彻云霄。"太岳区各界群众 4000 多人也举行集会，庆祝和平。

晋冀鲁豫边区各级党政军民认真传达贯彻国共停战协定和中共中央毛主席关于停止国内军事冲突的通告，并切实严格遵行。1 月 12 日，刘伯承、邓小平、李达电示晋冀鲁豫军区各纵队、各军区首长，布置执行停战命令，指出："停战令已公布，各部务于十三日二十四时以前全部停止战斗，不得因小失大，给国方以借口，致使我在全国人民面前丧失政治信义。至于日伪军据点，至十三日二十四时仍不能攻克者，必须撤出战斗，但可撤至适当距离内，继续围困监视；进行受降谈判，如不依从者，应向中央及北平停战执行部报告，以便交涉受降。但日伪军利用空隙向我解放区进攻者，我们应坚决自卫，彻底全部消灭之。各部应坚决遵照执行。"[1] 各部队按照刘邓首长的指示，严格遵行停战令。例如，1 月 13 日，陈赓所部攻进了曲沃县城，正在与国民党军展开巷战。但午夜 24 时停战时间到后，陈赓命令所部退出曲沃城，即将到手的胜利也因之告吹。

二、选派精兵强将参加军事调处机构，在行动上积极支持军调部和军事调处工作

按照《关于停止国内军事冲突、恢复交通的命令和声明》和《关于建立军事调处执行部的协议》，1946 年 1 月 13 日，军事调处执行部（简称军调部）在北平成立。军调部由委员三人组成，分别为中共委员叶剑英（第十八集团军参谋长）、国民党委员郑介民（军令部第二厅厅长）和美国委员饶伯森（又译罗伯逊，美国驻华代办）。

军调部成立之初，由于各地军事冲突及交通阻隔，中共方面所派（抽调）人员很难按时到达，人员不敷使用。为此，中共中央、周恩来及叶剑英积极协调各战略区抽调精干人员参加军调部及各执行小组工作。根据中共中央决定，晋冀鲁豫中央局抽调军区副司令员滕代远参与军调部领导工作，拟任军调部军事顾问。2 月 9 日，滕代远率参谋、译员和警卫人员 20 余人，从山西黎城乘坐美军派出的 C—47 型运输机飞抵北平，参加军调部工作，任中共委员叶剑英之军事顾问。滕代远于临行前向欢送者表示：个人此行，内心倍觉兴奋。中国和平曙光已现，目前唯有更加努一把力，争取早

---

① 军事科学院《刘伯承年谱》编写组编：《刘伯承年谱》上卷，解放军出版社 2012 年版，第 504 页。

日成立公平的地方休战协议，解除敌伪武装，恢复交通。他相信晋冀鲁豫边区 2500 万军民的合理要求，一定能够经过协商而获得解决。[①]

执行小组是军调部工作最基层，也是最重要的组织，负责监督各项命令的实行并提出有关报告。鉴于晋冀鲁豫边区国共双方所处军事态势和军事冲突局势的严重情形，军调部先后向该地区派出 6 个执行小组（详见下表）以执行军事调处与恢复交通的使命。对这些小组中共方面人员的选派，晋冀鲁豫中央局及其军区高度重视，重要小组的中共代表亦大都由刘伯承、邓小平等亲自安排，并经常听取他们工作情况的汇报和指示工作方针。例如，选派太岳军区司令员陈赓担任军调部太原执行小组中共代表、副司令员韩钧担任侯马（临汾）执行小组中共代表等。1946 年 1 月中旬，军调部新乡执行小组中共代表黄镇、王维纲（对外称太行军区参谋处长）及工作人员一行，乘坐日本双排座卡车，冒着大雪，由太行军区司令部驻地涉县赤岸村出发，赶赴河南省焦作市。途经山西黎城县东阳关飞机场时，中共晋冀鲁豫中央局书记、晋冀鲁豫军区政治委员邓小平，就此次国共停战谈判的方针、原则，向黄镇、王维纲作了指示。邓小平在送黄镇、王维纲上汽车时说："同志们，去同国民党打交道，是件光荣的任务，也是一场艰苦复杂的斗争；你们要坚定，针锋相对，注意不要上当，同时要有冒风险的精神和吃苦的思想准备。"[②] 再如，秦基伟是太行军区司令员，被委任为军调部第十二小组（即石家庄小组）的中共代表、少将军衔。临出发之前，邓小平特意把秦基伟叫去，嘱咐他："军事斗争我们胜利了，政治斗争更为重要。同国民党打交道，要'内方外圆'，就是原则问题寸步不让，但不能大吵大闹，要讲究方式方法，要不动声色地解决问题。"[③] 4 月 18 日，刘伯承、邓小平、张际春致电晋冀鲁豫区各谈判执行小组、各军区、各纵队并报中共中央军委及叶剑英、罗瑞卿："闻喜阎锡山军队在我方实行开放运粮通道时，非但未停止修碉堡、禁止人民自由贸易，却借委托代购粮食名义欺骗我方，拖欠五十余万斤粮款不付，还反诬我围城断粮。现查明美方和国民党方面多系特务人员，善于使用软硬兼施，设置诈骗圈套。置圈套时，更应查明动机，不轻易答应其要求，以免被反诬。特别是在需要让步时，必须善于迂回，换得暂时需要的东西。对各项问题，万万不可轻易签字。"[④] 晋冀鲁豫边区所辖各执行小组

---

① 《争取地方休战协议尽速实现，滕代远将军飞平》，《解放日报》，1946 年 2 月 13 日；滕飞：《我的父亲滕代远——一生征战未下马》，中国书籍出版社 2015 年版，第 508—509 页。

② 范中汇主笔：《将军·外交家·艺术家：黄镇传》，中央文献出版社 2007 年版，第 226—227 页。

③ 《秦基伟回忆录》，解放军出版社 1996 年版，第 158 页。

④ 军事科学院《刘伯承年谱》编写组编：《刘伯承年谱》上卷，解放军出版社 2012 年版，第 522 页。

中共代表及调处人员，按照晋冀鲁豫中央局及其军区领导的指示，在极其复杂的环境下，折冲樽俎，同国民党及美方代表进行了艰苦卓绝的谈判桌上的斗争，出色地完成了党交给的任务，为维护国内和平、推迟内战的爆发做出了重大贡献。

军调部派往晋冀鲁豫地区6个执行小组基本情况简表

番号	派出日期	地点	中共代表	国民党代表	美国代表	撤离时间	备注
6	3月27日	沁县	刘建勋上校	马俊之中校	韩德上校 白兰德上校	12月工作停顿	普通组
10	1月27日	新乡	黄镇少将 王维钢（后）	曾乐陶中校 朱镇藩（后）	康明士上校 福格逊上校（后） 白瑞格上校（后）	11月21日	中心组
12	2月5日	石家庄	徐德操上校 陶希晋少将（后）	胡屏翰少将	葛瑞波上校 威立姆斯上校（后）	4月24日中共撤离	中心组
14	1月31日	侯马（临汾）	熊伯涛（汉奎）上校 韩钧少将（后） 张子强上校（后）	沈国辅上校 胡泽熙（后）	伯尔上校 比力利（后）	11月23日中共方面撤至邯郸	普通组
19	2月20日	安阳	雷任民上校 马适安中校（后）	彭古农中校 毕永历少校	柯尔中校	11月23日中共撤离	交通小组兼军事调处
31	5月7日	永年（后驻邯郸）	赵海枫上校 王育民上校（后）	张朝正中校	奥尔森中校 亚历山大上校（后） 麦奇少校（后）	11月22日国共双方撤离、28日美方撤离	普通组

三、边区领导直接参加军事调处谈判，妥善解决执行停战协议中产生的纠纷及存在的问题

军事冲突的停止和军事调处任务的达成及和平的实现，需要军调部及其执行小组与国共军事冲突双方所在地最高军事长官的大力协同、密切配合。为了解决晋冀鲁豫边区的停止军事冲突和恢复交通等问题，该地区的军调部各执行小组为了寻求问题的解决，多次到晋冀鲁豫边区首府所在地邯郸拜会军区领导人刘伯承等。对于这些小组的到访，边区领导大都亲自接谈，及时阐明中共对维护国内和平的立场，并妥善合理解决执行停战协议中产生的纠纷及存在的问题。这些会谈主要有：

2月28日中午，中共晋冀鲁豫军区司令员刘伯承一行到达安阳。在大和恒面粉公司，刘伯承接见军调部安阳执行小组美代表柯尔中校，就恢复交通等问题进行商谈。他在揭露国民党内少数主战分子在制造阴谋后，指出只有真正停止军事冲突、实现和

平，才能恢复交通。柯尔同意刘伯承的意见，认为不停止冲突，就无法恢复交通。[①]

3月7日，军调部铁管科平汉路铁路小组（即安阳第十九执行小组）美方代表柯尔中校、国民党政府代表彭古农中校、中共代表雷任民上校抵达邯郸。当晚此间各界举行盛大欢迎晚会。首由军区参谋长李达致欢迎词，略称："北平执行部发布和字第四号命令后，边区政府即成立铁路管理局，布告搜集资材，积极进行恢复交通工作。在执行小组的努力与解放区军民的帮助下，交通可能很快修复成功，但希望国民党管理下铁路沿线的碉堡、封锁沟墙亦能及早平毁，消除战争威胁，开放交通。"继有三方代表相继致词，对于恢复交通均具充分信心。次日，刘伯承往访畅谈，历40分钟，柯尔对晋冀鲁豫边区政府在铁路沿线张贴布告，搜集器材，认为是执行和字第四号命令的标志。并称中共参加共管铁路工作，是很有必要的。为使安（阳）石（门）段铁路迅速修复，并避免冲突，他希望在安阳境内的国民党政府与中共之驻军，双方互派联络官。刘伯承当即表示同意。[②]

4月5日21时，为商谈恢复交通等问题，军调部石家庄执行小组美方葛瑞波、国民党政府代表胡屏翰、中共代表陶希晋偕石家庄铁路局工程处长陆尔康、工务处长金恒敦及各种技术人员等一行20余人赴邯郸，访晤中共晋冀鲁豫军区司令员刘伯承。6日上午10时，军区司令员刘伯承、边区政府主席杨秀峰、边区参议会副议长邢肇棠等往访小组代表，宾主晤谈甚欢，并由小组提出所辖地区内双方驻军现况。[③]

除参加上述与辖区内各执行小组代表直接商谈外，刘伯承还亲自参加迎晤军事三人小组到新乡和太原巡视，同国民党在当地的最高指挥官会谈，协商解决军事调处工作中存在的纠纷和问题。2月26日上午，刘伯承偕随员20人由邯郸启程赴河南新乡，参加停战谈判。刘伯承此行任务为：（一）亲将邯郸战役所俘的马法五等5名国民党高级将领送到新乡；（二）与新乡国民党军事当局会谈执行停战协定问题；（三）会晤即将来新乡视察的军事三人小组。[④]28日，刘伯承亲将邯郸战役所俘马法五、刘世荣、李辰熙等5名国民党高级将领送至新乡，并在新乡听取新乡执行小组中共代表

[①]《刘伯承将军接见平汉小组美代表》，《晋察冀日报》，1946年3月6日。

[②]《平汉路铁路小组抵邯郸，李达将军称："切望国民党区平毁沿路工事，以利交通恢复"》，《解放日报》，1946年3月15日。

[③]《商恢复交通等问题，石家庄小组抵邯郸》，《解放日报》，1946年4月8日；《石庄小组曾往晤刘伯诚（承），修路事商谈无结果》，《大公报》（天津），1946年4月12日。

[④]《迅速达成和平协议，刘伯承将军赴新乡》，《解放日报》，1946年3月1日；中共中央文献研究室编：《邓小平年谱（1904—1974）》上卷，中央文献出版社2009年版，第596页；中共新乡市委党史研究室：《中共新乡历史（1919—1949）》，河南人民出版社1996年版，第230页。

黄镇关于军事调处情况的汇报，还会见国民党第31集团军总司令王仲廉，又与王仲廉一起会见军调部新乡执行小组、安阳执行小组三方代表。[1]3月2日，刘伯承在新乡接受中央社记者来访，就执行停战命令情况、执行小组调处前途等问题发表谈话，谓中共部队执行和字二号命令之事实俱在，无待再言；和平为吾人所共盼，余如无诚意，即不必来；孟县问题之所在，是该城为中共部队所收复，而在停战令后被国军所攻占。[2]刘伯承的回答有理有节，简洁地阐明了中共方面的鲜明立场。3日上午10时30分，军事三人小组周恩来、张治中、马歇尔由徐州飞抵新乡，视察豫北停战协定执行情况，在河朔图书馆国民党第31集团军司令部听取军调部新乡和安阳两个执行小组的汇报。刘伯承、王仲廉参加了会议。新乡执行小组美国代表福格逊重点汇报了孟县问题，其次是交通阻断问题。军事三人小组在新乡停留半天，未解决实质性问题。当天下午，又飞往太原视察，刘伯承同机前往。[3]

3月6日，刘伯承经新乡、太原返抵邯郸晋冀鲁豫军区司令部，对新华社记者发表谈话，谈此行印象：无论过去和现在，我们都是坚决执行停战命令的，这次视察事实证明：在我军防区没有一个碉堡壕沟，没有一个部队向政府军攻击，到处都充满了和平、自由、蓬勃向上的气象。对于恢复交通、军事复员等工作，也正本三人委员会和北平执行部决议，积极实施。而在国民党统治区"停战命令和政协决议，在这里迄未发生实际效力，一路上碉堡林立，沟壕纵横，战争气氛十分浓厚，一些主战分子正企图制造冲突事件，阴谋准备撕破这些庄严决议。"他反驳某些借口筑碉堡是仅作防御之用的说法，再三地希望全国人民警觉此点，并号召全中国人民必须团结起来，粉碎国民党反动派向着中国和平民主事业的进攻。[4]

四、义正辞严，揭露和驳斥国民党反动集团破坏军事调处的行径及美方助蒋内战的反动政策

1946年1月10日，蒋介石为形势所迫签署停战令。停战令签订之后，蒋介石则一直破坏着停战。起初，由于国民党六届二中全会对政协决议的篡改及在美国的偏袒

① 中共新乡市委党史研究室：《中共新乡历史（1919—1949）》，河南人民出版社1996年版，第230页。
② 《刘伯诚（承）谈话》，《大公报》（天津），1946年3月4日。
③ 中共新乡市委党史研究室：《中共新乡历史（1919—1949）》，河南人民出版社1996年版，第230—231页。
④ 《刘伯承将军返部谈此行印象》，《解放日报》，1946年3月10日；军事科学院《刘伯承年谱》编写组编：《刘伯承年谱》上卷，解放军出版社2012年版，第514—515页。

下放手对东北大打，中共为迫使国民党承认其在东北的地位遂进行了武力反击，导致东北战火重起，且规模空前，出现了"关内小打，关外大打"的局面。在晋冀鲁豫边区，国民党当局非但不执行协议，而且进一步挑起事端，军事冲突继续不止。例如，国民党第 61 军与第 90 军，利用中共部队忠实执行停战协定的机会，以突击行动，分别于 1 月 13 日、14 日侵占晋冀鲁豫边区所辖晋南之浮山与豫北的孟县。61 军并继续进犯浮山城西之乔北、平里，90 军则猛攻温县。1 月 21 日，即停战命令生效后的第 8 日，国民党竟在同蒲路南段临汾至闻喜间，集中主力 8 个师，分三路向太岳解放区大举进犯，致蒙城失陷①，等等。对于上述国民党当局破坏军事调处的阴谋行径，边区军政领导及军调部和各执行小组中共代表均给予充分的揭露，并提出严重抗议和警告。

2 月 8 日，刘伯承、薄一波、张际春、李达致电中共中央军委并转叶剑英，揭露了国民党军阎锡山部沿白晋线向解放区进攻的事实，向北平军事调处执行部提出抗议，并请北平军事调处执行部立即制止阎军违令南犯行动，以免冲突扩大。同时要求白晋线之日伪军全部归我军单独受降，并参加正太路的受降和路政管理。②

2 月 9 日，刘伯承、邓小平、薄一波、张际春、李达致电叶剑英并报中共中央军委，通报阎锡山部赵承绶率 5 个师并指挥伪军一部沿白晋路南犯时，称此次南下目的为"保护铁路，受降，到沁州去"。我方当即复函：铁路在我控制下完全由我方保护，投降日军在我军围困中，我方应单独受降；如其违反停战令南犯所引发任何不幸事件，应由对方负全责。请叶剑英及陈赓立即向军调处执行部及临汾小组提出抗议，并制止阎部的此种违令行动。③

2 月 10 日，刘伯承、邓小平、薄一波、张际春、李达致电中共中央军委：新乡谈判关系甚大，这里是反动派挑动事件的一个地带，顽军第 90 军仍有继续前进、破坏和平之企图。国民党代表王仲廉等大员亲自出台，我方代表力量不够，建议周恩来同马歇尔早到新乡，以便刘伯承能及时赶去参加谈判。④后连续两日，刘伯承等一再致电中共中央军委和叶剑英等，说明新乡谈判已成僵局，请重庆、北平严密注意，提议最好有北平执行部派员到新乡，或马歇尔、周恩来速到新乡。⑤正是这一提议，有效促成了三人小组到新乡巡视，并在一定程度上遏制了国民党军队在新乡地区对中共解放区的进攻。

---

① 《同蒲路南段阎军八师出犯》，《解放日报》，1946 年 1 月 23 日。
② 军事科学院《刘伯承年谱》编写组编：《刘伯承年谱》上卷，解放军出版社 2012 年版，第 508 页。
③ 军事科学院《刘伯承年谱》编写组编：《刘伯承年谱》上卷，解放军出版社 2012 年版，第 287 页。
④ 军事科学院《刘伯承年谱》编写组编：《刘伯承年谱》上卷，解放军出版社 2012 年版，第 509 页。
⑤ 军事科学院《刘伯承年谱》编写组编：《刘伯承年谱》上卷，解放军出版社 2012 年版，第 509—510 页。

2 月 20 日至 22 日，刘伯承、邓小平等多次致电中共中央军委并告叶剑英、滕代远，报告国民党军进攻我解放区计划、行动，残害解放区民众罪行。建议向北平军调部提出抗议，揭露其罪行。[①]

类似上述对国民党军进攻阴谋进行及时揭露的电文还有很多。这些电文既揭露国民党破坏停战协定、挑起内战阴谋和行为，又为军调部我方同国民党展开斗争提供了大量事实，密切配合他们的谈判桌上的斗争。

除晋冀鲁豫边区党政领导通过电文等方式揭露破坏停战协定、挑起内战阴谋和行为外，中共晋冀鲁豫军区发言人还通过报刊公开发表谈话等揭露国民党军进攻解放的真相和破坏军事调处的行径，驳斥国民党反动派制造或散布的各种谣言，使国民党破坏和平的阴谋和行为大白于天下，引起了中外爱好和平人士的同情和密切关注。

1 月 15 日，针对国民党军委会发言人于 1 月 13 日发表谈话称 "共军仍在大规模进攻豫北修武及安阳" 一事，中共晋冀鲁豫军区发言人回答新华社记者叩询，称军委会发言人 13 日谈话不合事实，并列举事实揭露国民党军进攻豫北真相。他呼吁国民党军队不要继续扩大向豫北进攻，致违反国家人民的愿望，并要求立即撤退于停战令后侵占的地区。[②]

4 月 5 日，中共晋冀鲁豫军区发言人就白晋线东沁段问题如何求得合理的和平解决事对新华社记者发表谈话，提出对解决白晋线东沁段纠纷的基本原则：我们坚持执行部关于停战命令的规定，要求进到白晋线东沁段的阎军，必须全部撤至 1 月 13 日 24 时以前的位置，白晋线东沁段各据点的日伪军应该迅速由当地坚持十四年抗战的决死队、八路军与民主政府受降，白晋线东沁段双方不驻兵，东沁段铁路管理权归解放区民主政府所有。并列举大量事实揭破 "东沁线原驻阎军" 的谎报及企图欺骗执行小组达到其庇护日伪抢占地方的目的。[③]

6 月 13 日，中共冀南军区发言人就国民党经常接济永年城内伪军，并于本月 6 日轰炸城外解放区和平居民事件发表谈话，严重抗议反动派此种暴行，要求国民党当局立即停止对永年伪军的一切援助，制止策应内战之任何准备，迅速解散伪军。否则若发生一切不幸事件，均由国民党负完全责任。[④]

7 月 13 日，就国民党军向晋南解放区发动进攻一事，中共晋冀鲁豫太岳军区发

---

① 军事科学院《刘伯承年谱》编写组：《刘伯承年谱》上卷，解放军出版社 2012 年版，第 512 页。
② 《晋冀鲁豫军区发言人揭露国民党进攻豫北真相》，《解放日报》，1946 年 1 月 22 日。
③ 《晋冀鲁豫军区发言人谈话揭破 "东沁线原驻阎军" 谎报》，《解放日报》，1946 年 4 月 7 日。
④ 《军区发言人抗议永年事件，要求立即解散伪军》，《冀南日报》，1946 年 6 月 13 日。

言人发表声明，称："本月初，国民党军大举向我晋南解放区发动进攻，目前由黄河南岸进入该地区之蒋军已达二万余人，现正沿运（城）茅（津）公路前进，将战争扩大至同蒲沿线，而胡宗南之第一师第二师亦集结于黄河以西之朝邑一带，准备随时渡河增援。一周以来进攻晋南之国民党军，已侵占我运（城）茅（津）公路全线，并向我平陆、安邑、运城、闻喜、夏县大部地区继续猛攻（闻喜等地已被侵陷），当地民众遭受到空前浩劫。上述地区都是我军十四年抗战中从敌伪手中解放的，国民党军此种无理进攻，已引起解放区军民万分愤慨，除向执行组提出严重抗议外，为保卫人民利益，我军已被迫坚决进行自卫。"①

8月5日，中共晋冀鲁豫军区司令部发言人对国民党中央社造谣永年执行小组国方组员戴树枬少校被中共扣留一事据实加以驳斥称：戴少校7月17日由永年来邯郸，21日曾两次会同小组三方面人员去永年联络，28日随小组赴安阳，现已安抵北平，此已为小组美方代表麦奇少校完全证明，且永年小组亦特为此事发表联合公报加以否认。发言人着重指出：正当国民党当局密令危害新乡小组中共代表黄镇将军及全体组员生命安全之际，国方凭空捏造此类谣言，显系别具用心，应引起严重注意。②

8月18日，中共太岳军区发言人发表严正声明，称国民党公开拒绝临汾执行小组调处，调动大军，开入晋南，目前在晋南前线已有八师之多。本月13日，开始向我大举进攻，攻占东镇与闻喜夏县一带一百多个村镇。北面之阎锡山军，也配合行动，在8月上半月又出动兵力一万多人，侵占平遥、介休等地村镇百多处，13日国民党第六十九师企图一举侵占霍县一带解放区，打通同蒲路。我军被迫自卫，在洪洞、赵城地区，截断了他们的运兵路线，制止了他们的内战阴谋。我们严正声明：如果反动派一天不停止进攻，我们也一天不停止自卫反击。③

上述发言人的谈话，或严正声明，或义正辞严，揭露和驳斥国民党反动集团破坏军事调处的行径及美方助蒋内战的反动政策，赢得了中外爱好和平人士的广泛同情和密切关注，亦为解放区军民的自卫反击提供了强有力的支撑。

1946年6月下旬，国民党不顾全国人民的强烈反对，撕毁停战协定和政协协议，悍然向中共解放区发动全面进攻。6月26日，国民党以22万大军围攻鄂豫边宣化店为中心的中原解放区为起点，相继在晋南、苏皖边、鲁西南、胶济路及其两侧、冀东、绥东、察南、热河、辽南等地，向解放区展开大规模的进攻，全面内战爆发。晋冀鲁

---

① 《太岳军区发表声明：蒋方猛犯晋南，我军被迫自卫》，《解放日报》，1946年7月16日。
② 《晋冀鲁豫军区发言人谈蒋方代表从未被扣》，《解放日报》，1946年8月6日。
③ 《国民党军南北两路进攻，晋南地区将有大战》，《新华日报》，1946年8月21日。

豫边区 1946 年的军事调处活动，虽然未能阻止国民党反动派发动全面内战，但通过各地半年多的调处活动，有力地配合了中国共产党对国民党的政治和军事斗争，使党的和平建国方针获得国际和国内进步舆论的支持，取得了政治上的主动地位；揭露了蒋介石、国民党假谈判、真备战的面目，让全国人民看清了谁真的要和平，谁搞假和平，谁反对内战、谁挑起战争。同时，通过调处，将内战限制在局部范围内，有效地保护了革命力量，推迟了全面内战的爆发，为解放区军民准备反击国民党军队的进攻赢得了宝贵的时间。"赢得了时间，我们就赢得了胜利。"事实上，晋冀鲁豫边区党政军民也从未因参加军事调处活动而放松对自卫战争的准备，清醒地认识到："不能对国民党有丝毫的幻想，一切靠谈判解决问题。"[1] 当和谈无法取得明显进展、国民党内战阴谋已有所显露时，晋冀鲁豫军区主要领导及时向中央报请将参加军调的重要将领召回，以应对指挥战争的需要。例如，5 月 4 日，刘伯承、邓小平致电周恩来并报中共中央告陈赓："陈赓以立即回队指挥为好，请周复何时可派人接替其在太原工作。"[2] 接此电令后，陈赓即结束军调使命，大约于 5 月底机智地返回晋冀鲁豫解放区。正因如此，全面内战爆发后，晋冀鲁豫边区军民在中共中央和晋冀鲁豫中央局的领导下，奋起反击，在各个战场取得了自卫战争的伟大胜利，为战略进攻的顺利展开创造了有利条件。

作者：王钦双，中共北京市东城区委党史工作办公室二级调研员、高级讲师、历史学博士。

王前，北京孔庙和国子监博物馆馆员、新闻传播硕士。

---

① 军事科学院《刘伯承年谱》编写组编：《刘伯承年谱》上卷，解放军出版社 2012 年版，第 505 页。
② 军事科学院《刘伯承年谱》编写组编：《刘伯承年谱》上卷，解放军出版社 2012 年版，第 525 页。

解放战争从这里揭幕

张献伟

摘　要：传统意义上认为的解放战争，从 1946 年 6 月开始，经历了三年时间。随着研究的不断深入，更多的史学家和理论专著将解放战争起始的时间，确定为 1945 年抗日战争结束，上党、平汉战役打响。抗战胜利后，蒋介石发动内战的阴谋一刻也没有间断，停战协定后的短暂停战，不过是为更大规模进攻解放区所作的准备。确切地说：1946 年 6 月，是解放战争局部冲突和全面爆发的分水岭。上党、平汉战役，已经开启了国共两党关于中华民族两种前途命运的大决战。

关键词：解放战争；揭幕；涉县

七十多年前，伟大的人民解放战争催生了中华人民共和国，中国人民从此站立起来了。对于解放战争这一人类战争史上的奇迹，人们关注更多的是刘邓大军千里挺进大别山，是辽沈、淮海、平津三大战役，是百万雄师过大江。而解放战争揭幕战是什么战役、由什么人指挥、司令部和大本营设在什么地方，则了解不多，研究不够。透过厚重的历史风云，回顾难忘的峥嵘岁月，我们会发现，太行深处的一个小山村，竟和解放战争的揭幕有着特殊的渊源。我们不禁感叹：新中国来之不易，共产党人的初心和使命撼天动地。

蒋介石要来太行山"摘桃子"

1945 年 8 月 15 日，日本宣布无条件投降。

抗战胜利了！

举国上下一片欢腾，太行抗日根据地更是成了欢乐的海洋。《新华日报》（太行版）报道："消息一传出，全区各界欢欣若狂。早上，消息传到索堡，轰动了全镇。这天正逢集，有的连买卖都不愿做了，顿时街上遍挂红旗，结彩志庆。商店门前，都用巨幅的红绿彩色广告写着：'庆祝日寇无条件投降，本号大减价。'各机关更是紧张兴奋，听到这消息的人，有的跳起舞来，有的目瞪口呆，称为'八年来未曾有过的兴奋'。"

饱受战火摧残的中国人民，渴望来之不易的和平，再也不想有任何战争了。

远在重庆的蒋介石却有另外的打算，他要抢夺胜利的果实。一方面，在十天内连发三封电报，邀请毛泽东赴重庆谈判；一方面，调集重兵向解放区大举进攻。《刘伯承传》指出："企图夺取华北各大城市、铁路干线和战略要点，进而占据东北，并以此迫使中共在即将举行的重庆谈判中做出更大让步。"8月16日，阎锡山的部队侵入上党地区，占领了八路军从日伪军手中解放的襄垣、潞城及被人民武装包围的长治、长子等县城。首先要消灭太行山上的晋冀鲁豫军区主力，占领整个晋东南。

是和，是战？在蒋介石假和平、真内战的阴谋面前，共产党人已经没有别的选择，只有"针锋相对，寸土必争！"。

早在8月13日，毛泽东在延安干部会议上讲演《抗日战争胜利后的时局和我们的方针》时指出："抗战胜利的果实应该属谁？这是很明白的。比如一棵桃树，树上结了桃子，这桃子就是胜利果实。桃子该由谁摘？这要问桃树是谁栽的，谁挑水浇的。蒋介石蹲在山上一担水也不挑，现在他却把手伸得老长老长地要摘桃子。他说，此桃子的所有权属于我蒋介石，我是地主，你们是农奴，我不准你们摘。我们在报上驳了他。我们说，你没有挑过水，所以没有摘桃子的权利。我们解放区的人民天天浇水，最有权利摘的应该是我们。"

刚刚翻身做主人的太行军民，也不容蒋介石、阎锡山来抢抗日的果实，要誓死"为保卫胜利果实而战"，"为支援毛主席谈判而战！"

此时的太行山上，在一个叫赤岸的小村子里，八路军一二九师正进行着一个历史的转折。按照中共中央的决定，8月20日，撤销一二九师番号，组建晋冀鲁豫军区，司令部驻地赤岸，下辖太行、太岳、冀南、冀鲁豫四个军区。特别是由抗日战争中的游击兵团加速转变为正规兵团，由分散的游击战转变为集中的运动战，以适应新的战争形势的需要。经过八年战火的淬炼，一二九师由出征时的9000多人，已经发展壮大为30万正规军、40万民兵，形成赫赫有名的"刘邓大军"。

以赤岸为核心，连成一片的晋冀鲁豫解放区，北起正太路与德石路，南至黄河，西迄同蒲路，东抵津浦路，面积18万平方公里，拥有人口2400余万，全国面积最大、人口最多。既与晋察冀、晋绥、中原和华东等解放区四面呼应，又是华北的中央大门，正堵着国民党军队向北进攻的道路，战略位置十分显要。刘伯承称之为"四战之地"，称他的部队为"四战之军"。他指出："国民党军队沿铁路四路开进，四个爪子伸开向我们扑来了。人家的足球向我们华北解放区的大门踢过来了，我们要守住大门，保卫华北解放区，掩护东北部队作战略展开。本战略区的主要任务是粉碎国民党军队在平汉、同蒲两个方向上的进攻。"

毛毛在《我的父亲邓小平》中讲述父亲晚年的回忆："打磨擦仗，全国各个地区都有，但集中在晋冀鲁豫区。蒋介石发动进攻，首先进攻的大门是这个区……"

在雄伟的太行山上，"依托着（晋冀鲁豫）这块强大的根据地，刘伯承与邓小平挥师投入了伟大的人民解放战争。"《刘伯承传》对解放战争初期的刘邓部队进行了精辟的概述。

八九月份的太行山，秋高气爽，果实累累，一串串的红柿子挂满枝头，分外耀眼。密林深处，国民党第十九军的枪声阵阵传来，彻底打破了这如画的美丽与宁静。

刘邓从延安飞抵涉县驻地

国共内战一触即发，而晋冀鲁豫军区的高级将领们却远在千里之外的延安。

刘伯承是 1943 年 9 月赴延安的，邓小平于 1945 年 6 月七大结束后，紧急赶赴延安参加七届一中全会。陈赓、杨得志、陈再道、陈锡联、王近山等，也在陕北参加七大之后的中央会议。而这时蒋介石已经开始调兵遣将，向各个解放区发起了进攻，前线全面吃紧。晋冀鲁豫军区参谋长李达，多次向延安发出告急电报。他在《抗日战争中的八路军一二九师》中说："由于战役规模宏大，情况复杂，我们是难以胜任指挥之责的。"如何让刘邓等将领迅速返回太行驻地，成为中共中央和毛泽东考虑的头等大事。

延安与太行山腹地涉县，相距遥远，不仅要经过黄河天险、黄土高原、晋南山地的千沟万壑，而且要穿越日伪军占领的道道封锁线。骑马或步行，需要几个月到半年时间。

情急之下，毛泽东想到了一个绝妙的计策，借用美军驻延安军事观察组的飞机，把主要战区的领导人直接空运到太行山上的长宁机场。这座极其简单的飞机场，位于晋冀鲁豫军区驻地涉县赤岸村的西边，相距只有十几华里，修建于 1944 年，专门为接待美军观察组所用。机场仅有一条黄土筑就的跑道，飞机每次降落时都以点燃的火堆导航。

毛泽东亲自挑选 20 名党政军领导乘机，包括刘伯承、邓小平、林彪、陈毅等，并指定杨尚昆和叶剑英到机场检查和组织登机。飞机是一架破旧的美国道格拉斯运货机，机舱狭小，舱门损坏，启动时还需要人力来推动螺旋桨。朱德的英文翻译黄华临时负责与美军沟通。简易的机场，简陋的飞机，连机组人员也不知道的秘密任务，使这次飞行充满了风险。

临行前，毛泽东对刘邓他们说："你们回到前方，放手打就是了，不要担心我在重庆的安全问题。你们打得越好，我越安全，谈得越好。别的法子是没有的。"

就这样，在中共领袖的注视下，这架美军运输机载着共产党各战区的前线最高指挥官，摇摇晃晃地从延安起飞了。

1945 年 8 月 25 日中午 1 时许，经过 4 个多小时的冒险飞行，飞机终于安全抵达长宁机场。李达安排的警卫排战士早早等候在此。刘伯承、邓小平下了飞机，一刻不停，立即风尘仆仆地赶回赤岸。见到阔别两年的村庄、院落和老乡，刘伯承心里不免涌起一种亲切和喜悦的感觉。可迫在眉睫的战役即将打响，容不得他有过多的感慨，立即拨通了正率领太行军区部队在山西襄垣前线指挥作战的晋冀鲁豫军区参谋长李达的电话，了解战况和敌情。刘邓命令李达："坚决把襄垣拿下来，作为太行军区部队屯兵之地，准备会合太岳、冀南部队打上党战役。"并说："根本问题是抗战胜利果实落谁手里的问题，蒋介石、阎锡山伸手来抢，决不能让他抢走。"

当夜，赤岸司令部内，刘伯承、邓小平、滕代远、薄一波、张际春致电中央军委："我为消灭该敌，完全控制上党地区并声援当前的国共谈判，巩固抗战果实，决心集结太行、太岳和冀南主力进行上党战役，预期十天内（九月六日以前）开始。"这是《刘伯承军事文选》记载的电报内容。发起上党战役，就此一锤定音。

《太行精神》评价这次惊心动魄的空运："使中国共产党在美国政府和国民党蒋介石浑然不知的情况下，实现了一次具有重大战略意义的大跃进，使中国共产党平时需要两个月艰苦跋涉的干部输送任务，在半天之内即告完成。其时间比美军开始空运国民党先遣人员去接受日伪军投降还早了一天……先敌一步到达了各自战区，迅速集结主力，编组野战兵团，从容自如地选择战场和战机，将敌方置于被动与不利的境地，从而为最终赢得解放战争的胜利奠定了基础。"

赤岸，如同一座早已搭好的舞台，伴着刘邓伟岸的身影，在巍峨的太行山巅上演起一幕宏大的战争话剧。

上党战役作战命令从赤岸发出

上党战役，不仅关系到党中央"向南防御，向北发展"的战略布局能否实现，也关系到毛泽东在重庆的谈判桌上能否掌握主动权。在这样一个特殊时期，打这样一场攻坚硬仗，对刘邓是一个巨大的考验。

当时的晋冀鲁豫军区部队，人员不充实，装备不足，弹药奇缺。每个团不过千人，每人只有几发子弹。全军区仅有山炮 6 门，仅半数的团有迫击炮 2 至 4 门，重机枪 3 至 4 挺。新战士多数使用的还是大刀长矛。而阎锡山的部队不仅火力强大，善做工事，惯于防御，而且有旧城墙和日军修筑的堡垒工事作依托。尤其是作战形式上，我军要面对的是国民党军队大规模的进攻，全然不同于对付日伪军的分散守备和集中"扫荡"。能不能适应新的军事战略的需要，直接决定着战役的胜负。

箭在弦上，引而待发。

在空前紧张的气氛中，晋冀鲁豫军区，从统帅到士兵，严阵以待，练兵备战，一派热火朝天。将士们无不抱着革命的激情和担当的精神，要在开启解放全中国的道路上，以小击大，以弱搏强，杀出一条血路来。

编组野战军。1945 年 8 月 14 日，还在延安时，刘伯承、邓小平、滕代远即指示"扩充野战军准备打击北犯蒋阎军"。25 日回到赤岸，刘伯承强调："当前最急迫的任务是集中分散作战的部队。要看谁集中得快，集中起来了，形成拳头了就是胜利。"各军区最大限度地集中力量，采取边打、边建、边练的办法，快速编组成太行、太岳、冀南三个野战纵队。短短一个多月时间，太行区扩充 2.5 万，太岳区扩充 1 万。驻地涉县的晋冀鲁豫边区政府，紧急动员了 5 万多民兵支前或参战。其中，涉县（含当时偏城县）参战的民兵自卫队达 2700 人。

政治总动员。《刘伯承年谱》记载：8 月 27 日，刘伯承主持召开作战会议，部署上党战役。指出："敌人入侵上党，我们如芒在背，背上有一把刀子，背脊就发凉嘛。如不迅速歼灭上党之敌，待国民党主力南来时，我们将腹背受敌。"8 月 28 日，又亲自召集军区直属机关干部大会，作上党战役动员。指出，这是中华民族两条道路、两种命运的又一次激烈搏斗的开始。号召大家坚决打好这一仗，以实际行动支持毛泽东主席在重庆与国民党蒋介石的谈判。在此基础上，于 8 月 29 日上报军委《迎击国民党军进攻的军事部署》："进行上党战役，坚决消灭该敌。"

战前大练兵。9 月 1 日攻克襄垣后，刘伯承认真总结经验教训，主持起草了《晋冀鲁豫军区关于上党战役中某些战术问题的指示》，于 9 月 5 日和邓小平共同签发。针对阎锡山军队的作战特点，决定采用连续的城市战斗（村落战）和若干野外的运动战的战法。为了使各级指挥员切实掌握战术要领，刘伯承详细编写了"城市战斗的战术指导"和"野战（运动战）的战术指导"，对各种战术一一做出详尽的说明。《刘伯承传》讲述，有的指挥员高兴地说："不要嫌对高级指挥员在战术上规定得这么细，我们有了这些，战斗前心里就踏实。"

太行山上，晋冀鲁豫军区的千军万马，日夜操练，枕戈待旦，只等统帅部一声令下，就要即刻奔赴战场。

9月7日，在上党战役的司令部、大本营——赤岸，刘邓二位首长下达《晋冀鲁豫军区作战字第一号命令》，即上党战役作战命令。小小的山村上空，红色电波载着刘邓的命令冲霄而上，直达前线。这道电波，不仅划破了太行山的沉沉夜幕，也提早点亮了解放战争进程中诞生的新中国的绚烂夜空。

9月8日，刘邓离开赤岸村，前往上党战役前方指挥所。10日，上党战役正式打响。至10月12日，刘邓先后五次移动前方指挥所，一刻不脱离前线，最终取得了上党战役的辉煌胜利。《邓小平传》记述："当会谈纪要定稿，中共代表催促蒋介石签字时，他迟迟不肯签字。当阎锡山在上党战役失败的消息传到重庆时，蒋介石不得不又回到谈判桌上来，被迫同意国民党代表十月十日在会谈纪要上签字。"

从重庆回到延安几天的毛泽东，在干部会议上作了《关于重庆谈判》的报告，对上党战役给予高度评价："太行山、太岳山、中条山的中间，有一个脚盆，就是上党区。在那个脚盆里，有鱼有肉，阎锡山派了十三个师去抢。我们的方针也是老早定了的，就是针锋相对，寸土必争。这一回，我们'对'了'争'了，而且'对'得很好，'争'得很好。就是说，把他们的十三个师全部消灭。他们进攻的军队共计三万八千人，我们出动三万一千人。他们的三万八千人被消灭了三万五千，逃掉两千，散掉一千。这样的仗，还要打下去。"

司令部院内刘伯承纵论人民战争

上党战役，是抗日战争胜利后，我军对国民党军队的第一仗，也是我军所进行的第一个较大规模的歼灭战，沉重打击了蒋介石的反动气焰，对全国、对根据地影响巨大。

胜利的关键在何处，战争的本质是什么？这个巨大的问号萦绕在失败了的国民党将领的脑海中。

战役中被生擒的国民党军军长史泽波及其他28名将级军官，在与赤岸三里相隔的王堡村接受改造。第二天，刘伯承邀请他们到司令部大院"压压惊"。热情接待之下，史泽波等愈发感到困惑：为什么国民党军13个师3.8万人，只打了一个半月，反被八路军 3.1 万人给吃了？尤其那 2 万人的援军，只打了两天两夜就缴了枪？时任晋冀鲁豫军区敌工部部长张香山所著的《我看见了人民战争》一文，对刘伯承的回答作了详尽的记述。

刘将军谦逊地笑了笑说："一路上，诸位感到老乡们对八路军和对你们的态度怎么样？"

将领们你一言我一语地说："老乡吗？那我们不行呀！这次援军从太原出发，在太原市连抓了三天伕，闹得太原市商店都关了门，好容易凑了三四千，一开到沁县，就逃跑了一大半。""从沁县往南开，一走进解放区村庄都空室清野了，只有民兵们打冷枪。就是游击区，老乡们见了我们也都跑个光，阎主任离开八年，人心都变了呀！""在老爷山上被围时，那光景才惨呢！伤兵没人抬，死人没人埋，引路没向导，吃饭没粮食，整整饿了两日两夜，把'窝铺'的山药蛋、南瓜、青玉荄都吃光了"。

"刚才各位谈到老乡们待你们和我们的态度不一样，这就是问题的关键哩！这说明什么呢？这说明这次战争的本质，是人民战争与反人民战争的决胜……八路军和人民在上党坚持了八年抗战，胜利了。你们却从老远的来进犯我们，还从我们的手里夺去我们用血肉解放出来的襄垣和潞城，这是八路军和人民所不能容忍的……古语有句话：'王者之师，所向无敌'，用现代话翻出来，就是人民的军队，人民的战争，没有攻不下的碉堡，我们胜利的秘诀也就在这个问题上。"上党战役的胜负与本质，被刘伯承一语道破。

繁星点点，秋风习习。国民党的高级将领们陷入了沉思，而他们是不会明白个中的道理的。因为国共两党的立场不同、信仰不同、主义不同、纲领不同，初心和使命自然不同，前途和命运也终究不会相同。

就在上党战役进行之时，蒋介石进一步加快了在华北展开进攻、抢占东北的步伐，命令主力部队分几路加紧推进，力图打通平汉铁路争夺华北地区。

对上党、平汉两个战役，刘邓是同时运筹、联动推进的。早在 1945 年 8 月 14 日，未回太行时，刘邓即指示："必须迅速准备打击沿平汉、同蒲北上之蒋阎军，保障太原、石家庄及平汉沿线之控制。"8 月 29 日给中央军委的电报中，提出在上党战役结束后，"拟将太行、冀南主力转向平汉线，结合冀鲁豫主力及太行七、八分区部队控制平汉线更长一段，扫清伪军，相机夺取新乡或迎击蒋军北上部队。"之后，又发出一系列作战部署，包括 9 月 5 日《破坏铁路迟滞沿平汉线北进之敌》，9 月 11 日《抽重兵向平汉线机动》，9 月 14 日《晋冀鲁豫军区的作战重点在平汉线》等。其中，将争取高树勋起义作为重中之重的工作。

上党战役尚未结束，"邓小平和刘伯承从作战前线赶回晋冀鲁豫军区司令部，开始筹划平汉战役。"为了集中精力谋划好作战方案，刘伯承走出赤岸村中央的司令部大院，借用武委会主任张义库家的两间房，整个白天不出屋子，一直工作到深夜。连续鏖战9天之后，10月16日，发布《晋冀鲁豫军区作战字第八号命令》，即平汉战役基本命令。10月17日，发出《晋冀鲁豫军区关于战术上某些问题的指示》，规定了平汉战役的战术原则。

中央军委和毛泽东主席十分赞赏刘伯承、邓小平的计划，来电指示："由刘伯承、邓小平亲临指挥，精密组织各个战斗，取得第二个上党战役的胜利。"

"10月21日，（邓小平）和刘伯承率军区指挥所离开赤岸村，赴前线指挥邯郸战役。"《邓小平年谱》如是记载。至11月2日，平汉战役胜利结束，晋冀鲁豫军区部队夺取了跃马中原第一仗的完胜。

高树勋宣布起义后，刘伯承对他说："中国人民经过八年抗战，渴望和平民主生活……高先生能在此时高举和平民主的义旗，与人民合作，共同为和平民主斗争，乃是国民党所有爱国军人的楷模"。

平汉战役的胜利，再次证明了人民战争的伟力。

解放战争从这里揭幕

传统意义上认为的解放战争，从1946年6月开始，经历了三年时间。随着研究的不断深入，更多的史学家和理论专著将解放战争起始的时间，确定为1945年抗日战争结束，上党、平汉战役打响。

抗战胜利后，蒋介石发动内战的阴谋一刻也没有间断，停战协定后的短暂停战，不过是为更大规模进攻解放区所作的准备。确切地说，1946年6月，是解放战争局部冲突和全面爆发的分水岭。上党、平汉战役，已经开启了国共两党关于中华民族两种前途命运的大决战。

中央党史研究室石雷所著的《中共中央和毛泽东在重大战略转移中选择"太行"——论晋冀鲁豫根据地的历史地位和重要贡献》一文指出："解放战争初期，刘邓指挥部队进行了上党、邯郸两场战役，不仅拉开了解放战争的序幕，打破了国民党南北一统的黄粱美梦，也对实现中共中央提出的'向南防御，向北发展'的战略部署起到了重要作用。"

晚年的邓小平，在回忆上党和平汉战役时感慨万分。他说："在解放战争中，从头到尾，二野都处在同敌人针锋相对的局面，都处在这个局面的前面。开始在晋冀鲁豫……毛主席到重庆签订双十协定的时候，敌人从两路来。一路阎锡山，打了个上党战役；一路马法五、高树勋，打了个平汉战役。""真正讲反攻，是上党、平汉战役开始迎战敌人的。我们迎战敌人，逼蒋签订双十协定。"邓小平的话，更加表明了一个事实：上党、平汉战役是解放战争的揭幕战。

太行群峰中的涉县，清漳飞流边的赤岸，是解放战争揭幕战之司令部、大本营，刘伯承、邓小平的运筹帷幄、决胜千里，"刘邓大军"从这里展开鏖战上党、逐鹿邯郸，而永远载入共和国光辉的史册。

作者：张献伟，中共涉县县委党史研究室三级调研员。

太行钢铁栈道

——晋冀鲁豫边区修筑邯涉铁路纪实

张献伟

摘　要： 解放战争时期，刘伯承、邓小平领导根据地人民修建了邯涉战备铁路。这条军工运输大动脉，是连接太行山与大平原的保障线、生命线，为刘邓大军东出太行、挥师中原创造了条件，也为人民解放军夺取淮海战役的胜利立下了汗马功劳，被周恩来亲切地称为"中国历史上的一奇"。邯涉铁路在中国共产党的铁路修建史上，具有里程碑式的意义，不仅是中国共产党领导修建的第一条铁路，也是军民白手起家、艰苦奋斗的一个壮举。

关键词： 解放战争；铁路；邯涉

1948 年 12 月 15 日，双堆集，月光皎洁，战火纷飞。

人民解放军从四面八方包围过来，冲上黄维乘坐的坦克，喝令其投降。继而，华野解放军使用被中野指战员称为秘密武器的黄色炸药包，在陈官庄全歼杜聿明集团。

刘伯承北上西柏坡路过邯郸，动情地说："边区人民修筑的这条'栈道'传奇般地将黄色炸药运去。若晚十分钟炸药跟不上，黄维就会跑掉。"刘帅口里所说的栈道，是指解放战争时期，他和小平同志决策谋划的太行山出山钢铁栈道——邯涉战备铁路。

晋冀鲁豫边区政府副主席、邯涉铁路直接领导人之一戎子和指出："这就是以后震撼世界的淮海大决战南线栈道快速反应线的源头。它架起了'太行山淮海大陆桥'，把太行山根据地的前方急需物资源源运往中原火线。这条具有战略意义的邯涉铁路，被中央军委周恩来副主席称之为'中国历史上的一奇'。"

这是中国共产党领导人民独自修筑的第一条铁路。

刘邓谋"出山"

1945 年深秋的一天，上党战役胜利不久，平汉战役即将打响，刘伯承、邓小平从太行驻地赤岸来到滏阳河畔。眺望着远处的绵延山脉，刘伯承心情沉重地说："蒋介石点燃的内战大火在蔓延，我们死活不能等大火烧上山，未来逐鹿中原大决战在所难免。"

10 月 31 日，平汉战役接近尾声，刘邓首长专门召集有关人员再次考察峰峰。邓小平强调："平汉战役大局已定，这是解放战争关键性的胜利，是今后逐鹿中原，决定中国命运的大决战的开端。"

连续对峰峰煤矿的实地考察，进一步坚定了刘伯承、邓小平修筑出山钢铁栈道、备战将来中原决战的信念。晋冀鲁豫中央局第一次全体（扩大）会议期间，正式作出修筑邯涉铁路的决策。刘邓指出，大决战准备工作，必须破除幻想，全力向前赶，确保三年内筑成出山栈道。

刘邓深谋远虑的邯涉战备铁路，一端在太行山区涉县，一端在古赵都城邯郸。横出太行的钢铁栈道，在冀南平原和平汉铁路相衔接，并由此通向全国交通网。艾振远、谢万毅主编的《栈道》记载："邯涉战备铁路东起始于邯郸，西上过赵王城，越丘岭地带，翻灵山，跨过南大洺河、小寺河（汇合处）的铁路潜水桥，沿大洺河穿峰峦叠嶂，跨千沟万壑，走悬崖绝壁，进路崭后，顺山麓进入太行山脉天然的大盆地，抗日战争时期的世界名城——革命圣地涉县境内。"

太行山中，分散隐蔽的八路军总部和一二九师军工企业，为夺取抗战胜利建立了不朽功勋。又因山高谷深增加了弹药运往平原的难度。邯涉铁路修通之后，原用骡驴驮运七天的任务，火车几小时就能完成。利用钢铁浇铸的神奇栈道，这条连接太行山与大平原的保障线、生命线，刘邓大军即可东出太行，挥师中原。

中国五千多年文明史，栈道有着特殊的价值和意义。诸葛亮六出祁山，栈道支撑；楚汉相争，明修栈道！此时的刘伯承、邓小平，俨然已看到了解放战争大决战的壮阔场景。

铁道大搬家

国民党认为刘邓修筑出山铁道，一没有科技人才，二没有筑路技术，三没有钢材、水泥，四没有制空权，即使修成也会被飞机摧毁。蒋介石命令加紧向晋冀鲁豫解放区进攻，南北夹击邯郸，控制平汉铁路，企图夺取华北各大城市、铁路干线和战略要点，进而占据东北，并以此迫使我党在重庆谈判中做出更大让步。

面对压境而来的近十万敌军，刘伯承幽默地说："国民党军队沿铁路四路开进，四个爪子伸开向我们扑来了。……本战略区的主要任务是粉碎国民党军队在平汉、同蒲两个方向上的进攻。"在平汉战役前线指挥所，邓小平亲自主持会议，研究部署切断平汉铁路，阻滞马法五部北上。

根据晋冀鲁豫野战军军政处副处长杨恬意见，当夜铁道大搬家，拆卸钢轨、枕木，取走电杆、电线，全部搬往太行山。既可延阻国民党军进攻，又可为将来修筑钢铁栈道所用。一夜之间，平汉铁路长达一百多公里线路及邯磁铁路"消失"了。

1946年8月，蒋介石集中兵力对晋冀鲁豫解放区进犯。峰峰、六河沟煤矿机器设备、道轨枕木、建筑材料，特别是六河沟煤矿机车，采用铺前拆后的办法运往漳河北岸山区。

《晋冀鲁豫边区交通史》记载："1947年初，国民党军队重点进攻山东、陕甘宁解放区，并一度占领了晋冀鲁豫边区的鲁西南及冀南大名等地。……工矿局组织工人把峰峰、六河沟煤矿的机器及小机车、轻便道轨从峰峰西部山区运往磁山，尔后继续西运到涉县太行深山区。"引入索井一带的机车藏入山洞及隐蔽处。为了避开白天敌机轰炸扫射，坚持夜间拉推机车。当时，仅靠人力和畜力，奇迹般运进百公里外的大山。

刘伯承说："铁道搬家了，机车搬家了，铁路大军上山啦。等有了栈道，我们就准备大反攻大决战了！"曾任国家煤矿部副部长、原六河沟煤矿党的负责人范文彩念念不忘这次"搬家"经历：能搬的全搬，不能搬的一律不准破坏，沉入水底或埋入地下。

踏勘太行山

"天下之脊"太行山，巍峨险峻，山高沟深，部分地段的水文地质非常复杂。对于刚刚夺取抗战胜利的边区来讲，修筑铁路，绝非易事。邓小平要求，解放思想，实事求是，结合太行山实际，拿出突破中外反动势力封锁的蓝图。

由于时间紧迫，勘测出山栈道，必须一次成功。时任晋冀鲁豫军政联合办事处主任杨立三，组织秘密踏勘队，立下军令状，化装成采药中医和农民，冒着漫天大雪，进山勘测线路。

1947 年 1 月 18 日，边区政府成立工矿局筑路处，以徘徊镇为中心，向东西两个方向同时勘测设计。同时，坚持边设计、边施工，千方百计节省时间。

大洺河河床宽约数里，河水奔流湍急。峰峰矿外籍专家表示，没有钢材筑桥，世界筑桥史上尚无先例。即使架设钢梁桥或巨型圆木桥，不仅需要至少半年以上时间，而且根本无法抵挡国民党飞机的轰炸。日军架设的巨型圆木铁路桥，就是被八路军烧毁的。专家攻关组副组长耿振林认为，太行山有五千年的石头文化和漫水桥史，有石匠师积累的丰富经验，可以以石（桥）代钢（桥），设计漫水桥，桥上桥下同时过水，不怕特大山洪冲击。特别是采用潜水桥方案，使敌机看不到水下潜桥，假使摧毁了石桥，也能就地取材，尽快修复。

事实证明，此方案解决了桥梁、洪水和敌机轰炸几方面的难题。大决战关键时刻，国民党军飞机几乎天天炸桥，但没有一次成功，邯涉战备铁路始终畅通无阻。

邯郸至磁山段灵山西坡山势陡峭。为减缓山体坡度，确保运输安全，工程师李芝圃巧妙设计了"之"字形线路，在大山陡坡上，火车先往西走一段，攀高一层，然后折返再往东走一段，再攀升一层，在回旋余地有限的半山坡上，一举解决了火车翻越山岭的问题。

当地乡亲们称为"回车岭"。与詹天佑设计的京张铁路八达岭段神似的灵山"之"字形铁路，更是独具匠心，先是潜入河流，再与铁路潜水石桥衔接在一起，构成了中国铁路史上的一绝。

诞生"太行号"

从峰峰、六河沟煤矿抢运出来的 9 台机车，在向太行山区转移途中，被国民党飞机跟踪轰炸、扫射，1 台被炸成废铁，两台部件缺失，6 台重度受损。有的锅炉被炸裂，有的被炸汽缸穿孔，有的机车轴被炸断。即使残留的机车，配件磨损部分，一半已经超限，个别锅炉到危险限，一旦启用，轻则翻车，重则锅炉爆炸。

建造自己的可用机车，刻不容缓。

"战时"环境下的特殊压力，极限放大了人的智慧。晋冀鲁豫边区政府分别在磁山、夏庄两村建起工矿局第一、第二机械厂，不久合并为邯涉战备铁路磁山工厂，对外宣称"晋冀鲁豫边区政府工矿局大成铁工厂"。这是共产党最早的一座战备铁路工厂。

来自峰峰、六河沟煤矿的 1500 多名工人、工程技术人员和干部，以及经过严格挑选的民间手工业工匠云集磁山，利用山沟、寺庙等隐蔽处所分散作业，加工新的配件，修复磨损配件。峰峰矿区一铁路桥下，日军炸沉的残破机车被六河沟煤矿工人打捞上岸，车轮、锅炉、汽缸、车架、水柜等未损配件现场被拆卸下来后，采用"拆东墙补西墙"办法，替换机车损坏配件。自制配件、维修配件和拆卸配件，在工人师傅们的手中，组装造成了新的机车，甚至比日军制造的同型号机车还要拉得多，跑得快，省煤，价格低。

经过不断改进和试用，于1947年5月15日黎明，在太行山邯涉战备铁路上，在解放战争的隆隆炮声中，共产党领导人民制修的第一台机车诞生了。

刘伯承、邓小平提议命名为"太行号"机车！在场的干部职工和群众纷纷响应，鼓掌并高呼"太行号""太行号"。邓小平依托站台上的枕木垛题词，一挥而就"太行号"机车。虽然"太行号"机车和当时全国干线铁路上的火车机车无法比拟，但是在解放战争转入战略进攻的关键时刻，在迫切需要有大军出山栈道动力的时刻，作为战略上的运输工具，它的诞生，无疑是"中国铁路史上的一座丰碑"，具有划时代的意义。

会战尖饼岭

刘邓大军主力千里挺进大别山，全国战争形势发生大的变化。1947年10月，边区军政联合财经办事处决定续建乱石岩——涉县铁路。

横亘在涉县鸡鸣铺与偏店段的尖饼岭，岭南河水流入南运河，岭北河水注入子牙河，这一分水岭，又是进出根据地腹心涉县的必经之路。由于尖饼岭两边有两座大山，无法绕行施工；又因为缺少工程设备，实行钻山隧道更是行不通。

1948年春，解放洛阳的消息传来，特别是邓小平秘密视察邯涉铁路时的指示——"愚公移山！"给予筑路队伍以极大的鼓舞，决心赶在雨季前移开尖饼岭，贯通岩涉铁路。

在偏店成立岩涉铁路筑路办事处，乱石岩村更名岩城。为加快工程进度，改一天一班制12小时，为一天三班制轮流上阵，一个班三或四个组，移山效率成数倍提升。涉县县政府负责筑路施工尖饼岭的专家刘辅表态："我们涉县农民认识到了，这一仗是能不能彻底翻身站起来的一次大决战，为此倾家荡产也要移开尖饼岭！"涉县出动民工15万人次，开山劈岭，平沟填壑，车拉人抬，运送枕木。

晋冀鲁豫中央局在邯郸召开县团级以上扩大支前紧急动员会议，号召边区人民

"会战尖饼岭，决胜千里外"。太行区各县民兵分批或夜间开进尖饼岭，县委书记、县长深入工地第一线，民兵团、营、连、排、班立下军令状，开展了轰轰烈烈的挖山运动。《晋冀鲁豫边区交通史》记载："为达到不超过 30/1000 的坡度，测量队员利用简陋的仪器准确地标明线路，筑路民工硬是在岭上开出一条 20 多米深的路堑。"

时任涉县政府建设科科长的江志胜曾撰文："一天下午，在东寨村西索堡中队的工地上，突然出现滑坡，山体以迅雷不及掩耳之势，向坡下袭来，……一个民工没有跑掉，被土压住。马上组织刨人抢救，刨出后人已不行了。"次日，工矿局筑路处召开千人大会，追悼会变成了动员会，大家纷纷表示要化悲痛为力量，完成烈士未竟事业。

决胜终点站

1948 年 9 月，中共中央在西柏坡召开政治局扩大会议。同时发起的济南战役，揭开了人民解放军与国民党军队进行战略决战的序幕。邯涉战备铁路何时贯通的紧迫感再一次凸显出来，迫切需要提前全线通车。

岩涉铁路工地上，涉县、林县（林州）、磁县的农民不顾农忙，跋涉上百里山路，牵着骡驴来到筑路现场。筑路专家们打破过去盘山走羊肠小道，两头驴驮抬一根钢轨的做法，创造了"人驴抬"的新法子，即一人和一头驴合抬一根钢轨。工程师和技术人员分为组织施工组和质量验收组，一边施工前进，一边验收工程。铺轨完毕后，反复用机车轧道试车。1948 年 10 月 19 日晨 7 时半，钉完最后三颗道钉，质量检查，核定优良。从邯郸发出的第一列工程车，鸣着长笛，驶入位于县城北关的涉县火车站。

《栈道》写道："曙色染红了天，金黄的阳光普洒革命圣地古城涉县之际，中国划时代的列车，刘邓秘密运筹了三年准备淮海战役大决战的列车，终于横空出世，铿锵和鸣，叱咤风云般地开过来了。"

新成立的华北人民政府交通部副部长刘建章，现场给华北人民政府主席董必武打电话："邯涉战备铁路铺轨进终点站涉县火车站，第一列工程车已进入车站，10 月 19 日邯涉战备铁路全线贯通。"董必武立即拨通西柏坡中央军委作战室，向正在研究南线战勤保障工作的周恩来报告："邯涉战备铁路，太行山出山钢铁栈道今天全线贯通。提前了十天。"周恩来喜出望外："我们有钢铁快速反应线了！邯涉解了中央的急。"

毛泽东听取汇报时，连声说："天助大军！"

邯涉铁路自贯通之日起，运送军火、物资的列车，夜以继日、浩浩荡荡地从涉县出发，横出太行山，直奔邯郸站，进而驰骋在中原大地上，为刘邓、陈粟、陈谢三路大军源源不断地送去补给。震撼世界的淮海战役打响了！1949 年 1 月 21 日，淮海战役结束的第 12 天，蒋介石宣告"引退"，国民党反动统治集团从此陷入土崩瓦解。

参考文献：

《栈道》《晋冀鲁豫边区交通史》《北京铁路局志》《华北解放区财经纪事》《中共涉县简史》《涉县文史资料》

作者：张献伟，中共涉县县委党史研究室三级调研员。

财 经 篇

邯郸庞村会议拉开了全国红色金融
走向统一的序幕

夏松洁　　夏图强

摘　　要：庞村会议是我党经济金融史上一次非常重要的会议，它既对解放区当时应对国民党反动派发动内战的浩大消耗，提供了经济物资保障的思路，又对解放区面对财政经济困境，坚持人民至上原则，保持人民生活水准，并争取解放战争胜利，提供了国家机器管理层面的、初步的精细运作模式，还拉开了我党领导下的解放区经济金融，尤其是红色金融走向统一化的序幕。本文就是试图从金融经济的角度，考量庞村会议的历史背景、会议内容和影响及历史贡献，探索庞村会议精神对红色金融走向统一化的深刻内涵。

关键词：庞村会议；历史背景；会议精神；影响贡献

习近平总书记在 2023 年 3 月 13 日十四届全国人大一次会议闭幕会上指出："中国共产党成立后，紧紧团结带领全国各族人民，经过百年奋斗，洗雪民族耻辱，中国人民成为自己命运的主人，中华民族迎来了从站起来、富起来到强起来的伟大飞跃，中华民族伟大复兴进入了不可逆转的历史进程。"高屋建瓴地概括了我党领导全国各族人民百年奋斗过程和辉煌历史。

而 1946 年 9 月晋冀鲁豫中央局在邯郸郊区召开的庞村会议就是我党百年奋斗史上一个在红色金融方面的重要节点，而由此会议产生的影响及此后红色金融创造的辉煌已完美载入史册。本文就是试图从金融经济的角度，考量庞村会议的历史背景、会议内容和作用影响，探索庞村会议精神对红色金融走向统一化的深刻内涵。

一、庞村会议召开的历史背景

庞村会议是作为中共中央派出机构——晋冀鲁豫中央局主持召开的一次极其重

要的会议。它的召开有着极其复杂的历史背景：

（一）抗战胜利后的社会现状，是庞村会议召开的重要时代背景

——国际政治局势波诡云谲。在世界政治格局中，二战最直接最深刻的结果，是欧洲作为老派政治势力的衰落和美国、苏联的崛起，完成了自 20 世纪便开始的国际政治巨变，形成了美、苏对峙的两极格局。以苏联和美英两种不同社会体制国家之间不是以战争手段，而是以和平协商谈判形式解决争端，和平、民主、独立建国成为二战后当时世界各国的主潮流。中国抗战胜利后，美国凭借强大经济、军事实力，企图称霸世界，扶持国民党政府统一中国，想把中国变成其附庸国。而苏联因不相信中国共产党有能力和国民党政府抗衡，但又不愿失去当时中国的影响，也表态不支持共产党；同时，美苏要求国民党进行改革，以期解决中国问题，并要求国民党重视第三方力量，牟取他们在中国的最大利益，也就是说，美苏均觊觎中国。

——国内人民期待和平建国。抗战胜利后，人民面对被日寇糟蹋得千疮百孔的祖国，心里渴望和平，反对独裁统治，迫切需要民主、和平、安定，重建家园：一是中国共产党顺应人民愿望，以最大的诚意，组织代表团赴重庆与国民党政府签订了著名的《双十协定》，力求以和平方式建立新中国。二是国统区内以民主人士为主的人民组织集会和示威游行，公祭抗日英烈，呼吁民主建国。1946 年 1 月 13 日，由宋庆龄、柳亚子、马叙伦、沙千里、郑振铎、许广平、金仲华 7 人组成主祭团，全市学校及各界团体 70 余家单位 2 万余人齐聚上海玉佛寺，为震动全国的昆明"一二·一"惨案举行公祭[①]。柳亚子说："民主政治是要争取的，不是恩赐的，我们要为争取民主政治而努力……"三是在中国共产党领导下，工人、学生与各阶层人士结成广泛的统一战线，反内战的民主运动迅速席卷全国各大中城市。

——国民党政府一意孤行发动内战。国民党政府出于维护大地主大资产阶级利益和继续维护一党专制统治的需要，拒绝建立民主联合政府，一方面大肆派兵蚕食我人民解放区。为掩盖其发动全面内战目的，假惺惺地组织国共美三方军事调停小组，到各发生摩擦地区调停相关军事纠纷。另一方面，派兵派员到各大中城市，接受日军

---

① "一二·一"昆明惨案，史称"一二·一"惨案或"一二·一"事件，是解放战争时期一次大规模的反内战民主运动遭当局镇压导致的惨案。抗日战争结束后，全国人民希望实现和平民主，但国民党政府却一意孤行，坚持一党专政，并在美国支持下奉行内战政策。1945 年 12 月 1 日，大批国民党特务和军人分途围攻西南联大和云南大学等校，毒打学生和教师，并向学生集中的地方投掷手榴弹，炸死西南联大（现云南师范大学的前身）学生潘琰、李鲁连，昆华工校学生张华昌，南菁中学青年教师于再等 4 人，重伤 29 人，轻伤 30 多人，造成震惊中外的"一二·一"昆明惨案。

和伪政权资产，大肆掠夺本该人民拥有的资产和经济资源。同时，于 1946 年下半年明目张胆地撕毁停战协议，进攻解放区，悍然发动了全国内战。

（二）捉襟见肘的解放区财政与窘迫的经济发展基础，是庞村会议召开的重要财经背景

——解放区财政十分困难。一是解放区面积大、人口多，运转消耗基数大。毛泽东在党的七大主题报告《论联合政府》中指出："中国共产党领导的中国解放区，包括十九个大的解放区。"到抗战胜利时，解放区总面积达到 100 万平方公里，总人口近 1 亿。而各解放区的党群机构、政府职能部门都比较齐全，加上企业单位，公务队伍人员庞大，每天消耗的基本行政管理费用较大。二是部队迅猛增加。由于解放区人民对共产党主张有着切身体验的受益而发自内心地赞扬，青年人踊跃参加人民军队；同时，随着战争的推进，投降的敌伪人员补充到我军一线部队也很多，部队增长基数越来越大。三是残酷战争消耗迅猛增长。兵马未动，粮草先行。战争的消耗不仅是人员死伤、枪支弹药的大量消耗，而且包括部队吃、穿、住、行、医疗救治、通讯、特勤等庞大的战时勤务消耗。随着全面内战的进行，战争支出费用越来越大，解放区经常出现赤字财政。

——解放区财政基础薄弱。长期遭受战争破坏的解放区农村经济需要恢复，沉重的战时财政负担已到极限，特别是那些刚从日寇蹂躏下新解放的地区，已完全陷于破产境地。从地理位置和产业分布考量，解放区财政基础薄弱是不容置疑之事：一是抗日战争由我党领导的十九个解放区绝大多数都是处在两个或几个省的边界或边远山区，经济发展历来被视为落后地区；二是解放区工业落后，几乎没有重工业企业，只有少量的轻工业和手工业，各解放区只有被中国历史认定为弱势产业的农业和弱势人群的广大农民，而农业收入在我党抗战后休养生息的税收财政扶持政策下，不足以成为支撑财政的产业支柱。

——解放区分散，财政调剂成本高。由于解放区分布比较广，彼此沟通渠道少，交通非常不方便，又加上国民党政府对解放区实施残酷的政治压迫和经济封锁，如某解放区中的某物资富余，但另一解放区又缺少并十分需要，调剂过程中不仅需要花巨大人力和物力运输，而且还需派可观的人民武装押送和接应；途中虽然我方武装部队和地下人员千方百计绕开敌人，尽量避免与敌正面冲突，但又不可避免走弯路或偏僻山路，耗时费力，并且还随时准备与敌作战争，有时甚至出现整支运输队和护送部队全军覆灭的现象，而这些现象的产生，导致解放区财政在调剂过程中付出的代价很

大，财政成本增加。

（三）解放区货币市场遭遇前所未有的尴尬境况，是庞村会议召开的重要现实背景

至 1946 年 6 月国民党政府发动全面内战时，解放区军民同仇敌忾，打击敌人，并不断取得胜利，扩大新区，同时有计划地发展生产和整顿财政，坚决实行发展经济、保障供给、统一领导、分散经营、军民兼顾、公私兼顾等方针，通过提倡节约，力戒浪费和实施党中央《中国土地法大纲》，开展土地改革，调动农民革命和生产积极性等措施，在一定的程度上缓解了财政压力，尤其是解放区粮食等物资供应方面基本自给，但解放区货币市场却遭遇到前所未有的尴尬局面：

——国民政府法币改革失败，通货膨胀严重波及解放区金融市场。本来残酷的抗日战争，已使国民政府财政和对外军火采购刚性支出急剧增加，维持法币稳定所需的外汇储备不足，已构成对国民政府货币体系巨大压力。而抗战胜利后，被战争所压抑的国民党内部派系之间矛盾越来越大，四大家族及其他资本大鳄纷纷以货币调控作为争夺资源的首选手段，加之内战庞大的财政消耗，同时，国民党政府此时又很难再获得英美等国家的大额援助。这样，使国民政府原本对经济起过相当积极作用的法币问世一下就抛到万劫不复的地步，通货膨胀在 1945 年后完全失控，而 1948 年实施第二次金融改革——金圆券改革更是将这种失败冲至疯狂的顶峰。

从实际数据看，1936 年是法币启用的第一个完整年度，这一年国民政府的收支逆差为 33%，虽然远超现代财政收支逆差最高值，但在 30 年代末期来说，已是不可企及的"黄金年代"，而在 1945 年已达到 81%，即使在 1946 年和 1947 年收支逆差仍保持在 60% 以上[①]。从货币发行看，由于巨额战费的支付，加上特权集团利益的维持及庞大低效的行政运行，法币发行工作一直未能遵循纸币发行规律，大幅度超额发行，使法币严重失控，从而使全国性通货膨胀严重失控。最终结局：1937 年 100 元 =2 头牛；1943 年 100 元 = 煤球 1 个，1948 年 100 元 =0.002416 两大米[②]，法币信用基本破产，走投无路开启金圆券改革。当然，国民政府更没想到的是金圆券改革将成为葬送他们在大陆统治的主要经济"鹤顶红"毒药，这也是后话。

敌占区全国性通货膨胀严重失控，不可避免殃及解放区的经济，虽然解放区红色金融自 1946 年开始采取各种措施局部驱逐法币，但法币的严重贬值，仍然诱发解放

---

① 董筱丹、温铁军：《去依附：中国化解第一次经济危机的真实经验》，东方出版社 2019 年版。
② 张天正：《中国共产党创建红色金融史略及德州印记》，《德州日报》，2021 年 6 月 16 日。

区出现通货膨胀，也就不足为奇。如 1946 年 8 月 1 日，晋冀鲁豫中央局向全边区发出关于平稳物价巩固本币指示，指出："近三个月来，我区物价暴涨四倍到八倍。由于物价暴涨、币值下跌，给工农矿业及家庭副业生产以严重打击，并影响整个预算，使我党政军民生活遭受到极大困难。"①

——解放区货币不统一，以货币为手段开展比价对敌斗争，使红色金融处境尴尬。1946 年内战全面爆发时，解放区虽然由中国共产党领导，敌我之间在军事、政治、经济方面都进行着尖锐的斗争，但并没有完全割断经济上的联系，货币市场主要流通三类货币：即法币、红色货币和土杂钞。也就是说，抗战胜利后，在解放区仍然存在着由国民政府领导的中央银行、中国银行、交通银行和农民银行发行的所谓"法币"，由中国共产党领导的红色金融机构发行的红色货币（北方解放区红色金融机构发行的货币称"边币"，南方解放区发行的货币称"抗币"，以下统称"红色货币"）和由各省、县国民政府及银行银庄、商号等发行的流通券或信用券等土杂钞，可以讲"币制的紊乱，真是到了极点，在市面流通的纸币不下数百种。而流通地区界限极严，各据一地，各把一方，县票不能出县境，省票不能进邻省"②。这样一来，就这三类货币兑换中，必然存在一个争夺有利的兑换率和不断提高红色货币币值的斗争问题。而这种货币比价斗争的实质就是通过比价灵活机动的调整，一方面打击法币和土杂钞，提高红色货币信誉，以扩大红色货币阵地，摆脱法币贬值对解放区的影响，另一方面则是配合贸易斗争，达到从敌占区按比较合理价格购进必需品，输出农产品，实现解放区贸易平衡，提高红色货币的购买力。

——各解放区经济金融相对独立，直接影响共产党解放全中国方针，人民呼唤经济金融统一。一是解放区各自为政。1946 年以前，由于各个解放区被敌人分割封锁，互不联系，财政金融极不统一，各有各的税收，各有各的银行和货币，甚至一个大解放区内的各个分区之间，也有差别。由于各解放区各自为政，互不了解，引发了经济交往中的相互封锁和争夺市场的矛盾，有的还非常激烈，造成了不必要的损失，不利于生产发展和支持战争的胜利。二是红色货币区域性太强。由于红色金融宣传、统筹及其他等方面工作问题，各解放区的银行货币只能在本区域内流通，而不能到另一解放区使用，以至于出现从某解放区来另一解放区的部队干部、战士怀揣原解放区红色货币到新区不能购买物资，甚至因缺食品而饿肚子。三是直接影响新解放区

---

① 中国人民银行金融研究所、中国人民银行山东分行金融研究所编：《冀鲁豫边区金融史料选编》上册，中国金融出版社 1989 年版，第 481—483 页。

② 韦明编：《晋察冀边区的金融建设，晋察冀边区财政经济史资料选编》，1940 年版，第 752 页。

开辟。随着解放战争的不断胜利，一线部队的给养引起了中国共产党领袖们的高度重视，毛泽东等领袖曾多次指示开往新解放区的解放军高级干部必须带足足以保证部队给养的红色货币。仅毛泽东在 1946 年就亲自下达协调相关货币款项的指示达 8 次之多①，如 1946 年 5 月 12 日给刘少奇、任弼时的信中指示："五师需款甚多，我意指定华中、山东、晋冀鲁豫、晋察冀四处每处再负担五师一个月经费即 3 万万元，共 12 万万元。"② 特别是后来解放大军将解放区逐渐联成一片，财政金融这种分散的状态，就更不再适应客观形势的要求了。

二、庞村会议前后的主要经济金融情况和会议内容

面对敌人的疯狂进攻和巨额战费开支，1946 年 6 月后的解放区转入战时经济体制，出现了货币超发、物价暴涨、币值恐慌性下跌的状况。中国共产党也必须先解决好通货膨胀难题后，才能对战国民党。

（一）庞村会议前我党对经济金融统一工作已悄然开展

——党中央提出一系列解决财政金融问题的措施。为了应对革命战争，解放区一是依靠自力更生，做持久打算。在经济方面，中共中央指出：应有计划地发展生产、整理财政，坚决实行发展经济、保障供给、统一领导、军民兼顾、公私兼顾等方针。二是财政供给上，既要满足自卫战争的物质需要，又要使人民生活有所改善。同时必须提倡节约，力戒浪费。三是对一线部队实施两条腿走路解决财政给养，即打胜仗和从老解放区带红色货币。毛泽东在 1945 年 10 月 22 日致五师郑位三、李先念的电报说："只要打胜仗，财政就有办法……各解放区军队都是如此解决，你们自亦能解决。"③ 在 1945 年 11 月 1 日毛泽东给聂荣臻等指示："你们应星夜赶印 10 万元以上的边币，速即分送冀中、冀东、热河发给过往部队使用。"④

——全党动员，繁荣解放区经济金融。1946 年 5 月中共中央在延安召开各解放区负责同志会议，任弼时受党中央委托，同与会同志讨论解放区经济建设问题，发表了题为《解放区经济建设和财政金融贸易的基本方针》的重要讲话，他指出："今后

① 顾龙生编：《毛泽东经济年谱》，中共中央党校出版社 1993 年版，第 210—214 页。
② 顾龙生编：《毛泽东经济年谱》，中共中央党校出版社 1993 年版，第 210 页。
③ 顾龙生编：《毛泽东经济年谱》，中共中央党校出版社 1993 年版，第 205 页。
④ 顾龙生编：《毛泽东经济年谱》，中共中央党校出版社 1993 年版，第 205 页。

解放区经济建设和财政金融问题，必须引起全党来注意。"他要求"为着解放区农业、工业发展，繁荣解放区经济，今后各解放区相互之间应当在发展经济上密切配合，互相调剂原料和产品。……应团结互助，以利一致对外进行经济上的斗争为目的"。[①]

——晋冀鲁豫中央局六条硬核措施，为稳定币值率先破题。晋冀鲁豫解放区在当时 19 个解放区中的财经工作历来做得好。然而，由于受到内战影响，一度也陷入混乱。为此，晋冀鲁豫中央局在 1946 年 7 月 14 日召开财经会议。会议作出紧急决定，采取六条金融措施，减少货币供给、维护币值稳定：一是不再发票子，所有票子冻结在银行。二是停止商业贷款和经费垫付。三是银行收缩银根，收回一批票子。四是经济部也少买多抛物资。五是为渡难关，各分区行署将埋伏的资产清理上交。六是设财经委员会统一领导财政金融等经济工作。

（二）庞村会议概况和主要精神

1. 庞村会议基本概况

1946 年 9 月中下旬，晋冀鲁豫中央局召开财经会议，专门研究财经工作如何长期支持部队作战，抵御国民党在军事上的全面进攻。会议的地点选在邯郸郊区防空驻地庞村，故被称作庞村会议。

庞村会议由晋冀鲁豫中央局副书记薄一波主持，边区政府、军区、财经、供给等有关领导参加。会议采取座谈方式，着重先解决原则问题，打通思想。会议中每逢提出一个问题，启发大家发表不同意见。会议持续了半个月，大家对这次会议均感到满意，认为不但在思想上，而且在实际工作思路上解决了经济金融的具体问题。

2. 会议主题内容

（1）测算出当时解放区管控的三个核心指标红线。这次会议主要是围绕三个互为矛盾的基本问题展开的，即在十四年抗战农村经济枯竭的情况下，人民负担能力究竟有多大、能支持多久？最低限度需要养兵多少，始能继续作战？党政军民生活待遇标准，应有多高始能维持？经过充分讨论和大量的反复计算，会议最终找出了三个核心管控指标：一是人民人均负担不能超过小米 4 斗至 4 斗 2 升（全区人均年收入的 15% 至 20%）。二是养兵不能超过 30 万人（约占全区人口的 1% 至 1.5%）。三是一个士兵的年费用，不能超过小米 15 石（约 2400 斤）。会议指出，这三个核心管控指标是红线，不能触碰。

[①] 任弼时编：《解放区经济建设和财政金融贸易的基本方针·任弼时选集》，人民出版社 1987 年版，第 394、399 页。

（2）掌握了保持财政平衡的三个核心管控指标的比例。从这三个核心管控指标的关系看，摸清晋冀鲁豫解放区人均最大负担能力（4斗至4斗2升）后，再乘以全区人口总数（约2500万人），全区的财政总收入即可明确；算清每个士兵最低年费用可维持在小米15石（约2400斤）后，再用财政总收入去除，就可知道全区最大极限的脱产人员数量（约为人口总数的2%）。考虑到地方党政人员等的费用，最大养兵数量实际应控制在人口总数的1%至1.5%。三个核心管控指标的确立，意在保证在最大限度养兵、最大限度支援前线、最大限度减轻人民负担的基础上，还能做到最大限度地保持财政收支上的相对平衡。只有保持住这种比例关系，解放区财经工作才不至于陷入混乱，才能保证支持长期的战争。会议运用这三个核心管控指标，对军队和地方预算，逐一进行详细核算，结果使军费预算核减了三分之一。这为我党科学地解决战时财经问题并最终取得伟大胜利，奠定了可靠的物质基础。

（3）为各解放区经济金融走向统一提供了合理负担标准。作为晋冀鲁豫中央局对战时经济规律摸索的重要成果之一，在三个互为矛盾的战时财经指标中，成功地找到了一个相互关联、相互制约的平衡点。而这三个核心管控指标能否发挥作用，关键是要看脱产人员的供给标准、养兵数量占比、老百姓的人均负担标准，是否与三个核心管控指标完全一致。这个标准化的过程，在今天我们看来，完全是从宏观角度，精细化地保证了解放区最基本作战能力。为此，成立了军政联合财经办事处，并明确办事处既可以审核政府财政预决算，也可以审核军队供给收支预算账目等，还可直接给工商贸易银行及下级财经委员会以指示。而办事处的建立，标志着晋冀鲁豫解放区财经管理体制由过去分散、各自为政的管理模式，快速走向了集中统一，从而为三个核心管控指标真正发挥作用，提供了组织保障。

（三）庞村会议后的影响

——中央充分肯定庞村会议，转发各解放区。1946年10月27日，晋冀鲁豫中央局致电中共中央，详细汇报了在庞村召开的财经会议情况。11月15日，中共中央给晋冀鲁豫中央局发去电报，高度肯定和赞扬了晋冀鲁豫中央局9月财经会议取得的重大成果。当天，中共中央还将晋冀鲁豫庞村会议的情况报告转发给了各中央局、区党委，并作出重要批示：称"这个会议在思想上又从实际上正确地解决了财政问题中的许多基本问题，并核减全部预算的三分之一，而不影响战争的进行，这是一个伟大的成绩，是在战争中一个有重大价值的会议，望各地切实研究参考，并将各自整理财政经济的经验电告。"

——各解放区纷纷效仿。中共中央指示电文发出之后，迅速引发了各解放区的热烈响应，各地相继召开财经会议，研究贯彻中央有关财经工作的指示精神，认真学习庞村会议的经验与成果。其中，晋察冀中央局行动最快，于1946年12月1日成立了三级财经委员会，并向中共中央提出各解放区区际间的财经统一问题也必须给予解决。中共中央收到建议后，称"此提议甚好，召开这种会议甚为必要。"

——中共中央召开华北财经会议，成立华北财经办事处。会议是在邯郸以西武安县冶陶镇召开的，从1947年3月10日开始，会期十余天，各大解放区的财政部长、银行行长集聚一堂，会议交流了财经工作经验，深刻剖析了本位主义思想，讨论各区货物交流及货币、税收、资源互相帮助、对国民党进行统一的财经斗争。会议认为：若解决各种矛盾，最好成立一个统一的政府，建立一个统一的领导机关，统一指挥才行，故商议成立华北财经情报和指导机关。同时，就各解放区区际间货币比价问题进行了认真研究，测算出了当时解放区合理的平均货币流通量，制定了相互的货币兑换比价关系，通过了货币兑换比价协议，这为日后各解放区红色货币统一创造了必备条件。

华北财经会后，中共中央于1947年4月18日批准成立华北财经办事处，董必武为主任，杨立三、南汉辰、薛暮桥、汤平任副主任。

三、庞村会议对全国红色金融统一的历史贡献

庞村会议是解放区华北财经会议的前奏，在我党经济金融史，尤其是对红色金融的统一起着极为重要作用，当然，它也在中国人民银行历史发展中占据重要地位。

（一）加速了全国红色货币统一的进程

在庞村会议的影响下，中国共产党召开了建党以来第一次带有全国性的财政经济工作专业会议——华北财经会议，它也是解放战争即将由防御转入全面反攻的新形势下召开的一次具有战略意义的财经工作会议。会议确定了今后财经工作的方针，统一了思想认识，既为集中力量支援人民解放战争胜利做出重要贡献，也为加速各解放区红色金融统一注入了强劲动力。为此，华北财经办事处为统一货币发行走了五步棋：即第一步是掌握各区的发行额和预算。了解各区票币的互换率，以及粮食、棉花、纱、布、油、盐、煤、金、银等物的价格，并在基本上完成银行的准备工作。第二步是发行少量的统一票币（以下简称"统币"）。这主要作各区汇划用，老百姓持

着统币，可以照银行牌价买所需物资，也可以换该区本币。统币有物资作保证，各区银行贸易机关及政府税收机关必须承认其币值不变。对各区票币比值在发行时各定出一定的比率。别区币值无变动的，统币对它的比值也不变。因为发行量小，又有保证准备，且经过各区银行与贸易公司来流通，市场不发生波动，纵然有点也不会很大，要把统币的信用建立和巩固起来。第三步是在各区票币发行的定额中，统币发行占一定的成数，逐渐推行统币。第四步是停止各区票币的发行，完全发行统币。第五步是逐渐实行用统币收回各区票币。

以上五步棋为统一红色金融工作铺平了道路，为统一红色金融在思想上、物质上做了准备。

（二）中国人民银行应运而生

随着解放战争由战略防御转入到战略反攻，各解放区要求成立中央银行，发行各区通行钞票的呼声越来越高，金融工作统一的步伐也越来越加快了。

——毛泽东钦定中国人民银行名称。按华北财经会议决定，董必武主持制定了《华北财经办事处组织章程》，提出了筹建中央财政及银行的任务。经党中央同意，决定开始组建统一的中央银行，在华北、西北、华东三大解放区发行统一的纸币。据石雷后来撰文回忆说："今年（1947年）9月，南汉宸同志曾对他（何松亭）提起华北财经办事处准备统一银行的事情，并问他这个银行叫什么名称好。何考虑后说，可否像现在群众称我们为人民政府那样叫'中国人民银行'呢？南听后称赞说，这个名字好叫也好记……后来董老认为，用'中国人民银行'这个名称，既表示这个银行是人民的，也不失作为将来成为新中国国家中央银行的规格。"1947年10月2日，正在陕北艰苦转战的毛泽东，收到董必武自邯郸拍来的关于申请确定中央银行名称的电报；1947年10月8日，周恩来按毛泽东的意见回电："……可以用'中国人民银行'。"

——成立中国人民银行筹备处。华北财经办事处收到中央关于银行名称的批复后，遂即成立了中国人民银行筹备处，并任命华北财办副主任南汉宸同志兼任中国人民银行筹备处主任。筹备处设在平山县距西柏坡村约一华里的夹峪村，从各解放区银行陆续调来了干部，按任务不同分为营业调查和会计发行两个组，开始了中国人民银行的筹建工作。1947年11月，筹集12万石小米作为创设中国人民银行的发行基金，发行统一货币。

——正式成立中国人民银行。一是1948年年初，在华北财经办事处的领导下，中国人民银行筹备处拟定《中国人民银行组织纲要草案》，报经中央工委同意后，于1948年2月11日由董必武报请中央核示。二是1948年6月，中共中央决定撤销华北财经办事处，成立中央财政经济部，董必武为中央财经部部长。中国人民银行筹备处改为隶属中央财政经济部，继续为货币、银行的统一进行着各项准备工作。三是1948年7月22日，继晋冀鲁豫、晋察冀两中央局、两区政府合并后，冀南银行与晋察冀边区银行结束合署办公，实现完全合并，改称华北银行。南汉宸任总经理，胡景沄、关学文任副总经理。中国人民银行筹备处的工作即转由华北银行陆续承接。四是1948年12月1日，以华北银行为基础，合并北海银行、西北农民银行，在河北省石家庄市组建成立了中国人民银行，并发行人民币，成为中华人民共和国成立后的中央银行和法定本位币。

综上所述，庞村会议是我党经济金融史上一次非常重要的会议，它既对当时各解放区应对国民党反动派发动的空前大规模内战的浩大消耗，提供经济物资保障思路，又对各解放区军民面对财政经济的困难及混乱局面，坚持人民至上原则，保持人民生活水准，并争取解放战争胜利，提供了国家机器管理层面的、初步的精细运作模式，还拉开了我党领导下的全国经济，尤其是红色金融走向统一化的序幕。

作者：夏松洁，南方医科大学卫生管理学院法学系副教授。

夏图强，湖南省株洲市金融学会常务副秘书长、政工师，湖南省唯一入选中国人民银行总行红色金融专家库专家。

庞村会议的历史地位分析

郭秀芬　李淑兰

摘　要：庞村会议是解放战争时期晋冀鲁豫边区在紧张的战争环境下召开的一次财经会议，这次会议的召开具有特殊的历史意义。庞村会议是华北财经会议的前奏，它的召开为解放战争时期财经政策的制定奠定了基础。这次会议还充分体现了中国共产党人始终坚持的不忘初心、高瞻远瞩、一切从人民的利益出发的基本原则，同时，还充分展示了中国共产党人不断探索、勇毅前行的进取精神。

关键词：庞村会议；财经统一；历史地位

1946 年 9 月中下旬，晋冀鲁豫边区召开财经会议，会议地址在边区政府为防空而临时驻地的邯郸郊区庞村，因此又称"庞村会议"。[①]解放战争初期，各根据地均面临着同样的问题，即如何做好财经工作以支持长期战争。晋冀鲁豫根据地首破僵局，从峰峰会议提出问题，到庞村会议具体研判解决问题，至中央对各解放区的批转，到后来华北财经会议的召开，为新中国财经政策的制定奠定了坚实的基础。前人就庞村会议的研究成果寥寥，对此次会议及中国共产党统一财经政策历史的关注，对研究转型时期的政策变化和特殊时期如何解决急难和长远问题的矛盾，具有重要的实践参照意义。

一、会议召开的时代背景

1946 年是中国近代历史上的一个特殊年份。1946 年 6 月 26 日，国民党以 30 万军队围攻中原解放区为起点，继而向各解放区发动了全面进攻。这标志着，从抗日战争到解放战争的过渡时期宣告结束，新的内战爆发，全国解放战争也由此开始。解放战争的爆发对根据地的财政、经济是莫大的考验。抗日战争时期，根据地的财政收

---

① 赵秀山等编撰：《华北解放区财经纪事》，中国档案出版社 2002 年版。

入，主要是农业税，即向农民征收的税。就晋冀鲁豫根据地"这一部分收入抗日战争时期约占边区财政概算总收入的百分之八十五至九十三，解放战争时期约占边区概算总收入的百分之七十五到八十"。[①] 长期的战争，致使"农村经济枯竭，人民负担能力大大减低"。[②] 如何做好财经工作，以支持更大规模的战争，就成为中国共产党"绝不可等闲视之的大问题"。[③]

二、会址选择分析

晋冀鲁豫中央局召开的这次财经会议，地点为何选在了邯郸郊区的庞村，原因分析应该包括以下几个方面：

（一）交通优势

邯郸位于河北省南端，西依太行山，东接华北平原，邻接晋鲁豫三省。不仅自然资源丰富，而且交通十分便利，西部太行山的滏口陉是华北平原通往山西高原的重要通道，穿城而过的平汉线又是沟通祖国南北的主干道。特别是 1906 年京汉铁路通车及邯郸站启用，沟通了邯郸与全国交通和经济联系，增强了邯郸作为冀南交通中心地位，使邯郸重新走向了区域中心城市的历史轨道。1921 年邯大（名）、邯武（安）公路以及此后邯郸各县间公路陆续修成，初步形成了以邯郸为中心的冀南近代交通干线格局，这里既是东部沿海通往西部的一个门户，又成为华北的南大门。优越的自然条件和便利的交通，使邯郸成为抗日战争时期和解放战争初期，日军和蒋介石国民党军关注的战略要地。抗日战争时期，邯郸是日军统辖晋冀鲁豫交界地带的中心据点。抗战胜利后，邯郸作为平汉线上华北连接中原的重要门户，成为国共两党必争之地。针对国民党的战略企图，晋冀鲁豫军区率先解放邯郸，使晋冀鲁豫解放区东、西连成一片。1945 年 10 月 10 日，为适应形式，巩固邯郸这个战略要地，中共冀南区党委决定，以邯郸县为基础，设置邯郸市，为晋冀鲁豫边区党政军重要机关迁驻邯郸打下良好基础。

[①] 戎子和：《晋冀鲁豫边区财政工作的片段回忆》，《太岳革命根据地财政资料选编》，第 422 页。

[②] 薛暮桥、杨波主编：《总结财经工作　迎接全国胜利——记全国解放前夕两次重要的财经会议》，中国财政经济出版社 1996 年版，第 283 页。

[③] 薛暮桥、杨波主编：《总结财经工作　迎接全国胜利——记全国解放前夕两次重要的财经会议》，中国财政经济出版社 1996 年版，第 315 页。

（二）群众基础

由于地理位置的重要性，邯郸历来为兵家必争之地。1937年"七·七事变"后，日寇于农历九月十四日（1937年10月17日）侵占邯郸城，1940年在邯郸建立伪冀南道尹公署，统辖20多个县，把邯郸作为奴役冀南人民政治、军事、经济的中心。在邯郸沦陷、广大人民遭受日本侵略者铁蹄蹂躏的急难之际，邯郸人民在中共党组织的带领下，积极配合八路军一二九师，与日本侵略者进行了长达八年的浴血奋战，建立了强大的敌后抗日根据地。邯郸西部山区是太行根据地的核心，东部建立的冀南根据地是平原抗战的模范。在党和军队的带领下，根据地群众的革命热情被普遍地调动了起来。邯郸解放后，成立邯郸市，对解放后的邯郸进行了一系列的改造、整治，城市面貌和社会风气有了明显好转，群众基础更加稳固。1946年2月下旬至3月初，晋冀鲁豫中央局、边区政府、军区所属重要机关陆续从武安迁驻邯郸市。

（三）战争环境

1946年初，随着晋冀鲁豫边区党、政、军首脑机关的迁驻，邯郸市成为边区的首府。虽说通过十四年的艰苦斗争，中国人民终于迎来了抗日战争的最终胜利。但是，战争的阴云并没有散去，国民党反动势力在一次又一次的军事挑衅之下，于1946年6月26日开始对根据地进行全面的进攻，内战全面爆发，根据地人民又再次被裹挟进了战争的旋涡。1946年9月召开的财经会议是一次封闭式的会议，一方面为了排除国民党飞机轰炸的干扰，同时又要摆脱日常事务的缠绕，会议最终选在了防空驻地庞村召开。

在1946年初，当晋冀鲁豫根据地党政军机关陆续走出大山、迁驻邯郸市的时候，边区政府进驻城内日伪县政府旧址，即现在邯山区政府西区大院，中央局和军区机关进驻城西南郊庞村一带村庄。边区政府主席杨秀峰1982年6月20日"就有关晋冀鲁豫边区政府几个问题的答复"中记述："一九四六年旧政协召开，国民党被迫停止内战。这年二月，边区由武安龙泉村进驻邯郸市。七月国民党又发动内战，边区政府由邯郸城内暂移城郊庞村办公，十月返回老区武安冶陶附近三王村。"[1]边区政府副主席戎子和回忆："1946年夏天，刘邓大军出击陇海路以后，国民党就开始了对解放区的狂轰滥炸。为了防空，边区各机关搬到邯郸西南七八里路的庞村一带办公。"[2]可见，

① 《杨秀峰就有关晋冀鲁豫边区政府几个问题的答复》，1982年6月20日。
② 戎子和：《回忆与期望》，《二十八年间——从师政委到总书记》，上海文艺出版社1992年版。

庞村会议召开时，受战争形势的影响，不仅晋冀鲁豫中央局和军区机关驻扎在城西南郊庞村一带，边区政府也移驻庞村办公，从而使这次会议选择在庞村召开顺理成章。

（四）会场情况

庞村属于邯郸城的郊区，一方面紧靠平汉铁路，同时渚河又穿村而过，进出十分便利。在艰苦的抗日战争时期，因庞村一带处于邯郸城的近郊，日军的2961司令部就驻扎于此，有一定的适合部队驻扎的基础条件，因此，晋冀鲁豫边区党政军重要机关迁驻邯郸市后，庞村成为边区的防空驻地。并且，在抗日战争时期，为了传递信息和打击敌人，太行区情报处在庞村建有"情报站"，同时，庞村也是边区地下武装邯西区干队经常活动的地方。"1942年冬，太行军分区情报处在邯郸庞村建立'邯郸情报站'，站长朱贵，参谋马继群（笔误，实为马维群，庞村人），……""1943年10月，邯西区干队在邯郸情报站马维群的带领下，夜袭日棉专学校，俘敌4人，其中日本翻译2人，缴获一部分武器弹药"。[1]

邯郸解放后，群众革命热情迅速高涨，在部队的帮助下，民兵队伍素质大大提高。庞村民兵队伍也有较好的发展。1945—1948年，"在全区20个村的民兵出操比赛中，庞村多次获得第一名。"[2]

同时，1946年1月至3月，为了加强邯郸与延安等地的联系，边区发动驻军和附近40多个村庄的民兵在庞村北至孟午村一带修建飞机场，从而又开辟了一条空中通道，进一步加强了庞村与外界联系的能力。

综上分析，晋冀鲁豫边区这次重要的财经会议，最后选择在庞村召开，有其历史发展的偶然性，也有当时战争形式发展的必然性。

三、会议召开及主要内容

抗日战争时期，由于残酷的战争环境，使得各根据地处于分割包围之中，中央与根据地之间的经济联系很不稳定，各根据地在中央政策的指导下，根据战争状况和自身情况，因时制宜，因地制宜，造成根据地财经管理的差异性和地域性问题。解放战争开始后，如何解决战时财经管理体制的问题，特别是财经工作如何长期支持部队作

---

[1] 中共邯郸县委党史研究室编：《中共邯郸县历史》，第240、245页，内部资料，1999年印。
[2] 邯郸市地方志编纂委员会编：《邯郸市志》（第五卷），方志出版社2015年版。

战以抵御国民党在军事上的全面进攻，这成为当时各根据地所面临的共性问题，而首先提出统一财政这一问题的是晋冀鲁豫根据地。"1945 年敌人投降，蒋伪联合向我进攻，大规模的自卫战争爆发，战略与战争形势要求非统一财政不能应付的新局面。11 月中央局召集会议①，决定自 1946 年起，统一财务行政，除地方粮款外，其他均实行统筹统支，人民负担、人员编制及待遇均由中央局规定，银行发行也由中央局统一掌握。"②"7 月美蒋反动派向我晋南陇海线进攻，激烈的爱国自卫战争二次揭开，在军事上要求集中更大兵力作战，在财政上要求充足物力供应，分区而治的局面不存在了。"③

"为继续贯彻'峰峰会议'精神，进一步实施边区财经统一，以便集中一切可能调动的人力物力，保证刘邓大军的战勤供应"，④"服从战争需要"⑤，1946 年 9 月中下旬晋冀鲁豫中央局召开庞村会议。

庞村会议是晋冀鲁豫边区召开的一次财经会议，与会代表均来自兼管财经领域工作的领导干部。据戎子和后来回忆，会议由薄一波主持（财委委员，兼太行区代表），主要代表有杨秀峰（财委委员）、戎子和（财委委员、财办副主任，兼作记录、太岳区代表）、王从吾（财委委员）、杨立三（财办主任）、张玺（冀鲁豫区党委书记）、王任重（冀南区党委副书记）等，财委委员邓小平、张际春等因到前线作战未参加会议。

"会议着重讨论了如何解决必须多养兵、必须提高兵员生活待遇、必须减轻人民负担三个矛盾问题以及上下级之间、地方和军队之间供给矛盾问题。对此，经讨论后作出了相应决定，并决定核减全部预算的三分之一。会议还对峰峰会议已经决定的全区财经统一问题，进一步落实，在中央局下设财委，对外成立了边区军政联合财经办事处，统一领导边区一切财经工作。"⑥

1946 年 10 月 10 日，晋冀鲁豫中央局作出《关于财经工作决定》，"确认在现时农村经济及与蒋美进行战争的条件下，人民负担不能超过亦不能过少于小米 × 斗到

---

① 指 1945 年 11 月晋冀鲁豫中央局在峰峰召开的党政军高级干部会议。

② 戎子和:《晋冀鲁豫边区的财政经济工作》,《戎子和文选》, 中国财政经济出版社 1991 年版, 第 154 页。

③ 戎子和:《晋冀鲁豫边区的财政经济工作》,《戎子和文选》, 中国财政经济出版社 1991 年版, 第 155 页。

④ 戎子和:《喜未虚度年华——忆任重同志》,《忠诚的共产党员：怀念王任重文集》, 中共党史出版社 1997 年版。

⑤ 戎子和:《晋冀鲁豫边区财政简史》, 中国财政经济出版社 1987 年版, 第 10 页。

⑥ 赵秀山等:《为支援解放战争和筹备新中国经济建设做出了历史性的贡献——华北解放区财经工作综述》,《华北解放区财经纪事》, 中国档案出版社 2002 年版, 第 20 页。

×斗×升。抗战期间我们曾宣布过战后负担可以减轻，现在反而增加了，这是为了保卫解放区，打败蒋介石，争取革命胜利，给人民谋永久幸福，增加负担是应该的。养兵不能少于亦不能过多于××万人，不多养兵即不能支持自卫战争，争取胜利。一个兵的生活标准，以维持比中农生活水平较好为合理，不能超过亦不能过少于每年小米××石。这一相互联系、相互制约的比率，不能在一个问题上单独有所变动，否则，会牵动全局，结果，仍然会返回到老问题上纠缠不已。明年度军费由××万万斤小米核减到××万斤，地方费由×万斤，核减到×万斤（核减约三分之一），这是很大成绩。"明确指出，"经验证明，只要采取民主方式、从思想上解决问题，部分了解全局、下级了解上级、上级照顾下级，再经过合理的精确计算，问题即可迎刃而解。"[①]

会议形成的简报会后立即上报中央，中央对这次会议非常满意，很快将会议提出的问题与经验转发给各解放区，中央电文这样写道："现特将晋冀鲁豫中央局九月财经会议的报告转发各地。他们这个会议，从思想中又从实际上正确地解决了财政问题中的许多基本问题，并核减全部预算的三分之一而不影响战争的进行，这是一个伟大的成绩，是在战争中一个有重大价值的会议，望各地切实研究参考。"[②]

四、历史地位分析

亚当·斯密曾说，"财政为庶政之母"，我国唐代著名理财家杨炎也说过，"财赋者，邦国之本"。庞村会议是解放战争时期晋冀鲁豫边区在紧张的战争环境下召开的一次财经会议，这次会议的召开具有特殊的历史意义。

第一，这是一次战争背景下解决急难问题的会议。从中可以看出，中国共产党人始终把人民的利益和长远目标放在特别重要的位置，不是"脚疼医脚、头疼医头"，而是探讨如何从根本上解决问题。

毛泽东在1945年12月15日《一九四六年解放区工作的方针》中明确指出："为着应付最近时期的紧张工作而增重了的财政负担，在一九四六年中，必须有计划有步骤地转到正常状态。人民负担太重者必须酌量减轻。各地脱离生产人员，必须不超过当地财力负担所许可的限度，以利持久。兵贵精不贵多，仍是今后建军原则之一。发

---

①《八路军一二九师暨晋冀鲁豫革命根据地经济建设史料汇编与研究》（第二辑），河北人民出版社2019年版，第527页。
②《建党以来重要文献选编（1921—1949）》第23册，中央文献出版社2011年版，第546页。

展生产，保障供给，集中领导，分散经营，军民兼顾，公私兼顾，生产和节约并重等项原则，仍是解决财经问题的适当的方针。"① 对毛主席的思想如何理解？戎子和在1946 年 7 月 26 日《谈谈目前财政上的几个问题》中写道："第一要先从人民出发，为人民着想……先有人民，而后才有我们……如果违背了人民的意志，我们的需求超过了人民的负担能力，那我们就本末颠倒，脱离了人民。因此，我们的财政，必须先从人民的负担能力打算。"同时戎子和也指出："在为人民打算，计算了人民的负担之后，必须紧接着从我们的革命政治目的来打算。"一切先为人民打算，这是中国共产党始终不变的政治原则，即使在战争的紧要关头，解决急难问题的时候，也要必须在这个原则之下去寻找解决的路径。

1947 年 2 月 8 日杨秀峰在全体委员会议上作报告《一年来的工作和今后的任务》时，归纳半年来作战胜利的原因，特别指出："财政经济与战争勤务工作组织的得力，……保证了前线供给而又未过分地加重人民负担。加强了科学计算，力求节省民力，许多地区在支援前线的民力负担上，最近收到了减轻三分之一以上的成绩。"还表扬了"财经部门的工作转变较快，……如为了适应战争与统一配合而成立了军政联合财经办事处。几个月来的经验证明，这种机构在解决供应问题上，是起着很大作用的"。②

第二，这是解放战争初期，中国共产党在最早解放的一批城市中所召开的一次会议。同时又是在面临敌人大规模进攻的环境下召开的一次会议。虽说这时工作重心是在农村，但对解放战争初期中国共产党城市工作的探索也有一定的指导意义。

在边区政府的直接领导下，1946 年 5 月邯郸市政府颁布施政方针，明确提出"整理财政，减轻人民负担、'量入为出'与'量出为入'相配合、'公私兼顾'"的财政工作方针，为贯彻这一方针，制定相应措施，逐步探索新的城市财政工作体制。随着内战爆发，财政负担越来越大，在庞村会议以后，为贯彻财政工作方针，市政府连续发布《关于降低供给标准并缴纳生产任务的通知》《关于颁发整理街村财政办法（草案）》《关于征收工商业人员战勤负担的指示》《邯郸市营业税暂时征收办法》《邯郸市一九四七年度简易统累税暂行办法》等一系列紧缩财政保证前线供给的文件。新的城市财政管理规定，可以保证财政管理的高度统一，以便于城市政权集中人力、物力、财力开展经济建设，保证财政的统收统支，保证战争和城市人民的生活需要。这

---

① 《毛泽东选集》第四卷。
② 杨秀峰:《杨秀峰文存》，人民法院出版社 1996 年版，第 498—500 页。

种财政体制带有战时条件下的临时性和社会发展变化的过渡性。这种财政管理体制，不仅保证了对解放战争的有力支持，也对城市经济的发展发挥了重要作用。

第三，这是中国共产党人在探索财政统一过程中的重要一环。中国共产党人在领导革命的过程中，总是能够通过会议的方式，充分发挥集体的智慧，不断探索革命道路。财政问题始终都是革命和战争的根本问题。因此，晋冀鲁豫边区，面对新的形势，1945年11月召开了峰峰会议，决定统一边区财经工作，这是一个有历史意义的创造性的决策；1946年9月庞村会议形成的报告得到了中央的认可——"这是一个伟大的成绩，是在战争中有重大价值的会议"，批转各解放区"切实研究参考"，随后应晋察冀边区的提议，中央要求召开了华北财经会议（又称"邯郸会议"），总结抗日战争胜利后华北各解放区的财经工作经验，研究将来取得全国胜利后的财经政策，华北财经会议是一次具有全局意义的会议，为新中国财政统一奠定了坚实的基础。

庞村会议是在战争局势严峻和各解放区面临共性问题的困难背景下召开的，晋冀鲁豫边区首破僵局，从解决大规模战争需要的急难问题出发，面对长期存在的矛盾问题，经过科学精密测算，找到了解决问题的出路，为解放战争时期财经政策的制定奠定了基础。这次会议还体现了中国共产党人始终坚持的不忘初心、高瞻远瞩、一切从人民的利益出发的基本原则，同时，还充分展示了中国共产党人不断探索、勇毅前行的进取精神。

作者：郭秀芬，邯郸学院文史学院教授。
李淑兰，中共邯郸市复兴区委党史研究室主任。

浅析晋冀鲁豫中央局庞村会议在战时统一财经工作中的历史地位及作用

李 伟 闫志恒

摘 要：解放战争爆发后，中国共产党领导的人民武装逐渐从游击战转向大兵团正面作战，解放区开始由分散独立转向连片统一，如何处理军队供给和人民负担之间矛盾、如何解决财政分散独立与解放区统一之间的矛盾已成为当时亟待解决的问题，庞村会议的召开率先打响了科学整合资源、统一财经的第一枪，对解放战争顺利进行乃至当代财经工作开展都有重要的启示意义。

关键词：庞村会议；解放战争；财经统一

一、战时统一财经工作始于晋冀鲁豫中央局庞村会议

（一）晋冀鲁豫中央局率先在大兵团作战中遇到集中统一财经保障供给的问题客观上促进了庞村会议的召开

抗战胜利后，蒋介石迫不及待抢夺胜利果实，不断制造摩擦，准备发动内战。1945 年 9 月 10 日，上党战役爆发，揭开了解放战争的序幕，也打响了解放战争由游击战向运动战转变的第一仗。如何保障大兵团作战成为边区政府财经工作的真正考验，为此，晋冀鲁豫边区政府下令要求各级政府和经济部门动用最大的人力物力做好战勤保障，在战区分别设立了太行、太岳两个前线后勤指挥部，战区的各级政府还建立了后方支前指挥部。战役期间，两区共动员 5 万民工参战，全力保障军需，并最终取得了胜利。同年 10 月邯郸（平汉）战役爆发，战役期间，边区政府组织动员支前民工达十万人以上，设立三条兵站线，随时为前线运送物资，保障了各项战勤工作完成。大规模的战争极大地考验了边区政府的财政支持能力，使得抗战期间积攒起来的家底消耗殆尽，而且由于连续集中的大兵团作战，解放区落后的分散的小农经济产生

了诸如农村经济枯竭，人民群众负担能力大大降低等新矛盾、新难题，晋冀鲁豫解放区的财经工作一度陷入混乱。这让晋冀鲁豫中央局认识到：在抗战时期形成的各分区分散经营、各自为政的财经、货币工作已不适应大规模战争需要，到了非集中不可的地步。晋冀鲁豫中央局后来向党中央汇报财经工作时指出："我区在财政工作上，历年来即存在有必须多养兵，必须提高生活待遇标准与必须照顾人民负担能力三个矛盾。在财政财务行政上，均存有上级与下级、地方与军队间的严重矛盾。上级要求集中统一，下级要求独立自主；军队埋怨地方，认为不能保证供给，地方埋怨军队，认为军队把它看成供给部。"这样许多矛盾问题，始终未得到妥善解决，以致财政混乱，互相推诿，互相埋怨，造成党内不团结。由于"时局变化，物价高涨，本币跌落，预算不能维持，矛盾更暴露，有不能继续支持之势"[1]。

（二）晋冀鲁豫中央局推出了一系列初步尝试解决统一全区财经工作的应对措施为庞村会议的召开积累了经验

为解决晋冀鲁豫解放区财经工作存在的诸多矛盾问题，晋冀鲁豫中央局推出了一系列对应措施。邯郸（平汉）战役结束后，1945年11月11日，晋冀鲁豫中央局当即决定在邯郸峰峰煤矿召开晋冀鲁豫中央局全体（扩大）会议（第一次峰峰会议），传达了中共中央的指示精神，研究和部署晋冀鲁豫党政军民迎击蒋介石发动全面内战的各项准备工作问题。会议决定：（1）扩大军队，整编主力，集中主力打大仗；（2）发动群众，在新区实行减租减息，在老区复查减租减息，开展大生产运动；（3）准备进行长期战争，部署后几年工作。这次会议把中央对晋冀鲁豫解放区工作的总意图同实际情况相结合，明确了主要任务和基本措施。12月14日至19日，中央局在峰峰煤矿又召开一次高干会议（第二次峰峰会议），着重研究如何在1946年做好练兵、减租、生产三件大事。这两次会议都集中讨论了解放区的财经工作，决定要突破1946年原定之预算，想尽一切办法多养兵，但要注意长期打算，中央局委托边区政府统一全区财经工作，必需的开支坚决保证，不必要的开支坚决取消。会议还提出：统一全区货币工作，从1946年起停止鲁西银行钞的发行，鲁西银行并于冀南银行，晋冀鲁豫全区统一发行冀南银行币。对冀南银行钞太行版、太岳版、冀南版和鲁西银行钞取消跨区流通限制，实行全区等价流通，走出了本区货币统一的第一步。

1946年7月14日，晋冀鲁豫中央局作出紧急决定："一、不再发票子，所有票

---

[1]《建党以来重要文献选编（1921—1949）》第23册，中央文献出版社2011年版，第545页。

子均冻结在银行。二、对市场的机关生产，停止商业贷款和经费垫付。三、银行紧缩银根，收回一批票子来。四、经济部也应少买多抛。五、为渡过难关，冀南、冀鲁豫、太岳、太行等分区行署应将埋伏之资产清理并上交。"7 月 17 日，晋冀鲁豫边区政府作出了关于稳定物价、紧缩通货及财政开支的决定。8 月 1 日，晋冀鲁豫中央局向全区发出了关于稳定物价、巩固本币的指示。文中指出："近三个月来，我区物价暴涨四倍到八倍。由于物价暴涨、币值下跌，给工农矿业及家庭副业生产以严重打击，并影响整个预算，使我党政军民生活遭受到极大困难。要求各地经济、财政、工商、银行等各部门，应统一在党的领导下。各区党委之下，设财政经济委员会，讨论策划财经工作。"尽管晋冀鲁豫中央局推出了一系列应对措施，但根本问题并未得到解决。

（三）晋冀鲁豫中央局庞村会议有效地解决了解放区战时集中统一财经供给保障困难及混乱问题

为专门研究财经工作如何长期支持部队作战，抵御国民党在军事上的全面进攻，1946 年 9 月，晋冀鲁豫中央局在邯郸郊区的庞村召开财经会议（即庞村会议），边区政府、军区、财经、供给等有关领导参加。会议以座谈方式，主要围绕三个互为矛盾的基本问题展开：在八年抗战农村经济枯竭的情况下，人民负担能力究竟有多大、能支持多久？最低限度需要养兵多少，始能继续作战？党政军民生活待遇标准，应有多高始能维持？会议通过为期半个月的封闭讨论，最终从思想和实际上解决了事关战争胜负的关键性问题。庞村会议是晋冀鲁豫中央局对战时经济规律摸索的重要总结，为我党科学地解决战时财经问题，应对全面内战的爆发并最终取得伟大胜利，奠定了可靠的思想基础、理论基础、制度基础。

庞村会议上经过严谨计算，研究出三个核心管控指标：一是人民人均负担不能超过小米 4 斗至 4 斗 2 升（全区人均年收入的 15% 至 20%）。二是养兵不能超过 30 万人（约占全区人口的 1% 至 1.5%）。三是一个士兵的年费用，不能超过小米 15 石（约 2400 斤）。这三个核心管控指标是红线，不能触碰。在此基础上，晋冀鲁豫边区政府摸清晋冀鲁豫解放区人均最大负担能力（4 斗至 4 斗 2 升）后，再乘以全区人口总数（约 2500 万人），全区的财政总收入即可明确；算清每个士兵最低年费用可维持在小米 15 石（约 2400 斤）后，再用财政总收入去除，就可知道全区最大限度的脱产人员数量（约为人口总数的 2%）。考虑到地方党政人员等的费用，最大养兵数量实际应控制在人口总数的 1% 至 1.5%，在保持最大限度养兵、最大限度支援前线、最大限度减轻人民负担三者平衡下，使军费预算核减了三分之一。

三个核心管控指标的确立，能够保证在最大限度养兵、最大限度支援前线、最大限度减轻人民负担的基础上，做到最大限度地保持财政收支上的相对平衡，只有保持这种比例关系，解放区的财经工作才不至于陷入混乱，才能支持长期的战争。这改变了抗战时期就一再强调精兵简政，精简控制脱产人员，限期精简部队员额的财经思想，进而转变为必须多养兵、提高兵员待遇和减轻人民负担三者有机统一上来，为有力反击国民党军队的大规模进攻，保证长期的战争支持提供了科学的指标参考，为我党科学地解决战时财经问题并取得胜利，奠定了可靠的物质基础。此外，三个核心管控指标的确立，可以实现对军队和地方预算的精准把握，达到资源配置最优化。但能否发挥作用关键是要看晋冀鲁豫解放区内各分区脱产人员的供给标准、养兵数量占比、群众人均负担标准是否与三个核心管控指标完全一致起来，这实际上是一个标准化的过程，因此过去那种各自为政的财经管理体制显然是无法与之相比的。

为确保这些指标贯彻执行，晋冀鲁豫中央局作出了如下决定："为克服财政困难，加强财经统一领导，决定成立中央局、区党委两级财经委员会，对外称军政联合财经办事处。"并强调这个办事处是一个权力机关，其决定各财经系统均须遵照执行，既可以审核政府财政预决算，也可以审核军队供给收支预算账目等，还可直接给工商贸易银行等经济部门以及下级财经委员会以指示。部队与经营活动脱钩，归财办管理。军政联合财经办事处的建立，实行党的一元化领导，标志着晋冀鲁豫解放区财经管理体制由过去分散、各自为政的管理模式，快速走向了集中统一，体现出党对财经工作集中领导的持续加强，也标志着全国解放区统一财经工作迈出了第一步。

二、晋冀鲁豫中央局庞村会议为各地统一财经工作提供了有效可行的经验

当时解放战争尚处于国民党全面进攻阶段，各解放区财经工作都遇到了前所未有的困难和考验，如何摆脱这一困境，各解放区都在绞尽脑汁想办法。中共中央在此时推出晋冀鲁豫中央局庞村会议经验，正可谓恰逢其时，进而迅速推动了各解放区辖内财经工作的快速统一。

1946 年 11 月 15 日，中共中央致电晋冀鲁豫中央局，高度肯定和赞扬了庞村会议所取得的重大成果。同时，将会议情况报告转发给了各中央局、区党委，要求各地切实研究参考。中央还严肃指出，"各解放区的财政与经济问题，是一个最重要的

问题。由于财政经济的困难及混乱，可以直接妨害与瓦解我们的战争机构，尤其要破裂我们与人民群众的亲密联系，而使战争归于失败[①]。他们这个会议，从思想中又从实际上正确解决了财政问题的许多基本问题，并核减全部预算 1/3 而不影响战争的进行，这是一个伟大的成绩，是在战争中一个有重大价值的会议，望各地切实研究参考。"

中共中央的指示电文发出之后，迅速引发了各解放区的热烈响应，各地相继召开财经会议，研究贯彻中央有关财经工作的指示精神，认真学习庞村会议的经验与成果。晋察冀中央局于 1946 年 12 月 1 日颁布了在中央局、分局、区党委三级分别成立财经委员会的决定，并研究制定了财经委员会的主要职责为：决定全区财经政策与方针，审查党政军民的财经计划，审核与批准预决算，检查各地区、各机关、各部队的财经供给工作，处置有关财经紧急措施。从晋察冀中央局财经委员会所列的主要职责看，晋察冀中央局显然是吸收了庞村会议的经验成果。

1947 年 1 月，东北行政委员会在哈尔滨召开了北满各省财经工作会议，决定在北满实行以省为单位的财政统一和地方自给，东满、南满实行必要的补助和调剂；统一对外贸易，一切出口由贸易总公司管理；逐步统一货币发行，停止地方发行货币；实行税收统一，税收方针、税种、税目、税率等由东北财政委员会统一规定，出入口税、关税作为东北一级的财政收入，各省只收地方税；东满和西满各为一级财政单位，有力推进了东北解放区财经统一，保障解放战争胜利开展。

三、晋冀鲁豫中央局庞村会议为华北财经会议确立跨区统一财经工作目标并做出部署奠定了基础

庞村会议的经验成果让中央看到解决各解放区财经工作各自为政、科学整合的时机到了。因此，中央直接委托晋冀鲁豫中央局召开会议，旨在把晋冀鲁豫解放区财经经验介绍给华北、华东、西北、中原等解放区。1947 年 3 月 25 日，华北财经会议在邯郸武安冶陶召开，晋冀鲁豫、晋察冀、晋绥、陕甘宁等各解放区代表 17 人出席会议，列席代表 38 人。会上系统总结了华北各解放区财经工作经验，正确地提出和解决了进一步统一财经、金融工作的一系列方针与政策，并决定设立"华北财政经济办事处"。华北财经会议是庞村会议的延续，是中国共产党关于战时财经工作的进一

[①]《建党以来重要文献选编（1921—1949）》第 23 册，第 546、544 页。

步优化与尝试，是解放区第一次召开带有全国性质的财经工作会议，标志着解放区财经、货币工作从分散经营向联合统一迈出了重要一步。

（一）华北财经会议是庞村会议精神的延续和深化

华北财经会议始终在协调统一财经，全力保障在解放战争的思想指导下开展，最终形成的会议决议和成果也始终围绕科学整合资源、统一财经这一核心内容。在华北财经会议上，代表们对各解放区区际间货币比价问题进行了认真研究和测算，制定了相互的货币兑换比价关系，讨论通过了货币兑换比价协议①，为以后的货币统一创造了必备条件。同时，会议测算出了当时解放区合理的平均货币流通量，并以此测算出脱产人员的合理比例，为全力保障解放战争提供了支持。从历史宏观角度来看，从庞村会议召开，到华北财经会议，再到华北金融贸易会议，这一思想贯穿始终，也正是在这种思想指导下，中国解放战争顺利进行，中国财经工作逐步走向统一，新中国财政体制渐露雏形。

（二）华北财经会议是在庞村会议解决解放区内统一财经基础上寻求各解放区区际间更高层次的财经统一

庞村会议召开的目的是统一晋冀鲁豫解放区全区的财经工作，保障解放战争的顺利进行，会议重点是统一晋冀鲁豫解放区内各分区的财经工作和货币流通。华北财经会议召开的目的则是在各解放区统一各自内部财经工作的基础上寻求更大规模、更高水平的统一，为各部队跨区域作战提供坚实后勤保障。会议重点讨论了协调统一各解放区财经工作，明确各解放区间货币兑换比例，并积极筹备统一货币的工作。在1947年中央向各解放区发出《中共中央关于召开华北财经会议的指示》中就明确指出："必须以极大决心和努力动员全体军民一直奋斗，并统一各区步调，利用各区一切财经条件和资源，及实行各区大公无私的互相调剂，完全克服本位主义，才能长期支持战争。"后来的《关于华北财经会议情况向中央的报告》中也谈道："会议根据长期战争供给的特点，建议将银行发行货币、各区脱产人数供养、人民负担标准及可以调剂贫富的几种统税、专卖收益统归中央，以便中央斟酌各区财经情况适时给以指导，同时又能机动调剂贫富余缺，补助晋绥、陕北经济困难地区的临时开支。各解放区互相支援的问题，大会也制定了具体办法。"

---

① 中央于 10 月 24 日批准了这一货币兑换比价协议。

（三）华北财经会议将庞村会议的制度成果践行为更高水平的组织落实

庞村会议上确立了军政联合财经办事处，作为晋冀鲁豫解放区最高财经工作机构，明确了其权力及职责，建立规范了财经管理制度，统一了财经政策，为解放区内协调统一开展财经工作提供了制度保障。华北财经会议期间，参加华北财经会议的各区代表一致认为：整个解放区在政治领导上是统一的，在军事指挥上也是统一的，而财政经济却还分散管理，不能适应大兵团运动战的需要，也阻碍了解放区经济发展，应当改变这种状况，在经济上也应该尽快实现统一。因此会议讨论一致通过，在中央领导下，成立统一的财经机关，领导全国各解放区的财经工作，并将相关电文发往中央。在回电中，中央决定：设立华北财经办事处，并决定董必武同志为财经办事处主任，负责关内六大解放区的财经统一工作。华北财经办事处是第一个全国意义上的财经机关，迈出了统一全国财经的重要一步。

在全力保障解放战争顺利进行的时代背景下，庞村会议毫无疑问发挥了重要的历史作用。庞村会议的召开有效地解决了晋冀鲁豫根据地财政困难问题，保障了战时后勤供给，最大限度地保护了群众的利益，在战争支持与民生保障上达成了平衡。同时，也为解放战争期间其他解放区财政工作开展提供了借鉴。此外，庞村会议也是统一全国财经工作的起点。庞村会议之后，从华北财经会议到华北金融贸易会议，从成立华北财经办事处到成立中央财政经济部以及中国人民银行，中国的财政、金融逐步从分散走向统一。再者，庞村会议中坚持群众利益至上、坚持全国一盘棋、坚持实事求是的会议精神，也为当代财经工作发展提供了一以贯之的原则和理念。庞村会议注定是历史上浓墨重彩的一笔。

作者：李伟，中共邯郸市委党史研究室三级调研员。

闫志恒，中共邯郸市委党史研究室党史网络信息处副处长。

庞村会议历史记忆的建构

杨 洁 翟茉莉

摘 要： 庞村会议是晋冀鲁豫中央局于 1946 年 9 月在邯郸庞村召开的一场全封闭财经会议，与会代表围绕支援前线、减轻人民负担等问题展开座谈，形成了系统而科学的解决方案，为解放区财经工作的开展提供了重要借鉴。根据该会议相关文件、电稿、回忆录、口述史料等，考证并还原会议历史细节，探寻会议所体现的革命精神，有助于全面、正确地建构这一重要会议的历史记忆。

关键词： 庞村会议；九月财经会议；晋冀鲁豫中央局

1946 年全面内战爆发后，为支援前线、减轻人民负担，晋冀鲁豫中央局于 9 月中下旬在邯郸召开了一场历时约半个月的财经会议。为排除干扰，尽快解决战时财经问题，参会的边区领导秘密集聚于邯郸西南的庞村，经过反复研讨，达成有关战时人民负担、养兵数量、党政军民待遇等问题的共识。这场地方紧急财经会议获得了中共中央的认可，为华北财经会议选址邯郸埋下伏笔。本文立足于多种史料，尝试考证该会议的选址、与会者、决议等史实，通过解读会议文本反推会议内容、凝练会议精神，尽力还原这一革命会议的全貌。

一、会议历史记忆的建构

（一）有关会议名称的辨析

内战爆发后各解放区纷纷召开财经会议，庞村会议是其中召开时间较早、解决问题较多的一场。由于当时严峻的战争形势，边区党政军各类会议较多，加上该会议的秘密性，使得这场会议的名称一直未统一，主要史料中多称之为"九月财经会议"，一定程度上弱化了后人对"庞村会议"这一历史名词的认知。

当时的参会者之一——边区政府副主席戎子和（戎伍胜）在回忆边区财政工作时，多次提及此次会议。他在1947年5月华北财经会议的发言中指出："9月中央局财经会议，检讨了上半年的工作，在大家意见一致之下，决定了大项统一小项机动的财务行政方针。"①从经历者视角，证明了这场九月财经会议的真实性。

新中国成立前从事财经工作的李海同志在整理华北财经会议资料时发现，"戎伍胜同志讲财政问题，内容基本上是庞村会议总结过的那些，加上这几年统一财政的经验"，"滕代远同志说，现在山东正在打仗，我们区比较适中，所以中央决定在这里开会。去年我们的财经会议（庞村会议）解决了许多问题，中央将我们的报告转发给各区"。②这些回忆印证了"庞村会议"这一叫法的存在。

1982年6月，杨秀峰曾给涉县县委党史资料征集办公室的回信——《有关晋冀鲁豫边区政府几个问题的答复》，信中提及1946年7月至10月间边区政府暂移郊区庞村办公，而九月财经会议正是处于该时间段内召开。根据当时的形势和庞村的优势，紧急召集边区政府、军区诸多领导于边区政府所在地——庞村召开财经会议也较符合常理。据此推断，相关文献中提及的晋冀鲁豫边区"九月财经会议"和"庞村会议"当为同一场会议。

（二）有关会址选择的分析

晋冀鲁豫中共中央局选择位于邯郸市西南郊区的庞村作为边区政府暂驻地，并在此召开这场重要的财经会议，是经过审慎考虑的。

首先，当时的庞村处于相对和平的环境，受战争干扰较少。抗战时期日军兵站曾设庞村附近，周围为防空区，内战爆发后该地仍属防空驻地，能够避免敌机的侵扰，因此出于内战爆发后的安全考虑，1946年7月晋冀鲁豫边区政府由邯郸市区移驻郊区，西南部的庞村成为首选。

此外，根据1947年绘制的《晋冀鲁豫边区分区详解地图》，庞村位于冀南第三专署的西部，处于整个晋冀鲁豫边区的中心地带，具有衔接邯郸东西部，沟通冀南和太行两行署的地理优势。庞村距离当时的邯郸市中心西南庄车站一带7里左右，每日步行即可到达这一"平原与山地货物交流集散之点"③，不仅有铁路之便，还西临邯武

① 戎子和：《戎子和文选》，中国财政经济出版社1991年版，第155页。
② 薛暮桥、杨波编：《总结财经工作 迎接全国胜利——记全国解放前夕两次重要的财经会议》，中国财政经济出版社1996年版，第36、38页。
③ 民主出版社编绘：《晋冀鲁豫边区分区详解地图》，1947年版，第7页。

公路，西南为大邯公路，东临滏阳河，渚河故道更是穿村而过，交通四通八达。除此之外，庞村东北紧挨孟仵村，也就是当时的邯郸机场，交通优势不言而喻。

当时的邯郸"由于产棉，纺织业亦甚发达"[1]，据村中老人回忆，新中国成立前的庞村有一些经商人家，且拥有大型织布机，这说明该村应当有一些富户，也有一些适合集体办公的较大民居建筑。实地考察后得知，庞村会议旧址正是位于村中（原渚河北）农会院中，而该院原为地主马连田家，是一座有近30间房的大四合院，后作为村农会、民兵连办公场所。[2]

庞村有着悠久的革命传统和良好的群众基础。1940年夏，八路军一二九师青年纵队曾在庞村一带伏击日军，击毁敌人汽车数辆。[3]据邯郸市党史研究者调查，新中国成立前参加革命的庞村村民较多，有较好的群众基础，如1945—1948年间，闫振国担任庞村农会民兵队队长，在全区20个村的民兵出操比赛中，多次获得第一名。[4]

综上诸因，当时的庞村成为晋冀鲁豫边区政府暂驻地及其后九月财经会议的会址所在地也在情理之中。

（三）有关与会者的推断

庞村会议召开时，由于刘伯承、邓小平在前线指挥战争，该会便由晋冀鲁豫中央局副书记薄一波主持，边府副主席戎伍胜出席，参会者通过座谈的方式，统一思想，解决问题。会议上每逢提出一个问题，总是经过一个长时间讨论，启发大家发表不同意见，对所有反对意见，均设法给予反复充分发表陈述的机会，最后取得一致，得到适当解决。结果任务虽重，困难虽多，全盘问题均得到解决，大家对会议很满意，认为不但在思想上，而且在实际上都解决了问题。[5]从会议主持者的身份和研讨座谈的会议方式，可知该边区会议的等级较高，参会者应当涵盖了当时边区党政军主要领导人，尤其是熟悉财经、供给等领域工作的部长或负责人。

反观后来的华北财经会议，当时作为东道主的晋冀鲁豫边区为详细介绍本区九月财经会议的经验，根据工作分工安排刘岱峰、胡景沄、徐达本等进行贸易物价、货币

---

[1] 民主出版社编绘：《晋冀鲁豫边区分区详解地图》，1947年版，第30页。

[2] 后该场所改为"庞村卫生所"。2013年，因房屋破旧倒塌，社区将其拆除改建为居民文化广场。

[3] 张建华、左金涛编撰：《邯郸历史大事编年》，中国档案出版社1999年版，第369页。

[4] 此外还有李富修、马高堂、李德珍、马维群、何树林等，以上人员名单为邯郸市复兴区党史研究室主任李淑兰统计和提供。

[5] 中共中央文献研究室、中央档案馆编：《建党以来重要文献选编（1921—1949）》第23册，中央文献出版社2011年版，第546页。

发行、工业等领域的工作总结，那么这些领导人应当也熟知九月庞村会议的内容，或为主要与会者。

（四）有关会议议题的考证

庞村会议主要围绕三个基本问题展开，即人民负担能力究竟有多大？最低限度需要养兵多少？党政军民生活待遇标准维持多高？[①] 以上问题的提出与当时的局势有关。庞村会议召开前，全面内战已爆发两个多月，一方面国民党横征暴敛，接收大量日方遗留物资和美国援助，用于对解放区的侵犯；另一方面解放区经过抗战消耗，物资匮乏，加上各解放区财政金融不统一，物资交流障碍，增加了战后经济复苏和支援前线的难度。而刚刚成立的晋冀鲁豫野战军、地方军，以及到邯的西北民主联军第38军等过境部队都面临军需供应的困境。因此，明确人民负担能力等成为各解放区亟待解决的问题。

戎子和在华北财经会议上汇报的三大财政工作问题也与庞村会议的主要议题相近，指出"1946年9月财经会议，由于进行爱国自卫战争，提出最高不超过4斗到4斗2升，这是根据战争需要及人民现实负担能力估计而言"[②]，从具体数值上与庞村会议决议内容一致。1984年他再次回忆："1946年9月底召开的晋冀鲁豫边区财政会决定中明确指出，各级党政、财政工作人员要注意调查农民负担，特别是村粮款的负担情况，这个决定的贯彻执行，对了解和减轻村粮款负担，制止村财政的浪费起了重要作用。"[③] 这里强调了庞村会议的核心议题之一——人民负担问题。

除了以上三大基本问题，持续半个月之久的庞村会议还统一了与会者思想，解决了财经管理体制、党风建设等方面的诸多问题，而这些可通过会后形成的相关决议文本得以窥探。笔者查阅1946年10月、11月间晋冀鲁豫边区相关会议档案，发现高关联度会议文本主要有：《晋冀鲁豫边区政府对于民国三十六年度财政工作的几项决定》（1946年10月6日）[④]、《晋冀鲁豫中央局关于财经工作决定》（1946年10月10

---

① 中国人民银行编著：《中国人民银行成立纪事》，中国金融出版社2018年版，第7页。

② 三大问题为：财务行政、开源与节流、人民负担与战争需要。戎子和：《戎子和文选》，中国财政经济出版社1991年版，第166、167页。

③ 薛暮桥、杨波编：《总结财经工作 迎接全国胜利——记全国解放前夕两次重要的财经会议》，中国财政经济出版社1996年版，第474页。

④ 《华北解放区财政经济史资料选编》编辑组编：《华北解放区财政经济史资料选编》第2辑，中国财政经济出版社1996年版，第1140—1145页。

日）[①]、《中共中央转发晋冀鲁豫中央局关于财政会议情况报告的指示》（1946 年 11 月 15 日）[②] 等。这些文本与上面戎子和提到的会议议题及具体数字等内容高度一致，结合时间线索，应为九月财经会议的相关决议。三个文本在核心问题的表述上也基本一致，但存在内容详略和问题侧重点的差异，结合文件下发的时间，不难推测出，第一个文件应当是会议后的初期决议文本，内容最为翔实，而且在这一文件最后，还提到："这个决定，除有关机密一些的编制数字外，其他均可在干部中做深入的传达。传达时特别要着重说明明年的财政工作，……是要我们党政军民全体同志，要在思想认识上取得一致，向着一个统一目标前进奋斗。"[③] 恰恰 10 月 10 日发布的第二个文件，其中隐匿了相关数字，并将第一个会议文本中相对琐碎的内容整合为三大部分，财经工作作为其中之一，得以突出强化。从语言表述上第二个文件也较第一个文件更为通俗易懂，更适合广大干部学习，应当为晋冀鲁豫边区的干部学习稿。而第三个文件则是中共中央要求各中央局、区党委研究参考晋冀鲁豫中央局九月财经会议内容的电文，其中的附件内容是《晋冀鲁豫中央局关于财政会议情况向中央的报告》（1946 年 10 月 27 日），实际上就是庞村会议决议的中央汇报稿，从内容上看，比前两个文件更为凝练。与第三个文本内容高度一致的还有《中共中央关于转发晋冀鲁豫财经会议的决定与经验的指示》（1946 年 11 月中旬）[④]，其后附文《晋冀鲁豫财经会议的决定与经验》，除格式上删除了电文的前后称谓，内容上隐匿和删减了一些预算和开支方面的数值，基本上与第三个文本附件的内容一致，该文本来源于《冀热辽中央分局财经文件汇集》，据此推断应为其他边区的干部学习稿。

实际上，不仅会后文件有助于还原这场历史会议的内容，一些会前文件也有利于了解一些历史真相。在 1946 年 7 月 26 日，戎子和在《谈谈目前财政上的几个问题》中便详细说明了边区面临的财经困境，这一文章内容涉及较多后来庞村会议上研讨的问题，表明在九月会议之前，我党便对边区的财政问题进行了调查和总结，为后续会议上统一思想，找准问题打下基础。8 月 20 日太行行署发布了《关于清理财政与整

---

① 太行革命根据地史总编委会编：《太行革命根据地史料丛书之六·财政经济建设》，山西人民出版社 1987 年版，第 312—318 页。《华北解放区财政经济史资料选编》第 1 辑中亦有该文。

② 中共中央文献研究室，中央档案馆编：《建党以来重要文献选编（1921—1949）》第 23 册，中央文献出版社 2011 年版，第 544—548 页。

③ 《华北解放区财政经济史资料选编》编辑组编：《华北解放区财政经济史资料选编》第 2 辑，中国财政经济出版社 1996 年版，第 1145 页。

④ 《华北解放区财政经济史资料选编》编辑组编：《华北解放区财政经济史资料选编》第 1 辑，中国财政经济出版社 1996 年版，第 178—180 页。

顿财政制度的决定》，在发布相关任务后，强调"这一清理工作，各地要在九月底以前做完，并将清理情形及结果随时报告行署"，结合庞村会议的召开时间，太行行署这一工作是否有配合庞村会议，进行财政情况摸底的目的，有待考证。9月18日更是出台了《晋冀鲁豫中央局财经办事处关于统一集中全区财务行政的几项规定》，其中对边区内的人民负担、分配供应、货币贸易等方面进行了规定，尤其指明："每人每年负担，连地方粮、款在内，最高不超过4斗到4斗2升（以小米、麦子为标准，村政杂支及间接负担不在其内）。"[1] 这里出现的数值与10月6日的《几项决定》高度一致，由此推测该文件可能为会议前参考的重要文本，也正因为其中相关问题解释较为简要，才有了后续召开庞村会议，深入研讨的必要。此外，还发现有《晋冀鲁豫边区政府命令——关于财政税务工作的几个补充决定（摘录）（边财行字第98号）》（1946年10月12日），可能为会议决议补充说明稿，但因未见全文，尚需存疑。1946年的《晋冀鲁豫边区政府财经会议平原小组检讨财经工作材料》、《中共冀鲁豫区党委关于财经工作的决定》（1946年12月15日）、《晋鲁豫行署关于财政工作的指示》（1946年10月12日）等又与庞村会议决议有何关系，也需考证。

二、会议决议内容的整理

根据以上庞村会议主要文本，可归纳出相关议题和决议内容。

（一）统一思想

这一部分在10月10日的《晋冀鲁豫中央局关于财经工作决定》中论证最为翔实，说明了该文件应当主要用于晋冀鲁豫边区干部学习庞村会议的精神。

首先是统一对时局的认识。庞村会议期间，与会领导首先对晋冀鲁豫边区及全国面临的时局进行了分析，认为晋冀鲁豫边区"经过八年抗战（内有三年灾荒），一年自卫战争及找到发展经济的道路较晚，农村经济枯竭，人民负担能力大大降低，所以在完成财政任务时，又必须照顾到人民生活及其负担能力"，并预估到"中国内战将是长期的艰苦的，战争一时不能停止，明年将仍是全国大打的局面，且可能是最紧张最激烈的一年"。

其次，反思前期财政问题。提出"二月以来对和平估计过高，对和平实质了解

---

[1]《华北解放区财政经济史资料选编》编辑组编：《华北解放区财政经济史资料选编》第2辑，中国财政经济出版社1996年版，第1123、1130、1135—1137页。

错误，对敌经济斗争松懈，重财政轻经济的观点抬头，普遍忽视生产节约，使财政工作受到一定损失"，并将财政工作的主要矛盾问题列举如下：1. 历年来即存在有必须大量养兵，必须保障部队一定的生活水平，必须照顾人民负担能力的三个基本矛盾；2. 在财政行政上存在有：上级与下级、地方与军队间的矛盾，上级要求集中统一，下级要求独立自主，军队埋怨地方，认为不能保障供给，地方埋怨军队有本位主义无群众观点，甚至认为把它看成供给部；3. 在公营经济上，有公与私，大公与小公的矛盾；4. 在区与区之间，又存在着相互封锁，对敌斗争对外交流不协调的现象；5. 落后分散的小农经济，小手工业生产加交通不便，与比较近代化的集中的大兵团作战，供应之间的矛盾；6. 蒋介石向我区进攻，我们的口号是：把抗战八年中所有的积蓄拿出来，非长期打算，停战令与政协决议下达后，对和平估计过高，在财政工作部署上犯过错误，到五月间物价高涨本币衰落，预算不能维持，矛盾更加暴露。

最后，定下未来财政工作的主要方向和任务。比如，明确财政工作"首要任务是保障长期战争的军需供给和部队生活的一定水平"①，"必需从长期着眼，从节约人力、物力、财力着眼，因此，我们党政军民学生活，仍须从节衣缩食到最低限度来作准备，这就是我们财政工作的基本精神"②。后续中央转发该会议经验时，也强调："各解放区的财政与经济问题，是一个最重要的问题，各解放区领导机关对此必须严重注意，精密计算，给以正确领导，并动员全党全军及全体人员克服各种困难，以供应战争的浩大消耗，同时又保持人民的生活水准，才能争取战争的胜利。"③

（二）解决问题

有关庞村会议所解决的具体问题在 10 月 6 日的《晋冀鲁豫边区政府对于民国三十六年度财政工作的几项决定》一文中记录最为详细，笔者精简如下：

第一是人民的负担。根据当前人民负担能力估计，明年我区连地区粮、款，平均每人最高不得超过 4 斗到 4 斗 2 升（以小米、小麦为准），全区以 2500 万负担人口计，共可负担 1000 万石到 1000 另 50 万石，连各种间接税收，如工商业营业税、出入境货物税、烟酒税……在内，大概能收 1180 万石到 1230 万石。公营收入看情况

---

① 太行革命根据地史总编委会编：《太行革命根据地史料丛书之六·财政经济建设》，山西人民出版社 1987 年版，第 314、312 页。

②《华北解放区财政经济史资料选编》编辑组编：《华北解放区财政经济史资料选编（第 2 辑）》，中国财政经济出版社 1996 年版，第 1140 页。

③ 中共中央文献研究室、中央档案馆编：《建党以来重要文献选编（1921—1949）》第 23 册，中央文献出版社 2011 年版，第 544 页。

另定。所算 4 斗到 4 斗 2 升直接负担，由中央局决定，各区不能自行增加。此外，还特别提到山地、遭受战争和天灾地区与平原和全区的负担调剂问题。

第二是征收与解上。在上述负担标准内明确了间接税收的分配原则及各区明年的上解数额。指出要平衡财政收支需从公营事业中增加收入，也要考虑到财政上半年透支较大的问题。

第三是编制及养活人数。明确了包括脱离生产地方武装及武工队在内，养兵不能高于 30 万。党、政、民、学共为 125000 人。这两项编制人数，非经中央局批准，不能增加。但各区在分配人数范围内，有自行确定各系统人数的权利，并定期将编制人数，报告中央局、边府。编制人数确定后，各区无权允许本军区要求供给额外人员。此外，还单独将荣誉军人人数和编制列出。

第四是供给原则及标准。供给原则有五点：从维持最低限度生活出发，确实保证基本生活；地方照顾军队，后方照顾前方[1]；适当减轻上级干部待遇，以改善下级战士和勤务人员生活；财政开支特别照顾军队，在比例上军强政弱；供给以实物为标准，按实物供给。指出党、政、民、学除几项基本生活待遇及统一规定标准外，其他事业费以及相关重要生活待遇，可由各区根据自己财政经济情况自定。但规定个人生活待遇标准，不得高于地方部队。同时，其确定各项经费及待遇，亦须报告中央局、边府备案。最后，统一了各级各地的津贴、菜金、食粮等标准数额。工商管理局、税务局、银行等可参照供给制标准，实行薪金制。以及实行薪金制后系统机关不得再经营商业，但干部所得可投资其他合作社或存放银行。

第五是军政费比例。规定了明年度军费、动员新战士费用、荣誉军人经费、过路人经费、友邻区党政军民学活动和驻扎费等各项数额及供应方。[2]

第六，实物折发及拨付手续。指出边区级党政民学及全区军队，由各区解上粮、款实物供给，军费经中央局确定后，由边府划拨，大军区核发。各类供给如果无文件、缺手续则拒绝支付。会上还根据区域差异性，规定军队驻防平原和山地，政府补给实物不同。此外，明确了明年实物预算标准，军队所需之棉花、土布各区负责解交数额等。各区财政部门，在支付军政费用时，必须遵守先军队后地方、先上级后自己原则，同时，因紧急情况，边府得在解上食粮内，调动各区相互调剂，甚至直拨专、

---

[1] 后在 10 月 10 日的《决定》及 10 月 27 日的《报告》中一步步凝练成为"地方照顾军队（军队待遇比地方待遇高），后方照顾前方（前方比后方待遇高），普通区照顾作战区（较多战役地区的战争动员费由全区调剂补助），平原帮助山地"的原则。

[2] 关于具体数值，会议初期决议稿与 10 月 27 日的《报告》中有所出入。如军费预算，前者为 111600 万斤小米，后者则提到由原来的 170000 万斤核减到 114740 万斤。

县时，应同时通知行署，以备对账。最后，粮票统由各区印发，各区之粮票只行使于各区，为调剂各区人员之相互来往，各区得解边府一定之粮票。

第七，战争中缴获物资，按大军区本年 8 月 4 日所发关于作战缴获物资处理命令办理。

第八，工商局和银行领导管理必须统一的内容。如工商局领导必须统一，步调必须一致，税则、税率必须由中央局、边府统一厘定，内地贸易一定要实行自由，不能相互封锁。贯彻税不重征原则，只收一道税，不能收平税。银行管理、票币发行、透支贷款总数确定，均由中央局统一掌握，各区不得自行印发纸币。但为对外斗争灵活，有些事项又需给各区机动便利，如税则、税率对于不关全区的货物，各区可以根据自己的经济情况作适当的变更。但此种变更须报中央局、边府批准后才能执行。再如，各地对内地货物流通，如有意见须由中央局或边府开会解决，不能自定办法，互相抵制。

（三）其他会议决定

在 10 月 10 日的《晋冀鲁豫中央局关于财经工作决定》中又增加了有关机构设置、党风建设等方面的内容，相关精神在 10 月 27 日的《晋冀鲁豫中央局关于财政会议情况向中央的报告》中亦有体现。那么，很可能庞村会议中也有所涉及。

如为加强领导，统一供给，减少各系统摩擦和抵消力量等，与会领导决定成立中央局、区党委两级的财经委员会，对外称军政联合财经办事处。此外，为防止部队机关扰民或变成腐化干部的场所，限制在职干部或吃公粮的人从事经营。为克服机关部队一般生产及商业经营的混乱现象，决定机关部队以农工业生产为主，野战部队一般生产及商业经营一律取消，后方部队的商业经营系限制办法，逐级统一管理及适当地集中经营，且一律不准做对外贸易。为保持共产党员的纯洁性，决定所有脱离生产的共产党员干部的财产向党登记，不得隐瞒，等等。[①]

以上内容说明，庞村会议的议题较多，既涉及宏观问题又涵盖琐碎事项，任务较重，但解决方案原则明确，具体可行。仅从相关会议文本的次第更新中，便可看出与会成员对这次财经会议的重视和付出，全程秉持着审慎、严谨的工作态度，采用了科学、民主的工作方法。

---

① 太行革命根据地史总编委会编：《太行革命根据地史料丛书之六·财政经济建设》，山西人民出版社 1987 年版，第 317、318 页。

三、会议精神的形塑

戎子和在 1984 年《晋冀鲁豫边区财政工作的片断回忆》一文中指出："解放战争时期的 1946 年下半年至 1947 年，我军战略反攻前的大踏步地前进、大踏步地后退等等，使概算的编制和执行困难较大。有利的因素是，军政人员编制和供给标准已事先拟定，党政军民上下一致，保证财政收支和维护财政纪律，使概算的编制和执行较为顺利。"[①] 这里事先拟定的"军政人员编制和供给标准"应当就是庞村会议的成果，证明了该会议的重大历史功绩。1946 年 11 月 15 日中共中央将晋冀鲁豫庞村会议的情况报告转发给了各中央局、区党委，并作出重要批示："现特将晋冀鲁豫中央局 9 月财政会议的报告转发各地。他们这个会议从思想上又从实际上正确地解决了财政问题中的许多基本问题，并核减全部预算的三分之一，而不影响战争的进行，这是一个伟大的成绩，是在战争中一个有重大价值的会议，望各地切实研究参考，并将各自整理财政经济的经验电告。"[②] 中央向各解放区推广庞村会议经验，再次证明了此次会议的科学性与先进性。

这场会议从战争的需要出发，解决急难问题，也为解放战争时期财经政策的制定奠定基础，可谓"打响统一财经、科学整合资源第一枪"[③]。而会议所体现出的会议精神更是具有重要的当代价值。其中，人民至上的会议初心、自我革命的会议精神、民主协商的会议形式、团结合作的会议风气、务实稳健的工作作风、科学严谨的工作方法、清正廉明的党风党纪、乐观进取的精神面貌，均在庞村会议中有所体现，这些共同构成了这一会议的精神实质，形成庞村会议精神，有助于丰富太行精神、中国红色革命精神内涵，对今天的党史研究、党风党建，以及红色文化资源开发皆有一定的价值。

作者：杨洁，邯郸学院文史学院历史系副主任、讲师。

　　　翟茉莉，邯郸市邯山区档案馆副研究馆员。

---

① 太岳革命根据地财政史编写组等编：《太岳革命根据地财政资料选编（内部资料）》，1987 年版，第 421 页。

② 中共中央文献研究室、中央档案馆编：《建党以来重要文献选编（1921—1949）》第 23 册，中央文献出版社 2011 年版，第 544 页。

③ 中国人民银行编著：《中国人民银行成立纪事》，中国金融出版社 2018 年版，第 12 页。

庞村会议与华北解放区的财经统一

李晓楠　王亚堃

摘　要： 庞村会议是晋冀鲁豫中央局于 1946 年 9 月中下旬召开的财经工作会议，集中讨论了财经工作应如何转变，才能长期保障部队的供给。会议的成功经验，引起了中共中央的高度重视，并以此为基础召开了华北财经会议，从而开启了华北财政由分散走向整合的历程。事实上，庞村会议成为了中国共产党推动华北解放区财经一体化的重要起点。

关键词： 庞村会议；晋冀鲁豫；华北财经会议

1946 年，解放战争的形势变化要求晋冀鲁豫解放区需要改变原有财经工作模式，进而保证财政对人民军队的供给。为此，晋冀鲁豫中央局于 1946 年 9 月在庞村召开了财经会议，总结了八年以来的财政工作优缺点，讨论研究了今后财经工作的重点所在。

庞村会议后，在中共中央的指示下，由晋冀鲁豫中央局牵头的华北财经会议在武安冶陶召开。华北财经会议的决议与随即成立的华北财经办事处均加强了各解放区之间的联系，消除了相互之间的隔阂，使得中共中央实现了对华北地区财经工作的统一。

一、迫在眉睫的财经会议

1946 年 6 月 27 日，解放战争爆发，国民党首先进攻中原解放区，与共产党的军队发生了大规模的武装冲突。在军事方面，国民党有着近 200 万的正式军队，配备着大量的美式装备。与之相比，此时的共产党军队是处于劣势的。随着战争新形势的需要，财政体系也亟须改变，从而适应战争需要。为此，中共中央于 7 月 20 日做出了《以自卫战争粉碎蒋介石的进攻》指示，阐述了战争是要朝着持久的方向进行，为了赢得自卫战争的胜利，就必须节省人力、物力资源，一切依靠自力更生，并将"艰苦奋斗、军民兼顾"①作为今后开展工作的指导思想。

晋冀鲁豫边区在抗日战争时期，一面坚持对敌抗战，一面发展生产和开展减租减息活动。从《晋冀鲁豫边区政府施政纲领》中来看，此时晋冀鲁豫边区政府将"保卫边区，坚持华北抗战"作为首要任务，坚持搞好经济建设和民主政治建设。在经济建设上，边区政府积极调节劳资双方关系，保障抗日人民财产所有权，建立了较为完善的财政组织；在民主政治建设上，晋冀鲁豫边区逐步实现民选各级政府。此外，还在文化教育、革除社会陋习、倡导男女平等方面做出一定建树。在众多解放区中，晋冀鲁豫解放区的经济发展一直是较为稳固的，财政工作也较扎实有效。然而受到战争的影响，晋冀鲁豫解放区的财经难题也变得更加复杂。

根据《中共晋冀鲁豫中央局关于财经工作决定》，当时面临的财政问题主要集中于三个方面：在财政工作上，存在着养兵、提高生活待遇标准、减轻人民负担之间的矛盾，如何平衡三者是个大难题；在财政政务行政方面，上级下级、地方与军队均是互相埋怨，互不理解；在各地公营经济上，又有着公与私，大与小的矛盾。出现的问题被搁置，不能及时有效地解决，造成了很坏的影响。晋冀鲁豫中央局意识到问题的严重性后，在7月做出巩固本币稳定物价指示，起了一定作用，但在根本问题上还是没有得到实质性解决。

早在邯郸战役结束后，邓小平就在峰峰主持召开了中共晋冀鲁豫中央局全委扩大会议。举办地点峰峰是邯郸战役期间刘邓前线指挥部所在地，故此这次会议也被称为峰峰会议。会议主要讨论了军事组织建设、减租减息、生产发展，还有边区财政统一等工作。峰峰会议的决策，有效地集中财力支援了刘邓大军，同时也开创了晋冀鲁豫解放区统一财政工作的先河。

根据《边区通讯》第六期中的《晋冀鲁豫边区行政区划、人口、耕地面积统计表》②得出，晋冀鲁豫下辖的四区，总自然人口2800万，负担人数2500万，其中在冀南区，出现了自然人口与负担人数相一致的情况，都为700万。而人均耕地亩数在3.1亩到4亩间波动，全区平均亩数为3.36亩。此数据是1946年3月晋冀鲁豫人民负担的情况，此时还是相对和平时期。随着解放战争的到来，这种情况则会加剧。从

---

① 中共中央文献研究室、中央档案馆编：《建党以来重要文献选编（1921—1949）》第23册，中央文献出版社2011年版，第440页。

②《晋冀鲁豫边区行政区划、人口、耕地面积统计表》，1946年3月15日，华北解放区财政经济史资料选编编辑组编：《华北解放区财政经济史资料选编》（第1辑），中国财政经济出版社1996年版，第166页。

1946 年的晋冀鲁豫解放区经济数据来看，财政收入面很窄，主要依靠单一的农业税，而财政支出方面却很广泛，故财政常年处于赤字状态，赤字数"折合小米为 5.23 亿斤"[①]。根据庞村会议后规定的一个士兵的年费用来计算，1946 年的财政赤字足够养兵 21.6 万人，这个数据已达到了晋冀鲁豫解放区规定养兵数的 72% 以上。

而解放战争的第一年，大多战役都在解放区进行，这使得解放区的人民负担压力更大。同时军队的作战方式与土地革命和抗日战争早期有着巨大变化，从游击作战发展成了大规模的运动战和攻坚战。以上党战役为例，战役前夕，晋冀鲁豫军区就在积极扩充部队，编组野战军。并且一改常态，主动出击，以大兵团与国民党军队进行城市争夺，这都是以往未有的。随着战略的转变，对军队数量、武器效果和后勤供给也有了更高的要求。

当时在解放区，还存在着和平建设环境到战争供应的背景转化。人们对于未来的和平预估错误，和平实质的了解偏差，导致松懈了对顽敌的经济斗争。晋冀鲁豫解放区"农民占全区人口的 85% 以上，农业经济收入占国民经济总收入的 80% 以上"[②]。落后的小农经济，加之交通不便与市场有限，当时普遍认为农村生产价值不大，将重点放在了商业投机，甚至放在了美货上面。还有，人们重视财政经济，却忽视了节约生产，造成了大量浪费，使得财经工作出现了一定的困难。

基于这一战争背景下，晋冀鲁豫中央局于 1946 年 9 月专门召开财经会议，集中讨论了当下的财经工作应如何转变，才能长期保障部队的供给。为了避免国民党军队飞机轰炸威胁，开会地点定在了设置防空驻地的庞村，所以此次会议也被称作"庞村会议"。

二、庞村会议做出的抉择与应对

庞村会议因刘伯承、邓小平率领晋冀鲁豫野战军在定陶地区与国民党军队作战，故会议由薄一波负责。会议具体事务由杨立三、戎子和承担，会议的主要内容是继续贯彻峰峰会议决议，进一步统一解放区的财政工作，并认真"讨论了如何保障刘邓大军的后勤供应问题，事关刘邓大军作战方位和部队的具体调动计划等绝密事项，因

---

① 赵秀山、冯田夫、赵军威：《华北解放区财经记事》，中国档案出版社 2002 年版，第 169 页。
②《晋冀鲁豫边区经济概述》，1946 年 3 月，华北解放区财政经济史资料选编编辑组编：《华北解放区财政经济史资料选编》（第 1 辑），中国财政经济出版社 1996 年版，第 167 页。

此，与参加正式会议的同志外，没有工作人员参加"①。会议鼓励大家畅所欲言，发现问题，提出问题，针对问题提出不同见解，经过反复讨论磋商，最后集中思想，使得意见得到统一。会议持续了半个月之久，得出的结论有着实质性的作用。

庞村会议首要解决的就是人民负担及战争需要问题。晋冀鲁豫边区经历了八年的全面抗战，农村经济早已满目疮痍，而和平并未持续多久，国民党的战火就接踵而至。在此背景下，如何协调平衡人民负担能力、养兵的最低限度和党政军民生活待遇标准三者的关系成为会议的主要讨论点。三者之间存在着很大的矛盾和分歧，但又避免不了，经过半个月的充分讨论研究和大量的反复计算，会议最终得出："一是人民人均负担不能超过小米 4 斗至 4 斗 2 升（约占全区人均年收入的 15% 至 20%）。二是养兵不得超过 30 万人（约占全区人口的 1% 至 1.5%）。三是一个士兵的年费用不得超过小米 15 石（约 2400 斤）。"②

为了适应战争需要，平衡调剂全区差距也被列入会议的计划之中。会议确定了三条供给标准：第一，晋冀鲁豫解放区下辖四区中，山地与平原地区存在经济发展差距，在财政征收上，就略显不同。"山地因粮食（价格低）与棉花、布匹、食盐（价格高）等物折价差额关系，负担不同而生活较苦。在上解税款中，平原较山地比例大，实际帮助山地，供给原则以维持一定生活水平出发，某些基本物资，如野战军服装、菜金等必须按实物标准确实保障（在任何情况下不得变动）"③。第二，"地方照顾军队（军队待遇比地方高），后方照顾前方（前方待遇比后方高），普通区照顾大作战区（大的作战区域动员民力、牲畜及其他消耗损失，由全区统一调剂）"④。第三，降低干部待遇，进而提高战士的生活待遇，保持中国共产党艰苦朴素的优良传统。

庞村会议认为，关于财务行政方针，过去绝对集中统一与各自为政的办法，均不符合当下的战时情况。为了适应战争的新形势，平衡下辖四区的人民负担，一致对外进行经济斗争，调节内地物资贸易，繁荣经济，并解决解放区土地广大、交通不便、经济条件不同等问题，决定制定了全区性与地方性这两个方面的财务行政方针。

为了科学地调配资源，应对战时的财政困难，晋冀鲁豫中央局认为，要想"克服

① 杨国宇、陈斐琴、陈鹊桥、刘备耕：《二十八年间——从师政委到总书记》，上海文艺出版社 1991 年版，第 160 页。

② 马林：《"不起眼"的庞村会议》，《中国金融》，2018 年第 13 期。

③《晋冀鲁豫财经会议的决定与经验》，1946 年 10 月下旬。华北解放区财政经济史资料选编编辑组编：《华北解放区财政经济史资料选编》（第 1 辑），中国财政经济出版社 1996 年版，第 201 页。

④《晋冀鲁豫财经会议的决定与经验》，1946 年 10 月下旬。华北解放区财政经济史资料选编编辑组编：《华北解放区财政经济史资料选编》（第 1 辑），中国财政经济出版社 1996 年版，第 201 页。

战时财政困难，加强我区财政建设及对全区财经工作的领导，就必须集中领导全区财政供给、工商贸易、银行等业务"①，这些做法，可以有效地加强全区各系统和下辖四区之间的联系，减少彼此间的摩擦，并实现财政向战时的转化。因此，中央局区、党委两级的财经委员会和军政联合财经办事处在此背景下，相继成立。军政联合财经办事处拥有晋冀鲁豫解放区最高的财经经济权，起着协调各方、集中统一的作用，为晋冀鲁豫解放区的财政事业稳定提供了相应的组织保障。

最后，为解决部队机关中的商业经营的混乱现象，会议决定："部队以农工业为主，商业经营将采取限制办法，逐渐统一管理及适当地集中经营，且一律不准对外贸易。"② 此外，对于干部的廉洁性问题也做出了相应的规定。

三、呼之欲出的华北财经会议

庞村会议结束后，戎子和等人将会议内容整理成简报，电报中共中央。1946 年 11 月 15 日，中共中央对庞村会议的结果给予回应，高度评价了会议所形成的财政工作经验，并很快将会议内容和经验转发给各个解放区。中共中央的电文迅速引起了各个解放区的强烈反应，均认为庞村会议及其形成的经验是本区财政难题的破冰所在，相继召开了各自财经会议。其中，晋察冀中央局最早行动起来，认真学习相关文件。1946 年 12 月 1 日，晋察冀中央局批准设立中央局、分局、区党委三级的财经委员会，规定财经委员会拥有着决定本区财政经济方针的最高权力，并把召开本区的财经会议列上工作日程。

在此期间，晋察冀中央局将眼光也放到整个华北层面。随着解放战争形势的变化，想要进一步解决本区的财政问题，就必须打破原有的各个解放区之间分散阻隔状态，将华北地区财政一体化落实到实际。因此，晋察冀中央局于 1946 年 12 月 30 日向中共中央致电，建议召开华北经济会议，以求统一各解放区思想，解决各自为政所造成的诸多问题。

原本晋察冀中央局在建议召开华北财经会议的同时，也向中共中央提议在冀中举行会议，但是中共中央考虑到晋冀鲁豫解放区地理位置适中，同时又受战争威胁小，

---

① 《晋冀鲁豫财经会议的决定与经验》，1946 年 10 月下旬。华北解放区财政经济史资料选编编辑组编：《华北解放区财政经济史资料选编》（第 1 辑），中国财政经济出版社 1996 年版，第 201 页。

② 《中共晋冀鲁豫中央局关于财经会议的决定》，1946 年 10 月 10 日。华北解放区财政经济史资料选编编辑组编：《华北解放区财政经济史资料选编》（第 1 辑），中国财政经济出版社 1996 年版，第 178 页。

相对安全。因此，中共中央决定，由晋冀鲁豫中央局牵头，负责召开华北财经会议的相关工作。接到中共中央的指示后，晋冀鲁豫中央局在薄一波和杨秀峰等几位负责人的带领下马不停蹄地开始了华北财经会议的筹备工作，并决定在武安冶陶召开会议。

1947年3月10日，华北财经会议在邯郸召开，晋察冀、晋冀鲁豫、华东、晋绥、陕甘宁、中原解放区五区均派出代表团参加。华北财经会议分为前期座谈会、工作汇报和讨论总结三个阶段。依照《中共中央召开华北财经会议的指示》，座谈会的讨论聚焦于"交换各区工作经验，讨论各区货物交流及货币、税收、资源互相帮助、对国民党进行统一的财经斗争等项"①。经过代表们的讨论交流，各解放区初步达成设立混合市场、不得无故加价、货币之间进行兑换等意见。

3月25日到4月13日，是会议的第二阶段。在此阶段，各解放区代表团相继在华北财经会议上做出工作报告，介绍本区的财政情况。各区的工作报告均总结了自全面抗战以来的经济发展情况，指明了各自的经济苦难。各代表团的工作报告使得大会认识到当下经济发展的具体情况，成了大会第三阶段和日后财经工作转型的主要素材。

4月14日，会议进入到第三阶段，开始了分组讨论和会议总结。各代表团主要讨论了解决财经难题的方法，提出了统筹各解放区的相互关系和解决存在问题、各解放区财经工作由中央统一领导、建立独立自主的财经体系三条决议。4月25日，薄一波根据各解放区的实际情况和会议达成的共识，向中共中央做了题为《关于华北财经会议情况的报告》，使得中共中央掌握了各区情况并了解会议的动向。5月4日，中共中央同意了会议报告，但报告中提及的各区间的财政货币发行权、人民负担等问题需要进行深入研究后再进行规划。

经过各代表团的激烈讨论和多次的修改，大会于6月5日正式通过《华北财经会议综合报告》，至此历时近三个月的华北财经会议圆满结束。大会初步确定了各解放区统一财政工作的思想，为华北财经办事处的成立和今后的工作指明了方向，实现了中共中央对举办此次会议的最初构想。

大会根据中共中央"由各区派人成立永久华北财经情报和指导机关"②的指示，决定成立统一的财经机关指导华北财经工作。4月16日，中共中央任命董必武担任

---

① 《中共中央关于召开华北财经会议的指示》，1947年1月13日，华北解放区财政经济史资料选编编辑组编：《华北解放区财政经济史资料选编》（第1辑），中国财政经济出版社1996年版，第178页。
② 《中共中央关于召开华北财经会议的指示》，1947年1月13日，华北解放区财政经济史资料选编编辑组编：《华北解放区财政经济史资料选编》（第1辑），中国财政经济出版社1996年版，第17页。

华北财经办事处主任，由"华东、五台（晋察冀）、太行（晋冀鲁豫）、晋绥各派一名得力代表为副主任并经常参加办事处工作"[1]。不久，董必武到达邯郸，投身到了华北财经办事处的成立及相关工作中去。华北财经办事处在其仅存的一年工作时间内，面对复杂严峻的经济形势，多次召开财经工作会议，成了推动华北解放区财政体系建立的组织保障。

四、小结

解放战争如同催化剂一般，使得各解放区原有的财政问题暴露得更加彻底。庞村会议的成功经验，既解决了人民负担和战争需要问题，又包含了对晋冀鲁豫解放区财政工作的新规范新举措，其取得的显著成绩值得我们今天再进行相应的研究。

首先，庞村会议的举行为众多解放区提供了可以借鉴的成功经验。庞村会议所解决的问题，也是各个解放区的共性问题。就以人民负担为例，按照晋察冀中央局关于财经会议报告显示，1946年全区脱离生产人数较以往扩大，"约占总人口数的2%"[2]。在山东解放区，1946年半年内"地方人员就增加了两三倍，许多机关团体的脱离生产人员，远超过了编制"[3]。而晋绥区，到了1946年的时候，"全边区每人获细粮仅6斗4升，扣除负担后，仅余粮5斗有奇"[4]。在其他方面，亦是如此。

其次，庞村会议的成功召开，使得中共中央敏锐地意识到解决各解放区财政"壁垒"的时机已经出现，故在收到晋察冀中央局致电的三天后就发出了召开华北财经会议的指示，又在2月14日，再次发电强调了召开华北财经会议支援战争的重要性。中共中央根据晋察冀中央局的提议，将会议举办地由冀中更换到了邯郸，并由晋冀鲁豫中央局负责会议的全程工作。这些都表明了中共中央十分重视晋冀鲁豫中央局的财经工作，肯定其工作能力，认为庞村会议形成的成果是利于整合华北财经工作的。

最后，庞村会议为华北财经会议的召开和全国财政工作的统一奠定了基础。将

---

[1]《中共中央关于成立华北财经办事处的通知》，1947年4月16日，中央档案馆、西柏坡纪念馆编：《西柏坡档案》（第一卷），中国档案出版社2011年版，第6页。

[2]《中共晋察冀中央局关于财经工作的决定》，1947年1月10日，华北解放区财政经济史资料选编编辑组编：《华北解放区财政经济史资料选编》（第1辑），中国财政经济出版社1996年版，第70页。

[3] 薛暮桥、杨波：《总结财经工作 迎接全国胜利——记全国解放前夕两次重要的财经会议》，中国财政经济出版社1996年版，第238页。

[4] 薛暮桥、杨波：《总结财经工作 迎接全国胜利——记全国解放前夕两次重要的财经会议》，中国财政经济出版社1996年版，第216页。

《华北财经会议综合报告》和晋冀鲁豫中央局的《关于财经工作的决定》相比较来看，华北财经会议显然吸收了庞村会议的经验。之后设立的华北财经办事处与晋冀鲁豫解放区的军政联合财经办事处都是以解决财政为主的组织机构，只是前者有着更大的辐射范围，中共中央与晋冀鲁豫解放区的学习交流让庞村会议的成功经验得以升华和扩展。

晋冀鲁豫中央局认识到财经政策需要根据战事的变化而随之改变，敢为人先，率先召开庞村会议。庞村会议实质性地解决了晋冀鲁豫解放区出现的财政问题。正是以庞村会议为起点，华北地区财政体系开启了由分散走向联合的历程，故庞村会议就成了华北解放区统一的源起。

作者：李晓楠，辽宁大学历史学部硕士研究生。
　　　　王亚堃，辽宁大学历史学部硕士研究生。

从分散到统一：新中国成立前后财经建设的缘起、进程与历史意蕴

白路凡

摘　要： 新中国成立前后，中国社会的主要矛盾发生变化，为了更好地调剂资源，促进解放区的经济发展，支援对敌斗争向胜利推进，中国共产党在解放战争进入战略进攻前夕提出了统一财经的目标。党在新中国成立前后的统一财经工作从华北财经办事处开始，逐步发展成为中央财政经济部，再到两个中财委的历史分期。对党统一全国财经的原因与历史进程进行梳理，有利于总结和传承老一辈财经工作者的经验，推进新时代财政经济建设。

关键词： 新中国成立初期；统一财经；缘起；历史进程；历史意蕴

一、新中国成立前后统一财经的缘起

抗日战争胜利后，人民解放战争迅速发展，解放区得到不断壮大。为了给大兵团作战提供保障，促进解放区的经济发展，推进解放战争实现全面胜利，中国共产党在解放战争进入战略进攻前夕提出了统一财经的目标。中国共产党这一目标的提出，是结合当时政治、经济和军事背景做出的必然选择。

（一）统一财经是解决社会主要矛盾、顺应和平民主趋势的必然选择

第二次世界大战以后，帝国主义阵营的力量得到削弱，社会主义阵营的国际地位大大提高；亚洲、非洲、拉丁美洲等殖民地国家兴起的民族解放运动，客观上鼓舞了中国人民争取民族解放。《中共中央对目前时局宣言》中强调新的历史时期内，全民族的重大任务是："巩固国内团结，保证国内和平，实现民主，改善民生，以便在和

平民主团结的基础上，实现全国的统一，建设独立自由与富强的新中国。"[①] 中国共产党的这一主张顺应了国际和平、民主的发展趋势，得到了社会各阶层的广泛支持和热情拥护。与此同时，以蒋介石为首的国民党统治集团在美国的政治和军事支持下，继续实行独裁统治，逆历史潮流，悍然发动内战，遭到人民群众的强烈反对，中国当时社会的主要矛盾发生变化。无产阶级战争观认为要用革命战争消灭反革命战争，用正义战争消灭非正义战争，要解决中国当时社会的主要矛盾，只能采取战争的方式。战争不仅代表双方政治军事力量的对抗，还存在双方物力财力的较量。在这样的情况下，为争取解放战争的全面胜利奠定坚实的物质基础，促进解放区财政经济的发展便显得尤为重要。

（二）统一财经是促进解放区经济发展、更高程度调剂资源的必然选择

抗日战争期间，革命根据地军民高度团结一致，积极发展革命根据地财政经济，支援了革命战争需要。当时革命根据地的物价基本保持稳定，生产力得到了发展，人民的生活水平也得到了改善。但是随着各解放区面积的扩大，需要提拔一大批干部，导致产生了大量的脱产人员，与此同时来源于三农的财政收入并没有增加，这就在相当程度上加重了解放区的财政负担。时任冀鲁豫工商管理局局长的杨寿山同志在1946 年 8 月 10 日对冀鲁豫区半年来工商、货币与税收工作检讨及今后工作意见中提到："三月份以后，在领导思想上，对和平形势认识模糊，把和平前途看作和平实现，因此认为对外不须严格统制，对内更不必管理，应该自由贸易，失掉了战争观念，解除了斗争武装。"[②] 可以看出在当时的解放区内，存在对国内和平估计过高，解除经济工作武装的问题。一些财经工作干部扩大禁入解放区货物的范围并普遍降低了税率，给解放区的经济造成了很大的损失。还有一些解放区估计联合政府即将成立，抢发大量货币，意图为解放区的建设积蓄资本，最终导致区域内出现物价高涨的局面。加之在抗战胜利后，出现了不考虑财政负担能力而盲目投资、分散投资的问题，解放区财政负担加重，入不敷出。为了解决这些问题，就必须向银行借款；为了支援战争需要，就必须发行大量货币。货币发行量的增加带来的一个问题就是物价的上涨，这些问题给当时解放区的财政经济工作带来了巨大的挑战。随着战争形势的向好发展，越

---

① 中共中央文献研究室、中央档案馆编：《建党以来重要文献选编（1921—1949）》第 22 册，中央文献出版社 2011 年版，第 655 页。

② 北解放区财政经济史资料选编编辑组：《华北解放区财政经济史资料选编》（第 1 辑），中国财政经济出版社 1996 年版，第 154 页。

来越多的解放区逐渐接壤起来，各解放区之间的贸易也更加频繁，因为各区之间的货币不一，存在兑换困难，兑换比价不稳定的问题。"在公营经济方面，有公与私、大公与小公的矛盾；在区与区之间，存在着相互封锁，对敌斗争对内交流不协调的现象。'统一领导，分散经营'原则掌握不够，导致出现统一领导不足，分散经营有余的问题。不但有的机关放下工作到地里生产，导致小公得利，大公吃亏，甚至某些连队也违反政策法令开办商店，既影响了内部团结，又干扰了经济秩序。"① 解放区旧有的战时财政经济管理体制不利于各解放区货币和资源的交流，无法满足大规模对敌作战的需要。为了开展对敌斗争，必须加快各解放区统一财经的步伐。

（三）统一财经是支援对敌斗争、夺取解放战争胜利的必然选择

重庆谈判和《双十协定》签订后，国民党政府仍然坚持建立独裁统治，企图消灭中国共产党的武装力量。人民解放军由战略防御进入战略进攻阶段后，国民党军队总兵力由 430 万人削减至 373 万人，人民解放军总兵力则由 127 万人增至 195 万人，国共双方军事力量的对比发生了重大变化。虽然国民党军队在数量和装备上看上去仍然处于优势地位，但是存在后方空虚、兵员枯竭、军心动摇等问题。解放军军队则是得到了人民群众的广泛支持和衷心拥护，后方巩固、士气高昂、武器装备不断得到增强。在这一阶段，我党为人民解放军规定的基本任务是："举行全国性的反攻，即以主力打到外线去，将战争引向国民党区域，在外线大量歼敌，彻底破坏国民党将战争继续引向解放区、进一步破坏和消耗解放区的人力物力、使我不能持久的反革命战略方针。"② 面临战争对人力、物力、财力的巨大消耗，解放区财政经济工作的主要任务应该是充分动员区域内现有的人力、物力、财力去支持长期的大规模兵团作战的需要。为了阻挡国民党军队对解放区的大规模重点进攻，就必须统一全区的人力、物力、财力去支援对敌斗争的需要。

"过去敌人为了要便于他的分区扫荡，曾经沿铁路公路河流建立了封锁线和碉堡据点，把我各战略区分别封锁隔离起来，甚至把一个战略区封锁隔离成为几个区。当时各战略区或分区都不能互相联系，只好自力更生，各自为政；在财经方面也是各搞各的，用一切方法求得自给自足。"③ 当时各战略区采取的"各自为政，自力更生"的

① 齐守印、赵文海主编：《财经大业：对移驻西柏坡前后中共中央统一财经进程的考察》，北京：中国财政经济出版社 2012 年版，第 35—36 页。
② 毛泽东：《迎接中国革命的新高潮》，《毛泽东选集》（第 4 卷），人民出版社 1991 年版，第 1211 页。
③ 北解放区财政经济史资料选编编辑组：《华北解放区财政经济史资料选编》（第 1 辑），中国财政经济出版社 1996 年版，第 83 页。

工作方法是结合当时社会环境所做的必然选择，也在很大程度上发挥了积极的作用。但是随着解放战争进程的不断推进，获得解放的地区越来越多，原先分散的解放区也越来越多的连在一起，原来的这种各自为政的方法已经不再适应现在解放战争的需要。为了推进解放战争的全面胜利，客观层面上要求实现解放区内的财经统一。因此，对过去解放区内存在的各自为政的办法进行调整，就必须加强各解放区对全区财经工作的领导。

在以上诸多因素的影响下，必须建立起一套积极的、适合解放战争发展需要的财政经济制度，促进各解放区实现区域内的财经统一，并在此基础上实现中共中央对财政经济等各项事业的统一领导与统一管理。在推进解放区财经统一的基础上满足解放战争胜利推进的需要，更好地满足战争带来的巨大的人力、物力、财力消耗，有利于更好地解决解放区现存的财政经济困难，促进解放区的良性发展。因此，中共中央发出了统一财经的指示。

二、新中国成立前后财政经济建设从分散到统一的历史进程

新中国成立前后的财政经济工作经历了一个从分散经营到集中统一的历史阶段，晋冀鲁豫边区庞村会议上提出的问题与总结的经验教训对统一全国财经工作具有重要意义，也为统一全国财经工作作了铺垫。华北办事处的成立是统一财经工作的良好开端，中央财政经济部成立后，全国统一财经工作得到不断深入，在两个中财委时期，则完成了全国财经工作由分散走向统一的目标。

（一）庞村会议——统一全国财经工作的铺垫

晋冀鲁豫边区 1946 年 9 月在邯郸郊区召开了"庞村会议"，不但针对解决多养兵、提高兵员生活待遇和减轻人民负担的矛盾问题进行了探讨，还对如何处理上下级之间、地方和军队之间供给矛盾问题进行了分析。会议决定落实在 1945 年 11 月召开的峰峰会议上决定的全区统一财经问题，并决定在中央局下设财委、核减全部预算的三分之一，同时成立边区军政联合财经办事处，负责统一领导边区的财政金融工作。这次会议的召开有利于合理调配资源、增加解放区财政收入，支援解放战争取得全面胜利。中共中央在关于转发晋冀鲁豫财经会议的决定与经验的指示中指出："他们这个会议，从思想中又从实际上正确地解决了财政问题中的许多基本问题，并核减全部预算的三分之一而不影响战争的进行，这是一个伟大的成绩，是在战争中一个有重大

价值的会议，望各地切实研究参考。"① 中共中央在指示中对庞村会议提出的问题与总结的经验表示非常满意，希望各解放区能够切实研究参考。

晋冀鲁豫中央局认为过去存在的绝对集中统一与各自为政的方法，不适应现在晋冀鲁豫边区的情况和长期、大规模作战的需要。为了平衡边区人民的负担，促进经济的发展和内地的物资交流，必须统一对敌经济斗争。由于晋冀鲁豫边区面积广阔，交通、经济条件等条件不平衡，需要结合各区的不同情况给予独立自主处理某些问题的权利。1946 年 10 月 10 日，晋冀鲁豫中央局关于财经工作决定中根据当时财政经济建设的总方针对财务行政问题做出了规定，指出："有关全区性的政策方针、负担标准、全区脱离生产人数、供给基本标准、对外贸易、银行管理、票币发行、大宗收支等集中统一。而属于地方性的局部的政策方针、地方开支、政费全部支配、事业费之审计、在总人数内地方系统之编制、生活待遇之增减、非主要货物税则之变更（主要货物税则不得变更）、贷款之具体分配、预备费之厘定等，各区机动处理。"② 以上这些晋冀鲁豫边区的工作与经验总结为华北财经办事处的成立做了坚实的铺垫。

（二）华北财经办事处时期——统一全国财经工作的良好开端

晋察冀中央局在 1946 年 12 月 30 日给党中央的致电中提交了建议召开华北经济会议的报告，提出了建议召开此次会议、研究统一财经工作的四条理由："（1）因平汉、同蒲、津浦均不通，晋绥、晋冀鲁豫、山东等区均在冀中处采购大批物资，因此，必须统一。（2）各区产出不同，必须相互交流，但各区互相征税，不能畅通。（3）货币不统一，问题甚多。（4）统一对付国民党。"中共中央在 1947 年 1 月 3 日发出了关于召开华北财经会议的指示，认为："此提议甚好，召集这种会议甚为重要。由于空前自卫战争的巨大消耗，已经使一切解放区的财经情况陷入困境，必须以极大决心和努力动员全体军民一致奋斗，并统一各区步调，利用各区一切财经条件和资源，及实行各区大公无私的互相调剂，完全克服本位主义，才能长期支持战争。"③

由于各解放区随着战争形势的发展已逐渐连成一片，各解放区人民物资交流、支援大兵团作战、调剂贫富区之间的差异等问题愈加明显；在此情形下，统一集中华北解放区的财政经济就变得极为迫切。但是因为各解放区之间存在交通不便、财政经济

---

① 华北解放区财政经济史资料选编编辑组编：《华北解放区财政经济史资料选编》（第 1 辑），中国财政经济出版社 1996 年版，第 178 页。

② 河北省税务局等编：《华北革命根据地工商税收史料选编》（第 1 辑），第 204 页。

③ 薛暮桥、杨波主编：《总结财经工作　迎接全国胜利　记全国解放前夕两次重要的财经会议》，中国财政经济出版社 1996 年版，第 47—48 页。

工作发展不平衡的问题，又决定在对财经工作的集中统一领导下，给予很大的机动处理权。在以上诸多因素的影响下，迫切需要成立一个统一的财政机关。"一致要求在中央直接领导下，成立统一的财政机关，调整各地贸易关系，统一各区经济政策和对敌经济斗争，调剂贫富有无，平衡各地人民负担，统一规定各地供给标准，统一计划掌握各地经济发行，稳定各种货币兑换比率，并在这些基础上，逐渐达到各解放区财经工作的进一步的统一，其他具体工作则完全由各地机动处理。"[①] 这次会议的召开，对华北财经工作的重要经验进行了总结，也为新中国成立前后的统一财经事业奠定了坚实的基础，有利于调动解放区的一切力量支援解放战争由战略防御转向战略进攻，推进解放战争的全面胜利。

中共中央关于成立华北财经办事处的通知在 1947 年 4 月 16 日发出，决定在晋察冀建屏县夹峪村成立华北财经办事处。华北财经办事处成立以后，即着手制定了华北财经办事处相关组织规程，根据当时战争的发展形势和财经状况制定了工作规划，对华北区各项生产提出了建议。各解放区政府坚持在华北财经办事处的领导下开展工作，实现了解放区财政的统筹统支、统一管理的调度，改变了原有的分散经营的战时财经管理模式，有力地推动了财政的统一和经济的平稳发展，推进了金融货币走向统一，支援了解放战争的胜利推进，为后来华北解放区货币统一做了铺垫。

华北财经办事处在 1947 年 4 月成立至 1948 年 6 月存续期间，针对解放战争期间财政经济面临的困难局面，有力地领导了各解放区政府积极调整财经工作的方针政策，确定了财经工作的基本路线，协调了各解放区财经工作上的矛盾和战时各解放区与军队脱离生产人数、供给标准和人民负担三个基本矛盾，撤销了各区间的关税，规定货币兑换方法和比价，增进了各区间的相互贸易和解放区经济的繁荣发展，统一军工和交通建设，筹建中央银行，统一货币的发行，华北财办的这些工作为统一财经打下了坚实的基础。

但是，华北财经办事处是中央领导下的联合办事机构，随着解放战争的推进，这种性质的机构已经不再适应当时财经工作开展的需求。中央在华北金融贸易会议胜利召开以后，撤销华北财经办事处并设立了中央财政经济部。

（三）中央财政经济部时期——推进全国统一财经工作不断深入

在解放战争即将进入战略决战的背景下，战争的规模也在不断扩大，因战争而产

[①] 中国人民银行金融研究所、中国人民银行山东省分行金融研究所编:《冀鲁豫边区金融史料选编》(上册)，中国金融出版社，第 593 页。

生的消耗也在不断增加。因此，中共中央把发展解放区生产、保障战争供给提高到与前线作战同样重要的战略地位，以支援解放战争取得全面胜利，这就对解放区的经济发展和统一财经工作提出了新的要求和任务。随着解放战争的推进，华北解放区已经基本上连成一片，中共中央将晋冀鲁豫和晋察冀两边区合并后，两区的货币已按固定比价进行了流通，两区的财经统一问题已基本上得到解决。但是由于战争的原因，山东和西北的财政与货币贸易仍不统一，各解放区为支援战争需要，大量增发货币，又引起了物价上涨，在各解放区的相互贸易中，还存在相互压价的问题。为了促进解放区生产力的发展，保障解放区物价水平和经济稳定，更好地支援革命战争需要，推进各解放区的财经统一进程。中共中央决定在原华北财经办事处的基础上成立中央财政经济部，直接领导和统筹管理各解放区的财经统一和调剂工作。

1948年7月初，中央财政经济部正式成立，中共中央还对中央财政经济部的工作任务做了具体的规定，实现了在更高层次上、更大范围内对各解放区财政经济政策的集中统一领导。中央财政经济部作为中共中央的重要组成机构，坚持在中央领导下将财政经济政策落实到各解放区。在中央财政经济部的领导下，各解放区的财政经济机构不断完善，财经管理体系也更加健全，各解放区的财经统一工作得到有效推进。中央财政经济部在统一货币与支援解放战争不断推进的同时，对地方的财政经济政策进行了指导和规划，促进了解放区经济的繁荣发展，保障了解放战争的人力、物力和财力需要。

在对解放区财经机构进行建设的同时，中央财政经济部还明确和强化了中共中央对解放区财政经济的领导。根据中共中央"九月会议"决议的指示，中央财政经济部在1948年10月20日下发了《关于各地定期向中央做经济报告事项的规定》，要求各解放区财政经济委员会或者财政经济办事处建立完善定期向中央报告经济的制度，这在一定程度上强化了中央对各解放区财经机构的领导，也表明了中央财政经济部的权威性、对各解放区的统筹调控能力的不断增强。

为了推进全国统一财经的进程，中共中央在1948年10月6日下发了关于成立华北财经委员会的决定，决定中指出："为着统一华北、华东、西北的财政经济金融贸易交通等工作，决定成立华北财经委员会为统一领导机关。"[①] 中央财政经济部还领导华北财经委员会建设了中国人民银行，实现了华北、华东、西北三个解放区货币的统一。由于三个解放区的政府机构未被整合的原因限制，华北财委在统一三个解放区之

---

① 华北解放区财政经济史资料选编编辑组编：《华北解放区财政经济史资料选编》（第1辑），中国财政经济
　出版社1996年版，第389页。

间的财政经济工作时遇到了阻碍。再加之解放战争向全面胜利发展，急需推进不适应革命形势发展的各解放区财经统一进程，由中央财政经济部和华北财经委员会共同配合的结构形式难以更加有效推进和协调统一财经工作。为了更好推进和协调统一财经工作，建立一个更加健全的统一财经的领导机构就变得更加迫切和需要。

（四）两个中财委时期——完成全国财经工作走向统一的目标

1949 年 1 月 27 日，中央财政经济部向中央提交了一个统一财经工作方案，"提议取消中央财政经济部，由各区推选财经负责人到中央建立一个比较完整充实的、健全的中央财经工作领导机构，另行组织一个财政经济委员会负责领导财经工作，在财经委员会的领导之下设财政部、经济部（将来可分设工业部、贸易部、交通部等）及人民银行等处理日常各项财经工作事务。"[1] 中共中央在 1949 年 3 月 20 日下发了《关于财政经济工作及后方勤务工作中若干问题的决定》，强调："中央应即成立财政经济委员会，首先与华北财政经济委员会应合并，并加入东北、华北、西北、华中各区财政经济工作负责人为委员，依靠华北政府及各部及其直辖的各省市，进行业务。各解放区财政经济委员会或办事处，除华北外，均仍照旧执行其原来业务，并依上述各项规定与中央实行分权分工。中央一切命令，必须经过各区财委会。"[2] 1949 年 7 月 12 日，中国人民革命军事委员会财政经济委员会正式成立，成为党领导下的具有更高权威性的统一领导全国财政经济的机构。

七届二中全会召开以后，面临党的工作重心由农村转向城市的新局面，党中央对新中国成立以后的统一财经提出了新的要求，决定在中央财政经济委员会的领导下，加快统一全国财经进程的步伐，这也决定了新的时期内中央财政经济委员会的工作方向就是在尽可能短的时期内完成统一全国财经的任务。中财委建立以后，又陆续建立了中央财政处、中国人民银行等中央财政经济部门。中央人民政府在新中国成立以后，政务院财政经济委员会在中国人民革命军事委员会财政经济委员会的基础上改组成立。

新中国成立前后，面临的就是金融物价的不稳定，如何稳定金融、平抑物价，成为摆在党中央面前的一个迫切的问题。面临如此严峻的形势，中财委发动了"银元之战"

---

[1] 丁明等撰稿，当代中国研究所编：《中华人民共和国史编年》（1949 年卷），当代中国出版社 2004 年版，第 354 页。

[2] 华北解放区财政经济史资料选编编辑组编：《华北解放区财政经济史资料选编》（第 1 辑），中国财政经济出版社 1996 年版，第 501—502 页。

对金融投机行为进行打击，通过"粮棉之战"达到平抑物价的效果，以加强金融管理。面对发行货币过多、财政赤字巨大的问题，发行折实公债，来弥补财政赤字。以上种种措施，对物价的稳定作出了贡献，财政经济状况得到好转；同时也对稳定新的市场秩序，统一全国的财经工作奠定了坚实的基础。中财委还指导召开了系列专业会议，从不同的角度和不同的部门为统一全国财经工作做准备。陈云在全国钢铁会议闭幕会上说："财委各种会议都开得差不多了，大家都在准备着向统一的方面工作。"[1]中财委指导的系列专业会议的召开为1950年春全国统一财经工作的开展与完成创造了条件。

三、新中国成立前后财经统一的历史意蕴

随着解放战争的推进，解放区的战略保障工作变得愈加艰巨和重要，这些情况客观上就要求实现财政经济管理体制的由战时的"各自为政、分散管理"转向中国共产党领导下的"集中统一"。统一全国财经工作是面临当时革命斗争形势、实现国家政治、经济统一必须要做的选择；统一全国财经工作从提出到最终完成虽然只有短短几年的时间，但是却对新中国成立之初实现国家的政治统一和社会主义建设奠定了坚实的基础。

（一）实现了财经经济管理体制由"分散"到"统一"的转变

解放战争时期，中国共产党领导的各解放区的财政经济工作在很长的时间内都是处于"各自为政，分散经营"的状态，货币发行分散、币制不统一。解放区旧有的"各自为政，分散经营"的财政经济管理体制，不利于各解放区之间的资源调剂和解放战争的推进。全国统一财经工作的完成，彻底结束了过去解放区分散经营的情况，实现了财政经济管理体制的"分散"到"统一"。新中国成立初期的集中统一的财政经济管理体制，对于更好地集中物力、财力资源恢复和发展经济，促进国民经济的恢复，推进新中国的社会主义建设具有重要意义。

（二）支援了解放战争的胜利与新中国的社会主义建设

统一全国财政经济工作是关系国家政治、经济、军事的全局性任务，只有实现财政经济的统一，才能更好地实现国家的政治、经济和军事的统一。新中国成立前后全

---

① 陈云在全国钢铁会议闭幕会上的讲话，1949年12月25日。

国统一财经工作的开展，使党中央基本上实现了财政的收支平衡，掌握了全国主要的财政收入，为解放战争的胜利和新中国的政权建设提供了充足的财力、物力保障。统一全国财经工作的完成，结束了长达十余年的恶性通货膨胀，稳定了金融秩序，也为新中国成立后国民经济的恢复和大规模地、有计划地进行社会主义建设准备了条件。在统一全国财经工作的进程中，中共中央完成了对财政、金融等的有效控制，将分散的财政经济权利集中统一到中央，加强了新中国的经济建设与政权建设，这也为更加有效地对社会主义建设进行有计划的指导、实现国民经济的恢复提供了条件。

（三）达成了统一货币、平稳物价的目标任务

新民主主义革命时期，由于各种因素的限制，中国共产党领导的革命根据地和解放区在当时只能采用分散经营的方式，成立自己的银行和发行货币。后来随着全国解放战争形势的向前推进，中国人民银行回收了各解放区的货币，发行了人民币，实现了我国货币的完全统一。面对解放初期的通货膨胀和物价不平稳的局面，人民币保持了稳定，很大程度提高了人民币在民众中的信誉。中国人民银行还对现金进行了统一管理，进行金融机构和各项制度建设，稳定了新中国的金融秩序，达成了平抑物价、保持金融秩序稳定的目标任务。

（四）改善了人民群众的生活状况

到解放战争后期，国民党统治区的经济环境迅速恶化，物力、财力、资源的短缺造成了物价的飞涨和投机行为的盛行，国民党统治区在经济上面临着严重的危机。"1943 年以后，蒋介石为首的国民党统治集团继续利用特权控制国家的主要经济命脉，攫取巨额黄金、外汇、物资、地产等，大发'国难财'，猛烈扩张其买办、封建性的官僚资本。他们加紧控制中央、中国、交通、农民四大银行等金融机构，并成立由蒋介石任理事会主席的'四行联合办事总处'，'总揽一切事务'。同时，设立贸易、工矿、农产调整委员会，控制中国的商业、工业和农业。国民党政府推行统治垄断国民经济、绞杀民族工商业、破坏生产力的财政金融政策，靠向美国借款和大量印发钞票来维持其财政。由于滥发钞票，造成国民党统治区内恶性通货膨胀，商业投机猖獗。"[1] 蒋介石政府采取的发行金圆券、限制物价等措施，不但没有达到稳定经济的效果，使经济形势趋于平稳，反而成为其加强掠夺人民财产的工具。国民党统治区内的

---

[1] 中共中央党史研究室：《中国共产党历史》第一卷（1921—1949），下册，中共党史出版社 2002 年版，第 806—807 页。

民众生活痛苦不堪，民心尽丧。中国共产党领导财政经济部门开展了统一全国财经的工作，在党中央和财政经济部门的共同努力下，不断飙升的物价得到了平抑，持续十余年的恶性通货膨胀得以结束，人民群众的生活得到了保障，人民群众的生活状况也得到了改善。

（五）积累了管理财政经济工作的经验

新中国成立前后，中国共产党的工作重心由农村转向城市，如何更好地管理城市，成为摆在中国共产党面前的一个问题。在统一全国财经工作的进程中，中国共产党按照经济运行规律处理和解决问题，积累了管理财政经济工作的宝贵经验，推进了新中国成立初期国民经济的恢复。党和政府还在这个过程中创办了财经学院，注重财政经济干部的培养，并形成了财政收支平衡、信贷平衡和物资供求平衡的三大平衡思想，这些都为新中国成立后的经济建设积累了经验。

作者：白路凡，吉林大学马克思主义学院 2021 级硕士研究生。

庞村会议：中共解放区经济资源整合的初步尝试

赵　鑫

摘　要： 在抗日战争胜利后，晋冀鲁豫边区存在因长期战争导致的民力负担过重与财政混乱以及国民党军队进犯的三大现实问题。基于当时的困境和适应战争形势及经济建设工作的需要，晋冀鲁豫边区率先展开以庞村会议为标志的中共解放区战时财经管控体系的讨论，为寻求养兵、减轻人民负担杠杆平衡条件，统一全区财政建立精确核算机制，明确发展经济为财经工作核心，晋冀鲁豫边区打响了中共解放区资源整合的第一枪。

关键词： 庞村会议；晋冀鲁豫；财经管控体系

1946 年 8 月 4 日晋冀鲁豫野战军发动陇海战役，刘邓大军历经 17 天获得战役胜利，成功控制 300 多里陇海铁路线。自此战后，国民党空军就开始着重对晋冀鲁豫解放区进行空袭轰炸。在 10 月，边区首府邯郸市城北十里外，两架国民党战斗机向货栈运输车进行扫射，造成人车受损①。基于上述，晋冀鲁豫中央局各机关搬迁至邯郸城南庞村一带办公，以暂避空袭危机。此时，中央局为了更好地完成支前工作，创立了边区财经委员会，拥有晋冀鲁豫边区财经工作最高决策权。在财经委员会的支持下，又成立了晋冀鲁豫边区军政联合财经办事处，此办事处实为边区财经工作的领导机构。而庞村会议是在财委、财办成立后召开的第一次正式会议②。目前学术界对于庞村会议的关注颇低③，本文以抗日战争胜利后晋冀鲁豫边区面临的三大棘手难题为切入点，论述庞村会议初步尝试建立中共解放区战时财经管控体系的核心机制及会议召开的历史必然性。

---

① 《新民主主义革命时期中共邯郸市党史大事记》，蓝天出版社 1992 年版，第 128 页。

② 杨国宇主编：《世纪伟人邓小平纪事》，上海文艺出版社 1997 年版，第 221 页。

③ 现有研究成果：马林：《"不起眼"的庞村会议》，《中国金融》，2018 年第 13 期；常伟民、常亮功：《华北财经会议的历史功绩》，《中国金融》，2014 年第 14 期。

一、抗战胜利初期晋冀鲁豫边区存在的三大考验

第一，民力负担繁重。

十四年抗日战争虽然胜利，给人民带来的却是满目疮痍。以晋冀鲁豫太行区为例，据 1945 年国民经济调查显示，各阶层人口数量农民占近九成，其收入来源 85% 皆为农业[1]。在战争期间，广大农村地区不仅大量耕牛农具被毁，而且从事农业的壮劳力较战前严重缺乏。群众的生活尚未恢复元气，国共区域性内战却接踵而至。长期的战乱导致人民负担过重是各解放区普遍存在的问题，下表为例：

表 1　太行区各年人民收入与负担

年份	人均收入（石）	人均负担（石）	总负担占总收入比（%）	每百人养活脱产人数
1941	2.14	0.37	17.29	—
1942	1.71	0.29	16.96	—
1943	1.55	0.163	10.5	—
1944	3.72	0.39	12.5	3
1945	约 2.67	0.3	11.5	2.5

注：1944 年晋冀鲁豫政府规定："今后所有各种报告计划各种调查统计，一律用市石（一三五斤小米）及市斤（十六两）以资统一。"[2]

资料来源：《戎子和文选》，中国财政经济出版社 1991 年版，第 103 页；《中共冀鲁豫边区党史资料选编》（第 3 辑文献部分上 1945.8—1948.5），山东大学出版社 1989 年版，第 32 页。

需要说明的是，太行区从 1942 年开始了两年的严重灾祸，一是日军频繁扫荡带来的兵祸，二是长期干旱缺水，并由此进一步带来虫灾。两年累计有 35 万以上群众受灾，因此人均收入大为缩减。政府为救济灾民进行了减免公粮与发放赈贷等行动，降低了人均公粮指标。但从图中可知，人民负担率仍在 10% 以上。而 1944 年是太行区 30 年未有之丰年，却由于物价发生剪刀差，"上年度 3 斤到 4 斤粮食可以换 1 斤棉花，今年 10 斤都难换到 1 斤"[3]，再由于前两年因灾祸政府军队均以极度紧缩物资度日，是年正值抗日战争反攻阶段，不得不适量提高部队待遇，因而在粮食本位交换的

[1]《太行区国民经济调查初步研究》，第 5—12 页。
[2]《边区政报》（1944 年 3 月 16 日），第 1 卷第 40 期。
[3]《太行区三年来的建设》（1945 年 3 月 8 日），《戎子和文选》，中国财政经济出版社 1991 年版，第 103 页。

市场规则下增加了征收量。1945 年人均收入是丰年之七成，此为无灾祸下正常收入水平，但负担率却较去年上升，此数据还未计算四个亿的财政透支（平均到人民身上负担率只会更高）。

根据国民经济调查，1944 年农业再生产投资约为 3.04 石小米，人均消耗 2.76 石，1945 年收入却只有 2.67 石。人民产出减去自身消耗部分已然为负值，何谈再生产？又何谈缴付公粮？更匪夷所思的是，1946 年初却又大大提高了军政部队待遇，每一个公务从业人员的生活标准，"平均顶八个点一的群众生活标准"[1]。按此财政预算，1946 年人均负担约为 0.53 石，占其总收入高达 19%。

人民负担不仅仅体现在缴纳公粮之困难上，还有强制性的支差任务。自抗日战争反攻开始，各地滥用民力支差现象屡见不鲜，仅武安一地支差数居然达到骇人的三百万次，此数目甚至未完全包括该县参与平汉战役的支差次数[2]。而在之后的自卫战争中，人民支差负担不降反升，"运一斗小米上前线，平均使 2.5 人工，连磨面使 3 个工……1946 年一个劳力最高支差为 120 天，平均为 60 多天"[3]。

群众在战争期间的支差内容除条令明文规定的义运、修筑工事、随战工作等之外，实际还包括公家指派的任何工作，如制作后勤军需物品（鞋、衣服、医疗用品等）。这就容易产生支差人员分配乱象，并且各种杂项社会负担往往比正项负担还重。如 1946 年冀南区行署范若一的财政报告中明确指出："从敌区弄回一张桌椅也支差，老婆回家也支差，一个人走累了也支差，机关生产也支差。"[4] 再如，壶关县有群众反映本地公营酒房为了营业而随便要差浪费民力。该酒坊借以财粮科名义："今年光一区即要大车一百四十六，计一天路的五十四辆，两天路的五十五辆，三天路的三十七辆。代雇的七十一辆，义运的七十五辆……无论是往酒坊运粮，或是酒坊在某地买上粮食还财粮科，都叫群众送。如八月四号，群众正做麦地，新区牲口又是这样少，财粮科又在一区拨四十五辆大车，将酒房在大河、辛庄一带买的粮食运到城内。"[5] 不

① 《晋冀鲁豫中央局关于加紧生产工作的指示》（1946 年 1 月 13 日），《中共冀鲁豫边区党史资料选编》（第 3 辑 文献部分 上 1945.8—1948.5），山东大学出版社 1989 年版，第 32 页。

② 《晋冀鲁豫中央局关于加紧生产工作的指示》（1946 年 1 月 13 日），《中共冀鲁豫边区党史资料选编》（第 3 辑 文献部分 上 1945.8—1948.5），山东大学出版社 1989 年版，第 33 页。

③ 《太行行署太行区财政困难概况》（1947 年 1 月），《华北解放区财政经济史资料选编》（第 2 辑），中国财政经济出版社 1996 年版，第 1170 页。

④ 《范若一在冀南行署第一次财联会上关于财经工作的报告》（1946 年 1 月），《华北解放区财政经济史资料选编》（第 1 辑），中国财政经济出版社 1996 年版，第 143 页。

⑤ 《清醒头脑爱惜人力物力　保证爱国自卫战争的胜利》，《新华日报 太行版》，1946 年 8 月 30 日第 4 版。

仅如此，群众制作后勤物品一般需自身倒赔工本。如 1942 年涉县抗勤记录每做一双军鞋按市价需物料成本洋 16 元、人力成本洋 4 元。本地政府出资一双军鞋物料费洋 10.5 元、人力费洋 3 元。由此可知，按市价群众每做一双军鞋姑且不计人力费用，还要倒赔洋 2.5 元[①]。

在支差主体上，晋冀鲁豫根据地抗战期间规定"凡年在 16 岁以上，50 岁以下之男子及一对牙以上之驴、骡、马、牛、骆驼"均在服役范围。后期支差条令虽有修改，但只是在年龄上限与下限进行浮动。各规定中虽未提及女性支勤，但女性实际却广泛参与到后方支差工作中。1944 年林北县抗勤工作总结数据可证：

表 2　1944 年林北县各区妇女劳力现状与分配制鞋数

项目 区别	劳力妇女（人）	春季排鞋数（双）	秋季排鞋数（双）	合计（双）
一区	6239	1200	4100	5300
二区	7457	2200	4560	6760
三区	4564	800	4100	4900
四区	4891	—	3700	3700
五区	8515	800	6200	7000
六区	5687		4500	4500
七区	1781	800	1100	1900
合计	39134	5800	28260	34060

资料来源：《抗日战争时期晋冀鲁豫边区财政经济史资料选编》（第 1 辑），中国财政经济出版社 1990 年版，第 1503 页。

表 3　1944 年林北县基层调查某村男女人口、劳力、支差数

区别	村名	人口		劳力		每女人平均差数（工）	每男人平均差数（工）
		男	女	男	女		
一区	任村	2102	1648	838	868	2.9	2.5
	南荒	1102	1052	426	235	5	3.2
	井头	1098	1094	217	704	0.3	0.44
二区	东岗	561	687	215	250	4.6	4.4
	教场	630	670	154	401	3.8	1

---

① 《涉县县政府抗勤工作报告》（1944 年 12 月 6 日），《抗日战争时期晋冀鲁豫边区财政经济史资料选编》（第 1 辑），中国财政经济出版社 1990 年版，第 1496 页。

续表

区别	村名	人口		劳力		每女人平均差数（工）	每男人平均差数（工）
		男	女	男	女		
五区	姚村	—	—	220	247	3.7	0.6
	史家河	302	318	210	130	3.7	0.3
	李家岗	259	341	88	164	5	3.6
	大池	207	368	49	125	2.4	1.2
七区	西乡坪	664	631	411	368	2.7	6.89
	白家庄	335	255	189	755	3.4	2.4
合计		7260	7064	3017	4247	37.5	26.53
备考	女工是按照每双鞋折四个工来计算的						

资料来源：《抗日战争时期晋冀鲁豫边区财政经济史资料选编》（第 1 辑），中国财政经济出版社 1990 年版，第 1506 页。

由表中数据可以分析出几个重要指标。第一，该县男性可用劳动力与男性人口数之比为 0.39，女性则为 0.57（因姚村未有人口数据，故除去）；第二，该县男女支差比为 0.7；第三，县男女总劳力之比为 0.71，其中白家庄比例最低为 0.25。由此可知，长期战争导致林北县男性可用劳动力大幅度减少。令人惊奇的是，井村男性可用劳动力与男性人口之比为最低，仅有 0.19。该数据表示井村每 100 个男性人口可用劳动力仅有 1.9 人。县中大部分村女性劳动力数量大于男性，白家庄男女劳力比例为 1∶4，男女劳力比例严重失衡。这也可以进一步解释表三中，林北县各区女性支差数普遍大于男性支差数的原因。需要注意的是，由于男女支差计算方式不同，支差数并不能直接定义工作量大小，但这足以证明女性也具有繁重的支前杂项负担。

除上述人力外，可负重或能驾车之牲畜亦在服役范围。抗日战争期间，晋冀鲁豫边区对人牲支差负重及里程数均有明确要求。以年为计算单位，每人每牲最低完成 60 里义运任务；符合条件的人力每年需完成最低 100 斤义运勤务，畜力则最低为 150 斤[①]。这就会产生两个棘手的问题。第一，人与牲畜每年要求的负重量不同，且存在一家多畜情况。导致在人完成了年度义运最低任务数后，家中牲畜运输目标却无法同步达成。这种差异化使得群众在心理层面不安心让自家牲畜跟随他人继续了结剩余里程数，只能无奈地亲自随从，因而间接地加重了拥有畜力家庭的义运任务；第二，牲

---

① 《晋冀鲁豫边区义运军粮办法》（1942 年 2 月 15 日），《抗日战争时期晋冀鲁豫边区财政经济史资料选编》（第 1 辑），中国财政经济出版社 1990 年版，第 1482 页。

畜支差途中偶有损耗发生，而抗战时期政府却无相关补偿明细条令，大体只有"政府酌情予以抚恤或赔偿"字样。行文中查阅，只找到1948年太岳区关于服勤牲畜损失赔偿政策，文件中根据牲口伤亡程度区别赔偿金额，范围区间为服勤牲畜公平市价的20%至90%。由此可以推断，在1948年战争形势已发生好转，解放区经济较抗战期间优势明显的前提下，人民私有牲畜在支差受损尚且不能得到完全价值赔偿，更不必说抗战时期了[①]。

综上所述，林北县之数据虽为晋冀鲁豫边区小范围统计，也确不能起到以偏概全的作用，但其数据彰显劳力之匮乏实有代表性意义，可以成为广大农村解放区现状的缩影。在农村根据地广泛存在劳作工具与劳动力不足的情况下，支差与农业生产本就存在行为冲突。农业生产与支差的矛盾，日渐显现为军队补给与人民负担之间的矛盾。战事频繁导致人民负担愈加繁重，某些地区甚至出现出卖牲畜以躲避支差的现象[②]。人民在长期战争中受到极大损伤，但是战争的残酷性与持续性又是逃脱不开的现实，此时就急需晋冀鲁豫中央局作出财经工作的进一步指示。

第二，边区财政混乱。

财政建设是分配人民财富、开发公共资源、提高人民生活水平的重要工作，是决定战争胜负的关键一环。在残酷的持久战争中，如果没有坚实的后方财政支持前线，没有完善的财经体系对敌经济战以保障足食足兵，那么战争的结果大概率会走向失败。晋冀鲁豫边区的财政工作对抗战反攻阶段以及后来自卫战争的物资提供起到了重要作用，但与此同时，也产生了许多财政混乱现象。

首先是财政透支。1941年晋冀鲁豫边区成立初期，政府财政工作大多需要打印机来解决问题，导致了一定程度的通货膨胀。军费与政府开支采用盲目"一刀切"模式，各自占据一半。自1942年起，边区政府财政工作逐渐走上健康道路，军政开支调整到二比一，后又调整为四比一。在1943年施行统累税以后，人民赋税较以前也更为合理。但即使如此，自抗战反攻以来依然加重了各地财政负担，导致人民普遍呈疲惫之态。

以太行区为例，即使在1945年反攻前夕该区仍可余粮近10万石小米，较为殷实。但由于财政计划不够周密，本区域在原有兵力4.5万的基础上又增加5000，新兵

---

①《太岳区参战服勤民工、民兵负伤治疗、残废供给、埋葬抚恤及牲口车辆损失赔偿的规定》（1948年6月15日），《华北解放区财政经济史资料选编》（第2辑），中国财政经济出版社1996年版，第1354页。

②《抗战胜利后边区的经济和财政工作》（1945年1月26日），《戎子和文选》，中国财政经济出版社1991年版，第128页。

武器装备均由太行区本身负担。后又经历上党、邯郸战役，太行财政被一次击穿。根据数据统计，军粮原预算约为 4400 万斤，实际支出 6700 万斤，超支约 2200 万斤；政民粮原预算 1300 万斤，实际支出 2375 万斤，超支约 1100 万斤。这不仅把原本留存 10 万石小米消耗光，连带行政粮在内另亏小米约 4000 万斤。经费原预算为 2.5 亿元，实际透支 8.2 亿元，透支金额为原预算近 4 倍[①]。从 1946 年晋冀鲁豫边区财政预算数据也可以看出，粮款透支已成为全边区不得已的默认行为。人民是物质财富创造的主体，此时却成了背负债务的责任人。若在旧人均负担上分摊财政赤字金额，群众将无法正常生活。

表 4 1946 年晋冀鲁豫边区财政预算

项目　　类型	款（万）	粮（石）
总收入	611564	4645374
总支出	792000	4876000
透支	180346	230626

资料来源：《华北解放区财政经济史资料选编》（第 2 辑），中国财政经济出版社 1996 年版，第 1093 页。

其次，地方浮支滥借严重。由于边区内各行政区财政水平参差有别，偶尔需各县之间相互调剂借粮，以解燃眉之急。但这也造成浮支滥借的现象发生，如 1945 年寿阳县以生产准备金的名义借出 17 万斤粮，此数目是该县一年党政军群全部开支总和；有些县甚至不打算收回外借粮，有些县干脆将借条当作库存直接上报领导机关。解放区虽为一体，但如此操作必然会影响政府把握宏观调控的尺度，造成本地财政混乱的局面。据 1946 年财政机关统计，"全太行区暂支款项仍不下 1000 万元，粮食亦在百万斤"[②]。审计与交接制度混乱也是造成浮支滥借的重要原因。有些专署记账不及时，甚至有些直接放弃审计工作，导致开会审计双方数目根本对不上。一个区域内的财政干部对每月各项收支盈亏状况搞不清楚，好多支借都是凭借领导的"心中有数"，反而加剧了财政的盲目性。还有只支不报的现象，非常严重普遍，"如一专要开劳英

[①]《太行行署太行区财政困难概况》（1947 年 1 月），《华北解放区财政经济史资料选编》（第 2 辑），中国财政经济出版社 1996 年版，第 1170 页。

[②]《太行区执行财政制度中的几个问题》（1946 年 3 月 7 日），《华北解放区财政经济史资料选编》（第 2 辑），中国财政经济出版社 1996 年版，第 1095 页。

大会要花 200 余万元，已经花了 30 万元，连告都不告行署"①。财政数据如果不能及时地作为政府领导工作重要的参考依据，长此以往必将会造成严重的后果。

最后，贪污浪费现象频出。在抗战胜利后，晋冀鲁豫边区有部分干部领导认为困难已经过去，战争已经远离，从心里产生"李自成"思想。尤其反攻胜利后边区夺取了不少以邯郸为代表的中小城市，而大部分干部在十四年抗日战争均在贫苦农村根据地紧张拮据地度过，现在由农村转移到城市，各项工作生活条件大大改善，短期内环境的突然变化导致部分干部安逸享乐的思想萌发，"过事铺张请客宴会，靡费之风大张，不可终日。"②并且还有些干部居功自傲，"认为局面是我打开的，工作是我建立的，一切都应该由我来支配，多花一点没有啥。"③

上述个人问题产生并发展成区域财政上的新混乱，突出表现为贪污事件频出。区内某地领导擅自修改进出口税率，短短二十几天内凭借率差狂揽几千万；还有将逆产没收后私自花销，不仅花光了变现后的近 18 万元与原有 8 万余法币，甚至在账还透支 2 万余元；某地原有自行车近 80 辆，现已查明仅剩 8 辆，缺失数皆由保存单位私自送人或报以损坏无查；某地公安执法部门将没收之香烟、毒品等自行变现，资金不知所终；④甚至太行区二专署某县区的一个助理员都"贪污粮食三十三石"⑤。随便开支、没收物品不交公、仓库偷粮、走私漏税的事件虽非为普遍现象，但其中透露出当前解放区财政经济收支制度确有严重漏洞，如果不及时制止而任凭发展，其后果是难以想象的。

第三，战争形势严峻。

1945 年 8 月 14 日，日本侵略者宣告无条件投降。历经十四年的艰苦抗战，中国人民内心渴望的胜利有望到来。与此同时，抗战的胜利也让国共两党之间的激化矛盾浮出水面，使得国内形势发生急剧变化。1945 年 8 月 15 日，毛泽东在延安干部会议上对蒋介石未来举动有准确的判断："这位'委员长'现在要'下山'了。"⑥其含义是以蒋介石为代表的国民政府要以中国"正统"的名义来抢夺抗日战争胜利的成果。的

---

① 《太行区执行财政制度中的几个问题》（1946 年 3 月 7 日），《华北解放区财政经济史资料选编》（第 2 辑），中国财政经济出版社 1996 年版，第 1095 页。

② 《晋冀鲁豫中央局关于加紧生产工作的指示》（1946 年 1 月 13 日），《中共冀鲁豫边区党史资料选编》（第 3 辑 文献部分 上 1945.8—1948.5），山东大学出版社 1989 年版，第 33—34 页。

③ 《克服财政上的混乱现象》，《新华日报 太行版》，1946 年 8 月 27 日第 1 版。

④ 《太行行署关于清理财政与整顿财政制度的决定》（1946 年 8 月 20 日），《华北解放区财政经济史资料选编》（第 2 辑），中国财政经济出版社 1996 年版，第 1129 页。

⑤ 《二专署召开财政科长会议》，《新华日报 太行版》，1946 年 10 月 15 日第 4 版。

⑥ 《毛泽东选集第 4 卷》，人民出版社 1966 年版，第 1069 页。

确，不久后，蒋介石在国内形势动荡的情况下采取两手准备的策略。一方面，他佯装邀请中国共产党中央主席毛泽东赴重庆谈判，以应对全国舆论；另一方面，他加紧调遣军队，进攻华北、东北、华东解放区，导致全国局势进一步紧张。

山西阎锡山在日军宣布投降之日起，就开始和山西留守日军司令签订"妥定事项"，介休 2000 日军宣布加入阎军，许多日伪机关纷纷改组为本地政府驻防机关。1945 年 9 月初，山西国伪日混编军开始入侵晋冀鲁豫上党地区，22 日阎军第七集团军带领部队 2 万人对太岳、太行根据地进行掠夺式袭击。蒋介石方面，第一集团军胡宗南清点豫北日伪残部共 20 万，沿平汉、道清两线从南方进攻冀南、太行。

而邯郸地区，蒋介石为了夺取抗日果实，以"恢复失地"的旗帜，积极组织国民党中央军和地方部队进行战略部署，并勾结邯郸地方日伪军。因此在日军从邯郸城撤走后，此地成了日伪军坚守的巢穴。他们企图通过国民党的收编成为正规军，继续在邯郸兴风作浪。这群残渣余孽终是"心想事成"，1945 年 9 月中旬，伪军头子郭化民收编各路伪军部队大约 3000 人，进占邯郸城，他们在城内修整城防，抗拒八路军接收。

1945 年 10 月 10 日，正值国共两党在重庆签署停战协议之际，国民党在新乡一带集结 5 个军的兵力向北进发，并用美式运载飞机空运第一军 78 师 232 团及大批弹药到安阳，增援本地剿共日伪军。10 月中旬，国民党军第 11 战区司令长官孙连仲所属的第 30 军、第 40 军及新编第 8 军共 7 个师 4 万余人组成第一梯队，在第 11 战区副司令长官高树勋的率领下，从新乡出发，沿平汉线及其以东北进；第 32 军及收编的伪军孙殿英部为第二梯队尾随跟进。国民党军企图进占邯郸、石家庄，控制平汉线。同月中共晋冀鲁豫边区冀鲁豫区根据战争形势，下达了"建立与壮大正规军，以便进行运动战，随时准备打击国民党的进攻"[①] 的指示。

总之，晋冀鲁豫解放区作为全国较大解放区之一，西邻晋绥解放区、东接华东解放区、北依晋察冀解放区、南依黄河与中原解放区相望。其位于华北军事区战略要地，是国民党向北进军道路上一大阻碍，因此在抗战胜利初期就成为国民党军进攻重点。在解放战争彻底爆发前，以上党战役和平汉战役为代表的国共两次大规模冲突均在晋冀鲁豫地区进行。

综上所述，14 年抗日战争的胜利是建立在广大农村根据地群众持久而巨大的负担之上，枪炮吃粮远超人吃粮。从战争装备的角度看，抗日战争与后来的自卫战争均是现代化机械的大规模运动战争，而中国共产党领导的敌后根据地后勤保障主要依靠分

---

① 《张霖之同志关于形势与任务的报告》（1945 年 10 月 5 日），《中共冀鲁豫边区党史资料选编》（第 3 辑文献部分 上 1945.8—1948.5），山东大学出版社 1989 年版，第 12 页。

散而落后的农村，人民负担与政府财政压力巨大。1946 年初解放区的自卫战争更是在抗日战争巨大消耗的基础上进行，在战争形势更加严峻的背景下，养兵、军需与民负之间矛盾愈演愈烈。本着惩前毖后、治病救人的原则，建立战时财经管控体系，明确财政任务，整顿财政乱象，减轻人民压力以保障军需民食刻不容缓。基于当时晋冀鲁豫边区财经现状的严峻性，以战时财经管控体系为核心谈论的庞村会议顺势召开。

二、庞村会议成果：战时财经管控体系

庞村会议于 1946 年 9 月下旬召开，历时近半月。会议成果文件包括但不限于《关于统一集中全区财政行政的几项规定》《对于民国 36 年度财政工作的几项决定》及《中共晋冀鲁豫中央局关于财政工作决定》。对于中共解放区普遍存在的战时财政基本问题，晋冀鲁豫边区率先召开会议进行讨论，并初步建立了三大战时财经管控机制。

第一，讨论三个基本问题。

各解放区财政工作，历年存在三个基本问题，即在战争时期人民可承受负担的最大额度是多少？在财政安全的前提下，保证边区的民主与和平并可投入对蒋进攻的最大军队数量是多少？军队机关维持战斗力最低供给标准是多少？这三个问题相互关联、相互制衡。

为解决上述问题，庞村会议着重讨论如何平衡民力负担与兵力需求之间的关系。由于长期战争导致民众负担沉重，需要寻找一种合理的机制来分担负担，同时确保军队有足够的战斗力对敌斗争。会议首先根据晋冀鲁豫边区长期财政收支情况及人民负担进行了分析。全区负担人口共 2500 万人，以小米为最终单位，粮食直接负担范围在 1000 万至 1050 万石，各种间接税收收入折合粮食约为 1180 万至 1230 万石，故制定出每人每年负担"不超过亦不能过少于 4 斗到 4 斗 2 升"[1] 这一具体范围。由于晋冀鲁豫面积较广，地形复杂，山地区域较平原地区每年收入均有不同，再加上各地通货膨胀情况不一，故会议以平原照顾山地、地方照顾军队、后方照顾前线及普通区照顾大作战区为原则，困难地区具体征收由中央统一调剂，但全区总体人民负担必须为上述负担区间，并强调此负担区间曰晋冀鲁豫中央局直接制定，各地不可擅自修改。

其次，会议规定晋冀鲁豫全区军队包括地方脱产武装及武工队在内数量不少于亦

---

[1]《中共晋冀鲁豫中央局关于财经工作决定》（1946 年 10 月 10 日），《华北解放区财政经济史资料选编》（第 1 辑），中国财政经济出版社 1996 年版，第 176 页。

不能多于 30 万[①]。由晋冀鲁豫边区过去数年财政经验可知，全区人民不可能养活超过 2% 的脱产人员，经过精密计算，假如大生产运动取得较好成绩并且各机关完成了毛泽东所述自给自足的第二指标，全区也至多养活 1.5% 的脱产人口[②]。1946 年晋冀鲁豫边区总人口约为 2800 万[③]，30 万的军队数量将养兵数控制在总人口的 1.07%。除军队外，会议规定政府各机关党政学民编制人员固定为 12.5 万人[④]，加上 30 万军队数量所占全区人口比例为 1.51%，与晋冀鲁豫边区长期财政建设所得经验数字吻合。并须强调，在内战爆发前，国民党军队在晋冀鲁豫边区周围集结了 11 个整编师和 3 个军[⑤]，兵力不低于 35 万人[⑥]。晋冀鲁豫中央局面对此等敌方数量进犯，在当时想要达成对等条件尚不允许，但考虑军队太少不足以保证边区的和平与稳定，而太多又加重了人民负担，故结合以往战斗经验，指定了此数目。

最后，会议制定出一个兵的生活标准"不能超过亦不能过少于每年小米 11 石"[⑦]。此标准以全区绝大部分群众阶级生活水平为衡量标准，如下表所示：

表 5　1944 年太行区 11 县各阶级土地收入比例

	人口数	每人平均土地	每人平均土地收入	每人平均总收入	土地收入占总收入 %	各阶层占据土地比例	国民总收入占有 %
地主	137	11.13	6.865	7.687	89.31	2	0.8
富农	1069	5.26	8.26	9.31	88.97	9	10
中农	8978.5	3.896	5.67	6.43	88.23	73	73
贫农	6501.5	2.39	3.39	4.4	77.03	16	15

注：该数据源文件贫民人口数原为 659.5，与原文件总人口数不相匹配，系登记错误数据，已纠正为 6501.5。

资料来源：《太行区国民经济调查初步研究》，第 12 页。

[①] 韩冬梅编：《冀南革命根据地建设》（下），中共党史出版社 2018 年版，第 776 页。

[②]《晋冀鲁豫中央局关于加紧生产工作的指示》（1946 年 1 月 13 日），《中共冀鲁豫边区党史资料选编》（第 3 辑 文献部分 上 1945.8—1948.5），山东大学出版社 1989 年版，第 33 页。

[③]《晋冀鲁豫边区行政区划、人口、耕地面积统计表》（1946 年 1 月），《华北解放区财政经济史资料选编》（第 1 辑），中国财政经济出版社 1996 年版，第 145 页。

[④]《对于民国 36 年度财政工作的几项决定》（1946 年 10 月 6 日），《华北解放区财政经济史资料选编》（第 2 辑），中国财政经济出版社 1996 年版，第 1141 页。

[⑤]《中国人民解放军第二野战军战史》，解放军出版社 1990 年版，第 36 页。

[⑥] 整编师的兵力在 2 万—3.4 万人之间，军略大于整编师的兵力。数据来源：汪德春主编：《黄埔名将胡宗南》，东方出版社 2014 年版，第 199 页。

[⑦]《中共晋冀鲁豫中央局关于财经工作决定》（1946 年 10 月 10 日），《华北解放区财政经济史资料选编》（第 1 辑），中国财政经济出版社 1996 年版，第 176 页。注：另有《冀南革命根据地建设》（下）一书中，文献记载为 15 石。数据来源：韩冬梅编：《冀南革命根据地建设》（下），中共党史出版社 2018 年版，第 776 页。

根据数据显示，在各阶级里中农约为总人口的 54%，并占据七成多的土地，同样拥有七成多的国民总收入，该阶层的吃穿用度具有普遍代表意义。因此会议规定"以维持比中农生活水平较好为合理"[①]。在供给方式上，以维持军队正常运转最低开销为原则，实施地方照顾军队、后方照顾前线的方法，有效保证财政开支的倾向性，并适当减轻领导待遇来照顾下级士兵，采用实物供给制度[②]。

总之，晋冀鲁豫边区面对养兵、军需及人民负担的三个基本问题，在庞村会议集中讨论了当前人民负担与财政状况，制定出解决三方矛盾的有力方案。只有保持这三方数据的比例关系，才能维持边区最大数量的兵力，并保障人民军队维护边区和平与民主的战斗力，还不使人民因负担过重而生计崩溃。庞村会议明确三方指标之红线，第一次为中国共产党在解放战争中科学解决各解放区财经问题提供了理论基础。

第二，讨论统一财政、精确计算的合理性。

伴随着战争深入，晋冀鲁豫解放区由于面积广大，中央局对基层单位的财政状况了解不甚透彻，又加上各地工作发展参差不齐，在认识上未形成一致。各地因分散又落后的小农经济而导致的审计缺失一直是财政混乱的根源之一，上级要求统一而下级要求独立自主的矛盾长期存在。晋冀鲁豫中央局深知如不统一全区财政制度、精确核算民力兵力，就不能发挥边区整体之战斗力。故在庞村会议各代表讨论下，制定出了全区统一精确核算的财政机制，可分为两方面阐述。

一方面是统一全区性财政各项指标，覆盖基本人民负担标准、军队基本供给标准、全区无产人员数量、对外贸易、工商局和银行管理等等。庞村会议期间明确出台政策文件，规定了除军队外，党政军学机关的基本生活待遇，包括各级别津贴标准、菜金、服装、医药费、过节费、烤火费等等。另一方面为建立精确计算制度，一切财政收支都需贯穿审、会计流程。工商业必须施行成本会计制；针对村财政乱象，会议指出必须精准计算区域内人力物力，领导做到实时了解动态数据变化，并按时向村民汇报某时段村财政收入情况；针对乱支差、浪费民力的现象，会议指出要加强后勤机构管理，实施民力支差的计算制。反对严重的本位主义，名义上为实事求是，实则闹独立性，漠视组织领导，即认为只要在作战中，就可以不顾一切地使用民力的想

---

① 《中共晋冀鲁豫中央局关于财经工作决定》（1946 年 10 月 10 日），《华北解放区财政经济史资料选编》（第 1 辑），中国财政经济出版社 1996 年版，第 176 页。

② 《对于民国 36 年度财政工作的几项决定》（1946 年 10 月 6 日），《华北解放区财政经济史资料选编》（第 2 辑），中国财政经济出版社 1996 年版，第 1141 页。

法。倡导即使在战争中，也要计算节省民力。"反对一把抓的现象，反对漫无目的，随要随给，要什么抓什么，一年不算账毛手毛脚的作风，提倡全面计划科学计算的作风"①。

晋冀鲁豫边区为适应长期战争的需要，打破各地方财政割据局面，克服战时财政困难，适时召开了庞村会议。会议中提出了建立全区统一财政制度，并在这基础上，采用精确计算方式达到调剂人民负担和财政平衡的总要求。建立统一精确核算机制，有利于整个边区的军事经济得到统一领导，使得人民负担得以有效调剂，并能更加贯彻落实财政相关政策，让财政调度周转实现自如，因此更好发挥边区大经济单元功能。

第三，讨论解决财政混乱的根本途径。

导致晋冀鲁豫边区财政混乱的原因除上述外，其根源在于生产力低下带来的财政收支不均与人民支前压力。从1946年初开始，解放区明显对和平现状的估计存在过于乐观的情况，这不仅导致对敌经济作战疏忽，而且生产赔本不如放弃生产和农业利润不如商业大的错误思想甚嚣尘上。为了进一步保障自卫战争的需要，克服财经上的困难，会议指出，必须"大量发展经济保障供给，这是财经工作最基本的一环"②。

首先要发展生产、增加人民财富及开辟财源。农业上，计划在全区实现土改后，以人民群众为主体全力开展大生产运动，增加粮食、布匹及小手工制作的生活日用品数量；工商业上，必须积极开辟财源，在独立自主的基础上，加强对外经济交往，对内疏通货物流转线路。其次，机关部队要克服生产经营乱象，杜绝一切脱离群众的享受腐化思想。为了机关部队私自贩卖逆产的现象不再出现，庞村会议决定"机关部队以农工业生产为主，野战部队一般生产及商业经营一律取消，后方机关部队的商业经营采用限制办法，逐级统一管理及适当地集中管理，且一律不准做对外贸易"③。最后，机关单位要严格制订出节约计划，节省一切财政开支，上下齐心努力度过边区财经寒冬。

综上所述，晋冀鲁豫边区政府深入群众基层进行国民经济调查研究，结合当时

---

① 《中共晋冀鲁豫中央局关于财经工作决定》（1946年10月10日），《华北解放区财政经济史资料选编》（第1辑），中国财政经济出版社1996年版，第176页。
② 《中共晋冀鲁豫中央局关于财经工作决定》（1946年10月10日），《华北解放区财政经济史资料选编》（第1辑），中国财政经济出版社1996年版，第176页。
③ 《中共晋冀鲁豫中央局关于财经工作决定》（1946年10月10日），《华北解放区财政经济史资料选编》（第1辑），中国财政经济出版社1996年版，第178页。

三大现实问题，提出了会议急需解决的是当下战时财经工作的主要矛盾，即必须大量养兵、保证军队补给和人民负担过重三者之间的矛盾。晋冀鲁豫边区把握中共中央财经政策方向，从主要矛盾入手，解决主要问题。庞村会议的目标是寻求民负养兵的平衡数量关系、统一全区财政进行精确核算，并明确经济发展为解决财经问题的根本途径，从而打破各地区之间的孤立状态，实现中共解放区资源的整合。庞村会议标志着中共解放区开始探索战时财经管控的有效途径，为解放战争的胜利和中国革命的发展奠定了坚实的理论基础。

三、结语

庞村会议是晋冀鲁豫财经史上的一次重要会议，得到了中共中央的高度认可。其召开的成功经验，使中共中央进一步深刻了解各解放区财政割据与人民负担过重事关战争走向。晋冀鲁豫中央局敏锐察觉到此问题，最早进行了基层单位的大量调查研究，最早整理出解决问题切实可行的数据方案，最早召开大解放区财经集体会议即庞村会议并向中共中央综合汇报。同年11月中共中央向各解放区下达研究参考庞村会议的指示。党中央指出在激烈的战争中，各地解放区财经问题会直接影响战争走向，评价庞村会议"从思想上又从实际上正确地解决了财政问题中的许多基本问题，并核减全部预算的三分之一，而不影响战争的进行，这是一个伟大的成绩，是在战争中一个有重大价值的会议。"[1]

庞村会议后，晋察冀中央局率先行动，于1946年12月1日设立中央局、分局、区党委三级财经委员会，聂荣臻、黄敬担任中央财经委员会正副主任。中央财经委员会负责全区各项财经政策方针制定与审查，处理紧急财经突发情况，并取消分局、区党委财经委员会的审计功能，统一由中央财委会执行[2]。晋察冀财委会成立后，便开始了全区的财经工作调查。在此期间，晋察冀中央局发觉华北各解放区因货币各异、相互征税导致经济交流不便，因此向中共中央建议于1947年2月1日在冀中召开华北财经会议，以期统一财经工作，加强对敌经济作战[3]。

---

[1]《中共中央关于转发晋冀鲁豫财经会议的决定与经验的指示》(1946年11月),《华北解放区财政经济史资料选编》(第1辑),中国财政经济出版社1996年版,第178页。

[2]《中共晋察冀中央局关于成立财政经济委员会的决定》(1946年12月1日),《华北解放区财政经济史资料选编》(第1辑),中国财政经济出版社1996年版,第49页。

[3]《晋察冀中央局建议召开华北经济会议向中央的报告》(1946年12月30日),《总结财经工作　迎接全国胜利　记全国解放前夕两次重要的财经会议》,中国财政经济出版社1996年版,第47页。

晋察冀的建议很快得到了中共中央的批复。中共中央赞成召开华北经济会议，指出当前自卫战争形势严峻，各解放区消耗巨大，为保障战争顺利进行，各边区应打破壁垒，统一经济步调，合理利用一切战争资源。但"地点应在邯郸，并由邯郸中央局负责筹备和召集，以邯郸中央局为中心在会议组织主席团统一领导会议……会议日期由邯郸中央局根据筹备情况电商各中央局决定。"①

1947年3月10日，华北财经会议在晋冀鲁豫边区冶陶召开。参加会议的除东道主晋冀鲁豫代表团外，还有晋察冀代表团、华东代表团、晋绥代表团和陕甘宁代表团。会议分为三个阶段进行，时长近两个月。会议期间中共中央决定在太行成立华北财经办事处，以"统一华北各解放区财经政策，调剂各区财经关系和收支"②，并任命董必武为办事处主任。5月，会议形成了《华北财经会议综合报告》及《华北财经会议决定》两份文件，前者详细分析了当时华北各解放区现存两大难题，提出了今后解放区财经工作的各项方针政策。后者是为了简明扼要向中央电报而另起草的《综合报告》精简版。10月24日，中共中央正式批复华北财经会议的总结报告，认为"这次财经会议总结了华北各解放区财经工作经验，并正确地提出和解决了今后财经政策的方针与政策"。③华北财经会议开启了各解放区统一财经的新篇章。

庞村会议是中国共产党人在革命战争中成熟运用马克思主义矛盾论的生动体现。其成功召开，让中共中央察觉到各解放区各自为政、分散管理的现状需要改变，正值晋察冀适时提出召开华北地区统一财经会议，因此直接委派晋冀鲁豫中央局负责华北财经会议的各项进展工作。这表示中共中央深刻理解庞村会议召开的现实意义，再加上晋冀鲁豫中央局长期财经工作的优异表现，得到中共中央的高度认可。因此华北各解放区跨区联合的大型财经会议全权交给晋冀鲁豫中央局操办，旨在让晋冀鲁豫边区向其他各解放区介绍庞村会议的经验成果。庞村会议从战略层面出发，打响了解放战争时期中共中央向全国各解放区推进财经工作统一化和资源整合化的第一枪。

新中国成立以来，伴随着国家综合实力大幅度增长，人民生活水平也日益提高。尤其是中国特色社会主义进入新时代，中国共产党带领全国各族人民完成了全面小康

①《中央关于召开华北经济会议的指示》（1947年1月3日），《总结财经工作 迎接全国胜利 记全国解放前夕两次重要的财经会议》，中国财政经济出版社1996年版，第48页。
②《中共中央关于成立华北财经办事处及任命董必武为主任的决定》（1947年4月16日），《总结财经工作 迎接全国胜利 记全国解放前夕两次重要的财经会议》，中国财政经济出版社1996年版，第329页。
③《中共中央批准华北财经会议决议及对各地财经工作的指示》（1947年10月24日），《华北解放区财政经济史资料选编》（第1辑），中国财政经济出版社1996年版，第295页。

的历史重任。中国长期处于和平时期，但民力、军队数量、部队待遇三者之间的逻辑关系依然存在。中国人民解放军自新中国成立以来，依据国内外形势变化，围绕强军兴军目标，共经历了 11 次大范围的编制调整，总体呈现出数量精简、质量优化的特点。部队待遇也伴随着国力增强逐渐提高，并打破了职务绑定待遇的传统模式，建立以贡献确定待遇的制度导向。在解放战争期间，中共解放区所展现民力与军队战力相互交织的历史逻辑性，依然值得新时代强军建设所参考。

作者：赵鑫，河北师范大学马克思主义学院硕博连读三年级。

瑞华银行的创办及其重要作用

吴羽寒　　郝良真　　翟茉莉

摘　　要： 瑞华银行是晋冀鲁豫边区创办的首家民营银行，自 1946 年 6 月创立到 1949 年 3 月歇业，其发展大体可分为解放战争开始之前和之后两个阶段。瑞华银行的创办与经营，对边区经济社会的发展起到了重要作用。第一，瑞华银行的创办是党在新民主主义历史阶段制定的保护与发展城市工商业政策的具体实践。第二，瑞华银行的经营，促进了边区城市工商业的恢复与发展。第三，瑞华银行作为公营金融业的重要补充，巩固了邯郸作为边区金融中心的地位，支持和带动了民间借贷业的发展。

瑞华银行的创办是我们党管理早期城市金融业的一次成功尝试，它对边区财政金融新体制的建设以及促进邯郸作为边区金融中心的形成，发挥了十分重要的作用，为我们党在新民主主义革命阶段开始领导城市经济建设、制定城市管理的工作方针与政策等方面积累了许多宝贵的经验。这些经验在新中国成立初期的城市经济管理中，不仅具有重要的指导意义，而且还发挥了重要的借鉴作用。

关键词： 创办；民营；瑞华银行；重要作用

1946 年 6 月在邯郸创办的瑞华银行，是晋冀鲁豫边区（简称"边区"）在邯郸开办的首家民营银行。虽然瑞华银行在邯郸经营只有短暂的 3 年时间，但它对邯郸以及边区工商业的恢复与发展发挥了重要作用，为我们党在解放战争初期领导城市经济与金融业的发展积累了极其宝贵的经验，在边区发展史上具有重要的历史地位。

抗日战争胜利以后，为了防止国民党军队沿平汉铁路进攻华北解放区，晋冀鲁豫军区部队一举攻克冀南重镇邯郸城，随即设立了邯郸市的行政建制。自 1946 年初开始，晋冀鲁豫边区的党政军机关陆续由西部山区迁驻邯郸市，邯郸成为晋冀鲁豫边区的首府。为此，国民党便集中豫北地区的优势兵力欲军事占领邯郸，打通平汉铁路进而北犯华北解放区。在内战即将爆发的严峻形势下，根据中共中央关于把公营经济逐渐"转移"为民营经济的指示精神，中共晋冀鲁豫中央局和边区政府决定，在邯郸筹备成立解放区第一家民营银行——瑞华银行，以便在和平环境条件下逐步取代晋冀鲁豫边区公营的冀南银行，把党和人民的经济事业完整保存下来。如果内战爆发，瑞华银行就以私营的形式在敌占区开展经营，为解放战争的发展提供经济支持。

1946 年 3 月，冀南银行根据第一次区行经理会议精神，向正在邯郸召开的边区参议会第一届第二次会议提出了建立瑞华银行的议案，并且得到了参议会的批准（图 1）。在邯郸工商业界的大力支持下，3 月 28 日，邯郸工商界、金融界和边区工商界等方面的知名人士集会，确定由原冀南银行总经理胡景沄（胡竹轩）、邯郸商会会长杨真卿、济宁市商会会长黄一实、大华实业公司经理李吉瑞等 60 余人为发起人，正式成立了瑞华银行筹备处，胡景沄为负责人。4 月 19 日，胡景沄以个人名义在《新华日报》上刊登了《瑞华银行募集股金启事》。在冀南银行的帮助下，在长治、晋城、邢台、临清、南宫、菏泽、济宁等地分别成立瑞华银行分行。23 日，胡景沄、张桐霖（边区参议员）、杨真卿等召集了瑞华银行发起人会议，确定瑞华银行开办资本为 2 亿元，后又增至 5 亿元，并确定瑞华银行的经营方针为"以开展存款业务，发展汇兑，运用社会游资，扶持工农业生产为主"。边区政府对瑞华银行的筹备工作给予了大力支持，号召全区各界人士踊跃入股，并特许经营仓库和生金银及办理外汇。冀南银行也竭诚予以扶持，并以月息 2 分 5 厘的低息为其代收股金。

图 1　1946 年 8 月冀南银行总行在邯郸召开的银行经理会议

经过紧张的筹备，瑞华银行筹备处于 1946 年 5 月 17 日在邯郸市召开了首届股东大会，讨论修改了《瑞华银行章程》（图 2）。根据该章程规定，"本行定名为瑞华银行，本银行为股份有限公司，本银行设总行于邯郸市"。银行股本"总额定为五亿元，每一千元为一小股，一万元为一大股，共计五万大股，分别在邯郸、邢台、临清、南宫、菏泽、济宁、长治、晋城分期招募"①。会议选举董事 13 人、监察 5 人，胡景沄当选为董事长②，张子厚为常住监察人。大会闭幕后随即召开董事会议，决定由胡竹轩任总经理，王化甫任副总经理，张文华（抗战前为蔚丰银行邯郸分行经理）为常务董事兼营业部主任，刘竹樵为监事（抗战前为济宁面粉公司监事），贾星五为会计部主任③。5 月 31 日，瑞华银行在晋冀鲁豫《人民日报》刊登了"本市由边区各界发起，晋冀鲁豫边区政府正式批准注册，为边区唯一有力之群众合作金融机关，定于本年 6 月 11 日正式开始营业"的消息（图 3）。

图 2　瑞华银行成立大会暨首届股东大会代表合影

① 中国人民银行河北分行编：《冀南银行》，河北人民出版社 1989 年版，第 1070 页。
② 胡景沄（1909.10—1995.12），山西文水人，1931 年毕业于山西银行专科学校，1937 年参加八路军，次年加入中国共产党。曾任冀南银行副总经理、总经理，太行工商管理总局局长，华北银行副总经理。新中国成立后曾任中国人民银行副行长、中国农业银行行长、交通银行董事长、中国人民保险公司总经理等职。
③ 中国人民银行河北分行编：《冀南银行》，河北人民出版社 1989 年版，第 1064 页。

图 3　1946 年 6 月 14 日，晋冀鲁豫《人民日报》刊登的瑞华银行成立报道（卫庆前藏）

　　1946 年 6 月 11 日，瑞华银行在邯郸市举行了开业典礼（图 4），并向各界发布了《瑞华银行营业简章》，指出其业务方针是"扶助农村合作事业，活泼城市市场金融，振兴农工商业生产，奖励群众节约储蓄，繁荣社会国民经济"。并对该行的存、放款及汇兑、投资等业务原则做了明确规定。开业当天，办理存款 1.76 亿元[①]。开业当日总经理胡竹轩向《人民日报》记者发表谈话，阐述了瑞华银行的经营方针，提出以 30% 的资金扶植农业信用事业，以 30% 的资金扶持工商业，放款日息为 2 厘，工商业贷款利率为 1.5 厘，较民间银号低出 1/3[②]。瑞华银行开业不久，南宫分行于 6 月中旬开业，长治分行于 7 月 6 日开业，邢台分行于 7 月 8 日开业，晋城分行于 7 月 23 日开业。之后，临清、菏泽、济宁等分行也于 8 月 5 日前相继开业。至此，瑞华银行形成以邯郸为中心的边区民营金融系统，成为边区的第二大银行企业。

[①] 中国人民银行河北分行编：《冀南银行》，河北人民出版社 1989 年版，第 1065 页。

[②] 中国人民银行河北分行编：《冀南银行》，河北人民出版社 1989 年版，第 1065 页。

图 4 瑞华银行成立时部分银号经理，右四为胡竹轩总经理

瑞华银行成立之时，正值内战逐渐扩大，冀南战事紧急，国民党军队大举进攻解放区，邯郸经常遭到敌机的轰炸和扫射。在这样的社会环境中，瑞华银行的经营面临着许多困难，总行和分行均在备战状态下开展营业活动。由于战局紧急，出纳人员经常用布袋背着现款向郊外逃难，总行曾一度转移到武安阳邑镇一带。由于战争各地分行不能进行正常营业，存放款业务大为减少，截至 1947 年 1 月才累计吸收各种存款 24.32 亿元，各种放款仅 14.05 亿元[1]。从 2 月到 7 月，由于解放战争形势好转，瑞华银行吸收各种存款 525 亿元，各种放款 354 亿元。[2] 为了搞活经营，瑞华银行于 1947 年 3 月 10 日在阳邑召开了第二次股东大会，认真分析研究了银行的经营业务工作。对资金的运用采取大存大放，多用现金收付和支票结算，存放款的利率则根据市场的变化而变化。在物价上涨、商业投机活跃时，就适当提高存放款的利率，定期存款月息增至 2 分到 3 分，活期存款日息增至 5 毫，放款月息为 4 分至 9 分。在市场平稳时，则相对降低存款、放款的利息，活期存款月息为 6 厘至 9 厘，定期存款月息为 1.5 分至 2 分，放款月息为 4 分至 7 分 5 厘[3]。这样一来，瑞华银行才扭转了战时的经营被动局面。

1947 年，中国人民解放军在击败了国民党军的全面进攻和重点进攻之后，解放战争开始转入战略反攻阶段，特别是在我军胜利攻克华北重镇石家庄后，使广袤的华

---

[1] 中国人民银行河北分行编：《冀南银行》，河北人民出版社 1989 年版，第 1066 页。

[2] 胡景清：《晋冀鲁豫边区瑞华银行》，见《中共邯郸市党史专题资料选编》，河北人民出版社 1991 年版，第 311 页。

[3] 胡景清：《晋冀鲁豫边区瑞华银行》，见《中共邯郸市党史专题资料选编》，河北人民出版社 1991 年版，第 311 页。

北解放区东西南北连成一片。在华北解放区一片大好形势下，瑞华银行总行于1948年4月随边区政府党政军机关迁往石家庄。随即，瑞华银行在邯郸成立了分行机构，负责管理瑞华银行在邯郸一带的业务活动。1949年1月31日，北平和平解放后，瑞华银行总行随中共中央机关迁驻北平，参加了接收国民党旧银行的工作，不久便并入中国人民银行。3月，瑞华银行刊登了《歇业启事》。与此同时，瑞华银行的邯郸分行与冀南银行邯郸办事处实行合并，成立了华北银行邯郸办事处。从此，邯郸也失去了边区金融中心的地位。

瑞华银行自1946年6月创立到1949年3月歇业，历时近3年时间，其发展大体可分为解放战争开始之前和之后两个发展阶段。解放战争开始之前这个阶段，是瑞华银行的初创阶段；这个阶段的经营是在邯郸解放而华北解放区还处在被国民党军事分割、包围、进攻的战乱条件下进行的，虽然经营异常艰难，但却取得了很大成就，不仅经历了战争环境的考验，而且初步奠定了瑞华银行的发展基础，积累了开展城市金融业的经验。在解放战争开始后这个阶段内，瑞华银行获得了长足发展，在全区形成了自己的金融体系。当时，冀南银行作为边区金融业的领导主体，重点经营货币发行和农业生产贷款，而支持城市工商业的发展则成为瑞华银行业务经营的重点，也正是在这个阶段，它对邯郸市乃至全边区工商业的恢复与发展，对支持解放战争的进行都发挥了重要作用。

第一，瑞华银行的创办与经营，是党在新民主主义历史阶段制定的保护与发展城市工商业政策的具体实践。邯郸是解放最早的城市之一，邯郸市政府在《施政方针》（图5）中也明确指出："解决恢复发展工商业中的困难，即在反奸运动中切实贯彻工商业政策。"但如何在新的历史条件下去发展城市的私营工商业等问题，当时还缺乏思想准备和实际管理经验，以致在土地改革中出现了错斗城市工商业的沉痛教训。虽然我们党提出了要保护和发展工商业的城市工作方针，但在城市管理过程中如何去具体实施还缺乏经验。在解放战争时期，边区政府在贯彻党的这一路线、方针、政策中，结合管理邯郸城市的实际，制定了一系列保护和发展私营工商业的城市经济政策，特别是扶持成立了解放区第一家民营的瑞华银行，目的是筹集社会资金，支持城市工商业发展。同时还成立了私营的"利民煤矿公司"，经营规模较大的煤炭企业。1946年5月14日，邯郸市政府还作出决定："将邯郸市原由政府管理的面粉公司、榨油厂、公营酒精厂、铁工厂、汽车公司转让给私人经营。"[①]市政府还召开了各行业商人座谈会，进

---

① 晋冀鲁豫《人民日报》，1946年5月14日。

一步阐述了党在新民主主义历史阶段的工商业政策，听取工商界人士的意见，鼓励商人经营皮革、火柴、肥皂、纸张、纺织品等轻化工业和日用工业产品，并减免从业者三分之一的营业税，对经营有困难者，通过瑞华银行等金融机构帮助解决贷款，以充分调动私营工商业者的积极性。这样，不仅使城市工商业在恢复中得到了较快的发展，而且还创办了邯郸市的第一批公营企业，初步奠定了国营经济发展的基础。

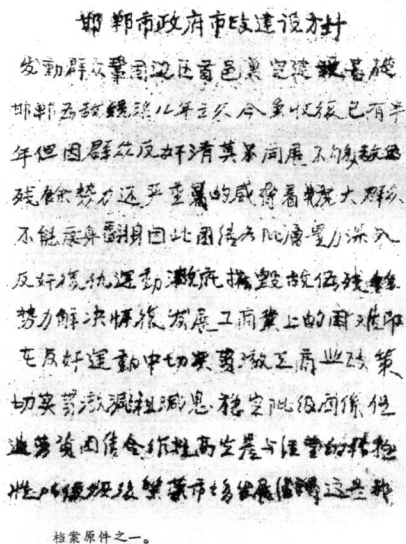

图 5　邯郸市政府施政方针（档案原件）

　　第二，瑞华银行的经营，促进了边区城市工商业的恢复与发展。当时，边区公营的冀南银行除了负责货币的发行和对金融业的管理之外（图 6），着重经营农业贷款的农村金融业务。而瑞华银行的经营则侧重于城市工商业的金融业务，工商业的存放款、联行的汇兑等，实际上承担的是工商银行的职能。为了支持彭城陶瓷业的发展，瑞华银行发放贷款 3200 多万元，晋城分行对铁工业放款 700 余万元，长治分行向纺织业贷款 400 余万元，瑞华银行总行向邯郸陶瓷、面粉、煤炭业贷款总额达到 8600 余万元[①]。瑞华银行的金库和货栈经营范围是军需物资和群众生活必需品的调剂，大宗物资有棉花、土布、食盐、粮食、煤炭、燃料、山货、药材等，经营采取自营与合伙经营相结合的灵活方式。仓库开业半年，经营总额即达 79800 余万元，不仅获取了可观的经济效益，而且对于调剂市场、沟通有无都起到了积极的作用。仅 1947 年上

---

① 胡景清：《晋冀鲁豫边区瑞华银行》，见《中共邯郸市党史专题资料选编》，河北人民出版社 1991 年版，第 310 页。

半年，冀南银行、瑞华银行两家银号共向邯郸工商业贷款 12 亿元，其中瑞华银行贷款 4000 万元。在 1948 年 1 月 4 日，邯郸市工商业贷款总额计 22 亿元，其中瑞华银行占有一定的比例[①]。据 1948 年 9 月 22 日统计，各行对邯郸市场贷款最多时，瑞华银行放款达 18.07 亿元，占放款总额 61.6 亿元的 35%；至 9 月底，该行仅向邯郸工商业放款就达 10.15 亿元，占当时邯郸工商业贷款总额 48.82 亿元的 20.4%[②]。由此可见，瑞华银行在解放战争时期不仅对邯郸的城市经济发展，对边区其他城市的工商业的恢复与发展，都发挥了极其重要的作用。

图 6-1　冀南银行二十枚币

图 6-2　冀南银行五角币

---

① 王昌兰主编：《邯郸市档案史料选编》，河北人民出版社 1990 年版，第 54 页。

② 王昌兰主编：《邯郸市档案史料选编》，河北人民出版社 1990 年版，第 522 页。

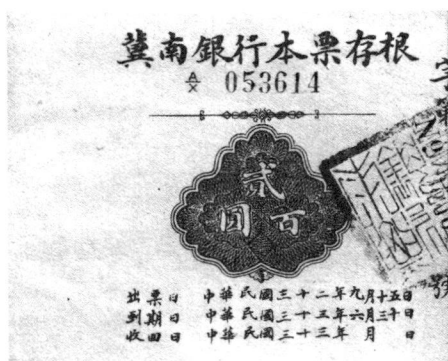

图 6-3　冀南银行本票货币（郝良真藏）

　　第三，瑞华银行作为公营金融业的重要补充，进一步活跃了边区的城市金融业，也支持和带动了民间借贷业的发展。瑞华银行作为一个集股经营的金融企业，认真遵守该行的章程宗旨，制定了一套严格的管理办法，凡财产有较大变化和交易中出现了重要问题，都要经过监察人检查，在业务上则根据具体情况，随时改善资金的运用状况。为保证股东的利益，该行公积金按 15% 提取，公益金按 20% 提取，红利也由当初的 75% 增至 81%[①]。此外，还通过冀南银行开辟股票市场业务，股票价格经常挂牌公布，对市场起到了指导作用。由于瑞华银行业务的迅速扩展，曾一度引起了民间银号的恐慌和顾虑。对此，瑞华银行对邯郸的 6 家银号经常实行以日息 1.5 厘的同业透支进行支持，每家平均 400 余万元，使民间银号经营不仅能够获利，而且发挥了它们对金融市场调节的辅助作用。随着瑞华银行管理水平的不断提高和业务范围的逐渐扩大，充分显示了其民营金融业的特点和活力。

　　第四，瑞华银行创办的财会学校，为边区培养了大批金融会计人才，在边区的经济社会事业中发挥了重要作用。1946 年 7 月，在冀南银行的支持下，瑞华银行联合泰昌面粉公司、裕通运输公司、华峰公司、隆源油厂、光华信托公司等企业共同资助，成立了一所私立形式的"建业会计学校"。校长由瑞华银行总经理胡竹轩兼任，王凤来任副校长兼教务长。学校共分五部，并设有夜校部及函授部，开设银行会计、商业会计、成本会计三个专业班次，分别培养边区各企业委托培养的干部人才，在邯郸办学共计 25 期，为边区培养了 1000 多名会计人才，成为晋冀鲁豫边区开办的第一家会计学校。（图 7）为了提高办学质量，学校还理论联系实际组织编写了《会计学》《借贷原理》《银行会计》《商业簿记》《成本会计》《实用银行会计》《审计学》《普通会计算术》等 10 余种比较实用的教材，成为党在革命战争时期出版的最完整、

---

① 中国人民银行河北分行编：《冀南银行》，河北人民出版社 1989 年版，第 1068 页。

最重要一套会计丛书。1948年秋，随着华北解放区的形成，学校迁往石家庄并入了华北建业会计学校。

图7-1　1946年8月2日,《人民日报》报道建业会计学校开学的新闻

图7-2　建业学校编写的教材《商业簿记》　图7-3　建业会计学校编写的教材《实用银行会计》

瑞华银行是边区政府利用民资试办，采取民营管理形式经营公营金融业的一个先例，之所以能获得成功与较快的发展，其主要原因有：一是通过各分行所在的新解放城市，打击了伪钞法币，扩大了边区本币（冀南币）的影响，得到边区工商业界的大力支持。二是通过经营仓库、货栈等扩大了经营范围，以巨大的经济实力，进而掌握了大批市场的流通物资，有力地打击了不法商人的投机倒把活动，尤其是经营金银业务，加强了黄金、银货的储备，这对稳定城市的物价、帮助恢复生产起到了重要作用。三是配合冀南银行开展金融市场管理，帮助、团结民间银号，同时限制它们的消极作用，并通过开展汇兑业务，为城市经济发展创造了多种条件。

综上所述，瑞华银行的创立与经营，对于邯郸解放后金融新体制的建设以及促进邯郸作为边区金融中心的形成，发挥了十分重要的作用。可以说，这为我们党在新民主主义革命阶段开始领导城市经济建设、制定城市管理的工作方针与政策等方面积累了许多宝贵的经验，成为我们党管理早期城市金融业的一次成功尝试。这些经验在新中国成立初期的城市管理中，不仅具有重要的指导意义，而且还发挥了重要的借鉴作用。

作者：吴羽寒，河北师范大学历史文化学院硕士研究生。

郝良真，邯郸市博物馆研究馆员、邯郸学院特聘教授。

翟茉莉，邯山区档案馆副研究馆员。

解放战争时期晋冀鲁豫边区的
土地改革发展历程探析

王 芳

中国是一个拥有五千多年历史的农业国家，历朝历代，百姓都视土地为性命。我党在发展的过程当中，花费巨大精力研究中国的土地问题，并且将土地问题的解决与中国民主革命的进程相交融，此举不仅为抗日战争时期开辟农村革命根据地打下了坚实的基础，更为解放战争时期我党夺取新民主主义革命的胜利，解放全中国提供了坚实的保障。

抗日战争时期，为了巩固抗日民族统一战线，调动一切可以调动的力量共同御敌，党在晋冀鲁豫抗日根据地实行了合理负担和减租减息运动，极大地削弱了封建剥削，提高了农民抗日和生产的积极性，改善了人民生活，为抗战胜利创造了有利条件。解放战争时期，随着战争和国内国际情况的变化，晋冀鲁豫解放区又调整了土地政策，先后召开多次土地会议，贯彻中央"五四指示"和全国土地会议精神，实施依靠贫雇农，团结中农，实行"耕者有其田"，有步骤有分别地消灭封建剥削土地制度。至此，几千年来形成的封建剥削制度彻底被打破和消灭，农民分得土地，翻身解放后积极参军、支援前线，成为解放战争胜利的可靠保证。

晋冀鲁豫解放区的土改过程大概分为三个阶段：

一、反奸清算，减租减息（1945.8—1946.5）

1945 年 11 月，毛泽东起草了《减租和生产是保卫解放区的两件大事》的指示，于 7 日发给各解放区负责人。11 月 10 日，晋冀鲁豫中央局在峰峰召开扩大会议（习惯称第一次峰峰会议），贯彻中央 11 月 7 日发出的《减租和生产是保卫解放区的两件大事》的指示，确定在全区开展大规模的减租减息和生产运动。峰峰会议后，全区迅速掀起了减租和生产的高潮。

抗战胜利后的晋冀鲁豫解放区有新区、老区之分，新老解放区在土地状况及阶级关系等方面有较大的差距。革命老区在抗日战争时期就开展了反奸清算、减租减息斗争，大大削弱了地主阶级在农村的统治，初步摧毁了封建土地剥削制度，形成了雇佃贫等基本群众的优势，农村的经济关系和阶级关系发生了重大变化。另一方面，尽管经过长期斗争，减租减息运动已经取得了相当的胜利，农民群众的生产和生活条件已经得到了一定程度的改善，但是由于各地工作基础与解放时间不同，减租减息发展情况也不均衡。就减租减息而言，主要问题是发动群众不够、解决土地问题不彻底、明减暗不减等情况，导致群众革命和生产的积极性受到一定程度的压抑。有鉴于此，1945 年 12 月 25 日，中共中央发出《一九四六年解放区工作的方针》，指示，"在老解放区开展复查减租减息的工作"，解决抗日战争时期的遗留问题，在减租减息不彻底的地区继续进行民主斗争，调整不合理的租佃关系和土地关系，进一步巩固老解放区。根据中央的决定，晋冀鲁豫中央局根据各地的客观实际情况制定和实施了一系列方针政策：在过去没有进行过减租减息的地方，认真进行减租清债；在进行过减租但不彻底的地方，重新发动群众，再次进行减租清债；在进行过减租但地主又反攻的地方，着重打击最顽固的地主。通过查减运动，进一步削弱了封建势力，解决了大多数农民的土地问题，提高了农民的政治、经济地位，进一步激发了他们革命和生产的积极性，巩固和发展了老解放区。

而新区则由于敌伪长期统治和压迫，广大劳动人民与敌伪势力的矛盾、农民与封建地主阶级的矛盾比较突出，"这些地区一开始遇到的，便是群众要求清算历史问题。新区群众在国民党及恶霸的封建统治下，经过极度的摧残，造成极端严重的灾荒，我军进入之后，群众连血账都顾不得算，第一个问题便是求生。所以我们进入之后的第一个措施，便是施行急救，开展生产渡荒。当群众刚刚喘过气来的时候，便马上要求算这些历史账，要求出气。所以运动一开始，最多的问题是反恶霸，算'政治霸地'，要求政府处决那些过去杀人的坏家伙；甚至有些地方，群众自己起来把他们打死（当然群众自己打死是不好的）。[1]"因此，抗日战争胜利后，打垮封建统治，铲除敌伪势力，削弱封建剥削，满足农民对土地的需要，既是党的主要方针，也是解放区人民的迫切要求。为此，中共中央在发出的《减租和生产是保卫解放区的两件大事》中指示："要求在整个解放区，特别是广大的新解放区，发动一次大的减租运动，普遍实

---

[1] 河南省财政厅、河南省档案馆合编：《晋冀鲁豫抗日根据地财经史料选编（河南部分）二》，档案出版社 1985 年版，第 433 页。

行减租，借以发动大多数农民群众的革命热情。"[①]1946 年 3 月 26 日，晋冀鲁豫中央局发出指示，指出新解放区的群众运动从诉苦、复仇、清算、反奸开始，是最合乎运动规律的方法。这一指示发出后，各地采取多种措施，发动组织人民发展经济，加强人民政权建设，组织发动群众开展反奸反霸、减租减息运动。

新区的反奸清算、减租减息和老区的查减工作，使广大贫苦农民在经济上减轻了封建剥削，在政治上提高了地位，共产党的威信进一步提高，更加激发了他们保卫胜利果实和备战的积极性。正如中央发出的《一九四六年解放区工作的方针》中所指示："减租与生产将最后决定解放区政治军事斗争的胜负。"翻身解放的农民群众，生产积极性大大提高，进一步推动了大生产运动的发展。大生产运动在晋冀鲁豫解放区的蓬勃发展，增强了解放区经济实力，巩固了解放区的民主政权的建设，为反击国民党军队的进攻和支持长期战争打下了坚实的物质经济基础。

二、全面开展土地改革（1946.5—1947.10）

随着战后局势的变化和解放区反奸清算、减租减息运动的深入发展，解放区农民迫切要求突破双减政策，消灭封建剥削制度，彻底解决土地问题。为了支持广大农民群众获得土地的正当要求，进一步发动广大农民为保卫解放区而斗争，1946 年 5 月 4 日，中共中央发出了《关于清算减租及土地问题指示》（即《五四指示》），决定将抗日战争以来实行的减租减息政策，改为实现"耕者有其田"的政策，支持农民通过反奸清算、减租、减息、退租、退息，从地主阶级手中取得土地。《五四指示》的发布标志着解放区在农民土地问题上，已由抗日战争时期的削弱剥削向变革封建土地关系、废除封建剥削制度过渡。

6 月 10 日，晋冀鲁豫中央局在邯郸市召开高级干部会议，贯彻中共中央《五四指示》精神，决定在边区腹心地区立即开展土地改革运动，解决贫雇农土地问题，团结中农，争取农村人口中 90% 的多数。在边沿区，则集中力量斗争汉奸、恶霸，坚决打击还乡团，继续进行减租减息。会后，中央局陆续派出许多干部帮助各区开展土地改革。

根据《五四指示》和中央局邯郸土地会议精神，晋冀鲁豫边区土地改革运动在各地开始发动。

---

① 张宇主编：《华北解放战争实录（山西卷）》，中共党史出版社 2009 年版，第 133 页。

8月15日，冀南区党委作出了《关于全党全力开展与支持群众翻身运动的决定》，指出"目前在老解放区虽群众已有了普遍发动，但农民的土地问题，仍解决得不够彻底"，"放手发动群众仍是今后冀南全区最中心任务，需要全党（包括党政军民）统一思想集中力量大力开展群众运动"，为此，采取了加强领导、调集干部组成土改工作队、分类开展土改指导工作、合理分配土改果实等措施，轰轰烈烈地开展了土改翻身。

1946年6月，太行区党委决定在老区主要是依靠各级党委领导，领导实现"耕者有其田"的土地改革运动，只在少数后进的地方派出工作队；7月下旬至8月下旬，太岳区召开群众工作会议，就《五四指示》贯彻执行作出了明确规定：如要团结中农参加运动，并要分给果实；要扶植工商业的发展，一般的工厂、矿山、作坊不在清算之列；对家庭属于地主成分的干部、战士，动员其自动减租减息、退租退息；对贫苦的抗属、干属，在分配果实时优先照顾等。

"'五四指示'兴奋了广大群众和干部，数月来创造了许多经验，获得很大成绩。约有1/3的地区1000万人口中间实现了耕者有其田，掌握了团结中农照顾多数争取90%以上的同情。但距离全部实现尚远，还需继续努力贯彻'五四指示'。[1]"1946年9月下旬，晋冀鲁豫中央局在武安冶陶召开土地改革会议，肯定前段工作成绩，同时指出，由于时间比较短促，不少地方的工作很粗糙，反奸清算、彻底减租减息的斗争果实分配得不尽合理，因此，会议要求在大规模的群众性的土地改革基础上进行"翻身大检查"。9月20日，中央局发出《为贯彻中央五四指示彻底实现耕者有其田的指示》，要求"新区群运在大发展阶段后，要普遍进行翻身大检查，实行填平补齐运动，坚决贯彻'五四指示'。全党支持群众运动，争取于今冬明春在全区彻底实现耕者有其田"。所谓"填平补齐"，就是进行翻身大检查，查阶级、挤封建、割尾巴、补窟窿。各地在挤封建、割尾巴的过程中，主要是清算漏掉的地主，将挖出的"黑地"、清理出的未分配的果实，作为补窟窿的补丁，分给没有翻好身的农民。

在土改复查运动中，各区党委针对各地区存在的具体情况开展了相应处理工作：1947年2月，冀南区党委召开县以上干部会议，严肃批评了那些多分或贱买群众斗争果实的行为，此后，地委及各县领导干部深入农村，对前一阶段土改运动的情况进行复查；太行区党委严令几个多占斗争果实的县委书记公开做了检讨；太岳区党委把清退干部、积极分子、民兵多占斗争果实的问题，列为开展"填平补齐"的主要内

---

① 中共冀鲁豫边区党史工作组办公室编：《中共冀鲁豫边区党史资料选编》，山东大学出版社1992年版，第138页。

容。总的来说，主要是对土改空白地带和空白点进行了土地改革，进一步打击了反动封建势力，合理处置了土改果实分配不公等问题，深入调整了农民内部关系，特别是调整了干群关系，进一步巩固斗争戒果。

从 1946 年 6 月邯郸会议后各地发动，到 1947 年 10 月下旬，经过一年多的土地改革，全区已在三分之二的地区、2000 万人口中，基本实现了耕者有其田，封建土地制度已经或正在消灭中，并使农民在运动中受到了深刻的教育，提高了政治觉悟，极大地调动了农民开展生产、支援革命和参加战争的积极性。

三、完成土改，开展整党（1947.10—1949 年初）

为检查总结《五四指示》颁布以来的土改工作，统一制定更加适合解放战争转入战略进攻新形势下的土改政策，中共中央工委于 1947 年 7 月至 9 月召开全国土地会议，会议对平分土地、民主整党和发展生产等问题进行了充分讨论，肯定了各地在贯彻执行《五四指示》中取得的成绩，但又认为大部分地区搞得不彻底。经过讨论，通过了《中国土地法大纲》，决定结合土改进行民主整党。《大纲》规定："废除封建性及半封建性剥削的土地制度，实行耕者有其田的土地制度"，"废除一切地主的土地所有权"等，是中国共产党在新形势下公开高举的一面彻底废除封建土地制度的战斗旗帜，极大地推进了解放区的土地制度改革。

遵照中共中央有关安排部署，1947 年 10 月 2 日至 12 月 26 日，晋冀鲁豫中央局在武安冶陶村召开边区土地工作会议，传达了全国土地会议精神，制定了《晋冀鲁豫边区政府施行中国土地法大纲补充办法》（草案），部署了土改复查和基层整党工作。会后，为取得指导土改复查和整党工作的经验，晋冀鲁豫中央局抽调中央局宣传部、人民日报社、边区文联、新华书店等单位的党员干部，由张磐石任团长、安岗任副团长组成土改工作团，进驻武安县九区，领导土改复查和整党工作。同时，为进一步推动全国土地会议精神和《大纲》的贯彻执行，边区政府发出了《边府全部接受土地法大纲，布告全区坚决拥护执行》，制定了《晋冀鲁豫边区政府公布破坏土地改革治罪暂行条例》，军区作出了《全军坚决实行土地法大纲》的命令，农会筹备委员会发布了《告农民书》，随之，全区的土地改革广泛兴起。

这次运动发展很快，消灭封建土地制度也取得了显著成绩。但由于受政策的局限、平均主义思想以及整党中的反右批判等因素的影响，就导致了一些地区在土改整党中产生了一些"左"的偏差，主要表现是错划阶级成分，对老区、半老区和新区的土改做法不加区别等。

"左"倾偏差出现后,引起了党的高度重视,在总结《五四指示》和《大纲》颁布以来土地改革经验教训的基础上,毛泽东于1948年2月3日提出了在不同地区实施土地法的不同策略,要求在日本投降以前的老解放区、日本投降至大反攻(即1945年9月至1947年8月)两年内解放的地区,即半老区和大反攻后新解放的地区即新区等3种不同的地区,采取不同的策略实施土地法;2月22日党中央起草发出了《关于在老区、半老区进行土地改革和整党工作的指示》;2月1日晋冀鲁豫中央局发出了《晋冀鲁豫中央局关于土地改革、整党与民主运动的指示》,采取多种措施纠正"左"倾偏向,对老区、半老区和新区的土地改革作出了具体部署,引导土改工作走向健康发展的轨道。

在晋冀鲁豫中央局土改工作队进驻武安进行土改和整党试点的同时,冀南、太行区党委也派出工作团分别到肥乡屯庄营区和涉县更乐村搞土改整党试点。1948年3月25日,《新华日报》(太行版)发表了太行区党委副书记陶鲁笳的《更乐村"左"倾冒险错误的经验教训》,总结了纠正土改工作中"左"倾错误的经验。1948年4月,以纠偏、抽补、颁发土地证为主要内容的土改复查运动在各地普遍展开。各地的土改复查大体经历了以下几个步骤:

第一,按照标准划定阶级成分,改正错定的阶级成分及其待遇;第二,以行政村为单位调剂土地,以人均占有土地亩数为标准,抽多补少,按占有土地的好坏抽肥补瘦;第三,完善土改果实(即浮财)的分配原则和办法;第四,纠正侵犯中农利益的错误;第五,退补错斗的工商业;第六,颁发土地证,确定地权。

经过贯彻实施《大纲》和党中央、边区关于土改工作的一系列具体政策措施,到1948年底、1949年初,全区消灭了封建土地制度,广大农民拥有了土地,分到了房产和其他生产、生活资料。为发展生产,引导农民向土地投资,购买牲畜、农具,解决他们的后顾之忧,各地陆续颁发土地证。至此,土地改革胜利结束。这场土地制度的根本性变革,彻底消灭了几千年来的封建剥削制度,让广大农民翻身解放成为社会的主人,为解放生产力、发展工农业生产、支援人民解放战争,开辟了广阔前景。

整党运动是结合土地改革开展的。随着人民解放战争胜利形势的发展和土地改革运动的进行,大量积极分子涌现出来,党的组织得到很大的发展,但在一些党组织特别是在一些农村基层党组织中,思想、作风和组织不纯的问题也明显地暴露出来,直接干扰了土地改革运动的顺利进行。1947年秋,中央工委在西柏坡召开的全国土地会指出,土地改革不彻底的原因除了政策不彻底外就是党组织不纯和官僚主义的存在。因此，决定结合土改进行整党。根据全国土地会议关于整党工作的部署，边区开展了整党工作。

1947年10月，晋冀鲁豫中央局在武安冶陶村召开边区土地工作会议，在学习全国土地会议文件的基础上，首先进行了整党，中心内容是通过自查和互相批评，克服地主、富农思想的影响，增强"为人民当长工"的自觉性；对少数在反封建斗争中立场不坚定、动摇犹豫的党员干部，开展了严肃的批评，对个别堕落分子进行了纪律制裁。冶陶会议之后，1948年1月开始，太行区、太岳区及冀南区党委分别召开干部整党会议，以"三查三整"为内容，即查阶级、查思想、查作风，整顿组织、整顿思想、整顿作风，进行认真检查，开展批评和自我批评，克服党内的非无产阶级思想和官僚主义作风，牢固树立全心全意为人民服务的思想。

土改整党开辟了"开门整党"的新途径。整党纯洁了党的组织，改进了党的作风，推动了土地改革的顺利进行，也使党群关系得到考验，党群关系日益密切，为解放战争的胜利奠定了深厚的群众基础和组织保障。

回望党的发展历史，我们可以明确地认识到土地改革与解放战争的胜利是有着直接联系的。而到了今天，党中央对于土地问题的重视程度更是不断提升，对于农村发展的重视程度更是不断地提升，随着乡村振兴发展战略的全面实施，农村地区发生了天翻地覆的改变，农村人口更是享受到了高质量的生活条件，作为传统的农业大国，土地与粮食生产和国家安全更是紧密相连。因此来说，广大党员干部尤其是基层的党员干部，应该重视党史中关于农民和土地问题的学习和深入研究，从中汲取处理土地、农业、农村、农民问题的经验，为新时期全面推动乡村振兴，实现"第二个百年"奋斗目标和中华民族伟大复兴的中国梦贡献智慧和力量。

作者：王芳，中共邯郸市委党史研究室编研处处长。

发动起来：抗战胜利后六河沟煤矿工人运动的动员与发展

姜炜钰

摘　要： 位于磁县观台镇的六河沟煤矿是民国时期河南第二大煤矿，日军侵华后被日方所劫办，抗日战争胜利后中国共产党对该矿进行接收，并掀起轰轰烈烈的工人运动。运动初期，在中国共产党的领导下，厂方和工会通过改善工人生活、组织工人队伍、改造工人思想等措施实现了对工人的初步动员。随着运动进入高潮，工人们在经济、政治和思想上得到了彻底"翻身"。解放战争全面爆发后，工人们主动响应号召，积极参与备战运动，在保卫根据地和矿山、转移物资、异地生产等方面取得重要成绩，并在备战结束后合并入峰峰煤矿。六河沟煤矿工人运动从中国共产党发动、领导到工人主动参与，揭示了抗日战争胜利后煤矿工人运动发展的内在逻辑。

关键词： 六河沟煤矿；工人动员；煤矿工人运动

作为无产阶级政党，中国共产党始终注意宣传发动工人阶级力量。毛泽东曾指出："没有近代工业工人阶级，革命就不能胜利。"[1] 从其诞生到获得解放战争胜利这一时期，对工人运动的发动与领导始终是中国共产党的重要方针和任务。位于观台镇的六河沟煤矿始建于清光绪二十九年（1903），经过民国时期的发展，一跃成为当时的全国十大煤矿。此后，由于抗日战争爆发，该煤矿被日方劫办，进入血腥黑暗时期。在中国共产党的领导下，煤矿工人们积极进行反抗斗争。日军投降后，中国共产党正式接收了六河沟煤矿，六河沟煤矿进入崭新的发展阶段，并通过一系列的动员、运动，加强了对煤矿工人的团结领导，使这一群体成为支援解放战争中一股重要力量。备战结束后，1947 年 4 月，晋冀鲁豫边区政府工业厅决定将六河沟煤矿合并于峰峰煤矿，成立"工矿局峰峰煤矿第一管理处"，使六河沟煤矿又进入一个新的发展时期，

---

[1] 毛泽东：《毛泽东选集》（第 2 卷），人民出版社 1991 年版，第 692 页。

壮大了峰峰地区煤炭生产实力。关于抗战胜利后中国共产党对新解放区煤矿工人运动的领导，学界研究成果不多，具体到六河沟煤矿，则尚乏专文论述。[①] 本文尝试以这一大型煤矿为中心，依托相关原始资料，对中国共产党在该矿领导的工人运动的具体实践进行考察梳理，以期丰富相关领域的研究。

一、顺利接收后的工人动员

六河沟煤矿位于观台镇，具有悠久的发展历史。谢家荣在第二次《中国矿业纪要》中指出：磁县一带的六河沟等公司不仅煤炭储量和质量优秀，而且"赖京汉铁路运输之便利，实为矿业发达之主要原因也"。[②] 在日军劫办六河沟煤矿后，为破坏其"以战养战"目的、团结煤矿工人力量，中国共产党在抗日战争胜利前即积极开展相关工人运动，战争爆发初期，工人们便组织工人自卫队，坚持敌后抗战，进行抗日救亡运动。[③] 煤矿沦陷后，工人们在中国共产党地下组织的领导下，长期开展地下斗争。1945 年 8 月 10 日，八路军总部发布反攻的第一号命令，太行五分区部队根据整体战略安排，在平汉线沿线对各个日伪据点展开攻击，在六河沟煤矿工人地下军和当地武装的配合下，里应外合击溃煤矿守军，使六河沟煤矿顺利得到了收复。在煤矿获得收复后，太行五分区军政委员会迅速委派张翼飞、何白沙、朱锦忠等随军接收该矿，张、何二人分别出任六河沟煤矿公司经理、副经理。接收同时，军事管制委员会贴出布告，号召工人群众稳定矿山秩序，迅速恢复生产。[④] 由此，六河沟煤矿在中国共产党的领导下，在物质、组织和思想等方面对工人展开了初步的动员。

针对日占时期所造成的巨大创伤，首先在最紧要的物质方面，中国共产党通过改善工人生活、工作方面的条件，对六河沟工人给予有效的关怀，获得了工人们的信赖，实现了初步的动员。日占时期，为了满足"以战养战"掠夺中国煤炭资源的需

---

① 关于中国共产党领导战后煤矿工人运动研究，具有代表性的成果有：王建初、孙茂生主编：《中国工人运动史》，辽宁人民出版社 1987 年版；刘明逵、唐玉良主编，朱珠等著：《中国工人运动史》（第 6 卷），广东人民出版社 1998 年版；薛世孝：《中国煤矿工人运动史》，河南人民出版社 1986 年版。以上工人运动的通史类研究多从宏观着眼，对于六河沟煤矿的具体实践并无太多深入探讨，也缺乏对该矿工人运动发展中各阶段特点的归纳。此外，《太行抗日根据地 3》（中共河南省委党史工作委员会编，河南人民出版社 1989 年版）中《解放战争中的六河沟煤矿》一文及《中共邯郸市党史专题资料选编》（中共邯郸市委党史研究室编，河北人民出版社 1991 年版）中《一支战斗在煤矿的工人纠察队》一文，对于接收后的六河沟煤矿的相关历史有一定论述，但是缺乏详细的归纳与研究。

② 谢家荣：《中国矿业纪要（第二次）》，农商部地质调查所 1926 年印行，第 7 页。

③ 王建初、孙茂生主编：《中国工人运动史》，辽宁人民出版社 1987 年版，第 214 页。

④ 峰峰矿务局史志办公室：《峰峰煤矿志通讯》（第四卷），该办 1990 年编印，第 80 页。

求，厂方对工人进行了血腥的压迫与剥削。从工人的工作条件来看，日方劫办六河沟煤矿初期，日军大肆抓捕附近的农民和小煤窑工人以填补矿工空缺，劳力被聚集在煤矿附近的"百家村"，村周围架起铁丝网并派重兵把守防止逃脱。每日开始工作时，日军便把工人押入矿井，在井口加上铁锁，劳动 12 小时上井后又被押送回去，工人们丝毫没有人身自由。[1] 在日占的 8 年中，六河沟煤矿的工人工作时间基本都在 10 到 12 个小时，有时还经常连班，因工受伤或是死亡，厂方没有任何关照，生存环境极为恶劣。[2] 工人们几乎从事着"半奴隶性"的劳动。另外，在经济待遇方面，日占时期六河沟煤矿工人的收入也极为微薄，还常常被把头克扣。工人工作时间很长，但报酬每月却只有 400—500 元（伪币），当时一双鞋起码 700 元左右，工人的收入连鞋子也负担不起。在口粮方面，虽然实行配给制，但是工人实际领到的是酒糟、霉豆面、玉茭皮面之类的劣等粮食，这些粮食严重地影响了工人的身体健康。[3] 为解决日方所造成的创伤，煤矿被接收的第二天，六河沟煤矿职工总会即宣布成立，总会下设 12 个分会，首任工会主席由曾在六河沟煤矿担任地下工作的赵国全担任，各级工会成立后的首要任务便是立即解决工人生活的困难。首先，工会迅速展开调查，对工人进行救济。对于由于日占而导致贫困、失业的工人，边区政府在六河沟职工会的协助下共发放了 9000 余斤救济粮。[4] 失业的包工每人每天大口（家中家属数量多的）救济小米 3 斤，小口 1.5 斤；对于条件更为恶劣或是患病的工人，则救济 8 斤或 10 斤不等的粮食。同时，针对一些极度贫苦、没有好衣服穿的工人，职工会配发了 200 套衣服来缓解工人窘迫的生活。在工会的悉心帮助下，到 9 月底已经有 1300 余名工人实现了复工。[5] 六河沟的工人刘与桥说："观台一光复，工会马上就成立了，今天又给失业的包工发救济粮，做工的每天保证 5 斤小米，以后工人的生活还要继续改善，八路军对工人这样的爱护，我做了十来年工，是没有见过的。"[6] 另外，工会成立后，除改善工人的生活外，工人的工作条件也得到了相应的提高。工会以工人利益为工作目标，不仅为工人们争取到了工伤抚恤金、免费的医疗、劳保福利等，工人有什么困难和需求

---

① 峰峰矿务局史志办公室：《峰峰煤矿志通讯》（第四卷），该办 1990 年编印，第 53—54 页。

② 峰峰矿务局史志办公室：《峰峰煤矿志通讯》（第八卷），该办 1992 年编印，第 95—96 页。

③ 王苏华：《解放战争中的六河沟煤矿》，中共河南省委党史工作委员会编：《太行抗日根据地 3》，河南人民出版社 1989 年版，第 411 页。

④ 峰峰矿务局史志办公室：《峰峰煤矿志通讯》（第八卷），该办 1992 年编印，第 117 页。

⑤《六河沟煤矿职工总会成立，失业包工千三百人复工》，《新华日报（太行版）》，1945 年 9 月 29 日第 2 版。

⑥《敌寇压榨观台矿工的血债》，《新华日报（太行版）》，1945 年 9 月 28 日第 4 版。

都可以向工会寻求帮助。① 以工会为主导的物质援助，在保障工人能够正常工作生活的同时，加强了工人对根据地政权的拥护和认同，实现了对这一群体的初步动员。

其次，厂方通过成立工会、纠察队等工人团体，在加强工人凝聚力的同时，实现了组织上的动员。在中国共产党的协助下，六河沟煤矿职工会迅速成立，恢复了工人们从 1927 年以来被打压的结社权，使工人们有了自己的组织。由于职工会的救济和对工人各项权益的争取，及各级工会的努力动员，在煤矿正式恢复生产后，1400 余名职工中有 1100 人都纷纷加入了工会，工人得到了空前的组织和团结。② 尤其在六河沟收复初期，中国共产党组织在所接收企业中还不宜公开活动的情况下，六河沟工会不仅是工人利益的代表，同时也是中国共产党联系工人群众，指导工人斗争的桥梁和纽带，为中国共产党团结、发动工人群众起到了重要的作用。③ 通过工会的组织和号召，加强了工人的团结、调动起了工人参与运动的积极性。

除建立工会外，在接收初期，六河沟煤矿局势尚不稳定，厂方通过组织成立工人武装，调动起了工人保卫矿山的主人翁意识，实现了对工人的初步组织动员。在《双十协定》签订后，国民党新一军七十八师经空运返回安阳县抢夺胜利果实，并收编了安阳附近以王三祝、王自全、郭清、程道生等为首的多支伪军和土匪武装。此后，国民党三十军、四十军、新八军，于 1945 年 10 月 16 日相继进占安阳，将安阳作为继续北犯解放区的基地。国民党在此先后开办各种训练班，发展国民党党员，培植反共势力。④ 各方势力经常图谋反攻，先后多次派出特务、还乡团等，四处抢粮烧杀，反攻倒算。六河沟煤矿距安阳县城仅仅 30 余公里，处于对敌斗争前沿，工人们的生产生活面临着很大威胁。⑤ 在这种情况下，六河沟职工总会连续发布宣言书和《告全体工友书》，指出要为保护矿山和工人的利益而与一切特务汉奸及反动派作坚决的斗争，号召工友们团结在工会、共产党、八路军周围，参加游击队武装保护矿山、保护工人利益、保护已得的一切果实不被反动者所掠夺，向日寇汉奸特务们复仇，努力生产，支援前线。⑥ 工人们纷纷积极响应，主动参加自卫队保护矿区。⑦ 10 月下旬，国民党

---

① 张众吼：《回忆六河沟煤矿的工会工作》，《晋冀鲁豫边区（河南部分）工运史料选编》，河南省总工会，河南省工运史料征编协作组 1988 年编印，第 466—467 页。
② 《一千四百余人复工，六河沟两矿井正式出煤》，《新华日报（太行版）》，1945 年 10 月 4 日第 2 版。
③ 《敌寇压榨观台矿工的血债》，《新华日报（太行版）》，1945 年 9 月 28 日第 4 版。
④ 《安阳县志》编纂委员会编：《安阳县志》，中国青年出版社 1990 年版，第 695 页。
⑤ 峰峰矿务局史志办公室：《峰峰煤矿志通讯》（第八卷），该办 1992 年编印，第 117 页。
⑥ 《六河沟煤矿职工总会号召工友参加工人游击队》，《新华日报（太行版）》，1945 年 10 月 2 日第 2 版。
⑦ 峰峰矿务局史志办公室：《峰峰煤矿志通讯》（第四卷），该办 1990 年编印，第 82 页。

军队对水冶附近的进犯及地主还乡团的趁机反扑，使局势变得更加动荡。鉴于当时的情况，六河沟煤矿党组织经过慎重考量、筹备，于 11 月正式组建了六河沟工人纠察队。纠察队队部设在煤矿附近的吕祖庙，大队长由王俊林担任。大队之下共设置有 3 个中队，各队队员来自各矿井的积极分子，共有 300 余人，工人们从此有了属于自己的武装。武装组建初期，面对枪支弹药服装补给等物资缺乏的情况，工人纠察队员们积极开拓思路、依靠自身解决问题。通过多方探查，从附近搜寻到 30 多条枪和子弹，初步缓解装备紧缺的问题。此外，队员们还自己制作制服。初具规模的六河沟工人纠察队为保卫矿山及工人们的安全，承担起对厂区周围进行放哨巡逻的任务。后期煤矿党组织对纠察队进行了整编，精简至 118 人，所有队员脱产进行军事化管理，有效提升了队员们对于武器的掌握程度和军事战斗的技能，增强了工人纠察队的战斗能力。①

此外，六河沟煤矿通过发动工人对日伪罪行控诉、开展学习等方式，从思想方面对工人们进行动员。日占时期，日方钳制工人思想，进行奴化教育，为提防根据地党组织与矿内工人的联系，压制工人的反日活动，对工人们采取了极为严格的思想管控。在厂内假如有 3 个及以上的工人聚集在一处谈话，日方就以"通八路"罪名，将工人送往宪兵队酷刑拷打。②1941 年 1 月 3 日，日军宪兵队开展"治安检举"，并以此为名，逮捕六河沟煤矿职工达 500 余人，除一部分被就地杀害外，其余被送往安阳、北京、东北等地，很多工人因此"失踪"。此后日方多次进行"治安强化"运动，并对矿场实行严密封锁，限制工人自由。③煤矿获得接收后，国民党军侵占安阳，安阳成为国民党对抗解放区的前沿阵地，受到其宣传的蒙蔽，加之煤矿刚刚接收，许多工人对中国共产党不甚了解，导致一部分工人对中国共产党产生怀疑、恐惧，一些工人甚至逃亡到安阳。还有一部分工人则持观望态度，思想上有顾虑、放不开，有担心变天思想。以上所产生的思想问题，对于工人的动员产生了严重阻碍。针对这一情况，晋冀鲁豫职工总会立即集中全区富有经验的职工干部，派去领导六河沟煤矿的工人运动，通过具体事实，揭露过去敌伪对工人的压迫，以启发工人的阶级觉悟，提高工人的生产热情。煤矿光复第七天，六河沟煤矿即组织工人控诉日伪军暴行。④工人

---

① 姚明汝：《一支战斗在煤矿的工人纠察队》，中共邯郸市委党史研究室编：《中共邯郸市党史专题资料选编》，河北人民出版社 1991 年版，第 381—382 页。
② 《敌寇压榨观台矿工的血债》，《新华日报（太行版）》，1945 年 9 月 28 日第 4 版。
③ 峰峰矿务局史志办公室：《峰峰煤矿志通讯》（第八卷），该办 1992 年编印，第 95 页。
④ 峰峰矿务局史志办公室：《峰峰煤矿志通讯》（第四卷），该办 1990 年编印，第 81 页。

们在谈到日寇统治下的生活时，无一不悲伤气愤，争先恐后控诉着他们久积在心头的怨气。老矿工陈玉顺控诉道：八年零十天的磨难，今天终于到头了。日寇对六河沟矿工的屠杀、毒打和压榨，工人们是永远忘不了的。通过这些血泪往事，也燃起了工人们复仇的怒火，工人们喊道："我们一定要把以前在六河沟的日本人抓回来，我们好好地和杂种们算账。""报仇……"。1945 年 9 月 21 日，观台镇举行万人祝捷大会。在会上，中共安阳地方党代表详细解释了中国共产党目前六项主张，声明要和全国人民站在一起，号召观台群众团结起来、控诉日寇及汉奸特务的罪恶。六河沟煤矿工人也参加大会，愤怒控诉敌特张书、王成林杀害地下党员李克保，要求政府枪毙战争罪犯。[①]通过发动工人对日伪军暴行的血泪控诉，在一定程度上启发了工人们的民族意识，使工人体会到了中国共产党代表工人利益、保障工人权益的宗旨，在一定程度上改善了工人怀疑、观望的思想。除发动工人控诉日伪罪行外，六河沟职工会还通过开办工人训练班，通过主动学习，实现工人对新思想的了解、认同。煤矿获得接收后，职工会便立即成立训练班，工人们利用下班时间开始接受新的教育。他们的政治、文化和技术素质因此得到了提高，民族意识、阶级意识也开始渐渐觉醒，并且许多工人成为领导工会工作和生产运动的骨干。[②]另外，对于一些知识分子或技术工人，除了在敌占时期罪大恶极或经调查确实为汉奸特务外，厂方对他们则一律保持信任，保留其在原来的岗位不做变动，不仅给予不低于敌占时期的工资待遇，在生活上还多加关照，额外给一些白面等。[③]加强了对这一群体的信任和团结，转变了他们的思想。

总体说来，六河沟煤矿获得接收后，通过成立职工会、工人纠察队等组织，实现了对工人的救济和安全的保障，另一方面也实现了对工人的初步动员。同时结合开展控诉、进行教育等措施，在一定程度上改变了工人的思想，破除了思想上的障碍。但是，在初步运动中仍存在一些问题：如职工运动初期由于经验不多，仍照搬老区的办法，导致一些分工会的领导权把持在汉奸恶霸手中，这些人不仅仍对工人群众进行压迫，还歪曲总工会下达的命令，影响了动员工人的实际效果。同时工人运动在领导上立足于当时的形式变化，缺乏长远、统一的计划，导致这一时期对工人的动员仍存在较为被动的问题。[④]

---

① 《观台万人祝捷大会上，控诉敌寇特务罪恶》，《新华日报（太行版）》，1945 年 10 月 1 日第 2 版。

② 刘明逵、唐玉良主编，朱珠等著：《中国工人运动史》（第 6 卷），广东人民出版社 1998 年版，第 98 页。

③ 王苏华：《解放战争中的六河沟煤矿》，中共河南省委党史工作委员会编：《太行抗日根据地 3》，河南人民出版社 1989 年版，第 413 页。

④ 《六河沟煤矿劳动英雄会刊》（1947 年 11 月），山西省档案馆藏太行总工会档案，A007-0003-0011-0001。

二、掀起"翻身"高潮

随着动员工作逐渐成熟，以及人民解放军在平汉战役中取得重大胜利，六河沟煤矿工人运动也进入了高潮，在中国共产党的领导下，六河沟公司及职工会组织了以工人为主导的"翻身"运动，在物质"翻身"的基础上，实现了政治"翻身"和思想"翻身"。

首先，通过对工人生活的不断改善，工人们实现了物质上的"翻身"。对工人生活的改善一方面体现在待遇的提高。1945 年 10 月 29 日，六河沟煤矿在公司工人代表大会上宣布，彻底取消过去沿用的把头制，转而采取工人民主管理生产的方式和公私两利的方针。生产管理方式主要为通过工人民主选举代表，负责管理矿井中的一切生产工作。各矿井选出总代表 1 人，下矿的每班工人选出正副代表及书记各 1 人，管理矿井采炭、支柱、拉车、推罐、把钩以及矿井中的各种工作。工人工作由工人小组民主讨论，经讨论后按工人的劳动效率合理分配。公司方面则负责总的领导，对工人的生活教育等方面进行帮助等，如每天发给每个工人 20 斤煮饭用的煤，以减轻工人生活负担。①同时，公司又进一步实行公私兼顾的分红办法，规定工人超过一罐（每罐煤重 550 公斤）标准后的生产所得，进行三七分红，工人分七成，公司分三成。以上两项政策实为六河沟煤矿空前的重大改革，②大大激发了工人们的生产情绪，民主管理生产后，每人每日可出煤 0.78 罐，比日伪统治时增加了 0.24 罐。实行分红办法后，工人的生产成绩则更是逐日提高，在复兴井的生产中，每个工人在五天内除每日完成一罐的生产外，总生产上还超出 18 罐，比日伪统治时增加了一倍。生产的增加使工人的生活得到了很好的改善，除获得工资外，每个工人还能分得红利32 元。在物质的鼓励下，工人们为争取更高的生产目标，展开了火热的竞赛。③在厂方取消过去对工人的超额剥削、改善劳资关系的同时，解放区民主政府也在努力保护工人利益，对最高工作时间和最低工资标准等方面进行了规定。④工会主席张众吼在

---

① 《六河沟煤矿公司采公私两利方针后，生产数量迅速提高》，《新华日报（太行版）》，1945 年 11 月 29 日第 4 版。

② 《六河沟煤矿公司实行工人管理生产，全矿产量飞速提高》，《晋察冀日报》，1945 年 11 月 28 日第 3 版。

③ 《六河沟煤矿公司采公私两利方针后，生产数量迅速提高》，《新华日报（太行版）》，1945 年 11 月 29 日第 4 版。

④ 《在当地民主政府扶助下，新解放区工矿业繁荣，生产激增，工人待遇提高》，《新华日报》，1945 年 12月 27 日第 2 版。

总结工人们的待遇问题时说道:"职工的生活和全解放区农民的生活、政府人员生活、军队的生活相比都要好得多,工人们每天最少吃一顿面一顿米,农村中吃糠的还不少……我们工资问题是完全解决了。"①

　　除提高待遇外,六河沟煤矿也通过创造福利以改善工人生活。为解决工人及家属穿衣问题和补贴工人家用,公司建立工人家属委员会,将全厂职工家属组织起来,从事纺织生产。从 1945 年 12 月开始到 1946 年 2 月,公司在矿区共组织了 39 个纺织小组,制作纺织车 48 辆,通过四个月按揭或一次付清的方式将纺织车售卖给家属。最初,对于无力购买棉花的家属,公司采用工资制结算,按照一、二、三等分别发给 70 元、65 元、60 元的工资。后期则是自己购买原料,由合作社代销,无力购买的家庭采取贷借的方法,以一斤棉花为限,在半个月到一个月内还清。后期随着家属纺织生产运动的高涨,公司不仅将纺织车增加到 100 余辆,还增加了三架织布机。工人家属说:"老日子在时,谁还能纺花织布,连用的线都是被子衣服里掏出来的……几年没有添新衣服,都烂得不行了"有些工人家属说"只要动手,不愁吃穿。"②公司组织工人家属生产、安排家属就业,减少工人及家庭日常生活的压力,在一定程度上使工人的生活得到了改善。同时,公司还将矿区周围的荒地分给一些职工,下午五点钟下班后,有余力的职工们便利用下班时间从事农业生产,减少花费的同时,对职工饮食也是一种补充。工人们将此与日本占领时比,深切地感受到公司、工会才真正是自己利益的代表者。③此外,公司为解决工人子弟教育问题,建设完全小学一座,有 320 名职工子弟入学;医疗方面,医院每日接收患者百人左右。④在中国共产党的领导下,六河沟煤矿职工的待遇和福利得到了极大的提高,在激发工人生产热情的同时,也为政治"翻身"和思想"翻身"提供了有力的保障。

　　在政治上,六河沟工人通过反霸反奸斗争也掀起了轰轰烈烈的"翻身"运动。随着国民党军队对解放区的不断袭扰、国内阶级矛盾问题的上升等原因,1946 年 5 月 4 日,中共中央发布了《关于土地问题的指示》(即"五四指示"),在该指示发布之后,群众运动在农村普遍开展起来,受农村地区群众运动的影响,六河沟煤矿的工人运动也受到带动,得到了蓬勃发展。由于早期工人运动的局限,虽然在公司成立之

---

① 《六河沟煤矿劳动英雄会刊》(1947 年 11 月),山西省档案馆藏太行总工会档案,A007-0003-0011-0001。

② 《六河沟煤矿组织工人家属参加生产工作总结报告》(1946 年 3 月 4 日),山西省档案馆藏太行工商管理局档案,A060-0001-0057-0002。

③ 王苏华:《解放战争中的六河沟煤矿》,中共河南省委党史工作委员会编:《太行抗日根据地3》,河南人民出版社 1989 年版,第 411 页。

④ 《峰峰六河沟等煤矿隆重纪念解放一周年》,《新华日报(太行版)》,1946 年 9 月 25 日第 4 版。

初，就已经废除了"把头制""包工柜"等剥削制度，但是一些汉奸恶霸的罪行并未得到充分的揭露，并妄图借助国民党的军事行动趁机卷土重来。[1] 因此，在河南安阳县委的领导下，六河沟煤矿首先召开诉苦大会，揭发控诉把头剥削工人的罪行。[2] 运动刚开始时，由于这些汉奸恶霸仍余威尚存，导致工人思想上还存在顾虑，各种思想如变天思想使工人们摇摆不定，经多番教育说服后，运动逐渐得到了开展。[3] 1946年6月，在安阳县委的指示下，[4] 六河沟总工会和公司不仅组织大部分干部成立翻身队，深入到工人群众中，还积极发动工人、为其撑腰做主，在总工会和公司的亲自领导、发动下，工人运动得到了迅速的发展。[5] 7月15日，1500余名工人及矿区群众，对依靠敌伪势力克扣工人工资、讹诈工人财物使六名工人被饿死的包工头周立玄展开斗争。经过工人群众的诉苦和清算，周立玄进行了坦白，并将克扣、讹诈工人的财物退还。周立玄的坦白起了很大作用，使工人们对共产党和八路军有了新的认识。[6] 此后，工人运动逐渐走向了高潮，在7月份共召开斗争会14次，将所有压榨工人的恶霸如包工头高燕臣、李克泉、马自新，日占时期的汉奸如伪中队副赵华昌、伪矿井巡长罗泉海等20余人均进行了斗争，这些人在矿中民愤极大，经过斗争后全部坦白认罪，并将他们讹诈、贪污工人的东西全部退还。[7] 斗争运动得到了大多数工人的坚决拥护，涌现出了积极分子近千人。[8] 通过参加斗争，不仅补偿了工人们在心理和物质上的损失，同时也加强了工人们的团结性和凝聚力，使一些中间分子也参与了进来。对恶霸汉奸的揭发控诉，不仅打垮了这些人的势力，真正巩固了工人们的政治地位，也使工人们更加敢于和汉奸恶霸进行斗争。

随着待遇福利的提高和工人政治地位的巩固，工人们在日常生产、政治立场等方面的思想认识，都得到了彻底的"翻身"。首先，在政治思想上，工人们得到了很大的改变。此前，由于敌人对中国共产党、八路军的丑化、栽赃，一些工人对中国共产

① 王苏华：《解放战争中的六河沟煤矿》，中共河南省委党史工作委员会编：《太行抗日根据地3》，河南人民出版社1989年版，第411页。
② 峰峰矿务局史志办公室：《峰峰煤矿志通讯》（第四卷），该办1990年编印，第91页。
③《六河沟煤矿劳动英雄会刊》（1947年11月），山西省档案馆藏太行总工会档案，A007-0003-0011-0001。
④ 张众吼：《回忆六河沟煤矿的工会工作》，《晋冀鲁豫边区（河南部分）工运史料选编》，河南省总工会，河南省工运史料征编协作组1988年编印，第465页。
⑤《六河沟矿区工人大闹翻身》，《新华日报（太行版）》，1946年8月23日第2版。
⑥《六河沟煤矿劳动英雄会刊》（1947年11月），山西省档案馆藏太行总工会档案，A007-0003-0011-0001。
⑦ 峰峰矿务局史志办公室：《峰峰煤矿志通讯》（第四卷），该办1990年编印，第91—92页。
⑧《六河沟矿区工人大闹翻身》，《新华日报（太行版）》，1946年8月23日第2版。

党及其军队存在着畏惧心理，甚至听说"八路军有闻香队，来了会抢夺良家妇女"[1]。在组织工人家属进行纺织生产时，一些工人家属不愿意参加，因为怕学会了给八路军干活。[2] 但随着中国共产党及工会对工人生活的关注、军队严明的军纪以及我党在平汉战役中的胜利，工人的思想渐渐得到了改变，许多中间分子也因此摆脱了摇摆不定的"变天"思想。随着工人生活的改善，工人们对文化政治学习的热情也逐渐提高，1946 年 4 月，六河沟煤矿公司建立了职员工人学习委员会，下设 8 个分会，各厂及各矿井的分会都成立了工人学校。[3] 工人们通过学习，对当前形势有了很深刻的理解，不仅提高了政治觉悟，同时也加深了对中国共产党的信任感和依靠感。[4] 其中一些曾经的"上当"分子经过教育拯救，思想上也有了很大的改观，转变了此前由于受日本人训练而被歪曲的思想和民族意识，选择放下包袱，在工作上埋头苦干，坚决拥护民主政府的领导。[5] 其次，在生产方面，由于工人生活的改善及民主生产方式的执行，工人们成为煤矿的真正主人，生产积极性大为提高，在生产中发挥了高度的创造性。如六河沟因为锅炉不多，此前所使用的 3300 伏特 50 周波电流的电动抽水机无法启动，导致无法从漳河中抽水冷却，各厂锅炉只能使用从矿井中所抽出的水，但矿井中水质极差，对锅炉和蒸汽管道造成了很大的腐蚀，后期的维护修理耗费很多。[6] 对此，六河沟煤矿工人胡增福、孙继彬等人，积极研究实验，将电动抽水机改造为 2200 伏特 25 周波，为保护锅炉和节约器材做出了很大的贡献；同时，工人们也发挥增产节约意识，机器房车工张连贵经过研究，将蒸气管使用的紧螺丝改为顶螺丝，用钻眼替代丝扣连接，经过改造，使耗费工时由六个工减少为仅需两个半工，且经久耐用。[7] 六河沟工人王新民，把刨床上的手走刀改成自动手刀轮，既提高了效率，又提高了质量。[8] 在工人们的积极创造下，六河沟煤矿产量得到了极大的发展。刚从日伪手中收复时，该煤矿的产量仅有 30 吨，经过七个月的发展，到第二年 3 月，已增长

①《六河沟煤矿劳动英雄会刊》（1947 年 11 月），山西省档案馆藏太行总工会档案，A007-0003-0011-0001。

②《六河沟煤矿组织工人家属参加生产工作总结报告》（1946 年 3 月 4 日），山西省档案馆藏太行工商管理局档案，A060-0001-0057-0002。

③ 峰峰矿务局史志办公室：《峰峰煤矿志通讯》（第四卷），该办 1990 年编印，第 89 页。

④ 王苏华：《解放战争中的六河沟煤矿》，中共河南省委党史工作委员会编：《太行抗日根据地 3》，河南人民出版社 1989 年版，第 413—414 页。

⑤《六河沟煤矿劳动英雄会刊》（1947 年 11 月），山西省档案馆藏太行总工会档案，A007-0003-0011-0001。

⑥《六河沟煤矿改制电动抽水机成功》，《新华日报（太行版）》，1946 年 4 月 13 日第 4 版。

⑦《六河沟煤矿工人加紧生产改进设备》，《解放日报》，1946 年 3 月 18 日第 2 版。

⑧《峰峰六河沟等煤矿，隆重纪念解放一周年》，《新华日报（太行版）》，1946 年 9 月 25 日第 4 版。

至 70 吨。[①] 出煤的效率在收复一年后提高了 12.5%。[②]

工人们思想的"翻身"，不仅使中国共产党及工会对六河沟煤矿工人运动的动员、开展工作更加顺利，也为煤矿的繁荣发展奠定了坚实的基础。特别是在国民党大举进攻中原解放区，煤矿开展备战之后，大多数工人能够积极参与备战，并克服困难，进行易地生产，充分体现了工人对于中国共产党的信任和拥护。

三、工人运动"带动"下的备战运动

1946 年 6 月 26 日，国民党军队撕毁停战协定，以鄂豫两省交界的宣化店地区为起点，大举进攻中原解放区。其后，国民党军队向其他解放区展开大规模进攻，全面内战就此爆发。六河沟煤矿由于矿产丰富且靠近平汉线，成为国民党军队妄图占领的重要目标，对此，在中国共产党领导下，经过动员、"翻身"的六河沟工人们掀起了轰轰烈烈的备战运动，不仅坚决保卫根据地和矿山，迁移矿山设备资财，同时在迁移后积极坚持生产，支援前线作战。

全面内战爆发后，上级发出了紧急备战的指示，为阻击国民党军队进犯丰乐镇，六河沟煤矿工人纠察队立即开赴前线协同正规部队作战。纠察队员在两个月间先后驻守多地，始终坚守在前线，不仅作战英勇，而且还保持严明的军纪，受到部队首长赞誉。[③] 随着前线战况的发展，晋冀鲁豫根据地内掀起了参军的热潮，青年工人踊跃参军奔赴前线。1946 年 8 月 28 日，六河沟煤矿许多工人报名参加了解放军，同时，为援助解放军的战斗、支援前线，工人们还组织了担架队，为前线部队运送伤员。[④]9 月 8 日，在工人的主动要求下，六河沟纠察队第四中队开赴前线支援解放战争；[⑤]1946 年 11 月，60 余名青年工人报名参加了正规部队，前往前线作战。[⑥] 除踊跃投身战争前线外，后方的工人们也纷纷响应节衣缩食支援爱国自卫战争的号召，坚持"一切为了前线"，纷纷自动要求减薪，大部分干部带头减薪小米 80 余斤，工人们也发挥

① 《晋冀鲁豫煤产日增，较收复时增产半倍》，《解放日报》，1946 年 3 月 20 日第 2 版。
② 《峰峰六河沟等煤矿，隆重纪念解放一周年》，《新华日报（太行版）》，1946 年 9 月 25 日第 4 版。
③ 姚明汝：《一支战斗在煤矿的工人纠察队》，中共邯郸市委党史研究室编：《中共邯郸市党史专题资料选编》，河北人民出版社 1991 年版，第 383 页。
④ 峰峰矿务局史志办公室：《峰峰煤矿志通讯》（第四卷），该办 1990 年编印，第 95 页。
⑤ 《六河沟职工武装保卫矿山，参加纠察队愤怒上前线》，《新华日报（太行版）》，1946 年 9 月 19 日第 2 版。
⑥ 刘明逵、唐玉良主编，朱珠等著：《中国工人运动史》（第 6 卷），广东人民出版社 1998 年版，第 268 页。

八年抗战的精神，厉行节约，取得很大的成绩。[①] 此外，矿中的工人们也积极响应号召，参与保卫矿山的运动。8 月 28 日，在工会和公司的号召下，六河沟 300 多名工人踊跃参加武装纠察队以保卫矿山，并时刻准备对来犯之敌开展游击斗争。五个分队的队员们在矿区周围巡逻、放哨，对矿区进行十分严密的警戒。在 9 月 2 日，纠察队查捕到一名特务，该特务是受国民党收编的伪军王自全委派，妄图破坏矿区以扰乱治安。[②] 到九月份纠察队经过扩大，又有 170 多名工人参加。[③] 随着国民党军对安阳的步步逼近，数百名青壮年矿工加入工人纠察队，加强对矿区周围巡逻的人力，以更好地警戒和保卫矿山，并掩护人员、设备资财的迁移。为了配合主力部队打击进犯的敌军，纠察队队员们开始了加紧对埋雷、投弹、刺杀的练习。另一批工人则坚守"六河沟是我们的""敌人一分钟不来，我们一分钟不停止工作"的信念，坚持生产。转移到后方的煤矿修理厂被改为军工厂，为前线部队制造地雷、手榴弹、刺刀等。工人们日夜生产，第一批便生产出了 5000 颗地雷和 1000 颗手榴弹。[④]

1946 年 9 月初，根据上级指示，六河沟煤矿工委召开战备动员大会，经过工委讨论决定：（1）将暂不用的机器设备、材料运往后方；（2）将家属安置到后方安全地带；（3）扩大纠察队，防止敌人破坏。[⑤] 在安阳国民党军队向曲沟镇等地进犯的紧张形势下，六河沟煤矿进入了全面备战，将工人家属及机器、设备、材料一律往后方迁移。由于此前工人运动的积累，职工们的思想较为稳定，支持、拥护备战上山的决定。但一些上层职员、高级知识分子仍对中国共产党持怀疑态度，有些人甚至逃往安阳敌占区。针对这种情况，六河沟煤矿职工会通过积极宣传中国共产党在解放战争战场上的胜利、揭露蒋介石在美国支持下的内战阴谋，向技术人员们解释中国共产党的政治主张等，加强对这部分职工的政治思想教育。同时，依靠工人中的积极分子，加强对他们的团结、争取。矿中的技术工人杨宝生、宋宝生、吴靖洪，在日伪占领时，曾受到日本人的训练，在备战开始后，不愿意迁移到后方，经过教育、争取，这几位工人不仅解除了思想上的顾虑，后在他们的带动下，绝大部分技术人员开始投入到备

① 《保卫矿区粉碎蒋军进犯，六河沟职工减薪节约支援前线》，《人民日报》，1946 年 9 月 24 日第 2 版。
② 《六河沟职工武装保卫矿山，参加纠察队愤怒上前线》，《新华日报（太行版）》，1946 年 9 月 19 日第 2 版。
③ 峰峰矿务局史志办公室：《峰峰煤矿志通讯》（第四卷），该办 1990 年编印，第 95 页。
④ 《六河沟三千职工，紧急动员保卫矿山》，《新华日报（太行版）》，1946 年 11 月 11 日第 1 版。
⑤ 峰峰矿务局史志办公室：《峰峰煤矿志通讯》（第四卷），该办 1990 年编印，第 93—94 页。

战迁移运动中，愿意随工人们迁往后方。① 在进行思想动员、解决职工思想顾虑的同时，六河沟煤矿针对人员、设备的迁移问题做了充分的准备工作，成立了人力物力运输转移组，职工家属转移修理组，② 并对具体任务进行了细致的分工，在工人们进行转移时，纠察队不仅站岗放哨，防止敌人的破坏，还在敌人进攻的主要交通要道中埋设地雷。③ 每个工人情绪高涨、各司其职，使迁移工作开展得十分有计划、有组织。

在迁移过程中，工人们不分昼夜、克服困难，发挥了高度的英雄主义精神。从1946年9月起，全体职工都投入到备战迁移运动之中，按照上级要求，机器和物资尽可能全部搬到离开平汉线以西60公里到80公里之外。能搬的尽力全搬走，要使敌军来了不能生产，但是不能搬的不能破坏，回来要能继续生产。④ 为了使设备资财能够渡过漳河，同时防止国民党军过河，六河沟工人们三次架设、三次拆除漳河桥：第一次修桥花费四天半的时间，第二次工人们为了响应上级三天修好的号召，加班加点在第三天晚上九点将桥修好，修好当夜六河沟煤矿各单位集中全力，工人们彻夜劳动，推过了一个车盘后，由于军事上的威胁，六个小时后又将桥拆除了。为了设备的运输，工人们第三次修桥，11月11日，随着国民党军对煤矿的进犯，为了阻止敌军过桥，工人们冒着飞机的扫射和火炮的轰炸，最后一次将漳河桥拆除。工人们在修桥时，不顾天气寒冷，纷纷脱衣下水，为转移行动争取了更多的时间。此外，除架设临时桥外，为了快捷地运输大型设备，刘峻峰等带领工人突击修筑铁道。⑤ 几百人围着机车，拆后面铺前面，一段一段车轨向前倒运，将机器由煤矿运到了漳河北的都党村，保证了机械设备的运输。另外，由于运输工具的缺乏，一些设备只能靠肩扛背驮，工人们几十人甚至几百人拉一件大型器械，还要随时提防国民党飞机的袭扰，飞机一来，工人们就趴在路旁隐蔽，飞机走后立即起来搬运。⑥ 在设备到达都党后，在都党成立了运输大队，集中和动员了各种交通工具，司机谷金海每天很早出去，晚上才回来，将在都党的六七十件大机器都一一拉到两岔口或青碗河，后来找不到工人和会驾马车的，他还设法寻找工人进行培训。对于实在无法带走的设备，六河沟煤矿则

① 张众吼：《回忆六河沟煤矿的工会工作》，《晋冀鲁豫边区（河南部分）工运史料选编》，河南省总工会，河南省工运史料征编协作组1988年编印，第466—467页。
② 《保卫矿区粉碎蒋军进犯六河沟职工减薪节约支援前线》，《人民日报》，1946年9月24日第2版。
③ 姚明汝：《一支战斗在煤矿的工人纠察队》，中共邯郸市委党史研究室编：《中共邯郸市党史专题资料选编》，河北人民出版社1991年版，第383页。
④ 峰峰矿务局史志办公室：《峰峰煤矿志通讯》（第四卷），该办1990年编印，第95页。
⑤ 《六河沟煤矿劳动英雄会刊》（1947年11月），山西省档案馆藏太行总工会档案，A007-0003-0011-0001。
⑥ 峰峰矿务局史志办公室：《峰峰煤矿志通讯》（第八卷），该办1992年编印，第122页。

成立了埋藏股，公司领导着工人们挖掘埋藏并留下记号。[①]11月中旬，国民党军队在飞机和大炮的掩护下侵占了六河沟煤矿，而职工及家属和大部分设备已经被工人们安全转移到后方，此时六河沟电厂停车，三个主要的矿井因机器搬走被水淹没，运输铁道30余公里被工人拆除，国民党在12月勉强恢复产煤后，产量与此前也相差甚远。[②]

备战上山后，六河沟的工人们在后方积极开展建设生产。进入太行山区，没有电力、机器、自来水，一切都需从头开始，不仅环境艰苦，工人们的生活也成了问题。在公司和工会的号召下，转移的工人们在山区开展异地生产，复兴井主任孙镜波领导六河沟工人在白土村开设小煤窑；工会主席张众吼领导部分机械工人在磁山成立大成机械厂；[③]转移到六盛沟的工人在六盛沟开辟新井，工人们靠着人力打矿井、排水，纠察队的英雄杨羊贵为多出大煤，以供给制造机器和武器，带领工人们用人力推水，运动开始后，推水由一小时推25包增至39包，最多时达41包。相当于12个人每小时负担重量650公斤，走14里路。另外，工人们还自己建窑烧石灰，节省了17万元的开支。[④]六盛沟的工人们积极建设、努力生产，为建立"小六河沟"而奋斗。易地生产的工人不仅通过建设新工厂，解决了迁移后的生活问题。同时，还通过参与解放区建设，积极支援前线，以自己的力量同国民党进行斗争。1947年2月，在晋冀鲁豫边区工矿局的领导下，六河沟的工人们参与建设了中国共产党的第一条铁路线——邯郸、磁山至涉县铁路。六河沟的技术人员负责勘察、测绘和设计，部分工人参与了开山爆破和桥梁建设等工程，并使用了六河沟搬迁后的火车头及部分物资。这条铁路的建设，使火车替代了人力和畜力，将长治涉县一带生产的战备物资源源不断地供应到前线，为支援解放战争做出了重要的贡献。[⑤]

由于内战的全面爆发，打断了六河沟工人正常的生产与生活，工人们由轰轰烈烈的"翻身"运动转入到备战运动之中，但正是由于此前工人运动的积累，才使工人能团结起来，支持备战运动的进行，备战运动的胜利恰恰产生于此前工人运动的基础之上，这一过程正是对这一时期中国共产党领导下工人运动情况最深刻的反映。

---

① 《六河沟煤矿劳动英雄会刊》（1947年11月），山西省档案馆藏太行总工会档案，A007-0003-0011-0001。

② 《六河沟煤矿因设备尽遭破坏目前产量低微》，《益世报（上海）》，1947年1月29日第2版。

③ 王苏华：《解放战争中的六河沟煤矿》，中共河南省委党史工作委员会编：《太行抗日根据地3》，河南人民出版社1989年版，第416页。

④ 《战火中开辟新煤矿，记六盛沟煤矿职工们的奋斗》，《人民日报》，1947年5月1日第4版。

⑤ 峰峰矿务局史志办公室：《峰峰煤矿志通讯》（第八卷），该办1992年编印，第123—124页。

结　语

抗日战争胜利后，六河沟煤矿作为中国共产党从日伪手中接收的煤矿企业，其工人运动经历了一个渐进式的发展过程。在煤矿接收初期，对于工人的初步动员以安定生活与破除旧思想为主。在生活上通过进行救济、改善工作和生活条件、组织武装保卫矿山安全等措施，不仅改善了工人的生存条件、提高了工人的地位，还利用工会及工人武装等组织将工人组织动员了起来，加之对日伪行为进行控诉、批判等有关民族意识的思想动员，使工人与日伪残酷的统治产生对比，更加拥护中国共产党的接收与管理。随着动员的深入，工人实现了生活上、思想上和政治上的"翻身"，其中，无论是工人民主生产、政治运动，还是在生产与政治方面思想的转变，都显示出了运动中激发工人自主性的趋向，中国共产党通过逐步发动与引导，唤醒了工人的主人翁意识，而这恰恰也为工人们在国民党军队逼近六河沟煤矿后，能主动参与备战运动奠定了坚实的基础。

在工人生活得到保证、政治地位获得提升、思想也因此发生相应转变后，工人参与运动的主体意识逐渐增强，这种渐进的发展过程使工人这一群体能更好地投入到增加生产、支援解放战争中来。解放战争期间，解放区工人运动的主要任务是：努力发展生产、支持民主政权、建设和巩固解放区，以增强自卫战争的力量。[①] 六河沟煤矿虽因备战打断了正常的生产生活，但备战运动一方面是工人运动的接续，加强了工人的团结和协作。另外，也在一定程度上保存了解放区实力、发展了生产，反而因为战争而导致的备战运动则更加立体地反映出解放战争时期中国共产党领导下的工人运动所克服的阻碍和取得的成绩。可以说，六河沟煤矿的工人运动，既由于历史环境而具有独特性，又在一定程度上反映出了抗战胜利后中国共产党领导煤矿工人运动的共性。此外，由于工人运动的发展，带动了磁县这一地区煤炭工业的繁荣发展，加快了新中国成立后工业化的进程。

作者：姜炜钰，山西大学硕士研究生。

[①] 王建初、孙茂生主编：《中国工人运动史》，辽宁人民出版社 1987 年版，第 262 页。

文 卫 篇

晋冀鲁豫边区文化建设的特点初探

吕洪文　　于晓岩

晋冀鲁豫边区创建于伟大抗日战争期间。在解放战争期间，边区不断发展壮大，为了适应革命形势的发展，1948 年 5 月晋冀鲁豫边区与晋察冀边区合并组成华北联合行政委员会，同年 8 月改称华北人民政府。在抗日战争、解放战争时期，邯郸是晋冀鲁豫根据地的中心地带。中国共产党人在开辟、创建、发展晋冀鲁豫边区根据地的过程中，按照新民主主义文化建设的方针，以激情和昂扬的革命斗志开展了文化建设，以文化的蓬勃发展促进解放区政治、经济、军事建设，为夺取新民主主义革命的胜利凝聚起伟大奋进力量。

一、晋冀鲁豫根据地文化建设的背景

1937 年 8 月 22 日至 25 日，中共中央在陕西省洛川县冯家村召开政治局扩大会议，即洛川会议。洛川会议是在全国全面抗战刚刚爆发的历史关头召开的一次重要会议。会议通过的中共中央《关于目前形势与党的任务的决定》，指出：全国抗战新阶段的最中心任务是，动员一切力量争取抗战的最后胜利。

按照中央的总体部署，中共党组织领导民众和武装力量创建了晋冀鲁豫边区，并使之成为抗日战争时期中国共产党创建并发展壮大的敌后抗日根据地之一。边区位于同蒲路以东，津浦路以西，陇海路以北，正太、石德路以南的广大地区，是在太行、太岳、冀南、冀鲁豫等地抗日根据地基础上发展而形成的。1945 年 8 月，成立了中共晋冀鲁豫中央局和晋冀鲁豫军区。同时，根据地军民展开战略大反攻，一举收复县城 59 座，解放了全区的绝大部分城镇。全区拥有县城 105 座，面积 60 万平方公里，人口 2550 万。

1940 年 9 月 10 日，中共中央发出关于发展文化运动的信。对于各根据地的文化运动，要求"应对全部宣传事业、教育事业与出版事业作有组织的计划推行，用以普及与提高党内外干部的理论水平及政治水平，普及与提高抗日军队和人民群众的政治水平，要使各根据地干部军队与人民的政治理论水平及文化水平高于广于全国各地"。

毛泽东在延安文艺座谈会上的讲话中指出："我们要战胜敌人，首先要依靠手里拿枪的军队，但是仅仅有这种军队是不够的，我们还要有文化的军队，这是团结自己、战胜敌人必不可少的一支军队。"[①] "要使文艺很好地成为整个革命机器的一个组成部分，作为团结人民、教育人民、打击敌人、消灭敌人的有力的武器，帮助人民同心同德地和敌人作斗争。"[②]

在抗日战争相持阶段，为了回应"中国向何处去"的前提命运问题，毛泽东系统提出了新民主主义革命理论。毛泽东在《新民主主义论》一文中，指出我们要建立的新社会和新中国，不但有新政治、新经济，而且有新文化。毛泽东特别强调文化在新社会、新中国建设中的重要地位，提出了文化与政治、经济协调发展的政治主张。

1945年，毛泽东在《论联合政府》中又对新民主主义文化进行阐述："中国国民文化和国民教育的宗旨，应当是新民主主义的；就是说，中国应当建立自己的民族的、科学的、人民大众的新文化和新教育。"[③]这些理论的提出，对于文化事业的发展产生了巨大推动作用。

二、晋冀鲁豫边区文化建设的主要内容

文化建设是边区各项建设的重要内容。文化建设的根本任务和目标，是要创造出先进的、健康的崭新文化，繁荣边区的文化事业，不断满足广大军民的精神文化需求，进而形成有利于建设新民主主义革命事业的价值观念、精神风貌、舆论氛围、文化条件和社会环境。为此，晋冀鲁豫边区军民开展了轰轰烈烈的文化建设，根据地革命文艺极为活跃，革命文艺团体常年活动在农村，用文艺形式宣传党的主张，唤起了广大人民群众的革命热情，不仅活跃了晋冀鲁豫边区广大农村的文化生活，还有力配合了抗日、解放战争各项工作的展开。

（一）如火如荼的文艺活动

解放战争时期，是晋冀鲁豫边区文化工作及文艺创作事业蒸蒸日上的大发展时

---

①《毛泽东论文艺》，人民文学出版社1966年版，第1页。
②《毛泽东论文艺》，人民文学出版社1966年版，第2页。
③《毛泽东论文艺》，人民文学出版社1966年版，第102页。

期。随着解放战争节节胜利，边区党和政府、军队比之以往更加重视、关心文艺工作，多次下达有关指示和通知，各级组织不断加强领导。1946 年 4 月，负责统一领导和具体组织指导全边区各项文化活动和文艺创作的机构——晋冀鲁豫边区文联在邯郸成立，选出范文澜、陈荒煤等 32 人为理事，范文澜为理事长，陈荒煤为副理事长兼《北方杂志》主编。同月，晋冀鲁豫边区文协分会成立。

在基本还是文盲、半文盲的群众中开展宣传活动，最直接、最有效的宣传方式，就是面对面以说唱的形式把宣传的内容传达给群众，或表演给他们看。能以这种方式进行宣传的，首推剧团、宣传队之类的艺术表演团体。因此，边区各级党、政、军组织为开展抗战宣传，均把组建剧团、宣传队的工作放在一个重要位置。

1946 年初，边区要求各地党委组织宣传力量，发动机关、部队、学校、知识分子、农村剧团自由创作，自己导演，起带头作用，影响群众、帮助群众，以至于成立更多的农村剧团。戏曲在形式上通常演出通俗易懂的话剧、秧歌，尽量发展民间形式；在内容上，以反蒋、拥军、土改、生产等为主，反映与启发人民情感意志。主要节目:《赤叶河》《荣林娘》《王克勤班》《模范家庭》《土地还家》，及歌曲《赞美新中国》以及苏联革命歌曲《游击战士之歌》《祖国进行曲》《快乐的心》等。许多职业剧团和业余剧团争相把小说《小二黑结婚》改编成各种戏曲来演。有上党落子、中路梆子、武乡秧歌、襄垣秧歌等剧种。

边区的歌咏活动，首先是在革命队伍里开展的。八路军继承了红军的优良传统，把唱歌当成每名战士的必修课。早晚点名时，每个连队都唱着革命歌曲。广大农民群众受部队的影响，在各剧团、宣传队的辅导下，也经常开展歌咏活动。各剧团、宣传队每到一地，第一项活动往往是召集当地群众教唱革命歌曲。勇敢、朴实的边区人民，不论青年、妇女、老人、儿童，很快便都加入了大唱革命歌曲的行列。在冀南地区，新编的《打蒋歌》广泛传唱于各乡村。《翻身不忘毛主席》《贺模范》《斗争歌》等歌曲传遍了太行山区。

解放战争时期，边区的文学创作呈现一派百舸争流、丰富多彩的局面，并取得巨大成就。这一时期影响较大的作品，有赵树理的中篇《李有才板话》，袁勃的中篇《李家沟反维持记》，董彦夫的长篇《五月》等。散文和报告文学是文艺的轻骑兵，在解放战争时期得到了空前的繁荣和发展。其中优秀的作品，有王克锦的《第二家庭》，曾克的《新人》，冯牧的《新战士时来亮》等。民歌体和以民歌为基础的新诗佳作层出不穷，在全国解放区产生了很大影响。如阮章竞的《漳河水》，刘衍洲的《弹歌王小五》，刘艺亭的《滏阳河的女儿》等。

（二）蓬勃发展的边区教育事业

在一切为着战争的原则下，一切文化教育事业均应使之适合战争的需要的方针指导下，边区政府的教育部门扎实有力推进各项工作努力实现这一目标。通过教师训练班和"小先生""中心小学"的办法，把一些仅有小学程度的青年逐步加以提高，以此解决师资问题，政府放手让教师和人民群众根据自己的需要和可能，建立起各种各样的学校。群众要什么就教什么，群众做什么就学什么。在学校教育中，战争和生产所需要的知识和技能是教学的重点。有名的"游击学校"和"地下学校"，就是在这种模式下才得以实现和存在的。这种教育培养出来的学生，人人都是一个合格的战士和劳动者。

广泛的、形式多样的社会教育，是边区国民教育的另一个重要组成部分。主要对象为农民群众。冬学、民校、识字班等是主要教育形式。

冬学是利用农闲时间对群众进行教育的组织，如果时间延续到全年，便叫民众学校（民校）。冬学、民校的目标，是着眼于扫除文盲，但教学内容多是与战争和群众运动密切相关的。有的时候，更根据当时、当地的具体条件，提出相应的教学要求。参加冬学的成员，规定是自愿参加且年纪在 15 岁以上 45 岁以下、识字不满 1000 的男女村民。冬学的教学形式，比学校教育带有更大的灵活性。虽有统一的教材，但实际教学当中，则以适应群众需求为第一原则——"愿学什么，就教什么""有几个人，教几个人"。教的人也不固定非得是教员，而是"谁会啥，就教啥"，群众之间开展互教互学。在学习中，经常与村里的实际工作结合一起，从研究交流讨论中得到解决办法，达到边学习边解决问题的目的。冬学也是开展民主运动的一种良好形式。冬学活动经常与当时当地中心工作结合在一起。诉苦复仇、减租减息、拥军优抗、参军参战，都可能成为冬学或民校的学习内容。

干部培训成为边区教育工作的一个重点。1946 年 5 月，晋冀鲁豫边区政府指示："加强干部时事教育"，指出干部应抓紧时间学习时事政治，并要求把学习时事与开展群众运动结合起来。这些指示既重视政治理论学习又重视文化学习、业务学习，对于不同学习对象提出了不同学习要求。文化水平低的干部要加强文化学习，新来的干部注重政治思想和政策的学习。在职干部教育主要采取在职学习、办业余学校、短训班和"以会代训"等几种形式。在职自学是指按照规定的书目学习，定期考试，专人督促检查。"以会代训"则是把大学组织起来，以开会的形式请领导作报告，而后讨论学习。这种方式时间短、收效快、针对性强，很受欢迎。

（三）兴旺繁荣的新闻出版事业

边区新闻报刊是党和人民的喉舌，是传播和阐释党的方针政策的重要载体，在指导和推动解放区发展上发挥了重要作用。在抗日战争时期新闻出版事业初步发展的基础上，边区新闻出版事业得到进一步发展。

出版工作是文艺繁荣的重要支撑。由于边区党和政府更加关注和支持，加之物质条件比抗战年代有了较大改善，边区报刊编印和出版工作有了一个大的发展。边区政府和各解放区党委机关报逐步从油印发展到石印、铅印，印数逐步增加到几千份甚至几万份。它是边区和各解放区舆论界的权威，同时也是解放战争时期新文化的传播者。这些报刊的共同特点是，"紧密配合党的中心工作，在内容和编排上讲究通俗、新颖、活泼，成为边区政治、军事、经济、文化教育等事业方面最重要的宣传鼓动工具"。[1] 晋冀鲁豫边区文联编辑出版的《北方杂志》，华北新华社出版的《晋冀鲁豫边区文艺创作小丛书》，晋冀鲁豫军区政治部编辑出版的《人民画报》，太行文联的《文艺杂志》，冀鲁豫的《平原文艺》等等。它们对这时期边区文化工作特别是文艺创作和人才培养都起到了重要促进作用。

《新华日报》（华北版）不论在编辑、印制、发行数量，特别是政治指导性方面，都是比较出色，堪称其中的代表。这些报纸，向广大敌后群众宣传了党的政治主张，解释了各个时期党的政治方针和根据地建设的各项政策，对一切反抗战、反团结、反进步的思想，进行了坚决的斗争。它揭破了侵略者和反共顽固分子的造谣污蔑与欺骗宣传，提高了边区人民对敌斗争的信心和决心。

1942年，毛泽东同志在延安文艺界座谈会上的讲话发表以后，中共北方局宣传部发出了《关于晋冀豫区出版发行工作的决定》，在太行区建立了华北新华书店总店，各区党委所在地也先后建立了新华书店分店。书籍出版机构和报社有了明确分工。据统计，华北新华书店总店，1945年出版书籍达142种，共计59.6万册，主要类别有党的领导著作、马列主义经典原作以及通俗读物等。尤其是反映群众运动、鼓舞群众斗争的文学作品开始出现，赵树理的《小二黑结婚》《李有才板话》等，深受人民群众的欢迎。

晋冀鲁豫《人民日报》。晋冀鲁豫中央局成立后，即筹划创建机关报。这个机关报即是《人民日报》。在1946年5月15日《人民日报》创刊号上，刘伯承为报纸题

---

[1] 中共河北省委党史研究室编：《中国共产党河北历史》第一卷，中央文献出版社2001年版，第796—797页。

词"力争和平民主团结，反对内战独裁分裂乃人民呼声"；邓小平为报纸题词"为人民服务"。这些题词是中央局为报纸提出的宣传方针。《人民日报》上不断推出大字标题新闻：《晋冀鲁豫中央局召集平汉沿线干部会议检查群众备战工作》《平汉沿线安排下蒋军坟墓邯郸等县积极备战数成民兵扛起武器备妥地雷两万枚》等。这些新闻交流备战经验，极大地鼓舞了我军民士气。

邯郸新华广播电台。抗日战争胜利以后，晋冀鲁豫解放区和全国各解放区一样，逐步巩固壮大，迅速发展。在这样大好形势下，充分发挥我党宣传工作的作用，这是摆在我党面前十分紧迫的任务。1946年初，晋冀鲁豫中央局和晋冀鲁豫军区决定，在太行山区建设一座广播电台。这个新建广播电台就是邯郸新华广播电台。邯郸新华广播电台从1946年9月1日正式开始播音，到1949年3月23日止，为我党做了大量宣传工作。特别是我西北解放军撤离延安后，原陕西台决定转移到太行山区，通知邯郸电台准备接替。原邯郸台克服了种种困难，抽调人力和物力，筹建了陕北新华广播电台。从1947年3月30日到1948年5月22日，在太行山涉县沙河村正式播出了陕北新华广播电台的声音。真理的声音经由新华广播电台的红色电波，传播在祖国的万里长空。

三、晋冀鲁豫文化建设的特点

中共晋冀鲁豫中央局和边区政府，依靠全区党员和干部，领导边区广大人民群众，团结各阶层人士，大力开展边区各项建设事业，恢复和建立了各级民主政权，大力开展边区各项建设事业，繁荣和发展了文化，改善了人民物质文化生活，取得了显著成绩，为夺取解放战争的胜利凝聚了思想基础。与其他解放区相比，由于形成时间不一，基础各异，地域人员构成各异，因而形成了多元并存的文化。与其他各根据相比，晋冀鲁豫边区的文化又有其自身特点：

（一）文化建设具有强烈的政治性

文化建设是根据地建设的一项重要工作。它本身的发展，是和战争中的政治军事行动分不开的。在战争中，文化工作的最终目的是为阶级利益服务的，具有很强的政治性。晋冀鲁豫边区是在敌后战场开辟发展起来的，根据地的一切工作都是围绕战争进行。在战争期间，文化成为教育、动员群众的武器，因此，必须反映战争的现实需要，把民族的革命的精神灌输给广大受众，为抗战服务。无论小说、戏剧、诗歌、美术等艺术形式，还是报纸、刊物、宣传品等出版物，要反映党的主张和理念，有效地把民族革命精神和思想传播到广大民众的头脑中，充分发挥教育群众为战争服务的作用。同时，在历次政治攻势中，文化战士都承担了深入敌后进行宣传的艰巨任务，揭发反动派的累累罪行，揭示人民战争的光明前景，有效地争取了游击区、蒋管区的广大群众，粉碎了敌人的文化攻势。

（二）文化建设具有广泛的群众性

边区文化工作的重点在农村，主要对象是农民。由于边区位于相对偏僻落后的广大农村地区，边区建设重要任务之一就是要动员广大农民群众参加边区建设，要求必须用农民群众喜欢的文艺形式宣传和发动农民群众，因而在整个战争期间，边区文化建设高度重视乡村文艺运动，甚至部队文艺在相当一个时期内也以反映农民的生活与斗争为主要题材，又由于受到战争环境的制约与影响，戏剧、音乐、秧歌等文艺形式成为主要演出的主要形式，成为农村群众性文艺运动的主流。农村剧团及农村戏剧运动，实际上是作为群众运动的一个组成部分在发展着。以涉县的民间剧团为例，有抗日战争期间，民间剧团已经有 50 余个，演员 1300 余人。在解放战争期间，涉县新成立的剧团又增加了 24 个，演员 700 余人。边区各地群众性戏剧活动因地制宜，蓬勃发展，各机关、文联、协会等专业演出团体也纷纷重新组建，剧团和数量、演出规模和影响程度，都大大超过历史记载。

（三）文化建设具有引领的先进性

晋冀鲁豫边区条件艰苦，但人文环境相对宽松，文化氛围相对浓厚，人民群众享有广泛的自由和民主，为文艺的发展创造了相对宽松的条件。一批优秀人才聚集在边区。平、津等大中城市的教授、学者和青年学生，以及部队文艺工作者，共同参加边区文化建设。特别是 1938 年 11 月，延安鲁艺朱杰民、白焰、伊林等一大批艺术家来到太行区工作以及鲁艺木刻工作团的罗工柳、胡一川、彦涵等艺术家的到来极大加强了边区文化力量。进入解放战争时期，边区文化更是人才辈出。边区文化工作者中，既有蜚声全国解放区的著名学者和文艺家如范文澜、陈荒煤、赵树理、阮章竞、吕班、赵子岳等，也有在战斗中崭露头角的文艺新人如苗培时等。一批经得起时间考验、经得起历史考验的作品，深入人心，根植于边区的热土。

（四）文化建设具有错综的复杂性

解放战争期间，晋冀鲁豫边区四面环敌，处于四战之地，各种思想文化冲突因而更加突出和明显。综合当时情况，晋冀鲁豫边区及周边主要存在着三种思想文化类型：一是封建主义思想文化，它延续时间最长，影响最为广泛；二是国民党文化专制主义和法西斯思想，它在边区周边一定地区有相对不小的影响；三是新民主主义文化，这是一种新型的思想文化，虽然诞生时间并不长，但由于合乎历史发展的客观规律，具有强大的生命力和光明的发展前景。以上三种思想文化大致分为新与旧、革命与反动两大营垒，相互之间展开了激烈的冲突和斗争，因而边区文化建设具有多种思想、多种思潮相互冲突、碰撞的特点，具有复杂性。经过长期、激烈的斗争最终确定了新民主主义文化的主导地位。

（五）文化建设具有地域的差异性

晋冀鲁豫边区由太行、太岳、冀鲁豫、冀南等地区组成，各地政治、军事、经济和文化等方面具有地域性差异，虽然各地均遵照边区的指示推进文化建设，但由于所处环境不一样，战事影响不一样，人才聚集程度不一样，群众文化基础不一样，因而边区文化建设进展不平衡，具有一定的差异性，即非均衡性。从区域上看，太行地区是边区的核心区，环境相对安定，集中了大量党政军机关和文化团体，文化建设成效相对明显。而在其他非核心区，由于战事频繁，在军事上投入的人员精力相对要多，文化建设相对投入较少，因而文化建设相对有所侧重，成绩相对收效小些。从文化形式上看，虽然边区文化建设几乎包括了艺术的各种形式，但由于受到民众文化程度总体不高、战事频繁、物资匮乏等诸多条件影响，各种文艺形式发展也并不均衡。具体而言，报刊、传单、书籍等宣传材料不如戏剧、唱歌、美术等形象文艺形式更受欢迎。而在这些普遍受到欢迎的艺术形式当中，戏剧艺术是最大众化的，它可以普及到不识字的，没有深的艺术修养的广大群众，而直接感动他们、教导他们。

（六）文化建设具有极其的艰巨性

战争期间，由于边区所处四面环敌，随时接敌，随时处在战争状态。在艰苦的敌后游击战争中，边区文化工作都首先是战士，其次才是文化工作者，他们一手拿着笔，一手拿着枪，他们出入枪林，冒着弹雨，进行文化创作，开展文化宣传，他们担负着宣传员和战斗员的双重责任。简陋艰苦的工作环境并没有削弱文化工作者的创作热情，反而让他们以苦为乐，在战争中磨炼，在工作实践中成长，从思想上真正改造成经得起考验的革命战士。他们深入田间地头广泛搜集创作素材，用火一样的热情投身到边区的文化建设中去，创作出一批反映时代精神、富有教育意义的作品。"民族压迫和封建压迫所给予中国人民的灾难中，包括着民族文化的灾难。特别是具有进步意义的文化事业和教育事业，进步的文化人和教育家，所受灾难，更为深重。"[①]许多优秀文化战士，为了边区的文化建设不仅倾注了满腔热忱，甚至献出了他们宝贵的生命。1946年，晋冀鲁豫7纵政治部宣传科长孙健良遭到蒋军杀害。1947年，冀鲁豫区党委宣传部领导下的民艺剧社表演艺术家刘现玉被还乡团杀害。1946年7月，晋冀鲁豫军区政治部剧团主任李柯积劳成疾，不幸病逝。1948年8月，冀鲁豫文工团著名演员周圣礼遭蒋军飞机轰炸牺牲。

作者：吕洪文，中共秦皇岛市委党史研究室二级调研员。
　　　于晓岩，中共秦皇岛崇德实验学校教师。

[①]《毛泽东论文艺》，人民文学出版社1966年版，第101页。

中国共产党乡村文化建设的举措与经验

——以晋冀鲁豫边区（1946—1948）为中心的考察

王　兰

摘　要：为了稳定后方，支援抗战，中国共产党在晋冀鲁豫边区不断进行革命和建设，特别注重提高乡村文化水平。这些乡村文化建设的举措充分反映在晋冀鲁豫《人民日报》的文本中。当时乡村建设以新民主主义文化思想为指导，重视发展乡村教育事业，推广科学知识和地方性知识相结合的科技；在改造旧艺人的同时，加强各种新旧文艺活动的展演；通过全民写稿的方式调动百姓投身办报事业，并利用文化棚、骡马大会等空间进行基层文化建设和信息传播；将卫生防疫与体育锻炼相结合，提高人们身体素质。总之，这些文化建设是党组织人民、发动人民、依靠人民的写照，并从中积累了宝贵的经验，如组织群众、参与式发展、教育内容服务农民需求、文艺源于生活又服务于生活等。这些经验为当今乡村振兴提供重要借鉴。

关键词：乡村文化建设；晋冀鲁豫；组织起来；参与式发展

党的二十大提出建设中国式现代化国家，不仅要厚植现代化的物质基础，还要大力发展社会主义先进文化，繁荣发展文化事业和文化产业。乡村文化是中华文化的特征和底色，是中华民族的根脉。对于乡村文化建设由来已久，不仅 20 世纪二三十年代兴起的乡建运动重视文化建设，而且中国共产党的百年奋斗历史也是一部乡村文化建设的历史。在晋冀鲁豫边区，中国共产党既注重农村物质资料的生产，也关注农民精神水平的提高。这些文化建设的措施在被认为是人民喉舌的晋冀鲁豫边区机关报——《人民日报》里可见一斑。

《人民日报》自 1946 年 5 月 15 日发刊伊始，到 1948 年 6 月 15 日与《晋察冀日报》合并为中共华北中央局机关报止，是晋冀鲁豫边区的机关报。从诞生之日起，《人民日报》就肩负着动员组织全区人民保卫和建设边区的重担，担负着反映现实服务人民的任务。坚持大众写稿的方针，执行由群众中来，到群众中去的指导路线，在广大农村和交通不便的地方，也建立了很好的发行网，它传递的信息能够反映出当时晋冀鲁豫边区乡村的状况。晋冀鲁豫边区文化建设的各种举措继承了抗日根据地文化的优秀传统，也为新中国的文化繁荣和精神文明建设积累了宝贵经验。本文运用文献法，对晋冀鲁豫《人民日报》的文本进行分析，试图对当时边区乡村文化建设的图景进行描述，并总结出当时乡村文化建设的经验，更好地以史为鉴，振兴乡村。

一、晋冀鲁豫边区文化建设的迫切性及指导思想

（一）晋冀鲁豫边区文化建设的迫切性

1941 年 7 月晋冀鲁豫边区政府成立，1945 年 8 月 20 日成立晋冀鲁豫中央局，1948 年 5 月 20 日与晋察冀解放区合并，同年，8 月 19 日，华北人民政府成立，边区建制撤销，所辖地区陆续恢复原来的各省建制。晋冀鲁豫边区地理范围泛指"黄河新河道和陇海铁路以北，正太沧石铁路以南，汾河以东，津浦铁路以西，这一横跨山西、河北、山东、河南、江苏五省的巨大梯形地带。按照地理形势，可以太行山脉为界，划分为东西两个部分"。[①] 正因这种地理优势，地处华北、华东、中南、西北接合部的晋冀鲁豫边区，抗日战争时期，它是华北游击战争的心脏与神经中枢；"解放战争时期，本区为主要战场之一；在战争转入反攻阶段以后，又成为支援各路反攻大军的主要供应基地。"[②] 总之，不论是抗日战争还是解放战争时期，晋冀鲁豫边区都是处于枢轴位置的战略重地。

1946 年 6 月末，蒋介石发动了对晋冀鲁豫边区大规模的进攻。虽然经过长期战争消耗疮痍未复，但边区不得不再次投入到战争中。战争初期，国民党力量较强，加之间谍特务的活动，对中共基层组织构成了严重威胁。国民党利用会道门等组织对解放区乡村的群众进行欺骗怀柔，造成乡村混乱，同时还对敢于从地主手中夺取土地的农民进行残酷的镇压和屠杀。另外，当时晋冀鲁豫边区设有小学、高小、中学等学校，但教员的水平有限，有些教员的思想觉悟不高；乡村学生辍学率较高，农民文盲率高；封建迷信活动依然存在；医疗卫生条件差，瘟疫影响大。为了支援抗战，推进"耕者有其田"的土地改革运动，提高农民阶级觉悟，鼓舞解放区人民必胜信念，稳

---

① 齐武：《晋冀鲁豫边区史》，当代中国出版社 1995 年版，第 1 页。

② 齐武：《一个革命根据地的成长——抗日战争和解放战争时期的晋冀鲁豫边区概况》，人民出版社 1957 年版，第 1 页。

定新解放区的社会秩序，中国共产党认为需要在边区乡村进行文化建设，并实施了一些策略，例如，发展乡村教育，提高群众觉悟；改革百姓文艺，服务革命需要；进行基层宣传，组织发动群众防疫等。因此，在当时这些文化建设举措的实施是激发群众革命热情、提升农民素质，积极支援战争的必然选择。

（二）文化建设的指导思想

晋冀鲁豫边区的文化建设是以毛泽东思想为指导。1940 年 1 月毛泽东作了《新民主主义论》的讲话，认为新民主主义文化应该是民族的、科学的、大众的。"所谓新民主主义的文化，一句话，就是无产阶级领导的人民大众的反帝反封建的文化。"[1] 新民主主义文化还应该具有民族性，可以和其他民族的社会主义文化和新民主主义文化相结合，建立相互吸收和相互发展的关系，但是绝不能和任何别的民族的帝国主义反动文化相联合。在如何看待古今中外的文化关系时，毛泽东认为，中国应该大量吸收可以用得着的外国进步文化，把它作为自己文化食粮的原料，但这一过程必须经过辨析处理，取其精华去其糟粕，绝不能生吞活剥地毫无批判地吸收。中国有着灿烂的古代文明，要尊重自己的历史，绝不能割断历史，尊重历史的辩证的发展，在剔除封建性糟粕后，吸收民主性的精华，这是发展民族新文化提高民族自信心的必要条件。同样，新民主主义文化还必须是大众的，在文字方面需要加以改革，言语必须接近民众。毛泽东同志关于新民主主义文化的论断为广大边区发展教育，为进行文化建设提供了思想的指导。

1942 年 5 月 2 日—5 月 23 日，中共中央在延安召开了文艺座谈会，毛泽东在会上发表了《延安文艺座谈会讲话》[2]。该讲话紧紧抓住文艺与人民的关系，提出了文艺来自人民生活、文艺为人民服务、文艺家要和人民结合的方针，为中国文艺工作指明了方向。1944 年 10 月 30 日，毛泽东同志提出了建立文艺工作统一战线的指示，要联合一切可用的旧知识分子、旧艺人、旧医生，帮助、感化和改造他们。[3]

毛泽东同志的一系列讲话指出了，中国共产党要建立和发展的文化应该是民族的、科学的、大众的新民主主义文化；文化政策的制定要服务群众，文化建设的内容要从群众中来，满足群众对文化的渴望；要对知识分子、文艺工作者、医生等进行改造，使其深入基层，坚定革命立场；等等。在这些指示下，晋冀鲁豫边区进行了一系列乡村文化建设。

---

① 《毛泽东选集》第 2 卷，人民出版社 2008 年版，第 698 页。
② 《毛泽东选集》第 3 卷，人民出版社 2007 年版，第 848 页。
③ 《毛泽东选集》第 3 卷，人民出版社 2007 年版，第 1013 页。

二、边区乡村文化的建设

（一）科学教育的发展

著名平民教育家晏阳初先生指出中国农村建设的四大基本问题是"愚、贫、弱、私"。"所谓愚，我们知道中国最大多数的人民，不但缺乏知识，简直目不识丁，所谓中国人民有百分之八十是文盲。"[①] 例如晋冀鲁豫地区的"滨海莒南县浔河南庄没有一个识字的，区上来通知，也得向外庄找人看。"[②] 其实，穷苦大众并不是天生"愚昧"，而是因为他们长期被社会"精英"所忽视，没有受到应该享有的教育，一旦受到应有的教育，他们的聪明才智就能够被发挥出来，成为国家的根本。[③] 为了满足农民对教育的需求，晋冀鲁豫边区采取各种措施发展教育，提倡科学。

1. 学校教育有条不紊

为满足不同年龄段的学生需求，晋冀鲁豫边区开设不同形式的学校，如大学、中学、高中、小学等。1946 年 7 月，太行山区举行了中等学校教育会议，提出了"教育与生产结合，教学做合一"的教育精神与教学方法。依此，各学校积极改变教学内容，一般学校增加了珠算、记账、写契约、开路条等课程，同时将学习和生产相结合。"漳滨中学以五十亩校田，专聘一位老农和自然教员结合，指导学生学习土壤、肥料、日光与水对植物的作用，各种农作物的性质与种植等科学常识，学生都一一理解，成为自己活生生的真知识。"[④] 为了吸取老解放区的办学经验，邢台县教育局组织热心教育事业的人士和小学教员 24 人，参观了内羊、折户等村的模范小学校，并共同组织教育座谈会[⑤]。通过努力，边区学校教育有了明显的发展，例如，鸡泽县的小学由解放时（1946 年）的 20 处增加至 1947 年的 100 处，高小由 1 处增至 4 处，全县146 个行政村，除八九个边沿区小杠外，村村有学校，有些小村也用并村办法建立了

---

① 晏阳初：《中华平民教育促进会定县工作大概（一九三三年七月）》，《晏阳初全集》第 1 卷，天津教育出版社 2014 年版，第 214 页。

② 玉珍：《平定九区教员讨论办法　帮助农民办冬学　莒南开展冬学运动》，《人民日报》，1947 年 11 月 29日。

③ 王景新、鲁可荣、刘重来：《民国乡村建设思想研究》，中国社会科学出版社 2013 年版，第 134 页。

④《太行中等学校贯彻新方针　面向农村面向社会　教学做合一获成绩》，《人民日报》，1946 年 12 月 5 日。

⑤《邢台组织教育参观团到老区吸取教育经验》，《人民日报》，1946 年 5 月 22 日。

学校，入学儿童占全县学龄儿童 90%，达到 9535 名。[①]

虽然学校教育取得了诸多成绩，但其发展仍有曲折。1947 年下半年，边区教育界进行的大整顿中出现了严重的"左"倾错误。为纠正"左"倾错误，各地教育科和学校都召开会议。首先，树立正确的教育观。教育的目的是培养群众的子弟，增进他们的文化知识，扫除文盲。其次，尊重教育规律。儿童时代是学习的黄金时代，智慧灵敏，不应浪费在不必要的斗争和劳动中。再次，正确处理阶级问题。需要从农民长远利益出发，解散贫雇学生委员会和贫雇小组，允许地主富农子弟入学，让其学习改造。最后，要团结知识分子。纠正过去对旧教员的狭隘观点，使他们在工作中得到改造，发挥积极性和创造性。[②]

2. 社会教育如火如荼

20 世纪 40 年代的中国，农民占全国 80% 以上，想要教育普及，必须发展农民教育。"农民教育是以社会教育的方式，去谋农民生活知识技能的向上与发展，以全体农民为对象，而影响及于农民全体的教育。"[③]1946 年，晋冀鲁豫边区平均每一个行政村都有一个民众学校，有的行政村有两三个，基本上进行着时事、生产、识字三种教育[④]。为了不耽误生产，北宁家村在饭场处，设一识字牌。"全村共设七处，在开饭时，由村干及学生，每人负责一块教字。下地生产时，组长用简单的木板写上字，有的组写在每个锄把上，歇时一面吸烟，一面用手指头在地上学写。"[⑤]

除了民众学校之外，边区还利用冬季群众农闲时间开设冬学。冬学学习的内容丰富，不仅可以识字，而且还将土地改革、政治教育、思想军事、政治形势等纳入其中。通过冬学的学习，武安三区野河村取得了不少成绩，"现在有 50 个人会认路条，13 个人会写路条，连 49 岁的雇农李鱼庆也学会了写路条。"[⑥]冬学受到百姓欢迎，除了因为可以和乡村原有的群众组织相结合，如农会、互助组、读报组等，方便群众生产生活外，其上课时间也是根据群众的实际生产情况安排，能够充分调动群众积极性，提高民众知识水平。

3. 农业科学备受重视

晋冀鲁豫边区的北方大学设有农学院，与农民相结合进行工作。主要表现在：

---

① 《鸡泽村村有学校学龄儿童百分之九十入学》，《人民日报》，1947 年 2 月 20 日。
② 《建议与批评 学校的贫雇小组要坚决取消》，《人民日报》，1948 年 5 月 18 日。
③ 黄贻燕：《农民教育概要》，《农民教育》，1931 年第 6 期。
④ 荣一农：《晋冀鲁豫边区政府杨主席谈边区一年来的和平建设》，《人民日报》，1946 年 8 月 10 日。
⑤ 《濮阳四区翻身农民生产中学文化》，《人民日报》，1947 年 9 月 21 日。
⑥ 振邦：《野河冬学推动村工作》，《人民日报》，1947 年 3 月 28 日。

其一，将有农耕经验的农民与科学技术专家组成农业研究室，分为农艺，森林、畜牧、兽医、园艺、经验植物等部分。其二，建立砂糖厂一所，提倡百姓种甜菜。其三，筹设兽医院一所，由畜牧兽医专家主持门诊，并与当地兽医共同研究，建立学术组织。其四，设立经济植物科，提倡种植经济药材、工业植物原料等山产。[1] 这些工作为边区农民提供了先进的农业技术。

除此之外，晋冀鲁豫边区的各农村普遍设有农业技术指导委员会。例如，"黎城各村都设有技术指导委员会，互助大队设有技术组，有的村举行了老农座谈会，分别研究了怎样施粪、造粪、消灭害虫，以及种棉花等问题。"[2] 农业技术指导委员会为了与当地实际相结合，注意将以下几类人吸收进来，首先，对农事有经验的老农，因为他们懂技术，有经验；其次，能力较强的村干部，他们可以进行有效的组织管理，使技术研究和技术指导相结合，将成果贯彻到群众中；再次，根据农事的不同季节有不同技术的能手；最后，村里的小学教员等知识分子，因为他们是知识的持有者，可以通过读报等方式介绍各地的经验，可以将经验与科学相结合。[3]

（二）边区文艺百花齐放

文艺是人民生活的直接反映。"人民的喜怒哀乐好恶和一切愿望，用人民的言语，直率地表达出来，同时也就尽了它的领导生活，批判生活，改善生活的能事。它是社会共同的财宝，也是人类共同的财富，任何开化民族的古代文艺或落后民族的现成文艺，都蕴含着无尽藏的美，而有普遍永恒的价值。"[4] 这一时期，晋冀鲁豫边区的文艺工作开展得如火如荼。

1. 建立空间和组织

晋冀鲁豫边区为了鼓励人民进行文艺创作，通过报纸、杂志、广播等媒介为百姓提供展现空间。《人民日报》的副刊为文艺青年提供展现空间。1946 年 7 月 1 日，太行边区文联创办了《人民画报》。冀鲁豫边区文联在 1947 年元旦时创刊的《平原文艺》刊登了诸多新诗、小说、歌剧、论文等。除了报纸和专门文艺杂志外，晋冀鲁豫地区还有广播电台的宣传。例如，邯郸新闻广播电台就从 1946 年 4 月 25 日开始，每日增加文艺节目半小时，内容包括文艺作品介绍、话剧、歌曲、秧歌、小调、快板

---

① 康辛：《北大农学院设农业研究室》，《人民日报》，1947 年 6 月 6 日。
② 《冀南锄苗中互助发展　太行普遍研究耕作技术》，《人民日报》，1946 年 7 月 10 日。
③ 《北流村农业技术指导经验》，《人民日报》，1947 年 5 月 17 日。
④ 郭沫若：《走向人民文艺》，《人民日报》，1946 年 9 月 15 日。

等。[1]

为了加强对人民文艺的管理，晋冀鲁豫地区成立了文联。文联内部包括编辑和研究两部门。在研究部下又设立了资料室、创作组、美术组及通讯联络等。为了推动文艺活动的开展，文联举办了各种文艺征文大赛和评奖活动，并设有奖金 20 万元，"征稿范围很广，凡民间形式的通俗作品（如快板、小调、故事、莲花落、剧本、新闻等），艺人的作品（如坠子、洋琴调、洋片词、宣传画、高调剧等），文艺作品（如诗歌、小说、报告文学、话剧等）都在征奖之列。"[2] 征稿活动激发了人民大众的创造欲望，边区文艺蓬勃发展。除了文联外，冀鲁豫地区还有艺术宣传大队，简称"艺大"[3]。1947 年 4 月 15 日，边区成立了人民文艺工作团，由各地而来的著名艺术工作者组成，是一个综合性的艺术团体，不仅有文学、戏剧组，而且有音乐、美术组；不仅做了很多工艺品，还筹备画洋片，并且组织多场演出，均受群众热烈欢迎。

2. 改造民间艺人

为了适应革命和人民生活的需求，边区开展了对广大民间艺人和民间文艺的改造。冀鲁豫文联民间艺术部对旧艺人做了详细的调查后发现，散居在分区中的洋片、洋琴、坠子、画塑、雕刻、书店、吹鼓手等民间艺人就有千人以上，"这些艺人大都是祖辈流传，拜师学艺，一步步下工用力锻炼出来的。他们都是能吹、能弹、能拉、能说、能打、能唱、能用自己的演唱技艺吸引广大群众的。"[4] 他们大多出身农民或工人，有着熟练的技术，熟悉生活，需要对他们进行思想的改造和技术的创新。

为了吸纳这些民间艺人，边区文艺部门和乡村干部从思想着手，走群众路线，通过研究旧戏、旧事，启发他们的觉悟，发扬他们的长处，克服和改造他们的旧习气，如喝老酒、懒散、动不动和人吵架、信神、信鬼等。除了改造民间艺人外，还注意改造民间艺术。过去画神像、吹胡子、摔袖子、唱"包公案"等旧词都不适合边区革命和土改需要，艺人需要学习新调、新画法、新雕法、新唱法，使自己技术不断改进。在冀鲁豫分区，还开展了艺人学习班，经过训练、倒苦水等方式，改换了他们的思想，提升了技能。

---

① 《邯郸新华电台增加文艺节目》，《人民日报》，1947 年 4 月 21 日。

② 王亚平：《冀鲁豫文联推动征奖　建立农村文艺通讯组发动大家写、大家编》，《人民日报》，1947 年 12 月 15 日。

③ 华含：《冀鲁豫民间艺术宣传大队　沿途宣传很受欢迎》，《人民日报》，1947 年 10 月 28 日。

④ 王亚平：《艺人的创造和演唱　冀鲁豫文联改造旧艺人经验》，《人民日报》，1947 年 7 月 19 日。

3. 新旧戏剧共生

1946 年太岳区有农村剧团 722 个，演员 13719 人；秧歌队 2191 队，演员 109550 人[①]。府城剧团是太岳地区最著名的农村剧团，成员都是农会会员，他们编演本村的事情，教育本村人，推动群众运动，例如，"减租债时演《穷人难》《续穷人难》；春耕时演《生产》；参军时演《小炭锤参军》。"[②]太行行署下令，"为更好地为战争服务，边地剧团不仅要善于集中起来演大戏，而且要善于灵活分散唱小戏、说大鼓、快板等。内容以鼓动全区军民爱国自卫战争胜利信心、歌颂群众翻身、准备明年大生产为中心。"[③]农村剧团发展中也有一定的问题存在，例如七里店村的剧团，铺张浪费，自 1947 年 1 月成立到 1948 年 1 月，一年共浪费了 76 万元，百姓怨声载道。[④]

针对农民喜欢戏剧，但是农村戏剧人才缺乏，且没有时间编排的问题，出现了"新洋片"。它创始于 1944 年的延安，是一个融合了美术、诗歌、音乐、演唱于一体的综合性艺术形式，一次可以四五百人同时观看，受物质条件和天然地形限制较小，两三个人合作就可以。"内容是反映群众的现实生活和斗争，表演是以连环画结合说唱与音乐伴奏，不但有画，而且有诗（唱词）"[⑤]，新洋片在晋冀鲁豫边区受到欢迎。1947 年 11 月，晋冀鲁豫边区文联美术工作者将制成的"土地还家"新洋片在附近乡村巡回演出，征求观众意见，并加以修改，然后在各地演出，收到很好效果，加强了美术工作者和翻身农民的联系，也有利于宣传和组织群众。

（三）大众传媒形式多样

晋冀鲁豫边区的大众传媒形式丰富，有报纸、定期刊物、广播、大众黑板、文化棚、图书馆等。通过大众传媒可以宣传党的政策，组织群众进行生产和土改，教授百姓知识和技能，是当时乡村基层治理的重要工具。

1. 报纸销量与日俱增

《人民日报》创刊两周年时，报纸发行覆盖 173 个县，出版份数达到 25000 份，拥有 5 个分社，1500 名通讯员。太岳区共有 3200 个行政村，每个村平均有两份新华

---

① 晋冀鲁豫边区革命文化史料征集协作组：《晋冀鲁豫边区文艺大事记》，山西人民出版社 1998 年版，第 158 页。

② 束玉：《介绍一个好农村剧团"群众翻身自唱自乐"的典型》，《人民日报》，1947 年 1 月 13 日。

③《太行通令各县整顿农村剧团》，《人民日报》，1946 年 11 月 22 日。

④ 燕生钟：《七里店滥用果实搞剧团 一年浪费七十多万》，《人民日报》，1948 年 3 月 7 日。

⑤ 芦甸：《一个崭新的宣传工具——介绍边区文联"新洋片"》，《人民日报》，1947 年 12 月 20 日。

日报。除此之外，差不多每个县都有一个定期或不定期的小型报纸。[①] 当时报纸内容不仅涉及国内战争、国际形势，而且涉及土地改革、增产运动；不仅涉及各地方部门工作经验，还涉及农业技术传播和卫生防护知识；不仅有党的政策下达，也有村中情况的反映。《人民日报》设有"呼声"一栏，"不少的农民陆续到报馆来要求代笔写'呼声'，他们甚至说是来'告状'。从'呼声'所反映的问题看，民主是群众主要的急迫的要求，他们受本村一些坏村干（部）打击，这还不说，最使他们苦恼的是上边的官僚主义，一级推一级，县不惹区，区不惹村。老百姓说：'过去没有咱讲话的地方'。看到'呼声'后，他们说：'咱总算也有一个说话的地方了'"。[②] "呼声"成了联系群众的重要工具，各级党政机关对此极为重视，迅速解决。《人民日报》还有个"编读往来"栏目，对党报编辑也起到了监督作用，读者随时提出意见。

为了发挥报纸的影响力，各地区成立了诸多读报小组。1946 年时，太岳全区有读报组 2100 个，有以互助组为单位的读报组，在生产休息时进行读报，也有村干部读报组，每天干部开会时读报。[③] 另外，边区采取全党办报，大家写稿的策略。当时《人民日报》中的很多稿件都来自群众通讯员，而不是专业记者。这是一种去专业化的、非新闻专业记者的内容生产方式。为了发动大家写稿，各村成立通讯小组，很多识字的翻身农民加入进来，不识字的也愿意提供素材进行讨论。村里的这些稿件在写之前需要经过讨论，写好后念给大家听，经通讯小组审查好后报送给区委审查。报纸刊登后，他们又读报，看编辑是否修改，如何修改，进行学习，以便更好写作。报纸的编辑部也对农民通讯员稿件给予关心，虚心提建议，帮助他们成长。

2. 大众黑板与广播筒盛行

为了节约用纸，晋冀鲁豫广大乡村更多采取大众黑板和广播筒进行宣传。在内容上，黑板报既报道包括防寒备荒、生产互助等村中的工作和运动，也包括区、县、国内外的新闻；可以首发，也可以从报纸上摘录。在形式上，黑板报的篇幅短小精悍，有的地方将快板、鼓词、小调等形式应用进去。在写作上，每个村有专门的办报同志，一般由小学教员或民教委员等担任；也有村子群众集体办报。在太行黎城北流村中，全村组织写稿，好的稿子会寄给县小报和新华日报等，该村还将黑板报和广播台结合起来[④]，凡登出的稿子，都要由广播筒广播一次，使不识字的人也能不出户而知

① 《太岳文教鸟瞰》，《人民日报》，1946 年 8 月 12 日。
② 安岗：《一年来从事党的新闻工作的几点体会》，《人民日报》，1948 年 5 月 15 日。
③ 《太岳群众翻身后　大众文化广泛发展　鲁中区成立民样九千作处》，《人民日报》，1946 年 5 月 20 日。
④ 常江河：《黑板报与广播台　农村来信之二》，《人民日报》，1947 年 8 月 15 日。

天下事。北流村的广播筒有四个广播台，一个总台和三个分台，可连续播报，也可转播，每到三、六、九日就播报，内容涉及村中生产、时事和模范表扬。"为了吸引群众注意，又组织村中会乐器的人，在广播开始先奏音乐，而后广播，群众感到很有兴趣。广播台的好处，是迅速指导了群众生产。"①

大众黑板和广播筒的存在有利于村中组织生产，进行宣传。但也要看到其发展中仍有问题。有的村中的大众黑板由村小学教员包办，但是却包而不办；有的村黑板报一两个月不换；有的村单纯地抄录报纸上的消息，不能和村中群众生活相结合；广播筒没有充分利用，而只是作为找人的工具。这些现象被《人民日报》披露后，各村着手调整，认真利用好黑板报和广播筒做基层宣传。到1947年10月，据潞城、临城、黎城、邢台等12个县（市）的统计："共行政村（街）3729个，设有1625个广播台；有3850块大众黑板。"②

3. 传播空间多样化

为了丰富民众生活，边区还存在着诸多文化传播空间。其一，建立村图书馆，购置图书。例如冀鲁豫的史家村图书馆③，从村中合作组的生产红利中抽取一部分买书40多种，订报两种。其二，建设文化棚。为了深入群众，将群众娱乐与宣传相结合，各剧团在送戏下乡时开设文化棚。开戏之前，可以通过快板、说鼓书、讲故事、读报纸等形式进行宣传教育，还可以设置流动书店，方便群众购买书籍；也可通过黑板报的形式放大时事新闻，采访当地消息。"麟山剧团在吾元出演时，三天就卖了一万多元的书，比城里文化书店七天卖的还多。两个月内共卖了九万多元。"④文化棚是乡村文化建设工作中的一个流动机关，是文化下乡工作的重要组成部分。

其三，利用骡马大会进行宣传。晋冀鲁豫地区的骡马大会不仅是经济交流的场所，也是政策、文化宣传的阵地。1947年2月22日，武安冶陶开设骡马大会，在骡马大会场地的中心是烈士堂，烈士堂旁边设有文化棚，并有图画展。"通过几十幅彩色的图画，参观的农民们，更明白地认识了蒋介石的卖国内战的罪恶，蒋介石出卖祖宗的"蒋美商约"的真面目；同时也认识了人民解放军在天天打胜仗，认识了在毛主席朱总司令领导下一定能够走向胜利。"⑤各地区新华书店也开设流动书店，利用骡马

---

① 尚枫、江河、东魁：《有声有色的北流村的生产宣传》，《人民日报》，1947年6月8日。
②《广播台黑板报普遍建立　民校农村剧团大大发展　太行大众文化教育事业猛进》，《人民日报》，1947年10月28日。
③《卫河五区村村建立文联社》，《人民日报》，1947年12月18日。
④ 孙克明：《实行文化下乡　屯留的"乡村文化"报和"文化棚"》，《人民日报》，1947年12月20日。
⑤ 泽然：《翻身农民争购农具闹生产　冶陶骡马会景象繁荣》，《人民日报》，1947年3月1日。

大会进行宣传，派人出售书籍文具，受到群众欢迎，农民可以在此购置通俗读物，儿童可以购买课本、纸笔等。

（四）卫生体育相结合

晏阳初认为中国社会存在四大基本问题，其中一项是"弱"，需要进行卫生教育。"所谓卫生，是要讲究卫生，达到健康，一般人常说，无病就是健康，其实有病的人，固然是不健康，但是没有病的人，精神不振，体力不足，亦不能认为健康，就是体强力壮的人，抑郁潦倒，生活颓唐或浪漫，也不能认为健康。"[1] 卫生教育最大的成就在于国民体格的增强，健康克保，有担当大事的力量，有工作的效率，有自卫和卫国的能力。[2] 体育的目的也是为了强健体魄，以治其弱，体魄雄厚。所以，卫生教育是完成体育目标的必由途径，也是民族绵延、国运隆替的重要因素。

1. 狠抓卫生防疫

晋冀鲁豫地区的卫生工作主要集中在防疫抗疫上。当时边区瘟疫不断，1946 年秋雨过多，太行四分区时疫频发，疟疾、伤寒、回归热等病困扰着人们，"沁阳二区病人占全区百分之二十七强；恩村区十个行政村即病倒一千八百余人，占人口百分之十五，造底、府城店每村皆有病人四五十人，不仅影响秋收秋耕，亦且影响群众翻身运动之进行。"[3]1948 年 3 月以前，山东广大农村暴发瘟疫，仅临朐一个区患黑热病者，即达 2000 余人，鲁东南滨海区竹庭县患病者有 20000 余人。[4]

在这种情况下，晋冀鲁豫边区采取了一系列措施防疫抗疫。其一，注射疫苗、进行调研。1946 年，晋冀鲁豫边区卫生局第一医疗队领取了大批霍乱、伤寒、赤痢混合液疫苗为小学生免费注射，共计 567 人，"还给河沙镇小学上卫生常识课，作社会卫生调查，研究民间卫生习惯，调查农村疾病种类及婴儿死亡率，巫神在农村的活动等等，初步材料已寄回卫生局。"[5] 其二，加强医药人才建设。各地定时召开医生座谈会，研究病状病源；团结新旧医药人才，尊重医生地位，训练新医药人才；将药铺和坐柜医生合并成立医疗合作社，方便群众看病。其三，中西医结合。各地区的中西医相互学习，当时《人民日报》中就有刊登了中西医对百姓反映的牲口病提供治疗方案

① 薛映晖：《国民卫生与中华民族——带发刊词》，《卫生月报》，1947 年 4 月 5 日。
② 陈立夫：《国民体育与国民卫生教育》，《国民教育指导月刊》（甘肃），1942 年第 8 期。
③ 筱珊：《简讯》，《人民日报》，1946 年 10 月 16 日。
④《山东大力扑灭病疫 广大群众免于死亡威胁》，《人民日报》，1948 年 6 月 2 日。
⑤ 冷冰：《卫生局第一医疗队服务群众成绩卓著》，《人民日报》，1946 年 8 月 28 日。

和预防策略的文章①。其四，进行宣传。边区利用乡村中的大众黑板、墙报、骡马大会等方式对百姓进行普遍卫生防疫教育。"抽出医生小学教员把病状病源和治方编成教材和歌曲，利用学校、夜校、午校进行宣传。"②其五，开展卫生防疫运动。为了防疫，广大边区发动百姓进行家庭卫生清扫，全村春季大扫除，鼓励养猫灭鼠，修缮厕所，建立公共粪场。

2. 体育活动较少

在晋冀鲁豫《人民日报》中较少看到有关群众体育的报道，这一时期乡村体育主要是以秧歌为主，体育与文艺活动相结合，并没有单独分离出来。

为何乡村体育发展呈现此种景象？一方面因为当是晋冀鲁豫边区处于抗战前线，受战火的影响，农村衰败，为了生活，百姓只能拼命工作，一天十几个小时，致使自身精疲力尽，没有时间和精力从事体育活动。另一方面，没有指导者，也就是今天所说的体育社会指导员。因为农村贫困，一般人很难适应，城里的社会指导员不愿前往农村。③所以，在晋冀鲁豫《人民日报》中也极少见到专门的乡村体育报道。

三、边区乡村文化建设经验

（一）党领导下的"组织起来"运动

著名乡建专家梁漱溟认为，"中国社会病在散漫，救之之道，在于团结组织。"④组织是乡村建设的保障，可以将分散的百姓有机整合起来，调动他们参与的主动性和积极性。1933年春，中国共产党颁布了《劳动互助社组织纲要》，1943年10月，毛泽东发表了《论合作社》的讲话，11月，又作了《组织起来》的讲话。在毛泽东同志"组织起来"思想的引领下，中国共产党依靠强大的动员能力，将晋冀鲁豫边区传统的互助合作进行改造，"改造后的互助合作组织，其运作形式与传统形式已经截然不同。"⑤同样，也新成立了诸多合作组织。

为了发展文化事业，潞城成立了文化合作社，组织群众发展生产，用生产换文

---

① 北大农学院兽医院：《骡马脏黄病》，《人民日报》，1948年2月19日。

② 《岳北区的生产运动　新华社太岳分社通讯》，《人民日报》，1946年5月31日。

③ 徐长溪：《发展农村体育的先决问题》，《勤奋体育月报》，1936年第6期。

④ 梁漱溟：《乡村建设理论》，中华书局2018年版，第69页。

⑤ 孙启正：《组织起来：传统互助合作的改造问题——以华北根据地为中心》，《中国经济史研究》，2016年第2期。

具和课本。^① 这种新型的文化合作社，是当时文教战线上的新创造。在社会教育方面，边区将冬学与乡村的农会、互助组等结合，方便群众生产生活。在大众传播方面，各村设有专门的通讯小组，搜集材料进行写作，还在劳动互助组的基础上设立读报小组。读报小组是由三人以上组成，一般是由某一读报员根据报刊内容进行阅读和宣讲，其他人集中听，然后结合相关议题进行讨论。在读完报纸后，读报小组也会教授群众识字。读报小组的存在是一种政治、文化和社会现象，是中国共产党组织党员群众进行以党报报刊为载体的集体学习的组织。在卫生方面的建设更离不开组织的作用，通过乡村中的互助组进行宣传防疫工作，通过医疗救助组、中西医结合的方式进行医疗救治和卫生防疫等。

晋冀鲁豫边区合作社的建立基本上遵循的是自愿结合、等价交换的原则，以生产合作为主的劳动互助^②，在此基础上将劳动互助与文化教育相结合。"组织起来"是中国共产党为了发展乡村经济、文化等事业，对广大农村生产关系进行的局部调整和变革。在这种组织逻辑的影响下，由互助组走向初级社，再到高级社和人民公社是历史的必然，是共产党发展生产，改造社会的重要途径。

（二）调动农民进行参与式发展

乡村文化建设的主体是村民，要保障村民的基本文化权益，充分调动全体村民积极参与到文化建设中，实现参与式发展。"农民不仅是乡村文化的拥有者、享用者和受惠者，也是乡村文化的组织者、创造者和建设者，是乡村文化建设的主力军，只有让农民主动参与到乡村文化建设中来，最大限度地调动农民群众参与乡村文化建设的积极性和创造性，乡村文化建设才能收到预期的效果。"^③ 晋冀鲁豫边区的文化建设一方面在于通过党领导发动群众组织起来，另一方面就是调动百姓积极性，参与建设。

在乡村中农业技术指导委员会的编制中能够看到，广泛调动群众积极性，将各类人才纳入其中，不仅有城里的技术员，还有村干部、有经验的老农、小学教员等。在乡村基层传播过程中，大众写稿的风气以及诸如《人民日报》"呼声"等专栏的开设，都调动了人民群众的积极性。在各村卫生防疫时，也是号召各家各户参加卫生运动，提升乡村整体环境，防疫抗疫。边区文联为了发展文艺活动，举办的各种文艺征文大赛和评奖活动，仅一个月的时间就收到文稿百余篇，画稿数十幅。通过各种措施，晋

① 常江河：《为群众文化事业服务　潞城文化合作社立功》，《人民日报》，1947 年 3 月 16 日。
② 王景新、鲁可荣：《中国共产党早期乡村建设思想研究》，中国社会科学出版社 2011 年版，第 146 页。
③ 黄永林、吴祖云：《乡村文化建设中农民主体意识建构与作用发挥》，《理论月刊》，2021 年第 3 期。

冀鲁豫边区积极发动群众，参与到文化建设中，有利于乡村的建设和发展。

通过百姓的积极参与，发挥乡村文化建设的主体作用，可以纠正自上而下建设文化所带来的一些脱离群众的做法。这种参与式发展还能够充分发挥群众的主动性和创造力，实现边区文化的创新发展。

（三）教育内容服务于农民需要

教育应以群众所需作为发展的目标和动力。面对乡村小学生缺课严重的问题时，晋冀鲁豫边区的左权地区，通过调研对其原因进行深入分析，并提出了一系列措施，率先开展全县范围的红星小学（模范小学）运动，遇到群众对学校的认识不足的问题，"这时教员们召开家长会进行思想动员，保证儿童学会本事，定期请家长来校当面考试，初步疏通了群众思想。另一个困难是农忙时节影响儿童入学。这时教员们想尽办法，使学习与生产结合。如动员儿童与互助组结合，组织儿童包工、换工、割柴等。"[1] 对教学内容进行调整，与生产劳动相结合。通过这些办法，学校学生激增。社会教育更加注重与实际相结合，例如冠县大花元头村的冬学中，"领导小组长采取自编自学，互教互学的教学法，教材的编辑，主要内容为时事问题、工作中心、生产常识等，所编写的材料，是根据本村情况，适合广大群众要求，亦极通俗易学，如生产常识材料。"[2]

边区农民到底需求何种教育？除了进行必要的科学知识和职业技能的学习，如改良耕种饲养等之外，还应该进行保护教育。当时农民最苦恼的是目不识丁，手不能提笔，在公共场合不敢说话，尤其害怕见官。针对这一现象，需要教给他们一些基本的技能，懂得保护自己。"具体地来说，保护教育的内容，除了写谈而外，应该注重政治法律社会经济等常识，应该能够写的是信函，公文之类应该能够读的是报纸、杂志之类，过去的四书五经之类固然不切实用，现实的公民党义等书籍也多半等于八股。"[3] 所以，边区进行的教育活动应立足农村实际，解决农民需求。

（四）文艺源于生活服务生活

毛泽东同志多次提出文艺要为人民服务，因为"他们识了字，就要看书，看报，

---

[1]《左权红星小学运动》，《人民日报》，1946 年 8 月 5 日。

[2]《教育与群众切身要求结合　大花元头村群校办得好　已达到全村都认识字》，《人民日报》，1946 年 6 月 26 日。

[3]《农人最需要保护教育》，《现代农民》，1947 年第 10 期。

不识字的，也要看戏、看画、唱歌、听音乐，他们就是我们文艺作品的接受者。"① 所以创作的文艺作品，应该具有群众性，富群众情感，用人民大众的情调反映现实，形式简短、活泼，语言通俗易懂。这样的文艺作品才能被农民接受，受感动。为了达到群众性效果，需要深入群众中，认真调查，反映群众所需。另外，《小二黑结婚》《土地还家》等艺术作品可以服务于政治需要，宣传革命和先进的思想，使文艺真正成为新民主主义革命的有力工具。

但是，文艺活动不能影响生产。在晋冀鲁豫边区的"元氏、昔阳在准备年关娱乐当中，发现有些村干部不顾群众迫切的生产要求，强迫组织演剧，并铺张浪费，加重群众负担。"② "长治三区中和与东和两村相距不足一里，中和才唱过四五天，东和又要闹唱。北仙泉一连就唱六天。"③ 这是将文艺与生产本末倒置，不仅对当时边区生产生活都带来了破坏，而且影响村民团结和群众与村干部的关系。所以，应正确认识文艺工作的性质，它只是群众性业余活动的一部分，不应违背农时，不顾生产。同时，文艺活动要与乡村中的工作相配合，反映现实，走群众路线，不能劳民伤财、独立于村组织领导之外。

四、结语

晋冀鲁豫边区的乡村文化建设措施以及积累的经验对今天我国乡村文化振兴仍有重要启示和借鉴作用。其一，在乡村学校教育方面，面对我国目前乡村小学逐年减少，教学环境和教学质量与城市差距大，教授内容与农事、乡村传统文化脱节等问题，需要借鉴晋冀鲁豫边区发展学校教育的经验和做法，将科学知识和生产劳动相结合，将传统文化融入课堂，为乡村振兴积累人才。其二，在乡村社会教育方面，目前村中很少有技术服务站，即便开设了短期培训，百姓也不买账，收效甚微。可以借鉴晋冀鲁豫边区的成功经验，精准识别，精准施策，百姓列菜单，政府组织实施。其三，面对文化下乡或送戏下乡时，人们态度冷漠，需要通过深入基层调研，编制符合农民需求的文化节目。其四，在体育卫生方面，国家提倡全民健康和全民健身深度融合，可是目前农民从事体育活动的仍然较少，农村医疗卫生系统不健全等还存在，这需要结合晋冀鲁豫时期的经验和教训进行反思。其五，在基层传播方面，很多村图书

①《毛泽东选集》第3卷，第850页。
②《涉县、黎城集训盲人艺人准备年关娱乐》，《人民日报》，1948年2月5日。
③ 段国宝：《春耕期间不该到处唱戏》，《人民日报》，1948年4月25日。

室只是摆设，借书和阅读的人很少；大众黑板基本上很久不更换，只是成为应付外来检查的工具；广播也只是在疫情防控的宣传中发挥一定的作用。这也需要借鉴晋冀鲁豫时期的做法，充分调动全村百姓力量，大众写稿，关心村务。

总之，乡村要振兴，文化须先行。在乡村文化振兴中，需要坚持中国共产党的领导，将其作为这场振兴的组织者、领导者和带动者；村两委、农民经济合作社，以及其他农民组织是基层社会重要的组织力量；农民是文化建设的主体，是传统文化的拥有者和传承者。应在党的领导下，发挥各组织的力量，充分调动农民的积极性，参与到文化建设中，将内外合力共同作用到文化建设中，实现乡村文化的新内生发展[1]。

作者：王兰，吉林师范大学民族学系主任、副教授。

---

[1] 王兰：《新内生发展理论视角下的乡村振兴实践——以大兴安岭南麓集中连片特困区为例》，《西北农林科技大学学报》（社会科学版），2020年第4期。

暂行中共中央机关报职能的晋冀鲁豫《人民日报》

艾换平　卫庆前

摘　要：1947 年 3 月，国民党军胡宗南部占领延安，毛泽东率领我军主动撤出，转战陕北。作为党和人民喉舌的中共中央机关报——《解放日报》停刊。新华社以及在涉县建立的临时新华总社、邯郸（陕北）新华广播电台承担了中共中央宣传职能。实际上，这一特殊时期，晋冀鲁豫《人民日报》按照中共中央指示，组建临时新华总社，承担新华社的主要发稿任务，组建陕北新华广播电台接替台，保证了中共中央的声音不中断，无形中扮演了中共中央机关报的角色。

关键词：晋冀鲁豫《人民日报》；中共中央机关报；职能

一、研究缘起

《人民日报》是中国共产党中央委员会机关报。报纸于 1948 年 6 月 15 日在河北省平山县里庄创刊，时由晋冀鲁豫《人民日报》和《晋察冀日报》合并而成。后者研究起步较早，成果较多，而前者研究则相对较弱。笔者目前所见到的有钱江的《晋冀鲁豫〈人民日报〉纪实》，李庄所著的《人民日报风雨四十年》《我在人民日报四十年》《李庄文集》和人民日报社主编的《人民日报回忆录》等书籍以及侯廷生的《邯郸时期的人民日报概述》、杨东红的《〈人民日报〉在邯郸创刊的一些问题探讨》等 10 多篇论文，主要讲述了报纸的创办经过、发展过程中的几件大事等一般性的史实，并未涉及该报的职能探讨。赵芮的《晋冀鲁豫〈人民日报〉研究》是较为系统研究该报的硕士论文，首次尝试对报纸的发展历程进行较为全面的研究与梳理。另有几篇文章以报纸上刊登的具体报道为案例作了具体分析，但依然未涉及报纸的职能研究。

从实际情况来看，晋冀鲁豫《人民日报》在中共中央机关报《解放日报》停刊后，不仅发挥了晋冀鲁豫中央局机关报的作用，而且它刊发了大量具有全国性、全局性意义的社论、消息、通讯以及关于土地改革的报道，对全国具有举足轻重的意义。

特别是在解放战争初期，多次转发新华社重要社论以及撰写时评，向广大人民揭露了蒋介石的内战阴谋，有力地驳斥了国民党的负面宣传，鼓舞了广大干部和党员的士气，对于推翻蒋介石的反动统治，提振全国人民争取解放战争胜利的信心起到了重要作用。然而关于晋冀鲁豫中央局机关报的《人民日报》是否在特定历史时期承担了中共中央机关报这一重要职能呢？多年来，笔者均未见到相关论述。作为一个历史研究爱好者，有责任澄清这一问题。

再者，原西柏坡纪念馆馆长、中共河北省委宣传部副部长张志平先生曾在所著的《感受西柏坡》一书中写道：（1948 年）4 月 30 日，华北中央局电话通知邓拓去参加一个紧急会议。通讯员张成林陪同到城南庄，恰与毛主席见面，毛主席与邓拓紧紧地握手并进行了交谈。原来是中共中央在城南庄开了一次会，确定了 1948 年《纪念"五一"劳动节口号》。当时中共中央机关报《解放日报》已停刊，中央决定在《晋察冀日报》上全文发表《"五一"劳动节口号》。5 月 1 日，《晋察冀日报》在第一版头条位置发表了口号，共 23 条，竖行排版，口号上方还端端正正地印着毛主席的侧身头像。当天，新华广播电台也进行了广播。[①] 从这段话中，我们不难看出，由于当时中共中央《解放日报》停刊了，党中央纪念"五一"劳动节口号除了新华广播电台广播之外，还需要通过纸媒向全国人民传达，怎么办呢？恰好《晋察冀日报》就在党中央和毛主席身边，因此，《晋察冀日报》暂时行使了中共中央机关报职能，当天刊发了"五一"节口号。

如果照此推论，那么 1947 年 7 月 7 日，"七七"纪念日之际，晋冀鲁豫《人民日报》刊发了标题为"中国共产党中央委员会七七纪念日发布对时局口号"的文章，以及 1947 年 10 月 10 日当天，晋冀鲁豫《人民日报》头版全文发布了毛泽东起草、朱德和彭德怀署名的《中国人民解放军宣言》，即《双十宣言》等，也可以说明晋冀鲁豫《人民日报》曾行使中共中央机关报职能。

因此，本研究最重要的意义就是试图开辟晋冀鲁豫《人民日报》研究的新领域。本文首次尝试通过对办报历程中的史实分析，结合笔者目前现有历史资料，试述该报在《解放日报》停刊后逐渐具备了暂行中共中央机关报职能的条件。

---

① 张志平编著：《感受西柏坡》，中央文献出版社 2005 年版，第 184 页。关于引文中"当天，新华广播电台也进行了广播"，即 1948 年 5 月 1 日当天，新华广播电台对"五一"口号进行了广播。这是不准确的。根据涉县西戌镇文化站站长王矿清《1948：中共中央"五一口号"西戌首发追忆》（《文史精华》2023 年第 5 期）一文表述，"五一口号"应是在 1948 年 4 月 30 日，由驻在涉县的新华总社、陕北新华广播电台首发、首播，5 月 1 日，被《晋察冀日报》全文刊载。

二、遵循延安《解放日报》的方针、政策创办晋冀鲁豫《人民日报》

1945 年 10 月 4 日，华北重镇邯郸解放，冀南、冀鲁豫和太行、太岳四个解放区连成一片，总面积达 18 万平方公里，人口 2500 万，下辖 200 个县（市）政权，作战部队发展到 31 万人，成为当时全国最大的一个解放区。要报道和指导这样一个大区的全面工作，原来下属的解放区分局党委机关报显然已无力承担，这就需要创办一份代表晋冀鲁豫中央局发声的"大报"作为机关报。

据人民日报副总编辑安岗回忆："对《人民日报》的工作，中央局领导非常重视。我清楚地记得，办报不到一年，我就参加过 3 次为报纸宣传而召开的中央局会议。第一次会议即是决定创办机关报，决定遵循延安《解放日报》的方针、政策来办报，同时报纸要为晋冀鲁豫解放区的人民服务，要把这两项任务结合起来。"[1] 晋冀鲁豫野战军副政委张际春多次和安岗讨论了今后出版报纸的问题[2]。

中央局领导对报纸的出版也很期待。邓小平政委说："我们要去中原解放区了，请报社每天把报纸随着军事交通给我们送 30 份。"薄一波同志还要安岗把报纸早一点送到毛主席那里，给他看看。当时还有领导同志说："看到了《人民日报》这份铅印的大报，预示着我们进北平的日子不远了！"[3] 在晋冀鲁豫中央局领导邓小平、刘伯承等人的支持下，经过紧锣密鼓地筹备，1946 年 5 月 15 日，晋冀鲁豫《人民日报》在邯郸火磨街（今邯郸市邯山区邮电局三层楼）创刊。创刊号为对开四版，全部套红印刷，这在战争年代革命根据地创刊的大型报纸中是绝无仅有的。报头从右往左排列，采用了集字而成的毛泽东手书"人民日报"，出版了 44 期。1946 年 6 月，薄一波从延安带来了毛泽东同志亲笔题写的"人民日报"，因此从 7 月 1 日起，晋冀鲁豫《人民日报》采用毛泽东同志题写的报头，从左到右，至 1948 年 6 月 14 日停刊，出版了 742 期。晋冀鲁豫《人民日报》从创刊至停刊，总共出版了 746 期。最初发行 8000 份，后来增加到近 4 万份，成为解放区发行量最大、发行范围最广泛的报纸。

---

① 钱江：《晋冀鲁豫〈人民日报〉纪实》序言一，人民日报出版社 2008 年版。
② 安岗：《入城之前》，《人民日报回忆录》，人民日报出版社 1998 年版，第 42 页。
③ 钱江：《晋冀鲁豫〈人民日报〉纪实》序言一，人民日报出版社 2008 年版。

三、筹备邯郸(陕北)新华广播电台接替台以及组建临时新华总社，锻炼了晋冀鲁豫《人民日报》队伍

我们党在长期的革命斗争中非常重视新闻工作。在瑞金时期，就创建了红色中华通讯社、《红色中华》报和红色中华电台，作为及时传播党中央的方针、政策及有关指示的重要媒介。到了延安时期，毛主席、党中央身边的新华通讯总社、党中央机关报《解放日报》和延安新华广播电台，担负着向全国、全世界传递中共中央的声音、指导全国革命斗争的任务。新华社采集编写发送电讯稿，新华广播电台用语音从空中传送，《解放日报》以纸媒的形式向全国宣达党的政策。一社、一报、一台，"三位一体"的构架，有利于最权威、最迅速、最快捷、最广泛地传送党中央的声音，指导全国革命斗争。

鉴于国民党进攻延安的势头不时显现，1946年11月，中共中央向各个战略区发出通报，告知一旦在陕北爆发大规模战争，中央可能暂时放弃延安。但是延安新华广播电台即使在战争条件下也不要中断广播。由于口语播音需要的成套设备不易搬动，党中央决定在瓦窑堡建立第一线后备电台，如果延安广播电台停止播音，瓦窑堡电台立即以"陕北新华广播电台"的名义接替广播。同时，中共中央宣传部致电晋绥、晋察冀、晋冀鲁豫解放区，要求选择建立"第二线电台"的地址，设立后备电台，一旦"一线"不能广播，即由"二线"电台接替。

这时，国民党军在晋绥和晋察冀都处于攻势，并且也不具备建立广播电台的条件，相较而言，晋冀鲁豫稳定的局面，成为陕北新华广播电台接替台的主选。

接到中共中央的任务后，人民日报电务科参加了筹备陕北新华广播电台接替台的工作。根据张磐石的要求，电务科在原来的新华社晋冀鲁豫总分社电讯业务以外，从熟悉总社的电务入手，试收国际上各个通讯社的文字广播，掌握新华总社与各个解放区分社电台的联络时间、频率、工作量等。

邯郸新华广播电台增强了编播力量，一分为二，组建陕北新华广播电台的接替台。播音员模仿延安台播音员的声调和语气，1947年3月30日正式接替延安(陕北)新华广播电台播音，保证了党中央的声音不中断。

1947年3月12日，国民党胡宗南军向延安进犯，中共中央在几天后电令晋冀鲁豫区组建"临时新华总社"，这项任务也由人民日报承担。新华社临时总社，由此时担任晋冀鲁豫《人民日报》总编辑的吴敏(杨放之)和副总编辑安岗负责，办公地点

设在距离沙河村 2.5 公里的西戌村。晋冀鲁豫中央局从晋冀鲁豫《人民日报》、《新华日报（太行版）》、边区文联抽调人员，组织编写全国性的广播稿，承担新华社的发稿任务。3 月 29 日《解放日报》停刊后，原编辑人员一部分进入各新华分社，大部分人员归入新华社系统，新华社一分为二，一小部分由范长江带领，随党中央转战陕北；大部分人员由社长廖承志带领，向晋冀鲁豫根据地转移。1947 年 7 月，廖承志率队到达涉县西戌村，直接领导临时新华社的工作，并兼任中共晋冀鲁豫中央局宣传部部长。临时总社电台与毛主席身边的新华社工作人员联系，直接接收毛主席、党中央的指示，也使得晋冀鲁豫《人民日报》行使中央媒体的职能有了强有力的条件。

组建临时新华总社，承担新华社的主要发稿任务，组建陕北新华广播电台接替台，保证了中共中央的声音不间断播出，使晋冀鲁豫《人民日报》得到极大的考验和提高，使原本作为一个战略区党委机关报的《人民日报》，行使了中共中央的新闻发布和新闻广播的职责。这时的人民日报不仅从一个战略区的角度，而且以纵观全国全局的角度审时度势，使该报的许多编辑、记者拓展了视野。这次从着手准备到进入"接替"状态为期半年多的实践，表明由张磐石、吴敏为主要领导的晋冀鲁豫《人民日报》不仅自己能办报，同时还能办大型通讯社和广播电台，具备了作为中央综合新闻部门的能力。有了这样的基础，日后在晋冀鲁豫《人民日报》的基础上，创办华北局乃至中共中央机关报《人民日报》，也就水到渠成。①

四、《中共党史参考资料》所选部分史料来源于晋冀鲁豫《人民日报》

《中共党史参考资料》②所选资料均来源于历史上的权威资料。如 1947 年 3 月前所选文章多源于中共中央机关报《解放日报》，而 1947 年 3 月至 1948 年 3 月资料收录来源于晋冀鲁豫《人民日报》，1948 年 6 月收录的资料来源于华北局机关报《人民日报》（后升格为中共中央机关报），这从另一个角度佐证了晋冀鲁豫《人民日报》与《解放日报》《人民日报》在不同时期承担了中共中央纸质媒体职能。《中共党史参考资料》（六）、华北局《第三次国内革命战争时期》卷收录的资料中，有 13 篇资料均来源于晋冀鲁豫《人民日报》，现列表如下：

① 钱江：《晋冀鲁豫〈人民日报〉纪实》，人民日报出版社 2008 年版，第 222 页。
② 中共中央党校党史教研室选编：《中共党史参考资料》，人民出版社 1979 年版。

序号	篇名	《中共党史参考资料》（六）中位置	原载
1	新筹安会——评蒋政府改组（1947年4月22日新华社社论）	第293—297页	1947年4月25日晋冀鲁豫边区《人民日报》
2	华东军事权威人士评孟良崮大捷	第298—299页	1947年5月20日晋冀鲁豫边区《人民日报》
3	蒋介石的末路（1947年5月23日新华社时评）	第300—303页	1947年5月25日晋冀鲁豫边区《人民日报》
4	破车不能再开——评第四届第三次国民参政会（1947年6月5日新华社社论）	第304—308页	1947年6月7日晋冀鲁豫边区《人民日报》
5	努力奋斗迎接胜利——纪念中国共产党创立26周年（1947年7月1日新华社社论）	第309—313页	1947年7月1日晋冀鲁豫边区《人民日报》
6	总动员与总崩溃（1947年7月14日新华社社论）	第314—319页	1947年7月16日晋冀鲁豫边区《人民日报》
7	人民解放军大举反攻（1947年9月12日新华社社论）	第320—326页	1947年9月14日晋冀鲁豫边区《人民日报》
8	鄂豫皖前线司令部发言人谈大别山区形势	第331—333页	1947年11月3日晋冀鲁豫边区《人民日报》
9	蒋介石解散民盟（1947年11月5日新华社时评）	第334—336页	1947年11月7日晋冀鲁豫边区《人民日报》
10	坚持职工运动的正确路线，反对"左"倾冒险主义	第365—370页	1948年2月8日晋冀鲁豫边区《人民日报》
11	中共中央发言人痛斥杜鲁门援蒋咨文	第371—373页	1948年2月24日晋冀鲁豫边区《人民日报》
12	平山老解放区土改经验	第406—408页	1948年2月29日晋冀鲁豫边区《人民日报》
13	陕甘宁绥德县老区黄家川抽补典型经验	第408—412页	1948年3月1日晋冀鲁豫边区《人民日报》

五、晋冀鲁豫《人民日报》第一时间发布中共中央重大消息，说明其曾行使中共中央机关报的职能

中共中央原机关报《解放日报》正常发行时，党中央的重要指示精神、新华社的社论等首先在延安新华广播电台播出，同时由《解放日报》发表，晋冀鲁豫《人民日报》等地方媒体都是次日或以后转载。《解放日报》停刊以后的1947年3月27日——1948年3月，党中央的重要指示精神、新华社的社论等改由邯郸的"陕北"新华广播电台播出，晋冀鲁豫《人民日报》也不断在社论发布当日登载。通过翻阅这一时期的晋冀鲁豫《人民日报》，共有以下几篇报道：

1. 在解放战争由战略防御转为战略进攻的关头，中国共产党为了向全国人民宣

布自己的基本政策推动革命形势的发展，于 1947 年 10 月 10 日当天在晋冀鲁豫《人民日报》头版全文发布了毛泽东起草、朱德和彭德怀署名的《中国人民解放军宣言》（即《双十宣言》）。[①] 在这个宣言里，分析了当时的国内政治形势，提出了"打倒蒋介石，解放全中国"的口号，宣布了中国人民解放军的也就是中国共产党的八项基本政策。而这一时期重要的解放区机关报，如《晋察冀日报》《东北日报》分别于次日，即 1947 年 10 月 11 日转载了这一宣言。[②]

2. 1947 年 7 月 1 日，在中国共产党成立 26 周年之际，晋冀鲁豫《人民日报》第一时间刊登了新华社社论《努力奋斗迎接胜利——纪念中国共产党创立 26 周年》。

3. 1947 年 7 月 7 日，"七七"纪念日之际，晋冀鲁豫《人民日报》又刊发了标题为"中国共产党中央委员会七七纪念日发布对时局口号"的文章；这一天《晋察冀日报》发文为：《中国共产党中央委员会纪念"七七"对时局口号》，前者比后者多了"发布"两个字，应是代表中共中央发布，发挥了中央机关报作用。

此外，粗略梳理 1947 年 3 月至 1948 年 6 月这一段时间，晋冀鲁豫《人民日报》刊发了 40 多篇新华社社论、时评，如《家臣失态 蒋介石反动集团现在毫无信心惊慌失措》（1947 年 7 月 7 日）、《中共中央发言人痛斥杜鲁门援蒋咨文》等，这些社论有力揭露了蒋介石反动统治的丑陋面目，以及其反动统治的穷途末路，提振了全国人民追求光明、争取早日解放的信心，有力传达了党中央的声音、思想、方针、路线。

综上所述，尽管目前我们没有见到关于中共中央撤离延安、《解放日报》停刊后，由晋冀鲁豫《人民日报》承担党中央机关报的相关文件资料，但上述事实可以说明：从 1947 年 3 月 27 日以后到 1948 年 3 月，毛泽东和党中央到达西柏坡前，晋冀鲁豫《人民日报》实际承担过中共中央机关报的职能。

作者：艾换平，邯郸市博物馆陈列信息部副主任。

卫庆前，中煤一公司原党委宣传部部长、高级政工师，邯郸市红色收藏委员会会长。

---

① 晋冀鲁豫《人民日报》影印版（1960 年），邯郸市档案馆藏。
②《晋察冀日报》（电子版）；《东北日报》（原件），邯郸市红色收藏委员会卫庆前藏。

试述晋冀鲁豫边区邯郸新华广播电台的创立及发展

赵凯利

摘　要： 1946 年 9 月 1 日，邯郸新华广播电台在极其艰难的环境下在涉县沙河村创立，这是晋冀鲁豫边区的国语广播电台。内战爆发之后，邯郸新华广播电台及时接替陕北新华广播电台，继续向全世界播音。新华总社全体人员也先后到达临时总社驻地涉县，历时一年多时间。邯郸新华广播电台的工作曾受到党中央和边区领导的亲切关怀和大力支持。1949 年 3 月 23 日邯郸新华广播电台奉命停播，完成了自己的使命。在解放战争期间，邯郸新华广播电台在为自卫战争服务、鼓舞我军士气、打击和瓦解敌人方面起了重要作用。

关键词： 邯郸；电台；内战

邯郸新华广播电台，呼号 XGHT，台址设在涉县沙河村，是"晋冀鲁豫边区的国语广播电台，当时是中国共产党在关内的 3 个广播电台之一。电台从 1946 年 9 月 1 日开播，到 1949 年 3 月 23 日停止播音，历时两年半时间，在人民解放战争的隆隆炮声中，邯郸新华广播电台为广泛宣传中国共产党的路线方针和政策，发挥了巨大的作用"[1]。

一、邯郸新华广播电台创立的原因

（一）为粉碎美蒋的内战阴谋

日本投降后，国民党政府完全不顾全国人民渴望和平的愿望，坚持独裁、内战的

---

[1] 中共邯郸市委党史研究室、邯郸市老区建设促进会主编：《革命老区——邯郸》，中共党史出版社 2012 年版，第 190 页。

反动方针，依靠美国海空军的帮助，由西南、西北向全国各地大量运兵，控制战略要地和交通线，积极准备进攻解放区，1945 年 10 月 10 日，《双十协定》签订后，全国处于相对和平时期，但是内战的危险依然存在，事实也证明，重庆谈判是蒋介石发动的一场和平攻势，目的在于掩盖其发动内战的行动，并争取时间，进行大规模内战的准备，国民党在"双十协定"签订后不久就签发了血洗解放区人民的"剿共"密令和"剿匪手本"，动员 100 万正规军和 70 万日伪军分路向解放区进攻，10 月中旬，胡宗南的先头部队第三军和第十六军就经同蒲路、正太路开到了石家庄，10 月 23 日，邯郸战役打响了。从停战令生效到 1946 年 4 月底，国民党正规军和地方部队向晋冀鲁豫解放区大小军事进攻达 927 次，使用兵力 60 万人次。同时，在边区周围集结部队 39 个师，修筑碉堡 848 个。因此，向国统区和全世界各国人民揭露美蒋勾结，企图进攻解放区，挑起内战的阴谋，号召和鼓舞解放区军民努力生产，积极备战，粉碎美蒋的内战阴谋成了刻不容缓的工作。邯郸新华广播电台就是在这种形势下建立的。

（二）这是党中央在内战时期决定的作战策略

解放战争时期，延安新华通讯社的文字广播、延安新华广播电台的口语广播，是中华大地的最强音，党中央的声音一日都不能中断。1946 年底，党中央为集中优势兵力歼灭蒋军有生力量，准备必要时主动撤离延安。在延安东北百余公里的瓦窑堡建立第一战备台。同时指示晋冀鲁豫中央局在太行山适当地点筹建第二战备台。我军 1947 年 7 月 19 日撤离延安，第一战备台立即接替工作。次年 3 月，蒋军迫近瓦窑堡十几公里处，第一战备台开始转移，第二战备台接替工作。蒋介石朝思暮想消灭中国最强音的目的没有得逞，只是广播电台略有变更，功率反而加大了。蒋军曾在陕北千方百计搜索，始终没有找到。其实，瓦窑堡之后，电台就设在太行山中的涉县西戍、沙河、武安一带的窑洞里。蒋军后来大概电测到电台在武安、涉县一带，曾派飞机多次低空搜索，并滥肆轰炸。由于敌人对具体目标不明，我们的电台一直安然无恙。这充分证明了党中央建立晋冀鲁豫区邯郸新华广播电台这项作战策略的正确性。

二、邯郸新华广播电台的创立及运转过程

（一）新华社晋冀鲁豫分社阶段

由于新华社和后来的广播部还未分开，广播部是新华社的一个口播部门，因此，

新华社晋冀鲁豫分社继续实行这个体制。晋冀鲁豫区邯郸电台创立初期的工作艰难异常。"建台之初，只有两台发射机，波长分别为49米、6090千周和242米、1240千周。"[1] 而这两台发射机还是由缴获的国民党飞机导航设备改装成的，改装工作由边区电讯专家王士光负责。王士光克服各种困难，充分施展自己的才能，器材不够就从废旧的材料堆里挑一些零件，巧妙组装在一起，他忍受着病痛的折磨，躺在床上坚持工作，经过两个月的奋战，终于组装成功。而播音室是利用两个窑洞和三间瓦房改建的，隔音材料就地取材，用土布和毛毡钉在墙上，机器房是用老百姓腾出的八间房改成的，两根天线是用五丈多长的杉木干架设的，就连300瓦的发电机，也是用两个烧木炭的日本汽车头来带动，就这样克服了重重困难，到8月底，一切工作就绪，1946年9月1日下午6时，在涉县沙河村，邯郸新华广播电台开始了第一次播音[2]。并立即在全国引起了热烈的反响，人们争相传颂，欢欣鼓舞，在北平、天津、上海乃至昆明都有许多人在收听邯郸台的广播，他们纷纷来函表示祝贺。一名北平的大学生在信中说道："邯郸台的广播是我们精神上唯一的安慰，只有每天播音的时候，心情是愉悦的。"当年电台开播时，晋冀鲁豫边区《人民日报》赠送的贺词"在万难中诞生，成为全国人民的号角之一"充分概括了邯郸新华广播电台创建初期的艰难。邯郸台开始每天播音4小时，以后增加到7小时。节目内容除每天按时转播延安新华广播电台节目外，还加强了本台自办节目，增设了重要新闻、社论、时事评论、边区通讯等，与此同时，电台工作人员和机构日益壮大。1947年3月，电台编辑部成立，至此，邯郸新华广播电台共有工作人员近20人，分编在行政、编辑、机务三个科室中，台长常振玉，总编肖风，机务科长祝敬迟。

（二）新华社临时总社阶段

内战爆发之后，国民党大举向解放区进攻。1947年3月，国民党重点进攻陕北解放区。为使我党的声音不中断，并有效地指导全国解放战争取得胜利，党中央决定新华通讯总社秘密转移至太行山涉县，并在涉县以陕北呼号继续指导全国解放，同时向全世界发出中国共产党的声音。中共中央指示：新华社晋冀鲁豫分社改为新华社临时总社，代替延安总社的工作。邯郸新华广播电台接到指示后，留一部发射机、用一个波长，继续以邯郸新华广播电台呼号播音，将另一部中波台进行了改装，

---

[1] 中共邯郸市委组织部、中共涉县县委编：《一二九师在涉县》，党建读物出版社2004年版，第215页。
[2] 中共邯郸市委党史研究室编：《中共邯郸历史》第一卷，中共党史出版社2001年版，第337页。

为接替陕北台播音做准备。

"1947 年 3 月 29 日，在陕北的电台停播，邯郸台听不到了陕北台的声音，却收到了敌人的假冒播音，在这种情况下，7 时 30 分，台长常振玉果断地下达了开机的指令，邯郸新华广播电台及时接替陕北新华广播电台，继续向全世界播音，保证了党中央和毛主席的声音不间断地传向四方，受到转移途中的新华总社来电表扬。"[1] 与此同时，新华通讯社临时总社也相继在涉县西戌成立，至此完成我党声音的无缝对接工作。临时总社负责人由晋冀鲁豫《人民日报》总编辑吴敏、副总编辑安岗领导。从 4 月 1 日起，总社编发文字广播，设在涉县沙河村的电务科负责收发报，然后再以陕北台呼号向全国播发。

（三）新华通讯总社阶段

1947 年 7 月初，新华总社全体人马在社长廖承志的率领下，分两批先后到达临时总社驻地涉县，新华社临时总社正式更名为总社，廖承志任社长，社务委员有梅益、石西民、徐迈进、祝志澄。梅益负责领导陕北新华广播电台、邯郸新华广播电台的编辑部工作，祝志澄领导全面电务、机务和行政工作。原陕北台的工作人员接替了邯郸台陕北组的编播工作，两台独立，统归新华总社领导。这样，陕北新华广播电台和邯郸新华广播电台同在沙河村的两个窑洞里播音。不久，两台的编辑部先后搬到西戌村的一个大四合院里，在社长廖承志的领导下并肩战斗，历时一年多时间，在此期间，新华社消息都从这里发出。[2]

新华总社到达涉县后，两台分工明确，相互配合，紧密协商。陕北台作为中共中央的直属广播电台，面向全国和全世界；邯郸台作为晋冀鲁豫边区对外宣传机构，配合陕北台工作，重点向正太路以南到华中的广阔区域内的听众进行广播宣传，主要任务是将本边区进行自卫战争、土地改革和生产建设等重要新闻向外报道，同时开展对敌宣传攻势，以瓦解敌军，对解放区军民则进行宣传教育，为前线服务。

邯郸新华广播电台的工作曾受到党中央和边区领导的亲切关怀和大力支持。中共中央工作委员会常委董必武，华东野战军司令员陈毅，边区首长刘伯承、邓小平、滕代远等曾先后到陕北台和邯郸台视察工作，陈毅还作了时局和前途的报告，中宣部部长陆定一曾亲笔写信给两台，总结工作中的经验和教训，指示今后的工作方向。1948

---

① 中共邯郸市委党史研究室主编：《邯郸革命遗址通览》，2012 年 5 月印行，第 167 页。
② 中共邯郸市委组织部、中共涉县县委编：《一二九师在涉县》，党建读物出版社 2004 年版，第 215 页。

年2月1日，毛主席在陕北收听到狭北台广播后，针对其土改宣传中"左"的倾向，为中共中央起草了《纠正土地改革宣传中"左"倾错误》的指示。

三、邯郸新华广播电台发挥的作用及意义

邯郸新华广播电台在为自卫战争服务、鼓舞我军士气、打击和瓦解敌人方面起了重要作用。1947年10月，当边区军民解放永年城的新闻从广播节目中预告出来后，某部宣传干事马上把连队里永年籍的战士都叫来收听，当战士们听到家乡终于解放了、铁磨头匪军全部被消灭时，欢欣鼓舞，又蹦又跳，他们说：从此再也不惦记家了，放心大胆打老蒋吧！邯郸新华广播电台还通过广播和报纸，播放边区军属给前线亲人的家信，鼓舞前线战士奋勇杀敌，如涉县北关家属李舒梅在写给丈夫贺金柱的家信中，提到家中如何度过了一个快乐的中秋节，战士们听后感到莫大的安慰，亲人一句句热情的话语，使战士们获悉了家乡土改翻身的热潮和解放区日益美好的景象，认识到每个人都是在为自己的幸福而战，于是以百倍的勇敢和必胜的信心投入战斗，所向无敌。邯郸台的广播对于瓦解敌军，就像犀利的刀枪，国民党某高级军官曾说：他被俘之前还有机会逃脱，但因为听广播中常说当解放军的俘虏受优待，而跑回去又没什么好处，权衡利弊，结果顺顺当当地放下了武器。当年黄维兵团所属第十八军军长杨伯涛回忆：黄维、胡琏、覃道善和我最头痛共产党无线电台的广播，对邯郸共产党广播台的洪亮声音，存在着想听、怕听的矛盾心理。相反，凡蒋介石掩饰惨败不能听到的重大军事消息，可以从共产党邯郸广播电台听到……怕部署收听，所以下命令禁止收听，结果相反，越禁止收听，越有人收听，偷着听，那些不愿挨饿、白白丢命的官兵径自跑向解放军投降。有的则不愿打了，深藏在掩蔽部里，等待解放军到来，举手缴枪。

1948年5月，陕北台奉命北迁到晋察冀地区平山县的陈家裕播音，尔后迁到北平。中华人民共和国成立后，陕北新华广播电台改为中央人民广播电台。陕北台奉命北上后，邯郸台编辑部返回沙河村继续工作，1949年1月停止自办节目，成为陕北新华广播电台的转播台，同年3月23日奉命停播，完成了自己的使命[1]。

"你粉碎了重重困难，巍然出现在人民的面前，发出雄伟的声音，播送着边区人民的欢呼和怒吼，打击着法西斯好战分子的无耻叫嚣，实不啻给我边区人民增加十万

---

[1] 中共邯郸市委组织部、中共涉县县委编：《一二九师在涉县》，党建读物出版社2004年版。

雄兵，使我解放区军民对于争取爱国战争的胜利，更增强了无限信心。"这是当年太岳军区司令部、政治部致邯郸新华广播电台的贺词，也正是对它近三年来工作的最好总结。

新中国成立后，这部为中国人民解放事业立下不朽功勋的广播电台发射机，被陈列在北京中国革命历史博物馆里，上面清晰地写着"邯郸新华广播电台"几个字。

作者：赵凯利，中共邯郸市委党史研究室宣教处处长、一级主任科员。

1946 年，《人民》画报在邯郸创刊

卫庆前　贡延红

解放战争时期的 1946 年 8 月，邯郸曾经出版过一份名叫《人民》的画报，由晋冀鲁豫军区政治部创办。它到底长什么模样？创办的过程是怎样？哪些人参加了画报的创办？出版了多少期？

带着众多的疑问，邯郸红藏人进行了长期的追寻。

一、《战场画报》为《人民》画报奠定坚实基础

很久以来，网络和一些资料把邯郸出版的画报说成是《人民画报》，"百度百科"把它与今天的《人民画报》联系起来。然而查阅《人民画报》官网，却没有这样的表述。有人说它是《解放军画报》的源头之一，从《解放军画报》官网也找不到这样的表达。在战火中诞生的这份画报，存世量极少，难以从中获得信息。资料显示，北京大学图书馆、中国人民军事革命博物馆、郑州市图书馆存有第 1 期；解放军画报社资料室存有第 8 期。由于未能见到实物，这份画报给人留下许多未知。

经过多年不懈追寻，我们终于征集到两本画报实物。网络流传的邯郸《人民画报》实则刊名为《人民》，是以刊登照片、木刻和漫画美术作品为主的画报，由晋冀鲁豫军区政治部编辑出版。征集到的两本画报，一份是第 1 期，1946 年 8 月 1 日出版，为创刊号；另一份是第 8 期，1948 年 2 月 25 日出版，为"特大号"，也是终刊号。另据资料介绍，《人民》画报一共出版了 8 期。其他 6 期有画册，也有单幅画页。

晋冀鲁豫军区的前身，是谱写了不朽传奇"九千将士进涉县，三十万大军出太行"的 129 师。抗战胜利后，中国共产党面临着中国命运向何处去的抉择。人民军队肩负着消灭蒋家王朝、把中国引向光明的伟大使命。

1946 年 3 月，晋冀鲁豫军区与晋冀鲁豫边区政府进驻邯郸。人民军队不仅是战斗队，也是宣传队。军区政治部进城之后为加大宣传效果的一个重要举措，就是创办

图文并茂、雅俗共赏的刊物。在硝烟弥漫的战争时期创办一份能够刊载照片的刊物，并非轻而易举之事。

但进城不到半年，晋冀鲁豫军区政治部就出版了《人民》画报。《人民》画报的基础，源于129师的《战场画报》。这是几年前部队摄影工作者冒着生命危险穿越封锁线而诞生的艺术刊物。

早在1943年1月，驻扎在涉县的129师政治部就创办了《战场画报》。由于缺少照相制版器材，只能刊登木刻和线条简单的美术作品。1944年6月，师领导决定出版摄影画报。师政治部副主任黄镇指派宣传干事高帆，前往晋察冀画报社请教并协助制版。

高帆，原名冯声亮，1922年12月出生在浙江萧山一个贫农家庭。小学时改从母姓，起名"高帆"。1937年7月全面抗战爆发，第二年秋，不满16岁的高帆，怀着拯救民族危难的满腔热情，告别家乡和亲人，越过封锁线奔赴陕北延安解放区。先后在陕北大学、抗日军政大学学习。1938年底，分配到129师当宣传干事。他以画笔和刻刀为工具，从事宣传美术工作。

1939年，部队从日军手中缴获了一台120照相机。部队根据高帆学过摄影知识的特长，将这一特殊的武器交给他使用。从那时起，高帆以照相机为武器，走上了一条战地摄影记者之路。

接受创办摄影画报的任务后，高帆化装成老百姓，腰里别了两颗手榴弹，带着刘、邓首长的信件和出版画报所需的一沓照片，在武工队员的护送下，前往晋察冀军区所在地阜平县，在那里把照片制成铜版。高帆历尽艰辛往返40天，带回摄影制版材料，圆满地完成了任务。从此开始，《战场画报》以崭新的面貌出现，开始发表摄影作品，成为形象直观的鼓舞人民、打击敌人的有力武器。

那时，高帆使用的是日本生产的"樱花"胶卷。由敌占区的地下工作者冒着生命危险送过来，其中的艰辛是可想而知的。高帆努力地履行一名战地记者的职责，一方面十分注意节省胶卷，努力克服相机功能的局限性；另一方面又要抓住精彩瞬间，力争把更多的珍贵战斗镜头抢拍下来。拍完照片后，高帆就在老乡家里把窗户用被子一遮，借两个大碗，分别装上显影液和定影液，冲底片、印照片。遇上日本鬼子扫荡，就得马上转移，常把照片、胶卷埋在大树底下、野地里，很多宝贵的照片就这样再也找不回来了。

1945年9月、10月，高帆跟随部队参加了上党、平汉等战役，与进犯解放区的国民党反动派战斗的场面也长留在他的镜头中。正与国民党进行谈判的周恩来同志指示刘邓部队要及时把国民党进犯解放区的罪行和我军的胜利报道出去，于是高帆又火速下了前线，组织人员在第一时间把前线拍的照片制成画报、画片等，发送到上海和香港等地，向全国民众说明真相，高帆因此受到上级嘉奖。[①]

抗战胜利后 129 师改建为晋冀鲁豫军区。1946 年春，部队下了太行山进入邯郸市，摄影材料极度匮乏的情况有了较大改善。此时，高帆已是军区宣传部的科长。

二、晋察冀画报再次给予大力支持

由于没有将照片制版的技术条件，每出一期画报就要到晋察冀画报社往返一趟。于是，高帆带着刘伯承司令员、邓小平政委给聂荣臻司令员的信件，请求派人支援。这时晋察冀画报社已经移驻张家口。聂荣臻司令员指示画报社派得力干部前往支援。晋察冀画报社给予大力支持，派裴植（摄影科长）、袁克忠（摄影记者）、曲治全（制版技师）、孔宪芳（暗室技工）和两名印刷工人来晋冀鲁豫军区工作，并带去一批照相制版设备和摄影器材，使邯郸具备了自己出画报的条件。

由于路况不好，一路颠簸，制版机从张家口来邯的长途运输中受震损坏，《人民》画报创刊被推迟。

历经波折，《人民》画报于 1945 年 8 月 1 日创刊了。它以崭新的面貌出现在大众面前：《人民》画报为 8 开本，封面以军民集会的黑白照片为背景图，上方是粗壮的红色大字"人民"。扉页是毛主席在中国共产党第七次代表大会上演讲的照片，照片背后第 1 页是毛主席的题词："为人民服务"，第 3 页是朱德总司令的照片。画报刊有刘伯承、邓小平、薄一波、杨秀峰等党政军首长的题词。

刘伯承的题词是："把艺术家的笔，成为鼓舞人民的斗志和人民军队的士气，诛灭法西斯反动派的武器。"

邓小平的题词是："坚持独立、和平、民主，反对卖国、内战、独裁。"

薄一波的题词是："人民画报和人民军队的练兵运动，和解放区人民的翻身运动及和人民的大生产运动结合起来。人民画报创刊纪念。"

军区副政委兼政治部主任张际春为画报写下创刊词："人民画报出版的目的有两个：一个是把反动派卖国、内战、独裁的丑恶形态刻画和反映出来，给人们认识反动

---

① 《他从太行来——高帆战地摄影集》，中国摄影出版社 2004 年版，序言。

派的丑恶，提高人们对反动派的仇恨，一直打倒反动派；一个是把人民及其军队为独立、和平、民主的活动刻画和反映出来，给人民学习，鼓舞人们斗争的勇气和决心。今天反动派所表演的是愈来愈丑恶了，人民独立和平民主的力量也愈来愈强大了，一切为独立和平民主事业而奋斗的画家、木刻家、摄影师及美术工作者动员起来吧！"

《人民》画报创刊号连封面封底共 24 页，图文并茂、形象生动地展示了晋冀鲁豫边区的新气象。画报刊登照片 40 幅，占 13 页；木刻、漫画等 7 页。在"彻底贯彻实行三大决议"的标题下，是高帆摄影"停战命令迅速向部队传达"、袁克忠摄影"执行小组到我们这来商讨各项问题"等 3 幅照片；画报还有照片"晋冀鲁豫边区参议会第一届第二次大会""平汉铁路峰马支线一月份竣工通车"等；木刻作品有范云的"妇女们殷勤照护八路军的伤兵""延安总部盛赞收复阳邑战斗"，邹雅的"民兵放哨""平毁碉堡"，艾炎的"宁健年真是爱民好榜样，两万元关金退还给老乡"，高诗林的"老百姓加紧修筑公路"等；绘画有计桂森的"诉苦"等。这些作者，都是解放区响当当的艺术大家。

这时的邯郸，有了两个以"人民"为名称的媒体，另一个是同年 5 月 15 日创刊的中共晋冀鲁豫中央局机关报《人民日报》。"为人民服务"的情结充分彰显，"人民就是江山"的理念早已铸就。

在此后的解放战争中，高帆参加了定陶、临汾、晋中等战役。1948 年初，晋冀鲁豫部队在副司令员徐向前的率领下攻打临汾。临汾守敌倚仗着密密麻麻的堡垒圈负隅顽抗，我大军压城，以挖坑道深入敌城墙爆破的战术突破防守，战斗异常激烈。高帆紧跟部队，冒着炮火硝烟，拍摄着一个个激烈的战争画面。经过浴血战斗，我军攻克了临汾。此次战役，我军涌现出了著名的"临汾旅"，高帆用镜头摄下了这支部队的英姿。

三、在挺进大别山中完成使命

1947 年夏，刘邓大军强渡黄河，千里挺进大别山，揭开了人民解放战争进入战略进攻的序幕。裴植、袁克忠等随军南下，高帆在邯主持画报创办工作。

远离太行根据地，抛下重装备，人生地不熟，加上敌人重兵围堵，南下大军遭遇难以想象的困难，经历着血与火的严酷洗礼。跟随南下大军的战地摄影记者克服困难，将用生命换来的照片送到后方军区政治部。

1948 年 2 月 25 日，《人民》画报出版了第 8 期"刘邓大军挺进大别山"，标注为"特大号"，这也是《人民》画报的最后一期，连封面封底共 26 页。这一期，全部是来自战斗一线的照片，给人的整个感觉是"战斗进行曲""胜利进行曲"。

封面刊名，依然是大红的"人民"两字，所配的照片，是刘邓大军行进在崇山峻岭的大别山中。封 2 和第 1 页是毛主席、朱总司令的照片，第 2 页是"中共中央委员会传令嘉奖刘邓大军"，第 3 页的副标题是"大反攻的号角响了"，主标题是"动员！准备！大进军！"第 4 页至第 5 页是《夜渡黄河天险》，第 6 页的标题是《鲁西南空前大捷》，标题后是俘获的蒋军军官垂头丧气的照片。其后，在《羊山集之战》《反攻进军，横跨陇海路》《强渡汝河》《抢渡淮河》《胜利到达大别山区》《行进在鄂东皖西间》的标题下，刊登了大量照片。第 10 页，刊登刘伯承司令员的诗：

> 狼山战捷复羊山，炮火雷鸣烟雾间；
>
> 千万居民齐拍手，欣看子弟夺城关。

这期画报，篇篇都是胜利消息，页页传递战斗捷报。

出版这期后，《人民》画报完成了历史使命。

1949 年，高帆准备投入即将举行的开国大典摄影工作。不料上级又来了命令，调他马上赴南京到"二野"报到，参与画报社的组建工作。接着，进军大西南战役开始，不久，高帆任画报社总编辑的西南军区《西南画报》创刊了。1949 年，高帆作为摄影界代表，参加中华全国文艺工作者代表大会。1950 年，在北京召开全军英模大会，并举办大型军队战绩展。朱德总司令看了展览上的照片，提议军队该有自己的画报。在他的倡导下，开始画报的筹建工作。1951 年 2 月，高帆调入中国人民解放军政治部，正式参加《解放军画报》的创建工作，并担任领导职务。

3 月，《解放军画报》诞生，高帆任副总编。1957 年，《中国摄影》杂志创刊，高帆出任主编。1961 年，任《解放军画报》总编辑，后任社长至 1987 年离休。在中国摄影家协会第四次会员代表大会上，高帆被选为副主席。在第五次会员代表大会上，德高望重的他又当选为主席。2004 年，《他从太行来——高帆战地摄影集》出版。同年 6 月 25 日高帆逝世，享年 82 岁。

四、关于《人民》画报的几个问题

许多读者关心晋冀鲁豫军区政治部《人民》画报与《解放军画报》《人民画报》之间是什么关系，画报到底是多大开。

（一）《人民》画报与《解放军画报》的关系问题

经查找解放军画报官网简介:《解放军画报》"隶属于解放军新闻传播报社，前身是创刊于红军时期的《红星画报》。1950年8月25日，原总政治部决定以隶属华北军区的华北画报社为基础，从全军抽调力量筹建解放军画报社。1950年10月，毛主席亲笔为《解放军画报》题写刊名。1951年2月，《解放军画报》正式创刊"。

1948年5月20日，晋察冀军区与晋冀鲁豫军区合并，成立华北军区。25日，晋察冀画报社与晋冀鲁豫军区人民画报社在河北平山县合并，成立华北画报社。"以华北画报社"为基础，就足以说明合并到华北画报社的晋冀鲁豫军区政治部《人民》画报，实际已经成为《解放军画报》源流之一了。

（二）《人民》画报与《人民画报》的关系问题

关于网络流传的国家画报《人民画报》1946年创刊于邯郸市的说法，作者向人民画报社总编室求证。答复是：专业而严谨的做法是查阅人民画报社官网的简介，而不是其他。

人民画报社官网的介绍如下：

> 《人民画报》是一本以图片为主、图文并茂的大型综合性国家画报。隶属于国务院新闻办公室、中国外文出版发行事业局。《人民画报》创刊于1950年7月，由毛泽东主席亲笔题写刊名。当时，他分别在两张纸上写下了六条"人民画报"字样，并在他最满意的一条的右上方画了两个圈，这便是被一直沿用至今的《人民画报》刊名。（略）

（三）《人民》画报是多大开问题

此前几乎所有的说法是:《人民》画报为16开。在未见到实物前，本文作者以往也曾照搬过这个说法。现经过测量，《人民》画报第1期，高27厘米，宽19.5厘米；

第 8 期，高 26.2 厘米，宽 18.7 厘米。经请教专业人员，如今的刊物，正 8 开，高为 26 厘米，宽为 18.5 厘米；大 8 开，高为 28.5 厘米，宽为 21 厘米。这两期《人民》画报相当于 8 开。

作者：卫庆前，中煤一公司原党委宣传部部长、高级政工师，邯郸市红色收藏委员会会长。

贡延红，邯郸市红色收藏委员会副会长兼秘书长。

中共邯郸市委机关报"生日"考

——从新中国成立前的《邯郸日报》及相关资料分析

卫庆前

摘　要:《邯郸日报》是中国共产党邯郸市委机关报。报名曾经是《农民报》《峰峰报》《邯郸报》《滏阳日报》《邯郸日报》《邯郸市新闻》《邯郸市日报》等等。由于新中国成立前的《邯郸日报》实物和资料的缺乏,通常把1952年3月1日创刊的邯郸专区《农民报》作为《邯郸日报》的起源。本文根据邯郸市红色收藏委员会近年来发现并征集到的实物和资料,考证中国共产党邯郸市委机关报《邯郸日报》为1948年9月30日创刊,是中国共产党晋冀鲁豫边区中央局所属的邯郸市委机关报。《邯郸日报》因而有着新民主主义革命时期的战斗履历和红色基因。是1919年以来,见证中国共产党领导中国人民进行新民主主义革命和社会主义革命光荣历史的实物遗存,属于革命文物。因此,1949年10月1日前创刊的《邯郸日报》属于革命文物。

关键词:《邯郸日报》;实物发现;源头考证

　　党报,是党的一级组织的机关报,是宣传政党纲领、方针和政策的工具,是沟通党和政府与人民群众关系的桥梁。在我国,特指中国共产党各级组织的机关报。新民主主义革命时期,由于战争年代的艰苦环境和硝烟战火,甚至处于敌人的剿杀之中,一些中共党组织的机关报出版发行及保存处于不稳定状态,留下一些历史之谜。中共邯郸市委机关报《邯郸日报》的创刊时间(俗称"生日")就是一例。

　　长期以来,人们一直认为《邯郸日报》创刊于20世纪的1952年。比如:《邯郸日报五十年(1952.3.1—2022.3.1)》[①]和《邯郸日报五十五年(1952.3.1—2027.3.1)》[②],把1952年3月1日创刊的邯郸专区(地委)机关报《农民报》作为《邯郸日报》的起源。而《当代中国报纸大全》记载《邯郸日报》创刊于1952年4

---

① 邯郸日报社编辑:《邯郸日报五十年(1952.3.1—2022.3.1)》。

② 邯郸日报社编辑:《邯郸日报五十五年(1952.3.1—2027.3.1)》。

月 1 日[①]。邯郸市红色收藏委员会长期关注《邯郸日报》的发展史。经过长期努力，征集到若干新中国成立前出版的《邯郸日报》和与该报有关的资料，不仅让我们见到了当年中共邯郸市委机关报"长什么模样"，并且揭开了该报的"生日"之谜。

一、关于《邯郸日报》在新中国成立之前创刊的说法有多种

《邯郸日报》在新中国成立之前就已经创刊的说法早已有之。这些说法如下（按说法的时间顺序排列）：

1. "1944 年说"

河北省文化厅文化志编辑办公室 1990 年 12 月编撰的《晋冀鲁豫革命文化史料》（冀南地区史料之二）207 页"冀南革命根据地文化艺术活动大事记"条目："1944 年 6 月，《邯郸日报》创刊。"

2. "1945 年说"

山西人民出版社 1987 年出版的《太行革命根据地画册》。137 页刊登照片，说明文字为"邯郸市民争相阅读《邯郸日报》上刊登的有关《双十协定》执行情况的新闻报道"，照片中的牌匾上有竖排的"邯郸日报"（第四个字仅显上面小部分）字样。《双十协定》即《国民政府与中共代表会谈纪要》[②]。也有研究者认为：为监督《双十协定》执行情况，1946 年 1 月，国民党、共产党和美国三方组成军事调处执行部，该部 1947 年 1 月解散。在此期间军调小组的工作状况在媒体报道范围。

3. "1946 年说"

甲、邯郸市档案馆 1990 年 4 月编印的《邯郸市档案史料选编（1945—1949 年）》（主编王昌兰，编辑刘旭、阎学铮、冀春生）948 页"邯郸市大事年表"："1946 年 7 月，中共邯郸市委决定，出版《邯郸日报》，每周两刊（1946 年 9 月停办）。"

乙、山东人民出版社 1991 年出版的《中国共产党历史报刊名录》（李永璞、林治理编）125 页，"《邯郸日报》是中共邯郸市委机关报，4 开 4 版铅印，负责人赵玉清。《邯郸日报》1946 年 7 月创刊，后停刊"。[③]

---

① 中国社会科学院新闻研究所、首都新闻学会读者调查组编：《当代中国报纸大全》，宁夏人民出版社 1988 年版，第 2 页。

② 萧超然等主编：《中共党史简明词典》（上），解放军出版社 1987 年版，第 307 页。1945 年 8 月 29 日至 10 月 10 日，以毛泽东为首的中国共产党代表团与国民党政府代表在重庆举行谈判，经过 43 天的谈判，于 10 月 10 日签署《双十协定》。

③ 李永璞等编：《中国共产党历史报刊名录》，山东人民出版社 1991 年版，第 215 页。

丙、新华出版社 1992 年 12 月出版的《邯郸市志》（邯郸市地方志编撰委员会编）37 页，第二编，大事记："1946 年 7 月 26 日，中共邯郸市委决定，出版《邯郸日报》，每周 2 刊（1946 年 9 月停办）。"

4."1947 年说"

邯郸市档案馆 1990 年 4 月编印的《邯郸市档案史料选编（1945—1949 年）》（主编王昌兰，编辑刘旭、阎学铮、冀春生）383 页，1947 年 12 月："是年《邯郸群众报》更名《邯郸日报》，4 开 4 版，印数 2000 份。"

5."1948 年说"

甲、邯郸市档案馆 1990 年 4 月编印的《邯郸市档案史料选编（1945—1949 年）》（主编王昌兰，编辑刘旭、阎学铮、冀春生）965 页，1948 年"6 月，《邯郸日报》创刊"。同页，"1948 年 6 月 21 日《邯郸日报》报道，自邯郸市委召开土改纠偏工作会议后，城关两区组织了工作组，有重点地进行这一项工作"。

乙、河北省文化厅和邯郸地区文化局 1991 年 3 月编撰的《邯郸革命文化史料》（主编靳英贤，副主编郭钦、温王林、王振国）496 页"邯郸革命文化艺术大事记"："1948 年 6 月，《邯郸日报》创刊。"

6."1949 年说"

山东人民出版社 1991 年出版的《中国共产党历史报刊名录》（李永璞、林治理编）125 页，"1949 年初，《邯郸日报》复刊，又几经停刊、复刊"。

以上资料均显示《邯郸日报》在新中国成立前就已经发行，但是创刊日期不同。因此，用实物求证《邯郸日报》"生日"显得尤为必要。

二、新中国成立之前的《邯郸日报》面世

近年，经过邯郸市红藏会的不懈努力，新中国成立前的《邯郸日报》相继面世。分别是：

1. 中华民国三十八年二月二十三日（1949 年 2 月 23 日），第六四期；

2. 中华民国三十八年三月十九日（1949 年 3 月 19 日），第七五期；

3. 中华民国三十八年三月二十一日（1949 年 3 月 21 日），第七六期；

4. 中华民国三十八年七月十五日（1949 年 7 月 15 日），第一三二期。

报头下均注明：邯郸日报社出版，地址：和平西大街路南。报纸为四开两版，毛边纸铅印。

这些实物的面世确切证明，《邯郸日报》在新中国成立之前就已经正式创刊。

三、《工商情报》揭开《邯郸日报》"生日"之谜

虽然新中国成立前的《邯郸日报》面世，但那个时期许多报纸都称为日报，实际上有隔日报、3 日报、5 日报（2 天、3 天、5 天出一期）；有的报纸节假日休刊，有的不休刊。由于没有创刊号，《邯郸日报》的"生日"难以确定。邯郸红色收藏家贡延红提供的一份《工商情报》起到了至为关键的作用。

出版日期为中华民国三十七年九月二十三日（1948 年 9 月 23 日），由邯郸市工商管理局、工商联合会编印的第一二六期《工商情报》，在报眼刊登"本报停刊启事"："（一）从九月三十号起，本报与邯郸群众报合并，改称邯郸日报，每月出 15 期。凡本报订户，统希于前去民教馆报社订报是荷。（二）不论本市或外地之机关、商店，凡与本报有商情交换关系者，尚希继续交换有关材料，乃寄交邯郸市工商局资料室收即可。工商情报社启。"

这份《工商情报》确切地证明，《邯郸日报》创刊于 1948 年 9 月 30 日，也就是说《邯郸日报》的"生日"为这一天。同时也说明《邯郸日报》的前身，是邯郸民众教育馆编印的《邯郸群众》报和邯郸市工商管理局、工商联合会编印的《工商情报》。

四、新中国成立前的《邯郸日报》是否党报

新中国成立前的《邯郸日报》是党报吗？与今天的《邯郸日报》有传承关系吗？

一是从报纸的要闻版分析，新中国成立前的《邯郸日报》属于党报。

发行日期为中华民国三十八年二月二十三日（1949 年 2 月 23 日）的《邯郸日报》，第六四期的头版头条是要闻"新乡国民党匪军大肆破坏 豫北人民纷纷控告予以惩办"，第二条是本市新闻"经过学习打通了思想接受党报批评 同仁合作社对自己抢购食粮作了检查 决心投资十亿经营工业"，第三条也是本市新闻"电灯公司全体职工热情学习互相竞赛进步"，第四条是惩处流氓的群众呼声，最后是"大众信箱"，有三件群众来信。

发行日期为中华民国三十八年三月二十一日（1949 年 3 月 21 日）的第六十七期《邯郸日报》，头版头条是《新华书店印刷厂工会对过去工作深刻作了检查并制定计划决心搞出成绩》，第三条是《为了大量植树市府决定举行植树突击周》。

发行日期为中华民国三十八年七月十五日（1949 年 7 月 15 日），第一三二期第一版报眼刊登的新闻是《西安以南胡匪又被我歼灭一部》，第一条新闻是《市直辖各街村胜利完成麦征任务》，第二条新闻是《各机关、学校、工厂响应上级号召热烈开展节约备荒运动》。

报纸的第一版常为要闻版，通常刊登重要新闻、消息、社论等，是主管机关的"脸面"和"颜值"。这几期《邯郸日报》，站在全局层面的高度，鲜明地表达自己的政治态度，体现了党的喉舌姿态；同时也表明了它的主要工作涵盖各个行业、各个部门，总揽全局。此时的《邯郸日报》不是某个政府部门或业务部门的报纸。

二是从通讯员来稿看，新中国成立前的《邯郸日报》属于党报。发行日期为中华民国三十八年三月二十一日（1949 年 3 月 21 日）的《邯郸日报》第七六期，第二版刊登通讯员岳岐峰题为"工商局通讯组集会检讨过去忽视党报的偏向　今后决心积极动手写稿"的来稿，指出"还有些同志思想上看不起本市的党报，所以有材料时，能给冀南日报和人民日报写，也不给邯郸日报写"。[1] 此时岳岐峰是邯郸工商局党委干事。

三是从报社负责人的身份来看，新中国成立前的《邯郸日报》属于党报。根据山东人民出版社 1991 年出版的《中国共产党历史报刊名录》（李永璞、林治理编）125 页，"《邯郸日报》是中共邯郸市委机关报，负责人赵玉清"。经查阅资料，赵玉清同志当时为中国共产党邯郸市委宣传部部长。[2] 另据《邯郸市档案史料选编（1945—1949）》，1945 年至 1949 年，赵玉清同志先后任中共邯郸市委宣传部部长、市委副书记、书记。[3] 中国共产党邯郸市委宣传部部长赵玉清担任《邯郸日报》负责人，充分表明了党报的组织属性。

五、新中国成立前的《邯郸日报》是否有传承关系

新中国成立前的《邯郸日报》与今天的《邯郸日报》有着直接的传承关系。

邯郸区划几经变更。邯郸 1945 年 10 月 4 日解放，10 月 10 日，中共冀南区党委决定以邯郸县为基础，设置邯郸市。10 月 15 日，邯郸市人民政府成立。1949 年 3 月，邯郸市撤销，降为邯郸镇。同年 8 月，河北省政府成立，设立邯郸专区。1952

---

① 中共邯郸市委党史研究室编：《岳岐峰在邯郸》，河北人民出版社 2016 年版，第 3 页。
② 李永璞等编：《中国共产党历史报刊名录》（1919—1949），山东人民出版社 1991 年版，215 页。
③ 邯郸市档案馆编：《邯郸市档案史料选编（1945—1949）》，河北人民出版社 1990 年版，扉页。

年 12 月 22 日，邯郸镇复升为邯郸市。1955 年 2 月 1 日，峰峰矿区改为峰峰市；1956 年 12 月峰峰市并入邯郸市。1958 年，设立邯郸专区，撤销邢台专区，邢台、任县、威县等 14 县划入邯郸专区；1960 年 3 月 1 日，邯郸专区与邯郸市合并为邯郸市；1993 年，经国务院批准，撤销邯郸地区，实行地市合并，将邯郸地区所辖各县划归邯郸市管辖。区划虽几经变更，或"大"或"小"，但始终以邯郸为中心，此"邯郸"就是彼"邯郸"。

《邯郸日报》的发展路径比较复杂。资料介绍，《邯郸日报》的前身先后是 1952 年 3 月 1 日创刊的邯郸专区（地委）机关报《农民报》，1955 年 4 月 2 日创刊的《峰峰报》，1957 年 1 月 1 日创刊的《邯郸报》，1958 年 1 月 1 日创刊的《邯郸日报》，1958 年 7 月 23 日创刊的《滏阳日报》，1960 年 3 月 1 日创刊的《邯郸日报》，1993 年 7 月 1 日创刊的《邯郸日报》城市版和农村版，1979 年 12 月 21 日试刊的《邯郸市新闻》，1981 年 4 月 2 日创刊的《邯郸市日报》，1986 年 7 月 1 日更名的《邯郸市报》等等，最终定为《邯郸日报》。

尽管新中国成立前的《邯郸日报》是面向邯郸市城区发行的"小报"，今天的《邯郸日报》是辖 6 区 11 县、代管一个县级市的"较大的市"的"大报"。"小报"并不影响它是"大报"的前身。具有充分说服力的例子是中共中央机关报《人民日报》这个"大报"的前身，就是 1948 年 6 月 15 日在西柏坡创刊的中共华北局机关报《人民日报》这个"小报"；而中共华北局机关报《人民日报》的前身之一是 1946 年 5 月 15 日在邯郸创刊的晋冀鲁豫《人民日报》（另一个前身是《晋察冀日报》）。

六、各种资料显示《邯郸日报》创刊、复刊日期不同的原因分析

前面资料显示，《邯郸日报》分别于 1944 年 6 月、1945 年、1946 年 7 月、1947 年 12 月、1948 年 6 月创刊，1949 年初复刊。这些资料之所以显示《邯郸日报》创刊时间不一致，笔者分析主要原因：

1. 由于在解放战争时期，不确定的因素较多，《邯郸日报》由其他报纸合并，又经试刊、创刊、停刊、复刊、改版，而又没有留下详细资料，造成表述不一。

2. 将《邯郸日报》的前身《邯郸群众》报误为《邯郸日报》。

根据《邯郸市档案馆史料选编（1945—1949）》刊载的邯郸市民众教育馆出版的《邯郸群众》报的图片，该报为铅印，出版单位是"邯郸群众社"，通讯地址是"邯市民教馆"，每五天出版一张。图片裹显示的《邯郸群众》报为中华民国三十七年八

月十日（1948 年 8 月 10 日）第九十二期，第一版全部是时事新闻：《厂方热爱工人工人增加生产》《本市烧酒厂职工大力增加生产踩麯五万斤》《本市工商业七月份增加八十一家》。由于整版都是新闻，因此将该报误为《邯郸日报》。

另，这期《邯郸群众》铅印报为九十二期，每 5 天出版一期，往前推算该报创刊时间大约为 1947 年 5 月初。可能是"1947 年说"的依据。

邯郸 1945 年 10 月解放以后，在日伪时期的新民教育馆的旧址（和平路西头）改建邯郸市民众教育馆。最初的宣传工具主要是板报（用纸张贴在墙上）、黑板报。曾出版油印小报（每期约 400 份），可能是"1946 年说"的依据。

3. 笔误。如河北省文化厅文化志编辑办公室 1990 年 12 月编撰的《晋冀鲁豫革命文化史料（冀南地区史料之二）》207 页："1944 年 6 月，《邯郸日报》创刊。"邯郸 1945 年 10 月 4 日解放，1944 年 6 月邯郸为日伪占领。可能是笔误。

4. 当时的老同志回忆（记忆）有误。

七、结论

根据上述资料和新中国成立前的《邯郸日报》提供的信息分析，该报完全具备城市党报的构成要素，不难得出《邯郸日报》在新中国成立前就已经创刊的结论，是新中国成立前邯郸设置为市以后的第一份中共邯郸市委机关报。

邯郸日报的"生日"应该由 1952 年 3 月 1 日移到 1948 年 9 月 30 日，往前推移 3 年 5 个月。以 1949 年 10 月 1 日新中国成立为界限来"断代"，邯郸日报社创建于新民主主义革命时期的解放战争阶段，新中国成立之前出版的《邯郸日报》当属革命文物；邯郸日报社有着新民主主义革命时期的战斗履历和红色基因。

对前面若干资料显示的《邯郸日报》早于 1948 年 9 月 30 日创刊的各种不同表述，只要认真去排查是可以核实的。毛泽东同志曾经说过："世界上怕就怕认真二字，共产党就最讲认真。"建议采取以下措施：一是有关部门组织人员寻根溯源，查阅这些资料的依据和出处并进行核实；二是组织有关人员从档案馆、文史馆、图书馆查找相关历史资料，发现新的线索；三是通过组织程序调阅曾经在新中国成立之前在《邯郸日报》工作过的老同志档案，从中了解掌握报纸创办发行的来龙去脉；四是发动红色收藏者、研究者和文物商提供新的藏品或资料。

1948 年 9 月 30 日创刊的《邯郸日报》面世，是邯郸市红藏会孜孜不懈、长期追寻的成果，为这座城市由黑暗走向光明，由战争走向和平，由农村走向城市提供了见证。虽然 70 多年前的《邯郸日报》面世，但是至今没有见到当事人讲述创办的过程和经历。《邯郸日报》创刊的背景是什么，何时终刊，报头是何人题写，当年的老报人或知情者是否健在，背后有着哪些或是可歌可泣，或是动人心魄的故事？

《邯郸日报》的"生日"之谜刚刚掀开一角，期待着更多的人把它不为人知的面纱更详尽地揭开，使其焕发出应有的光芒！

作者：卫庆前，中煤一公司原党委宣传部部长、高级政工师，邯郸市红色收藏委员会会长。

战火中的邯郸红色医药

王 兴

抗日战争时期，晋冀鲁豫边区是华北最大的敌后抗日根据地，军民齐心抗战，烽火遍燃，谱写出一曲燕赵壮歌。解放战争时期，这里是全国最大的根据地，在艰苦卓绝的战争环境下，广大军民利用太行山的自然资源，借助于山区的偏僻和险峻，建立了多所直接为革命战争服务的医院，为解放战争和新中国成立后的卫生事业奠定了基础。

一、129 师野战医院在武安

1937 年"七七事变"后，抗日战争全面爆发，刘伯承、邓小平、徐向前遵照中共中央军委指示，率八路军 129 师迅速进入太行山区，并依靠广大群众，建立起晋冀鲁豫边区抗日根据地，与日本侵略者展开了不屈不挠的斗争。

1941 年 8 月，日军为加紧对冀南抗日根据地的封锁和"蚕食"，在平汉铁路（今北京—汉口）西侧，北起河北省获鹿（今鹿泉），经元氏、南和，南至河南省安阳县水冶，修筑了第二道封锁沟墙，日伪军频繁活动，阻隔了平原与山区的交通联系。为打通山区与平原的交通，八路军第 129 师在邢台、沙河、永年等地，对日伪军发动了进攻，史称邢沙永战役。为了有效地救治伤员，刘伯承亲自选址，在距沙河近而又相对安全的武安县庄荒村设立了野战医院，用来接纳伤员。

129 师野战医院地处太行深处，山高林密，敌人的两次扫荡都未曾被发现。由于敌人封锁严密，医院规模不大，条件十分艰苦，医务人员也不足，战士们冬天仍然身穿单衣，一天三顿喝玉米面粥。医院缺少医疗用品，伤员都是用盐水消毒，还有的战士因缺医少药而不幸牺牲。

129 师野战医院旧址现保留完好，总面积 1200 平方米，建筑面积 300 平方米。医院位于七步沟景区，景区当地本着"修旧如旧"的原则，恢复了野战医院的原貌，共 38 间房屋，其中 10 间用作野战医院陈列室，3 间用作中药材标本展示，其他按原貌布置，包括伤病房、手术室，医办室、小伙房、煎药房，并筹建了两个陈列室。其中第一陈列室展示了 129 师在武安创建抗日根据地的过程，即从 1937 年开始，直至 1945 年抗战胜利；第二陈列室展示的是八路军医院在武安的历史，生动地展现了战争年代革命前辈以苦为乐的高尚情操。

二、利华制药厂迁至峰峰和武安

1940 年，抗日战争进入了相持阶段。晋冀鲁豫抗日根据地由于交通不便，药品供应十分困难，八路军总司令朱德向卫生部门提出，要建立自己的药品生产基地，以保证军队的需要。于是八路军前总卫生部部长孙仪之和 129 师卫生部部长钱信忠召开会议，决定以八路军野战卫生部卫生材料厂为主，与 129 师卫生部制药厂合并，组建第十八集团军野战卫生部卫生材料厂，驻扎在山西省武乡县安乐庄（旧称圪垴角），并陆续建成了五个分厂。1942 年 1 月，报请后勤部批准，定厂名为"利华药厂"，为"有利中华"之意。

卫生材料厂组建不久，在太行山地区坚持战斗的八路军战士有很多人患上了流感和疟疾，浑身疼痛、高烧不退。由于日军的严密封锁，治疗这些疾病的奎宁等药品异常缺乏，严重地影响了部队的战斗力。

钱信忠部长根据当地中草药资源丰富的情况，带领广大医务人员上山采集柴胡，清洗后将其熬成汤药，给病号服用，收到了很好的疗效。于是便向第十八集团军野战卫生材料厂建议，将柴胡进行蒸馏提取制成针剂。药剂研究室主任韩刚和李昕等人经过反复研制，成功地制成了柴胡注射液。后经临床试用，治疗疟疾及一般的发热疾病效果显著，且未发现有毒副作用。至此，中医药史上具有划时代意义的第一支中药注射液终于研制出来，打破了中药无注射剂的历史。

1941 年 5 月 1 日，药剂发明人韩刚受到晋冀鲁豫边区大会的奖励，被八路军卫生部授予"创造发明家"的称号。1943 年 5 月，华北版《新华日报》发表了题为《医学界的新贡献——利华药厂发明柴胡注射液》的报道，盛赞柴胡注射液的研制成功是我国中药西制的重大创举。

1946 年初，为了适应形势需要，药厂迁移到山西平定（西）县药岭山中的药岭寺。同年，宋庆龄代表中国福利基金会向药厂赠送了联合国善后救济总署援助的美国制造的天平和压片等仪器设备。

利华药厂在极其艰苦的条件下，凭着执着的追求和简陋的砖灶瓦钵生产出 8 个剂型、120 余种战时军民急需的药品和药剂，有力地支援了抗日战争和解放战争。利华药厂生产的"康福那星注射液"，现陈列在中国军事博物馆。

1947 年 5 月，为配合刘邓大军南下，晋冀鲁豫军区卫生部选派利华制药厂张有藻等 10 余人为骨干，在峰峰彭城韩家庄建立了前卫制药厂，后随刘邓大军南下，进入大别山区，建立了中原军区卫生材料厂（后改为四野军区卫生材料厂）。全国解放后，这批南下人员分别进入武汉和开封，建立和发展了后来的武汉制药厂和开封制药厂。

1948 年，战争形势发生了新的变化，许多城市相继解放，为了更好地支援解放战争，利华药厂改名为利华化学大药厂，并由平定县药岭山迁到武安县北安庄乡大洺远村。1948 年初，部分人员到大洺远村参加筹建工作，同年秋正式投入生产，有职工 300 人，经理韩刚，隶属华北人民政府领导。药厂在武安的时间，从 1948 年 8 月至 1949 年 2 月，共计 7 个月。利华药厂旧址因修建洺湖而拆迁。北平（北京）解放后，1949 年 3 月，利华化学大药厂划归北平，成为北京双鹤药业股份有限公司的前身。

三、晋冀鲁豫白求恩国际和平医院在武安

1945 年 9 月，抗日战争胜利后，晋冀鲁豫军区政委邓小平同志向中央请示，要求委派医务人员开辟晋冀鲁豫军区的医疗卫生工作。于是党中央派原延安中央医院院长何穆和夫人姚冷子，与侯明、何智泉、常宗礼、陈志英等 6 名医务人员，携带一台 X 光机和简单的医疗器械，离开延安，奔赴太行山区，为晋冀鲁豫军区建立一所较正规的大型医院。他们经过半个多月的长途跋涉，抵达了涉县赤岸村晋冀鲁豫军区司令部。

何穆为留法医学博士，是治疗肺结核的专家。1938 年赴延安参加革命工作，任延安陕甘宁边区医院肺科医生。1940 年 12 月，任延安中央医院院长兼肺科主任。到边区后，何穆担任晋冀鲁豫军区卫生部副部长。1946 年 1 月，何穆等人在山西长治上党门西侧原日伪时期陆军医院的旧址（现为长治二中），成立了晋冀鲁豫军区预备医院，开始收治伤病员。1946 年 7 月 1 日，军区首长又从各部门调来一些人员，共 80 多人，在河北邢台北关原师范学校旧址正式成立了医院，为争取国际援助，决定新建医院名称为"晋冀鲁豫军区白求恩国际和平医院"，由何穆任院长。建院刚刚 20

天，国民党开始向解放区大举进攻，而和平医院地处平汉线要冲，医院被迫向山区转移，于 7 月 20 日迁至邢台县固坊村，又于 8 月底迁往沙河县安河村（今沙河市安河村）。由于当地水源缺乏，而且局势仍未见好转，于 1947 年 3 月，迁移至武安县阳邑镇西井村，这里地处深山区，处境更加困难，物资供应日益匮乏，在伤员多而医务人员少的情况下，大家克服一切困难，夜以继日地进行治疗和手术，医治了一批又一批的伤病员。边区政府主席杨秀峰、军区政治委员薄一波、分区司令员陈锡联等曾在这里住院和养病。

在武安西井村时，一批进步的青年学生来到医院，他们边学习边工作，成为医院的新生力量。自 1947 年底开始，世界卫生组织陆续派外国专家来国际和平医院工作，当时有美籍、加拿大籍的外科、胸外科、骨科专家，有英籍、新西兰籍的护理专家，如沙菲尔、艾罗思、英格拉姆、伊思平等，他们给医院带来了先进的医疗技术，并充实了医院的技术力量。

何穆院长要求全院医护人员要尊重外国专家，虚心向他们学习。为方便外国专家工作，他还派人从上海请来翻译，专召全院人员突击学习英语。短时间内，全院形成了学习英语的风气，不少人学会了简单的英语对话，有的医生还学会了用英语书写病历，给专家工作带来了很大方便。为了丰富专家们的业余生活，何穆还特意在周末举办文艺晚会和舞会，节假日时组织登山野游。

艾罗思是一名美国胸外科专家，他以联合国善后救济总署世界卫生组织医药专员身份到解放区工作。1948 年 1 月，他与北京协和医院高级护师学校校长、美国高级护师英格兰姆一起来到和平医院工作，当时艾罗思已经 66 岁，他利用查房、会诊、手术的机会，传授理论知识和手术技巧，并给医生班讲课，包括休克、输血、输液以及各种骨折的抢救等内容。

加拿大医生沙菲尔是参加过第二次世界大战的外科权威，何穆经常带领医护人员观摩他的手术，沙菲尔毫无保留地进行了传授，使医务人员在短短两个多月的时间里，基本掌握了沙菲尔的工作方法，从而建立了战伤外科的常规疗法。沙菲尔离开医院时，还把全部的医学书籍和全套的骨科手术器械全部捐赠给医院。

伊思平是新西兰国外救济服务会的护士，1947 年，经中国福利基金会介绍与卜南生来到和平医院工作，从事医疗护理及培训工作。临来时，宋庆龄委托她押运了 15 吨药品、手术器械、医学书籍以及种子、农业科学书籍和儿童衣物等运往邯郸的国际和平医院。2002 年，伊思平出版回忆录《黄河、骡子和山脉——1947—1950 年在中国的新西兰护士》，该书于 2009 年在中国以《伊思平在中国》翻译出版。

在何穆院长的主持下，晋冀鲁豫白求恩和平医院不仅成为太行、太岳地区的医疗卫生中心，而且成为部队和解放区培养医疗卫生人才的基地。1948 年，医院创办了和平医专，招收 60 多名学员。医院还接受华北人民政府的任务，为太行、太岳、邯郸等地区开办各种医疗专业技术训练班，短期培训了大批的助产士、化验员、防疫人员等，有力地支援了华北地区的人民解放战争。

如今在武安市西井村，仍保留着晋冀鲁豫军区白求恩国际和平医院总院旧址。房东经常向来访者讲述当年在这里办院的情景。院务人员在极其艰苦的条件下，不仅救治前线的伤员，还为当地百姓看病治病，与村民结下了深厚的鱼水之情。1947 年 8 月，刘邓大军千里跃进大别山，晋冀鲁豫边区政府副主席薄一波请求将该医院留在太行革命老区根据地，于是总院得以保留下来。1948 年夏天，由于解放战争形势发展很快，医院由西井向长治转移，搬迁途中在武安的阳邑镇设立了转运站，先由牲口驮、人力挑、小铁轮车推，把器械、家具等运到转运站，再以同样的方式运向长治。经过一个多月，完成了搬迁任务。从 1947 年 3 月迁至西井村，至 1948 年 6 月迁回长治，白求恩国际和平医院在此驻留了一年零三个月的时间，现为长治医学院附属和平医院。

四、邯郸哈励逊国际和平医院

1946 年 3 月，邯郸成为晋冀鲁豫边区的首府，边区党、政、军重要机关迁驻邯郸市，各项事业百废待兴，卫生健康事业被提上重要日程。晋冀鲁豫边区决定筹建邯郸国际和平医院，并于 4 月开始施工建设，医院位于邯郸丛台西边的定觉寺内，医院设施有病房、门诊部、手术室、化验室、厨房、医生护士办公室及寝室等，原拟于 7 月开诊，8 月收容病人。但由于国民党发动全面内战，影响了医院的施工进度，于是边区政府决定将原边区卫生局与筹建中的邯郸国际和平医院合并。晋冀鲁豫边区卫生局于 1945 年建立，1945 年 10 月邯郸解放后由武安龙泉镇迁入邯郸市。两家单位合并后，于 1946 年 9 月 1 日正式改组为"邯郸白求恩国际和平医院"。

哈励逊是著名的加拿大外科医生，他抛弃了舒适的工作环境与家庭生活，以国际红十字会人员的身份来到中国。抗战时期在新四军从事医疗救济工作，抗战后任联合国善后救济总署（简称"联总"）医务官。

1946 年 1 月 13 日，哈励逊在上海参加联合国善后救济总署的医务工作。4 月被派往北平筹备援助解放军的医药物资，并视察了邯郸白求恩国际和平医院。他对解放区缺医少药的严重情况非常焦虑,遂返回上海向联合国善后救济总署等国际组织汇报情况。8月31日,他携带280箱医药物资,从北平出发去往邯郸白求恩国际和平医院。临行前,正在北平军调处执行部工作的叶剑英、黄华以及马海德博士为他送行。军调部派翻译科长中共代表王荫圃一同前往。运输队一行于9月9日下午3点左右到达邯郸,受到了晋冀鲁豫军区首长邓小平、薄一波、杨秀峰的亲切接见。薄一波副政委对他们说:"刘邓大军就要南下了,正需要这些医药物资,可给我们解决大困难了。"哈励逊大夫说:"这是你们应得的救济物资,不是我个人的力量。"后来邓小平政委见到哈励逊大夫和送去的大量医药器材后,风趣地对哈励逊大夫说:"这些箱子是替我们打胜仗的箱子哟。"

1946年10月,全面内战爆发后,医院随边区政府转移到武安县冶陶镇王二庄,医院设在一户地主家的庄园内。1946年12月4日,受联合国善后救济总署等国际组织委托,哈励逊再次押送40吨医药、20吨纺织品,共3个车皮,从上海乘火车押送运往邯郸国际和平医院。临出发前,宋庆龄亲自到车站为哈励逊送行。她握着哈励逊的双手,神情凝重地说:"解放区的伤病员急需这批物资,那里的军民盼望你早日、安全、顺利到达,拜托了……"宋庆龄的一番话,使哈励逊感动得热泪盈眶,他坚定地说:"宋主席,您放心,我一定完成好这项任务!"

途经南京时,物资被国民党军无理扣押了4天。屋漏偏逢连夜雨,他夜晚睡觉时,毯子、衬衣和鞋子被人偷走,不久双脚被冻烂。饥寒交迫之下,哈励逊身患重病,到达开封时,双脚溃烂、疲惫不堪、动弹不得。但是他为了防止物资再发生意外,改用卡车运输,一路受尽疾病、疲劳和风雪的折磨,在同伴搀扶下,终于将这批医疗物资运到邯郸。为争取时间给解放区军民多送物资,哈励逊不顾大家劝阻,又带病回返开封,继续护送装有大批物资的卡车开往邯郸。因途中道路堵塞,只好改换牛车绕田间小道而行,于1947年1月9日,运送医疗物资的车队走到山东阳谷县张秋镇时,哈励逊已精疲力竭,当晚病倒,并于10日凌晨病逝于张秋镇天主教堂。

解放区军民为哈励逊大夫召开了隆重的追悼会。后来他的遗体被安葬于河南开封。1947年2月7日,宋庆龄在上海出席了中国解放区救济总会、中国福利基金会、"联总"隆重举行的哈励逊逝世纪念会,并宣布为纪念哈励逊大夫,将邯郸国际和平医院改名为哈励逊国际和平医院。

1947年3月13日,《人民日报》第一版刊登了晋冀鲁豫白求恩国际和平医院对哈励逊大夫的不幸病逝,特向加拿大红十字会的致电,唁电如下:

上海宋庆龄先生转加拿大红十字会：

贵会哈励逊先生热心救济事业，冒风雨寒冷奔走各地，中国解放区人民深为感谢。哈先生去年曾两度来敝院参观，并蒙热诚赞助。今哈先生不幸于送药品来我区时，病逝张秋，敝院同仁殊深哀悼。特将敝院之手术室改为哈励逊手术室，以资永久纪念。谨电唁问。

1948 年 4 月，随着全国解放战争形势的好转，邯郸哈励逊国际和平医院从武安县转移到平山县杨西冶、刘家会。1948 年 8 月 1 日，华北人民政府成立后，更名为华北人民政府哈励逊医院。1950 年 6 月由平山县迁到石家庄市，更名为石家庄专区哈励逊医院。1962 年，该院划归衡水专区，更名为衡水专区医院，1996 年改称衡水市人民医院。如今哈励逊大夫塑像坐落在衡水市繁华的人民路上。

作者：王兴，原邯郸市文物局局长。

解放战争时期晋冀鲁豫边区的医疗卫生事业概览

孙怀安

摘　要： 解放战争时期，晋冀鲁豫边区的医疗卫生组织有军区和边区两大类，创立了公立医院、诊疗所、医药合作社等医疗卫生机构，开展了服务前后方兵民、治疗国民党伤兵等服务，创新性提升了医疗专业技术，培养了大批医护人才，并带领人民开展了卫生防疫工作。

关键词： 晋冀鲁豫边区；医疗卫生；医院

解放战争时期，晋冀鲁豫边区的医疗卫生事业和抗战时期相比有了较大发展，在我党我军全心全意为人民服务宗旨的指引下，为了能帮助人民群众解除病痛，维护社会稳定，巩固边区政权，取得群众的衷心拥护，边区政府非常重视医疗卫生事业的发展，逐渐建立健全医疗卫生组织和机构、开展医疗卫生服务、培养医护人才、开展卫生防疫活动。

一、医疗卫生组织

存在于晋冀鲁豫的医疗卫生组织分属两大系统，一是晋冀鲁豫军区的医疗卫生组织，二是晋冀鲁豫边区的医疗卫生组织，前者隶属于军队，后者隶属于地方。两种医疗卫生组织各有特点，军方的组织更加注重灵活性、高效性，主要任务是救治前线受伤战士，而地方的组织则注重广泛性、群众性，主要目的是救治百姓，维护社会稳定，提升社会整体医疗水平。

（一）晋冀鲁豫军区的医疗卫生组织

晋冀鲁豫军区的医疗卫生领导机构为卫生部（部长钱信忠），晋冀鲁豫军区所属的太行、太岳、冀南、冀鲁豫四个军区的卫生领导机构也是卫生部，如彭之久（彭雪枫之弟）曾任太岳军区卫生部部长，冀鲁豫军区卫生部曾奖励创造模范休养连的边区卫生学校教育干事刘瑛为一等功臣。隶属于军区纵队下的旅级单位设卫生处（如 × 纵 ×× 旅卫生处、冀南八路军七旅卫生处），团级单位设卫生队，营级单位有卫生长（如太谷独立营卫生长），连级以下有卫生员。此外，还有军区直属的卫生所或军区直属医院下的卫生所这一最基础机构。如，太岳军区卫生野战四所、太岳军区前后方医院卫生所等。

（二）晋冀鲁豫边区的医疗卫生组织

晋冀鲁豫边区医疗卫生领导机构为卫生局，成立于 1946 年 2 月 7 日，局长为朱琏，当时只有朱琏一人。通过招揽人才和互教互助，到 1946 年 8 月，卫生局有医生七八位、司药四个、护士三十多个。1946 年 9 月 1 日，晋冀鲁豫边区政府决定将原边区卫生局与筹建中的邯郸国际和平医院合并，正式改组为"邯郸白求恩国际和平医院"，由边区卫生局局长朱琏任院长。晋冀鲁豫边区卫生局被取消后，边区所属太行、太岳、冀南、冀鲁豫四个区又分别成立了行署卫生局，如太行行署卫生局成立于 1946 年 11 月，领导太行区的医疗卫生工作。太行、太岳、冀南、冀鲁豫四个区下属的各分区设卫生处，如冀南分区卫生处、太行二分区卫生处等。各分区医院下设卫生所，如太行一分区医院二所、太行四分区卫生处一所等。各村设卫生主任和卫生委员，如平顺七区各村有卫生主任，黎城县各村有卫生委员。

关于如何加强医疗卫生事业的组织领导问题，1946 年 12 月 12 日，冀鲁豫行署卫生局召开了由中西医生参加的卫生大会，决议各专署成立政民医院，县成立人民医院，区成立医药合作社。如客观条件许可时，附设助产所，并在各专署县区建立卫生分局，医院行政领导属各级政府，业务领导属卫生局。在各级医院未建立前，先建立中西医务研究会，以便迅速推行农村医务工作。大会的召开为加强医疗卫生事业的组织领导指明了方向，大大促进了边区医疗卫生事业的发展。如，早在 1946 年 8 月 25 日，邯郸二区河沙镇召开中西医生座谈会，决定成立中西医药研究会。1947 年 3 月，黎城县府决定建立县区村各级医药卫生工作研究委员会。

（三）晋冀鲁豫边区医疗卫生组织的改组和合并

1948 年 1 月 5 日，为了整顿政府队伍，改变组织，改造作风，晋冀鲁豫边区政府召开组织机构改组会，在边区直属机构下设卫生局，由边区政府副主席张友渔领导。1948 年 9 月 26 日，原晋察冀边区行政委员会与晋冀鲁豫边区政府合并，并成立华北人民政府。10 月，华北人民政府公布了各部部长，卫生部长为殷希彭。1949 年 1 月，任命朱琏、刘和一为卫生部副部长。

二、医疗卫生机构

1941 年 7 月 29 日，晋冀鲁豫边区临时参议会《晋冀鲁豫边区施政纲领》规定：逐渐建立民众医院，增进医务设备，对贫苦抗属及人民实现免费或减费治疗，奖励私人医院之建立。由于抗日游击战极端艰苦、我军医疗卫生人员及物资极其缺乏，因此，在抗日时期，晋冀鲁豫边区的医疗卫生部门以野战医院为主，主要任务是治疗战争中的伤员。但到解放战争时期，随着我军解放区的不断扩大，战场的逐渐南移，晋冀鲁豫边区出现了相对和平稳定的局面。在此背景下，晋冀鲁豫边区从进一步巩固政权，为边区群众提供医疗服务的目的出发，建立了公立的正规医院，设立了诊疗所，组建了流动医疗队，成立了医药合作社。

（一）公立医院

公立医院是我党开展医疗卫生教育、扑灭各种疫病保障人民身体健康、迅速组织医疗队伍开赴前线救治我军伤兵的重要依托，对于促进医疗卫生事业发展具有引领作用。晋冀鲁豫边区重视公立医院的设立，在解放战争中，各专区都设有公立医院，专区下属的县也有一些公立医院。

1946 年，为了便于接受国际医疗援助，晋冀鲁豫边区建立了邢台国际和平医院、临清国际和平医院及邯郸国际和平医院。此外，在濮阳也建有国际和平医院。这几所医院规模都比较大，都有较高水平的医护人员、较充足的医疗物资、较先进的医疗设备及卫生的医疗用房等，都属于正规医院。1946 年初，威县成立公立冀南医院。1946 年 9 月 1 日，晋冀鲁豫边区政府决定将原边区卫生局与筹建中的邯郸国际和平医院合并为"邯郸白求恩国际和平医院"。1946 年 11 月，太行区决定将各专医院改为公立医院，分别为一专改为冀西医院、二专改为晋东医院、三专改为潞安医院、四专改为怀庆医院、五专改为豫北医院、六专改为漳滨医院。1947 年春，太岳阳城人民医院成立，到 1948 年 9 月，建起 15 间新病房、12 孔窑洞，医生、卫生员、采购、营业员等由 18 人发展到 41 人（内有 5 个中医、4 个西医），并发展了一个分院。1947 年 2 月，为纪念加拿大医生哈励逊，中国解放区救济总会将邯郸国际和平医院改名为邯郸哈励逊国际和平医院。1948 年 8 月，临汾解放后市立民众医院成立。此外，还有冀鲁豫卫校附属医院，也属于公立医院。

除公立医院外，边区还有一些由外国宗教人士开设的医院，如邯郸市内的天主堂眼科诊疗所、邢台的耶稣教堂附设医院、安阳的广生医院等。

（二）诊疗所

为了方便群众就近就医，晋冀鲁豫边区各地建立形式各样的诊疗所，其中有些诊疗所有固定的坐诊治疗地点，有些为了能满足一些不方便前来诊所就医的患者的医疗需求，以及能及时扑灭群众中发生的各种疫情，采取流动诊所或流动医疗队的形式下乡为群众治病。

固定诊疗所。1946 年 6 月，为治疗修黄河大堤工人中的急性传染症，冀鲁豫沿黄河设立卫生所 11 处。1946 年 8 月，军政大学在邯郸黄粱梦村设群众诊疗所。1946 年至 1947 年间，太岳各县都成立了民兵医院，平时在地方上看病，战时随队出发服务。1947 年 7 月，由邢台迁移到邯郸车站区和平西大街路南、门牌号是 118 号的卫生材料部开业，零整批发，隔壁附有诊疗所，每日施诊，药价低廉。1948 年，邢台市从为职工谋福利的角度出发，成立了职工诊疗所。

流动诊疗所或医疗队。1946 年 3 月，晋冀鲁豫卫生局流动诊所成立，门口挂有"上午九时至十二时门诊，下午一时至三时出诊"的木牌。1946 年 8 月，晋冀鲁豫卫生局派两个防疫医疗队到邯郸、临漳开展诊疗工作。1946 年 8 月，太行二专区晋东医院与武乡大众医院合组医疗队到武乡八区为民诊疗，当时患病者已占总人口的 90%，多为伤寒、疟疾、痢疾、梅毒、疥疮等病。1946 年，太岳安泽医生李克让组成巡回医疗队，把 12 个医生分成 4 组，直接随群众到火线治疗，效果良好，曾在半月中治好 170 余人。1947 年 2 月，太岳二专区从晋东医院、左权医院等抽调中西医生 20 余人，分成 5 个组，携带大批疥疮、伤寒、疟疾、霍乱、流行性感冒等症药品，前往前定、榆次、太谷、寿阳、祁县等地进行诊疗。

（三）医药合作社

为解决群众看病难、吃药贵的难题，以群众集资入股为特征的医药合作社开始成立，开办药铺、聘请医生，群众看病买药免费或减免费用，疾病得到及时诊治，大大提高了边区的医疗卫生水平。

1946 年，壶关县的 61 名医生、56 家药店均加入了各区村的医药合作社。1946

年，左权三区信忠卫生合作社成立 3 个月治愈病人 2750 人。1946 年，临清解放后，成立了国医合作社，凡贫苦市民用药半价或免费。1946 年 5 月，鸡泽大众合作社和政府合设济众医院，聘请中西医生数人。由于院内中西药材俱全，医治高明，医院药价低于市价，解决了当地群众不少的困难。

1947 年，太行号召并以民办公助办法大量增设群众医院、医药合作社，太行四专区陵川的医药合作社达到 48 家。1947 年，太岳模范医生李克让组织医生 168 人，把 5 个旧药店改造成新的合作社，榆社成立了县区医药研究股，平衡药价，军干属降低 5% 的药价。1947 年 12 月，冀鲁豫清丰县建立医药合作社。1949 年，在孟县西街有一民兵医药社，是由民兵出勤时所节余下的粮食加上公家的扶助而成立的，社内有医生四五人，护士五六人，卫生员七人，民兵出勤时即跟随民兵出发，平时为群众服务。

医药合作社中具有典型特征的是太岳翼城张顺敏医药合作社，该社的最大特征是医生下乡，边治病卖药，边号召群众入股；通过帮助群众扑灭疫情的方式，让群众看到合作社的好处，入社积极性大大提高；各分社间加强沟通，开展竞赛，互相入股；买药的原则是远买近不买，贱买贵不买，整买零不买，统一集资购买，回来按原价出售；利率最高不超过 30%，军干烈属不超过 25%，另外设有公益金，贫苦群众买药可由公益金支出。

三、医疗服务

解放战争时期，最主要的任务是取得战争的胜利，在前线将士浴血奋战的背后，是无数人的伤亡。为了支援战争，救助广大英勇无畏的伤员，晋冀鲁豫边区组织医疗队伍奔赴前线，参与伤员救助工作。同时，做好后方群众的医疗工作也是边区工作的一项重要内容，这对于赢得群众对战争的支持、维护解放区的政权和社会稳定具有重大意义。此外，我军从革命的人道主义出发，对大量的国民党伤员进行了救治，这是瓦解敌军、扩充兵员的有效措施。

（一）服务地方军民

1946 年正月，晋冀鲁豫边区卫生局成立，此后的半年内，救治了党政军机关人员和老百姓共 5787 人。在药品很贵的情况下，为群众免除药费 61 万余元，实收药费仅 17 万元。1946 年 3 月至 12 月，邯郸国际和平医院（前身是边区卫生局）院长朱瑢诊治妇科共 1459 人次。1946 年 4 月，晋冀鲁豫边区卫生局流动诊所诊治病人 935 人。1946 年 7 月，国民党军派大批特务在济源到处投毒，虽然太岳四分区卫生处派出大批医务人员赶往抢救，但仍有 40 余人因毒重致死。1946 年 7 月至 8 月，晋冀鲁豫边区卫生局第一医疗队，在李友林医生的率领下，在邯郸二区治愈群众 380 余人。

1948 年，太行太谷县从县医院及教会仁卫医院抽调医生，组成 8 个医疗队赶赴战争地区为受伤群众进行治疗。1948 年，临汾市立民众医院为市民治病免收出诊、挂号费，特别贫苦者免收医药费。1948 年 9 月，太岳浮山县政府组织 41 名医生治疗患病群众 1356 人。1949 年 1 月，太行长治、黎城、潞城、平顺 4 个县医院在半年内共看了 6 万多病人，其中死亡仅 60 人。

（二）服务前线兵民

北方大学医学院的学生，有些是来自部队的医护人员，他们积极参加前线救护。1946 年 9 月，北方大学 6 名学生奔赴前线开展医疗服务；10 月，60 名学生驰赴冀鲁豫区前线服务；12 月，学生宋国祥参加冀南军区七旅卫生处看护工作时牺牲。1946 年，太岳区及太行四分区在医疗条件比冀鲁豫差、外科药品少，内科药品大都靠自己提炼制造、器材缺乏的情况下，出院率平均达到 70% 以上。

1947 年元旦，晋冀鲁豫军区副司令员滕代远在团拜会上指出：冀鲁豫前线的医疗救护工作成就超过了过去任何时候的水准。1947 年，太岳军区前后方医院卫生所开展为民立功运动，卫生野战四所发出爱护休养员的号召；太行一分区医院二所所长肖占国、医生曹书文把自己的血输给重伤员。1947 年至 1948 年间，太岳军区卫生部在采用新疗法的基础上，保证了 80% 以上的伤员不化脓。在护理工作上，看护员、工作人员都以极亲切耐心的态度照护病员，给病员喂水喂饭、接应大小便、擦澡、洗脚等。1947 年 5 月，活跃在豫北前线为战争服务的太行各县参战医生 50 多人跟随各民兵团、担架队、运输队在行军途中开展治疗，涉县二支队医生申智仲、李永太已连续参战 3 次。1947 年 11 月，在围困运城战役中，晋南人民解放军医疗所开展医务爱兵立功运动，组织输血队积极为伤员献血。

1948 年 9 月，晋冀鲁豫军区卫生部直属医院一、二、三所及院部 230 多个工作人员，积极为伤病员献血；太行四分区一、二卫生所自 1946 年开展立功运动以来，全体医务人员的阶级觉悟及技术均有提高，其中一所在"为伤员当个好长工"的口号下，消灭了伤员无故残废、无故牺牲的现象，半年来治好出院的占全数的 76%，牺牲的占 4%。1948 年，阳城人民医院组成医疗队两次随民工参战，治疗病人 1892 人。

1948 年 12 月，冀鲁豫某医院到平津战役前线展开救护工作。

在边区医疗人员救治伤兵员的同时，有些伤兵员自动组织起来，主动照顾重伤人员，缓解了医疗队人员的救治压力，提升了救治效率。1947 年 4 月，冀鲁豫野战医院某院一所伤病员掀起互助运动，成立互助组，轻伤员帮助院里做一些照顾重伤员的日常工作。军区五所休养班长毛继度带领 10 个人白天帮助送开水打饭，晚上分组给休养员送开水。

（三）救治国民党伤兵

对待敌方伤兵的态度足以彰显一支军队的性质、宗旨和原则。战场上出现伤兵后，国民党方面由于官兵地位的严重不平等，往往会置伤兵于不顾，而我军对这些国民党伤兵却尽可能地给予救治。

截至 1946 年 5 月，自湘、陕、鲁、豫等省道经解放区返冀东、东北的同胞直接经过邯郸市的有 199 人，边区资助医药路费 28300 元。1946 年 6 月，医治轰炸永年后迫降在解放区飞机上的国民党负伤士兵。1946 年 8 月，八路军某部在晋南战场救护被国民党遗弃的九一、九二团营长以下 300 余名伤员。1946 年 10 月，太岳军区八路军战地卫生队医治被胡宗南第一旅遗弃的伤兵 20 余名，并派大车将他们送回临汾城原部，临行时又发给每人 2000 元路费。1946 年 10 月，高树勋在《一年来的回顾》中写道：在国民党领导下时，部队疾病达 80%，疾病死亡率达百分之六至七；今日在解放区疾病已减至百分之五至六，尚不及过去死亡率之高，疾病死亡率已减至千分之二至三。1946 年 12 月，冀鲁豫濮县战役中负伤的 460 名国民党官兵，由担架大车转运至我军后方野战医院治疗。

1948 年 1 月，运城民主市政府把被抛弃的国民党三六九团、二五〇团、一八二团伤兵送进福音医院，并成立"招抚敌弃伤兵处"，派医生日夜治疗。1948 年 6 月，临汾市政府拨发粮款，并派员协同解放军的医务人员组成 3 个医疗所，对国民党 30 旅野战医院、阎锡山 66 师野战医院内的 4000 多名伤兵进行医治。

治疗战争中的国民党伤兵，遵循了我军优待俘虏的政治原则，大大增强了国民党伤兵对我军的政治认同和情感上的亲近，对于彻底瓦解敌军、加速愿意参加革命的国民党士兵的思想改造具有重大作用，客观上大大扩充了我军的兵源，加速了解放战争的进程。1946 年 8 月，国民党 31 师 91 团 4 连 1 排一等兵杨清云（河南徐城县人，在晋南夏县未柴战斗中负伤），经我方医院治愈，出院时给留在蒋军的伙伴写信说："夏县未柴战斗时我带彩了，后经八路军把我抬到医院里，供给饮食、衣被，医生疗治，看护照料和八路军自己的弟兄一样对待。在咱中央军说八路军杀人长短，这一下可知道是假的了。还有我们九一团、九二团带彩的营长士兵三百余号人，都在八路军医院里好好地养伤。咱们中央军为蒋介石和美国打天下，八路军是为了老百姓干，我想，咱中央军的弟兄们，应该一齐起义，和八路军合作，才有咱们的活路。"

四、医疗卫生

在晋冀鲁豫边区医疗设备差、人员严重不足的情况下，边区医疗卫生人员发挥积极性、主动性和创造性，在医疗器械消毒、伤口换药、针灸治疗、自制药品等医疗专业技术方面取得了行之有效的成果。同时，由于边区各种疫病时有暴发，为了遏制疫情、解决边区医疗人员不足的问题，边区设立了卫生学校培养专业医护人员。此外，边区还开展了医疗卫生宣传工作，培养群众的医疗卫生意识。

（一）医疗专业技术

晋冀鲁豫边区在医疗物资匮乏的情况下，充分利用现有资源，努力达到医疗卫生标准，积极研究不同疾病的诊疗方法。边区卫生局流动诊所用蒸馒头的蒸笼消毒医疗器械，时间长达五六个小时。1946年6月，红十字会驻华代表梁正伦在参观边区卫生局流动诊所后认为，虽然医疗器械很旧、很简单，但手术做得很好，虽然连一双橡皮手套都没有，但消毒严密。边区卫生局局长朱琏用针灸为群众治病，见效快，解决了药品缺乏的难题，曾治好了一位半身不遂的老太太。1945年，上党战役时，晋冀鲁豫军区卫生部部长钱信忠提出为伤员换药的新疗法，具体做法是：每次上药用的器械、用具、纱布、棉花等都必须经过严密消毒，彻底清洁创伤周围，争取在24小时内作完善扩创（除去异物及坏死带），整理创缘，用磺膏外上，给予适当包扎，只作经常检查，废除经常换药的旧疗法。新疗法的好处是：不经常揭露伤口，不易受细菌传染；新生肉芽不会因经常摩擦而流血，药物效力得以发挥；节省药材和劳力；减轻伤员换药时的痛苦。1946年11月，边区主席杨秀峰说：前方野战医院取得了很大成绩。新治疗法广泛地运用。据9、10两个月的统计，伤愈上前线的干部战士占医疗人数的70%。子弹伤以前要一个月才能好，现在则保证两周内痊愈，骨折伤痊愈期较过去快一倍。1947年1月，太岳军区卫生部21分区卫生所特别注意消毒，外科室、手术室建设得都很完备，蒸气消毒每次五六个小时，换药时每个人都有消毒盘与器材等，每次换下绷带，都煮沸一次。1947年，钱信忠实施石膏绷带新疗法，使战争中最多的骨折伤得以迅速治愈，残废数由以前的 50% 减少到 10% 以下。1949 年 1 月，钱信忠根据丰富的战地救护经验，撰写战地救护法，介绍了互助裹伤法、急救止血法、简易止痛法的操作流程，大大减少了伤员的痛苦，提高了治愈率。

（二）医疗卫生人员的培养

专业的医护人员是提升医疗卫生水平的必备条件。晋冀鲁豫边区为了保障群众的身体健康，开设了一些医护学校，培养了大量的医护人员。1946 年 1 月 25 日，晋冀鲁豫边区卫生学校成立，开设医生、护士、司药、助产士等班。1946 年 5 月 21 日，晋冀鲁豫边区北方大学开始上课，医学院有 200 人。1946 年，太岳的广华医院、高平的民需医院培养训练了一些卫生人才，其中民需医院培养了 60 余人。1947 年，晋冀鲁豫白求恩国际和平医院附设护士学校。1947 年，太行行署在防疫指示中，要求大量训练新医药人才，特别是兽医与接产妇。1947 年 5 月，榆社经过技术测验，鉴定全县医生 53 人、医助 14 人、练习生 12 人为合格。1947 年，太行军区卫生部举办医务训练班，并吸收了不少翻身农民子弟担任卫生员，对伤员照顾十分周到。1948 年 2 月，白求恩国际和平医院又附设了医学专门学校，华北人民政府成立后，该校改为晋冀鲁豫白求恩国际和平医学专科学校，开设内科、外科、妇产科、眼科等专业。1948 年 7 月，华北卫生学校成立，开设医生班、针灸班、助产士班。这些医护学校的设立，弥补了边区医护人员不足，为新中国成立后我国医疗卫生事业的发展奠定了人才基础。

（三）药物供应

1946 年 10 月 15 日至 12 月 15 日，长子鲍店镇药材大会在停办 8 年后复办，汇聚了来自川、广、云等地及本地的生熟药料、丸散膏丹和中西药品。1947 年 2 月，太岳军区的医院工作条件较冀鲁豫差，外科药品很少，内科药品大部分靠自己提炼制造。1947 年 3 月，太岳召开医药座谈会，晋城栗子德医生拿出 9 万元、阳城张锦云医生拿出 1 万元、阳城梁子英医生拿出 1 万元用于购买药品。1947 年 6 月，冀鲁豫冯善固等 6 名医生贡献 6 种药品，价值 6 千元。1948 年 7 月，为供应党政军民的医药需要，冀鲁豫军区卫生部及行署卫生局合办亚光制药厂，由单纯供给军用扩大为供给全区人民。1948 年，太岳阳城人民医院经中西医生研究，用中药制出 30 多种药剂代替西药。1948 年 10 月，沁阳药材大会在停办十几年后首次复办，半个月成交药材 25197 斤。

五、卫生防疫

解放战争时期，晋冀鲁豫边区的经济发展水平，特别是广大农村地区的经济发展水平不高，由此决定了边区的医疗机构、药品供给的严重不足，加之战争仍在持续、群众在生活中卫生意识差、没有养成讲究卫生的习惯等因素的影响，因此导致边区容易爆发各种流行性疾病，造成大量人口得病甚至死亡。为了及时扑灭各种疫情，切实维护边区群众的身体健康，边区非常重视群众中的防疫工作及卫生工作，在群众中广泛开展了疫苗接种、疾病治疗和卫生扫除工作。

（一）防疫工作

1946年4月，晋冀鲁豫边区卫生局替市区及市郊群众（多是小孩）施种牛痘共4200多人；7月，为邯郸市注射霍乱、伤寒疫苗达2万余人。1946年5月，设在威县的冀南医院下乡为群众免费种痘共3030人。1946年5月，岳北区瘟疫流行，屯留18个自然村3月份患糠症者达595人，专署组织各县召开医生座谈会，研究病状病源交流经验，组织医疗队为群众治病，并把病状病源和治疗方法编成教材和歌曲，利用学校、夜校、午校进行宣传。1947年3月，太行行署召开卫生防疫会议，决定开展卫生防疫运动，创造卫生模范区。1947年4月，晋冀鲁豫边区购来大批伤寒、霍乱防疫苗及牛痘苗，由邯郸哈励逊国际和平医院为政民工作人员及附近居民群众进行种痘防疫，注射防疫针一律免费，种牛痘只收半价100元。

（二）卫生工作

邯郸解放后，市政府注意加强公共卫生建设，截至1946年5月，邯郸市已在街道两侧建立水缸230个、垃圾箱69个，马路两旁的阴沟全部修浚，在井边建围墙，井口加盖，设立公共打水桶，在商场、饭馆、澡堂等公共场所订出卫生公约，每天洒扫街道检查卫生，市容市貌逐渐整洁干净。1946年，晋冀鲁豫边区卫生局第一医疗队给邯郸市河沙镇小学上卫生常识课，并开展社会卫生调查，研究民间卫生习惯，调查农村疾病种类及婴儿死亡率等。1946年7月，邯郸市召开卫生会议，要求同行业订出公约，严防售卖腐食和苍蝇叮过的食物；各商家、机关、学校，定出清洁运动计划，每月底卫生指导委员会会抽查一次；在第一、三商场建两个公共厕所。到1947年1月，临清市已建起70多个垃圾箱。1947年2月，太岳行署发布防疫指示，要求对人民施以普遍的卫生常识教育（结合人民卫生习惯），特别要注意对妇女儿童的教育，营造农村清洁卫生的新气象。1947 年二月初十，在黎城东关骡马大会上开展卫生宣传，群众通过观看五大害虫（蝇、蚊、虱、蚤、臭虫）和疟痢等几十种传染病图，受到了卫生健康教育。

六、群众参与医疗卫生事业

在轰轰烈烈的解放战争中，土改后的农民翻身做了土地的主人，晋冀鲁豫边区的群众迸发出强烈的参与医疗卫生事业、支援战争的积极性和主动性，参与抬担架、护理伤员，很多地方上的医生自发组织起来，携带医疗用品在前线救治伤员或治疗沿途群众，大大改善了我军医疗卫生人员和设备不足的问题，为战争的胜利及群众的身体健康提供了强有力的保障。

1946 年 8 月，太岳全区 3 万余名群众奔赴前线运送伤兵、看护伤员，为伤员倒茶添水，喂送食物，换洗血染的衣服；在洪洞，每名伤兵由两名妇女负责照顾；沁阳城内的各条大街均设立伤兵站和伤兵医院，妇女们争做义务看护。1946 年 8 月 1 日，阳城群众集资 72 万元成立民兵医院，半月内医治民兵及群众 98 人。1946 年 9 月，邯郸中学校医陈玉周将五大瓶仁丹献给前方将士。1946 年 10 月，冀鲁豫鄄城箕山集育活堂药铺的先生吴德惠带上自己及当地育德堂等药铺捐赠的药品随同担架队上前线。1946 年，阳城安泽模范医生李克让等 42 人成立医生参战服务站和参战服务巡疗队，每天自动去找病人看病。1946 年 11 月，冀鲁豫郓城、清丰等县大批中医自带药品，自动跟随担架队到前线服务；南馆陶高小学生在校长郝化民，教员李汝功、靳鲁卫领导下，自动照护冀南第一野战医院一所的伤病员。

1947 年 5 月，太岳各县医生 50 余人在豫北前线为民兵团、担架队、运输队开展防疫治疗。1947 年 5 月，辉县在看护伤员与主动帮助伤兵医院解决困难上得到太行野战卫生部的称赞，群众帮助医院劈柴、担水、洗血衣、洗绷带、看护伤员，各村妇女、各校男女学生也自动组成看护队，曾在一天内送给伤员 5000 多只鸡。1947 年 8 月，太行左权、榆社等县 20 余名医生携带大批药品奔走前线后方，救治伤员并为沿县群众进行治疗。

1948 年 4 月，太岳二分区寿阳县召开医生座谈会，组织了两个医疗小组为病区群众治病；5 月，成立中西医流动治疗所，携带药品到各村给群众看病，困难群众当下不收药费，秋收后再付。1948 年，冀鲁豫昆吾六区召集全区 54 个医生开会成立了医务委员会，决定经常研究病症，交流经验，并张贴告示告知群众医生的姓名、专长、所住村，方便群众看病。1948 年 6 月 16 日，冀南振堂县召集全县 127 名中西医开座谈会，收集祖传秘方 200 余个，并成立医药研究会，决定县设总会，区设分会。

作者：孙怀安，邯郸职业技术学院社科部副教授。

资 料 篇

大名、元朝两县的参军、支前运动

解放战争初期，国民党在军事上和经济上都暂时处于优势。它拥有430万军队，还接收了100万侵华日军的全部武装，特别是得到了美帝国主义在军事上和经济上的巨大援助，并且还统治着中国3亿以上人口的地区，重新控制了全国大城市和绝大部分铁路交通线。中国共产党领导的革命力量还暂时处于劣势。人民解放军只有120万人，不及国民党军队的三分之一，而且分散在各个根据地，武器装备也很差，解放区仅有1亿多一点人口，物质上也没有外援。在这种情况下，共产党要战胜国民党，部队进行扩军是非常必要的。另一方面，随着解放战争形势的发展，战争的规模越来越大，部队不断减员，也需要不断地补充。为此，1946年8月，冀鲁豫区党委发出《为战争动员告全体党员书》和《关于动员参军的指示》，指出：中国人民只有在爱国自卫战争中，彻底粉碎蒋介石的进攻，才能恢复和平，争取独立和民主。只有保证后备力量的雄厚，特别是兵源的充足，保证正规军的经常满员，才能取得胜利。决定在全区停止一个月的群众运动（即贯彻《五四指示》），集中力量，动员参军。9月，冀南军区也发出了《广泛开展支援前线运动的指示》，要求动员一切力量支援前线，保证前线作战部队兵员的不断补充和物资供应。

大名、元朝两县县委、县政府根据上级指示，立即召开会议，研究扩军问题。抗日战争才刚刚胜利一年，饱受战争灾难的人民群众刚刚得到安居乐业的和平生活，因而厌倦了战争，不愿到前线去。1946年11月，国民党飞机轰炸大名后，元朝县委在北峰召开扩军备战会议。县委书记张新村在会上传达了战争形势，讲明了扩军备战、保卫胜利果实的重要性和紧迫性。一方面要求全县青年积极参军参战，另一方面要求各级干部维护好地方治安秩序。要求全县干部统一思想认识，然后深入到群众中进行宣传发动。宣传蒋介石挑动内战，就是想把中国变成黑暗的旧中国，维护地主资本家的统治，要打倒蒋介石，保卫人民的江山，要听共产党的话，跟共产党走，积极参军参战。会上，区、村干部代表踊跃报名，会后，元朝县即开展紧张的参军备战工作。这一年，元朝县共报名1000多人，县长研究拟定一个团，由县长朱广林任政委兼团长，王佃卿和吴允道分任两个营的教导员。

大名县这时候为贯彻《五四指示》，正在开展诉苦翻身运动，结合这一运动，大大提高了群众的阶级觉悟，使之认识到，只有跟共产党走，只有推翻蒋介石国民党的统治，人民才能真正地过上好日子。在宣传发动的基础上，动员党员、干部带头报名，然后再号召一般群众报名。

1947 年 11 月，冀南区再次掀起参军热潮（十一月大扩军），大名、元朝两县和大名市（已改县属）热烈响应。这一次是在全县已经完成了反奸清算、查减运动的条件下进行的，广大贫困群众在斗争中获得了土地、房屋和财产，生活从根本上得到了提高，在"分了地，分了粮，参军保家才久长"的口号下，广大翻身农民表现了极高的革命热情。另一方面，蒋军二次进大名后，在大名城及附近到处烧杀抢掠，无恶不作，对土改中没收地主的土地及财务进行倒清算，激起了民愤，广大人民群众认识到只有打跑蒋介石，跟着共产党才能过上好日子，于是踊跃报名参加。大名县参军 470 名，元朝县参军 300 名，大名市参军 336 名，其中台臣中学 23 名，南关回民 130 名组成了一个"回兵连"。

欢送新兵入伍，气氛很热烈，群众敲锣打鼓，鞭炮齐鸣，秧歌队扭着欢快的秧歌，新兵都胸戴红花，骑着马，欢送的群众挥舞着各色彩旗，人人感到参军光荣。形成了一个"父母送儿子，妻子送郎，兄弟相争，村干带头"的参军热潮。英雄的大名青壮年参加后，奋勇杀敌，流血牺牲，在祖国解放的革命史上，谱写了光辉的一页。

大名回兵连

1947 年初，国民党军队二次侵占大名城后，所到之处烧杀抢掠，残害共产党员，活埋革命干部，杀害无辜群众，同日本侵略者一样疯狂、凶残。他们被我刘邓大军从大名赶跑后，大名人民更清楚地认识到，如果没有全国的解放，如果不把国民党反动派彻底消灭，老百姓就不可能真正过上平安日子。于是翻身解放后的大名人民，积极响应党的号召，踊跃报名参军，先后几次掀起参军高潮，全县有 4666 人参军，其中23 个回族聚居村的 178 名青年入伍后，单独组成一个回兵连。

他们机智灵活，英勇善战，多次出色地完成了战斗任务，为解放战争作出了一定贡献，在刘邓大军中赢得了广泛的声誉。回兵连下设 4 个排，12 个班，编为华北二纵队二团二营三连。开到曲周县三里园庄集训。春节时，全团开展文艺和训练项目汇演。回兵连表演了武术、气功、投弹、射击、跳障和自编的文艺节目，赢得了一阵阵掌声。经评比后，获得十面锦旗中的八面，声誉轰动全团。集训结束后，部队经沙河、武安、长治沿太行山南下，昼夜行军 40 多天到达濮阳。行军中，回兵连作为先头部队，跋山涉水，秩序良好，严格执行三大纪律八项注意，出色地完成了急行军任务，荣获集体大功奖励。不久调到二野司令部警卫团做保卫工作。

淮海战役后，部队向安徽挺进时路过桃溪镇。一天，回兵连二排战士去执行任务，途中遇到县大队同国民党残匪正在交火。二排长杨振东当机立断，带领战士跑上前去，以长堤为掩护，配合县大队，一举歼灭了这股残匪。

回兵连除做司令部的保卫工作外，还肩负着押运武器弹药的任务，他们认真负责，从未出过差错。有一次在河南老评洲一带，由回兵连一个排押运名为钢锭（实为银元）的汽车队，由于阴雨连绵道路泥泞，其中一辆汽车在过河时翻了车，顿时银元撒满一地。回兵连急忙将银元一一捡起，装了车，待交接清点时，银元一文不缺。回兵连英勇善战，不爱钱财，艰苦朴实的高尚品德，深受领导常识，凡是遇有重要的押运或防卫任务，都派回兵连去执行。正因如此，领导在生活上也给回兵连以特别的照顾，由于北方人不爱吃大米，军管会就下令面粉厂满足供应回兵连食用白面。

1949 年，重庆解放后，西南军械部部长黄仁跟刘伯承司令员和邓小平政委商议，要求把回兵连调到他那里，但刘邓首长不肯放，说要其他连队可以，要回兵连不行；但黄部长坚持只要回兵连，双方僵持不下，最后，还是朱德总司令说了话，刘邓首长才被迫同意了。

规模空前的支前运动

1946 年 6 月国民党军队大举进攻中原解放区后，根据中央军委的指示，刘邓大军 5 万余人于 8 月中旬首先发动陇海战役，策应中原部队突围，而后在冀鲁豫战场实施大踏步前进和大踏步后退，在运动中寻找战机。到 1947 年 2 月，连续取得定陶、巨野、鄄南、滑县、巨金鱼、豫皖边等战役的胜利，共歼敌 15 万余人。接着于 1947 年 3 月至 5 月又发动了更大规模的豫北战役，歼敌 45000 人，从而打乱了敌人的战略部署，收复了黄河以北的大片地区，为全国性的战略反攻创造了有利的条件。1947 年 6 月底，根据中共中央"大举出击，经略中原"的战略决策，刘邓野战军 12 万人强渡黄河，发动鲁西南战役，揭开了全国战略反攻的序幕。8 月，刘邓大军未及休整，立即趁敌不备挥师南下，千里跃进大别山，像一把尖刀插入敌人心脏。为掩护刘邓大军南进，陈毅、粟裕领导的第三野战军于 8 月进入鲁西南，同时陈谢兵团南渡黄河，挺进豫西，三支部队呈鼎足之势，与国民党军队逐鹿中原。

动员广大人民群众参战支前，是人民战争特有的战略方针，也是老解放区人民义不容辞的责任。大名、元朝两县是解放区大后方，担负着浩大繁重的支前任务。"一切为了前线，一切为了战争的胜利"是后方广大人民的共同心声。为了支援前线作战，在一年多的时间里，两县人民在县委、县政府的领导下连续出动大批的担架队、火线远征队、运输队和武装民兵开赴前线。他们在抢救伤员、运送粮食、弹药、押运俘虏和配合部队作战等方面，发挥了巨大作用。从1946年8月陇海战役到1947年2月，晋冀鲁豫野战军转战冀鲁豫前线，大踏步进退，粉碎了国民党军队对解放区的进犯。处在前线的元朝县组织了大批担架队、运输队开赴前线，支援主力部队作战。7个月间，共出动大车近万辆，担架2000多副，民工18000多人次。1946年秋，滑县战役结束后，夜战部队转至鲁西北地区休整，元朝县党政军民齐动员，为部队碾米磨面达80万斤，确保了粮食及其他物资的及时供应。广大妇女为部队洗衣做鞋，到夜战部队医院护理伤员。

1947年3月，晋冀鲁豫野战军发起豫北反攻作战，历时两个多月，共歼敌4万多人。大名、元朝地处豫北前沿，支前任务十分繁重。冀南三专署战勤指挥部提出"一切为了前线的胜利，要粮给粮，要人给人"的响亮口号，附近各县数万民工、近万副担架，在专区、县、区主要领导的带领下，汇集成浩浩荡荡的支前大军，往返穿梭于前后方，用血和汗谱写了一曲人民战争的凯歌。元朝县组织了一支2000多人、500副的随军担架队，由县民政科科长苏芝轩带队。大名县先后共组织了700余副担架，由赵正光、田秀文带队。两县担架队都像军队一样，纪律严明，出色地完成了近两个月的支前任务。元朝县担架队队员王竟信，在攻打袁宅（袁世凯故居）战斗中冒着炮火，四上火线，只身背下伤员14人，全身被鲜血染红，成为担架队队员学习的榜样。5月中旬战争结束后返回驻地后，元朝县于16日召开庆功会，选出王竟信、马文生、马阵吉、陈轩等40名人民功臣。

一个担架队，少则几百人，多则上万人，这么多人，吃、住、行军都是一项艰巨的任务。担架队完全按照部队编制，一个大队下辖几个中队，中队之下有几个分队，分队之下为班。每副担架为一个班，配有8个民工，1个民兵。每次担架队出发之前，首先进行形势教育和纪律教育。行军中开展爱民活动和满缸活动，严格执行"三大纪律八项注意"。每个分队设有民运小组，分队副担任组长，各班副为组员，专门负责驻地与行军中的纪律检查。每次担架出征，都要有几十天时间，行程数千里，有时遇到刮风下雨，常常会出现意想不到的困难。1947年8月，为配合主力部队展开鲁西战役，元朝县 9 月出担架 200 副，10 月出担架 150 副，两次无一人临阵脱逃。担架队不仅完成了支前任务，而且与驻地群众关系融洽，受到分区指挥部的通令嘉奖。担架队完成任务后，由于国民党企图阻止我大军的南下，将黄河水从花园口改道入卫河，被隔于黄河两岸，顶风冒雨等待渡黄河，民工的生活极其艰苦，但情绪仍十分高涨，克服了各种困难，几经周折，春节时才胜利归来。

组织大批运输队，为前线运送弹药、粮食、军服等军用物资，也是一项重大的支前任务。尤其是陇海、定陶、巨野等战役进行时，元朝县、大名县连续出动大批车辆，组成运输队，随部队转战。当时正值雨季，有时大雨滂沱，道路泥泞，车辆牲口难以行走，一切物资供应全靠人背肩扛。大雨过后又值秋忙季节，支前民工放下家中活计，舍生忘死地奔波于战场上，及时为部队运送给养、转移伤员。战勤任务浩繁，又是秋季大忙，困难甚大。为解决运输队后顾之忧，县委、县政府注重贯彻战勤和生产相结合的方针，组织群众互助生产，成立变工队，组织妇女老幼参加生产和后方支差，支前民工和车辆牲口均记工算账。支前民兵、民工阵亡者，按规定进行抚恤，家属按烈属对待，负伤者、治疗费由政府报销并给予照顾。

总之，在解放战争中，大名、元朝两县出动担架队、民兵、运输队，动用人力达 50 多万人次。浩浩荡荡的支前大军，担架往返，车轮滚滚，随部队转战千里，用血和汗谱写了一曲人民战争的凯歌，为全国人民的解放事业做出了巨大的贡献。

供稿单位：中共大名县委党史研究室。

大名市城市群众运动

为了抢夺胜利果实，国民党反动派在调动大量武装向解放区发动进攻的同时，还训练大批国民党特务。逃亡地主和会道门等顽杂分子，在解放区内部进行各种破坏活动，严重扰乱了解放区的社会秩序，影响了解放区的巩固和发展。1945年8月18日，日本投降不久，冀鲁豫行署就发出《目前新形势下公安工作的紧急指示》，要求全区公安部门紧急动员起来，与各级武装委员会密切配合，搞好治安防谍工作，以保卫解放区人民的安全，巩固后方。

遵照冀鲁豫行署的指示，大名、元朝县公安部门和民兵组织紧密依靠群众，迅速开展了治安防谍和反特工作。大名市1万余翻身市民在积极备战中，破获隐蔽在市南关的特务暗杀营，正副营长、连长、排长及调查班长等9人均被逮捕。特务暗杀营直接受伪程道生部三旅二团副团长李燕民领导。从1945年4月特务营长马洪明和副营长杨洪恩等8人拜为八大兄弟后，已发展到30余人。

截至1945年12月中旬，大名县公安局破获还乡团、三青团、冤枉队、地下军、青衣团等8个特务组织，逮捕150余人，地下军营长马洪明、还乡团副团长吴向朝被处决。在五区善乐营和黄庄群众的严密监视下，大名县破获蒋"地下军"（番号为"青年义勇团"，70余人）。该特务组织自去年2月开始秘密活动，主要任务是长期在大名隐蔽暗杀，破坏群众组织，准备在旧历10月底暴动，配合蒋军北上，企图里应外合，侵占大名。大名县将蒋特团长赵林甫、团副张子荃、书记赵甫平、军需常永图、连长杨耀堂等20余人逮捕，并召集附近各村群众联合公审。根据特务坦白程度，当场释放4名，不坦白的特务头子，群众一致要求继续扣押审讯。

大名市开展了反奸诉苦运动，大名市贫困市民经过五十多天的串联，团结各阶层群众先后在1946年4月28日、5月2日、5月26日召开了三次联合斗争会。市民以讲理的方式，用铁的事实对汉奸袁廷德、丹理安、白云龙、黄楚任等展开了控诉斗争，共没收款130万元，地180亩，宅子2处。《人民日报》载《大名取得城市群运经验》，大名市在5月份以来3次胜利的反奸诉苦斗争中，获得以下几点工作经验。

（一）掌握城市环境的特点：第一，贫苦市民的生活比农村贫农的生活更苦，许多做小生意的，一天不跑，全家就得饿肚子。所以工作时特别注意选择给予他们宝贵的时间。第二，居民的成分和来历复杂，有的一院几家人，互不相识，互不信任，很难"串连"，要疏通其相互关系、抓住共同利害（为反奸）发动斗争。第三，过去旧统治集团的爪牙散居各街，对居民威胁很大，"变天"思想严重，要时常注意揭破谣言。第四，当过伪军的很多，张小街就有80多人，其中有些是好的贫民，有许多是流氓，要分别研究处理。（二）酝酿斗争时要以工人与我原有之城市工作组织为骨干，向外发展。在户口调查中搜集市民情况，发现穷苦有冤的人，通过询问抗属进行了解。先突破一街，然后推广。（三）要采取不同办法分别大小汉奸，否则会造成混乱、恐慌，便利特务造谣破坏。应广泛宣传除奸政策，分别研究与处理具体对象。（四）准备工作必须做好。该市三次斗争，都进行了较长酝酿。时机成熟后，召开代表大会整理原有组织，选出领导机关，分头检查各街准备工作，解决抗属、烈属困难。（五）要用铁的证据来打击汉奸，受过压迫的人成伙起诉更好。这能使斗争更热烈、生动，使群众得到更好锻炼。

供稿单位：中共大名县委党史研究室。

大名市建立

    1945 年，反法西斯的第二次世界大战，无论在西方战场或东方战场都处于最后胜利的前夜。中华民族神圣的抗日战争业已由相持阶段转入反攻阶段。这年伊始，冀鲁豫部队发起全面的春季攻势。冀南三分区 23 团，以与我军有内线联系的伪"东亚司盟自治军突击团"为内应，于 1 月 16 日夜一举攻入大名古城，全歼日军一小队，击毙伪"东亚同盟自治军"军长刘昆等，俘伪军 400 余人。突击团团长张履亭率全团官兵反正，随我攻城部队按计划顺利撤出县城到达根据地。这次战斗沉重地打击了日伪军在大名古城暗无天日的反动统治，使日伪军惶惶不可终日。在日伪军惊魂未定之际，冀鲁豫部队又发起南乐战役，歼灭日军 37 名，俘伪军旅参谋长、团长以下官兵 3300 多人。这次战役共攻克南乐县城以及周围据点 32 处。由于大名县城距南乐县城仅有 22 公里，为配合南乐战役，冀南部队不仅包围了大名城东龙王庙之敌，而且横扫大名城西北杨桥、海子一带之敌，将盘踞在这一带郭德惠部一扫而光。正是在这样强大的军事攻势面前，1945 年 5 月 14 日，大名古城之守敌弃城抱头鼠窜。日本侵略军早于 1937 年 11 月 12 日攻占大名古城，被敌人侵占 7 年半之久的这座古城从而宣告解放，重见光明。人们奔走相告，喜笑颜开，欢庆新生。

    大名古城地处冀鲁豫三省咽喉，是当时冀南政治、军事、经济、文化的中心。上级领导考虑到大名所处的战略地位，为适应全面反攻的新形势，决定将大名列为解放较早县城之一，建立县级市，以作为管理城市、恢复和发展经济、繁荣市场的试点单位。大名市与大名县同时并存，均直接由三地委、三专署领导。大名市委由张力耕、张越、司枕亚、冯洋舟、张亚平、陈国光等同志组成。市委第一任书记是张力耕，第一任市长是张越。市辖四个区，南城区、北城区、东北郊区、西南郊区。

    大名市建立后做了以下几项主要工作：

    （一）拆城备战。大名古城解放时，附近的邯郸、成安、磁县、广平以及魏县旧城、回隆等地仍为日伪军占据。面对敌我力量犬牙交错复杂的战争形势，为了防止敌人垂死挣扎、突袭反扑，根据上级指示拆除大名古城垣。这样做敌人不来则已，来了也站不住脚。大名古城垣均以特制大砖砌成，呈正方形，四门遥遥相对，建筑高大而雄伟，十分壮观。然而为了人民的利益，只能"挥泪斩马谡"。拆城备战采取全民动员，以战斗的姿态突击进行的，因而在较短的时间内完成了。当前大名古城只有残存的城门，城垣的痕迹几乎完全消失了。

（二）镇压为人民所痛恨而又不改悔的少数汉奸、敌特。大名古城在日本侵略军反动统治期间，极少数民族败类为虎作伥，残害人民，对这些人不镇压难以平民愤。经过司法机关审讯，群众控诉声讨，首先将伪政府秘书、敌特务系长、伪保安团长等七人同时枪决。后又先后枪决了南乐县特务系长等人。人们看到日本侵略军的忠实走狗落了应有的下场，无不拍手称快。

（三）妥善安置烈士家属、军人家属和抗日干部家属。大名城厢出了一些老红军、老党员、老干部，如柴鸿儒、成润、司景周、赵北源、白秧秋、朱光、张力耕、李平之、安适、安挺远等。他们参加革命后，却把亲人留在日本侵略军的黑暗统治下，遭到残酷迫害。司董氏是个善良勤劳的家庭主妇，眼看着日本兵奸淫烧杀，无恶不作，她支持儿子司景周、司枕亚参加革命并引以为荣，因而这位革命老妈妈就成了敌人的眼中钉。1940年春节，大名城厢没有节日气氛，只有血腥的恐怖笼罩全城。正月初三黄昏，敌特务系长率特务二人，以拜年为借口叩开司宅大门，走进屋内面向董氏说："把你儿子叫回来，你儿子在八路那边当什么官，回来皇军也给他们什么官。"这位革命老妈妈说："我不知道儿子在哪里，也不知道他们干什么。"话音刚落，特务系长举枪将她打死。这位革命老妈妈有五个儿子，在大名古城解放前夕，日伪军又把她最小的儿子司宗贤以抗日军人家属的"罪名"枪杀。其他的烈士家属、军人家属和抗日干部家属多遭到程度不同的迫害。因此妥善地安置他们就成为一项迫切而重要的任务。流离失所的安排住房，生活无着的予以救济；能工作的适当安排工作，使其自食其力。本着这一精神，对烈士家属、军人家属和抗日干部家属都一一作了安置。

（四）恢复和发展工商业。"七·七"事变前，大名是个消费性的城市，没有什么像样的工业，然而手工业不仅种类多，而且相当普遍，如打铁、编织、纺纱织布等。商业是很繁荣的。大杂货店有鸿记、瑞司、兰花记、广益成、宝华公，大布庄有福茂长、福盛隆；大酱菜园有恒聚、锦云、庆远；饮食业大的有豫丰馆、双和轩，至于地方名小吃更是遍地开花，二毛烧鸡、五百居香肠、郭八火烧尤享盛名。大名古城解放后，组织起工商联合会，并通过各种方式宣传党的工商政策，使从业者消除了这样或那样的疑虑，做到了放手经营、自由贸易，市面逐渐繁荣起来。

（五）恢复并发展中小学教育。国民党统治时的旧中国，像河北这样的大省仅有省立男子师范 10 处，女子师范 10 处，普通中学 20 处。而大名城厢就有省立男七师、女五师、十一中学 3 处。另外还有乡师 1 处，小学更是相当普遍。所以大名是冀南名副其实的文化中心，周围各县知识青年多到大名报考就读。日本侵略军侵占大名古城后，所有的中小学校都遭大破坏，特别第七师范全部房屋被拆毁。市政府成立后，第一任教育科长是田辛甫，在地委、专署的直接关切下，在刚刚解放之初，硝烟未熄，战局不稳的情况下，就物色校址，抽调教师，成立台臣中学。这所中学为我党培养了大批干部，现散布各地。小学的恢复与发展更是普遍。

（六）贯彻信教自由的政策。大名古城解放后，我们强调宗教信仰自由政策，无论是天主教、基督教、佛教，只要教徒遵守政府法令，就允许他们进行正常的宗教活动。然而这些外国人披着宗教的外衣，以传教为名，长期享有各种特权而欺压人民。当人民当家作主后，这些外国传教士就先后撤离回国了。

大名市建立后，就恢复和发展工商业这个中心来说，并没有做出理想的成效。这有主观方面的原因，也有客观方面的原因。

（一）进城干部思想武装不足。进城干部过去长期工作在乡村，而且一直处于艰苦的战争环境里。当工作重心由乡村转移到城市后，依靠什么人？团结什么人？反对什么人？工作的重心是什么？特别进城干部在思想上应注意哪些问题？事先都没有个谱，于是陷入盲目地乱抓乱碰的局面，把恢复和发展工商业这个中心抓得不紧不狠。

（二）因战祸商店纷纷倒闭。原来大名县工商业的从业人员，有些是本地人，有些是外地人。"七·七"事变后，日本侵略军沿平汉路节节向南进犯。在大名古城未被侵占之先，外地的从业人员为躲避战祸就纷纷逃回原籍。如五美斋原是大名城内最大的文化用品商店，前设店后设厂，生意十分兴隆。这家商店的老板原籍是河南省许昌人，逃回家一走就未再返回。外地从业人员普遍地都未回来。恒聚酱菜园是城内大资本家王老铸（即王铸颜）创办，几处分公司因日伪敲诈勒索，纷纷倒闭。剩下城内恒聚（后改名新丰）酱菜园也处于日暮穷途、苟延残喘的境地。大名古城的工商业遭到日本帝国主义侵华战争的大摧残、大破坏，恢复起来困难重重。

（三）因天灾使工商业萧条。漳河自古就流传有"河伯娶妻"的寓言。漳河发源于太行山，经大名县境流入卫河。在战争年代，河道年久失修，洪水经常泛滥成灾。1946 年 7 月，漳河、卫河洪水漫堤决口，致使大名、魏县、临清、武城等七县有30000 多村庄受灾。洪水一来一片汪洋，交通断绝，这也是大名工商业萧条的一个重要原因。因此大名工商业者纷纷迁往外地。邯郸市现在有大名籍的从业人员很多，就是这样形成的。

（四）执行政策上的偏差。小城市不同于大中城市的一个主要特点，就是更加接近农村。有些居民户和农业户混居，甚至一户兼两者，一面经商，一面经营或自耕土地。王老聚是恒聚酱菜园、宝记卷烟公司的老板，同时他还占有几十顷土地，出租给农民。商人兼营土地的情况是相当普遍的。大名古城四周的广大农村多是抗日老根据地，已经或正在进行减租运动，这座古城解放后，农民成群结伙纷纷进城向土地出租者提出减租，向高利贷者提出减息。以后还划分阶级，进行了土地改革，发展互助合作运动。马厂街高锡五原来是旧政府的一个小职员，祖祖辈辈没有种过地，组织起互助组就叫他喂牲畜。羊市街赵健生是个孤寡老烈属，她本来是城内老居民户，但土地改革时也分了地主的房屋。总之，把农村实行的政策不加区别地搬过来了。1946 年 9月 29 日，由于天主教堂隐瞒了大量黑地，天主教的主教、神父，还遭到各地群众的联合斗争。致使有些地主都外跑了。在这种情况下，工商业的恢复与发展自然受到很大影响。

1945 年 8 月 15 日，日本帝国主义接受波茨坦公告，正式宣布无条件投降。我军积极集结并扩大力量，夺取中小城市，扩大解放区。8 月 22 日解放广平、曲周县城；9 月 3 日解放成安县城，9 月 24 日解放邢台县城，9 月 30 日解放磁县县城；10 月 4日解放邯郸县城……由于中小城市先后相继解放，作为县级的大名市已完成它的历史使命。上级领导决定于 1946 年 9 月将大名市与大名县合并，大名市的名称仍暂保留，但直接由大名县领导。合并后的大名市将两个郊区划出，只辖城内各街道和四关厢。这时大名市的机构和职能小于县而大于一般区。市下设各职能股，一般区只设助理员。合并后的大名市先后有三个市长：司枕亚、李瑞吾、孙行之。

抗日战争胜利后，蒋介石在美国援助下，又发动了全国规模的反革命的国内战争。1946 年 11 月 4 日，蒋机 11 架轰炸大名市。炸毁天主教堂、民房 580 余间。1947 年 1 月 1 日，国民党军队 32 师侵占大名市，国民党军队侵占大名市时带来很多由逃亡地主、恶霸组织的"还乡团"。他们犯下了滔天大罪。乍进城来就乱拆民房，强迫群众用拆房的砖木重修城垣和炮楼。致使很多群众无家可归，露宿街头，苦不堪言。"还乡团"里那些地主、恶霸分子，带领国民党匪军天天出城抓捕村干部、民兵，积极分子。城内玉带街的妇会主任、尹里庄的农会主任以及魏店、大韩道等许多的村干部被抓到城里严刑拷打，百般虐待。侵占大名之敌于 1 月 6 日、7 日两日分别以一个营和一个团的兵力企图在城南范堤强渡卫河抓人，被我独四旅击退。本月 26 日，我独四旅十团向南乐西善缘滩、前后什固之敌进攻。2 月 6 日独四旅和三分区部队收复大名、内黄两县城。国民党军队 32 师以及那些"还乡团"在仓皇撤离大名之前，在北关挖了四个大坑，将被抓的村干部、民兵、积极分子约 120 人全部活埋。其情状惨不忍睹，令人发指。

大名古城收复后，三地委就善后工作作出如下指示：对英勇牺牲的村干部、民兵、积极分子召开追悼大会，对家属进行抚恤救济；对反攻倒算、作恶多端的地主、恶霸，发动群众进行清算，罪恶很大的给予严惩，拆下城墙、炮楼的砖木退还给群众，教育干部群众提高警惕，防范敌人再来。根据这些指示，市政府做了大量工作。在进行这些善后工作时，市政府共发放救济款 200 万元。

大名市的名称在 1949 年 7 月 7 日撤销后，改为大名县城关镇。现在是过去的发展和继续，我们不能忘记历史。尤其不能忘记日本侵略军侵占大名古城后的七年半，不能忘记国民党军队又侵占的 35 天。这般豺狼犯下的罪恶，罄竹难书。从而使人们更加了解，当前的幸福生活是来之不易的，是在中国共产党领导下，经过许多仁人志士的英勇斗争和流血牺牲换来的。让爱国主义永远成为中华民族自强自立的精神支柱。

供稿单位：中共大名县委党史研究室。

大名城墙的拆除

1945 年 5 月 14 日，盘踞在大名古城的日伪军弃城向安阳方向抱头鼠窜。但周围相邻的魏县、成安、广平、肥乡、馆陶、曲周、鸡泽、武安，尤其是邯郸等城市仍为日伪军所盘踞，垂死挣扎之敌随时都有卷土重来之可能。从武装力量来看，正规部队都在集中优势兵力进行更重大的军事行动，根本不可能兼顾大名城防。大名县有个游击大队，领导考虑大名所处的战略地位，决定将大名列为解放较早的县城而建立大名市，在县市并存的情况下，县游击大队也不可能在市内长久驻扎，而大名市又没有组建市游击大队。当时市公安局有支 100 人左右的公安队，队长胡文奎。这是唯一的一支武装力量。但是公安队的任务繁多，当时要抓紧肃清暗藏的敌特、汉奸，也难全力担起城防。可以说大名古城解放之初几乎就是座空城。根据当时四面受敌包围，而且近在咫尺，我军的武装力量又不能匼守一城一地的形势，为防止日伪军卷土重来，拆除大名古城墙就成为当务之急。

早在 1938 年 8 月中旬，冀南行政主任公署成立不久，就颁发了"拆城寨拆堡令"。日伪军尚未侵占的城墙、寨墙甚至有的楼房，在改造平原地形的群众运动中已被基本拆除。当时冀南行署所辖的 51 个县中，先后已拆除坚固的城墙 23 座。大名古城由于日本侵略军攻占较早，坚守时间也长。当敌人弃城逃窜之后，必须根据冀南行署令抓紧拆城。

大名古城始建于 1401 年，即明洪武三十四年。距今已有近 600 年的历史，中间经过明、清、民国的多次重修、增建，城貌雄伟典雅，气势宏大，古朴深厚。城墙高 3 丈，加上垛口高 6 丈；城墙顶宽 2 丈 5 尺。城外墙以条石为基，5 尺以上用特制大砖砌成。外墙周长 1269 丈 8 尺，即 3.5 华里；内墙周长 1246 丈 4 尺 9 寸，即 8.4 华里。建有水溜 48 道、炮台 36 座。城垣四门遥遥相对，东门"礼仁"，西门"乐义"，南门"崇礼"，北门"端智"。崇礼门东学宫前开小南门，城墙上并建文峰塔。四门上均建有城楼，并在城门外各建一半圆形城墙与整个城垣边为一体，称日"瓮城"。头道外城门均在瓮城开，南北两瓮城的头道外城门均为东向，意在"迎喜"；东西两瓮城的头道外城门均为南向，取意"朝阳"。因而大名古城俗有扭头门之说。四瓮城圈内均有相等 1000 余平方米的空间，各建有中型庙宇一座：东瓮城圈内为"天帝庙"；西瓮城圈内为"药王庙"；南瓮城圈内为"关帝庙"；北瓮城圈内为"玄武庙"。4 座庙宇大门均紧对二道内城门。庙宇内有专管佛事香火的僧道。城垣外围挖有护城河，河床深 4 丈 5 尺，宽 9 丈。瓮城头道门外，护城河各筑石桥。城垣布局如此严谨，不仅使昔日刀枪剑戟时代望而却步，即使"小米加步枪"的抗日战争年代也难攻取。"卢沟桥事变"后，日本侵略军于 1937 年 11 月 12 日侵占大名古城，以城垣为屏障在这里进行暗无天日的殖民统治，使大名城乡变成人间地狱，人民处于水深火热之中。

大名古城具有浓郁的民族风格，体现了我们祖先的辛勤和智慧。人民与这座古城代代相处，一提拆城都感到惋惜，难舍难离而下不去手。大名城厢有一民俗：每逢农历正月 16 日，无论男女老幼凡能上城者都上城走一圈。俗曰"沿城"。流传"沿城"可防灾避邪，保吉祥如意。所以每年元宵节刚过后的这天上午，人们都穿着节日盛装，扶老携幼"沿城"。熙熙攘攘，人流如潮。这时古城象征着人民的欢乐与幸福。日本侵略军占领期间虽然中断了"沿城"，但一直为人们梦魂萦绕。这一民俗也增加了人们对古城的热爱和留恋。

人们对拆城还有畏难思想，认为工程浩大，坚固难拆。根据古城的长高宽匡算，城垣体积约为 4232670 立方米。如果动员民工一万人参加拆城，每人每天拆除两立方米，尚需 21 天。城外墙上砖下石，拆起来的确费力。

根据群众存在的思想情绪，市委有针对性地对群众进行了说服动员。当时东大街路北有个"大狱圈"，是群众集会的地方。市委在这里召开了基层干部参加的群众大会。市委委员、市政府秘书司枕亚具体负责这项工作。司枕亚在大会上反复说明拆城的重要性和紧迫性。如果不拆城，反动统治者甚至匪帮、敌人一旦占领古城后，他们就会利用古城的坚固长期死守，这将对对我军民造成重大伤亡。1931 年 7 月、8 月间，刘桂堂匪部流窜到大名，胡作非为，民无宁日。随后国民党两个师的兵力追剿，把大名城团团包围，刘桂堂匪部据城固守。国民党军队不问群众死活，多次以密集的炮火向城内狂轰滥炸，人民的生命财产遭到严重损失。我们经受了日本鬼子兵的屈辱和迫害。日本侵略军盘踞在古城 7 年半就是大名人民一部血泪史。奸淫、烧杀、抢掠……无所不为，罄竹难书。

我们坚决不能再让日本鬼子兵卷土重来，就要坚决拆城。坚固难拆也不能动摇拆城的决心。经过他的一番动员，人们拆城的思想便通了，都闻声而动。

　　1945 年 6 月上旬，经过周密安排，拆城便开始了。市委将拆城任务划分各区，区再划分各村庄和街道，民工自带工具，早来晚归，午餐自备。拆城当然要自上而下从顶端拆起，镐刨锹挖的活砖浮土随时清理在城墙两侧，群众取砖用土不加限制。经过 10 天左右的突击，城墙已拆除约 1/3，未拆除部分都埋在土下，除残留的内城门和少数城段外，已形成凸凹不平大土堤。首次拆城宣告结束。

　　原估计抗日战争要经过一个较长的反攻阶段，方能取得最后胜利，而出人所料，战局进展却异常迅速。1945 年 8 月上旬美国向日本本土投掷了两颗原子弹；希特勒德国投降后，苏联转而对日宣战，出兵我国东北，这就大大加速了我国抗日战争的胜利。1945 年 8 月 15 日，日本天皇宣布无条件投降。与大名古城相邻的魏县县城 8 月 15 日解放，成安县城 9 月 3 日解放，广平县城 8 月 23 日解放，肥乡县城 11 月 13 日解放，馆陶县城 7 月 31 日解放，曲周县城 8 月 22 日解放，鸡泽县城 9 月 2 日解放，武安县城 9 月 6 日解放，邯郸市 10 月 4 日解放。日本侵略军对大名古城的周边威胁最终获得解除。首次拆城对防止日军卷土重来只是起到有备无患的作用。

　　供稿单位：中共大名县委党史研究室。

大名、元朝两县的土改运动

白梅俊

大名县和元朝县的土地改革运动，是遵照中央指示，在冀鲁豫边区党委直接领导下进行的。军区首长刘伯承和邓小平同志非常关心土改运动，刘伯承在一次土改会议上说："农民是我们的命根子，如果不帮助农民翻身，我们流血作战就毫无意义。"两县的土改运动，时值解放战争的艰巨时期，中间贯穿着反奸、反霸、反特、反倒算等错综复杂的斗争。它既是针锋相对的阶级斗争，又是声势浩大的政治运动，仅用两年多的时间，就推翻了几千年来的封建统治基础，使人民翻身做主人，真正实现了"耕者有其田"。

贯彻"五四指示"，分配斗争果实

1945 年 5 月 4 日，党中央发布"关于土地问题的指示"（即"五四指示"）指出：把抗日战争时期的减租减息政策，改为没收地主阶级的土地，分配给无地、少地的农民的政策。从此，大名、元朝两县开展了轰轰烈烈的土地改革运动。

为贯彻"五四指示"，7 月上旬，大名、元朝两县分别召开县、区、村干部会，学习"五四指示"精神，统一认识，初步划分为"发动群众，说理斗争，分配果实，善后总结"四个阶段。两县县委分工包片，以点带面指导土改。大名县划分韩道、逯堤、李茂堤三片，由李挺、张力耕、张新亭各带工作组分别指导，三地委书记焦善民亲自到韩道片指导工作。元朝县委分工：张新村在八大区（张鲁），陈子明在五区（马陵），康敏在二区（东寺庄），孙冠军在七区（王奉）负责指导土改。两县土改全面展开。

10 月上旬大名县召开全县干部会，总结前三个月的土改工作，在总结成绩的同时，找出了群众发动不深入、不普遍的原因。县委针对封建顽固势力活动猖獗的情况指出：给群众撑腰壮胆，从群众当前要求出发，彻底发动群众，向地主开展猛烈的说理斗争，没收地主的财产，开展填平补齐运动。同时决定再抽调200名县区干部组成翻身工作队，下村突击，把填平补齐运动全面开展起来。

元朝县于9月20日至25日召开全县干部会，为进一步贯彻"五四指示"，针对有的村减租减息不彻底，开展查减运动。县委指示：1. 坚决保护中农利益，把中农组织起来，要保护新生富农。2. 坚决彻底消灭封建剥削，消灭赤贫。3. 放手发动群众，走群众路线，对封建顽固势力坚决斗争。同时决定，再抽调400名干部，分赴各区、村指导土改。

元朝县全县干部会刚刚结束，县政府驻地后北峰村，在县翻身工作队申镇中、李干的指导下，联合果子园、宋营、前北峰、炉里联合斗争后北峰恶霸地主。群众真正发动起来了，上至能走动的老人，下至刚上学的儿童，都参加了斗争会。斗争会严肃紧张，人山人海。首先鸣枪开会，接着由模范班长刘维正（民兵连长），带领全副武装的民兵，把地主押上了舞台。愤怒的群众上台揭发控诉恶霸地主横行乡里、鱼肉百姓、草菅人命的累累罪行。诉到痛心之处，泣不成声，愤怒地对地主恶霸拳打脚踢。台下"打倒恶霸，彻底翻身"的口号声震天动地。斗争会结束时，给地主戴上高帽，敲锣打鼓地游街示众。斗争后，没收恶霸地主的土地和财产，后北峰共没收地主的土地1500亩，楼房60座（其中2座县政府借用），大牲口80头，元宝70个，银元2000多块，食油100多大缸，还有粮食、农具、家具、衣服、布匹等，把5亩大的一个院子堆得满满的。

斗争会以后，翻身群众欢天喜地分配斗争胜利果实。后北峰在分配时，初步划分成分，其做法是：大坑（赤贫）填满，二坑（贫农）填平，三坑（中农）照顾，烈、军属另外多分。对住在后北峰的县区干部家属，按流亡家属对待，分给一份胜利果实。江马陵、郭马陵等村评定各阶层的底分，按各人的分数分配果实，评定：赤贫每人12分，贫农和中农分上、中、下三等，下贫每人10分，中贫8分，上贫6分。下中农4分、中农2分、上中农半分。对烈军属在本人底分的基础上提高50%，在斗争中被群众选为模范的，在本人底分的基础上，再提高奖励三分之一，同时对果实，根据它的价值，逐件由干部和群众代表划分，各户根据自己家中的分数多少，领取果实。

元朝县经过一个多月地贯彻"五四指示"，开展查检运动，使90%以上的农民加入了工、青、妇、民兵组织。全县300多个村实现了"耕者有其田"。由于县委掌握政策稳妥，未伤一户中农，促进了中农积极参加斗争，孤立了富农，打击了恶霸地主，使土地改革运动得以顺利进行。

反奸、反霸、反特，保土改顺利进行

大名县是新解放区，汉奸、恶霸、国民党特务活动猖獗，妄图颠覆人民政权。大名县委遵照冀鲁豫边区党委的指示，为确保下步土改运动的顺利进行，开展了大规模的反奸、清算斗争。1946 年，大名市各街道贫困市民经过组织串联，团结各阶层群众，先后召开了 3 次联合斗争大会，斗争了 4 名民愤较大的汉奸，并没收其土地 186 亩，宅子两处；现款 130 万元（旧币）。

1946 年 10 月，大名县在贯彻"五四指示"的同时，开展了群众性的反特、反恶霸斗争，提出了"反特、反恶霸、促群运、保土改"的口号。截至 12 月中旬，三个月的时间，共破获"还乡团""三清团""冤枉队""暗杀团""清衣团"等八个特务组织，抓捕 150 多人，罪大恶极的地下军营长马××、还乡团副团长吴××、清衣团反共首要分子李××、黄××等被政府镇压。

元朝县在贯彻"五四指示"，开展反奸、反特的同时，用猛烈的火力开展了反对恶霸地主的斗争，使他们威风扫地，从而团结了广大群众。元朝县政府在王奉区石家庄村，召开公审公判万人大会，枪决了罪大恶极的地主恶霸、特务分子藏××。

两县反奸、反特、反霸斗争的胜利，打击了敌人的气焰，团结了群众，克服了部分人怕变天的思想，保证了土改运动的顺利进行。

反倒算，开展复查斗争

1947 年 1 月 1 日，国民党新五军带领地主还乡团、复仇队 3 万多人，侵占了大名城及周围 20 华里以内的村庄，所到之处，奸淫掠夺，反攻倒算，利用几十种酷刑毒打我干部群众，活埋杀害村干部、群众多人。对贫农分得的果实强行倒回，不少村干部家中，除果实被倒光外，其他粮食、财物也被强行抢走。

敌人在我正规军和两县军民打击围困下，于 2 月 5 日深夜逃窜。

大名县在二次解放后，中共大名县委于 1947 年 2 月 15 日召开扩大会议，布置继续贯彻中央土地政策，开展反倒算复查斗争。县委、县政府指示：1. 迅速转向填平补齐及反倒算斗争；2. 把未分的果实分给群众，填平补齐，按三等九级处理斗争果实。三等指：贫农、中农、地主。九级是：赤贫、贫农、城市贫农、下中农、中农、上中农、富农、地主、恶霸地主。3. 镇压罪大恶极、顽固不化的特务、恶霸、投敌、倒算分子。

按照县委指示，各区村发动群众开展了反倒算复查运动，首先把地主倒算的财物追回。然后根据地主在经济上的剥削程度和依附上层官僚势力欺压群众情况，决定镇压、批斗、缓斗、不斗对象。大名县在反倒算复查斗争中，共镇压特务、恶霸、投敌、反攻倒算分子 ××× 名。在复查同时开展了追浮财、挖藏财斗争，仅宋曲、魏店、杨未城、双未城四个村，就挖出地主埋藏的衣服 666 件，粮食 28 石，现洋 225 块，铜钱 140 吊。

贯彻《中国土地法大纲》，整党纠偏

1947 年 10 月 2 日，晋冀鲁豫中央局在武安冶陶召开学习贯彻《中国土地法大纲》会议，大名县干部张力耕、李平之，元朝县马代槐、康敏、郭养之等参加了会议。会议历时三个月，对照土地法精神进行查阶级、查思想、查作风（简称"三查"），初步进行整党。

1948 年 1 月上旬，冀南一地委在柳林、三地委在肥乡分别召开会议，贯彻冶陶会议精神，布置整党工作。元朝县干部 320 人在柳林，大名县 1600 多人在肥乡，分别参加了会议，两个会议均历时 50 天。会议在深入学习土地法大纲的同时，还学习了《中共中央关于在老区、半老区进行土地改革工作与整党工作的指示》，开展"三查"整党。会后两县向群众广泛宣传，解释《中国土地法大纲》内容，使群众依法办事。

1948 年 5 月，两县分别集训村干部进行小整风。大名集训 1169 人，元朝集训 1790 人。在集训中，对照土地法大纲，在肯定成绩的同时，进行"三查"纠正偏差。

1948 年 11 月，大名县委，根据土地法大纲的内容，结合本县实际情况，制定了《大名县土改、整党工作计划》，并召开了由 600 人参加的干部会，经大家讨论通过贯彻执行。县委主要领导人进行分工：漳河以北由张黎民、温光华、郭运负责，漳河以南由王培成、黑伯里、张亚平负责。从此土改、整党全面展开。先以村为单位在党内开展"三查"，进行个人反省，开展批评与自我批评，纠正前段出现的偏差。然后公开党的活动，调整各级领导班子。历时一个月，全县初步完成了整党任务，保证了土改的顺利进行。

整党结束后，大名、元朝两县全面深入地开展了土改运动，主要内容是：划分阶级成分，对贫农填平补齐；补偿错斗中农和受损害的工商户，土地按各村人口拉平。

在划分成分时，各村先成立贫农团、农会，按照中央 1933 年划分阶级的两个文件，各村在包村干部的指导下，对每户地主、富农进行评定：主要看他们占有生产资料、雇用劳力和出租、放债多少及剥削程度如何，还要看他们依附上层官僚势力欺压群众的情况（即政治态度）来决定，因此就有了恶霸地主和地主之分。

在划分成分时，充分走群众路线让群众学习上级文件，弄清各阶层的界限后，采取三榜定案的方法划分成分。后北峰把全村划分十个评定成分小组（地主、富农分别划组），在自报成分的基础上，每组对全村各户评定成分（本组不评本组），按多数意见贴第一榜。有的组提出争议，再让各组评议出第二榜，然后征求意见，对照政策，经各组再评议后出第三榜定案。

两县最后划定的成分是：贫农、中农（上中农、下中农）、富农、地主4类，然后以村为单位把土地房屋基本拉平，消灭了赤贫，补齐了贫农，补偿了错斗的中农和工商户。大名城内对23户受损害的工商户进行了补偿，共退还店铺（房屋）17处和全部家具，退还货物折款共计42071.129元（旧币），退还没收的现金2412.505元。其中退还北大街庆云斋酱菜园货物折款达2738.300元。

土改前后各阶层占有土地、房屋附表如下：

表一　大名县土改前后各阶层人均占有土地表（亩）

类别	贫农	新中农	中农	富农	地主	备考
土改前	1.2	3	5	25	30	据10个村抽样调查
土改后	3.57	4.26	4.37	2.3	3.2	据10个村抽样调查

表二　大名县土改前后各阶层人均占有房屋表（间）

类别	贫农	新中农	中农	富农	地主	备考
土改前	0.8	1	1.12	2.8	5	据档案记载
土改后	1.6	1.69	1.12	1.06	0.16	据档案记载

经过两年多的土地改革运动，农村发生了翻天覆地的变化。广大贫困农民欢天喜地，当众烧毁地主的旧地契，刨掉旧界石，丈量分配土地，栽上了新桑树。农民分得土地、房屋、牲口、农具，县人民政府发给了盖有大红官印的土地、房屋所有证。人们喜气洋洋，衷心拥护共产党，热爱毛主席，积极参军参战，努力生产支援前线。两县于1948年底和1949年初，胜利结束了土地改革。冀南一地委指出：元朝县的土地改革搞得最彻底，生产搞得最好，是全地区学习的典型。

说明：1949年8月，元朝县除王奉、张鲁两个区外，其余均并入了大名县。

作者：白梅俊，原中共大名县束馆镇党委副书记。

国民党二次进犯大名

1946年末，正当大名人民同其他解放区一样，在党的领导下，大搞土改运动之时，国民党匪帮趁我晋冀鲁豫军区主力部队南下之机，又做起了妄图打通平汉路的美梦。国民党孙殿英部奉命进攻大名，一时间战争气氛浓重，大名一带的形势日趋紧张。

11月4日，国民党的11架飞机突然从西南方向飞来，绕城转了几圈，而后撂炸弹对大名城进行狂轰滥炸，顿时大名城内火光冲天，狼烟滚滚，啼哭哀号，一片凄惨。数日后，又有4架国民党飞机再次轰炸大名。城内被炸得砖瓦乱飞，到处是残垣断壁。两次轰炸，共炸毁天主教堂200多间、民房360多间，四维中学的房设基本被炸毁。据不完全统计，炸死炸伤20人。使大名人民再次陷入灾难之中。

1946年12月底，国民党八十五军三十二师一部带领地主"还乡团"共计3万多人，由安阳出发，向大名入侵。我冀南三分区政委甘思和率部节节阻击，大名县武装力量和民兵也参加了阻击战斗，迟滞了敌人前进，掩护了党政机关、农村干部和人民群众的安全转移。我军为诱敌深入，也暂时撤出了大名城。

1947年1月1日上午10时，匪民党八十五军三十二师一部侵占了大名城及其周围20华里以内的村庄。敌人进城后，大肆进行反攻倒算，烧杀抢掠，奸淫妇女，犯下了滔天罪行。据不完全统计，敌人用活埋、枪杀、火烧、抛河等残忍手段，先后残害街道（村）干部、民兵和无辜群众40余人。其中李茂堤一牌村抗战前的老共产党员李云鹤等5人被残杀，苗末城一青年妇女被10余名敌人轮奸达三昼夜之久……

原来的大名城墙，早在我军解放县城时就拆除了，国民党部队为固守大名城，到处抓人、拆房、伐树，对大名城墙进行修筑，到处抓人派夫，还强行拆掉了大名城方圆十多里内的所有砖房，砍光了树林。据不完全统计，敌人在城内八道街抢粮411斗，油盐259斤，伐树393棵，拆房71间，其他日常物件不计其数。

十冬腊月，天寒地冻，被抓来修城的群众，稍有怠慢，就遭毒打，受尽折磨。城内县前街叫潘树彦的群众，因为手脚慢了一点，被匪徒打得躺了十多天不能动弹。不论刮风下雪，也不管家离城多近，一律不得回家吃饭。修城期间，还乡团在城内任意吊打群众，进行倒算，强行要回解放区土改时分给群众的房产，还自立公堂，残杀革命干部。有户姓高的农民，土改时分了一家地主的东西，这家地主的儿子随还乡团回来，把这个农民捆了起来，打了个皮开肉绽。一个恶霸的儿子邢某当了修城大队长，抓住了一个姓张的民兵困住吊了七天，还在他家设公堂进行毒打，这位农民受尽折磨，眼被挖掉血浆四溅，最后被敌人活埋了。

国民党军队和地主"还乡团"侵占大名期间，全县7000多名民兵，组织武工队，沿卫河、漳河阻击敌人，有力地保护了漳河以北、卫河以东的广大地区没受侵犯。民兵们白天与敌作战，夜间深入县城周围，发动群众破公路、割电线、抗粮税，千方百计牵制敌人，将敌人死死地困在县城及其周围这个狭小的范围之内。

大名、元朝两县县委在上级党委的指示下，在敌人进犯前就做好了一切准备。1946年11月，元朝县委在北峰召开扩军备战会议。县委书记张新村在会上传达了战争形势，讲明了扩军备战、保卫胜利果实的重要性和紧迫性。一方面要求全县青年积极参军参战，另一方面要求各级干部护好地方治安秩序。会上，区、村干部代表区、乡镇政府踊跃报名，全县共报名约1000多人，县长研究拟定一个团，由县长朱广林任政委兼团长，王佃卿和吴允道分任两个营的教导员，会后，元朝县即开展紧张的参军备战工作。

11月下旬，大名县召开全县党政军干部备战工作会议，会议决定：一、新区结合翻身大检查，开展思想教育，打破和平幻想，从思想上、组织上做好战争准备。二、老区要巩固和发展现有的武装组织，打下游击战争的基础。三、县成立指挥部。

在敌人即将入侵大名前夕，大名县委在五里屯召开紧急会议。会议由县委书记李挺主持，副书记张新亭、县长王志坚、委员张子英等参加。会议决定：一方面迅速组织机关干部、群众向漳河北转移；一方面组织武工队坚持斗争。会后，对县区领导和武装力量进行分工部署。在敌占区，县长王志坚与四区区长韩培文带领一支武工队在城周围活动；抗联主任张新亭带领一支武工队在龙王庙附近活动；三区区长孙行之带领一支武工队在城南活动。在漳河前沿，县里的主要武装力量县大队、县武工队、公安队分别把守营镇、万堤、八里桥三个渡口，保卫漳河北的大后方。元朝县军民也紧急备战。县备战指挥部于新年前夕向全县发出号召：一、各级干部要"区不离区，县不离县"，坚守岗位，做好战斗准备；二、整顿民兵组织，加强民兵武装训练；三、村村要挖地洞地道，实行联防；四、开地主警告会，让其规规矩矩，不能乱说话，乱行动。为保护群众利益，维持元朝治安，在开好对地主警告会后，为有效防止特务及不法分子的活动，元朝县公安部门特颁发了"出境证"（出境到敌占区的人员必须携带的证件），并制定了四项执行办法。

1947年1月1日，国民党军队三十二师占领大名县城及周围20华里以内村庄。大名、元朝两县军民在县委、政府领导下，进行了坚持不懈的斗争。国民党军占领大名城当日，元朝县召开全县千余名干部参军动员大会。经过认真审查挑选，县委最后确定县长朱光林等37名县区干部参军从戎。从此掀起了元朝县参军热潮，仅前后寺庄、张铁集3个村庄，就有70名青年踊跃参军。1月5日，大名县武工队和民兵相互配合，在前屯村大摆地雷阵，巧设埋伏圈，打死打伤国民党军队某营官兵40多名。受到九分区武委会通令表扬，并给全体指战员记大功一次。1月下旬，元朝县民兵配合某部在东门口附近埋伏阻击国民党军队，使之未能东渡卫河。国民党军三十二师1个团遂驻扎东门口，伺机东犯。元朝县组织民兵守卫卫河，300名民兵防守龙王庙，陈子明、康敏各带民兵驻守马陵和金滩镇一带。曾两天击退敌人7次进攻，并夜间强渡卫河，歼灭了敌人1个班。此后，大名、元朝两县地方武装白天战斗，夜间深入大名城周围，骚扰敌人，警告地主，发动群众，破路割电线。

在大名城北漳河北岸，有县武委会领导下的民兵武工队，由郭金城、田修文带领把守万堤渡口，并不断出击扰袭敌人。1947年1月25日，该武工队在前屯村布下地雷阵，炸死炸伤敌人骑兵数人骑。在卫河东岸，从龙王庙到金滩镇一线，由元朝县委书记张新村率领一支3000多人组成的大队，把守在龙王庙渡口。同时，陈子明和康敏带领包括罗洪章领导的金北英雄民兵连在内的广大民兵驻扎在马陵和金滩镇一带，监视阻击敌人，开展抗敌斗争。

2月初，刘、邓大军已挺进陇海路以南，在晋冀鲁豫野战军和冀南部队的配合下，正积极准备著名的"豫北攻势"。由于形势急剧变化，在我冀鲁豫夜战部队、冀南部队和大名军民一月来的不断打击围困下，占领大名35天的国民党军队不得不撤离，不甘失败的敌人于2月3日夜，在北关"乱葬岗"处又活埋我村街干部、积极分子、地下工作人员等100多人。当我地方武装部队闻讯赶到时，敌人已于2月5日夜12时放弃大名城，向安阳方向逃窜。2月6日，大名再次获得解放。

大名解放后，广大人民无不喜笑颜开，奔走相告，到处集会庆祝。从自卫战争到大名解放，大名的人民武装和游击队，一直坚持着艰苦的斗争，白天在地道里寻机袭击敌人，夜晚有目标地打击敌人。在这样艰苦的环境里，他们为了党的事业，为了人民的解放，为取得革命的彻底胜利，表现出了高度的乐观主义精神，个个精神抖擞，斗争昂扬，最终打退了敌人进犯，取得了胜利，做出了卓越的贡献。

敌人侵占大名期间，给大名人民带来了极大的灾难，欠下了累累血债。大名解放后，大名县委、县政府一面同群众欢庆胜利，一面医治战争创伤，领导人民重建家园，恢复生产。2月15日，县委、县政府决定拨出966741斤小米和200万元，对国民党二次占领大名期间的死难者及其家属进行抚恤，还分别召开死难者追悼会，并将尚未分的斗争果实继续分给群众。冀南三地委对此也非常重视，就善后工作做了五点具体指示：一、做好善后抚恤工作；二、对牺牲人员开追悼会；三、对作恶地主进行严惩；四、对拆城墙和炮楼的砖瓦退还群众；五、进行翻身大检查，提高警惕，防止敌人再来。

2月9日，为防国民党军卷土重来，中共冀南三地委书记焦善民下令再次拆除大名城墙，以小米补偿民工劳动力，城砖被四乡群众作为建筑材料使用，部分运往城东等河湾、坑塘处倾倒。

大名县委、县政府按照上级指示还做了大量艰苦细致的工作。再加上广大干部群众的共同努力，由敌人所造成的社会创伤很快得到了治愈，大名县人民从此过上了和平安定的日子。

供稿单位：中共大名县委党史研究室。

抽调干部南下　开辟新区工作

　　随着全国解放战争的胜利发展，新解放区不断开辟、扩大，迫切需要大批有经验的干部去开展工作。大名、元朝两县解放较早，是革命老区，在长期革命战争和工作中培养锻炼了一大批优秀干部。遵照中共中央和冀南区党委的安排部署，从1947年到1949年先后有三批干部奉命南下，支援新区的各项建设。

　　当时，大名、元朝两县都已解放，部分干部思想开始放松，认为过去舍生忘死干革命，现在该过安生日子了，再加上干部多是本地人，不愿离开自己千辛万苦打下的和平环境和妻儿父老，到人生地疏、环境艰险的新区开辟工作。针对这种情况，冀南一、三地委对干部进行了政治思想教育，着重解决干部思想上的地域观念和家庭观念，号召党员干部要着眼长远，顾全大局，树立全国一盘棋，解放全中国和全人类的宏大理想。并对南下干部家属按军属优待，给予救济、代耕，以减轻干部南下的后顾之忧。经过耐心细致的思想工作，具有光荣革命传统的大名干部很快就提高了认识，坚定了革命到底的思想，纷纷报名要求南下。

　　南下第一批干部于1947年7月随刘、邓大军千里挺进大别山。这时解放战争已由战略防御转入战略进攻。6月底，奉中央军委的命令，刘邓大军突破黄河天险，激战鲁西南，然后挥师南进，所向披靡，直插大别山。为配合部队作战，接管新区工作，党中央决定从各解放区抽调大批干部，跟随刘邓大军南下。冀南区党委从5个地委选调800多名干部，大名县抽调35名干部由县委副书记张新亭带队，元朝县抽调25名干部由张延续带队随军南下，8月底到达大别山区，开辟新区工作。

　　第二批干部南下是1947年10月，冀南区党委遵照中央指示，又抽调了1400余名干部，经整顿后于1948年4月间南下到达河南、湖北交界的桐柏地区开辟工作。元朝县120多名县区干部组成一个中队，由县抗联主任孙冠军任指导员，政府秘书代县长贾瑛任队长，带队到柳林、曲周、任县进行正规集训整顿。大名县也抽调48名干部参加集训。在军事训练方面，主要是军事技术、战术、指挥等内容；在政治方面，主要是解放战争的形势、南方风俗民情、少数民族的政策、新区土改政策、俘虏政策、战场纪律、群众纪律、群众工作教育。集训后编入新兵二总队三团任各级干部，在1948年3月与冀南一、二、三地委的南下干部合编成1个大队3个中队，共800余人，馆陶县长仲恺任大队长。从曲周出发南下，7月下旬到达河南桐柏地区，很快投入到开辟新区工作之中。

南下第三批干部是抽调干部南下规模最大的一次，于1949年4月去湖南益阳地区。这时随着三大战役的结束，解放战争的形势发生了根本性的转变，打过长江，解放全中国已经在即。根据党中央和华北局党委的指示，1948年12月，冀南一、三地委分别召开县委书记、组织部长会议，传达中央和区党委指示，进行政治形势教育，使每个干部认清南下开辟新区工作的意义。1949年2月，冀南区党委经过动员发动，抽调干部达4000人，共组成1个区党委、6个地委、200个区委的南下建制。

大名抽调120多人由县委副书记张黎民带队，元朝县抽调约120人由县委书记梁向明、副书记张鹤亭带队，于1949年3月初集中到威县方家营一带村庄整编，参加学习和军事训练。元朝县委书记梁向明南下后由县委副书记陈子明代理书记，直至元朝、大名合并。冀南区党委把南下干部组编为冀南南下支队，大名、元朝县干部大多是被编入三大队一中队和三中队。3月29日，冀南区党委在方家营举行声势浩大的欢送大会，冀南区南下区党委书记王任重代表南下干部讲话，他风趣地说："我们南下好比出嫁的大姑娘，舍不得离开娘家，有的还哭哭啼啼，但心里还是愿意去的。婆家需要我们，那里有千百万受苦受难受压迫的穷苦人在召唤我们。"4月初，南下干部由方家营出发，踏上南下征途，他们夜间在河南濮阳渡过黄河，经封丘、兰考。于4月中旬到达开封，驻扎在附近村庄，进行学习，休整待命。5月下旬，大名干部到湖南省石门县，元朝县干部到湖南省宁乡县新解放区接管工作。他们到达新区的工作重点是：建立人民政权，恢复生产，稳定秩序，安定人心，保证人民生活。

大名、元朝两县三次共抽调干部500余人，他们到达新区后，很快便投入工作，他们按照中央制定的方针政策，根据当时的实际情况，宣传党的政策，紧密依靠当地党组织和广大人民群众剿匪反霸，进行土改，发展生产，支援前线，接管改造城市，建立人民政权，扩大革命武装，出色地完成了党和人民赋予的工作任务，为全国解放战争的胜利做出了卓越的贡献。

供稿单位：中共大名县委党史研究室。

军调小组进驻永年

　　1945 年 8 月，中国人民经过了十四年艰苦卓绝的斗争，终于取得了抗日战争的伟大胜利。但是，在抗战时期就消极抗战积极反共的国民党反动派，却妄图独吞胜利果实。蒋介石一方面命令我军"应就地驻防待命"，另一方面却要日伪军"切实维持地方治安"。与此同时，加紧收编伪军，扩充实力，实行蒋伪合流，妄图消灭我党我军，把全国人民再度推入内战的深渊。在其阴谋被揭穿之后，蒋介石不得不装出和平姿态，假惺惺地邀请毛泽东赴重庆谈判。

　　我党中央清醒地估计了当时的国际国内形势，决心革命的两手对付反革命的两手，"针锋相对，寸土必争"。为了支援毛主席谈判，为了保卫胜利果实，我晋冀鲁豫解放区站在自卫的立场，于 1945 年 9 月至 10 月之间，胜利地进行了上党和邯郸两大战役。

　　上党战役和邯郸战役之后，我冀南各县除永年城区以外，均已解放。麇集在永年城内的伪匪王泽民、许铁英等部，摇身一变成了国民党的先遣军。他们与南北两面蒋军相为呼应，凭借永年城的有利地形，负隅顽抗，坚决与我军为敌。在当时特定的政治、军事形势下，得以苟延残喘了两年之久，成为我晋冀鲁豫边区腹地的一个块毒瘤。

　　永年城是一座历史古城，秦置广年县，隋仁寿元年（公元 60 年）改为永年县，明嘉靖年间为广平府，并重修永年县城，为青砖城墙，高三丈六，周九里十三步，四门四瓮，城外有城河环绕，过河有石桥相通。每有警报，出进三岗（石桥和两道城门），易守难攻。城基坐落在滏阳河一次大水所造成的周七十里洼地的中央，全靠舟楫来往，旱时有潭路与四乡相通，为了免受西来洪沥之害，又从城西南经西北到东北筑起一道长 35 里的大堤。滏阳河从城南、城东绕过，面对永年城方向有水闸十余处，提闸放水，河即干涸、永年洼即成泽国。因其地利之优越，故隋末农民领袖夏王窦建德就曾建都于此，与长安之秦王李世民、洛阳之郑王王世充势成鼎足，互争天下。后虽因夏王失败，永年没有得到发展，但长期以来也不失为州府之治。史载金兵南侵，义民收复县城，利用水围城的地利，坚守多年未被金兵攻破。清咸丰三年（公元1853年），太平军北伐于明山脚下全歼吉林清军之后，继克临洺关。并乘胜直指永年县城，兵至护驾（没筑大堤之前，护驾即为洼地之西边）遇水不能进，遂折而北，取南和、下任县、直捣清廷北京去了。这些史实都说明水在军事上的作用是不容忽视的，永年城是我国北方少有的易守难攻的水泊古城。

日本投降后，驻永年城的日军于旧历7月29日撤离永年到邯郸集中，接着永年城即为伪匪王泽民、许铁英等所盘踞。国共双方停战协定鉴定，永年问题先由北平军调部驻安阳第19小组调处。以后又专门成立驻永年第31军调小组。

军调部驻安阳第19小组来永年调处

驻安阳第19军调小组成员是：我方代表雷任民上校，小组秘书张越。国民党代表先是彭古农中校，临来永年时换成毕永历少校。国民党代表临时变动，我方没有发现他们的用意是什么，只是与此同时，国民党报纸为毕永历大造舆论，有意扩大毕的影响。如先是在《河北新报》上发表了一个"永年城内疾病流行缺医少药"的消息，几天后又发表毕永历代表前往永年城内送药的谈话："此次奉命赴永，携带大批医药，对城内患者进行抢救，预期军民健康，届时当有一番好转。"云云。按军调部的指令于3月31日我方代表雷任民、国民党代表毕永历、美方代表柯尔在邯集合。利用在邯机会三方代表和一名翻译一行四人拜访了晋冀鲁豫大军区首长邓小平同志，会见时邓强调了双方要有诚意，要有真诚的和平愿望，要有停战的真正行动等等。离开时并摄影留念，然后经邯郸赴永年，当日抵围城司令部所在地南桥，听了赵海枫司令员关于伪匪头子铁磨头、王泽民八年来惨杀人民的罪行的报告。国民党代表毕永历提出要到永年城里对铁、王本人和士兵进行实地调查，我方立即表示同意。

4月2日晨，城里的基督教陈牧师、天主教张神父、邮政局靳局长、教育界卢海帆以及社会名流陈鲁卿、张品三等七名代表乘木排前来南桥，迎接军调小组入城。小组全体成员早已在码头等候多时了，欢迎代表一登岸即拿出王泽民、许铁英和杨异才的名片分赠三方代表。美、蒋代表接过名片后，各自装入衣袋里，我代表接过王泽民的名片说："老汉奸！"接过许铁英的名片说："土匪汉奸双料货！"最后接过杨异才的名片愤怒地说："叛徒！""叛徒！"随即全部交给警卫副官吩咐撕毁，碎片当着大家的面纷纷飘入水中，我方代表严正表示，对他们递送这种名片的用意不可理解。这时四乡群众齐集码头周围高呼"欢迎军调小组秉公办事，严惩汉奸土匪杀人犯，为民除害！""祝军调小组一路平安！"等等。在群众的口号声中，尽管国民党代表强作镇静，但其内心异常恐慌，就看毕永历上排子时险些掉到水里，就可见他有些不自安了。军调小组每方乘一只木排尾随来欢迎的三只排子一路向城里驶去，木排靠到彼岸后，南桥欢送的人群久久还未离去。

城里，王、许、杨等伪匪首领，驱使群众站满了城头。木排在东门外靠岸后，全体小组人员由城内代表引导入城。一进东门，东街已挤满了人，只闪出一条不宽的通道，不知谁喊了一声："还不跪下！'在场群众咕咚一声一齐跪下，没听见的群众也随大流一齐跪在地上了。这种久受凌辱的麻木精神状态与解放区人民意气昂扬的斗争精神形成了鲜明对照。面对突如其来的离奇场面，美方代表不知是怎么回事，吓得扭头就跑，经别人拦阻解释后，才明白这是表示欢迎。

军调小组被安置在东街老当铺西边路北李伯芝一进三座院的房子里。国民党代表住前院，美方代表住中院，我方代表住后院。从表面看，安排我方代表住后院是为了安全起见，实际上有限制我方代表接近群众的用心。

经过实际调查，并没看到多少兵，而且样子都像烟鬼子，一开始就戳穿了国民党所说的一个师的神话。但国民党代表仍狡辩不已，我方提出如对我们直接观察得出的结论不满意，可让群众自由作证。美方同意我们的意见，就在府大堂设立了两个接受群众作证的接待站，让群众证明城里有没有国军？工作开始后还真有那么几伙人前来作证，我方代表问他们说：你们是不是国军成员？他们回答：不是！我方代表向他们提出：那就请你们叫几位真正的国军和我们见见面好吧！可他们走了之后，就一去不回头了。在这种一个国军也看不到的情况下，我方代表很诚恳地劝告国民党代表说：铁磨头是个千真万确的土匪汉奸，你们别再空投物资养活这些汉奸了，否则会影响你们国民党的威信，蒋委员长脸上也不光彩。原来铁磨头为了求得国民党的支援，曾吹嘘自己有很多人马，有很大力量，经过这次调查美国和国民党代表也都表示大失所望。

国民党代表毕永历进城白天与我方代表进行周旋，当晚即与铁、王两匪接触，第二天背着军调小组召集城内的党政军联席会议，只字不提治病救人，大讲"国军不日即可到达城外，绥靖共军不成问题"。并不打自招地说：军事调处是缓兵之计，不然，万一城破，还调处什么？务望各位深明此意，精诚团结，应酬军调，共保永城。毕永历是安阳 19 小组国民党代表，这次来永是因永年 31 小组尚未组成之前的临时借用，现在完成调查任务又必须马上离开。但毕并不甘愿虚此一行，便利用王泽民设家宴为毕钱行的机会，向王泽民问道，"泽民弟！你这里金价高不高？"

有一次在他走后，从他的皮箱里，发现一张他要到邯郸县当县长的委任状，这就真相大白了，原来他是国民党为占领邯郸后预备好的县太爷。可惜平汉战役连军长马法武都当了俘虏，他当县长的黄粱美梦，就化为泡影了。

军调小组到广府南桥稍事休息，国民党代表张朝正在张林青参谋的唆使下，提出调处工作应先通过永年县政府为妥，大家同意后，立即驱车到我永年县政府所在地大讲武村。代表们分乘三辆美国吉普，与美国代表同车的吉普女郎自称是安阳人，刚从美国留学回国的刘小姐，身穿紧身工作服，头戴柳条安全帽，一副非常奇怪的打扮。下车之后，由我永年县长宋钦出面接待，略事寒暄，美国救济小组恒安石操一口流利的中国话，宣传了一套基督教理论，鼓吹用人道主义来解决一切争端问题等等，原来他是美国传教士的后裔，中国出生、中国长大的中国通。

国民党代表张朝正非常狡猾，进入解放区以来不暴露他的真面目，开口就是杨秀峰是我的老师，闭口还是这次来调停首先亲自请教了现任边区主席杨秀峰老师，频频表示我一定按照他老人家的指示办事，请诸位放心。然后他的少校参谋张林青拉着宋县长的手说："我和宋县长是老同学，我想这次调停一定是很顺利的。"这时张朝正又回过头来对宋县长说："八年抗战你太辛苦了，看你脸上憔悴的这个样子，我邀请你一定要到大后方山明水秀的地方去好好休养休养。"这时刘小姐怪声怪气地插嘴说："呀！感谢上帝，我们这次永年战区的调停工作，上上下下，不是老师，就是同学，一辈同学三辈亲，我们这次见面可要亲亲呢！"我方代表赵为一同志实在听不下去这类虚伪客套，便笑着说："我们师兄师弟老师同学荟萃一堂，看样子人多力量大，在调停工作中执行抗日法庭国十大纲领中的严惩汉奸卖国贼这一条是不成问题？！"说得蒋方代表于苦笑中收场。因为初次见面，气氛还算和谐，招待工作也算进行得顺利。随行记者忙个不停，将这次会见的情况作了详细的报道。如果不是有军事调处，大讲武这样一个偏僻乡村怎么会有美国人和摩登小姐光临呢！刘小姐这次深入解放区还嫌捞到的情报不多，又厚着脸皮向群众问东问西，在她问到大讲武距洺关有多远时，一位老乡很郑重地对她说："到洺关和广府城里都是三十华里，可是洺关的土匪汉奸已经消灭了，再不用你关心了；广府城里的土匪汉奸，日本投降后还不缴械投降。你们快去看看实际情况就会真相大白的。"刘小姐听到回答甚感难堪，谈判还没开始，解放区一个普通老百姓就给了她一个闭门羹，可见为国民党包庇土匪汉奸并不是一件轻而易举的差事。她趾高气扬的神气，顿时消失了许多。

军调小组在大讲武停留半天时间，群众一传十、十传百，都知道美国人是来调停敌我双方停战的。受尽了汉奸土匪烧杀抢掠之苦的解放区人民，便不约而同地纷纷到大讲武找军调小组告状。为了不影响双方谈判，群众通情达理地提前去到南桥的大路上坐等小组的到来，待车开到他们跟前，就起而控告铁、王二匪在日本停战时，为虎作伥、助纣为虐的滔天罪行。愤怒的群众将美、蒋代表的车子拦在许庄、八汪一带，把他们团团困住，质问他们为什么日本走狗皇协军王泽民不交枪？！为什么汉奸惯匪许铁英不投降？！为什么国民党飞机天天给城里的汉奸土匪送给养？！要求立即严惩汉奸卖国贼！群众所提问题使国民党代表张朝正无言以答，欲辩不能，欲走不得。吉普车周围是里三层外三层密密麻麻理直气壮的人群，吓得他汗流浃背，狼狈不堪。最后还是我方代表赵为一同志出面解围，建议大家将控告信交给美蒋代表带回研究处理。群众都同意了这个意见，遂将雪片似的控告信塞满了国民党代表的吉普车。车子开出不多远，又有一批群众将车拦住，把控告信交给国民党代表。走不多远又是如此这般，直忙得张朝正不可开交，如此走走停停，直到夜里才完成三十华里的行程回到南桥。

两个小组到南桥的第二天，三方代表在协商小组的驻地时，我方提出军调小组可驻南桥，国民党和美国代表主张驻永年城内，我方同意。我方提出救济小组要驻到城里以便发好救济，国民党和美国代表都同意。在签发进城证件时，国民党称我方救济人员为"中共代表"，我方提出我们是代表人民的，应以"人民代表"相称，签证时即称我方救济人员为"人民代表"。军调小组国民党首席代表张朝正，我方首席代表王予民，美方代表奥尔森，以后换成麦奇。救济小组联合国救济总署代表恒安石，以后换成英国人格兰顿，国民党代表换成章曼友，我方代表赵为一。军调小组和救济小组于 4 月 14 日同时进城，军调小组还驻东街老地方，救济小组驻在天主教堂，两个小组分头工作各不相干。

这次进城的救济工作实际上是一场政治斗争。在我方代表进城后，由于永年城内群众不堪伪匪肆虐，趁机逃出城外的有 9000 多人，约占居民的一半。因此，我方提出应将救济粮分给城内和逃出城外的群众各一半，三方同意后就把 17.5 万斤粮食运进城里。为了保证把粮食分到群众手里，分粮时召开群众大会，我方代表先给群众讲：这粮食来之不易，是城外乡亲们忍饥挨饿给大家凑起来的，可不能叫土匪皇协军吃！你们这里边有没有土匪和皇协军呀？若有咱今天就不发了。老百姓一齐说"没有！"才按人分发。这样在政治上打击了匪伪人员，教育了群众。

在我方代表行动和发放救济粮时，经常有七八名匪徒端着冲锋枪跟在后面，威胁我方代表，我方屡次提出抗议。有一次一个匪徒竟出口不逊，我方代表忍无可忍，乃在救济小组内提出：匪徒们侮辱我方代表，妨碍代表工作，必须停止发放救济粮。国民党代表开始不承认，经调查属实无法抵赖，美方代表说：还是土匪呀！同意以三方代表名义，向王泽民司令部提出抗议，要求主谋者向我方代表赔礼道歉。5月2日上午8点，王泽民的政训处长李一唤贴带团级军衔，服装整齐地来到三方代表谈判会议室，首先向三方代表立正敬礼，然后说："赵代表！我们本想保护代表安全，但因方法不当，效果不好，特前来向代表赔礼道歉！"然后向我方代表深深鞠了三个躬。我方首席代表赵为一对他进行了训斥，并提出一系列质问："你们本是土匪汉奸你知道吗？你们残害老百姓，我们前来救济，你们不但不欢迎，反而连续作恶，你们这样做有利于救济工作吗？"每提出一句质问，他都要立正、敬礼，回答："是。"经过一个多小时，弄得李一唤汗流浃背，使土匪汉奸当面出丑。

救济发放期间，我方代表提出城外运来的粮食救济了群众，国民党空投来的粮食也应分给群众一半，经过据理力争，国民党代表只好答应把空投的粮食分给群众一半。因他们不断捣乱，终于没等粮食分完，我方代表即退出永年城。

军调方面，开始国民党代表说，我方经常向城里打炮，打伤了城里许多人。我方则回答：我们没有打炮而是城内不断向外打炮并打伤我军18人，现在曲周老营养伤。美国代表派人亲自到老营察看，确有我军18名伤员。而国民党举不出例证，他们又一次失败了。然后在王、许二匪是国军还是汉奸土匪问题上双方一直争论不休。美方代表看到王、许二匪的罪恶难容于人民，提议让王、许所部退往安阳。我方考虑这虽不能全歼，但可除掉在我方腹地最后一个敌人据点，拆掉从安阳到石家庄的军事跳板，因此同意美方提议。国民党代表提出，要我方派1200辆大车将他们送到安阳，并发给每个匪徒及其家属10斤白面，以便路上吃，所经沿途60里内不能有八路军以保证安全。对他们的这些无理要求不仅我方代表不能接受，美国代表听了也用打火机拍着桌子气愤地说："你们想把永年城的砖都拉走哇！"我方代表答复，不能走的可以用车送，但群众吃什么他们吃什么，王、许所部土匪成性，在他们所经沿途应有我军监督，不许他们再残害百姓。因他们坚持无理要求，协议未成。

永年谈判是根据"停战协定"进行的，但由于国民党根本无诚意，只是为了拖延时间，所以32个军事冲突地区都无进展。国民党1946年3月1日召开的六届二中全会，就从根本上破坏了停战协定，而且在整个谈判期间，始终没有间断小的进攻，从1月13日停战协定生效到4月底国民党军队向我晋冀鲁豫解放区进攻达八九百次。永年的敌人也是一面谈，一面常派人外出抢粮抓人，国民党利用谈判之机派其第15专署保安副司令钟玉林于5月偷进永年城，直接指挥王、许二匪，进一步加强了国民党与永年敌伪的结合。每天空投弹药粮饷等物，在孙连仲的指示下，还在永年城里修了一个飞机场，每天都有无辜群众被砸死砸伤。我方代表向谈判小组提出要制止国民党的空投，经过斗争，在谈判桌上三方达成不再空投的协议，但驻安阳的国民党部队不顾这些，却变本加厉地第二天又来了 8 架飞机空投，又砸死砸伤许多群众。6 月 8 日，敌运输机一架因螺旋桨发生故障坠落在城北之北马庄，九日竟来了 3 架战斗机反复扫射，企图使坠落的飞机起火，又打死打伤群众 20 多人。根据全面内战即将爆发的形势，谈判再无法继续进行了，我方代表乃于 6 月 10 日撤离永年城。

这次谈判在军事上虽未达成什么协议，但在政治上我方代表几次挫败了国民党，揭露了敌人的丑恶嘴脸，扩大了我方影响，争取了广大群众。

供稿单位：中共永年区委党史研究室。

解放永年城

张幸元

摘　要： 历经 2600 年岁月风雨的洗涤，傲骨挺拔，风姿绰约，蒲荷飘香的广府城，从没有在灾难面前，弯下那高贵的躯体，即便人为的磨难，百疮千孔过后，依旧坚挺耸立。继而，充盈朝气和蓬勃活力。广府城，即永年县城。小城不大，却因地理位置独特，自古就是一处易守难攻的战略要地。因此，现代史上，解放战争中，广府城是华北平原最后一个散去硝烟的城池，从 1945 年 8 月起，几经大小战斗百多次。于 1947 年 10 月 5 日，历时两年零 50 天，终于回到人民的怀中。这期间，有 3 次较大战役见证了解放永年城的艰苦卓绝。

关键词： 广府城；首战水城；再度攻城；三期困城

历经 2600 年岁月风雨的洗涤，傲骨挺拔，风姿绰约，蒲荷飘香的广府城，从没有在灾难面前，弯下那高贵的躯体，即便人为的磨难，百疮千孔过后，依旧坚挺耸立。继而，充盈朝气和蓬勃活力。广府城，即永年县城。小城不大，却因地理位置独特，自古就是一处，易守难攻的战略要地。因此，现代史上，解放战争中，广府城是华北平原最后一个散去硝烟的城池，从 1945 年 8 月起，几经大小战斗百多次。于 1947 年 10 月 5 日，历时两年零 50 天，终于回到人民的怀中。这期间，有 3 次较大战役见证了解放永年城的艰苦卓绝。

一、首战水城

1945 年 8 月，侵华日寇，无条件投降，标志着抗日战争取得全面胜利。12 月 15 日，美国总统杜鲁门发表《对华政策声明》，赞成中国团结、民主，并派马歇尔来华调处，国、共、美三方，在北平成立军事调处执行部，下设三十二个军调小组，针对广府城，特设第三十一小组。

1945 年秋，盘踞永年城内的伪匪，为阻止我军解放永年城，把城外四关通至城内的大道，挖成和护城河一样的横断深沟，切断城内外的联系，古城成为独立的中心。他们又把城东府东桥村滏阳河的南北两面掘开堤口，引河水灌入护城河内，把水面加宽到 3 里至 5 里，使原来的陆地，形成五个孤岛，致使万亩良田变成一片汪洋。同时，他们还在护城河里、河底设置大量树槎，以作障碍，阻挡船只。城墙四周，构筑工事、暗堡，备积滚木、雷石。空中有国民党飞机，经常空运物资。企图以此城为基地，配合平汉线战役，垂死挣扎，作为战时依托。

1946 年 1 月 13 日，是协调小组签订停战协议生效日，为尽快清除日伪残匪，还百姓安定生活，在此之前，必须拿下广府城。此时，内战的阴云，笼罩在广袤大地上。解放永年城战役，就是在这样的背景下拉开序幕的。日军撤走后，国民党笼络依然盘踞在永年城内的永年头号汉奸、伪警备队副联队长王泽民，他带领残匪败类 850 余人，仍在扩充自己的势力。10 月 19 日，占据临洺关的巨匪许铁英，在解放临洺关的战斗中，遭到沉重打击后，溃不成军，率残部 22 人，逃进永年城。28 日，鸡泽县伪军大队长霍建之，带伪军 600 余人，溃窜到永年城，投奔王泽民。至此，加上先前逃进城内的其他汉奸、土匪、恶霸地主、还乡团等，永年城内的伪匪总数已达 2500 余人。这帮无恶不作的亡命徒，企图依托永年城独特的地理位置和天然屏障，负隅顽抗，作困兽斗。

永年广府城坐落在总面积 16 平方公里的永年洼内，高达 12 米的青砖城墙脚下，有底宽 20 米，平均水深 5—6 米的护城河环绕。永年洼常年积水，雨季的城外，更是一片汪洋，水深处可达 10 多米，洼淀的南岸和东岸，有滏阳河绕过，由于多年河道淤积，河床高于城墙。这样特殊的地理环境，造就了永年城在战争中易守难攻的地位。岌岌可危的国民党政府，把古城当作华北平原的一座坚固堡垒，视其为打通平汉线、进攻冀南解放区的跳板。于是，将城内这伙伪匪收编为"国军"，并对罪大恶极的匪首加官晋爵。12 月上旬，国民党第十一战区司令长官孙连仲，委任王泽民为"河北省保安第 1 纵队少将司令"；许铁英为"河北省保安第 2 纵队少将司令"。其会，均按国民党军队建制改编。王泽民部编为 3 个团，1 个独立营，并设 8 个处。许铁英部因人少，暂编一个团，许兼任团长。同时，城内残存的国民党、三青团、青年义勇军等组织渗透在各个角落，还有国民党特务直接控制的情报组、暗杀组等。王泽民、许铁英在网罗残余恶势力、接受国民党收编的同时，也在紧锣密鼓地加强城内外的布防。翟福礼的 1 团守北城，李孟兆的 2 团守西城，霍建之的 3 团守南城，许铁英部守东关及东城南段，张万珍的独立营担任城防。另有预备队 500 人和义勇队作为机动力量。在城内外，修建了大量城防工事，并在城墙上设置了诸多明、暗火力点。他们拆民房、锯树木、加固城墙、设置路障、制作滚木，以防攻城。早在 11 月 20 日，王泽民便派人封死南、北、西城门，只留东门出入。并打开滏阳河莲花口大闸，又在府东桥附近，将滏阳河堤掘开两个口子，向永年洼内灌水，还在水溪处打下暗桩。一时间，永年洼一片汪洋。堤内 19 个村庄、2 万多亩土地和四关通道均被淹没，永年城成了水中孤岛。1 月 9 日，北风呼啸，寒潮来袭。看样子，夜间护城河冰层会厚些，机不可失，攻城的好机会。头天晚上，冀南部队决定，从西北角攻城，那里水面较窄。在冰面上，撒上一层谷糠，过河时以免脚下打滑。战士们推来许多奇思妙想的自创武器。就像，把老百姓捐献出来家里用的方桌倒放过来，四腿朝天，中间放上棉花包，用水沁透，冻成冰疙瘩，推滑着作冰床掩体，用以抵挡敌人射击的子弹，大伙管他们叫"土坦克"。遗憾的是，那天夜里，北风太大，水面结冰不坚实，冰面承受力有限，裂开了一条宽大的口子。这样一来，不但土坦克用不上，攻城部队后续跟不上，借冰封过河的计划受阻，攻城被迫停止。

二、再度攻城

1946 年 4 月 10 日，军调小组离开永年。6 月，内战爆发。国民党军在安阳召开军事会议，计划重兵北上，打通被我军控制的平汉铁路，破坏停战协议，挑起全面内战。永年城内之敌，也一再向我军挑衅，制造流血事件，成为我根据地心腹之患。刘伯承，邓小平二位首长，决定打下永年县城，拔掉这颗钉子。晋、冀、鲁、豫军区命令，二纵队负责强行攻城战斗。6 月 9 日，第二纵队司令部于城西南韩屯村驻地部署作战计划，向攻城部队明确了军区关于夺取永年城的任务。在二纵司令员、政治委员宋任穷的统一指挥下，决定：四旅、六旅、冀南军区三分区独立团，于 1946 年 6 月 10 日发起攻击，二次攻城。冀南部队先期开沟排水，降低洼淀水位，又从宁晋、柏乡调来 30 只木船，在每只船上，堆设几个棉花包，既做掩体又是急救物资。6 月 15

日夜，攻城部队四面开火，先后迅速扫除外围据点，打下西关、北关。进攻南关的部队，因木船撞到河里的暗桩而受阻。城东，许铁英部下守卫的东关阁，架设两道铁丝网，挂满手榴弹。二纵的一位连长，挥起铡草用的铡刀，砍出一条通道。战士乘势而上，击毙铁磨头许铁英二弟许长琪。城外四个方位合力对城内发起进攻，攻城战役打响。城西战斗尤为惨烈。此时，主力部队在西关发起攻势，护城河上架起浮桥。爆破组潜入城下，把城墙炸开一个豁口，可惜的是，浮桥也被震断，突击队无法前进，功亏一篑，给了敌人喘息之机。西关十七团主力，在已攻占西关西北角的高地上，修筑工事，由八连固守。十六团一、二营，挑选水手，乘船攻击南关，先头船已靠岸，并有数名指战员登陆，后因敌反击激烈，船被击沉，战斗失利。11日，十六团以三营为先头部队，配合攻西关，八连登城后，因后续部队未跟上，故未克。13日，下午5点，十七团二营进攻西关，敌少数被歼，大部逃回城内，敌人退回后，又进行反扑，敌又占领西关一部分，我军十八团三营，协同十七团，在炮火掩护下，又在西关登陆，击退敌人数次反冲锋，攻城部队占领西关，该处距离城墙较近，是登城的最佳位置。部队以西关为依托，继续组织攻城。经纵队协调，调配六纵及十七师工兵，通力合作，迅速进行架桥，同时，十八团二营从住房内，挖出通往桥头炮楼的交通沟，在城墙脚下挖洞，十八团一个连每晚负责运送炸药，准备爆破。15日晚，浮桥架起。16日，因爆破发生故障，攻城延迟。19日上午，再次爆破成功，但与此同时，浮桥也又一次被爆炸震断，后续部队无法跟进，攻城受阻。20日，浮桥重新架好，再次从此处强攻，并由十二团一、二营配合六旅进击，眼看着胜利在望，一个意想不到的事情发生了。此时，二连100多名战士已经跃过浮桥，冲上了城墙豁口，和敌人展开了厮杀和肉搏。只听，"轰隆"一声响，一颗我们自己的炮弹，不偏不倚，落在了浮桥上，把架在护城河上的浮桥炸断。顿时，切断了二连与后续部队的接应。原来，部队"三七炮"的主射手，是一个从国民党部队反正过来的炮兵排长，被俘后，作为技术兵，被补充进炮连，不料他临阵变节，造成攻城部队重大人员伤亡。激烈血战之后，此次攻城未果。后因整体战局新变化，部队另有新的任务，遂暂时搁置对永年城的攻势。这次，历时10天的攻城战斗，六旅伤亡400余人，其中，十八团参谋长孙济云身先士卒，身负重伤。

三、三期困城

1947年10月，被六旅和地方武装围困两个春秋的永年城，经三度攻城后，这颗钉子终于被彻底拔掉。从 1947 年 4 月起，冀南军区就开始加强对永年城伪匪的围困，将二分区二团、一分区三个县大队及五分区、六分区的县大队各一部，相继调到永年，解放永年城，进入严密封锁阶段。5 月中旬，冀南军区副司令员王光华和政治部主任崔田民，到永年前线视察，并于 6 月 15 日在城东北借马庄村召开军事会议，根据中央局和晋、冀、鲁、豫军区的指示精神，总结两年多围攻永年城的经验教训，提出了"困死敌人在城里，消灭敌人在城外"的作战方针。明确三条具体办法：一是加强军事封锁；二是开展政治攻势；三是发动群众和部队构筑工事，修筑围墙、设置碉堡。会议要求，在永年周围的 5 个县（永年、邯郸、曲周、鸡泽、肥乡），动员 5 万民工，修筑 50 里长的封锁大堤。借马庄会议后，战备物资、所需人力很快到位，施工中，军民在"多流汗、少流血"的口号下，携手并肩，顶风冒雨，昼夜奋战，工程进展迅速。仅 3 个月，就动用军工、民工 24 万多个工日，修成了一道环城 45 里的围墙。西、北两面围墙是在大堤上修筑的，高 1.3 米，顶宽 0.7 米，墙下的堤坡内壁被削陡；东、南两面的围墙是在水面外的地域修筑的，底宽 1.7 米，顶宽 0.7 米，高 3.3 米，墙外还挖了道深 3 米、宽 3 米的壕沟。四周共构筑大小碉堡 59 座，其中大的 22 座，小的 37 座，作战房屋 164 间。还用砖在西关和北关，修筑了两条 3000 多米长的通道。同时，又在深水处，竖起了上万根木桩。并在伪匪外出、经常路过的地方，布设了上万颗地雷。冀南军区王光华副司令员视察后高兴地称其为：好一座坚固、壮观的"城外城"呀。为了进一步加强对伪匪的封锁，永年县及地方政府，提出藏粮、运粮，改造村形，控制坏人，五户联防四大任务。城周围的东桥、下堤、莲花口、杜圈等 23 个村庄的居民全部搬走，物品全部埋藏起来，实行空室清野。在外围的河西堤、东马庄、韩屯等 12 个村庄为军管村。村内驻有围城部队、民兵和青壮年，改造了村容村貌，民兵夜间值班、巡逻，在村边路口晚上布下地雷，白天起出。距城较远的 158 个村庄，实行了五户联防制。对坏人、可疑人员进行控制。这样，城内伪匪即使偷渡出城，也不易抢到粮食。后来，许铁英吸取王泽民抢粮惨败的教训，派小股匪徒出城，联系城外关系户，采取外运内接的办法搞粮食，曾一度得逞。针对伪匪的活动情况，永年县政府、公安队，在有关村庄同时开展了声势浩大的肃清国民党特务的群众运动，严禁藏匿和接济域内伪匪，对继续通匪者进行打击，使伪匪成为真正意义上的瓮中之鳖。

8 月，晋、冀、鲁、豫军区，把参加围城的独三团、二分区二团和冀南各分区，独立团组建为第十纵队，调赴陇海线主战场作战。同时把在漳南活动的临漳、成安、魏县三个县大队北调永年接防。随后，又对各县大队和一些零星部队进行整编，新组建了三个独立团：邯郸、南和、任县、柏乡、广平、永年大队编为独四团；武邑、景县、阜城、武城、聊城大队及三分区独立营一部编为独五团；临漳、成安、磁县、魏县大队编为独六团。改编后，独六团布署在漳河南岸的柳园，担负围困安阳的任务。独四团和独五团围困永年城，对围城部队的布防进行了调整。三分区司政领导机关驻韩屯，分区教导队驻南桥。独五团驻东桥，担负对城东半部的围困任务。独四团驻前、后当头，担负对城西半部的围困任务。围城工事向前推进到水边，并以营为单位，昼夜轮流值班警戒，夜间向工事前沿派出警戒哨，监视伪匪，另有永年、邯郸、鸡泽、曲周、肥乡5个县数千名民兵，配合部队行动。

9月，冀南军区，又从冀县、衡水县，各抽调六个民兵连，赴永年参加围城。此时，主战场上的解放大军，揭开了战略进攻的序幕，豫北的国民党军队，在人民解放军的沉重打击下，龟缩于安阳、新乡，只图自保，从9月17日起，停止了对永年城的物资空投。永年城内，伪匪大乱。9月18日，王泽民挑选了400名匪徒，由团长翟福礼率领，冲出西关，去抢西大堤外田地里的高粱。匪徒尚未接近大堤，即进入雷区，桩雷、挂雷纷纷爆炸。毛遂墓附近，用电发火的子母雷威力更大。在西大堤上的独四团，凭借修好的工事，居高临下，集中火力打击匪徒。结果，匪徒丢下83具尸体，仓皇逃回城内。伪匪抢粮惨败后，王、许匪徒经常为争夺粮食发生枪战。许匪司令部保存的1800斤救命粮，也被盗抢一空。匪徒们大部分因饥饿身体浮肿，向围城部队投诚的与日俱增。9月下旬，三分区指挥部判断，如国民党飞机再不空投，城内伪匪最多只能坚持一个星期。但他们绝不会坐以待毙，匪首和一部分顽固分子，一定会拼命突围，向安阳方向逃窜。为此，三分区于9月30日，召开团以上干部会，要求各团、营做好防止伪匪突逃的准备工作。会后发出役字第2号命令，通知永年、邯郸、成安、临漳各县民兵加强联防，并增调两个连的民兵到南大堡，加强下堤至莲花口一带的封锁；调五团八连到城西北角的魏圈。同时命令各处，加强巡逻，严密警戒，不分昼夜监视伪匪动向。

末日来临，广府城内，伪匪分崩离析。许、王匪首，一面派人接洽投降，一面准备突围。冀南军区首长，提出三个条件：一、交出钟毓麟和电台；二、四关兵力撤回城内；三、投降日期不得超过4日下午3点。犹如最后通牒，广府城的城门已关不住了。伪匪们纷纷出城投降，或一二十人，或六七十人。据投诚者说，匪首们紧急集合，已在安排出逃。10月4日晚，约千名匪徒，倾巢而出，孤注一掷，从城西北方向玩命突围，被冀南部队悉数围歼，击毙774人，生擒国民党守城长官钟毓麟。王、许二匪，金蝉脱壳，狡猾漏网，率170名残匪，夺路西逃。躲开大路走小道，连夜逃出二十里路，麇集贾口村，开始大肆抢夺食物衣服。把一个饭铺的一缸白面烙了饼，填饱肚子，换上农民衣服，又抢了八头牲口，驮运抢来的东西。转悠了一夜，窜到成安县吕庄，被冀南部队和民兵包围。经过激战，约莫有一个小时，五十多人被俘，七十多人被击毙。其中，铁磨头许铁英和王泽民罪恶的尸体，被运回广府城示众。

至此，被日寇蹂躏十四年，又被土匪盘踞两年近两个月的广府城，宣告解放。

作者：张幸元，中共永年区委党史研究室退休干部。

解放邯郸城部队一部在西大屯集结^①

王志刚

1945 年 9 月解放邯郸城前夕，八路军晋冀鲁豫军区解放邯郸城两支服装不同的部队在西大屯集结。部队住在各家各户民房内，与西大屯村民混住在一起，纪律严明，秋毫无犯。部队指战员每天给房东挑水，打扫院落；西大屯家家户户忙着烙大饼，每几户有一个组长（小街组长是李进堂）按时来收走烙好的大饼交给部队，为解放邯郸城部队准备干粮。全村一派亡忙碌碌、喜气洋洋、盼望邯郸城尽快得到解放的景象。战斗打响后，部队借用村民的镢头用作攻城时来刨城墙。西大屯地下农会组织青壮年人参加担架队，在枪林弹雨中穿梭，把伤员抬送到下庄后方医院。

解放邯郸城前一年，即 1944 年，西大屯人王守义开办的位于三家奶奶庙东侧的大清堂车马店里住进一位修理锁子配钥匙的人，不知名姓，穿着衣衫褴褛，在小东屋睡觉时只有一个破席片，也没有被子。他每天都挑着担子进邯郸城修锁子配钥匙，晚上回到车马店居住，担子上挂着的配好的钥匙锈迹斑斑，让人觉得他生意惨淡，难以糊口。解放邯郸城时，他提供了手绘邯郸城防草图，还带着部队把盘踞在邯郸城内伪顽郭化民的一座座弹药库的锁头，用事先配好的钥匙一把把地顺利打开。这时，西大屯人才知道他是党的地下工作者、八路军侦察员，既侦察情报，又为解放邯郸城机密地做着前期准备，纷纷赞佩共产党为了解放全中国，真是忠心耿耿，铁骨人生，革命一定能成功。

晋冀鲁豫军区司令部驻西大屯^②

1945 年 10 月 4 日，邯郸城解放；同年 11 月 2 日，邯郸战役（又叫"平汉战役"）大捷，邯郸城一带成了巩固的解放区。1946 年 3 月初，晋冀鲁豫边区党、政、

---

① 《西大屯村志》编纂委员会编：《西大屯村志》（前 386—2015），2019 年 4 月，第 332 页。

② 《西大屯村志》编纂委员会编：《西大屯村志》（前 386—2015），2019 年 4 月，第 332—333 页。

军机关从武安县伯延、同会、南文章、北文章等村相继迁驻邯郸市。据《邯郸市军事志》（2010年12月第一版）"军事组织·驻军"记载，"中央局和军区驻市郊，边区政府驻城内"。刘伯承、邓小平率领晋冀鲁豫军区司令部、晋冀鲁豫中央局机关进驻西大屯，直到1946年11月为了战备需要，边区党、政、军机关相继回撤到武安县冶陶，在西大屯前后历经九个月。晋冀鲁豫军区司令部、晋冀鲁豫中央局机关驻西大屯期间，军区司令部驻大街中段路南刘春堂家院落。该院是南北两进院的大院落，北院有邻靠大街的东西两侧的北屋各两间，中间是通往大街的院门；北院有东西厢房各三间，南面的花格隔墙中间开有连通南北院，并与临街大门相照映的1.5米等宽门；南院有每侧各分成三间、两间两套独立房屋的东西厢房，南屋五间是明三暗五两甩袖房。这座大院里，邓小平（时任晋冀鲁豫军区政治委员、中央局书记）和夫人卓琳住在南院的西屋三间房屋内，李达（时任晋冀鲁豫军区参谋长）住的是邓小平隔壁的西屋两间房屋，薄一波（时任晋冀鲁豫军区副政委、中央局副书记）和夫人胡明住在大院南院的五间南屋内，整座大院的其余房间是司令部机关。刘伯承（时任晋冀鲁豫军区司令员）和夫人汪荣华在大街中段路北郭连仲家西屋五间居住。宋任穷（时任晋冀鲁豫军区政治部副主任、中央局组织部部长）和夫人钟月林住在王家胡同中段路西王明书家西屋五间。首长们的住室也是办公室，他们的子女与他们居住在一起。军区警卫连驻在魏家胡同魏华诚的院落，话务班、电台设在李家拐胡同张廷凯家，卫生所驻王家胡同中段路西王明书的大院内，与宋任穷同在一个院落。西大屯家家户户都住有军区、中央局的八路军指战员、工作人员，这些指战员和机关人员、首长和他们的家属与房东混住在一个院落，结下了深厚的感情，有的相互之间还成了好朋友。

晋冀鲁豫军区司令部、晋冀鲁豫中央局机关驻西大屯

晋冀鲁豫军区司令员刘伯承在西大屯的住所原址外部

晋冀鲁豫军区驻西大屯期间，开展整军练兵，连续取得了陇海、定陶、鄄城、闻夏、同蒲、临浮等战役的胜利，取得歼灭国民党军 7.5 万人的重大胜利，沉重地打击了其进攻解放区的嚣张气焰，为转入战略反攻，夺取全国解放，起到重大作用。

保卫邯郸解放区　保卫军区机关和首长安全　保卫土改胜利成果[①]

西大屯民兵队成立于邯郸城解放不久的 1946 年春，成立伊始，就投入了保卫邯郸解放区，保卫晋冀鲁豫军区、中央局，保卫土改胜利成果的勤务。民兵在村庄各个出入口设有固定岗，在那里站岗放哨。固定岗在村庄东面是大街东头、后街东头的村庄口各一个，西面是后街路北王振天家与路南王守纯家之间老阁处的村庄口，南面在仓官路中段路东苍龙祠庙处的村庄口，北面在孟仵后路口（现邯钢四轧钢西侧），以及大街老舞台进出村庄口，南街西头村庄外向下庄村走的路斜角处马王爷庙进出村庄口，现村庄西南方向三官庙旧址进出村庄口，村庄东南角杜智信门前，共设有九个。土地改革完成之前，民兵坚持不分昼夜地在这些固定岗武装站岗放哨，还在村庄内持枪流动巡逻。民兵在固定岗、流动岗值守巡逻，主要是为了防止外村逃亡地主进入村庄、西大屯地主逃出村庄，防止邯郸城及附近地域内国民党特务、土匪恶霸、国民党军残余、不法地主富农等势力的破坏活动，监控地主富农，盘查过往陌生、可疑人员，维护村内治安，保卫胜利果实。

1946 年 3 月初至 11 月晋冀鲁豫军区司令部、中央局机关驻西大屯期间，西大屯民兵队挑选出政治上靠得住、责任心强、身体素质好的民兵，配合警卫连战士一同在村庄内外站岗巡逻，昼夜武装守护邯武公路和京汉铁路，保卫晋冀鲁豫军区、中央局机关、首长的安全。

1946 年 9 月，西大屯农会将土地改革中没收地主的财产，征收富农财产的多余部分，接收"拥护户"献出的物品，统一将骡、驴、马、犁、耧、锄、耙等生产工具，桌椅板凳、被褥衣服、锅碗瓢盆、粮食布匹等生活资料，集中存放在大街中段路南王玉山家后边的大坑内，由民兵队长张俊华、武委会主任王守岐带领民兵，不分昼夜地持枪看守土改"胜利果实"，防止破坏活动，保证物品完好无损。

---

① 《西大屯村志》编纂委员会编：《西大屯村志》（前 386—2015），2019 年 4 月，第 347 页。

支前、拥军 ①

解放邯郸城部队一部在西大屯集结期间，西大屯家家户户都忙忙碌碌地给部队烙大饼，每几户有一个组长按时来收走交给部队，为解放邯郸城部队准备干粮。攻城战斗打响后，西大屯的王守章、王守贞、魏庆友、郇德修等壮年人参加担架队，顶着枪林弹雨，把伤员抬上担架，快步送到下庄后方医院。1945 年 10 月 24 日开始的邯郸战役期间，西大屯组织的担架队把在崔曲、阎家浅、左良一带与进犯的国民党军激战中受伤的晋冀鲁豫野战军战士急速抬送到后方野战医院。

作者：王志刚，邯郸市丛台区国防教育办公室原主任。

①《西大屯村志》编纂委员会编:《西大屯村志》(前 386—2015)，2019 年 4 月，第 350 页。

我给首长当警卫员 [1]

王泽民口述　杜金钊　魏子义整理

我叫王泽民，又叫王祥，1926年11月28日生人，是咱西大屯村的人。1946年7月，我自愿参加了晋冀鲁豫野战军。1948年6月加入了中国共产党。参军后是警卫连战士。1946年11月，随连队调往晋冀鲁豫军区司令部警卫连，担负保卫军区第二副司令员兼第六纵队司令员王宏坤，军区副政委、中央局副书记薄一波的警卫任务。

为了搞好晋冀鲁豫解放区的土改运动，1947年10月至12月，晋冀鲁豫中央局在武安冶陶召开了贯彻执行中共中央《中国土地法大纲》会议（史称"冶陶会议"。编者注）。担任会议保卫任务期间，为了保卫党的秘密，由于我在挖防空洞时成绩突出，被部队授予三等功奖励。1948年2月，我随连队调去担负保卫晋冀鲁豫军区副司令员徐向前的任务。这年6月晋中战役期间（此时晋冀鲁豫军区与晋察冀军区合并为华北军区，徐向前改任华北军区第一副司令员，兼华北野战军第一兵团司令员兼政治委员。编者注），因保卫徐向前安全，我在山西榆次（现晋中市榆次区。编者注）城西门口夜间站岗时，击倒并捕获了一名国民党特务，徐向前亲自签署授予我二等功。同年7月，在攻打祁县战役中，尚在病中的徐向前需坐在担架上指挥战役，我们四名警卫战士在崎岖难行的道路上，用担架抬着徐向前行走五六公里，奔赴前线指挥作战。

1949年5月，在陕西宝鸡城东，我因受命急送密件，在途中骑着自行车不慎撞倒一名儿童，由于任务紧急未作停留。当任务完成后，我到男童的家中看望并赔礼道歉，又用我的津贴赔偿其损失，受到男童家长及邻居亲友的好评，称赞解放军战士真是人民的子弟兵。男童的爷爷是城里街道的大组长，带领群众向司令部送来表扬匾。此举在部队和地方引起不小的震动，为此徐向前亲自提名授予我二等功。

1951年我在成都空军第四航校，攻打太原时俘虏的国民党兵赵二生调往我所在

---

①《西大屯村志》编纂委员会编：《西大屯村志》（前386—2015），2019年4月，第661页。

的警卫连。他和一女人关系暧昧，影响极坏。班长和我同时对他谈话进行教育，引起赵对班长心怀不满，伺机报复。一天乘夜间下岗后，他对班长下毒手，结果未打准班长却枪杀了另一名战士，在赵弃枪逃跑时被我当场抓获。后查清那个女人是一名国民党特务。我因此被部队授予三等功。

1952年5月，部队首长给我安排到地方工作，因我文化程度有限，难以胜任，才确定我退伍回到原籍西大屯。

（此文由王泽民于2009年6月7日口述整理，其病故于2009年9月。）

与汪荣华大姐相处的岁月 [1]

阎秀珍口述　王福昌整理

1946年3月，刘邓大军从邯郸城西部山区进驻到俺西大屯村，一直到11月，司令部就设在俺村大街路南刘春堂家的深宅大院里。刘伯承司令员和他家属的住宅在大街路北郭连仲家的高门楼四合院里，与俺家正好是对门邻居。有一天，俺一大早就与丈夫霍炳兰下地里干活。那年俺才20岁，干起活来不惜力，渴了就喝些凉水。也不知咋的，那天喝了凉水后就觉得肚子疼，而且一阵比一阵疼得厉害。无奈，丈夫老霍只好一步一步地把俺搀了回来。待俺快要进家门时，走来一位身着军装、身材高大、长得端庄秀丽的女军人，看上去大约有二十八九岁。她见俺弯着腰，面色苍白，头冒冷汗，呻吟不止，肚子疼痛得厉害，就急忙上前问明情况，随即让她身边的战士请来了军医给俺诊治。大约有一袋烟的工夫，俺的肚子疼给止住了。这位女军人又让战士端来一碗红糖水让俺喝，还关切地问俺："大妹子，这会儿好些了吧？"面对这位和蔼可亲的军人大姐，俺感动得不知说什么才好。后来听战士们说，她就是刘伯承司令员的夫人汪荣华。

从那以后，俺和汪荣华就相识了。每次见到她，总感到她是那么的亲切、厚道、和蔼，就像俺的大姐一样。大概是她与俺是对门邻居，串门来往方便吧。不，或许是刘司令员夫人与俺有缘分吧，这是俺多次与丈夫老霍说的悄悄话。俺常常见到她对战士们也是那么的亲切、关心，与俺们街坊邻居也是那么的随和、近乎。记得俺邻居家的孩子王小孬（即王凤义，曾任西大屯党支部书记。编者注）、郑小润（即郑俊，曾任西大屯党总支书记。编者注）常和她的大儿子（即刘太行。编者注）在一起玩耍。她待孩子们也很好，一点官太太的架子也没有。

---

①《西大屯村志》编纂委员会编：《西大屯村志》(前386—2015)，2019年4月，第659—660页。

《邯郸市革命传统故事卷》刊登的王福昌《与汪荣华同志相处的岁月》

后来，俺与她接触多了，她给俺讲了许多抗日救国的故事，讲了许多八路军战士英勇杀敌的故事，讲了人民子弟兵打老蒋（即蒋介石。编者注）是为了解放全中国，让穷苦人过上好日子的道理，渐渐地使俺这个一字不识的农家妇女，懂得了"人民军队和老百姓是一家人，合起心来才能打倒反动派"的革命道理。有一天，丈夫老霍对俺说："快中秋节了，刘伯承司令员和邓小平政委要宴请咱村全体农协干部，了解民情，还救济困难户哩！你是妇救会成员，做点啥贡献呀？"俺说："俺一个字都不识，不知道啥叫贡献，俺要帮助汪荣华大姐做些俺女人能干的活。"说到做到，俺抽空就到刘司令员家，帮助汪荣华大姐为警卫战士洗衣裳、拆洗被褥，还干些家务活。有时忙到深夜，汪荣华大姐就派警卫战士护送俺回家，俺觉得怪不好意思的。

有一次俺纳了 20 双鞋垫，送给了汪荣华大姐，警卫战士都高兴得合不上嘴。大个子战士老王和矮个子战士小李向汪荣华大姐说："汪同志，阎妹子这个人心眼好，干活麻利，又是穷苦人出身，您跟司令员请示一下，让她参军当个保育员，蛮合适的。"后来刘司令员真的答应了。汪荣华大姐对俺说："告诉你，我很喜欢你，刘司令员也不止一次在我面前夸你。咱们部队需要你这样的女同志，欢迎你入伍。"俺高兴极了，就跟丈夫老霍商量这件事。开始他不同意，说："一个女人家，参什么军，在家与我安分守己地过日子吧！"说实在的，俺真愿意跟随刘邓大军去打仗，同汪荣华大姐在一起工作。后来刘司令员和邓政委给俺家老霍做思想工作，动员俺们夫妻一同参军。老霍也动了心，俺高兴得都流出了眼泪。

不巧得很，这时俺感染上了伤寒病。部队就要出发了，军令如山，刘邓大军要离开邯郸，可俺的病还没有好，参军的事是没指望啦。俺拖着虚弱的身体，悄悄地为汪荣华大姐做了一双棉鞋。临别时我说："汪大姐，俺没有什么送您，请您收下大妹子的一片心意。"汪荣华大姐接过这双鞋，热泪盈眶，深情地说："阎妹子，我多么希望咱们姐妹能在部队共事啊，可惜你不能走了。我作为军人送给你十双丝织袜子，表示一点心意，给你作个纪念吧！"就这样，汪荣华大姐穿着俺亲手给她做的棉鞋，踏上了新的征程。俺拿着大姐赠给的袜子送别了部队，直至子弟兵的影子消失，俺还久久不肯离去。

每当回忆起与汪荣华大姐相处的岁月时，俺的心情便久久不能平静。在这短短的岁月里，她给俺留下了一个高尚的老红军、老八路军战士的光辉形象，她带走了俺西大屯村一名普通农妇的真挚之爱。俺多么想念汪荣华大姐呀！俺真切地希望还能再见到她一面！

（曾刊载于《邯郸市革命传统故事卷》，中国民间文艺出版社 1990 年版，刊载时的题目是《与汪荣华同志相处的岁月》。）

晋冀鲁豫边区政府在庞村初探

李淑兰　马禄江

打开新中国财经发展史，很容易会看到，在1946年全面内战爆发初期，晋冀鲁豫边区在邯郸市西南郊区庞村召开了一次重要的财经会议，史称"庞村会议"。1946年11月15日，中共中央给晋冀鲁豫中央局发去电报，高度肯定和赞扬了庞村会议所取得的重大成果，同时转发给其他各解放区，指出："这是一个伟大的成绩，是在战争中一个有重大价值的会议，望各地切实研究参考。"这么重要的一次会议，为什么会在名不见经传的庞村召开？这个不起眼的小村庄，究竟尘封着一段怎样的历史呢？带着一系列的疑问，复兴区委党史研究室展开了深入探查考证。

独特的地理位置

复兴区庞村位于邯郸市区西南部，抗日战争和解放战争时期归邯郸县管辖，距离老城区约6—7华里，东侧紧临京广铁路，西与西大屯村相接，北与孟仵村相连，京汉铁路火车站紧裹其中。不仅有铁路之便，庞村还西临邯武公路。1921年建成通车的邯武公路，"经过邯境西南庄、孟仵村、彭家寨、酒务楼……"①向西直通武安。同时，抗日战争胜利后，1946年，随着晋冀鲁豫边区党政军重要机关迁驻邯郸市，为了加强晋冀鲁豫边区首府邯郸与延安等地的联系，在孟仵庞村一带修建了飞机场。

抗日战争时期的秘密情报站

独特的地理位置和便利的交通，使附近村庄人民生活相对殷实，多有大户人家，也成为抗日战争时期，中国共产党和日军重点关注的战略要地。据村民讲，1945年

---

① 郝良真、孙继民：《邯郸近代城市史》，吉林大学出版社2022年版，第112页。

至新中国成立前，渚河从庞村中间穿过，河岸两边住着何、闫、马、李四大姓人家，全村约有 160 余户 1200 余口人，自己家中有 20—30 亩土地的富裕人家就有 10 多户。新中国成立前，庞村马连田（其父马老正）一家弟兄 8 个，是庞村首富大户。

1937 年 10 月 17 日，日军侵入邯郸后，"1940 年，谷口旅团进驻邯郸，司令部设在铁路西"。"1941 年，日军独立混成旅第 1 旅团 2961 部队，约有 1 万余人，进驻邯郸西兵营（今邯钢、孟仵一带）"。① 并且，在孟仵村（原汽车配件厂一带）还设有野粮厂仓库，实际也是日军的一处兵站和重要的特务机关。② 庞村紧临孟仵村，也必然常有日军驻扎活动。1940 年"夏，八路军一二九师青年纵队在庞村一带伏击日军，击毁敌人汽车数辆"。③ "日军占领邯郸以后，驻扎在城西孟仵村、王郎村、庞村一带的日军，经常到百家村一带抢掠财物"④，并制造了骇人听闻的百家村惨案。为了收集、侦察敌人情报，准确掌握敌军动向，"1942 年在邯郸县建庞村情报站"⑤。另据《中共邯郸县历史》⑥ 记载"1942 年冬，太行五分区情报处在邯郸庞村建立邯郸情报站，站长朱贵，参谋马维群"。庞村成为太行五分区在邯郸市开展抗日活动的重要联络点，多次出色完成上级交办任务。比较突出的如：1942 年至 1943 年 10 月间，"邯西区干队在庞村情报站马维群的带领下，夜袭日棉专学校，俘敌 4 人，其中日本翻译 2 人，缴获一部分武器弹药"。⑦ 庞村人马维群、闫振国等"组织夜间偷袭日军2961 司令部，缴获炮弹（枪支）数百发，先运到庞村，然后由庞村秘密选派两辆大马车运到了太行军区司令部"。⑧

由此可见，在抗日战争时期，庞村既存在复杂的敌情现状，中国共产党在庞村也打下了良好的工作基础。据《邯郸市志》⑨ 记载，1945—1948 年期间，庞村在民兵出操比赛中，多次获得第一名。

---

① 《邯郸市复兴区军事志》编纂委员会编：《邯郸市复兴区军事志》，2013 年 7 月，第 83 页。

② 郝良真、孙继民：《邯郸近代城市史》，吉林大学出版社 2022 年版，第 214 页。

③ 邯郸市复兴区地方志编纂委员会编：《复兴区志》，中国县镇年鉴社 1999 年版，第 19 页。

④ 郝良真、孙继民：《邯郸近代城市史》，吉林大学出版社 2022 年版，第 222 页。

⑤ 中共邯郸市委党史研究室：《中国共产党邯郸历史》第一卷（1919—1949），中共党史出版社 2001 年版，第 155 页。

⑥ 中共邯郸县委党史研究室编：《中共邯郸县历史》，1999 年版，第 240 页。

⑦ 中共邯郸县委党史研究室编：《中共邯郸县历史》，1999 年版，第 244 页。

⑧ 邯郸市地方志编纂委员会编：《邯郸市志·第五卷》，方志出版社 2015 年版，第 593—594 页。

⑨ 邯郸市地方志编纂委员会编：《邯郸市志·第五卷》，方志出版社 2015 年版，593—594 页。

晋冀鲁豫边区政府迁驻庞村

1945 年 10 月 4 日，邯郸解放，古城邯郸迎来了新生。10 月 10 日，为巩固邯郸这个位于平汉线上的战略要地，中共冀南区党委决定，以邯郸县为基础，设置邯郸市。1946 年 2 月底 3 月初，中共晋冀鲁豫中央局、晋冀鲁豫边区政府、晋冀鲁豫军区等党政军重要机关相继迁驻邯郸市，中央局驻市西郊的庞村，边区政府驻原伪冀南道尹公署（原邯山区政府大院）内，军区司令部驻西大屯 [1]。庞村成为晋冀鲁豫边区党政军首脑机关进驻邯郸市的防空驻地。边区政府主席杨秀峰 1982 年 6 月 20 日在"就有关晋冀鲁豫边区政府几个问题的答复"中记述："一九四六年旧政协召开，国民党被迫停止内战。这年二月，边府由武安龙泉村进驻邯郸市。七月国民党又发动内战，边区政府由邯郸城内暂移城郊庞村办公，十月返回老区武安冶陶附近三王村。"边区政府副主席戎子和回忆"1946 年夏天，刘邓大军出击陇海路以后，国民党就开始了对解放区的狂轰滥炸。为了防空，边区各机关搬到邯郸西南七八里路的庞村一带办公"。

召开庞村会议

在庞村村内贯穿东西的大街（原渚河河道）中段路北，有一个文化广场，广场的东面墙上，悬挂着有关"庞村会议"的宣传图片。听原庞村副书记郭海平讲，这里就是晋冀鲁豫中央局 1946 年 9 月召开"财经会议"的故址，这里原是一座临河而居、坐北朝南的四合院，占地面积约 520 平方米，有北房 5 间，东西厢房各 9 间，南房 5 间，街门设在南房最东一间，迎门是以东厢房南墙为依托的影壁墙。邯郸解放后，随着党的工作由地下转入地上，庞村和其他村一样，成立了农会，办公驻所就设在这座院内，同时，这里也是中央局留守处人员住所、民兵连部、小学校、村医务室。2013 年因房屋老旧破损，拆除后改为文化广场。

1945 年 8 月，抗日战争胜利后，蒋介石国民党集团不顾广大人民群众渴望稳定生活和建设和平、民主新中国的热切期盼，企图独占抗战胜利成果，让中国走回抗

---

[1] 秦基伟：《秦基伟战争日记》，新华出版社 2013 年版：1946 年 9 月 28 日，"天气甚好，午前九时半离开赤岸到涉县县城乘汽车，沿途很顺，午后五时到达邯郸，稍休息即赴大屯司令部"。

战前的老路。但是，由于当时国民党的军队主要集中在我国的西南、西北地区，而日军主要被中国共产党领导的敌后军民包围在华北、华中和华南的重要城镇和交通要道上。于是蒋介石一面伪装和平，电邀毛泽东去重庆"共同商讨""目前各种重要问题"，一面在美国的帮助下，积极向前线大规模调兵，阴谋挑起内战。在完成战争准备后，1946 年 6 月，蒋介石国民党集团罔顾刚刚在重庆谈判中达成的"双十协定"，撕毁停战协定和政协协议①，悍然向解放区发动全面进攻。

面对不可避免的大规模内战，军费骤增，解决财经问题成为中国共产党迫在眉睫的首要问题。中共中央指出：必须一切依靠自力更生，做持久打算。为了应付长期战争，解放区应有计划地发展生产和整理财政，坚决实行发展经济、保障供给、统一领导、军民兼顾、公私兼顾等方针。在财政供应上，既要满足自卫战争的物质需要，又要使人民生活有所改善。同时，必须提倡节约，力戒浪费。晋冀鲁豫边区积极贯彻中央指示，"1946 年 9 月中下旬，晋冀鲁豫中央局召开财经会议，专门研究财经工作如何长期支持部队作战，抵御国民党在军事上的全面进攻。为使会议能够解决根本问题，会议的地点选在了邯郸郊区防空驻地庞村，因此这次会议又被称作庞村会议。"②

庞村会议在封闭状态下召开，所以周边村民知之甚少，笔者从《中国人民银行成立纪事》查阅到：当时因刘伯承邓小平在前线指挥作战，这次会议由时任晋冀鲁豫中央局副书记的薄一波主持，边区政府、军区、财经、供给等有关领导参加。会议持续了半个月，主要是围绕三个互为矛盾的基本问题展开的，即在十四年抗战农村经济枯竭的情况下，人民负担能力究竟有多大、能支持多久？最低限度需要养兵多少，始能继续作战？党政军民生活待遇标准，应有多高始能维持？经过充分讨论和大量的反复计算，会议最终找出了三个核心管控指标：一是人民人均负担不能超过小米 4 斗至 4 斗 2 升（全区人均年收入的 15% 至 20%）。二是养兵不能超过 30 万人（约占全区人口的 1% 至 1.5%）。三是一个士兵的年费用，不能超过小米 15 石（约 2400 斤）。会议指出，这三个核心管控指标是红线，不能触碰。庞村会议期间，代表们还运用这三个核心管控指标，对军队和地方预算，逐一进行详细核算，结果使军费预算核减了三分之一。

---

① 重庆谈判之后，在国内国际大形势的逼迫之下，蒋介石同意按照"双十协定"的规定，召开政治协商会议。12 月 16 日，以周恩来为首的中共代表团抵达重庆，参加政治协商会议，并于 1946 年 1 月 5 日同国民党当局达成关于停止国内军事冲突的协定。同一天政治协商会议在重庆开幕，历时 22 天，在政府组织案、国民大会案、和平建国纲领、军事问题案、宪法草案五面协议之后，于 1 月 31 日闭幕。

② 中共中央党史研究室：《中国共产党历史》第一卷下册，中共党史出版社 2002 年版，第 19 章。

同时，也是在这次会议上，晋冀鲁豫中央局决定成立中央局、区党委两级财经委员会，对外称军政联合财经办事处（简称财办）。它的建立标志着晋冀鲁豫解放区财经管理体制由过去分散、各自为政的管理模式，快速走向了集中统一，从而为三个核心管控指标真正发挥作用，创造了条件，提供了组织保障。

1946 年 10 月 27 日，晋冀鲁豫中央局致电中共中央，详细汇报了在庞村召开的财政会议情况。11 月 15 日，中共中央给晋冀鲁豫中央局发去电报，高度肯定和赞扬了晋冀鲁豫中央局 9 月财政会议所取得的重大成果。也是在 15 日这一天，中共中央将晋冀鲁豫庞村会议的情况报告转发给了各中央局、区党委，并作出重要批示："在空前大规模长期激烈的内战中，各解放区的财政与经济问题，是一个最重要的问题，各解放区领导机关对此必须严重注意，精密计算，给以正确领导，并动员全党全军及全体人员克服各种困难，以供应战争的浩大消耗，同时又保持人民的生活水准，才能争取战争的胜利。否则由于财政经济的困难及混乱，可以直接妨害与瓦解我们的战争机构，尤其要破裂我们与人民群众的亲密联系，而使战争归于失败。现特将晋冀鲁豫中央局 9 月财政会议的报告转发各地。他们这个会议从思想上又从实际上正确地解决了财政问题中的许多基本问题，并核减全部预算的三分之一，而不影响战争的进行，这是一个伟大的成绩，是在战争中一个有重大价值的会议，望各地切实研究参考，并将各自整理财政经济的经验电告。"

可以说，正是庞村会议的成功，使晋冀鲁豫解放区在中国共产党与国民党进行军事、财经斗争的战场上，率先打响了统一财经、科学整合资源的第一枪。

老屋的守候

获得新生的古城邯郸，在党的领导下，发生着沧海桑田的涅槃蝶变。原来处于城郊的庞村已成为主城区的一部分，昔日穿村而过的渚河河道变成了宽阔平整的油漆路，河道两旁低矮的茅屋平房也大多由现代化的新建筑替代。

由村东沿着村内大街向西，在大街中段路北，庞村会议的东侧，向北走过一段窄小的胡同，一座残破的老院掩盖在荒草之下，老院是传统的北方民居建筑，有北屋 5 间，西厢房 3 间，东厢房两间，占地面积 200 多平方米。据村民讲，晋冀鲁豫边区政府驻庞村期间，时任边区政府主席的杨秀峰曾在北屋居住，东厢房是厨房，西厢房是警卫员的住所，微风吹过，草木摇曳，仿佛在向我们讲述那段尘封的故事。

据今年已经 72 岁的焦文庆老人讲，他的父亲焦玉清早年间是个厨子，手艺很好，十里八乡的乡亲们谁家有红白喜事，都请他去做饭。1946 年 7 月，边区政府搬到庞村后，除杨秀峰外，都在大队（村农会）办公。焦玉清被安排过来做饭。当时有两个食堂，焦玉清只负责在小食堂给各位领导做饭。由于焦玉清做饭麻利好吃，多次受到表扬，还有两次在大喇叭上通报表扬。边区政府搬到武安冶陶后，焦玉清还跟着过去做了 20 多天的饭。离开时，杨秀峰主席问他是愿意跟着他们走，还是留在当地工作。考虑要照顾家人，焦玉清选择了留在当地工作。新中国成立后，在 1956 年，杨秀峰还挂念着这位老乡的生计问题，并在他的帮助下，焦玉清老人得以在北京煤炭部下的建安公司找到了工作。

原二十五中书记，庞村人马禄江回忆，1986 年 12 月 18 日，他有幸参加北京大学第三届办学工作及表彰先进工作者优秀学员大会。会后，他对时任全国政协常委的李燕杰说"宋老曾在庞村住过……"。于是李燕杰就带他在人民大会堂第 18 号会议室见到了时任中央政治局委员、中央顾问委员会常委、副主任的宋任穷。宋老对他说"我在马尼的（马运山）家住过，他家在庞村东头，街门朝东，门前有很大一块平地，家里有两台洋织布机，织的白布都低价卖给了我们……"。

庞村人闫秀芹（95 岁）、何永祥（81 岁）、马黑群（80 岁）、马芳兰（79 岁）回忆，1946 年期间，庞村有 3 台比较先进的洋织布机，马运山家 2 台，马成群家 1 台。马黑群回忆，"小时候曾到马运山家看过那两台洋织布机。1956 年公私合营后，两台织布机交给了国家"。马芳兰回忆，"我家也有一台洋织布机，用这台织布机，母亲马文荣每天能织一匹（合 100 尺、10 丈）布"。

1946 年 5 月，庞村村民响应政府号召，积极给冀中纵队第二支队筹备物资，平均每户捐小米 15 斤或盐 3 斤或木柴 30 斤（三选一）。在当时村支部书记毕春祥和农会主任王士俊的宣传发动下，全村两天共捐物资 900 余份，保证了冀中纵队第二支队休整期间的住宿补给。

1946 年 5 月，"晋冀鲁豫中央局民运部长聂真等，深入庞村搞土改试点工作"。[①] 庞村进行土地改革，不分男女老幼，分良田约 3 亩，旱地 1 亩，贫苦人家有了属于自己的土地。

据焦维清回忆，1946 年 11 月，为建立地方政府，发展地方武装，邯郸市成立了区干队。庞村人焦维清、何群堂、闫兆珍、何金才、马明贵等 5 人参加邯郸治安和保卫工作，成为庞村第一批入伍军人，他们过着部队生活，每月领 8 角钱的津贴。当

---

① 邯郸市复兴区地方志编纂委员会编：《复兴区志》，中国县镇年鉴社 1999 年版，第 20 页。

时，每个村大概有 3—5 人负责本村政府保护工作。1949 年 12 月，他们复员回家，政府给每人发 100 斤小米、100 斤绿豆、两床被子和 5 块钱零花钱。

作者：李淑兰，中共复兴区委党史研究室主任。

马禄江，原邯郸市二十五中书记。

解放战争时期邱县土地改革概述

一、贯彻《五四指示》，实现耕者有其田

在党的领导下，邱县人民经过1943年的大灾荒，开展了生产自救和轰轰烈烈的大生产运动，通过开荒生产、减租减息、增资增佃等一系列措施，减轻了人民的负担，改善了经济状况，提高了农民的生产积极性。1946年5月4日，党中央发出《关于清算减租及土地问题的指示》即"五四指示"。10月，中共冀南区一地委在北馆陶召开了县委书记会议，地委书记许梦侠传达了中共中央"五四指示"精神，提出要在全区迅速开展民主斗争，实现耕者有其田，邱县县委副书记张健三参加了会议。邱县县委根据地委会议精神迅速作出了具体安排，在全县范围内掀起了广泛发动群众，开展斗地主分田地的群众运动。

在这次群众运动中，邱县县委坚决执行党中央的各项政策，坚持了以下四点原则：①对汉奸、恶霸、大地主和豪绅要进行坚决斗争，清算其罪行并给予重罚，除留给他们每人几亩地、几间房外，没收其他全部财产，使其生活维持在中农以下水平。②采取仲裁调解的办法查减富农的土地和房屋，维持其中农以上的生活水平；③对于比较富裕的中农让其自动交出部分土地和浮财；④对于是烈军属和干部家属的豪绅地主采取反复做工作的办法，让其拿出部分土地、房屋和浮财，使其生活维持在中农水平之上。

在分配斗争果实的问题上，县委采取自报评议的办法，按等级分配，具体掌握原则是：①照顾无地或少地农民，达到耕者有其田；②对地主交出的房屋和浮财是有啥分啥，彻底干净快速分清，不留任何尾巴；③烈军属和对抗日有功的人家在分浮财时比一般同等阶级的户要高一级照顾；④对伪顽家属，在分配斗争果实时一般要少于普通群众；⑤体现男女平等，提高妇女地位，凡参加斗争的妇女，得到的斗争果实同男子一样；⑥在土地和房屋分配上，实行根据需要填平的精神，即没地少地的分地，没房少房的分房。

通过这次群众斗争运动，全县80%至90%地主、富农的土地、房屋、生产资料

和浮财被没收，2.1万余名赤贫雇农，先后分到了土地10余万亩，房屋2万余间，大车2000余辆，牲畜7000余头，还有大批粮食和其他物资。基本上解决了农民的土地问题，实现了耕者有其田的目的，极大解放了农村生产力。一大批积极分子在斗争中成长起来，加入了党组织，夯实了党组织在农村的根基和力量。

二、落实《中国土地法大纲》，完成土地改革

1947年9月13日，中共中央在西柏坡召开了全国土地会议，正式通过了中国共产党新民主主义土地革命纲领——《中国土地法大纲》。《大纲》规定：废除封建性及半封建性剥削的土地制度，实行耕者有其田制度。乡村中一切地主的土地及公地、由乡村农会接收，连同乡村中其他一切土地，按乡村全部人口，不分男女老幼，统一平均分配，在土地数量上抽多补少，质量上抽肥补瘦，使全体人民均获得同等的土地，并归个人所有。

同年10月，晋冀鲁豫中央局在武安冶陶召开了土地工作会议，就如何进一步贯彻落实全国土地会议精神，搞好土地制度改革做了安排部署，县委副书记张振远、县委委员张继原参加了会议。根据《中国土地法大纲》和晋冀鲁豫土地工作会议精神，结合邱县土地改革工作实际，邱县县委对下一阶段土改工作进行了安排部署。下一步土改工作的主要任务是划分阶级成分、平分土地、颁发土地证。

划分阶级成分。正确划分阶级成分是农村土地改革中的一项非常重要的工作，是贯彻党的土改政策的依据和基础，必须谨慎对待，扎实做好。邱县县委认真学习了毛泽东的《怎样分析农村经济》《中国土地法大纲》及《关于土地改革中各社会阶级的划分及其待遇的规定》等一系列文件，着重组织广大群众认真学习了《中国土地法大纲》《中共中央关于划分农村阶级的决定》等有关文件。搞清楚了怎样划分阶级成分，划分阶级成分的依据是什么，主要解决了划分阶级成分过程中存在的以下三个问题：①地主和富农的界限问题；②富农和富裕中农的界限问题；③划分阶级成分依据的时间问题。在学习文件的基础上，各村成立了贫农团，并根据村子大小下设若干个评议小组。首先每家根据占有的土地、房屋和财产多少，对照划分标准自报成分，然后各评议小组进行评议，贫农团审查后公布第一榜；发动群众提出修改意见，展开讨论，农会根据群众的意见修改后公布第二榜；再让群众提意见，个别问题进行适当调整，最后由农会会员大会通过，列出第三榜，确定阶级成分。经过划分阶级成分，分清了敌我，地主和富农属于剥削阶级，是革命的对象；雇农和贫农属无产阶级，是革命的

依靠力量，中农（包括富裕中农）是争取和团结的对象。

平分土地。划分阶级成分工作结束后，全县开展了平分土地工作，因邱县"五四"土改运动搞得比较好，所以这次平分土地按照"抽多补少""抽肥补瘦"的原则进行，主要是填平补齐。根据县委要求，各村都组成了以农会为主，由贫雇农和积极分子参加的评议委员会；评议委员会下分若干评议小组，先由各评议小组讨论拿出平分土地初步意见，最后由评议委员会确定对地主的土地、房屋和浮财的分配方案，张贴上墙由群众评议，群众无意见后实施。方案规定，贫农、雇农和长工为一等，下中农（有的村称新中农）为二等，中农为三等，一等分土地、房屋、浮财，二等填平补齐，三等只分浮财，不分土地和房屋。如马头东关村在分恶霸地主胡金榜的财产时，赤贫农胡金柱在斗争中表现积极，家有 12 口人，分得土地 70 亩，房子 10 间，还有立柜、桌椅、农具、粮食和浮财等；长工刘文宾 1 口人，分得土地 5 亩，房子 3 间和部分浮财。许多贫农根据自己土地和房屋多少与全村平均数进行比较，低于全村平均数的补齐，原来分的土地比较瘦的，再和较肥的土地进行合理搭配，中农仅分得了部分浮财，这样经过平分土地，在全县基本上实现了耕者有其田的目的。

颁发土地证。抽补工作结束后，开始颁发土地所有证，以确定地产。这是这次土改中最后一项，也是最主要的一项工作，关系到千家万户的利益，每户农民都非常关心。因此，县委强调一定要认真仔细地开展这项工作，决不许马虎从事。首先大力宣传和讲解颁发土地证的重要意义，提高思想认识；其次成立计算组、丈量组、填写组、抽补发证组，做到土地丈量准确，地界地边无纠纷异议；然后颁发土地证，土地证由县政府统一印制。各项工作完毕，填写土地证后，再经逐户核对无误后召开发证大会。颁发土地证后，宣布以前的一切旧地契、房契全部作废，所有一切土地和房屋以新地契、新房契为准。颁发土地证的大会就是庆祝胜利完成土地改革的大会，宣告农村土地改革胜利完成。

通过农村土地改革，彻底消灭了统治中国两千多年来的封建剥削制度，实现了耕者有其田的愿望，使广大劳动人民在政治上、经济上得到了彻底解放，大大解放了农村生产力，有力地促进了农村经济的发展。

三、 结合土改整顿党组织

1948 年 1 月，冀南一地委在柳林召开了全区土改整党会议，各县区以上党员干部参加了会议，县委副书记张振远等 103 人赴柳林参加了会议。这次会议以整党为主线，以学习贯彻《中国土地法大纲》总结和检查土改工作为主要内容。会议指出了农民的土地问题还没有彻底解决，要求干部必须提高认识，对土改进行全面复查。要求与会党员干部都要开展三查三整（查阶级、查思想、查立场，整顿作风、整顿纪律、整顿组织）运动，纠正党的组织不纯、作风不纯和土地改革中的问题，解决斗争中阶级立场和思想作风问题，为搞好土改打下坚实的基础。

1948 年 2 月 22 日，中共中央发出《关于在老区半老区进行土地改革工作与整党工作的指示》，《指示》总结了"五四指示"贯彻以来各地土改工作和整党工作的经验，指出了土改、整党的方法、步骤和政策，为各解放区党委如何搞好土改整党指明了方向。随后，邱县召开了全县干部大会，对全县土改和整党工作进行了具体安排部署，成立了由县委书记康敏任组长，县委组织部部长刘建中、县抗联主任郭峰任副组长的领导小组。从全县抽选了 189 名国家干部和 260 名借用干部组成了土改工作大军，将全县 181 个村划分成 32 个土改工作队、100 多个土改工作组，每个土改工作队设正、副队长各 1 名，由 8 名至 15 名工作人员组成（由国家干部和借用干部混编）。在土改开始前，冀南区党委对参加土改整党的干部进行了培训，邱县有 20 多名干部参加。邱县县委也在马头对参加土改整党工作人员和部分村的党员干部及积极分子进行了培训，使大家明白了这次土改整党的意义、指导思想、方针和步骤。土改整党工作组进驻各村后，马上召开了群众大会，宣传土地法大纲，宣传党的路线、方针和政策。接着深入群众进行扎根串连，访贤问能，发现和培养积极分子。工作队员到贫农家中帮助干活，建立阶级感情，了解思想情绪，启发阶级觉悟。工作之初，由于部分党员干部不了解整党的目的，产生了害怕情绪，再加上坏人乘机造谣和工作队员工作上的偏差，土改整党工作在开始时并不顺利。县委很快就有了察觉，要求各工作队要迅速改变工作思路和工作方法，通过各种会议和各种形式，向党员干部和群众讲解党的路线、方针和政策及这次整党的目的，使大家认识到这次整党主要是检查工作中的缺点，改进工作作风，改善和加强党与群众的联系，提高党的威信及党的战斗力，以便更好地完成党交给的任务。通过宣传教育使党员干部提高了认识，消除了误解，心情舒畅地投入土改整党中去，并积极地反省查摆自身存在的一系列问题。通过整党，绝大部分党员对自己的缺点错误有了正确的认识，还建立了批评与自我批评的制度，政治觉悟提高了，增强了党组织在人民群众中的威望。

经过近一年的紧张工作，到 1949 年初，全县土改整党工作基本结束。土改整党是一次伟大的群众运动，它彻底消灭了农村封建和半封建的生产关系，使广大贫苦农民在政治上、经济上得到了彻底翻身，农村生产力得到了空前解放，人民群众的生产积极性得到了极大提高，党组织和共产党员的活动首次由秘密转为公开，并在斗争中得到了空前的发展壮大。据统计，土改整党前，全县有党支部 154 个，党员 2030 人，土改整党后，全县有党支部 163 个，党员 2579 名，这些新党员大部分都是运动中的积极分子。通过这次土改整党，使农村党组织经受了一次很好的党性考验和锻炼，使广大党员的思想觉悟有了很大提高，洗刷了党内的蜕化变质分子和阶级异己分子，进一步纯洁了党员队伍，提高了党组织战斗力，密切了党群关系，更好地发挥了党员的先锋模范作用。

　　供稿单位：中共邱县县委党史研究室。

邱县第三批南下干部行程纪实

1948 年下半年，解放战争形势发生了根本变化，中共中央为迎接全国解放，在新区及时建立人民政权，1948 年 10 月 28 日向各中央局发出了《中央关于准备夺取全国政权所需要的全部干部的决议》。在组织干部南下过程中，又在 1949 年 2 月 3 日发出《中共中央关于调度准备随军渡江南进干部的指示》。要求华北局担任的 17000 名干部于 2 月底集中 8000 人训练待命，交华东局率领，随华野中野向江南前进，接管镇江、芜湖、南京、苏州、杭州一带地区，其余抽调的干部于 3 月底集中训练完毕随军南下。中共冀南区党委根据中央和华北局指示，在 1948 年冬就向地、县部署了组织干部南下工作，决定组织 1 个区党委 6 个地委、30 个县委 200 个区委共 4000 多人（其中干部 3500 多人，勤杂人员 500 多人）的干部队伍成建制的随军南下。

冀南南下区党委在 1949 年春节前后组建，负责人是：区党委书记王任重、副书记乔晓光、组织部长郭森、宣传部长高元贵、秘书长韩宁夫。一地委（邱县属一地委）南下地委负责人是：地委书记郭清文、副书记杨新一、专员梁向明。

邱县县委在 1949 年 1 月下旬召开干部大会进行动员，采取个人报名、组织批准的办法确定南下干部名单。在全国胜利形势鼓舞下，干部踊跃报名南下。1949 年 1 月 29 日恰是春节，南下干部名单宣布后，南下的同志便回家过春节，准备行装向亲人拜年辞别。组织上考虑到新区币制不同，允许每个南下干部兑带几块银元。

春节过后，全县南下干部于 2 月中旬到县集中，在县集中后，于 2 月下旬由确定南下任县长的张继原同志率领，邱县 41 名南下干部从县委驻地马头镇出发，步行到冀南一地委驻地临清市集中整编，住在临清市西郊一个村里。组织决定邱县由张继原同志带领从邱县县直机关南下的路玉俊、路兆惠、董永泰、陈富忠、阎明润、张维国和孟建鲁任区委书记的一个区的干部 [其中有李凤栖、蒋国海、韩天祥、陈文忠、王明一、郭秀兰（女）、王玉莲（女）、王书庆、李贵成] 共 17 人和馆陶县南下干部合并，组建成一个县的干部班子。馆陶县吴玉玺同志任县委书记，张继原同志任县长。邱县其他南下干部 24 人由确定南下任县委民运部长的霍旭魁带领和冠县南下干部合并，组建成一个县的干部班子。

2月底，地委在临清市慕善戏院召开欢送全区南下干部大会。地委书记段君毅和刚从前方回来的冀南区党委委员、原一地委书记许梦侠先后讲话。许梦侠同志（新中国成立后曾任中共四川省委书记处书记）向大家介绍了全国胜利形势，还针对某些同志"宁愿向北走三千，不愿向南走一砖"的思想，畅谈了南方的美好风土人情和生活习惯。他说："南方村村是花园，遍野飘清香。吃的是大米饭，吃菜不像北方这样单调，每顿饭都讲究吃几个菜。"他还风趣地说："南方文化水准高，妇女比较开通，不像北方妇女这样封建，到那里女同志给你开玩笑你可不要脸红哟！"讲得大家都笑了起来。他的讲话还在第二天冀南区党委机关报《冀南日报》上发表了。地委还组织南下干部观看了由名演员王婉秋主演的京剧《木兰从军》和筱吾仲主演的《关羽过五关斩六将》为大家鼓舞士气。

3月初，各地委南下干部集中到冀南区党委驻地威县方家营一带村庄进行整训。邱县南下干部从临清步行到威县，住在洪官营村，学习军事知识和《三大纪律八项注意》，进行军事训练和防空演习，还听了中央七届二中全会精神和毛主席发出的"军队向前进，生产长一寸，加强纪律性，革命无不胜"的号召。当时，家里人把亲人随军南下看成是一件大事，在威县期间不少同志的亲属还从老家来驻地看望。

3月29日，冀南区党委在方家营召开欢送南下干部大会。会场高奏《国际歌》，区党委书记马国瑞、区党委宣传部部长薛迅（女，新中国成立初期曾任河北省政府副主席）和南下区党委书记王任重先后讲话。马国瑞同志说："同志们要南下了，现在娘家还很穷，没有什么嫁妆送给你们，请同志们原谅。你们放心去吧，家里困难一切由我们后方管，要给娘家争气！"薛迅同志说："同志们要南下到新区开展工作，这是形势的需要，我们这是暂时的别离，全国胜利后我们还会相聚的。"王任重同志说："我们要去的是京（南京）、芜（芜湖）、杭（杭州）一带，是素称'天堂'的富饶地方。同志们南下好比出嫁的大姑娘，舍不得离开娘家，有的还哭哭啼啼，但心里还是愿意去婆家的。新区需要我们，那里千百万受苦受难的穷苦人正在盼望着我们，大家在路上要有吃苦的思想准备。"

1949年4月3日，南下干部在以王任重为区党委书记的南下区党委率领下，从威县出发，沿公路轻装步行踏上南下的征途。

为了适应随军南下形势的需要，南下干部队伍实行军事编制。南下区党委编为中国人民解放军冀南支队，地委为大队，县委为中队，区和县直科局为班。原冀南军区参谋长孙卓夫为支队司令员，专员为大队长，地委书记为大队政委，县长为中队长，县委书记为指导员。根据中共中央《决议》，当时宣布南下干部家属按军属待遇。邱县编为一大队四中队。大队和中队都有一位军事干部具体负责行军事宜。行军路上要求每人行李不超过20斤，每天行军60华里至80华里，强调每人每天要保证吃3钱油，晚上宿营要用热水洗脚，把脚抬高休息，以便消除疲劳。

南下干部队伍从威县出发后，经邱县香城固、梁二庄、馆陶车疃、大名县金滩镇、南乐县、清丰县，于4月10日住到濮阳县黄河渡口附近一个村里。一路上受到沿途各地干部群众的热烈欢送。群众敲锣打鼓，高呼："欢送南下干部""南下干部光荣！""向南下干部致敬！"等口号。南下干部也高呼："打过长江去，解放全中国！""打到南京去，活捉蒋介石！""向乡亲们致敬！"等口号向老区人民致谢。邱县孟繁兴县长还从马头到梁二庄代表全县人民来欢送。

"天下黄河一道隔。"那时许多同志没有看见过黄河，只听说黄河水急浪高、黄水漫天，把过黄河视作一道天险。过黄河前由专人给大家讲了黄河的发源地、水势和过河时要注意的事项。为了避开国民党飞机白天轰炸，于4月11日黎明前在濮阳县这个渡口乘木船抢渡黄河。上岸后经兰封、考城（现合并为兰考县），于4月中旬到达开封市东南8里路的翟寨村住下。因南方许多地方还未解放，就在当地学习待命。

到开封后，上级给大家每人发了一套灰色粗布制服，许多同志穿上新制服到开封市照纪念照片。在开封学习了中央七届二中全会文件和《中国人民解放军布告》约法八章，还学习了新区的方针政策和接管经验。7月1日，邱县中队在翟寨村北树林里召开了庆祝党成立28周年大会，之后还认真学习了毛主席的重要文章《论人民民主专政》。

这时，根据形势变化，中共中央和华中局决定冀南的南下干部不去江苏、浙江，由王任重同志带领五地委和区党委机关及六地委部分人员共600多人到湖北新区工作，由乔晓光、郭森二位同志带领一、二、三、四地委和六地委部分人员共3400多人到湖南接管常德、益阳两个地区。

武汉在1949年5月17日解放，去湖北的部队于5月下旬就去了武汉。当时中共南下湖南省委已经组建，由黄克诚任省委书记，副书记是王首道（兼湖南省政府主席）、金明、高文华。华中局和湖南省委决定由郭森同志带领100多人到湖南省直单位工作，其余五个地委整编为常德、益阳两个地委的建制。区党委副书记乔晓光改任常德地委书记，六地委书记王含馥改任常德专署专员。益阳地委书记由二地委书记周惠同志担任，一地委书记郭清文改任益阳专署专员。县的建制也作了相应调整。组织决定邱县的南下干部和大名县南下干部合并，组建成接管湖南宁乡县的干部班子。由从东北南下的地委委员李瑞山（陕北人，红军干部，新中国成立后曾任中共陕西省委第一书记，全国人大内务司法委员会副主任）任县委书记。原县委书记吴玉玺（馆陶县人，新中国成立后曾任湖南省卫生厅副厅长）任县委副书记，张继原同志（邱县人，新中国成立后曾任湖南省交通厅副厅长）任县长，张鹤亭同志（大名县人，新中国成立后曾任湖南省机械厅厅长）任县委组织部长，王广润同志（馆陶县人，新中国成立后曾任湖南省农科院副院长）任县委民运部长，唐瑞亭同志（大名县人，新中国成立后曾任湖南省公安厅厅长）任县委宣传部长。霍旭魁同志（邱县人，新中国成立后曾任中共湖南省邵阳地委书记）带领邱县其他南下干部与冠县南下干部合并后，组建成接管湖南省湘乡县的干部班子。

1949年7月上旬，从开封坐闷罐火车向南进发。为了适应行军和南方多雨蚊虫多的环境，出发前组织上给每人发了一块油布和一顶小蚊帐，为轻装，同志们把棉衣都丢在了开封。火车上很闷热，没有地方躺，大家坐在背包上两人背靠背来休息。由于国民党在撤逃前把铁路、桥梁破坏了，火车是走走停停，先后在河南省驻马店、信阳，湖北省广水、花园、孝感等车站停宿。

7月中旬，火车开到汉口北面的滠口车站就不能往前开了，就下火车背着背包步行，到晚上才走进汉口市区。因天气热，街道两旁的市民都在门外乘凉，群众对这支穿灰粗布制服的队伍都投以好奇的目光。当晚住在汉口和平旅馆，第二天过汉江住在汉阳龟山西边朝阳庵破庙里。因当时湖南还没有解放，就在武汉休整待命。

1949年8月4日，湖南和平解放。因当时铁路不通，去湖南益阳地区工作的1160多人于8月9日在汉阳乘轮船溯长江前往湖南。船小人多没地方躺，大家也是坐在背包上两人背靠背来休息。8月10日夜，在长江东岸湖北省境内的金口停宿，8月11日经过赤壁，夜间在长江西岸湖北省境内的新堤停宿，于8月12日进入湖南省境内。从城陵矶驶入洞庭湖，夜间在岳阳靠岸住了一晚。8月13日从岳阳溯湘江转资江上行，到湘阴县临资口靠岸住了一晚。8月14日从临资口到达益阳市，住在豫章中学，那时国民党的飞机时常来轰炸，几乎每天都要跑到郊外防空袭，1949年8月25日夜，去宁乡县工作的150多人从益阳乘汽车到达宁乡县城，当晚住在鹅山中学。

8月26日，中共南下宁乡县委和中共地下党宁乡县工委会师后，于8月27日在县城召开群众大会，宣告宁乡县人民政府成立。张继原县长在会上讲了话，因群众听不懂北方话，特由一位地下党员给张继原县长作翻译。随即贴出了以张继原县长为司令员、李瑞山书记为政委的宁乡警备司令部安民布告。然后，南下干部和地下党的同志一起在县、区两级全面进行接管工作。刚到新区就像又回到旧社会一样，地主仍旧向农民收地租，保甲长仍然执掌着基层政权，广大劳苦大众仍处在被压迫被剥削地位。当时湖南许多地方还未解放，国民党残余匪特仍作垂死挣扎进行顽抗。他们向南下干部写恐吓信打黑枪，甚至公然袭击区政府杀害南下干部。他们散布国民党要打回来的谣言，在群众中制造"变天"思想。在县区人民政府成立后的首要任务就是密切联系群众和驻军一起进行剿匪，打击匪特破坏活动，推动保甲长开展借粮，支援二野经湖南向大西南进军。每个干部都配备了枪支，是名副其实的武装工作队。

霍旭魁同志带领的邱县南下干部，也于1949年8月28日到达湖南湘乡县开辟新区工作。至此，邱县第三批南下干部在党的领导下，南下征途历时半年，行程数千里，胜利完成南下入湘建立人民政权的历史使命。

供稿单位：中共邱县县委党史研究室。

解放磁县城

    磁县城位于河北省南部，京广铁路从城西穿过，南临安阳，北接邯郸，是通往豫北和太行山革命根据地的战略要地。抗日战争期间，侵华日军有两个大队驻扎在这里，人民深受蹂躏与惨杀。1945年8月15日抗日战争胜利后，彭城、峰峰、观台、马头相继解放，磁县境内的敌伪军政人员全部龟缩到城关内外。国民党员王绍曾、李贞元也跑进城组织起了伪政权。王绍曾任国民党县党部书记，李贞元任伪县长。他们和日伪汉奸勾结起来，等待蒋匪军北上，妄图摘取我军民抗日胜利成果，并疯狂地将我城关区抗日干部黄金堂等10多人抓到城内杀害。黄金堂同志多年领导人民抗日，出生入死，深受群众爱戴。黄金堂同志牺牲后，群情激悲，强烈要求解放磁县古城。

    盘踞在磁县城里的有伪军两个旅、一个保安中队和伪县公署干警2000多人。磁县城墙高7米多，顶部宽丈余，城为建有4座大炮楼、16座岗楼，南关的滏阳河大桥、东关的大石桥、北关的薛家大院等处都有坚固的工事。为了负隅顽抗，伪县公署强迫民壮工对原有护城河又进行一个多星期的深挖，将古称九里十八步的城墙反复进行了修整，还在城墙外堆积了许多棉花、火绳，用棉籽油烧得又明又亮。伪旅长王允策、保安队长武尽仁、伪县长李贞元吹嘘说：纵有万名八路军也攻不下磁县城。

    1945年9月26日，我抗日政府以攻克马头的得胜之师，对磁县孤城实施了军事包围。以太行五分区司令员韦杰、政委陶鲁笳、政治部主任王银山为首的攻城指挥部就设在城西三里的李庄。参战的部队有五分区四十八团、六分区四十一团、义勇军五团、太行区警卫总队和磁县独立营5000余人。指挥部命令四十一团扫清西关车站及兵营之敌，四十八团扫清北关之敌，义勇军五团扫清南关之敌。经过激烈战斗，在扫清西关车站和兵营之敌后，29日晨攻占了南关和北关，巩固了我军的阵地。当夜，又以猛烈火力攻击守城之敌，敌伪恐慌。与此同时，进驻北关的我警卫总队司令员宗具臣在北门外喊话，要敌人放下武器投降。伪旅长王允策写信要求与我军谈判，企图以此拖延时间。于是双方停战20分钟。我方派宗具臣司令员和李右平政治部主任参加谈判，谈判地点定在北门。宗具臣等不顾个人安危，走到城门，隔门缝对王允策说："共产党、八路军的政策你知道的，今天是你立功的机会，带枪带人过来人民是欢迎你的，不要舍近求远，自找末路！"王允策说："中央军不让投降。国民党的军队到了新乡，会考虑这座城的，城里的军队能坚持下来。"宗具臣说："国民党的话你能听？不要上当。为了人民的利益就不要守下去，投降交出武器是唯一的出路！"鉴于王允策没有投降的诚意，再继续下去不会有什么结果，李右平主任说时间到了，双方各回本阵地。

29日下午，下了三天三夜的大雨。下雨期间，我军暂时停止攻城。总指挥部进一步研究了作战部署，命令基础好、战斗力强、指挥有方的四十一团为突击队占领北门外的薛家大院。该院离城壕只有100米，是突击登城的最佳选择。出于突击队登城的需要，指挥部指示警卫总队调一挺重机枪和若干人员暂归四十一团指挥。同时命令警卫总队调西门一线，主攻西门；义勇军五团主攻南门；五分区四十八团主攻东门；攻城前各团指挥所要负责做好对敌侦察、作战配合工作。这个部署，加强了北门的力量。五分区后勤部秘密做了攻城云梯，每团要在夜间运往阵地，尽量保密，不能让城上的敌人发现。

10月2日下午2时，各团遵照总指挥韦杰下达的命令，同时发动总攻。一时间炮声隆隆，机枪达达。炮弹落在城门楼上，城里城外硝烟弥漫。我军大炮、重机枪相继摧毁了城墙上的各种工事和大小岗楼。主攻北门的四十一团冲锋号音未落，四、六连的奔袭队迅速跳下了护城河抢渡。一丈五宽的护城河，阻挡不了英雄健儿的前进！六连排长王开生带领一个新战士，像疾风一样地跳进水里，顶着跳板，让奋勇前进的两连战士迅速通过。3时30分，战士王荣第一个登上了城墙，带伤奋勇战斗，18分钟后，已经夺取了敌人炮楼及防御工事，扫清了前进的障碍。另一部分战士迅速向左右两翼扩展，击退了东北角敌人的两次反扑，攻占了一旅旅部。很快又占领了北门里。一面在北门里挖工事，一面把重机枪从城墙上运进去，向正南大街猛烈开火。敌人到处乱窜，指挥失灵。

在北关响起了攻击号的3分钟内，南、东、西三方面也同时打响。南门的伪军妄想顽抗，却经不住我军火力的猛烈轰击。急风暴雨似的重机枪火力镇住了他们。我破墙工兵第二次炸开城墙，攻城战士们奋勇登城，南北夹击，把敌人压缩到自东门到西门一线。西门、东门有开阔地。天一擦黑，各团突击队便在火力掩护下奋力登城。西门我警卫总队中队长赵寿亭带领突击队以水渠沟做隐蔽，跃进西门边一住户家，向城里墙上的守军喊话："我是赵寿亭，缴枪不杀！中央军来不了啦，共产党的政策你们是知道的，不要执迷不悟！解放军优待俘虏！"同时，军分区派来的工兵，在突击队的火力掩护下，进入西城门楼下，放炸药进行爆破。一声巨响，城门上的守军不再放枪了。战士们从爆破的城门处往里冲。战斗部队陆续登上城墙，敌人投降了，我军让伪军把武器放好，三分之一的部队往城外运武器，其余部队分南北两翼警戒。这时，各城门上都已点起号火，表明四门各团都冲进城内。保安中队被击溃，除中队长武尽仁带几名随从人员由东南城墙角渡滏阳河向安阳逃窜外，其余全部缴械投降。21 时 25 分，我军将伪旅部、伪团部、伪县公署、4 个大炮楼、16 个小碉堡全部占领，解放了磁县古城。活捉了伪县长李贞元、军警委员长杨敬斋。伪旅长王允策在从城西南逃跑时被我军分区侦察员杨发祥捉住，送交义勇军五团。该团于次日将王允策交军分区指挥部。以下官兵 1200 余人被俘。缴获重机枪 1 挺、轻机枪 30 挺、掷弹桶两个、步枪万余支及其他物资。专员田裕民、县长武孟溪等随军进城建立了军政委员会，开始办公。

10 月 3 日晨，我军政委员会宣布民主政策，号召伪组织人员立即向我人民政府投案登记。5 日，人民政府发放救济粮，一天时间救济难民 800 余人，发放小麦50000 余斤。穷苦的人们背着发放的粮食连声说："八路军是穷人的军队，民主政府真好。"数日后全城商店开门营业，十有八九的物价比新中国成立前下落，城内到处贴有"欢迎八路军，救民于水火"的标语。人民纷纷赞扬说：八路军真是人民的军队，借了碗还给洗干净才还。7 日上午在大操场举行了军民庆祝磁县城解放大会。田裕民专员讲了话，宣布了我民主政府的几项政策，群众激昂高呼："拥护共产党，拥护八路军！"

供稿单位：中共磁县县委党史研究中心。

磁县人民在豫北战役中的突出贡献

1947 年春，我人民解放军在晋冀鲁豫区发起春季攻势，向盘踞在豫北地区的敌人展开了进攻，一举攻克数座县城，消灭敌军 5 万余人，在河南汤阴活捉了国民党新五军军长孙殿英。史称"豫北战役"。磁县人民参加了整个豫北战役。全县人民在县委政府的领导下，父送子、妻送夫，踊跃参军参战。在攻克汤阴、安阳战斗中，磁县先后派出两批担架队随军南下，转送伤员 1491 名，参战的民兵和群众有 6000 余人。为切断国民党军队的运输补给线，磁县及时组织了两个破击团开展了全面大破击。三、四区（今磁县磁州镇、讲武城镇、岳城镇一带）5000 名民兵群众都投入到战斗中。南起汲县车站北至丰乐观台长 300 余里的铁路彻底被毁灭，并将安阳以北到观台的道轨全部搬到漳河北岸，当时俗称"铁路大过河"，有力地配合了我人民解放军完成了豫北作战任务。

一、破击团大显身手

1946 年 10 月，磁县第一期破路团在县武委会副主任赵虎的领导下，出发到豫北战场，主要任务是破击由汲县车站至安阳城南三七里店长 200 多里的平汉铁路口。他们白天在路侧休息，讨论破击方案，安排实施工作计划，红日衔山时，便冲上铁道，和坚牢顽固的铁轨、枕木展开无情的搏斗。几天时间，共破了六大段，占全部任务的三分之一，80 余里长的铁路大翻了身，还破击大小桥 6 座，烧毁道轨、道木五里长。抬回道木 1300 根，解决了烧柴困难，起道板 5 里长约 300 余个，收割电线 7000 余斤。

在收复淇县的战斗中，为了配合部队作战，掩护破击铁路，扫清外围敌人，磁县破路团的警卫营组织民兵两个连的兵力，配合林县民兵到淇县平汉线路东消灭还乡团，打得敌人落花流水，死伤很多。之后又配合攻打淇县县城，将淇河大桥彻底炸毁。两次捉嫌疑人 5 名、俘虏 12 名，缴获敌人步枪 7 支、炮弹 31 枚、手枪 1 支、子弹 270 余发、战马 1 匹、收音机 2 部、电话机 2 个、话匣子 1 个、手表 4 块、毛毯 45 条、大衣 6 件、衣服 150 余件，全部上交给政府。

二、担架队功不可没

1947 年 4 月，在解放汤阴、安阳战役中，磁县共派出了两批担架队，第一批 500 副，第二批 600 副，直接开赴前线。此外还有零星的担架队往后方转移伤员。第一批担架队随六纵队先大踏步南下，途中刚好赶上一次战斗，消灭敌第二快速纵队的工兵连，完成了首次战斗任务。在汤阴战役中磁县担架队担任了主攻部队（六纵队）的火线抢救、转运伤员任务，付出了极大努力，抢救转送伤员 1391 人，光荣地完成了任务。第二批担架队参战后除担任转送伤员外，还担负着土工作业、运送弹药等任务，往后方转运伤员 100 余个。他们在抢救伤员中表现出极高的热情和不怕牺牲精神，行动迅速，工作认真，对伤员关心照顾，如同对待自己的亲兄弟一样，一方面保证了部队的战斗力，另一方面减轻了伤员的痛苦。在汤阴战役中，担架队还帮助部队土工作业，挖交通沟、窑洞等工事用工 1031 个，组织挖成深 6 尺、宽 6 尺、长 80 里的交通沟及地洞、城下炸药洞。由于担架队在战役中出力大、表现好，所以受到了部队的好评，不仅用小报表扬，还给予了物资奖励，赠送步枪 60 支、重机枪 1 挺、马 3 匹、小米 100 斤、子弹数千发。

同时，担架队抽调 400 副担架担负了往河北搬运安阳纱厂的机器和其他军用物资的任务。平均每副担架 100 多斤重，还要携自己的粮食东西等物。他们第一天天黑从曲沟出发，途经敌占区，沿途不断与敌交火，到河南邵家屯取出物资，第二天下午赶回磁县。在搬运中还受到敌人的火力扫射，担架队都圆满完成了任务。在搬运安阳纱厂机器时，因时间短、速度快、效果好，磁县参战人员受到边区政府的高度赞扬，被晋冀鲁豫边区政府授予"运输铁军"光荣称号，奖给大旗一面。

担架队还曾帮助新解放区群众搞生产闹翻身，帮助汤阴县破击最坚固的城门楼 2 个和拆毁张庄、董庄之敌工事，用工 4240 余个。在帮助群众翻身的 30 多个村子里，担架队走到哪个村，就帮助哪个村工作，给群众分地分粮分衣分布。受到了当地群众的拥护和称颂。在帮助群众生产方面，共抢收小麦 6514.5 亩、刨地 28.9 亩、锄地 1309.4 亩、拔草 70.5 亩、播种 50 亩、脱坯 3000 块、修墙 9.9 丈、修房 525 间、盖房 15.5 间、担粪 5056 担、修场 10 个、抬麦子 28.7 石、医治病人 195 人、医治牲口 26 头、打井 1 眼、掏井 3 眼，另外还做零活 568 个工，帮助村庄 32 个，节约小米

4595 斤，救济了贫苦农民。

三、报恩运动新创造

经过"耕者有其田"翻身运动教育锻炼的磁县人民，表现出了高度的阶级觉悟和革命热情，他们懂得"翻身靠谁""参战为谁"，响亮地提出口号："咱们干部与群众要团结成一个蛋，要给老蒋拼命干。"磁县 3000 名翻身农民组织的第二批 600 副担架队，在武孟溪县长、谢政委的带领下出发豫北前线。在动员会上，担架队提出"共产党叫我翻了身，这次参战一定要报恩，要争当模范和英雄"。知道了反动派的寿命已经不长，参战是向党、向毛主席报恩的好机会。热爱共产党、热爱毛主席、热爱解放军已成为广大民兵报恩和立功的共同想法和自觉行动。下拨剑村吴喜清、吴喜堂兄弟二人主动报名参加担架队，他们说："我们翻了身，有了地（12 亩），是八路军、毛主席给我们的，这次到前线来要报这个大恩情。"在他们二人的带动和影响下，战场上轰轰烈烈的群众性的报恩活动开展起来。

吴氏兄弟二人在火线上不怕牺牲，不畏艰难，带着 4 个担架队员，往返战地。喜清的裤子着了火，他在地上搓擦了几下，继续战斗，一夜抬送了 8 个伤员。他的脚被炮弹打伤了，也没有停止抢救伤员工作。他们兄弟二人总结出"轻轻抬，稳稳放，上坡下坡头朝上"的工作要领，还向所有担架队员宣传"伤员为了咱，咱不好好照顾真对不起自己的良心"。在庆功表彰大会上，他兄弟二人荣获"模范二兄弟"大红缎子旗一面。刘召清等人的担架队员于 4 月 21 日在汤阴大黄村附近的小张庄战斗中，抬着他那副担架在敌人机枪炮火的扫射下，往返于战场，一夜未休息救了 17 个伤员，并将自己仅有的 300 元钱买了馍给病号吃。负伤的同志很受感动，把自己的战利品 45 粒子弹、一条子弹带和一颗手榴弹送给了他。县领导了解这件事后，向前方各担架队通报记大功一次，并号召大家向刘召清学习。开展学习刘召清活动以后，出现了大批模范人物和先进事迹。如二区担架队队员陈保林用自己的毛巾和撕下的衣裳小襟给伤员擦血；八区 20 副担架跟随 49 团，由团作战阵地到旅抢救所往返一次 10 旦，一夜抬了 110 个伤员……担架队除抢送伤员外，还要做好救助和帮助村里群众翻身救贫的工作。县指挥部通讯排不到 60 人，主动捐款 39950 元，八区担架队捐款 20125 元，都送给了伤员。二连节约 6100 元买鸡蛋 190 个送给 51 团伙食单位。担架队在浚县还帮助列岩、永佛等三个村的群众闹翻身分果实（粮食 99 石、布 943 丈、衣服 315 件、麻 160 斤、籽棉 2200 斤、烟叶 510 斤、嫁妆 48 件），分果实群众达

504 人。

　　1947 年 5 月 9 日，磁县举行了豫北前线参战人员立功总结大会。选出吴喜清等头等英雄 40 名、二等英雄 80 名，县指挥部发给奖旗、奖金 39000 元；豫北战役参战部队奖给磁县机枪一挺、步枪 70 支、子弹 500 发；后勤指挥部发奖金 2700 元、小米 100 斤，以表彰磁县人民在豫北战役中的突出贡献。

　　供稿单位：中共磁县县委党史研究中心。

中国人民解放军长江支队磁县干部纪实

　　为了迎接全国即将到来的胜利形势，中央及华北局给予太行区党委一项极为光荣而艰巨的任务，选调干部南下北上。随着解放战争的深入展开和新解放区的不断扩大，新区干部缺乏成为一个突出的问题。磁县是个老解放区，在抗日战争中就形成了解放区、游击区、敌占区各占三分之一的局势，有着抗战斗争的优势，在艰苦的战争环境中，培养造就出一大批党性强、作风好、能吃苦、能战斗、不怕流血牺牲的革命干部。为了支援新区工作，1947 年起，磁县县委从本县的干部队伍中抽调了许多骨干分子，分批输送"南下北上"，支援新区解放工作。本文重点介绍长江支队磁县干部有关情况。

　　中国人民解放军长江支队（简称长江支队）是 1949 年初中共中央华北局从太行、太岳两个革命老区抽调的由老红军、老八路和地方干部及军队、地方武装干部组成的接管新解放区军、地政权的队伍。这支队伍从 1949 年 3 月组建到 8 月底到达福建，行程 3000 多公里，完成了从太行、太岳革命老区到福建新解放区的大转移。在这支队伍中，就有 116 名磁县干部（含在磁县工作过的非磁县籍干部 13 名，以下统称为磁县长江支队干部），他们到达福建后，开始了解放福建、稳定福建、建设福建、发展福建的伟大工程，为巩固新政权和发展经济做出了突出贡献，谱写了中国革命史上一段浓墨重彩的光辉历史。

　　磁县当时有九区一镇，经土地改革后，各区、镇人民安居乐业，社会比较稳定，区镇干部的工作也比较平稳。南下任务下达后，部分农民干部信奉"两亩土地一头牛，孩子老婆热炕头"的小农意识，认为翻身解放了，可以过舒心的日子了，现在要离开家乡到外地工作，缺乏思想准备，产生畏难情绪。但绝大多数干部都能坚持党性原则，以大局为重，积极报名参加南下。磁县七区区委书记赵祥带头报名，磁县三区副区长梁子新在爱人临产、家人极力反对的情况下，丝毫没有动摇南下的决心，耐心做通家里人的思想工作，依然带头报名。

经个人报名，组织严格审查，磁县有 98 名干部被批准参加南下，还有 21 名在安阳、涉县、内丘、太行五专署、太行六专署等地和机关工作的干部，以及曾在磁县工作过的非磁县籍干部也被批准参加南下。

磁县的南下干部确定后，于 2 月 11 日在磁县彭城镇集中并进行了学习和培训，13 日到达武安县城又组织了专题学习和培训。随后进行了整编，本次南下干部磁县人员中，12 人被编入支部队、76 人被编入第一大队、4 人被编入第三大队、26 人被编入第五大队。

磁县为了迎接南下大军过境，也从多方面给予了支持。磁县后勤指挥部于 4 月 13 日给各区下达了指示，要求各区做好拥军教育，大力开展生产运动。1. 做好时事宣传……；2. 要拥军生产两不误，干部要有分工，供应要有专人负责，生产工作亦应有专人负责；3. 广泛组织慰问小组，分片负责，发动妇女、儿童，各家把各家住的军队招待好，小组长把分包片住的军队慰问好，让咱们的大军不受困难，休息好，个个兵强马壮，迅速渡江打老蒋。另外，还要开展访问英雄、向英雄献花、送慰问信、扭秧歌等活动。

同时，磁县还根据大行五分区后勤司令部要求，于 4 月 15 日下达命令，在有关村庄设立分兵站，决定"所有分兵站一律采取分散供应供给办法，将所需粮食柴草公布于驻军村庄之村干部负责办理供给手续，以分站干部掌握、轮流检查、统一调剂物资"，为南下大军顺利通过磁县提供了保障。

1949 年 4 月 21 日，毛泽东主席、朱德总司令发布了《向全国进军的命令》，南下区党委及时把命令传达到各大队、中队讨论，大家无不感到欢欣鼓舞。23 日，南下区党委召开第二次南下干部大会，冷楚、周壁同志传达了北平会议对南下干部随军渡江的部署要求，并对南下行军作了具体的安排。

4 月 25 日早晨，4000 多名南下干部在嘹亮的军号中起床，吃过早饭，集中到武安县城南郊武安烈士陵园附近的广场上，以中队为单位，列队点名，整装出发。

8 月初，长江支队南下干部相继进入福建地界，陆续开始了借粮、剿匪反特、土地改革等重点工作。

借粮是长江支队干部到达工作地后的首要任务。长江支队干部进驻的地区都是新解放区，解决干部和前线作战部队吃饭问题首当其冲。长江支队干部们通过向当地老百姓宣传党的政策，讲解国际国内形势，得到了当地百姓的理解和支持，主动把余粮借给政府，保证了政府工作人员和前方作战部队粮食的需要。

在剿匪反特方面：南下干部所进驻的地区都是刚刚解放，而且多数地区是海防前哨，国民党散兵游勇和地方土匪、恶霸地主不甘心失败，他们相互勾结，到处进行破坏活动，杀害我党的干部和积极分子，抢劫人民财物，偷袭人民政府机关，气焰十分嚣张，严重影响了共产党的执政环境。长江支队干部们发扬"一不怕苦，二不怕死"的革命精神，努力克服语言不通、气候不适等一切不利因素，充分依靠和发动群众，深入贯彻党的各项政策，有力打击了恶霸地主的嚣张气焰，彻底剿灭了土匪和特务组织，有效保证了当地的社会稳定。据福建有关方面统计：从 1949 年 8 月至 1951 年 7 月的两年时间，全省共歼灭土匪 71250 人。时任晋江专署公安处副处长的李玉合在剿灭"东南反共救国军"刘子宽匪部和全歼登陆海匪陈令德的斗争中做出了重大贡献，这段历史后来被拍成电影《天罗地网》，影片中主要人物李科长的原型就是磁县长江支队干部李玉合。

在土地改革方面：福建是新解放区，土地集中在大户手中，土地改革工作量大、任务重。为了尽快安定民心，让老百姓享有土地，享受新中国成立后的成果。磁县长江支队干部们在剿匪反特斗争的同时，还参与领导了当地的土地改革运动，征收了渔业资本家、富裕渔民的渔用地、渔具，并根据劳力和渔具的占有情况划分为渔业资本家、富渔民、中渔民、贫渔民和渔工五种成分。通过土地改革，释放了农、渔民的生产力，激活了农、渔民的生产积极性，增加了农、渔民的收入，改善了农、渔民的生活条件，使农村和渔村社会面貌发生了明显变化。

在发展农业方面：闽南沿海一带是强台风多发地区，每当强台风吹过，庄稼毁坏，树木倾倒，船翻人飞，严重影响农、渔民的生产生活。为了减少强台风造成的损失，长江支队干部们在沿海乡村推广种植了相思树、"老鼠刺"等树种，在农田周边种植芦苇秆，大大减轻了台风给当地造成的影响。他们还经常深入到渔村农家拉家常，了解他们的疾苦，帮助解决农、渔业生产中存在的困难，为促进当地农、渔业发展起到了很好的作用。

在金融工作方面：福建解放后，各地成立了军事管制委员会，设立了财经处（主管金融、贸易、税务等工作），负责接管旧银行（新中国成立前，福建有中国银行、交通银行、中国农民银行、福建银行）。各地旧银行被接管后，及时召集各行人员开会，讲解政策，表明立场。同时，还召集各行负责人和会计讨论办理移交具体办法，开库检查库存现款及各种有价证券，收缴武器弹药，查封最后一天的总账、日记账、传票等，并依据账册进行清点，使当地金融系统正常安全运行。

　　综观磁县长江支队干部在福建的工作，有 30 多名干部担任过区公所（乡镇、公社）党政正副职，有 40 多名干部担任过县级职能部门党政正副职，有近 20 名干部担任过县级党政正副职，有 4 名干部在专署担任过党政正副职，有近 20 名干部在省级职能部门担任过党政正副职。他们在不同的时期、不同的工作岗位上，为福建省相关地区的经济建设和社会各项事业发展作出了贡献。

　　　　供稿单位：中共磁县县委党史研究中心。

解放战争时期协同作战经典战斗

——围歼"铁磨头"

纪　蕾　丁社光

解放战争，围歼"铁磨头"是在成安县西大沙发生的一个特殊协同作战的经典战例。

抗日战争胜利后不久，成安县城获得解放。之后的三年多的时间里，小小的成安县动员了万名民工及地方武装参加战斗百余次，这是日本投降后中国两条路线、两种实力斗争的全过程。

所称"铁磨头"实际上是永年县大土匪头子，实名许铁英。此匪长期盘踞永年一带，敲诈勒索百姓，侮辱奸淫妇女，残酷迫害群众，手段极其毒辣，挖眼割耳，生杀活埋，无恶不作，是人人痛恨的恶魔。日本占领华北后，此匪首立即投靠日军侵略者，驻扎于永年县临洺关镇。1945 年 10 月 19 日，八路军攻克临洺关，"铁磨头"窜逃永年旧城广府，与另一土匪头子王泽民共同盘踞广府，并被国民党收编，摇身一变成为国民党保安纵队，彻底为敌军效力。鉴于永年城地形复杂，一时难以攻克，为铲除国民党在冀南地区这一最后据点，冀南部队和地方民兵对守城敌人进行了长达两年多的围困。

为支援解放永年城，成磁县（当时成安与磁东县合并为成磁县）多次出动民工，并提供了粮食、棉花等大批物资。1946 年 6 月，根据前线所需，县政府令第四区（商城）筹集长一丈以上、厚一寸以上的木板 120 块及每 30 斤打成一捆的麦秸秆 3 万斤，送至永年连庄兵站。当时，晋冀鲁豫军区主力部队忙于其他战场作战，地方武装对"铁磨头"部采取围城攻略，"铁磨头"被国民党任命为少将司令，在国民党支持下，负隅顽抗。1947 年，在漳河南岸活动的成磁县游击大队，两次开赴永年，执行围城任务。其间，我地方游击队、县大队、成磁县、临漳县、魏县民兵几次攻城，未克。是年 8 月份，成磁县、临漳县、魏县三县游击大队改编为独立六团。

1947 年 9 月，国民党在全国战场上连遭失败，停止再向永年城内投粮食、送物资。10月4日夜，永年城内守军分几路向外突围，遭我围城部队猛烈火力阻击，经激烈战斗，大部分匪兵被歼灭，"铁磨头"、王泽民二匪首带领130余名罪大恶极的匪徒侥幸突围逃走，欲向安阳一带逃窜。

为彻底歼灭敌人，军分区立即进行了部署：令驻守漳河南岸柳园村的独立六团一部封锁漳河，一部北进成磁县商城地区阻击敌人；同时通知各县加强民兵联防，堵截逃匪。

成磁县是敌人逃往安阳的必经之路，县委、县政府接到通知后，紧急动员千余名民兵加强巡逻警戒，并在西大沙区的东西两边布下4个民兵连队，严阵以待。

10月5日拂晓，经过一夜奔逃，"铁磨头"、王泽民二匪首率领残部沿着滏阳河北岸西行，向着安阳方向拼命逃窜。5日拂晓方窜到邯郸县东扶仁村，遭民兵截击后，又窜到贾口，当日下午6时又从贾口南窜。因天黑路不熟，匪徒们转了大半夜，6日拂晓，进入成磁县界商城区之北8里的吕家庄。敌匪在吕家庄西北的打谷场上集合后，遂派匪首王泽民的三团长霍建之率4名匪徒化装进村侦察村情，搜取食物。霍匪进村后，自称是"高司令"的队伍，要村里为其备饭。吕家庄是成磁县防守重点，商城区派了3名工作人员并从其他村抽调民兵驻守该村。这时，防守驻村干部、民兵对衣冠不整的不速之客很是怀疑，详加盘问后，做贼心虚的匪兵暴露了真面目，便动手抢夺民兵的枪支，将一名邢姓区干部和区民兵赵大队长刺杀。

驻柳园的独立六团于5日上午9时接到敌情后，火速北渡漳河，团长赵良才率三营在临漳县大队及民兵的配合下，封锁了漳河北岸的三台、邺镇一线；一、二营由政委杜镜秋、副团长信仁建率领，北上成磁县商城区。这是他们组成独立六团后首次执行战斗任务，战士们情绪高涨，期待围剿匪徒。一营营长安栋身患疟疾，发着高烧，却坚决拒绝留守而强烈要求率部参战。一、二营前身原为成安、临漳两个县游击队，成员多为两县子弟，他们为完成任务，虽路过家门也不言回归。经过一天跋涉，日暮时分，抵达成磁县之大边董村，部队在此稍作休整。一连指导员张振江系该村人，妻子闻讯前来送行，张振江后来光荣牺牲，那一别成了二人永别。

我部独立六团6日凌晨1时许抵达商城，经对敌情进行分析，估计敌人很可能沿着沙区南窜，因此连夜派出前哨二营五连，由二营副营长张德魁率领，向北进入吕家庄，进行警戒。五连黎明时到达，二排去村西沙滩树林里警戒，一、三排进村围剿可疑分子。副营长张德魁听民兵汇报驻守干部和民兵被刺杀事件后，断定可能是顽匪前站人员，即刻命令连长赵相立即带20余名战士将可疑的敌匪围住，经盘问，确认是敌匪分子，这些敌匪企图再次逃跑，连长赵相当场击毙匪团长霍建之和1名匪徒，3

名匪徒立即缴械。

　　枪声一响，待在村西北角打谷场上的敌匪，立即从 3 条小胡同扑向村里，张副营长指挥战士们以各种农具为支撑，迅速攀上房顶，向敌匪开火。这伙亡命之徒拼命进攻，双方开始激烈交战。于是一场巷战在吕家庄村展开。枪炮声、喊杀声与鸡叫狗吠混作一团，逐渐由攻防到对峙。吕家庄的枪炮声，传到了相距四五公里处的商城，杜境秋政委、信仁建副团长立即带领独立六团迅速赶到吕家庄，以 4 个连的兵力从东西两方面包围敌匪，一个连从南面直插入村中，协同五连进行作战。与此同时，商城区领导得到工作人员的报告，立即通知各村民兵迅速赶赴吕家庄配合部队歼敌。敌匪封锁了吕家庄东北角，使得我部不能接近。这时，曾参加豫北战役的杀敌英雄、一连班长霍有福，机智勇敢，从敌人密集的火海中冲向敌人，并猛烈射击，掩护了全连突击，打开了冲锋的道路。副营长张德魁一面指挥战斗，一面观察敌情，哪个院子里有敌人就往哪个院子里打枪、投手榴弹，直到把敌人消灭为止。吕家庄村东头有一座高房子，为阻止敌人占领制高点，他指挥战士们以密集的火力封锁了前往高房子的道路。他喊着为在永年剿匪牺牲的王连长报仇，指挥战士们猛烈射击敌人，敌匪伤亡惨重，无力抵抗，被迫退出村外。

　　吕家庄村北有不少大沙丘，邯郸战役时，国民党军队曾在这里修筑工事，进行顽抗。此时，敌匪占据一座长约 80 米，宽约 50 米的高陡沙丘和工事，妄想居高临下凭借大沙丘及平汉战役的作战工事作孤注一掷地负隅顽抗。六团战士在成磁县民兵的配合下，将沙丘团团围困，发起最猛烈的攻击。由于我军民处于沙丘下平坦的开阔地势，在猛烈炮火下仰攻敌匪，每前进一步都要付出血的代价。但是，在共产党、领导干部的带领下，指挥员都以大无畏的革命精神前赴后继。一连指导员张振江（大边董人）、四连副指导员申树仁身先士卒，英勇牺牲。战士谢永祥（东徐村人）、杨梦兰（后南阳人）、郭云（邢村人）等也相继献出了年轻的生命。一营副教导员王志斌、六连指导员汤宏谋等身负重伤。战友的牺牲激起了指战员们对负隅顽抗的敌匪的仇恨，他们向敌匪投出更多的手榴弹，连同大沙丘炸成一片火海。二连三排机枪班冲到距敌人 100 米处时，小炮手王同有把子弹打完了，又把班长的机枪夺过来，向前冲到距敌 20 米的地方，向敌人扫射，在打完子弹后，又扔出两枚手榴弹，炸得敌人尸骨横飞，未中弹的敌人吓得魂飞魄散，立即缴械投降。六连二班战士张贵堂冒着枪林弹雨，扑向敌匪，展开肉搏。缴获敌匪好几支三八式步枪。战士们猛杀猛炸，沙丘上到处都是敌匪的死尸。"铁磨头"、王泽民二匪首被逐个击毙，这场战斗共击毙敌匪 70余人，匪首王泽民部的参谋长游家桂、政训处处长李一焕及其妹妹加上顽匪首领"铁磨头"的三弟等 50 多人被俘虏，至此，邯郸地区永年有名的残敌、顽匪"铁磨头"部在成安西大沙全部被歼灭，无一漏网。

为了这次胜利，独立六团牺牲了 17 人，受伤 48 人。成磁县商城区牺牲 3 名区干部和 1 名民兵，他们是陈付生（陈边董村人），赵治信、毛清泉（赵横城村人），李太申（西二祖村人）。

战斗结束后，军分区为独六团一、二营各记大功一次，并授"全歼匪魔"奖旗予以表彰。

作者：纪蕾，中共成安县委党史研究室干部。

丁社光，成安县委党史研究室综合科副科长。

晋冀鲁豫边区解放战争时期成磁县"南下"纪实

丁社光　纪　蕾

摘　要：解放战争，亦称第三次国内革命战争，1946 年 6 月至 1950 年 6 月。中国人民解放军在中国共产党的领导下，为反对国民党蒋介石集团发动的反共反人民内战，推翻帝国主义、封建主义、官僚资本主义的反动统治，建立人民民主专政的政权而进行的战争。是一场事关中国前途命运的决战。1946 年 6 月 16 日，蒋介石在美帝国主义的支持下，经过长时间的准备，终于背信弃义撕毁了协议，发动对解放区的全面进攻。在此时期，成安县革命老区选派南下干部、民工支援前线等为解放战争的胜利创造了条件，为支援解放战争做出了应有的牺牲和贡献。

关键词：解放战争；南下；支援前线

成磁县南下概述

1945 年 11 月 2 日，邯郸战役胜利结束。战后，上级决定磁东县（下辖商城、马头两区）与成安县合并，两县合并后名为成磁县，李运先任县委书记，赵幼博任县长。成磁县下辖七区一镇。

解放战争时期，随着解放大军南下作战并不断取得胜利，解放区迅速扩大，需要大量干部到新区工作。根据上级指示，成磁县从 1947 年到 1949 年三年间先后抽调了三批共 100 多名干部南下（据党史资料统计为 103 名）支援南方解放战争。

第一次是 1947 年 6 月，刘伯承、邓小平率晋冀鲁豫野战军主力，千里挺进大别山，揭开了战略进攻的序幕。根据中央局关于组织地方干部南下的决定，冀南区党委从 5 个地委选调 800 多名干部随军南下，8 月底到达大别山区，开辟新区工作。该批成磁县干部有县委宣传部部长张光远、县政府秘书刘海楼、建设科科长段养泉等人（据党史资料统计成磁县这批南下干部为 3 名，随军）。

第二次是 1947 年 10 月，冀南区党委遵照中央指示，又抽调了 1400 余名干部，由南宫三里庄出发，于 11 月下旬到达河南、湖北交界的桐柏地区开展工作。此次成磁县抽调干部由县委书记李运先率领前往，到达桐柏地区后，李运先担任了老河口市市委书记，在一次和国民党匪军作战中光荣牺牲。李运先南下后，万达从太行区党委调入成磁县任县委书记兼县委宣传部部长，刘琦从太岳区党委调入成磁县任政府县长，赵幼博调往永年县（据党史资料统计成磁县这批南下干部为 5 名，随军）。

第三次抽调干部是 1948 年底至 1949 年初。中共中央决定人民解放军要渡江南下作战，打过长江去，解放全中国。随着江南大片国土的解放，将需要更多的干部到新解放区去做开辟性的工作，因此中央决定从华北、东北、华东、西北和中原解放区抽调 53000 名干部随军南下，到长江以南新解放区去。根据中央和华北局的指示，冀南区党委此次抽调干部达 4000 人，共组成 1 个区党委、6 个地委、200 个区委的架构。成磁县抽调干部 70 多人，是抽调南下干部最多的一次（据党史资料统计，成磁县这批南下人数为 95 名，其中干部为 80 名，职工 15 名）。

为了对外保密和统一指挥，冀南区南下的 4000 人组成一个支队，番号是中国人民解放军冀南支队，下设大队和中队。邯郸地区南下干部约千人，组成和编号为冀南支队三大队（其中：成磁中队属于三大队四中队，南下途中，又被编到六大队七中队）。从冀南区党委出发时的 4000 会人在河南时就由王任重率领并抽调了 600 人留在湖北工作，其余 3400 人，由乔晓光和郭森等率领到湖南省工作（据南下干部陈尤然回忆）。

全县支援前线

1946 年 6 月 16 日，蒋介石在美帝国主义的支持下，经过长时间的准备，发动了对解放区的全面进攻。秋末，蒋匪军向冀南磁县、临漳、成安一带大举进攻。成磁县成立指挥部，发出指示：动员起来，积极备战，开展大规模的反奸诉苦活动，深入动员宣传，普遍组织联防，训练民兵，并开展挖地道、拆楼房、造地雷、藏粮食等备战运动。与此同时，全县进行大扩军动员，做好支前准备工作，欢迎第十纵、二十二纵来成磁县参战。

1947 年 2 月，全县大扩军，小村一个班，大村一个排，共计三千多人。这次扩军以翻身农民为骨干，党团员带头。还动员了八百副担架到魏县接受任务。

夏季，全县再次进行大扩军，每区出兵一个营，到高母营村训练整编后，送往前线。为配合优属、支前活动，县政府在南台建立了"革命烈士祠堂"，凡是前线牺牲的烈士，都召开大会举行入祠仪式。在扩军运动中，全县涌现了许多"父送子""妻送郎"以及兄弟相争同参军的好典型。还给部队送粮、送款、送柴、送鞋袜，动员民夫抬担架、押俘虏，支援前线。

第三批干部南下纪实

离开战争已经结束、社会已经安定的家乡，与亲人分别，到陌生而遥远的南方工作，这在干部的心里不能不引起波动。为了完成上级交给的任务，成磁县于1949年元旦刚过即召开了全县干部大会，认真学习了新华社播发的新年献词《将革命进行到底》，成磁县县委书记万达作了富有感染力的动员报告。会后，县直和各区又分单位进行了学习和讨论。通过认真向干部进行思想政治教育，着重纠正一些干部思想上的地域观念和家庭观念，号召大家顾全大局，走出家乡，面向全国，树立解放全人类的远大理想。县委书记万达非常注重抓积极因素，并进行谈心活动，鼓励和表扬先进，以先进促后进，及时解决干部思想上的问题及家庭生活问题。根据上级精神，对南下的干部按军属优待，给予救济、代耕，以减轻干部南下的后顾之忧。

经过细致的思想政治工作和解决实际问题，广大干部增强了全局观念，纷纷写申请，自愿报名南下。五区区委书记姜明亮积极主动报名，地、县同意后即耐心做父母、妻子的思想工作，取得了家人的有力支持。县委办公室和宣传部干事陈尤然考虑自己家庭条件比另一名干事好，而根据工作需要又只能走一留一，就坚决要求领导批准自己南下。全县干部热情高涨，南下队伍很快组成，于1949年2月21日到邯郸地委集中，他们中有：县委书记兼宣传部部长万达，副书记兼组织部部长张滨清，县政府秘书赵文元，县财政科科长张岫岩，县委办公室及宣传部干事陈尤然，县青委委员廉书桢，区委书记姜明亮、王兰花，教育干部靳克孝等。

3月6日，全体南下干部集中到冀南区所在地威县进行整编，经过20多天的学习和军训，4月3日正式出发南下，步行到河南开封，然后坐火车分别到达湖北、湖南新解放区，投入开展工作。

至此，他们遵照党中央和上级的部署和安排，4月3日从河北省威县出发，到10月15日进入新化，途经河北、山东、河南、湖北、湖南五省，行程4000余华里到达工作的目的地，基本上顺利完成了具有历史意义的"南下"任务，开始了工作的新征程。

他们按照党中央制定的方针、政策，根据当地的实际情况，紧紧依靠当地的党组织，密切联系群众，积极向群众宣传党的政策，组织群众和武装进行剿匪和肃清国民党残余势力，发动群众开展反奸清算、减租减息和土地改革等各项运动，受到当地人民群众的热烈欢迎。此后，他们扎根南方，为南方的社会主义革命和建设继续贡献自己的力量，不少人成长为当地的重要领导骨干，如万达担任了原湖南省委第二书记，曾为中共十一届、十二届中央委员；陈尤然担任了原湖南省经委代主任、湖南省食品工业办公室主任，张肃斋担任了原湖南省交通厅副厅长，陈金斗担任了原冶金工业部长沙矿山研究院副院长，史宝珍担任了原湖南省郴州地区专员，王堂担任了原湖北省财政厅厅长，王兰花（王一民）担任了原湖北省黄石市大冶钢厂书记，等等。

作者：丁社光，成安县委党史研究室综合科副科长。

纪蕾，中共成安县委党史研究室干部。

广平县白阳古教反革命暴乱事件始末

郑丽英

摘　要：1948 年 4 月 15 日，广平、肥乡、成安一带的白阳古教教徒，在广平县油坊村的教会头目魏桂林等人的组织策划下，发动了反革命暴乱。4 月 15 日，这些暴徒分两路出发，分别攻打广平县城和肥乡县城。魏桂林率一路攻打广平县城，宋吉如率一路攻打肥乡县城。攻打广平县城的暴徒攻占了广平县公安局，砸开了监狱大门，放出了犯人，放火烧了公安局和监狱的房子，然后又去肥乡县城和另一股暴徒会合。攻打肥乡县城的暴徒进展不顺，被迫撤退到城外的李庄、三里堤一带。暴乱发生后，晋冀鲁豫边区政府迅速调集各方武装力量，全力平息反革命暴乱。4 月 16 日，被重重包围的暴乱分子企图作垂死挣扎。在各路平暴力量的大力配合下，暴乱很快被平息下去。这次平暴，共击毙暴徒 70 余人，抓捕暴乱头目和暴乱分子 500 余名。4 月底，经过公审，将策动暴乱的主要头目魏桂林、魏东林执行枪决。稳定了社会秩序，巩固了新生的人民政权。

关键词：广平县；白阳古教；暴乱；始末

白阳古教原是东方震会门的一个分支，最初名为"长毛会"，后又称为"真天古教"，最后定名为"白阳古教"。白阳古教最高组织为"天会"，下设"大老祖""圣子""主仪""教会官""会长""童修"等教会头目。教会头目往往以欺骗、恐吓、小恩小惠等卑劣手段拉人入教。入教时，教徒都要进行宣誓：情愿跟真主爷走，如有三心二意，就遭五雷轰尸，脓血化身。入教后，教徒都要缴纳祭礼钱，以供教会活动及头目享乐挥霍之用。教徒每日三餐前都要给真主爷磕头，每逢农历初一、十五晚上，都要聚会，集体祈祷念颂圣言。

成安县西艾束村郑学书是个不务正业的地痞流氓，他自幼拜东方震会门首领为师，在教内活动积极。抗日战争爆发后，郑学书乘国难当头民族危亡之际，妄称神鬼附体，自封教主，在成安、广平一带活动。1943 年他带领 400 余名教徒投靠了日伪军，充当了可耻的汉奸，犯下了累累罪行。抗战胜利后，郑学书被成安县人民政府抓捕处决。比邻成安县的广平县油坊村的白阳古教教徒魏桂林，是郑学书的外甥，他曾跟随舅舅当过伪军的连长。郑学书被处决后，魏桂林自封大老祖，成了广平、成安一带白阳古教的总头目。这些白阳古教教徒常常在集体念颂"圣言"之后，将灯吹熄，口念"天母增国，人母开国，除恶保善，顺达阳"之诀言，男女教徒乘熄灯之际，互相乱摸乱抱，教首乘机奸污女教徒，还欺骗说："这样能闭火门，刀枪不入。"广大群众对该教十分鄙视与厌恶，称之为'摸摸教"。

1948 年，解放军的战略反攻取得了一个又一个重大胜利，山西、山东、河北、河南毗邻区域的解放区连成了一片，并成立了以邯郸为"首府"的晋冀鲁豫边区政府。边区政府在党中央的指示下，领导翻身做主的农民进行了土地改革，并取得了辉煌成就。在这样的大好形势下，白阳古教头目魏桂林感觉到白阳古教的末日已来临，妄图做垂死挣扎。恰在此时，国民党中央道教总会的特务潜入了广平、成安、肥乡等县，与白阳古教头目魏桂林、国民党特务肖国栋等密谋发动暴乱，夺取解放区的地方政权，破坏解放区的经济建设。魏桂林大肆造谣惑众，声称自己是"郑学书神魂附体""白阳古教要坐天下了""《土地法大纲》是最后一回了""二月二，刮大风，不在白阳古教活不成""过去有西京、东京、北京、南京，现在该有中京了""九九归一，千人走路，一人领头，白阳古教一动，其他会门就会跟着动。咱们要先动手，到紫龙山取回真经，先坐天下"，为其发动反革命暴乱制造舆论。

魏桂林按照国民党中央道教总会特务的指令，多次在成安县西艾束村与白阳古教头目和国民党特务范姬铭、宋吉如、肖国栋、曲泉、王金增、郭子发、高振生等人密谋暴乱的具体计划。经过商议，他们决定在农历三月初七（1948 年 4 月 15 日）晚上开始举事，天明是初八。他们认为"八字通天，白阳当兴，大吉大利"。他们还议定，在各地得手之后，都聚集到肥乡县李庄村，抢掠烧"邯济铁路办事处"，举行"白阳大会"。然后赶赴紫龙山取经，"抢先坐天下"。他们还进行了暴乱的组织分工，由魏桂林统一指挥，广平县的教徒攻打广平县城，成安、肥乡等县的教徒攻打肥乡县城，还组织成立了"跳墙队""割电线队"作为攻城的先锋队。暴乱计划制订好后，魏桂林等人就开始了紧锣密鼓的准备工作。为胁迫教徒参加暴乱，他们在暴乱前几天就下了死命令，除用"如不真心保主，定要脓血化身""谁若不去，杀掉全家"等言辞恐吓教徒参加暴乱，还勒令教徒变卖全部家产，购买大批白布、白带子、火柴、松香等暴乱物资，日夜赶制白衣帽、白缨枪、松香串。同时，还准备了大量的馒头、牛肉、白酒，集体大吃大喝。当时，广平、成安、肥乡集市上的白布、白带子被他们抢购一空。

4月13日，广平县油坊村党支部书记魏学良发现白阳古教徒赶制白衣帽、白缨枪等反常现象，认为白阳古教可能要进行反革命暴乱，立刻报告给了广平四区区委领导。当时带有"左"倾的整风刚结束不久，区里干部自以为农村现任干部不可靠，对这一重要汇报没有重视。14日下午，魏学良发现白阳古教徒在魏桂林家穿起了白衣，并有成安等县教徒也往魏家集结，魏桂林向教徒进行反革命暴乱的宣传，暴乱已很明显，魏学良又赶忙给区委报告，区委仍然未能重视。15日晚，到魏桂林家集结的教徒更多了，有的教徒公然喊着"要造反""要夺共产党的权"。魏学良认定白阳古教暴乱已迫在眉睫，他急忙跑步来到区委门前，此时区机关大门已闭，他使劲敲门，但没有人给他开门。他急得在墙外高喊："俺村的白阳古教要造反了，赶快派人去吧！"尽管这样，仍无人开门接待魏学良，把平息白阳古教暴乱的有利时机丧失殆尽。

无可奈何的魏学良只得到附近的辛庄村喊起民兵队长陈锁臣、副队长赵学贵，与油坊村的几个干部共同商议对策。不幸的是，就在魏学良出入村庄活动期间，早被白阳古教的骨干跟踪盯梢，正当魏学良几个干部商量对策时，白阳古教暴徒已包围了他们的房子。经过激烈搏斗，魏学良被暴徒用白缨枪活活刺死，壮烈牺牲。陈锁臣、赵书贵等人见寡不敌众就勇猛突围，疯狂的暴徒穷追不舍，追赶至村外，把陈、赵围住，也用白缨枪刺死。

15日晚上9点左右，是魏桂林他们议定的暴乱时刻。他率领广平、成安一带的教徒从油坊村出发，去攻打广平县城。有些教徒惊慌害怕，魏桂林见状，厉声嘶叫："怕什么！天机已经到了，我们很快就会登基坐天下的。在教的不论男女都得一起走，吃的用的能带走的就带走，不能带走的就烧光，成了我们的天下，还不是要啥有啥。"魏桂林还当即指使几个人点燃了几户教徒的房子，以示暴乱的"决心"和"成功"的把握，逼迫教徒与其背水一战。当魏桂林下令出发时，街上有些群众围观。魏桂林在前头开路，高喊："乡亲们，我们是有仇报仇，有冤申冤，跟我们一起造反吧。"从油房出发的这股暴徒中，仅油坊村就有80余人，这些暴徒都是身穿白衣白裤，脚穿白鞋，头扎白巾，人手一支白缨枪，暴乱头子还配有土造的手枪。

白阳古教暴乱是在广平、肥乡两个不同村庄同时进行的。他们商定，同时攻打肥乡和广平两个县城。从油房出发的这一股暴徒攻打广平，另一股暴徒攻打肥乡。攻打广平的这股暴徒行动迟缓，油坊村距广平县城十多公里，还未进入广平城，攻打肥乡的那股暴徒已进入肥乡城了。广平县公安队接到地委增援肥乡的命令，在县城的29人被抽出23人去支援肥乡，导致广平县城十分空虚。

魏桂林率领的这支暴徒，手持松香火把，向广平县城前进。他们计划袭击的主要目标是广平县人民政府、公安局、监狱等要害机关部门。由于广平的主要战斗力量大都去支援肥乡了，白阳古教教徒很快就攻入了广平县城。因这些教徒都是乡下人，又是在夜间，并不清楚县政府和公安局等要害部门的具体位置。他们就在大街上乱喊乱叫，寻找县政府、公安局的驻所。当获知县公安局驻地后，便蜂拥而上。由于县公安局防守力量太少，被暴徒攻破，砸开了监狱大门，放出了在押的100余名犯人，并放火烧了公安局和监狱的房子。一些暴徒头目向犯人大喊："我们是来救你们的。我们就要到紫龙山取经登基坐天下了，你们都跟着我们一起走吧！"这些犯人经过政府的管教和改造，大都有了悔过自新的想法，并没有跟随暴徒去参加暴乱。在暴徒撤出广平县城后，他们都陆续回到监狱。县政府也及时实行了宽大政策，对自动归来的犯人，根据犯罪情节轻重，分别予以释放和减刑。其中一个姓沈的犯人，已被判了死刑，由于他的自动归来，被改判为15年有期徒刑。

暴徒攻占广平县城时，广平县银行干部艾志文听到大街上有骚乱之声，便出来观察动静，了解情况，以便向县委、县政府报告。不幸的是他一出门便被暴徒团团围住，捆绑起来。广平县政府县长李良才得知情况后，一方面向上级报告，一方面组织力量反击。他在指挥政府工作人员迅速转移的同时，还带着通讯员冒着危险来到一线观察情况，并向暴徒投放了几颗手榴弹，震慑了暴徒的犯罪行为。魏桂林这些暴徒在广平县城进行一番破坏后，便挟持着艾志文和一些机关干部，赶去肥乡县与一股暴徒会合。

攻打肥乡县的近千名白阳古教徒，在头目宋吉如的率领下，闯进了肥乡县城，他们首先攻打的是肥乡县公安局。肥乡县公安局干警在张树明、秦刚等人的指挥下，抢占了有利地形，打退了暴徒一次又一次的疯狂进攻，自称"刀枪不入"白阳古教徒，被打死了数十名，连暴乱头目宋吉如也被击毙。这时，暴徒已是人心惶惶。魏桂林等头目就命令教徒们撤退到城外的李庄、三里堤一带。在李庄村，他们对设在这里的"邯济铁路办事处"进行了烧杀抢掠，穷凶极恶的暴徒将铁路办事处主任苏群等6名工作人员及苏群的一个孩子用白缨枪刺死，还将多名干部群众刺成重伤。暴徒抢走了巨额铁路修筑经费6000万元冀南币，放火烧了存放的大量枕木，致使邯济铁路修筑被迫中断。

暴乱发生后，晋冀鲁豫边区政府极为重视，迅速调集各路武装力量平息反革命暴乱。16日清晨，接到报告的邯郸专署公安处处长韩彬之率领地委警卫连火速赶到肥乡增援。永年公安队70余人在专署公安处副处长李文彪率领下迅速赶到肥乡，邯郸县公安队也乘汽车赶来。广平县增援肥乡的公安队刚出城就与白阳古教暴徒相遇，因敌众我寡，战斗不久，就被冲散了，未能赶到肥乡。肥乡公安队和增援的几股力量会合在一起，向暴徒发起进攻，很快就夺回了被抢占的肥乡县人民政府机关。

16 日上午，地委书记焦善民、地委民运部部长梁毅民急匆匆赶到肥乡县城，立即召开会议，传达中共中央华北局领导薄一波关于平息反革命暴乱的指示精神。会上分析了暴徒的情况，制定了进一步平息暴乱的具体方案，并及时报告给了冀南区党委。冀南区党委领导命令十四纵队一个营经成安向肥乡增援，军区副司令员王光华率军区警卫营一连、二连乘汽车先抵广平，了解有关暴乱情况后，迅速赶赴肥乡参加平息暴乱。王光华率领的两个连赶到肥乡城郊，快速封锁了龟缩在李庄、三里堤的白阳古教教徒的所有通道，使之成了瓮中之鳖。这时，各路武装力量也赶来平暴，他们将暴徒团团包围起来。

16 日下午，魏桂林等暴乱头目命令教徒搭起高台，举行所谓的"拜旗登基"仪式。魏桂林站在高台上，向教徒们撒起弥天大谎。他指着身边年仅六岁且呆傻的弟弟说："我弟弟就是真龙天子，天生的皇帝。现在他不会说话是天机不到，天机一到他就能开口说话，治理天下。"并当众封了"后宫娘娘"。接着他又煽动说："今夜子时，咱们都可以闭火门了，刀枪不入，咱们一定能够胜利。"他的话音刚落，就被包围的战士打来的一颗子弹击中腿部，从高台上滚跌下来。暴徒们见状，一个个心惊肉跳，慌乱不已。教徒看到魏桂林这样的"大老祖"还不能闭火门，还不能刀枪不入，有的想逃跑，有的想缴械投降。魏桂林见状，就凶狠地威胁说："谁想不干，马上就挑了谁！"并指挥教徒进行反扑突围。平暴指战员按照上级指示，首先进行政治喊话，规劝暴徒缴械投降。一些暴徒不听劝告，疯狂向外突围，战士们被迫反击，当场击毙了几名暴徒（包括刚被封宫的"娘娘"）。下午 5 时左右，平暴部队和民兵的包围圈越缩越小。鉴于参加暴乱的大多数是上当受骗的群众，其中有不少妇女儿童。大家从四面八方向他们喊话，讲明党和政府有关政策，反复劝说：一般教徒主动缴械投降者，一律宽大处理，不予追究。一些反动骨干分子非但不听劝说，还疯狂反扑。战士和民兵只好鸣枪示警，勒令他们投降。顽固不化的暴徒见到开枪并未打中他们就高喊着"现在已经闭火门了，刀枪不入了。赶快往外冲"。战士们迫不得已只好还击，暴徒们顿时倒地一片。包围圈越来越小，暴徒们已成了惊弓之鸟。由于肥乡一区的民兵求胜心急，收缩太快，使包围圈出现了缝隙。魏桂林率一部分暴徒乘机逃脱出来。平暴指挥员立即调集兵力追捕逃脱的暴徒，当夜就把大部分逃脱的暴徒抓获。第二天，在肥乡县刘家寨村的一个白阳古教教徒家中将魏桂林等暴徒头目抓获。

在平息这场反革命暴乱中，共击毙宋吉如、宁锡明等头目和暴徒 70 余名，抓捕魏桂林、魏东林（魏桂林三弟、国民党特务）、肖国栋等暴徒 500 余名，缴获手枪步枪 10 余支、白缨枪 350 余支、白衣帽 500 多套，追回被抢劫的冀南币 116.2 万元。在这次平暴中，共有 31 名干部、战士和群众牺牲或遇害，15 名同志负重伤。广平、肥乡等县群众的房屋、农具、粮食被暴徒焚烧的不计其数，给群众生产生活带来了严重的困难。

暴乱平息后，邯郸地委迅速开展了善后工作。4 月 19 日，地委书记焦善民在肥乡县城召开了全专署县委书记、县长会议，总结了白阳古教暴乱的经验教训，检讨了和平麻痹思想，纠正了土改及整党中发生的"左"的错误，传达了华北局和冀南区党委关于做好平暴后善后工作的指示。会后，肥乡、广平、成安等县按照上级指示，认真贯彻"坦白悔过，既往不咎"的政策，动员白阳古教教徒检举揭发该教反动头目策动反革命暴乱的罪行，教育那些被蒙骗的群众自动脱教，走向正道。组织广大群众迅速开展春耕生产，帮助被教徒烧毁房屋、粮食、农具的群众（也包括教徒）渡过难关。同时，冀南行署发布公告，取缔了白阳古教等反动会道门，对在这次暴乱中罪大恶极的反动头目依法予以严惩：5 月 29 日，在广平县四区的双庙村召开了有 4000 人参加的公审大会，处决了反革命暴乱头目、国民党特务魏东林；5 月 30 日，冀南行署召开公审大会，处决了魏桂林这个主要的反动暴乱头目。

广平县委、县政府对四区一些领导进行了严厉的批评，给予四区主要领导严肃处分（党内严重警告，撤销职务，调离四区），调整了四区的领导班子。同时，大力表扬了魏学良、陈锁臣、赵书贵等同志的英勇行为，并对他们的亲属进行了安抚慰问。四区新任领导班子上任后，带领四区广大群众检举揭发那些藏匿的反动会道门头目，让一些白阳古教教徒用亲身经历控诉反动头目的种种罪行。同时，还组织广大群众积极开展春耕生产、植树造林、农基建设，四区很快就实现了人心安定、社会稳定。新华社、《冀南日报》连续报道了白阳古教暴乱地区生产红火、生意兴隆、百姓安居乐业的情景，有力驳斥了国民党报纸、电台关于这次暴乱事件的污蔑造谣，巩固了新生的人民政权。

作者：郑丽英，中共广平县委党史研究室副主任。

刘邓大军强渡黄河
王化云担任黄河河防指挥部司令员

王化云，中国现代水利事业家，1908年1月7日生于河北省邯郸市馆陶县，1935年毕业于国立北京大学法律系，曾任冠县县长，鲁西行署、冀鲁豫行署处长，1946年5月起，在中国共产党解放区任冀鲁豫区黄河水利委员会主任。1949年6月至1982年5月任水利部黄河水利委员会主任。1979年至1982年任水利部副部长，毕生致力于治理黄河工作。王化云同志曾当选水利部党组成员、黄河水利委员会主任、党组书记、党委第三书记，1992年2月18日病逝于北京市。

1947年初，中共中央考虑晋冀鲁豫军区野战军向中原出动，转至外线作战的问题。这年6月至8月，中共中央和中央军委根据整个战局的发展情况，针对国民党的战略方针以及国民党军队在南线的不利态势，先后作出了新的战略部署：刘伯承、邓小平指挥晋冀鲁豫野战军主力4个纵队，于6月底自鲁北强渡黄河，先在鲁西南求歼敌军，然后逐步向豫皖苏地区和大别山地区进击，在长江以北的鄂豫皖边地区实施战略展开。陈赓、谢富治统一指挥晋冀鲁豫野战军第四纵队、第三十八军和新组成的第九纵队，自晋南强渡黄河出豫西，在豫陕鄂边地区实施战略展开，协助陕北战场击破胡宗南系统，同时协助刘、邓经略中原。陈毅、粟裕指挥华东野战军的6个纵队组成华东野战军的西线兵团，并指挥晋冀鲁豫野战军第十一纵队，在豫皖苏边地区实施战略展开，策应刘邓大军南进。以上三路大军的任务是挺进中原，以"品"字形阵势配合作战，机动歼敌，创造新的中原解放区，调动敌人主力回援，以策应内线兵团作战。中共中央还决定，以华东野战军4个纵队组成东线兵团，由许世友、谭震林指挥，西北野战军由彭德怀指挥，分别在南线的两翼，即山东和陕北战场钳制敌人，以策应三支南进大军的行动，并准备在敌主力回援中原地区后，寻歼剩余敌军，收复失地，扩大解放区。这样，就逐步形成三军配合、两翼牵制的战略态势。另外，东北民主联军、晋察冀军区和晋冀鲁豫军区等部，继续在内线作战，收复失地，扩大解放区，策应外线作战，并为最后全歼内线敌军创造条件。

中央军委向晋冀鲁豫野战军和华东野战军发出三路大军挺进中原的指示，要求晋冀鲁豫野战军争取于 6 月 1 日前休整完毕，6 月 10 日前渡河，向冀鲁豫区和豫皖苏之敌进击。并指示，下决心不要后方，以半个月行程，直出大别山，占领大别山为中心的数十县，肃清民团，发动群众，建立根据地，吸引敌人进攻打运动战。指示陈（赓）谢（富治）大军按照原计划出潼关、洛阳，切断陇海路，配合作战；陈毅、粟裕大军在 6 月 10 日以前，集中全力（27 个旅）寻求与创造歼敌机会，并准备于 6 月 10 日以后配合刘邓大军出击。

根据中央军委的部署，刘伯承、邓小平对渡河作战作了一系列的准备。冀鲁豫区党委早在 2 月 10 日就发出关于成立黄河河防指挥部的决定，任命王化云为司令员，刘茂斋为副司令员，郭英为政委。

为准备渡河作战，刘伯承、邓小平以一个月的时间对部队进行整训。首先普遍进行了大反攻的形势教育，开展立功运动，召开英模大会，展开热火朝天的练兵运动。6 月 10 日，刘伯承、邓小平召开各部队首长会议，讨论转入战略反攻的各项准备工作。21 日，邓小平在野战军直属队营以上干部会议上作动员报告，解答了关于时局和任务的有关问题。22 日，刘伯承颁发《敌前渡河战术指导》。22 日夜晚，刘伯承作动员报告，分析一年来的形势，指出拿一只拳头打击出去的重要意义，要求部队做好连夜出击的准备。同时，对预定渡河地段的地形、敌情作了周密的勘察和调查。刘邓指出，这次渡河作战：（1）处于夏汛前的水势；（2）处于敌刘汝明（曾累次被我军击败者）在南岸宽 300 多里的地带组织河防封锁状况之下；（3）处于南岸老解放区游击战争的有力掩护之下；（4）处于我军已准备了渡河器材的状况之下，加之守备黄河南岸的敌军，自恃水深河宽，麻痹大意，这正是我们发动战役的良机。刘伯承对渡河作战提出了若干指导原则：我军在敌前渡河的行动上必须有秘密而周到的准备，突然而果敢的实施；在渡河指挥上，南岸部队（包括地方武装及民兵）应背击河防之敌，先肃清、扫除我军渡河点的河岸之敌，以掩护我军主力渡河登陆；我军主力应乘夜间黑暗，突然实行宽大正面的渡河，务期抓住敌人弱点，突破其纵深，再由敌侧背力求由南向北果敢兜击敌人，压迫敌人于河岸，各个歼灭敌之一部或大部。6 月 26 日，发出《晋冀鲁豫野战军鲁西南战役作战命令》，并命令冀鲁豫军区独立第一、三旅于 27 日秘密渡河，和原在黄河以南的独立二旅共同接应渡河大军。同时调动部分主力部队于 29 日出击，攻克豫北的封丘、延津、滑县、汲县四城，进而再下博爱、沁阳，使新乡之敌陷于孤立，以形成我军沿平汉路出击的形势，造成我军声东击西之势，以迷惑敌人，便于我主力突破黄河。至此，在军事上已做好了强渡黄河的一切准备。

与此同时，解放区人民也掀起支援刘邓大军渡河作战的热潮。

鉴于黄河不久就要回归故道，王化云作为黄河河防指挥部司令员，在保证刘邓大军强渡黄河上，位置至关重要。指挥部的主要任务是负责南北交通和河防安全。为了保证任务的完成，先后在高固（北坝头）、李桥、张庄、林楼、孙口、位山、齐河等处设立7个航运大队，每队500人至600人，20只至30只船，每个大队编4个至6个中队（连）。这些人员，均是经过挑选的熟识水性、能撑船、思想进步的积极分子。他们全部实行部队编制，享受与军人同等的待遇，集中驻守、集中学习、集中训练，军事化行动。3月，冀鲁豫行署发出"封购各村大树用以造船"的通知，将造船任务下达给沿河各县。4月21日，冀鲁豫行署又下达了向"沿河各县征购萱麻以应急需"的训令，要求东阿、平阴、河西、张秋、寿张、范县、濮县、鄄城、昆吾、长垣等11县，于本月底完成征购大麻3万至5万斤的任务。5月28日，冀鲁豫区党委发出向长垣、昆吾、濮县、范县、寿张、张秋、东阿、河西8县征调水兵、水手的通知，要求于6月5日前完成。6月17日，冀鲁豫行署又下达了"整修军运大路及协助军运"的21号训令，要求沿河群众整修道路、安全运输、保护物资。为了保证造船任务的完成，王化云主持召开沿黄各专员、县长和黄河修防处主任会议，部署建厂、筹料、造船、征船工作。会后，各地立即行动，筹料建厂，除建起四个较大的造船厂外，沿河各县均建起了一些小的造船厂，仅范县就建起十几个小厂，动员木工300余人、铁匠100余人、武装民兵400余人，共造新船54只，修理旧船100多只。经过数月奋战，沿河各县圆满完成了造船、修船任务。

为了支援刘邓大军渡河作战，解放区人民除了修路造船以外，同时组织起担架团、轮战团，并为部队腾房安排住处，为部队做鞋、磨面、准备吃穿，4月、5月份还掀起了参军热潮，为部队补充兵员。总之，从各个方面全力以赴，保证大军渡河。

1947年6月30日晚9时，刘邓大军按照预定计划，在从濮县至东阿县300华里的黄河防线上，同时发起渡河战役。渡河部队在强大炮火掩护和先期渡河部队的接应下，300只船齐发，以雷霆万钧之势，一举突破蒋介石谓之天险的黄河防线，蒋介石苦心经营多年的"黄河战略"顷刻瓦解。

刘邓大军渡过黄河，接着发起鲁西南战役，揭开了战略反攻的序幕。

供稿单位：中共馆陶县委党史研究室。

抽调干部分批南下，开辟新区工作

随着解放战争形势的迅速发展，解放区不断扩大，急需大批干部到新区开辟工作。根据上级指示，从 1947 年到 1949 年，馆陶县曾抽调几百名干部分三批南下。

南下第一批干部于 1947 年 7 月随刘、邓野战军千里挺进大别山。

这时，解放战争已由战略防御转入战略进攻。6 月底，奉中央军委的命令，刘邓大军突破黄河天堑，激战鲁西南，然后挥师南进，所向披靡，直插大别山。为配合部队作战，接管新区工作，党中央决定从各解放区抽调大批干部，跟随刘邓大军南下。

南下干部队番号为"天池部队"。冀南干部队编为第四中队，5 个地委的南下干部编为 5 个中队。冀南一地委南下干部编为第一中队，王相卿任中队长，张建三任指导员。馆陶县抽调干部 30 多人，由组织部部长李力员带队。成员有：郝运太、程致和、吴建仁、郝作林、仁宝江、王焕民、王汉卿、贺新国、肖占武、刘孟祥、王金波、张子功、张春增、赵国富等人。南下干部在冶陶镇学习培训 20 多天后，于 7 月下旬出发，在寿张县强渡黄河紧随部队前进，涉过黄泛区，渡过大沙河、漯河、淮河。一路上，他们冒着敌机的轰炸，顶着炎炎烈日，踏着泥泞的道路，历时 1 个多月，终于于 9 月初来到了山高林密的大别山腹地。一中队进驻金寨县，张延积任县委书记，白涛任县长，王相卿任副县长，李力员为县委委员。馆陶县的其他干部大部分到各区任职。

这里是刚刚解放的新区，很多工作需要做，他们立即开始了繁忙的工作。主要工作是：建立区级党、政领导机构，宣传和组织群众，开展剿匪反霸斗争，动员青年参军，征集粮食和其他军用物资，支援前线等。通过这些工作，他们很快就在大别山站稳了脚。1948 年 1 月，刘邓大军主力部队奉命转移，大别山只留下少量部队，配合地方武装坚持斗争。2 月，敌人占领金寨县，党政干部和县武装力量退隐山林，坚持游击战争。大别山的斗争进入最困难时期，同志们无衣穿、无饭吃，日夜转战。直到9 月下旬金寨县再度解放，形势才得到好转。在坚持大别山地区艰苦的武装斗争中，不少南下干部牺牲。馆陶县的郝作林、郝运太、程致和、吴建仁、仁宝江，有的在战斗中牺牲，有的被特务杀害，为全国的解放事业献出了自己年轻的生命。

南下第二批干部于 1948 年春去河南、湖北交界的桐柏地区。

1947 年 9 月，冀南一地委根据上级党委的指示，从所属各县抽调干部五六百人组成南下干部队。同时动员参军，一地委新兵约 1500 人，组成新兵团。馆陶县的南下干部由县长仲凯、公安局局长冯善俗带队，成员有：郭雪桥、王剑虹、王耀华、韩登邦、胡光荣、王昆明、王书栋、耿玉山、马登光、郑维祥、崔云高、陈富礼、韩信民等 83 人。干部队和新兵团合编在一起，一地委新兵团为第三团，政委杨立功、团长郭广之、副团长仲凯。

冀南南下干部和新兵团共编为 5 个团，集中驻扎在曲周一带，从 1947 年 12 月开始，进行系统的正规整训。在军事训练方面，主要是军事技术、战术、指挥等内容；在政治方面，主要是解放战争的形势、南方民俗民情、少数民族的政策、新区土改政策、俘虏政策、战场纪律、群众纪律、群众工作教育。新兵训练的重点侧重于军事技术、军队纪律，干部的训练重点是土改整党、新区土改政策、统战政策、政权建设等。

1948 年春，冀南区党委根据形势发展的需要，指示干部队先行南下。冀南一、二、三地委干部队合编为 1 个大队，共 800 余人，仲凯任大队长，韩国治任政委；一地委干部队编为一中队，王耀民任教导员，郭玉山任队长。1948 年 3 月，干部队从由周出发，奔赴开封方向，拟渡过黄河奔向中原。

1948 年 5 月，新兵团从曲周出发，经武安、涉县、黎城、高平、晋城，从孟津渡过黄河，绕过洛阳，到达临汾稍事休整。7 月初，根据上级命令，新兵团全部补充到晋冀鲁豫野战军第二纵队。

仲凯带领的干部队道路曲折。他们未抵开封前，国民党军队又重新占领开封，在这里渡黄河已不可能，于是又折回邯郸，沿新兵团的路线渡过黄河，7 月下旬到达桐柏地区。在新兵团任职的干部队人员已先期到达这里。桐柏区党委这时辖 4 个地委，干部缺乏。区党委在总结前一个时期的急性土改"左"倾错误教训的基础上，正在部署以"反霸双减"为中心的群众运动，急需大批干部开辟新区工作。8 月间，南下干部走马上任，奔赴各自的岗位。仲凯任襄阳县（现为襄阳区）县长，冯善俗任三地委社会部部长兼公安处处长，馆陶县其他干部都担任了县以下各级干部。

随这次南下的馆陶县人孙建功，南下前是成磁县县委书记，带新兵团交二纵后到达桐柏地区，任老河口市市委书记。他带领全市人民恢复生产、安定社会秩序、支援前线。1949 年 4 月 3 日，孙建功带县大队在平息陈别三残匪反革命暴乱中，遭到匪徒的袭击，不幸中弹牺牲。

南下第三批干部于 1949 年 4 月去湖南益阳地区。这次南下规模最大。

随着三大战役的结束，解放战争的形势发生了根本性的变化，打过长江，夺取全国胜利，已经在即。根据党中央和华北局党委的指示，1948 年冬，冀南区党委经过动员发动，迅速组织了 6 个地委的两下建制，每个地委组建 5 个县委，每个县委组建 5—7 个区委，约 4000 余人。

这次南下抽调的干部最多，原则是区干部抽二分之一，并且要组织一批勤杂人员。方法是：自愿报名和组织批准相结合。通过发动，馆陶县区干部踊跃报名，除年老的未被批准外，3 天时间就圆满完成了地委下达的任务，共计 150 人。馆陶县南下干部新组建的县委班子是：县委书记吴玉玺、县长张继元、公安局局长刘云桥、组织部部长谭绍先、宣传部部长唐瑞亭、民运部部长王广润。成员有汪树杰、潘成林、刘公泰、郭泮忠、郭子扬等。

1949 年 3 月，冀南一地委南下干部集中在威县洪官营进行军事训练，主要内容是防空演习和行军。4 月初，奉命踏上南下征途。这时，解放军百万雄师即将发动渡江战役，南下干部准备随渡江部队向南挺进。

出发前，冀南区党委、行署在方家营举行了声势浩大的欢送大会。冀南南下干部区党委书记王任重代表南下干部讲话，他风趣地说："我们南下好比出嫁的大姑娘，舍不得离开娘家，有的还哭哭啼啼，但心里还是愿意去的。婆家需要我们，那里有千百万受苦受难受压迫的穷苦人在召唤我们。"代表冀南区党委、行署讲话的是副书记马国瑞和行署主任范若一，他们深情地说："娘家很穷，没什么嫁妆，请同志们原谅；给娘家要争气，家里的困难，一切由我们后方管。"

他们夜间在河南濮阳渡过黄河，经封丘、兰考，于 4 月中旬到达开封，驻扎在附近村庄，进行学习、休整待命。5 月下旬，王任重带 600 人离开河南去湖北新解放区接管工作。馆陶县南下干部被编为一大队四中队，一大队和三、六大队的一部分组成湖南益阳地委。6 月下旬，南下益阳的人员从开封出发，沿途受到敌机轰炸，当时湖南尚未解放，他们在武汉休整待命。

中国人民解放军以秋风扫落叶之势，挥戈猛进，扫荡残敌。湖南省国民党将领程潜、陈明仁部于 8 月 4 日宣布起义。8 月 9 日，南下益阳地区全体人员 1160 人乘小火轮出发，于 14 日到达益阳。益阳地委书记周惠、专员郭清文、司令员黄林。经地委安排，南下干部于 8 月下旬先后到达各县。馆陶县南下干部在各县任职的情况是：吴玉玺任宁乡县委副书记、张继元任县长、王广润任民运部部长、张鹤亭任组织部部长、唐瑞亭任宣传部部长（后为公安局局长），王俊臣任安化县县委书记、刘云桥任公安局局长，宋子兴任湘乡县县长，董早东任益阳县县长，赵文元任邵阳县县长，其他干部都担任县以下干部。

他们到达新区的工作重点是：建立人民政权，恢复生产，稳定秩序，安定人心，保障人民生活。为此，他们发动群众，进行清匪反霸、征粮借粮、减租退押各项运动，出色地完成了各项任务。省委书记周小舟、副书记周里检查工作时，对他们取得的成绩给予了表扬。

在解放战争时期，馆陶县抽调干部近 300 人南下，他们响应党的号召，踊跃报名，服从革命需要，不计较个人利益，毅然告别亲人，背井离乡，到艰苦的危险的地方去工作，为中国人民的解放事业作出了贡献。

供稿单位：中共馆陶县委党史研究室。

峰峰煤矿 "公私合营" 与峰峰会议

1946 年初，国共两党达成了 "停战协议"，国民党迫于全国人民的和平压力，表面召开了政治协商会议，不打内战。中共中央提出了 "和平民主建设新阶段"。在这样的背景下，峰峰煤矿只有以 "公私合营" 的所有制形式才具有合法性。共产党一方面争取和平，一方面又不能牺牲党的独立性，鉴于历史的教训，党和军队必须有经费来源，根据中央的决定，采用一定的形式，把接收了的企业保留下来，作为党的企业。面对内战可能爆发的局面，晋冀鲁豫中央局派杨立三来负责峰峰煤矿的工作，边区中央局决定采用董事会的形式保护峰峰煤矿不至于落入国民党之手。1946 年 3 月 15 日，在邯郸召开了峰峰利民煤矿公司股东大会，宣布利民公司转为公私合营的峰峰利民股份有限公司，选举徐达本、李承文、杨名世（即杨立三）、冷楚、张学孔 5 人为董事，徐达本（登报时用名为徐懋赛）为董事长。新华社在 1946 年 3 月 21 日，以《峰峰利民煤矿转为公私合营》为题，发布了这条消息。1946 年 4 月 6 日，《新华日报》太行版第四版全文进行了报道，报道如下：

（新华社晋冀鲁豫二十一日电）磁县峰峰煤矿，现已转为公私合营，定名为利民煤矿股份有限公司，于本月十五日在邯郸召开股东大会正式成立。该公司资本额定为九万万元，共九百股，私人旧有股东，除汉奸与附逆者外，其余股东之股资仍属有效。现新参加之股东，计有磁县十大富户地主、资本家田裕民及张学孔等先生（张先生之祖父为峰峰煤矿创立者之一，曾在该矿服务达二十余年）。现已收到八百零八股，计政府股八十三股，私人股七百二十五股，共洋八万万八百万元，余股继续征收。成立大会最后选出徐达本、李承文、杨名世、冷楚、张学孔等五人为董事，徐懋赛先生为董事长。

名义上是股份有限公司，实际上是党的一种经济活动形式；名义上是资本家股东选举的董事会领导煤矿，公司的主要领导如董事长、经理都是资本家，实际上，是以资本家的面貌掩护党的干部秘密身份，企业仍是由党领导的，是以资本家面貌掩护党的干部身份来实现党对企业的领导。企业作为一个经济实体，由党来主宰，这种实际情况，在当时是保密的。

1946年1月1日，晋冀鲁豫边区政府工矿局成立，峰峰煤矿的党、政、工由工矿局直接管辖。为欢庆解放后的第一个元旦，峰峰煤矿1132名工人坚持节日上班，并创出高产，生产煤炭486吨，比平时高出近一倍。为表达工人翻身当家做主的喜悦心情，工人代表韩金汉、张春亭、王午予等给毛主席、朱总司令写信拜年。

1946年11月，晋冀鲁豫中央局在峰峰利民煤矿公司召开了第一次扩大会议，会议确定，是年冬至来年春在全区开展大规模的减租减息运动，组织好1946年的生产。会议决定统一全区的财政经济，统一供给标准，并研究了军队的有关问题。晋冀鲁豫军区主要领导人刘伯承、邓小平、滕代远、薄一波、杨秀峰等参加了会议。史称"峰峰会议"。

峰峰集团会议中心院内的一个建筑，是1945年11月10日中国共产党晋冀鲁豫中央局第一次全委（扩大）会议召开的地方。这个大院以前是峰峰矿务局第二招待所，后来改为鼓山庄宾馆，再后来改为鼓山庄会议中心。

这里是"邯郸市第一批历史建筑"。2011年3月31日，邯郸市人民政府公布并在这里挂牌："峰峰会议旧址"。

当时，参加"峰峰会议"的有刘伯承、邓小平、薄一波、杨秀峰等人。据了解，这个"峰峰会议旧址"是日本侵略者占领峰峰时所盖的房子，极具日式风格。也是日军侵华的证据！

供稿单位：中共峰峰矿区党史区志编纂研究中心。

刘邓在峰峰指挥平汉战役

　　1945年9月，抗战胜利后，国民党军队在长治一带向中共领导的晋冀鲁豫解放区发动进攻，打响了上党战役。10月上旬，上党战役刚刚结束，平汉战役（即邯郸战役）接着开始。晋冀鲁豫军区司令员刘伯承、政委邓小平即于10月7日，将晋冀鲁豫主力部队和冀南、太行、太岳各纵队依次改编为第一、二、三、四纵队，每个纵队辖二至三个旅，约1.2万人至1.5万人。各军区部队组成支队或独立旅。并派第二纵队等部队抢占了邯郸、肥乡、成安等战略要点，决定把战场摆在滏阳河与漳河之间的河套地带，令战场附近的军民大搞破路，在敌人可能进入的地区实行坚壁清野。

　　10月12日，刘邓接到刚刚从重庆谈判回到延安的毛泽东主席的电示："我们阻碍和迟滞顽军北进，是当前严重的战略任务……我太行及冀鲁豫区可集中六万以上兵力，由刘邓统一指挥，对付平汉北路顽军，务期歼灭其一部至大部。"

　　10月13日，为了便于指挥平汉战役，刘邓和冀晋鲁豫军区指挥部从涉县赤岸村出发，过武安县，经磁山、和村、义井、彭城、临水，到达峰峰煤矿，住进原中和公司办公地、日伪时期所建的鼓山庄大楼。鼓山庄大楼是一栋日式二层楼，一层与二层楼顶均向前出檐，中间为楼道，两侧各四间，周围有围墙，墙上有电网，是原日本人的"磁县炭矿株式会社"董事会的办公住所，晋冀鲁豫军区指挥部就设在这里。

　　这时候，北犯华北的国民党军，正沿着同蒲、平汉、津浦三条铁路三路并进，深入到华北的腹地。中路平汉路的国民党军分为两个梯队行动。第一梯队第四十、三十军和新编第八路军及河北民军一部已进到新乡以北，先头到达汤阴。第二梯队第三十二、八十五军等到新乡一线。刘伯承、邓小平于10月16日下达了平汉战役的基本命令，集中冀鲁豫、冀南、太行主力，歼击上述敌军第一梯队。规定参战部队分为路东军和路西军，第一纵队及冀鲁豫军区部队为路东军，第二纵队及冀南、太行军区部队为路西军，对敌实施东西钳击。另以太行军区第七分区3个团组成独立大队，负责骚扰敌人，待战役开始后控制漳河渡口，切断后续敌军的通路。命令还规定了各个部队的具体任务、要求及后勤、通信联络等。

中央军委和毛泽东主席十分赞赏刘、邓的计划，来电指示："即将来的新平汉战役，是为着反对国民党主要力量的进攻，为着争取和平局面的实现。这个战役的胜负，关系全局极为重大。……由刘承伯、邓小平亲临指挥，精密组织各个战斗，取得第二个上党战役的胜利。"

平汉战役是在野战条件下与国民党正规军作战，平原村落战斗是可以预计到的主要作战方式。为确保战役胜利，刘邓除调集了6万正规军，还动员了10万民兵配合作战。他们签发了《关于平汉战役某些战术问题指示》，具体分析了敌军作战的特点，规定了野战尤其是村落战的基本原则及方法，还明确了战场纪律及有关指挥、通信联络等事项。

此时，国民党部队的马法五、高树勋三个军从新乡出发后，以左右两个纵队并列，各纵队又分前后两个梯队沿平汉路北进，企图迅速攻下邯郸城。蒋介石计划是要打通平汉路，分割华北解放区，邯郸是平汉路上的重要城镇，首当其冲，成为国民党军北犯的主要目标。

刘伯承与邓小平决心打好邯郸这一仗，正如刘伯承在战前动员时所说："我们要使蒋介石的如意算盘变成'黄粱美梦'。"刘邓集中主力向预定战场集结，令杨得志率第一纵队先行阻击敌，迟滞敌先头部队前进。10月22日，敌以第四十军在右、新八军在左、第三十军在后的队列，开始北渡漳河，受到第一纵队的阻击。24日，敌三个军全部渡过漳河，倾力北进。杨得志的第一纵队边打边退，将敌诱至邯郸以南的马头镇、磁县一带。这时，各主要纵队纷纷赶到，对马法五、高树勋部形成了三面包围之势。

国民党军发现进入了刘邓布置的口袋后，预感情况不妙，急忙收缩。敌人一面依靠平原村落作掩护，抢建工事，准备顽抗，一面急电重庆，向蒋介石求援。

蒋介石听说三个军兵力同时被围，电令胡宗南部驻石家庄的第十六军和孙连仲驻安阳的第三十二军南北对进，驰援被围部队。为保证刘邓部队集中主力歼灭被围之敌，毛泽东则电令晋察冀军区赵尔陆率6个主力团兼程南下到平汉路附近，对付国民党第十六军。

鉴于以上情况，刘邓决定采取"猫捉老鼠先盘软再吃"的战法，以小部队袭扰敌人，主力则紧缩包围圈，同时，进行战场练兵，调整总攻力量和部署。为此，令太行军区部分主力进至磁县地区，协同赵尔陆部阻击敌第十六军南下，令太行、冀鲁豫两军区民兵武装在安阳以南积极开展游击战争，阻击北上援敌第三十二军。由于阻援部队顽强作战，直到平汉战役结束时，敌人南北驰援军也始终未能接近被围部队。

挡住了援敌，刘邓便集中主力，于 10 月 28 日黄昏，向被围之敌发起总攻，重点攻击敌第四十军，同时，求歼敌第三十军一部。而对敌新编第八军则加紧政治攻势，争取国民党第十一战区副司令长官兼新八军军长高树勋率部起义，以分化瓦解敌军。

高树勋所率的新编第八军，是原冯玉祥的部队，因长期受国民党中央军嫡系的歧视和排挤，与蒋介石的矛盾很深。抗战胜利后，对蒋介石派他们充当新内战的急先锋更为不满，暗中派王定南与共产党方面联系。王定南是抗战时期以高树勋好友的身份派到新八军工作的共产党人。10 月 30 日，高树勋在马头镇率部起义，并通电全国。

高部的起义，加上石家庄与新乡方面的国民党军分别被远阻在高邑和漳河以南，使马法五等失去了固守的信心，准备南逃。

刘邓早预料敌人必然向南突围，于是故意网开一面，将主力先敌转移到漳河以北敌退路的两侧。10 月 30 日夜，敌第三十军一个师退至西玉曹，组织掩护阵地，其主力于 10 月 31 日黎明，以逐村掩护的办法向南突围，当其部队脱离阵地后，各纵队立即多路出击，另以民兵密布各个要道，捕捉溃散之敌。当天下午，马法五率残敌约两万人，窜至南北旗杆、辛庄、马营一带。刘邓集中主力猛攻。11 月 1 日，敌失去指挥，溃不成军。各部奋起追堵散逃之敌。11 月 2 日，向南突围之敌除少数逃走外，大部被歼。此役，俘马法五以下官兵 1.5 万余人，缴获大量美式武器弹药。

而在石家庄、安阳对进的援敌，得知马法五部被歼，遂撤回原地。至此，抗战后，继上党战役之后，国共两党进行的第二大战役结束。

上党和平汉战役的胜利，打乱了国民党"稳住华北、抢占东北"的部署，迫使蒋介石不得不放慢了战争的步伐，被迫在形式上同意在 1946 年 1 月签订《停战协定》和召开政治协商会议。

邓小平后来在回忆上党、平汉两大战役时说："那两个战役打得好险！没有弹药，一支枪才有几发子弹。打攻坚战很困难，决定的关头靠冲锋、靠肉搏战。这两个都是歼灭战，打胜了以后，武器也多了，人也多了！"

平汉战役胜利后，1945 年 11 月 11 日至 13 日，中共中央晋冀鲁豫局在峰峰利民煤矿公司召开了第一次扩大会议，会议确定，今冬明春在全区开展大规模的减租减息运动，组织好 1946 年的生产。会议决定统一全区的财政经济，统一供给标准，并研究了军队的有关问题。晋冀鲁豫边区党政主要领导人刘伯承、邓小平、滕代远、薄一波、杨秀峰等参加了会议。史称"峰峰会议"。

　　刘伯承、邓小平在峰峰期间，专门宴请了为解放峰峰煤矿做出贡献的宗具臣一家人。邓小平还抽空会见了莫斯科中山大学同学张学孔。

　　　供稿单位：中共峰峰矿区党史区志编纂研究中心。

支援豫北战役

1947 年 3 月 22 日至 5 月 25 日，人民解放军晋冀鲁豫野战军主力和晋冀鲁豫军区部队一部，在河南省北部地区对国民党军进行的战略性反攻作战，史称"豫北战役"。磁县（当时峰峰隶属磁县）是豫北前线，在战役开始后，县委、县政府号召支前，峰峰地区出现了父送子、妻送郎的踊跃参军场面。全县征兵 2535 名。

为支援豫北战役，峰峰地区工矿开展支援前线日活动。1947 年 3 月 28 日，峰峰煤矿确定每月的 1 日为"支援前线日"，峰峰煤矿职工不要工资，公司不计成本，当日生产所得全部支援前线。4 月 1 日，峰峰煤矿在第一个"支援前线日"中，向前线捐款 8973107 元（旧币）。5 月，峰峰地区的煤矿、电厂、瓷业工人掀起了自发献薪、增产献金的热潮，据 8 月 11 日《人民日报》报道，峰峰献金支援前线，3 个月献金 200 万元（旧币）。

在磁县县委、县政府组织下，峰峰地区民兵在武委会领导下，参加破击国民党军队运输线活动，破击安阳至汲县、丰乐、观台铁路，将铁轨拆迁搬运到解放区。

为支援前线，磁县共派出两批担架队，第一批 500 副，第二批 600 副。第一批担架队随晋冀鲁豫军区第六纵队大踏步南下，担任火线担架队，在炮火中抢救伤员，先后往后方转移伤员 1391 人。第二批担架队向后方转移伤员 100 多人。后由于新的战事需要，这些担架队承担起了抢运安阳纱厂机器的重任。

1947 年 5 月 9 日，晋冀鲁豫解放军在豫北战役中接收了安阳城郊的广益纺织厂。刘伯承、邓小平为了保存解放区的经济实力，遂决定将工厂迁往和村。动员部队和运输队，经 9 个昼夜连续鏖战，人拉肩扛，将拆散的机器从安阳运到了和村，改名为"太行益华纺纱厂"。计细纱机 12 台，纱锭 4800 根，织布机 100 台，辅助设备多台。担架队的队员们自带粮食、物品，平均每副担架运送物资 100 多斤。整个过程为：第一天傍晚从曲沟出发，到河南邵家屯取出物资，第二天下午赶回磁县，送到和村镇。抢运中不时地遭到敌人火力扫射，仍圆满完成了任务。被晋冀鲁豫边区授予"运输铁军"称号，获奖旗一面。

在支前活动中，还出现了"报恩运动"。磁县第八区下拨剑村吴喜清、吴喜堂兄弟二人提出："我们翻了身，有了地，是八路军毛主席给的，要报这个大恩情。"兄弟二人自愿报名参加担架队，他们带着四个担架队，往返战地。吴喜清裤子着火了，在地上搓擦几下，继续战斗，脚被炮弹炸伤，仍旧抢救伤员，一夜曾背负伤员 8 名。兄弟二人还总结出"轻轻抬，稳稳放，上坡下坡头朝上"的搬运伤员要领。在庆功大会上，兄弟二人荣获"模范二兄弟"大红缎子旗一面。

在他们带领下，磁县 3000 名翻身农民组织的第二批担架队提出："共产党叫我翻了身，这一次参战一定要报恩，不当劳模当英雄。"第八区（今义井镇）20 副担架跟随六纵 49 团到前线，由团到旅部往返一次 10 华里，一夜抢运伤员 110 人。第八区还为伤员病号赠送捐款 20125 元（旧币）。

豫北战役结束后，1947 年 5 月 9 日，磁县举行豫北战役前线参战人员立功总结表彰大会，3000 多人参加，吴喜清兄弟等 40 人被评为头等英雄。7 月 1 日，中共磁县县委在彭城召开支前模范表彰会，有 3100 多人参加了大会。

供稿单位：中共峰峰矿区党史区志编纂研究中心。

解放战争时期曲周县轰轰烈烈的支前运动

抗日战争的胜利，使中国获得一个进行和平建设的有利时机，中国共产党主张团结一切爱国民主力量，充分利用这个有利时机，把中国建设成为独立、民主、富强的新国家。国民党统治集团则企图使中国恢复战前的社会秩序，也就是继续处于半殖民地半封建的地位。为了争取中国走向光明的前途，中国共产党领导人民同国民党统治集团展开了复杂而激烈的斗争，中国革命由此进入一个新的历史时期——全国解放战争时期。曲周县党和人民积极投身到解放邯郸、肥乡、永年等地的支前运动中。

一、扩充新兵、县大队升级，从人员上支援前线

解放战争时期，国民党政权是一个在形式上合法的全国政府，它有一支在抗日战争中保存下来的 400 多万人的庞大军队，这支军队由于得到美国的援助并收缴了 100 多万日军的武装，在武器装备方面得到很大的加强，通过对沦陷区的接收和掠夺，国民党统治地区急剧扩大，重新控制了全国大城市和绝大部分铁路交通线。而中国共产党领导的人民革命力量则处于劣势，人民解放军只有 120 万人，不及国民党军队的三分之一，并且分散在各个根据地，武器装备也差，解放区仅有一亿多人口，大部分地区刚刚进行土改，封建势力还没有被肃清，后方还不巩固，物质上也没有外援，在这种条件下要战胜国民党，部队进行扩军是非常必要的。

为保卫人民的胜利果实，根据上级指示，曲周县开始动员群众参军参战。1945 年 10 月，全县 500 多名民兵过渡到正规军，冬季又扩充新兵数百人。全面内战爆发后，为击退国民党的猖狂进攻，1946 年 6 月 21 日县政府颁布了《限期完成扩补任务的联合指示》之后，各区都行动起来，从 7 月下旬开始，到 8 月 2 日止，仅半月时间就扩充新兵 205 名。五区安上村民兵队长霍金太在区里参加村干动员会后，回村即召开村干会，宣布扩军的重要性，并第一个报名参军，遭到家人的反对，哥哥故意找碴要与他分家，他的 18 岁的妻子和他们的小孩也拉腿不让去，而他却说："为了革命参

军去，要分家我啥也不要，妻子不行就离婚。"他的坚定决心，使哥哥和妻子做了让步。七区马疃村宣传委员康老干在农会开会研究后即报名参军，他娘听说后，因认识不够，加上爱子心切，哭了一天一夜也没动摇他的参军决心。这些典型事例受到三地委的通报表扬。到 8 月底全县共扩充新兵 301 名，冬季为支援解放永年城，又扩充新兵 1000 多名，全年共有 1337 人参军。1947 年土改中又有 1000 多人参军。

曲周县每次扩军的具体办法，一是县委、县政府根据上级的指示，召开区、村干部会议，或举办扩军培训班，层层发动，在提高认识的基础上，将任务分配到各区、村。二是县、区干部深入乡村，一方面帮助村干抓典型，总结经验，推广各村，一方面随时检查，随时进行思想教育，帮助村干解决扩军中的具体问题，保证扩军任务的完成。三是以村为单位，充分发挥党、政、青年、妇女、民兵、农会等组织的作用，采取分头找对象，集中起来研究确定对象，再分工去说服动员的工作方法。四是在动员新战士的过程中，始终坚持走群众路线，发动各方面群众去做工作，如妇救会发动妇女做好参军对象的家属工作，防止拉后腿。民兵组织荣誉军人向参军对象谈部队紧张而快乐的生活。村干部声明，保证做好优抚工作，使参军对象走后放心，家属安心。这样促进了扩军工作的顺利开展。五是参军对象确定后，县、区、村严格审查，逐级把关，坚持扩军的高标准。六是定兵后，以区为单位送交县，县统一集中后，送交有关部队。在送兵中，各级都召开欢送会，披红戴花，造成参军光荣的强大政治声势。

在每次扩军工作中，由于全县各级干部深入进行动员，注意思想教育，全县广大群众认识到只有听共产党的话，跟共产党走，积极参军参战，才能巩固人民的胜利果实，建设新中国。人民群众政治觉悟的提高，使全县掀起了轰轰烈烈的参军运动，广大青年纷纷要求参军参战，到处出现"父母送子、妻送郎、兄弟相争、父子不让"的动人场面。历次扩军都较好地完成了任务。

县大队升级。为支援全国的解放战争，1945 年 9 月，县大队和民兵开始升级，过渡到正规军。县大队整编到冀南第三军分区独立团。民兵升级，编为曲周县独立营，宋建国任独立营营长，李琦任教导员。1946 年 4 月，宋建国、李琦调离，由谭洪顺接任营长。

县营开始有一个连，后来发展到 8 个连的兵力。1946 年至 1947 年先后分两批过渡到正规军，第一批三个连，第二批五个连，都补充到四旅十二团，编为主力部队。县大队、民兵升级达 1000 多人，有力地支援了全国的解放战争。

二、大批担架队、运输队和民兵开赴前线

为积极配合前方作战，曲周县人民承担了浩大的支前任务，大批的担架队，运输队和民兵开赴前线，在抢救伤员，运送给养和战略物资，帮助正规军部队作战方面都发挥了巨大作用。

1945年10月初，在解放肥乡战斗中曲周县出动数百副担架运送伤员，230多辆大车运送给养和缴获物资。10月20日，为了支援平汉战役，曲周县由县委委员、县政府秘书王荣卿，财政科长于敬连带领民兵1500余人、担架400余副，3次参加战斗。还出动大车400余辆，为前线部队运送战略物资。参战民兵和担架队员把生死置之度外，表现出高度的革命英雄主义精神，他们冒着敌人的枪林弹雨，奋力抢救伤员，有的同志为抢救掩护伤员献出了宝贵的生命。

1946年6月24日，为支援解放永年城的战斗，曲周县委、县政府联合发出了《彻底发动民兵，担架配合前方作战的联合指示》。1947年是解放战争的转折点。7月初，为解放永年城，曲周县派出了一个民兵营，对永年城进行围困，营长申敬斋、副营长朱庆丰、总支书记王俊礼，共4个连，分别由李洪文、王培志、杨尚贤、常尊美担任连长，每个连120余人，共计约500人。另外又扩补兵员118名，捐款、筹款407321元，出动担架160多副，还有车辆和米面等物品。自1946年冬至1947年10月，从全县的7个区中，每区抽150余人，每月轮换一次，全县约1000余人参加了解放永年城的战斗，主要任务是站岗、放哨、配合正规军围堵敌人。驻防地段在永年城东北角及滏南桥一带。

1947年3月22日至5月29日，解放军进行了豫北战役，县委为了做好支前工作，组成支前梯队待命出发。3月，第一梯队随冀南军区独立四旅、五旅参加豫北战役。由县委委员、武委会主任申敬斋，县政府民政科科长何墨臣带领，各区带队的都是区、村主要领导干部，共出动担架150副、民兵1000多人，每副担架都由村干部带领。担架队和民兵从冀南出发，经鲁西直至豫北滑县。在滑县战斗中，民兵和担架队员，在抢救伤员中有数人伤亡，尔后向北迁回，围攻楚旺。楚旺是伪军一个比较大的据点，有伪军程道生部4000人驻守，还有清丰、南乐、内黄三县的伪政府人员，战斗打得十分激烈，任务相当艰巨。县民兵担架队随主攻部队在战火纷飞中，胜利完成了抢救伤员任务，于5月回到曲周。第一梯队回到曲周后，县指挥部为发扬干部的革命英雄主义精神、树立战勤工作的模范旗帜，于17日召开县区带领担架第一梯队

会议，进行总结表彰，五区的杨尚贤被选为头等模范，记大功一次，范建国和三区的张志峰等被选为三等模范，各记小功一次，并发给每人奖状一张，同时五区被选为模范区，奖给奖旗一面。

支前第二梯队由县长王培育、县委宣传部部长孔继带领，出动民兵和区村干部1000人、担架150副，于4月出发，参加豫北战役。这次解放军的作战任务是打崔桥、安阳等外围据点。驻守崔桥的敌人比较顽强，围攻时间持续较长，该县干部、民兵、担架队员，在执行任务中听从指挥，表现勇敢，胜利地完成了抢救护送伤员的任务，于6月回到曲周。每次民兵担架队、运输队出征，都要两三个月的时间，行程数千里，常遇到刮风下雨等预想不到的困难，但在党的领导下，英雄的曲周人民没有被这些困难所压倒，都较好地完成了任务。

三、组织干部南下北上，开辟新区工作

1947年是解放战争的转折点，人民解放军的力量日益壮大，解放区也日渐扩大，地方工作越来越重要，急需大批党政干部到新区帮助领导工作。曲周县根据冀南区党委和三地委指示，为支援和开辟新解放区的领导工作，先后3次抽调干部南下，同时还抽调出部分干部北上。

第一批是1947年5月，有何墨臣、董致和、杨书升、冀国宾等随刘邓大军南下，尔后又有郭礼、杨书珍等同志随十纵队南下。

第二批是1947年11月，由县委书记冯金芳和县委宣传部部长张朝明带队南下，成员有李子平、吴余三、田俊志、王佩序、刘蔚然、朱俊红、李绍堂、王治华等50余人。同时，县长王培育带领一部分干部到魏县带领一个新兵团南下河南、湖北等省。

第三批是1949年3月，由孔继、高付江、赵振山、李洪谋、张力耕等5人组成南下新县委，带领成员90多人，编为一个中队，南下湖南。

1948年还有张宗平、刘孜、范叶苹、冀汇川等同志北上北京、天津等地工作。

他们历尽艰险，辗转行程数千里，到达新区后立即投入紧张的工作。他们在建立健全政权组织，发动群众恢复发展生产，安定社会秩序，进行农村和城市建设等项工作中发挥了巨大的作用。

在整个解放战争期间，曲周县先后有2300多名青年参军、3500多名民兵参战，出动担架1000多副，出动大车1000多辆运送物资，动用数万人力，浩浩荡荡的支前

大军，随部队转战数千里。另外，筹款 40 多万支援前线部队，抽调 300 名干部南下北上，为保卫胜利果实、保卫解放区做出了巨大贡献，用鲜血和汗水谱写了一曲人民战争的凯歌。

供稿单位：中共曲周县委党史研究室。